辽宁森林资源

王文权　主编

中国林业出版社

图书在版编目（CIP）数据

辽宁森林资源 / 王文权 主编. －北京：中国林业出版社，2007. 10
ISBN 978-7-5038-5100-1

I. 辽… II. 王… III. 森林资源－概况－辽宁省 IV. F326. 273. 1

中国版本图书馆 CIP 数据核字（2007）第 154101 号

中国林业出版社 · 环境景观与园林园艺图书出版中心
电话：66176967 66189512 **传真**：66176967

出　　版：中国林业出版社（100009 北京西城区德内大街刘海胡同 7 号）
网　　址：www.cfph.com.cn
E-mail：cfphz@public.bta.net.cn 电话：（010）66184477
发　　行：新华书店北京发行所
印　　刷：北京中科印刷有限公司
版　　次：2007 年 10 月第 1 版
印　　次：2007 年 10 月第 1 次
开　　本：889mm × 1194mm 1/16
印　　张：25.25
字　　数：650 千字
彩　　图：4 面
印　　数：1 ~ 4000 册
定　　价：120.00 元

辽宁森林资源

编委会

编写组

序

森林是陆地生态系统的主体，森林资源是自然资源的重要组成部分，同时也是国民经济发展、人民生活水平提高、民族文明昌盛和实现林业持续健康发展的物质基础，恢复和培育森林资源是生态环境建设的重要举措，对于维护生态平衡和保护生物多样性具有极其重要的意义。新中国成立以来，辽宁省经过50多年的不懈努力，特别是“十五”期间，实现了森林资源面积、蓄积双增长，森林资源质量也有了显著提高，林业与生态建设取得了可喜成绩。为了查清全省森林资源种类、数量、质量与分布，客观反映森林资源现状、变化动态及森林经营管理状况，按照省政府的部署，全省从2004年开始开展了新一轮的森林资源二类调查工作。3年来，在各级政府的统一领导下，在有关部门的大力支持下，经过各级林业主管部门共同努力，全面完成了森林资源二类调查工作。

森林资源二类调查范围为全省境内的森林、林木和林地资源，涉及调查单位102家，经检查验收，调查质量总合格率为96.5%，达到了国家规定的优级标准，按照《森林法》的规定，各调查单位的调查成果全部通过了县（市、区）级人民政府的审核认定。

森林资源二类调查是一项政策性强、技术含量高、作业量大的系统工程。为提高调查质量，确保调查工作的准确性，充分反映全省森林资源的现状和森林生态系统的稳定性。在调查方法上，广泛应用了遥感技术（RS）、全球定位系统技术（GPS）、地理信息系统技术（GIS），即利用遥感影象与1：10000比例尺地形图叠加作为调绘底图，进行现地区划调绘；利用全球定位系统技术进行位置控制和对一些地块实地测量；利用地理信息系统技术完成数据处理、统计分析和各种图面资料的成果输出。在调查内容上，除按国家规定的林分因子数量调查外，增加了森林分类经营的区划、森林保护等级的确定、林业重点工程完成情况、森林经营措施类型、林下植被状况等项内容，从而保证了从各方面对森林现状的统计分析，为进一步做好森林资源经营管理工作打下了坚实基础。这次调查，是历次全省森林资源二类调查工作质量最好的一次。

通过本次调查全面获取了辽宁省准确的森林资源调查成果资料，统计制作了全省各级行政单位、森林经营单位的森林资源数据、基本图和森林资源分布图，实现图形与属性相互直观查询与功能显示，建立健全了全省森林资源档案；同时也搭建了以“3S”技术为平台的具有科学翔实数据的辽宁“数字林业”基础框架，为各级政府、林业主管部门、相关部门及森林经营单位制定林业方针政策，编制林业区划、规划、计划，指导林业生产提供基础资料，为实现森林资源合理经营、科学管理、永续利用和持续发展、充分发挥森林生态效益、经济效益和社会效益服务。

21世纪，辽宁省林业和生态建设事业面临的任务更加艰巨，既要满足社会对木材等多种林产品的需求，更要承担起改善生态状况、维护国土安全的重任，又要发展森林文化事业。《辽宁森林资源》以最新的森林资源数据为依托，翔实地论述了全省森林资源的自然地理环境、历史演变和现实状况以及森林资源培育保护与发展的目标与措施。出版这部著作，能够对各界人士关心、了解辽宁森林资源培育保护与发展情况有所裨益，对广大林业工作者开展林业生态建设工作有所帮助。

王文权

2007年8月

前　言

森林结构复杂、物种丰富、功能稳定，对维护和改善全球生态与环境起着决定性作用。森林同时是人类生存与发展的重要物质基础，经济社会不可或缺的自然资源。可持续发展是人类共同的、永恒的主题。经济的可持续发展，首先是自然资源和环境的可持续发展，森林资源肩负着经济发展与环境保护的双重使命。

2004年，按照省政府的部署，辽宁省开展了新一轮的森林资源二类调查工作。3年来，在各级政府的统一领导下,在有关部门的大力支持下，经过各级林业主管部门共同努力，全面完成了森林资源二类调查工作。通过本次全面调查获取了辽宁省准确的森林资源调查成果资料，统计制作了全省各级行政单位、森林经营单位的森林资源数据、基本图和森林资源分布图，实现图形与属性相互直观查询与功能显示，建立健全了全省森林资源档案；同时也搭建了以“3S”技术为平台的具有科学翔实数据的辽宁“数字林业”基础框架，为各级政府、林业主管部门、相关部门及森林经营单位制定林业方针政策，编制林业区划、规划、计划，指导林业生产提供基础资料，为实现森林资源合理经营、科学管理、永续利用和持续发展、充分发挥森林生态效益、经济效益和社会效益服务。以本次森林资源调查数据为依托，我们编写出版了《辽宁森林资源》，衷心地希望本书的出版能够在培育、保护和发展森林资源与林业生态建设事业中起到应有的作用。

本书由两篇组成，上篇为全省森林资源，包括全省基本情况、森林资源现状、森林资源变迁、森林资源分布、森林分类经营、重点营造林工程、主要造林树种资源、森林资源分析和森林资源经营管理现状与对策等内容；下篇为各市森林资源，包括基本情况、森林资源现状、森林资源分析、森林资源管理现状与对策等内容。

当前，我国林业生态建设处于持续稳定健康发展阶段，森林资源的培育保护与发展状况成为人们关注的焦点和热点。森林资源应包括森林、林木、林地和依托森林生存的野生动物、植物、微生物等生物资源。《辽宁森林资源》只是依据本次森林资源规划设计调查数据为主要内容，论述辽宁省森林、林木和林地资源的一部专著。本书从全省实际出发，宏观评价了森林资源生长发育的自然地理环境和社会经济环境，系统地阐述了森林资源的演变、数量、质量与分布，分析了森林资源培育保护与发展的形势，并提出了具体的目标和措施；它将为关心、支持辽宁林业发展的广大读者提供一个了解辽宁森林历史与现状的窗口，也是广大林业工作者的一部参考文献。

由于本书涉及内容丰富，编写时间仓促，限于编者的学识水平，不足和疏漏之处在所难免，竭诚希望广大读者批评指正。

编者

2007年8月

目 录

下　篇　各市森林资源

上篇

全省森林资源

第1章 基本情况

第一节 自然地理概况

辽宁省位于我国东北地区南部，介于东经118°53′～125°46′，北纬38°43′～43°26′。东部隔鸭绿江与朝鲜民主主义共和国相望，南邻黄海和渤海，西北与内蒙古接壤，西南与河北省毗邻，北部和东北部与吉林省相邻。南北宽约530km，东西长约574km。海岸线东起丹东市，经鸭绿江沿黄海岸至大连的旅顺口区，再延渤海岸经辽东湾直至西部的葫芦岛市，海岸线总长度为2920km。全省辖14个市、100个县（市、区）。

一、地形地貌

全省地势自北向南，由东西两侧向中部倾斜。山地丘陵大致分列于东西两侧，约占全省总面积的2/3；中部为广阔的辽河平原，约占全省总面积的1/3。辽东山地属吉林龙岗山、哈达岭南延部分，以千山山脉为主体至辽东半岛，组成北东向主山脊，新华夏第二巨型隆起带构成辽东山地主体，成为辽河与鸭绿江的分水岭骨架；本区降水量较大，山地不断接受侵蚀剥蚀，形成地形陡峻，山峦起伏，山峰多为尖顶状或锯齿状，山地海拔高在400～1000m，最高峰老秃顶子为1367m；该区湿润多雨，林木繁茂，是我省重要的水源涵养林基地。辽西丘陵山地，以医巫闾山隆起带，构成了大凌河与绕阳河的分水岭，海拔高一般在200～500m，最高峰望海山为879m；以努鲁儿虎山隆起带，形成老哈河与大凌河的分水岭，海拔在700～1000m，最高峰大青山1153m。辽北低丘，位于彰武、铁岭一线以北，丘陵盆地相间，坡度平缓，海拔在50～250m，西南与辽河平原相连，北部与科尔沁沙地毗邻，分布着风沙地貌。辽河平原位于彰武、铁岭一线以南，至辽东湾沿线，地势平坦，海拔不到150m，海滨降到10m以下，是辽河、浑河、太子河、大小凌河、绕阳河下游的汇集地，形成地势平坦的三角洲，该区是我省主要的水稻产区和商品粮基地。

根据地形地貌将我省划分3个大区，即辽东山区、辽西北地区、辽中南平原沿海地区。

辽东山区，为长白山脉向西南的延伸部分。这一地区以沈丹铁路为界划分为东北部低山地区和辽东半岛丘陵区。东北部低山地区为长白山支脉吉林哈达岭和龙岗山的延续部分，由南北两列平行山地组成，海拔500～800m左右，最高山峰海拔1300m以上，为省内最高点。辽东半岛丘陵区以千山山脉为骨干，北起本溪连山关，南至旅顺老铁山，长达340km，构成辽东半岛的脊梁，山峰大都在海拔500m以下；区内地形破碎，山丘直通海滨，海岸曲折，港湾很多，岛屿棋布，平原狭小，河流短促，包括鞍山市岫岩满族自治县、海城市、千山风景区，抚顺市抚顺县、清原满族自治县、新宾满族自治县、顺城区、东洲区、望花区、李石寨开发区，本溪市本溪满族自治县、桓仁满族自治县、明山区、平山区、南芬区、溪湖区、经济技术开发区、丹东市宽甸满族自治县、凤城市、元宝区、振兴区、振安区，铁岭市西丰县、开原市、铁岭县、清河区、银洲区，辽阳市辽阳县、弓长岭区，营口市盖州市、大石桥市，计7个市31个县（市、区）。

辽西北地区，由东北向西南走向的努鲁儿虎山、松岭、黑山、医巫闾山组成。山间形成河谷地带，有大、小凌河发源地并流经于此，山势从北向南由海拔1000m向300m丘陵过渡，北部与内蒙古高原连接，南部形成海拔50m的狭长平原与渤海相接，此间为辽西走廊，包括沈阳市的康平县、法库县、新民市，锦州市的北镇市、义县、黑山县、凌海市、太河区、凌河区、天桥区、岭南新区、南站新区，阜新市的阜新蒙古族自治县、彰武县、海州区、新邱区、太平区、清河门区、细河区，铁岭市的昌图县、调兵山市、开发区，朝阳市的朝阳县、北票市、凌源市、建平县、喀喇沁左翼蒙古族自治县、龙城区、双塔区、开发区，葫芦岛市的兴城市、绥中县、建昌县、南票区、连山区、龙港区，共计6市36县（市、区）。

辽中南平原沿海地区，由辽河及其30条支流冲积而成。本区地势从东北向西南由海拔250m向辽东湾缓慢倾斜，包括沈阳市的于洪区、东陵区、沈北新区、苏家屯区、棋盘山管委会、高新区、辽中县，大连市的大连开发区、沙河口区、旅顺口区、甘井子区、金州区、庄河市、普兰店市、瓦房店市、长海县，鞍山市的台安、高新区、铁东区、玉佛山区、千山区，辽阳市的太子河区、宏伟区、白塔区、文圣区、灯塔市，营口市的老边区、鲅鱼圈区，盘锦市的双台子区、兴隆台区、盘山县、大洼县，丹东市的东港市，共计7市33县（市、区）。

二、气　候

辽宁省位于中纬度，北接内蒙古高原，南临海洋，属于暖温带大陆性季风气候区。主要气候特点是雨热同季、日照丰富、寒冷期长、春秋季短、东湿西干、平原风大，年平均气温在5～11℃，7月份最高，平均达22～25℃，极端最高气温可达40℃以上；全年降水量在400～1150mm，由东向西递减，7～8月份为雨季，降水量占全年的70%左右；年蒸发量1390～2018mm；平均干燥度为0.71～1.19；平均相对湿度49%～70%（辽西地区春季平均湿度仅为35%～50%）；无霜期约125～215天；≥10℃积温为2893～3710℃；年日照时数2300～3000h。

三、水资源

辽宁省境内有大小河流441条，其中流域面积在5000km^2以上的河流有16条，流域面积在1000～5000km^2的河流有35条，流域面积在100～1000km^2的河流有390条。全省河流总长度19 745km，主要江河有辽河、浑河、太子河、绕阳河、大凌河和鸭绿江等。全省年降水量在450～1150mm，自东南向西北递减，受季风气候影响，降水主要集中在6～9月份，占全年降水量的70%～80%，时空分布极不均匀，水旱灾害频繁。辽河是我国7大河流之一，发源于河北省七老图山脉的光头山，流经河北、内蒙古、吉林和辽宁4省(自治区)，在辽宁省盘山县双台河口注入渤海，全长1390km，在辽宁省境内河道长480km；流域总面积21.96万km^2，在辽宁省内流域面积6.95万km^2。沿岸入海河流主要有大洋河入黄海；太子河、浑河、辽河、大凌河、小凌河入渤海；辽河、浑河和太子河在盘锦市双台子河口入海。沿海地区因地势低洼、比降小、泄洪能力差，加上海水顶托作用，形成了著名的辽河三角洲湿地。

辽宁省是我国北方严重缺水的省份之一，人均与亩均水资源量是全国平均值的1/3左右。尤其是经济比较发达的辽中南地区，人均水资源量是全国平均值的1/4。由于降水减少，水资源总量有所减少。水资源贫乏并有所减少不仅制约辽宁经济发展，而且是植被退化的主要自然环境因素。

全省最近完成的水资源评价与第一次评价成果比较有所减少：多年平均地表水资源量由324.70亿m^3减少到302.49亿m^3，减少22.21亿m^3，占评价成果的7.34%；径流深由223.1mm减少到207.9mm，减少了15.2mm；地下水资源量124.68亿m^3，比第一次评价结果增加了19.28亿m^3。扣除重复计算，全省平均水资源总量341.79亿m^3，比第一次评价结果减少了21.21亿m^3，占评价成果的6.20%。

水资源在空间和时间上分布不均更加剧了生态恶化的趋势。辽宁省年径流的地区分布极不均匀。东部最大，向中部和西部递减，西北部最小，最大值超过最小值的26倍。年径流深的区域分布与年降水量的分布趋势基本相同，但不均匀性比降水量更严重。径流的年际变化也很大，不仅有丰枯交替的情况，更为严重的是还存在连续干旱或连续丰水的现象。例如辽河中下游，在近60年中连续2～4年干旱的有1961～1962年，1988～1990年，1996～1997年，1999～2000年，并且出现从1976～1984年连续9年的枯水年，这样的连旱段的平均年径流量比正常值减少25%～50%；也出现过连续3年左右的丰水期。

四、土　壤

辽宁省土壤分布区主要跨两个地带性土壤分布区，即东部的棕壤区和西部的褐土区。经土壤普查，全省土壤有11个土类、31个亚类、155个土属、602个土种。棕壤分布面较广，在辽东和辽西丘陵山地均有分布，成土母质为片麻岩、花岗岩等风化残积堆积物及第四纪红土和黄土状沉积物，该土类多已被垦殖，形成农地或林地，土壤肥力较高；暗棕壤的分布数量并不多，主要分布在辽东山地，海拔在700～800m以上的山地；褐土主要分布在辽西地区，褐土大都发育在碳酸盐母质上，经过明显的残积黏化和钙化过程，使碳酸盐在土壤中淋溶与淀积。全省的褐土区又是水土流失最严重地区，土壤干旱瘠薄，肥力较差，使作物产量较低。草甸土集中分布在辽河平原，山丘河流两岸也有零星分布，成土母质多属淤积物，土壤肥力较高，是全省粮食产区的主要土类；风沙土主要分布在辽北的彰武、康平、新民的柳河流域以及昌图一带，母质以中、细沙为主，大都是第四纪河、湖相沉积物，经风蚀、搬运及堆积作用而形成，此土类的腐殖质含量少，土壤肥力低，物理性质不良。另外，还有盐碱土、水稻土、沼泽土等土壤类型零星分布。

五、植　被

辽宁省位于长白、华北、蒙古3个植物区系交汇地带，植物区系具有过渡性、混杂性和不稳定性。全省划分为7个植被区。植被类型包括完整结构、较完整结构和简单结构3种，植被质量处于中等水平。

植被类型多样，主要有温性针阔叶混交林及落叶林类型、暖温性松栎林及栎林类型、温带暖温带半湿润农业植被类型、沿河滨海植被类型和沙地植被类型。

各植被区系的代表树种相互渗透、交错分布。长白植物区系分布在辽东山地丘陵地区，为温带针阔混交林区，针叶树有红松、紫杉、臭松、鱼鳞云杉等，阔叶树有枫桦、千金榆、花曲柳、大青杨、香杨、椴树、黄波罗、山杨、蒙古栎、胡桃楸、水曲柳等，主要灌木有毛榛、东北山梅花、胡枝子、花木兰及暴马丁香等。华北植物区系分布在辽西和中部平原地区，为暖温带落叶阔叶林区，乔木代表种有油松、赤松、麻栎、栓皮栎、槲栎、杨、柳、臭椿、灯台树等，灌木有酸枣、荆条、枸杞、崖椒、皂白杜鹃等。蒙古植物区系分布在建平和阜新至昌图以北地区，属温带森林草原区，本区是暖带草原向暖带落叶阔叶林过渡地区，地带性植被为草甸草原，乔木树种以人工引入的油松、樟子松、杨、柳、榆为主，原生植被仅残留零星小片的油松、榆树、山杨和辽东栎，灌木有酸枣、兴安胡枝子、山杏、欧李、叶底珠、小黄柳、小红柳等，草本植物繁多，主要有羊草、甘草、唐松草、差巴嘎蒿、百里香、麻黄、糙隐子草等。此外，欧亚—日本植物成分、欧亚—朝鲜植物成分也有渗透，还有少量的兴安植物成分。全省现有各种植物161科2200余种，其中具有经济价值的1300种以上，药用类830余种，木本植物68科167属550余种，全国木本植物8000余种，占全国木本植物种类的6.9%。

在全省森林植被结构中，均为单层林，中幼林多，成过熟林少，其结构尚需进一步调整，使其趋于科学合理。森林植被分布极不平衡，东部多、西部少。以长大线为界，森林植被集中分布在东部地区。长大线以西即辽宁省西部地区森林植被稀少，且森林植被质量低下。辽宁省中部地区森林植被以农田防护林网为主，对大片农田起着重要的防护作用。

辽宁省草原处于欧亚草原带的东端，纵跨两个半纬度，横跨五个半经度，东南环森林带，西北与内蒙古典型草原区相连。省内分布有次生干草原、草甸草原和灌木草丛3种类型草原，分为9类、6个亚类、34个组、129个型，共有建群种56种，饲用牧草近千种，野生优良牧草320多种。可利用的野生牧草是以禾本科、豆科、莎草科为主要组成成分，这些主要成分大多为世界广布成分和北温带成分。

第二节　社会经济概况

全省总土地面积1480.64万hm^2，全省总人口4189.2万人，其中农业人口2159.5万人，占总人口的51.55%；农村劳动力776.2万人，占农业人口的35.94%；全省耕地面积409.1万hm^2，林业用地面积695.03万hm^2，有林地面积533.98万hm^2，林分面积436.59万hm^2，活立木总蓄积量2.44亿m^3,森林覆盖率35.13%。据2006年统计资料，全省国内生产总值8009.0亿元，人均国内生产总值18 983元，平均每人全部年收入9837.20元。辽宁省的交通运输发达，已基本形成以铁路为骨干，以港口为门户，以及公路、民航、水运等多种运输方式齐全的综合运输网。

第三节　森林资源在社会经济发展中的地位和作用

一、培育森林资源对于改善全省生态环境和振兴东北老工业基地具有重要地位

森林是陆地生态系统的主体，其结构复杂、物种丰富、功能稳定，对维护和改善全球生

态与环境起着决定性作用。森林同时是人类生存与发展的重要物质基础，经济社会不可或缺的自然资源。可持续发展是人类共同的、永恒的主题。经济的可持续发展，首先是自然资源和环境的可持续发展，森林资源肩负着经济发展与环境保护的双重使命。辽宁省沙化和荒漠化地区每年因土壤侵蚀而损失的土壤达1.31亿t，平均土壤侵蚀模数为2834t/km^2·a，流失土层2mm。部分山地被冲刷的支离破碎，沟壑纵横。由于土壤侵蚀，土地越来越瘠薄，有机质含量下降，土壤有机质含量不足0.5%。严重的地方表土流尽，岩石裸露，寸草不生。土壤侵蚀结果造成了河流泥沙增加，大凌河朝阳段泥沙含量高达16.3kg/m^3。全省的流动沙地和半固定沙地分布在辽西北，每年以万hm^2计的农田遭受风剥沙压，有的地块要播种2、3次。由于沿途风沙侵害严重，柳河输沙模数高达5000～10 000t/km^2，年输沙量2000万t，其中大部分淤积在柳河及辽河干流的河道内，使百余千米的河道成为地上悬河。这些流动沙地和半固定沙地在季风的作用下，每年都向东南方向移动，大风夹带沙尘直接污染沈阳的空气，影响着以省会沈阳为中心的中部城市群和首都北京的生态安全和环境质量。培育森林资源，改善生态环境是东北老工业基地振兴、实施生态立省、构建和谐辽宁的必然需要，其意义重大。

二、培育森林资源是社会主义新农村建设的需要

辽宁省生态环境局部治理取得明显成效，但总体恶化的趋势仍没有得到明显缓解。部分地区水土流失、土地沙化和荒漠化的总体趋势未能得到全面遏制，生物多样性保护的形势也相当严峻。各县（市、区）区域间的生态状况不够均衡，大力培育森林资源，加强林业生态建设任重道远。在社会主义新农村建设中，充分发挥林业在生态建设中的主体作用，大力改善生态，是今后相当长的时期内我省林业的重要历史任务。扭转生态恶化的趋势，实施以生态建设为主的林业战略首要的任务是增加森林资源总量，扩大覆盖国土的林草植被，这对于避免生态危害，尤为迫切。

三、培育森林资源对于抵御自然灾害和促进农民增产增收十分重要

多年以来，辽宁省部分地区时常遭受到风灾、旱灾等自然灾害的侵袭，土壤侵蚀也比较严重。每当春播时节，受到风灾、旱灾等自然灾害的袭击，有时即使播种成功，也会出现大面积倒伏，造成农作物减产，农民生活水平低下。自然灾害是一种客观存在，人类还无法控制，但可遵循以人为本的理念，采取措施，减少其危害。为此，培育森林资源，构建不同区位的自然灾害综合防御体系，既是一种战略措施，也是一项具体任务。从功能和作用上看，以森林资源为主的防护体系不仅具有防风固沙、保持水土、涵养水源的功能，而且具有抵御自然危害、促进农民增产增收和美化人居环境的作用，对于维护国土生态安全、工农业生产安全和提高农民生活水平具有十分重要的意义。

四、培育森林资源对于促进全省经济社会可持续发展具有重要作用

辽宁省森林资源分布不够均衡，少林地区也是全省经济发展比较落后的地区，同时是全省重要的生态环境治理地区，它担负着整体提高区域经济社会进步的重要使命。随着我国社会主义市场经济的日趋完善，改革开放程度不断加深，这一地区经济也出现了蓬勃发展、

欣欣向荣的景象。经济的发展离不开良好的生态环境，良好的生态环境必须依靠林业的规划和建设。经济建设必须要有良好的生态环境作保障，创造良好的生态环境同样也是创造良好的投资环境。因此，培育森林资源，加强林业生态建设不能单纯地认为仅仅是林业建设问题，而要把它看成是促进和保障全省区域经济社会可持续发展，加速现代化建设这样的大事来予以高度重视。通过培育森林和林业生态工程建设，不但可以使全省的生态系统逐步趋于稳定，风沙危害减轻，水土流失得到进一步控制，而且可以充分利用自然资源优势，大力发展经济产业，提高农业综合生产能力，促进种植业、养殖业的发展。在培育森林、治理生态环境的同时，也丰富了辽宁省的自然资源，拓展了农民的财源，进而提高人民群众的生活水平，推动全省经济发展和社会和谐进步。

第2章 森林资源现状

第一节 森林资源概述

一、林业用地面积

根据国家有关技术分类标准，将林业用地划分为有林地、疏林地、灌木林地、未成林地、苗圃地、无立木林地、宜林地、林业辅助用地。

全省林业用地面积695.03万hm^2，占全省总面积46.94%。全省森林覆盖率为35.13%。林业用地面积结构详见表2-1、图2-1。

表2–1 林业用地面积结构表

单位：万hm^2、%

地类 项目	林业用地面积合计	有林地			疏林地	灌木林地			未成林地	苗圃地	无立木林地	宜林地	林业辅助用地
		小计	林分	乔木经济林		小计	特规灌木林	其他灌木林					
面积	695.03	533.98	436.59	97.39	4.25	60.74	39.63	21.11	34.97	0.52	8.25	51.51	0.81
比例	100.00	76.83			0.61	8.74			5.03	0.07	1.19	7.41	0.12

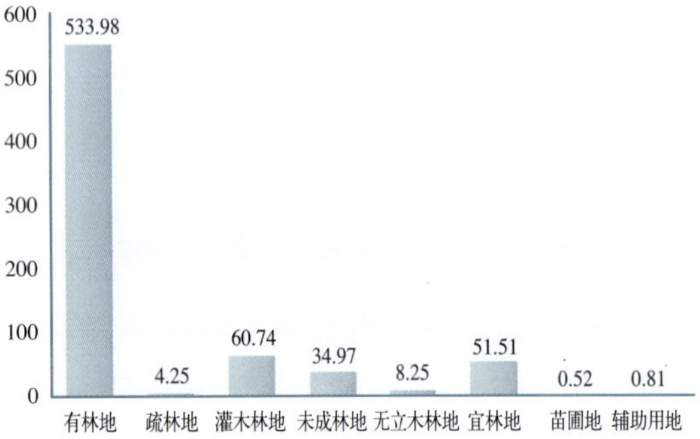

图2–1 林业用地各地类面积结构图 单位：万hm^2

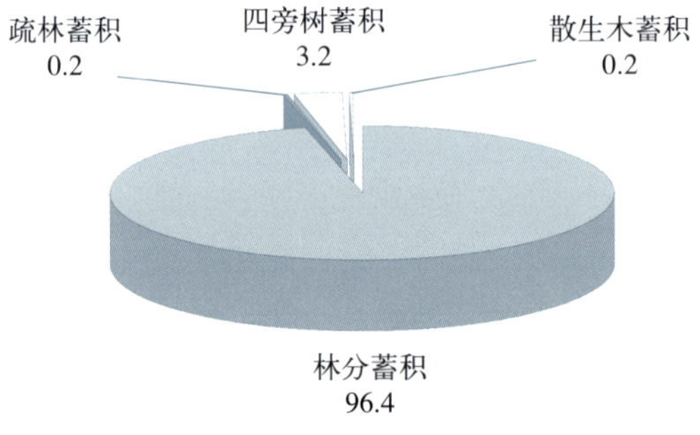

图2–2 各类蓄积比例图（%）

二、活立木蓄积量

按照林木类型不同，活立木蓄积包括林分蓄积、疏林蓄积、四旁树蓄积和散生木蓄积。全省活立木总蓄积量24 415.90万m^3，各类蓄积量及比例见表2-2、图2-2。

表2–2 各类蓄积统计表

单位：万m^3、%

类别	活立木总蓄积	林分	疏林地	散生木	四旁树
省合计	24 415.9	23 527.63	63.12	47.86	777.29
比例	100.0	96.4	0.2	0.2	3.2

三、非林业用地造林情况

非林业用地是指林业用地以外的土地，如牧业用地、农地、未利用地等。全省在非林业用地上营造的用材面积3.01万hm^2，蓄积27.70万m^3（没有统计到全省林业用地总面积和总蓄积中），主要造林树种是杨树、刺槐。

第二节　森林资源结构

森林资源结构通常用林种、树种、龄组和权属等结构从不同的角度反映森林系统功能、质量和经营状况。

一、林种结构

根据森林主导利用功能，按照《森林法》规定，将有林地划分为防护林、特用林、用材林、薪炭林、经济林5大林种。在全省有林地中，防护林面积264.76万hm^2，蓄积12 649.05万m^3；特用林面积13.76万hm^2，蓄积906.37万m^3；用材林面积139.13万hm^2，蓄积9785.72万m^3；薪炭林面积18.94万hm^2，蓄积186.49万m^3；经济林面积97.39万hm^2。各林种面积、蓄积及所占比例详见表2-3、图2-3。

表2-3　各林种面积和蓄积及比例统计表　　单位：万hm^2、万m^3、%

项目＼林种	合计	防护林	特用林	用材林	薪炭林	经济林
面积	533.98	264.76	13.76	139.13	18.94	97.39
比例	100.00	49.58	2.58	26.05	3.55	18.24
蓄积	23 527.63	12 649.05	906.37	9785.72	186.49	
比例	100.00	53.77	3.85	41.59	0.79	

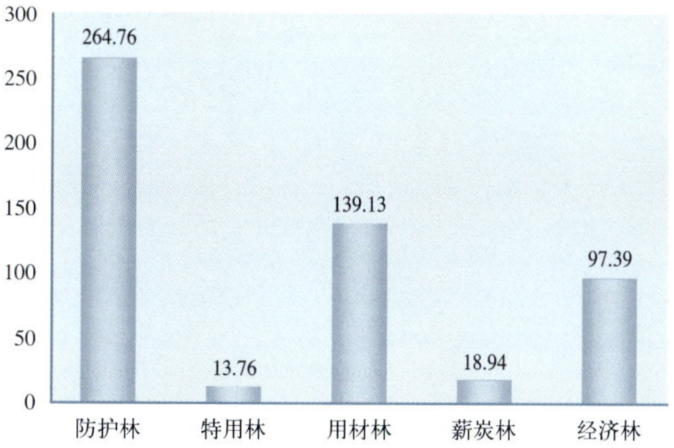

图2-3　各林种面积图　　单位：万hm^2

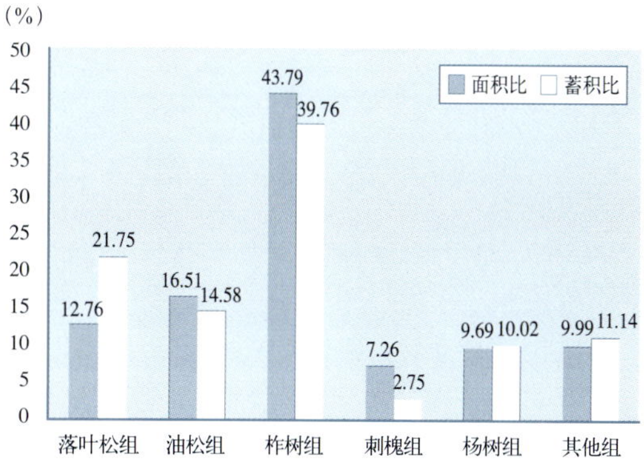

图2-4　林分各树种面积蓄积比例图

二、树种结构

根据树木的生态学和生物学特性，将全省组成林分的树种划分为11个树种组，其中主要树种组按面积排序前5位依次是柞树组、油松组、落叶松组、杨树组、刺槐组，5个树种组的面积合计为392.98万hm^2，占全省林分面积的90.01%；其他树种组面积合计为43.61万hm^2，占9.99%。按蓄积排序前5位依次是柞树组、落叶松组、油松组、杨树组、刺槐组，5个树种组蓄积合计为20 905.76万m^3，占全省林分蓄积的88.86%；其他树种蓄积2621.70万m^3，占11.14%。详见表2-4、图2-4。

表2-4 林分各树种面积蓄积及比例统计表 单位：万hm^2、万m^3、%

树种组＼项目	林分面积		林分蓄积	
	面积	百分比	蓄积量	百分比
合计	436.59	100.00	23 527.63	100.00
落叶松组	55.72	12.76	5116.29	21.75
油松组	72.08	16.51	3430.69	14.58
柞树组	191.17	43.79	9353.22	39.76
刺槐组	31.72	7.26	647.43	2.75
杨树组	42.29	9.69	2358.13	10.02
其他组	43.61	9.99	2621.87	11.14

三、龄组结构

根据树木的生物学特性及经营利用目的不同，将森林生长过程划分为幼龄林、中龄林、近熟林、成熟林和过熟林5个龄组。全省中、幼龄林面积占林分面积的88.70%，蓄积占林分蓄积的76.95%；近、成过熟林面积占林分面积的11.30%，蓄积占林分蓄积的23.05%。各龄组面积、蓄积及比例见表2-5、图2-5。

表2-5 各龄组面积蓄积及比例统计表 单位：万hm^2、万m^3、%

项目＼龄组	合计	幼龄林	中龄林	近熟林	成熟林	过熟林
面积	436.59	272.79	114.48	25.77	15.94	7.61
面积比例	100.00	62.48	26.22	5.90	3.65	1.75
蓄积	23 527.63	8349.67	9753.68	2986.75	1781.25	656.28
蓄积比例	100.00	35.49	41.46	12.69	7.57	2.79

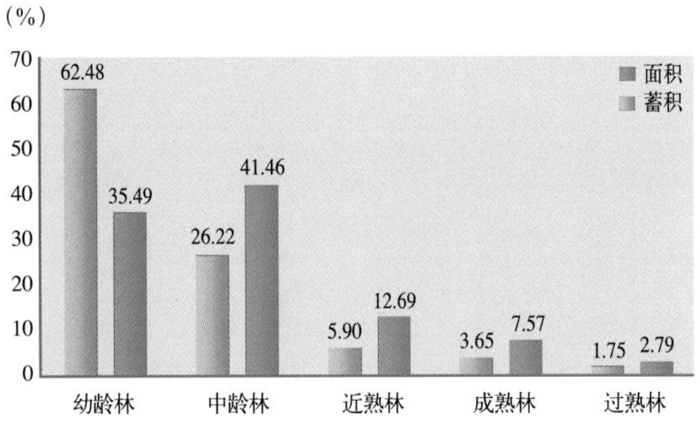

图2-5 林分各龄组面积蓄积比例图

四、森林权属结构

权属包括林地权属和林木权属两个方面。林地权属划分为国有和集体两类；林木权属分为国有（包括林业系统国有、非林业系统国有）、集体、非公有制、未定4类。

1. 林地权属

全省林业用地国有权属93.73万hm^2，集体权属601.30万hm^2，权属内各地类面积详见表2-6。

2. 林木权属

在林分中，国有面积83.96万hm^2，蓄积6636.64万m^3，其中林业系统国有面积67.59万hm^2，

表2-6 林业用地各权属面积及比例统计表

单位：万hm^2、%

权属		合计	有林地	疏林地	灌木林	未成林	苗圃地	无立木林地	宜林地	林业辅助用地
国有	面积	93.73	75.77	0.92	6.45	3.77	0.28	1.83	3.92	0.79
	比例	100.00	80.84	0.98	6.88	4.02	0.30	1.95	4.18	0.85
集体	面积	601.30	458.21	3.33	54.29	31.20	0.24	6.42	47.59	0.02
	比例	100.00	76.20	0.55	9.03	5.19	0.04	1.07	7.91	0.01

表2-7 林分各权属面积蓄积及比例统计表

单位：万hm^2、万m^3、%

类别	合计	国有			集体	非公有制	未定
		计	林业系统	非林业系统			
面积	436.59	83.96	67.59	16.37	229.24	123.00	0.39
面积比例	100.00	19.23			52.51	28.17	0.09
蓄积	23 527.63	6636.64	5252.20	1384.44	12 682.24	4188.35	20.40
蓄积比例	100.00	28.21			53.90	17.80	0.09

蓄积5252.20万m^3；非林业系统国有面积16.37万hm^2，蓄积1384.44万m^3。集体林面积229.24万hm^2，蓄积12 682.24万m^3。非公有制林分面积123.00万hm^2，蓄积4188.35万m^3。权属未定面积0.39万hm^2，蓄积20.40万m^3。各权属面积蓄积比例见表2-7、图2-6。

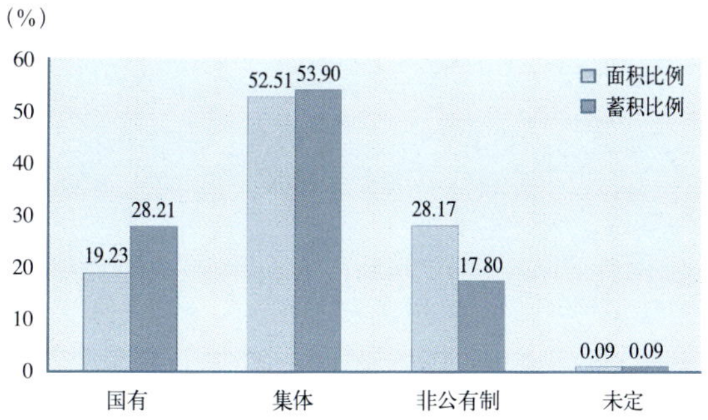

图2-6 林分各权属面积蓄积比例图

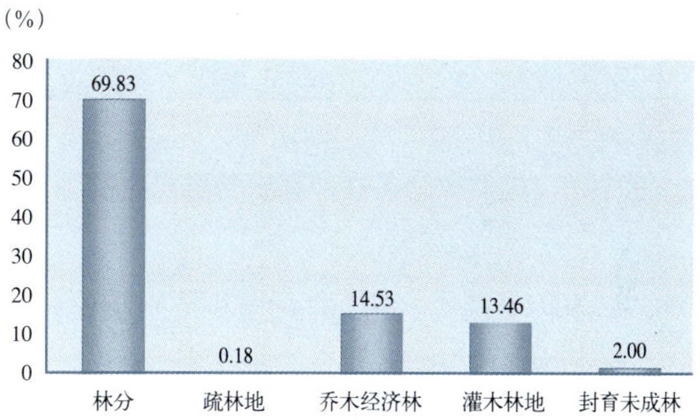

图2-7 天然林各地类面积比例图

第三节 天然林资源

天然林是辽宁省森林资源重要组成部分，是森林生态系统的主要组成部分，是人类社会赖以生存和发展的重要物质基础，是大自然馈赠给人类的绿色瑰宝，在全省经济和生态建设中发挥着重要作用。辽宁的天然林分结构非常复杂，表现在树种繁多、林龄差异性较大、高矮不齐、直径粗细不一、林分总体质量不高、直接经济效益不大。但随着天然林资源保护工程的全面实施，全省天然林资源得到了有效的保护，开始逐步进入休养生息的良性发展阶段。

全省天然林面积303.44万hm^2，占全省林业用地总面积的43.66%；天然林蓄积11 369.91万m^3，占全省活立木总蓄积的46.57%。天然林各地类面积比例见表2-8、图2-7。

在天然林分中，防护林面积147.45万hm^2，蓄积8126.83万hm^3，分别占天然林面积和蓄积的

表2-8　天然林各地类面积及比例统计表　　单位：万hm^2、%

类别＼地类	总面积	林分	疏林地	灌木林地	乔木经济林	封育未成林
面积	303.44	211.88	0.57	40.84	44.08	6.07
所占比例	100.00	69.83	0.18	13.46	14.53	2.00

表2-9　天然林分各林种面积、蓄积及比例表　　单位：hm^2、m^3、%

林种	面积	所占比例	蓄积	所占比例
防护林	147.45	69.59	8126.83	71.50
特用林	4.68	2.21	418.99	3.69
用材林	45.26	21.36	2655.89	23.37
薪炭林	14.49	6.84	163.69	1.44
合计	211.88	100	11 365.40	100

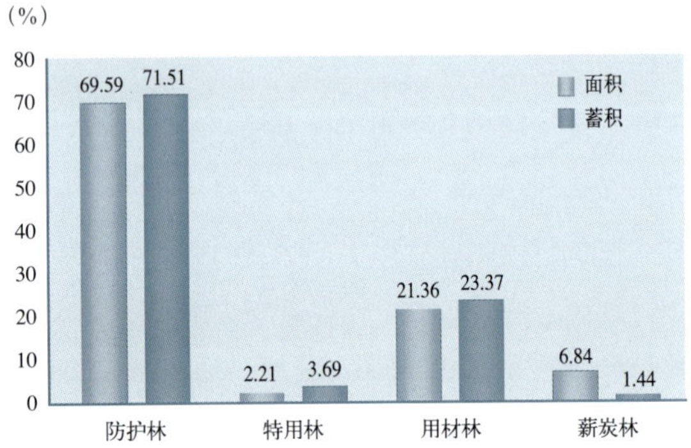

图2-8　天然林分各林种面积和蓄积比例图

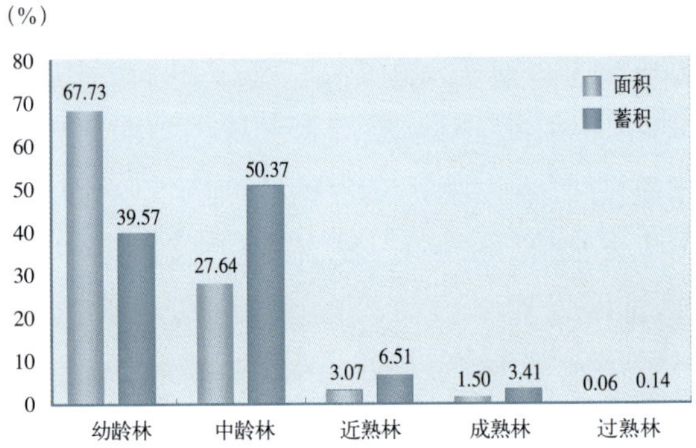

图2-9　天然林分各龄组面积和蓄积比例图

69.59%和71.51%。各林种面积和蓄积及比例见表2-9、图2-8。

天然林分按龄组划分，幼龄林面积143.50万hm^2，蓄积4497.35万m^3；中龄林面积58.57万hm^2，蓄积5724.90万m^3。天然林分幼、中龄林面积和蓄积分别占天然林面积和蓄积的95.37%和89.94%。各龄组面积和蓄积比例见表2-10、图2-9。

天然林资源主要分布在辽东地区，丹东、抚顺、本溪3市天然林面积157.44万hm^2，占全省天然林资源的51.89%。

表2-10　天然林分各龄组面积、蓄积及比例表　　单位：万hm^2、m^3、%

龄组	面积	所占比例	蓄积	所占比例
幼龄林	143.5	67.73	4497.35	39.57
中龄林	58.57	27.64	5724.9	50.37
近熟林	6.5	3.07	739.81	6.51
成熟林	3.18	1.50	387.04	3.41
过熟林	0.13	0.06	16.30	0.14
合计	211.88	100	11 365.40	100

第四节　人工林资源

人工林在恢复和重建森林生态系统、提供木材产品、改善生态环境等方面起着越来越大的作用。培育人工林资源是改善人居环境，缓解林产品供需矛盾，促进地区经济发展的有效途径。辽宁省从20世纪30年代初就开始营造人工林，但都是结构简单的纯林，到60年代初，林业工作者逐渐认识到人工纯林的病虫害比较严重，人工针叶林导致林地土壤不断恶化等。所以，开始提倡营造或诱导针阔混交林。由于当时对树种的生态习性和生长规律认识不足，有的造林地块没有遵循适地适树的原则，将红松、黄波罗、水曲柳等适于冠下造林更新的树种成片地营造在裸露的荒坡、采伐迹地上，致使成活率不高，所以当时营造的针阔混交林保存面积不多，而一些立地条件较好的地方，靠天然下种和萌生形成一些针阔混交林。因此，辽宁人工林由于历史原因造成纯林比例过大，不可避免的形成林地土壤灰化和板结，并有地力逐渐衰退的迹象；同时林分对雪压、风倒、病虫害、火灾等的抵抗能力较弱。落叶松的早期落叶病和枯梢病，红松的疱锈病，赤松、油松的松干蚧，杨树的透翅蛾、杨干象和腐烂病等危害十分严重，有的林分成片死亡。改革开放以后，特别是近10年省委省政府高度重视人工林资源的培育，采取一系列政策措施，逐渐重视营造混交林，使全省人工林资源有了较大发展，林分质量也有很大改善，混交林比例逐渐提高，人工林成为全省森林资源的主体，是森林生态系统的主要组成部分。

全省人工林面积330.52万hm^2，占全省林业用地总面积的47.55%；人工林蓄积12 220.83万m^3，占全省活立木总蓄积的50.05%。人工林各地类面积比例见表2-11、图2-10。

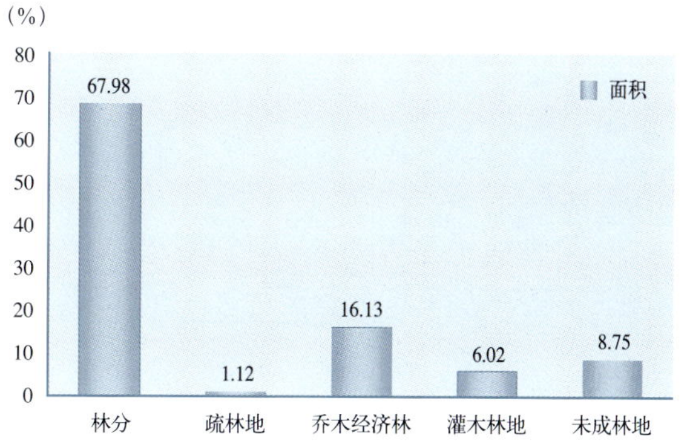

图2-10　人工林各地类面积比例图

表2-11　人工林各地类面积及比例统计表　　单位：万hm^2、%

类别＼地类	总面积	林分	疏林地	灌木林地	乔木经济林	造林未成林
面积	330.52	224.71	3.69	19.91	53.30	28.91
所占比例	100.00	67.98	1.12	6.02	16.13	8.75

在人工林分中，防护林面积117.31万hm^2，蓄积4522.22万m^3，分别占人工林面积和蓄积的52.21%和37.18%。各林种面积、蓄积比例见表2-12、图2-11。

表2-12　人工林分各林种面积、蓄积及比例表　　单位：hm^2、m^3、%

林种	面积	所占比例	蓄积	所占比例
防护林	117.31	52.21	4522.22	37.18
特用林	9.08	4.04	487.37	4.01
用材林	93.87	41.77	7129.84	58.62
薪炭林	4.45	1.98	22.8	0.19
合计	224.71	100	12 162.23	100

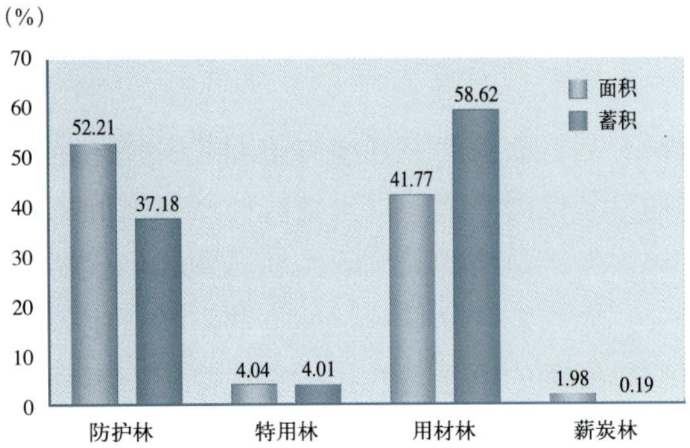

图2-11　人工林分各林种面积和蓄积比例图

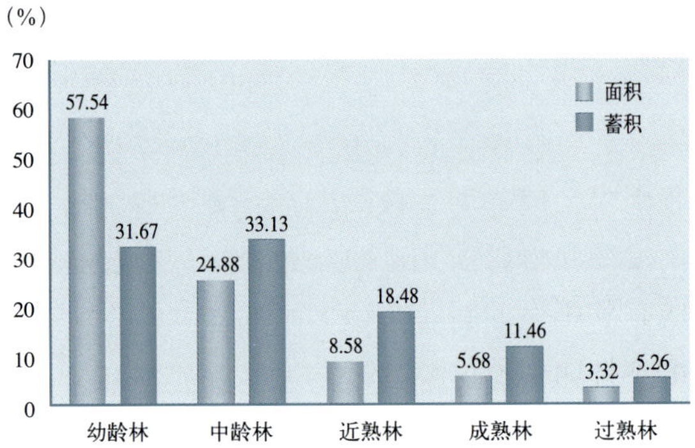

图2-12　人工林分各龄组面积和蓄积比例图

在人工林分中，幼龄林面积129.29万hm^2，蓄积3852.32万m^3；中龄林面积55.91万hm^2，蓄积4028.78万m^3。人工林分幼、中龄林面积和蓄积分别占人工林面积和蓄积的82.42%和64.80%。各龄组面积和蓄积比例见表2-13、图2-12。

表2-13　人工林分各龄组面积、蓄积及比例表　　单位：hm^2、m^3、%

龄组	面积	所占比例	蓄积	所占比例
幼龄林	129.29	57.54	3852.32	31.67
中龄林	55.91	24.88	4028.78	33.13
近熟林	19.27	8.58	2246.94	18.48
成熟林	12.76	5.68	1394.2	11.46
过熟林	7.48	3.32	639.99	5.26
合计	224.71	100	12 162.23	100

第五节　灌木林资源

灌木是宝贵的生物资源，它耗水量小，耐干旱，耐盐碱，耐高寒，具有很强的复壮更新

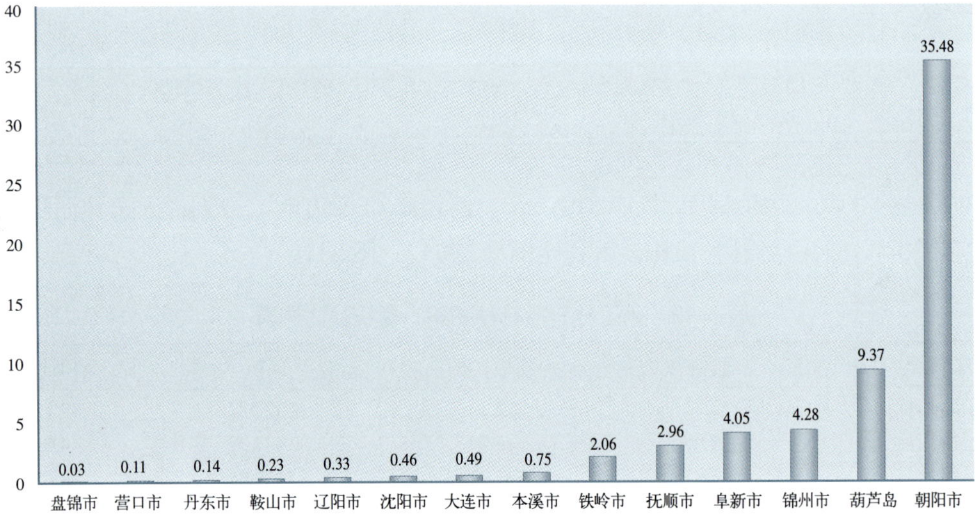

图2-13　全省灌木林地面积分布图　　单位：万hm^2

和自然修复能力，是辽宁省西部地区的重要造林树种，是治理水土流失、涵养水源、防风固沙等生态公益林建设的重要混交树种，是平原地区、城镇乡村绿化、美化、香化的重要伴生树种。辽宁省灌木林分布广泛，生态防护效益非常显著，尤其在辽西地区，改善和发展灌木林资源对改善生态环境极其重要。

全省灌木林面积60.74万hm^2，其中国家特别规定灌木林39.63万hm^2，主要分布在辽西地区，朝阳市35.48万hm^2灌木林全是国家特别规定灌木林，占全省灌木林总面积的58.4%。全省灌木林面积分布见图2-13。

第六节　经济林资源

全省经济林面积102.11万hm^2，其中乔木经济林面积97.39万hm^2，灌木经济林面积4.72万hm^2。

按亚林种划分为果树林、食用原料林、蚕场和其他经济林，各亚林种面积见图2-14。

在乔木经济林中，蚕场面积52.06万hm^2，大枣面积1.40万hm^2，大扁杏面积2.64万hm^2，其他经济林面积41.29万hm^2。

在灌木经济林中，山杏面积为1.95万hm^2，其他灌木经济林面积2.77万hm^2。

另外，按照灌木林的主导功能，全省把14.57万hm^2山杏按灌木林划为公益林，目前全省两杏一枣面积20.56万hm^2。

全省柞蚕场面积52.06万hm^2，占林业用地面积的7.49%，其中沙化严重而且土层较薄的蚕场面积为8.92万hm^2，占蚕场总面积的17.13%。鞍山市的岫岩县蚕场资源分布较多，面积为17.05万hm^2，占全省的32.75%；其次是丹东市和铁岭市。各市蚕场面积及比例见表2-14、图2-15。

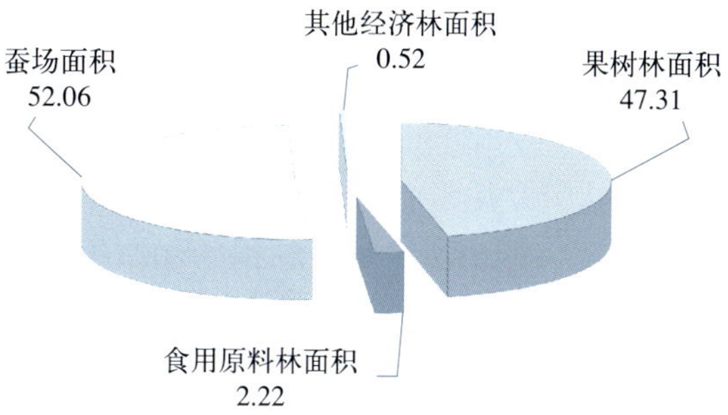

图2-14　经济林各亚林种面积图　单位：万hm^2

表2-14　各市蚕场面积及比例统计表

单位：万hm^2、%

单位	面积	占总面积比例
沈阳市	0.07	0.14
大连市	6.03	11.58
鞍山市	17.05	32.75
抚顺市	0.70	1.35
本溪市	0.70	1.35
丹东市	12.66	24.32
营口市	6.60	12.68
辽阳市	1.96	3.75
铁岭市	6.29	12.08
合计	52.06	100.00

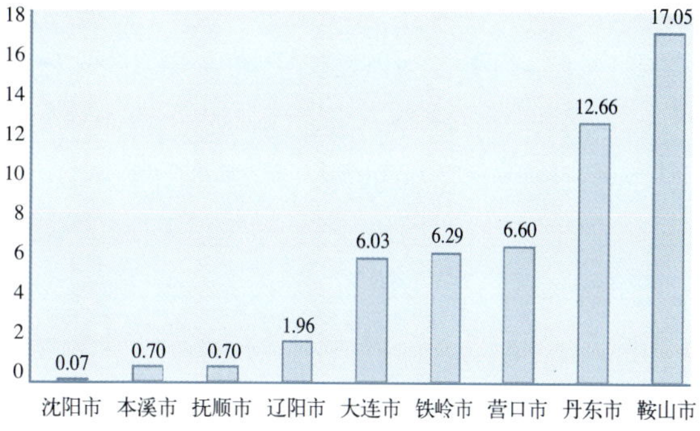

图2-15　各市蚕场面积分布图　单位：万hm^2

第3章 森林资源变迁

第一节　新中国成立前的森林资源

18世纪以前，辽河流域东西两厢山地丘陵还都是茂密的原始森林，据《辽志》记载："在明代，山以医巫闾山为灵秀之最，而千山次之，最东则为东山，层峦叠嶂，盘亘七八百里，林木、铁冶、羽毛、皮革之利不可胜穷"。辽河两岸是风景秀丽、气候适宜、土地肥沃，开发历史悠久的鱼米之乡，由于森林的存在，使丰富的野生动物得以繁衍栖息。据1937年《奉天通志》记载："辽宁东部山林错杂，其中虎豹狼熊貉獐鹿所在多有，山中猎户什伍结队，类皆能挽强却中，时值春季则群出专打鹿茸，猎取鹿胎"。民间曾有"棒打獐子，瓢舀鱼，野鸡飞到饭锅里"的传说，其四季景观可谓：陆春绿柳盘岩，夏天万卉齐放，秋天枫林似火，冬天松柏长青。

自18世纪60年代清政府设置伐木场和19世纪初大批移民垦荒以来，经过清代、民国时期以及日俄帝国主义者掠夺式的采伐，森林资源遭到严重破坏，昔日的丛生茂密、蔽天盖地的原始森林已不复存在。千山山脉原始森林消退的时间较早，1925年日本人三桥康肋在《关东州的植林事业》中写到："关东州位于辽东半岛之先端，境内多为山地丘陵，与奉天、吉林的大沃野平原不能相比，是一片瘠薄不得天惠的土地，因耕地高度扩展，山坡上多被退为农田，过去的山岳丘陵上的树木和草根都被采集做为燃料，根本看不到像样的森林"。根据《奉天通志》记载，辽东森林的消长约分3期，60年前（1871年前）为极盛时期，30年前（1900年前）为渐衰时期，近30年（1930年以后）为畅消时期（即过量消耗时期）。另外，由于人口的不断增加，毁林开垦，砍柴烧炭，过度放牧，放养柞蚕也加速了森林资源的消退。到1949年新中国成立初期，所谓的辽宁东部林区已演变成以柞林和杂木为主的天然次生林，而西北部山区的森林已破坏殆尽，到处是荒山秃岭，造成气候干旱，风沙灾害与水土流失严重，水涝灾害濒发，形成风、沙、旱、涝、雹五灾俱全，燃、饲、肥、材四料奇缺的贫困落后地区，由于生态环境的恶化给农牧业生产和人民生活带来了极大的威胁。新中国成立前夕，辽宁省西部200年左右的茂密森林已被破坏殆尽，绝大部分丘陵山地几乎全变成童山秃岭，或呈点、块状分布的荆条、山杏、酸枣、虎榛子等稀疏灌丛，繁茂的草原转为茫茫荒漠，昔日富饶的辽西地区，已成为山上少林、河里缺水、地中无肥的贫困地区。

第二节　新中国成立后的森林资源

一、新中国成立初期（1949年）的森林资源

东北地区（辽宁省）解放较早，在1947年12月东北行政委员会就根据中国共产党中央委

员会《关于公布中国土地法大纲的决议》及《中国土地法大纲》发布了《东北解放区实行土地法大纲的补充办法》，同时为了保护森林，还颁布了《东北区森林管理暂行条例》。1947年、1948年土地改革时，根据上述规定，对山林进行了分配，1948年8月东北行政委员会发布关于颁发地照的指示，1949年2月辽宁省（原辽宁省、安东省、辽北省）先后发布了森林管理办法，对山林权属又重新做了具体规定。

原辽东省于1949年2月根据《土地法大纲》第九条甲、乙两项规定及《东北解放区森林管理暂行条例》第一、二、三条规定精神确定，一是凡在伪满时代归国有的森林，属于地主有立木成材的森林及各县现有的人工林及散生林（针阔叶均属），其面积在$3hm^2$以上者一律划为国有林，由林务局统一经营管理；二是凡有关保安、风景、名胜古迹、农田防风防沙防水防塌林地及河畔公路两侧的行道树委托各市县政府负责管理；三是各县散生林其面积在$3hm^2$以下、$1hm^2$以上者，及社地、庙地的林木由村政府负责管理，但上述林地为数村或两区共有者由区或县政府管理；四是凡历来习惯上归当地群众伙有的山岚牧场如被分割后有碍使用，仍归公用伙有，通过群众自行管理使用；五是灌木林历来为当地群众用烧炭的岚柴场一律分配给当地群众私有，柞蚕场除确定为实验场外一律分给蚕民使用，并结合调整土地当为搭配；六是果树、园艺、坟茔及私人造林一律归私人所有，不再变动；七是被委托管理的林区，所在市县政府有看管保护之责，但没有采伐使用的权力；八是林权确定后，私有林地应发给执照（用地照代）。

原辽北省政府决定，凡省内$0.3hm^2$以上面积之林木，除雇贫中农原有林及已分之护宅林外，在土改时被分之地主和敌伪公有林木，一律收归省府管理。

原辽西省规定，凡本省境内的森林不分面积大小，除依《土地法》之规定取得所有权者属于私有林外，其他一律划公有林（国有）。

新中国成立初期，由于林业机构不够健全，又缺乏经验，虽有上述规定，但不够完善，加上社会上不法私商投机活动等乱砍滥伐林木的现象以及山林火灾不断发生，森林资源仍在继续遭到破坏。针对这种情况，为了恢复和发展经济建设，1950年到1952年中央人民政府政务院采取了一系列有效措施，发布了《关于全国林业的指示》、《关于禁止砍伐铁路沿线树木的通令》，政务院与中央军委发布了各级部队不得自行采伐森林的通令、关于适当处理林权明确保护管理责任的指示，东北人民政府也相应地发布了“东北区国有森林管理暂行条例”、“区、村有、团体，合作，私有林暂行管理办法”和“护林防火命令”，并决定营造西满防护林带等。辽东、辽西两省除转发和贯彻中央和东北大区的上述指示、命令外，辽东省政府转发了东北人民政府关于工矿、铁路、公路、国营农场营造特殊林的决定。东北区承领公有荒山荒地造林办法，还发布了封山育林的指示。辽西省政府在这期间还发出了关于林权和采伐林木手续的几项规定的通知。为了保护森林和发展林业生产，辽东省确定的经营方针是，普遍护林护山，有重点地进行造林育林，逐步地消灭荒山荒地；辽西省则是在护林的基础上以防护林为主结合营造水源涵养林普遍提倡群众植树造林的方针，以期达到保护农田水利，减轻自然灾害，绿化国土，改造自然，保证供应经济建设所需木材的目的。从1950年到1952年，由于中央和各级政府的重视和林业战线全体职工以及广大群众的努力，经过3年来的恢复和建设，全省在造林、育林、护林方面取得了显著的成绩，并着手森林经理工作为有计划发展林业打下了基础。

新中国成立后，全省的森林资源得到一定的恢复和发展。新中国成立初期1949年全省森林面积188.3万hm^2，森林蓄积量为0.67亿m^3，森林覆盖率为12.9%。

二、“二五”时期（1963年）的森林资源

1953～1957年是我国第一个五年计划时期，也是国民经济蓬勃发展的时期。辽宁省林业战线和其他战线一样，所取得的成绩是巨大的。1952年党中央提出了过渡时期的总路线。为了适应过渡时期总路线的要求，有计划的发展林业，根据中央人民政府政务院关于发动群众开展造林、育林、护林的指示精神，1952年东北行政委员会颁布了关于营造东北西部防护林带的决定，并召开扩大会议进行了部署和动员。辽西省人民政府转发了东北行政委员会关于营造东北西部防护林带工作的指示，结合西部风沙水旱灾害情况，将营造范围扩大为双辽、康平、彰武、新民、阜新、法库、黑山、昌北、梨树、昌图、绥中、锦西、锦县、兴城、盘山等15个县；辽东省也确定了11个县区营造海岸防护林。在发动群众造林时，认真贯彻了“伙造伙有，村造村有，谁造谁有”的政策，同时随着小农经济的社会主义改造，互助合作运动的迅速发展，造林的方式逐步转向以村或农业生产合作社互助组为基础的集体造林和合作造林。

1954年辽东、辽西两省合并成立了辽宁省，行政区划也相应地做了改变。1956年辽宁省政府根据中央指示精神，结合辽宁的实际情况，为解决土改遗留的林权纠纷问题，明确权益，加强山林的经营管理，促进生产和对农业的社会主义改造，颁发了清理林权试行办法，同时还发了关于清理林权工作的指示。

1956年中共辽宁省委、省人委，针对当时某些地区林木入社作价不合理，有的林权没有明确规定而引起的乱砍滥伐发出了关于加强对现有林木保护工作的指示。根据上述指示，在全省范围内开展了清理林权工作和解决林木入社存在的问题。

1957年辽宁省人民委员会又召开了山区建设积极分子会议，要求各地加强对山林的管理，凡集体所有和集体经营的林木，一般应一律为社会统一经营，不要放手让农民自行砍伐，木材收购应由木材公司（或委托供销社）统一经营，原则上不许用材单位深入农村收购，以避免引起滥砍盗伐，使滥砍盗伐迅速地制止下来。

从1953年至1957年辽宁林业进展比较顺利，取得的成绩巨大，基本上解决了林木入社存在的问题，大部分县完成了清理林权的工作，并发放了林照，从而调动了广大群众营林的积极性。5年来全省共植树造林44.11万hm^2，完成原计划126.3%，比1911年到1948年36年期间造林面积总和还多出14.1万hm^2。在这些林木中有各种农田防护林30.42万hm^2，用材林9.70万hm^2，桑、柞、栗子等各种经济林2.73万hm^2，其他林木1.25万hm^2。经过5年的植树造林，自然面貌开始改观，一些秃山长满树木，郁闭成林。1953年在绕阳河、清河、柴河、太子河营造的水土保持林多数郁闭成荫，显示了水土保持林的作用，在新宾、清原等地营造的西部防护林带延长14 000多km，构成数道绿色林墙，有力地保护了农作物的生长。

在森林经营保护方面也取得了很大成绩，全省出现了42个无森林火灾市县，使全省90%以上的林区杜绝了山林火灾事件，从而保证了森林正常生长。同时还封山育林10.7万hm^2，很多地方经过长期封山保护后，使荒山恢复成林分。

此外这一时期对原有天然次生林抚育改造、木材生产、幼林抚育等都取得了显著成绩。但当时由于照抄照搬前苏联经验，也给工作带来一些损失，如在营造农田防护林方面，过分强调

所谓等距垂直，不考虑地形地物，实行千里一条线，违反了因地制宜，因害设防原则，又没因地选择树种，致使一部分地方造林成活率不高，有的虽成活但林木生长不良，形成小老树。

1958年在党的“鼓足干劲，力争上游，多快好省建设社会主义总路线”的指引下，根据中共中央、国务院联合发布的“关于在全国大规模造林的指示”，省委、省人委提出第二个五年计划的绿化方案要求用3年时间完成四旁绿化，5～8年基本实现全省绿化，10～15年全省森林覆被率达到28%，加上四旁绿化可超过30%。在全省召开的林业会议上提出“3年绿化四旁，8年绿化辽宁”的口号，会后在全省范围内掀起了绿化高潮。1958年造林78.97万hm^2，相当于第一个五年计划期间造林面积总和的178%，四旁植树5.31亿株，相当于第一个五年计划期间零星植树总和的4倍多。尽管数字由于浮夸风有不实之处，但造林速度在历史上还是空前的。

根据1958年11月党的八届六中全会《关于人民公社若干问题决议》中提出的要在若干年内逐步实现耕地三三制，实现大地园林化，美化全中国的奋斗目标和1959年、1960年林业部召开的两次林业厅局长会议精神，辽宁省1959年到1960年林业会议上提出向绿化园林化进军的口号；还提出要实现林业生产基地化，林木培育丰产化，林业经营林场化，林业工具机械化的号召。为了调动一切积极因素，在发展林业上提出一整套两条腿走路的方针，为了加强对山林和木材的管理，1959年还制订了山林管理办法和木材管理办法。在“大跃进时期”辽宁省林业虽然有一定的结果，但是由于在指导思想上犯有“左倾”错误，违背了事物客观发展规律，给林业工作带来很大的损失；再加上开展了反“右倾”运动，批判了敢于讲真话的同志，使得高指标、瞎指挥、浮夸风和“一平二调”的共产风严重泛滥起来，在林业方面，打乱了所有制，使林木入社等很多遗留问题未有彻底解决，林树清理也被迫半途停止。

1960年冬，我们党开始纠正农村工作中的错误，并且决定对国民经济实行调整、巩固、充实、提高的方针，1962～1964年国民经济得到了比较顺利的恢复和发展，辽宁省的林业形势也开始好转。根据1961年中共中央发布的《关于确定林权，保护山林和发展林业若干政策规定（试行草案）》，1962年9月中央发布的《人民公社工作条例修正草案》六十条，1962年11月中共辽宁省委发出了《关于保护和发展林木的几项规定》，强调指出公社和生产大队所有的林木，应尽量下放给生产队所有。高级社时确定为社员个人所有的树木以及社员在村边、道旁、房前屋后和河滩种植的树木，都归社员个人所有。不许乱砍林木，公社、生产大队和生产队集体所有的林木砍伐要经过管委会或社员代表大会讨论批准，任何干部个人无权擅自决定；大批采伐时，应取得林业部门的技术指导，有计划地抚育采伐并要及时更新造林，任何单位和个人每砍伐1棵至少必须补栽3棵，并保证成活，公社、生产大队、生产队生产的木材，按照合同完成交售任务后，可以自行处理。

1962年在省召开的林业工作会议上，进一步强调了认真清理林权，落实林业政策。辽宁省人民委员会发布了《关于保护山林，严禁破坏水土保持的布告》的通告。1963年省人委转发了国务院发布的森林保护条例。通过上述一系列的措施，辽宁省林业形势越来越好。1963年在省委、省人委召开的林业工作会议上，肯定了经过调整几年来所取得的成绩，根据八届十中全会精神，提出了今后一个时期全省林业发展的工作方针、任务和规划，在今后一个时期辽宁省林业建设的主要任务是，以改造西北部风沙干旱地区为中心，实行造林、护林同时并举，大力搞好植树造林的同时，切实保护好现有森林资源，加强天然次生林抚育改造和利用，逐步满足工农业生产建设和人民生活需要。

在这期间，林业战线和其他战线一样，走过一段曲折前进的道路，但从总体的趋势上看，林业生产还是有很大发展的。

“二五”时期，1963年全省林业用地面积为554.7万hm²，占全省总面积的39%；非林业用地861.4万hm²，占61%。在林业用地面积中,有林地面积265.9万hm²，占林业用地面积的47.9%；疏林地面积为22.7万hm²，占4.1%；灌木林地面积为44.4万hm²，占8.0%；未成林造林地面积为61.0万hm²，占11.0%；无林地面积为161.0万hm²，占29.1%，详见表3-1、图3-1。全省林业用地面积按权属划分，国有占7.5%，集体占92.5%。在有林地面积中，按林种划分，用材林面积为119.7万hm²，占45%；防护林面积为66.3万hm²，占25%；经济林面积为79.9万hm²，占30%。全省森林覆盖率为21.9%。

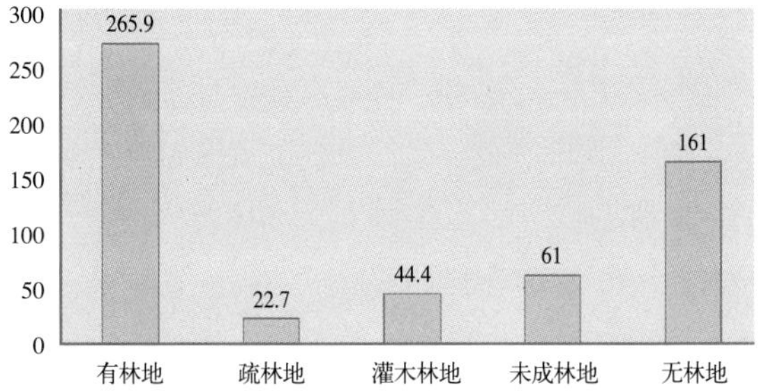

图3–1 “二五”时期1963年各地类分布图

单位：万hm²

表3–1 “二五”时期1963年林业用地各地类分布表 单位：万hm²、%

分类	林业用地	有林地	疏林地	灌木林地	未成林地	无林地
面积	554.7	265.9	22.7	44.4	61.0	161.0
所占比例	100	47.9	4.1	8.0	11.0	29.0

全省活立木总蓄积量为6200.4万m³。林分面积为186.0万hm²，林分蓄积量为5936.9万m³。全省平均蓄积量为31.92m³/hm²。

全省林分面积和蓄积量按各龄组划分为，幼龄林分别占75%和55%，中龄林分别占18%和30%，近熟林分别占4%和8%，成熟林分别占3%和7%。中幼龄林占林分总面积的93%，蓄积量占85%，中幼龄林占绝对优势。由此可见，这一时期的森林资源中幼龄林是构成全省的主要代表龄组，后备资源雄厚，但可用林业资源相对较少。

全省森林按优势树种分布是，柞树占绝对优势，其面积和蓄积量分别占全省总数的61.3%和56.3%；居次位的是杨、柳、椴3个树种，分别占11.6%和12.7%；第三位是油松，占11.2%和11.3%；其他树种（包括红松、落叶松、水曲柳、黄波罗、桦、榆、刺槐等）分别占15.9%和19.7%。由此可见，这一时期的森林资源是以柞树为主的阔叶混交林构成辽宁天然次生林木的代表林分。

全省截止到“二五”期末共营造人工林12.5万hm²，其中用材林面积占59%，防护林面积占41%。按权属划分为，国有林为34%，集体林为66%。全省新植未成林面积为60.7万hm²，是人工林面积的4倍，人工造林此时已取得了显著的成绩。

三、“四五”时期（1975年）的森林资源

“四五”时期1975年的森林资源状况为，全省林业用地为574.6万hm²，占全省总土地面积的39.4%，全省森林覆盖率为26.4%。在林业用地面积中，有林地面积为342.3万hm²，占林业用地面积的59.6%；疏林地面积为14.9万hm²，占2.5%；灌木林地面积为42.6万hm²，

表3-2 “四五”时期1975年林业用地各地类分布表 单位：万hm^2、%

分类	林业用地	有林地	疏林地	灌木林地	未成林地	无林地
面积	574.6	342.3	14.9	42.6	33.1	141.7
所占比例	100	59.6	2.5	7.4	5.8	24.7

占7.4%；未成林造林地面积为33.1万hm^2，占5.8%；无林地面积为141.7万hm^2，占24.7%，详见表3-2、图3-2。在无林地面积中，宜林荒山荒地面积为140.2万hm^2，占98.9%。

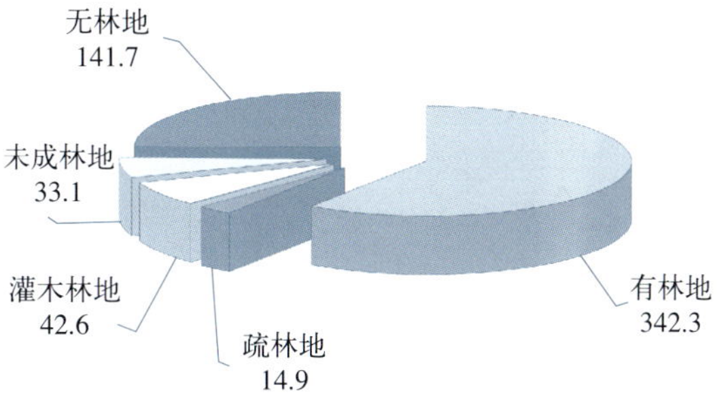

图3-2 “四五”时期1975年各地类分布图
单位：万hm^2

全省活立木总蓄积量为8712.7万m^3，林分面积243.8万hm^2，蓄积量为8304.8万m^3。全省平均蓄积量为34.06m^3/hm^2。

全省林分面积及蓄积量按龄组分布为，幼龄林面积及蓄积量分别占林分面积、蓄积量的59%和25%，中龄林分别占36%和59%，成熟林分别占5%和16%。这明显地说明了辽宁省森林资源的结构中幼龄林占绝对优势，后备资源雄厚，可采伐利用的资源贫乏。

森林资源按林种分布是，用材林、防护林、薪炭林、经济林、特用林分别占林分面积的58.8%、6.4%、5.2%、28.8%、0.8%。

全省林分面积及蓄积量按权属分布为，集体林的面积及蓄积量分别占林分面积蓄积量的76.1%和72.4%，国有林分别占19.4%和26.4%，国合林分别占3.3%和0.2%，其他分别占1.2%和1.0%。这明显地说明了辽宁省是以集体林为主的少林省份。

全省森林资源按优势树种分布为，柞树占绝对优势，其面积和蓄积量分别占全省总数的43.5%和49.1%；其次是杨、柳、椴树，分别占15.9%和11.7%，油松分别占15.6%和8.2%，其他树种(红松、落叶松、云冷杉、刺槐、水曲柳、黄波罗、胡桃楸、桦、榆等) 分别占25%和31%。这说明了辽宁省是以柞树为主或混生着杨、柳、椴及其他树种的阔叶混交林。

四、“八五”时期（1993年）的森林资源

经过不懈努力，辽宁省林业生态建设事业有了长足进步。森林资源是一种再生资源，它是具有经济、生态、社会等方面的多功能、多效益的综合体。这一时期，辽宁省在森林资源培育、森林经营等诸多方面都有了很大进步，森林资源总量稳步提高，森林的多种效益逐步显现出来，为区域国民经济发展起到了积极的促进作用。

在这一林业发展时期，切实加强领导，按照原林业部和省政府的工作部署，各级党委、政府将林业生态建设事业摆上了重要议事日程，切实加强了对林业工作的领导，保证了生态建设的顺利进行。各市、县政府主要领导亲自负责，实行了领导抓点制度，建立了目标责任制。广泛宣传发动，坚持舆论先行，通过各种行之有效的宣传形式，加大对林业生态建设的宣传力度，积极营造良好的事业发展氛围。各市、县、乡根据本地实际，通过电台、电视台、报纸、专栏等形式，展开多种形式的林业生态建设宣传活动，调动了广大农民参与林业生态建设的

积极性。辽宁省还进一步加强了森林资源管理，建立健全了森林资源管理机构，强化了森林资源管理工作，使森林资源管理逐步进入了良性发展轨道。根据《森林法》规定，为加强森林资源管理，要求全面建立森林资源档案，其目的就是要存储森林资源数据，掌握森林资源变化，随时保持森林资源数据的完整性和准确性，从而进行科学经营和管理森林资源。辽宁省“四五”时期开展了森林资源建档试点，在这一时期全面铺开了此项工作，取得了一定的成效，使森林资源管理水平有一定的提高。经过艰苦曲折的林业建设过程，使我们清楚地认识到，要实现辽宁省国民经济快速发展，林业的发展就必须“把不断地扩大森林资源，提高森林覆盖率和森林蓄积量，发挥森林对社会的多种功能效益列为战略思想”，把林业的生态效益与经济效益紧密地结合起来。在上述战略思想的指导下，应该执行“以营林为基础，培育森林为核心，综合利用为重点，提高经济效益为目标”的建设方针。只有这样，林业生态建设事业才能不断取得进步。

“八五”时期，1993年的森林资源状况为，全省林业用地为651.8万hm^2，占全省总土地面积的44.7%。在林业用地面积中，有林地面积为506.0万hm^2，占林业用地面积的77.6%；疏林地面积为11.7万hm^2，占1.8%；灌木林地面积为21.5万hm^2，占3.3%；未成林造林地面积为22.1万hm^2，占3.5%；无林地面积为89.9万hm^2，占13.8%，详见表3-3、图3-3。在无林地面积中，宜林荒山荒地面积为84.2万hm^2，占93.6%。

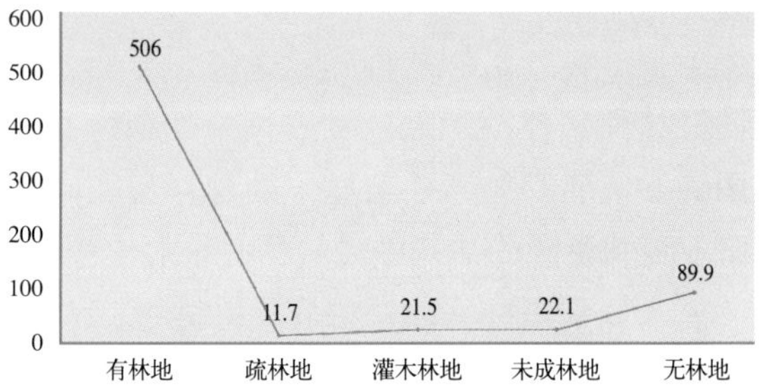

图3—3 “八五”时期1993年各地类分布图

单位：万hm^2

表3—3 “八五”时期1993年林业用地各地类分布表　　单位：万hm^2、%

分类	林业用地	有林地	疏林地	灌木林地	未成林地	无林地
面积	651.8	506.0	11.7	21.5	22.1	89.9
所占比例	100	77.6	1.8	3.3	3.5	13.8

全省活立木总蓄积量为1.76亿m^3，林分面积372.8万hm^2，蓄积量为1.66亿m^3。全省平均蓄积量为44.59m^3/hm^2。说明这一时期辽宁省林业事业发展迅速，实现了森林面积蓄积双增长，而且森林单位面积产量也有了较大幅度提高。

五、近期森林资源培育与管理重大举措

“八五”以来，辽宁省相继开展了“三北”防护林、退耕还林、沿海防护林、防沙治沙工程、速生丰产林工程、平原绿化工程、野生动物与自然保护区建设工程等重点林业生态建设工程，使森林资源培育走上了又好又快发展的轨道，森林资源总量持续增加，森林质量有所提高。党的十一届三中全会以后，为了适应新形势下环境建设与经济发展的需要，尽快建立起既适应社会主义市场经济要求，又反映林业特点的林业经济新体制，转变林业经济增长方式，发展林业生产力，在我国逐步建立起比较完备的林业生态体系和比较发达的林业

产业体系，国家体制改革委员会、林业部颁发了《林业经济体制改革总体纲要》（体改委[1995]108号）及《林业部关于开展林业分类经营改革试点工作的通知》（体资通字[1996]69号）文件要求，1996年全省开展了森林分类经营改革工作，2002年开展了国家森林生态效益补助资金试点工作，在省委、省政府的关心指导下，在财政部、国家林业局的高度重视和大力支持下，恪守“严管林、慎用钱、质为先”的原则，按照“高起点开局、高标准运作、高质量完成”的要求，经省林业厅和省财政厅密切配合、通力合作，进展顺利，效果突出。各级管理机构和管护队伍逐步健全，管护资金发放到位，专项资金专款专用，资源数据档案日趋完善，正在规范稳步推进。以《中共中央国务院关于加快林业发展的决定》和中共辽宁省委、辽宁省人民政府关于贯彻《中共中央国务院关于加快林业发展的决定》的实施意见为指针，深入贯彻落实国家林业局、财政部林策发[2004]94号关于印发《国家林业局、财政部重点公益林区划界定办法》的通知精神，从全省生态环境建设和生态区位的重要性出发，以森林分类区划商品林和公益林划分为依据，在生态公益林划分的基础上按照生态区位的重要性进行重点公益林的区划界定和空间定位，合理布局，权属清晰，事权分明，重点保护，实施生态立省，建设绿色辽宁。这一阶段辽宁省林业建设发展有了长足进步，林业分类经营大力促进了林业事业的发展。2005年全省开展了集体林改革试点工作，目前集体林改革工作已全面铺开，使广大林农真正有了经营自主权；同时，全省还实施了果材林富民工程，积极发展工业原料林，发展种苗花卉业，合理开发林地资源，积极培育食用菌、中药材、山野菜采集及人工栽培、野生动物驯养等林业特色产业，切实搞好林产品精深加工，大力发展林地经济。现在，全省林业生态建设要进一步抓好森林资源培育，加大植被培育力度，以国家和省林业重点工程实施为主，切实搞好优良种苗培育、生态公益林、速生丰产林、工业原料林、珍贵树种培育和生态脆弱地区营造林。科学经营好现有森林资源，进一步提高森林经营水平，生态公益林抚育和低效林改造按照生态工程项目进行建设和管理，全面提高森林质量和效益。以森林可持续经营思想为指导，进一步落实森林分类经营，完善制定森林经营规程和标准，进一步作好科学营林工作，提高林分质量和森林生态系统的稳定性，充分发挥森林的多功能作用，努力推进传统林业向现代林业的转变。启动全省数字林业工程，充分利用森林资源二类调查数据，建立全省森林资源数据库和全省森林资源管理信息系统。强化森林资源管理工作，不断完善森林资源管理体系，提高森林资源综合监测能力水平，使森林资源经营管理上一个新的台阶，使全省林业生态建设持续、稳定、健康发展。尽管这一时期辽宁省林业建设事业取得了可喜成绩。但是，加强森林资源培育，提高科学经营水平，构建高效稳定的森林生态系统，推进林业生态体系和产业体系协调发展，达到人与自然和谐相处，仍是辽宁省林业和生态建设一项长期而艰巨的任务。

第4章 森林资源分布

第一节 森林资源区域分布

根据全省地貌类型和植物区系分布特点，按照生态优先，突出特点，强化保护，重在发展的原则，将辽宁省林业生态建设划分为3大区域，即辽东山区、辽中南平原沿海地区、辽西北地区。

一、辽东山区

（一）林业用地面积

区域内林业用地面积375.27万hm^2，占全省林业用地面积的53.99%，森林覆盖率61.46%。有林地面积342.53万hm^2（林分278.52万hm^2、乔木经济林64.01万hm^2），有林地面积占该区域林业用地面积91.28%；疏林地面积0.58万hm^2，占0.15%；灌木林地面积6.17万hm^2（国家特别规定灌木林1.72万hm^2、其他灌木林4.45万hm^2），占1.64%；未成林地面积14.29万hm^2，占3.81%；苗圃地面积0.09万hm^2，占0.02%；无林地面积11.26万hm^2，占3.00%；林业辅助用地0.35万hm^2，占0.10%。各类土地面积情况详见表4-1、图4-1。

表4-1 辽东山区林业用地各类土地面积表 单位：万hm^2、%

类别	林业用地	有林地	疏林地	灌木林地	未成林地	苗圃地	无林地	辅助生产用地
面积	375.27	342.53	0.58	6.17	14.29	0.09	11.26	0.35
比例	100	91.28	0.15	1.64	3.81	0.02	3.00	0.10

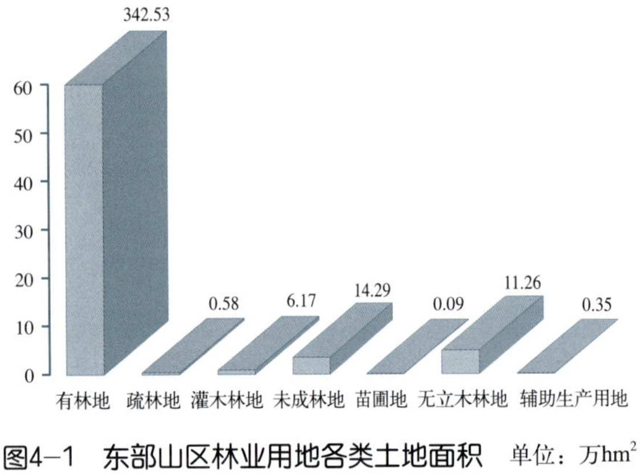

图4-1 东部山区林业用地各类土地面积 单位：万hm^2

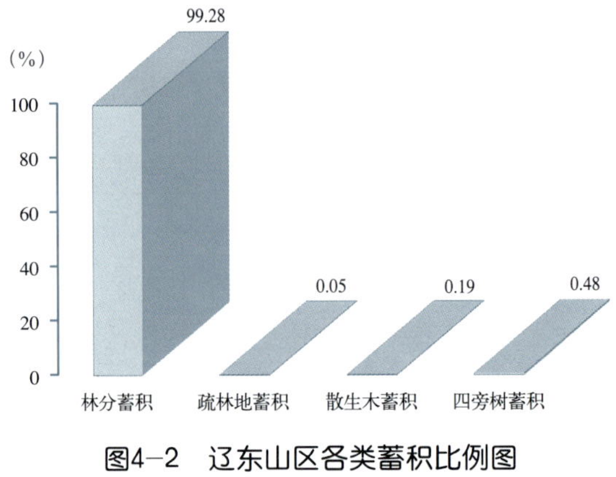

图4-2 辽东山区各类蓄积比例图

（二）活立木蓄积量

区域内活立木蓄积18 113.99万m^3，占全省活立木总蓄积的74.19%，其中林分蓄积17 983.71万m^3，占区域内活立木蓄积的99.28%；疏林蓄积9.58万m^3，占0.05%；散生木蓄积35.29万m^3，

表4-2 辽东山区各类蓄积量表

单位：万m^3、%

类别	活立木蓄积	林分蓄积	疏林蓄积	散生木蓄积	四旁树蓄积
蓄积	18 113.99	17 983.71	9.58	35.29	85.41
比例	100	99.28	0.05	0.19	0.48

占0.19%；四旁树蓄积85.41万m^3，占0.48%。各类蓄积量详见表4-2、图4-2。

（三）生态区自然状况与建设重点

1. 自然状况

辽东山区是全省天然林保护和水源涵养林建设的核心区。行政区域范围为7个市31个县（市、区），地域范围为以辽河及长大铁路以东的东部山区地带，海拔在500～1200m，总土地面积557.25万hm^2，占全省国土总面积的37.64%。气候属温带湿润区，温暖湿润，土壤肥沃，年降水量在700～1200mm，年平均气温5～8℃，无霜期140～160天，主要土壤为棕色森林土、暗棕壤等。该区主要植物群落是以红松为主的原生植物群落演变成现在的天然次生林，植被属于长白山植物区系混有华北区植物，植被类型以高大的人工、天然乔木林为主，代表树种有红松、油松、落叶松以及辽东栎、桦树、椴树、榆树、色树、水曲柳、胡桃楸、黄波罗等多种树种。

2. 建设重点

该区建设重点是依托生态公益林建设工程，全面停止天然林（公益林）商业性采伐，保护好现有植被，以生态保护和提高林分质量为主。通过封山育林，调整针阔结构来诱导混交林的形成，增强水源涵养能力。发展异龄针阔混交林，大力治理坡耕地、蚕场和参园，以控制水土流失；同时，实施果材林富民工程，积极发展工业原料林；适度发展种苗花卉业；适度开发林下资源，积极培育食用菌、中草药、山野菜采集及人工栽培、野生动物驯养等林业特色产业；开发特有的森林景观资源，大力发展森林旅游业，带动相关产业发展。

二、辽中南平原沿海地区

（一）林业用地面积

区域内林业用地面积69.78万hm^2，占全省林业用地面积的10.04%。森林覆盖率20.24%。

有林地面积59.82万hm^2（林分41.71万hm^2、乔木经济林18.11万hm^2），有林地面积占该区域林业用地面积85.73%；疏林地面积0.48万hm^2，占0.69%；灌木林地面积0.88万hm^2（国家特别规定灌木林0.38万hm^2、其他灌木林0.50万hm^2），占1.26%；未成林地面积3.48万hm^2，占4.99%；苗圃地面积0.15万hm^2，占0.21%；无林地面积4.90万hm^2，占7.02%；林业辅助用地0.07万hm^2，占0.10%。各类土地面积情况详见下表4-3、图4-3。

表4-3 辽中南平原沿海地区林业用地各类土地面积表

单位：万hm^2、%

类别	林业用地	有林地	疏林地	灌木林地	未成林地	苗圃地	无林地	辅助生产用地
面积	69.78	59.82	0.48	0.88	3.48	0.15	4.90	0.07
比例	100	85.73	0.69	1.26	4.99	0.21	7.02	0.10

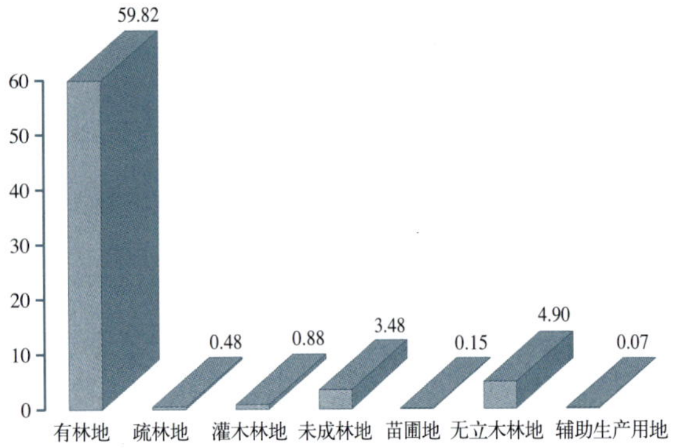

图4-3 辽中南平原沿海地区林业用地各类土地面积

单位：万hm²

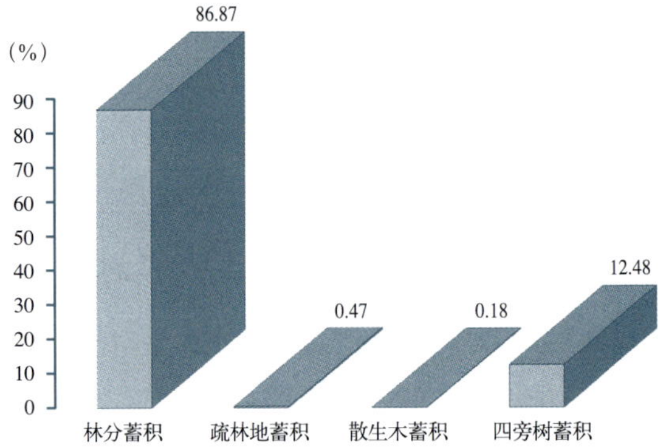

图4-4 辽中南平原沿海地区各类蓄积比例图

（二）活立木蓄积

区域内活立木蓄积1642.74万m^3，占全省活立木总蓄积的6.73%，其中林分蓄积1426.98万m^3，占区域内活立木蓄积86.87%；疏林蓄积7.69万m^3，占0.47%；散生木蓄积2.99万m^3，占0.18%；四旁树蓄积205.08万m^3，占12.48%。各类蓄积量详见表4-4、图4-4。

表4-4 辽中南平原沿海地区各类蓄积量表

单位：万m^3、%

类别	活立木蓄积	林分蓄积	疏林蓄积	散生木蓄积	四旁树蓄积
面积	1642.74	1426.98	7.69	2.99	205.08
比例	100	86.87	0.47	0.18	12.48

（三）生态区自然状况与建设重点

1. 自然状况

辽中南平原沿海地区是全省防护林体系和城镇绿化建设的集中区。行政区域范围为7个市33个县（市、区），地域范围是以长白山余脉千山山系，由东北走向西南，一直伸入到黄海、渤海，海拔多在400m以下。总土地面积295.59万hm^2，占全省国土总面积的19.96%。气候属暖温带半湿润区，土壤肥沃。本区受海洋季风影响，气候温和，年平均气温9～10℃，年降水量600～800mm，无霜期180～210天，主要土壤为棕色森林土、盐碱土、草甸土、水稻土、风沙土、沼泽土等。该区域主要植被类型属暖温带落叶阔叶林地带，长白、华北植物区系，地带性森林植物群落是以松栎林为主，代表树种有赤松、油松、蒙古栎、麻栎、槲栎、辽东栎、臭椿、刺榆等多种树种。

2. 建设重点

该区建设重点是以生态建设升位为重点，实施沿海防护林体系工程建设，加快隙地造林、城市绿化和村屯绿化，提高绿化水平，进一步完善农田林网，建立起以沿海防护林为主体的综合防护网络；形成以生态系统多样性为主要特征的城市森林建设体系，提高城市绿化档次，提升城市生态品味，为城市建设提供绿色保障；同时充分利用辽河平原及中部城市群的优势，大力发展杨树速生丰产林基地和名特优经济林种苗、花卉基地；重点发展木质品加工业，建设全省最大的木材生产加工基地；加快生态旅游与国际接轨的步伐，进一步提升全省森林旅游业发展水平。

三、辽西北地区

（一）林业用地面积

区域内林业用地面积249.98万hm^2，占全省林业用地面积的35.97%。

有林地面积131.63万hm^2（林分116.36万hm^2、乔木经济林15.27万hm^2），有林地面积占该区域林业用地面积52.66%；疏林地面积3.19万hm^2，占1.28%；灌木林地面积53.70万hm^2（国家特别规定灌木林0.38万hm^2、其他灌木林0.50万hm^2），占21.48%；未成林地面积17.20万hm^2，占6.88%；苗圃地面积0.28万hm^2，占0.11%；无林地面积43.60万hm^2，占17.44%；林业辅助用地0.38万hm^2，占0.15%。各类土地面积情况详见表4-5、图4-5。

表4-5 辽西北地区林业用地各类土地面积表 单位：万hm^2、%

类别	林业用地	有林地	疏林地	灌木林地	未成林地	苗圃地	无林地	辅助生产用地
面积	249.98	131.63	3.19	53.70	17.20	0.28	43.60	0.38
比例	100	52.66	1.28	21.48	6.88	0.11	17.44	0.15

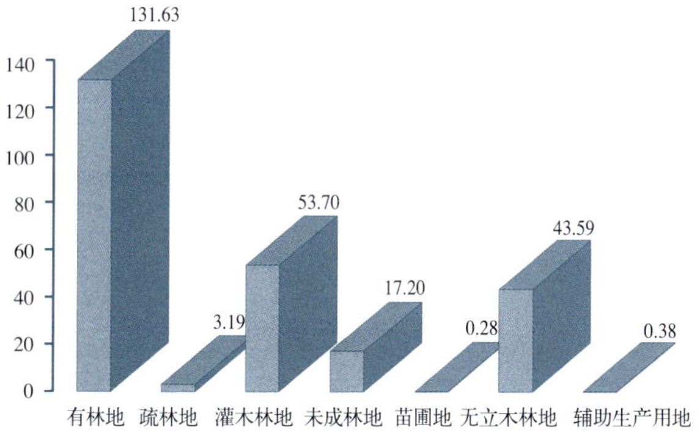

图4-5 辽西北地区林业用地各类土地面积

单位：万hm^2

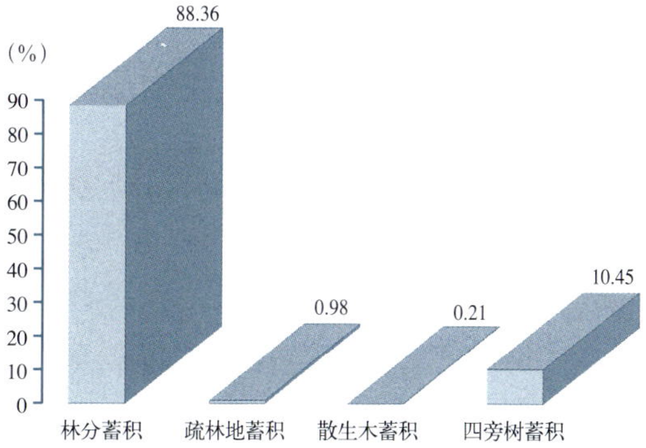

图4-6 辽西北地区各类蓄积比例图

（二）活立木蓄积

区域内活立木蓄积4659.17万m^3，占全省活立木总蓄积的19.08%，其中林分蓄积4116.94万m^3，占区域内活立木蓄积88.36%；疏林蓄积45.84万m^3，占0.98%；散生木蓄积9.59万m^3，占0.21%；四旁树蓄积486.80万m^3，占10.45%。各类蓄积量详见表4-6、图4-6。

表4-6 辽西北地区各类蓄积量表 单位：万m^3、%

类别	活立木蓄积	林分蓄积	疏林蓄积	散生木蓄积	四旁树蓄积
面积	4659.17	4116.94	45.84	9.59	486.80
比例	100	88.36	0.98	0.21	10.45

（三）生态区自然状况与建设重点

1. 自然状况

辽西北地区是全省治理沙化、荒漠化、增加森林植被和加快生态建设的重点区。行政区范围为6个市36个县（市、区），地域范围主要是辽河以西开阔的低山丘陵地带，海拔多在50～600m。总土地面积627.80万hm^2，占全省国土面积的42.40%。区域内多低山丘陵，河流纵横，滩地开阔，沙化、荒漠化较为严重。气候属暖温带半湿润区、亚湿润干旱区，本区受亚热带大陆气团的影响，热量条件较好，水分条件极差，光照条件充足，年平均气温6～8℃，年降水量500mm以下，无霜期140～160天，主要土壤为褐土、风沙土、盐碱土、草甸土等。该区域植被类型部分地区属温带森林草原地带，蒙古植物区系以外，绝大部分地区属暖温带落叶阔叶林地带，为华北植物区系。地带性森林植被群落是油松、栎林，代表树种有油松、辽东栎、槲栎、槲树、麻栎、臭椿、小叶朴、山杏、酸枣、荆条等。

2. 建设重点

该区建设重点是以保护和加快增加森林植被为重点，实行封、飞、造结合，乔、灌、草合理配置，大力实行退耕还林（草）和沙化、荒漠化土地治理工程，增加植被，扩大绿化面积，提高森林植被覆盖率。要坚持生物措施与工程措施相结合，植树种草与沙区开发相结合，在垦殖区大力营造防风固沙林和农田防护林；同时，积极发展杨树速生丰产林和工业原料林，加快林纸一体化建设；重点发展核桃、山杏、大扁杏、沙棘等特色经济林基地和名优特新种苗花卉基地；在风沙危害严重地区，鼓励发展林草结合产业。

第二节　森林资源按行政区分布

一、林业用地面积

全省林业用地面积695.03万hm^2，其中林业用地面积在100万hm^2以上的市有丹东市、朝阳市；林分面积在50万hm^2以上的市有丹东市、抚顺市和本溪市。各行政区林业用地面积情况详见表4-7、图4-7。

表4-7　辽宁省各行政区林业用地面积结构表

单位：万hm^2

地类 单位	林业用地面积合计	有林地			疏林地	灌木林地			未成林地	苗圃地	无立木林地	宜林地	林业辅助用地
		小计	林分	乔木经济林		小计	国家特别规定灌木林	其他灌木林					
省计	695.03	533.98	436.59	97.39	4.25	60.74	39.63	21.11	34.97	0.52	8.25	51.51	0.81
沈阳市	20.75	14.40	13.48	0.92	0.42	0.47	0.23	0.24	2.28	0.11	0.51	2.46	0.10
大连市	50.82	45.11	30.28	14.83	0.35	0.49	0.21	0.28	1.77	0.04	0.64	2.40	0.02
鞍山市	46.85	42.89	21.85	21.04	0.05	0.23	0.03	0.20	2.54	0.01	0.47	0.65	0.01
抚顺市	84.13	74.23	71.92	2.31	0.13	2.96	0.41	2.55	3.11	0.03	1.05	2.37	0.25
本溪市	67.41	62.37	59.88	2.49	0.10	0.75	0.15	0.60	3.36	0.02	0.24	0.55	0.03
丹东市	101.06	96.10	77.72	18.38	0.14	0.14	0.04	0.10	3.58	0.02	0.55	0.51	0.02
锦州市	28.16	15.03	11.78	3.25	0.45	4.28	0.13	4.15	1.51	0.03	1.07	5.75	0.03
营口市	26.05	23.20	12.53	10.67	0.17	0.11	0.06	0.05	1.23	0.01	0.12	1.21	0.00
阜新市	35.79	24.75	23.65	1.10	0.42	4.05	0.19	3.86	1.03	0.08	1.37	3.99	0.10
辽阳市	19.32	17.58	14.35	3.24	0.01	0.32	0.06	0.26	0.14	0.01	0.18	1.05	0.01
盘锦市	1.18	0.59	0.56	0.03	0.01	0.03	0.01	0.02	0.34	0.02	0.01	0.18	0.00
铁岭市	51.89	41.42	32.62	8.79	0.22	2.06	1.13	0.93	2.24	0.03	0.99	4.67	0.08
朝阳市	107.52	47.91	44.62	3.29	1.33	35.48	35.48		6.62	0.08	0.80	15.16	0.14
葫芦岛市	54.10	28.40	21.35	7.05	0.45	9.37	1.50	7.87	5.04	0.03	0.23	10.55	0.02

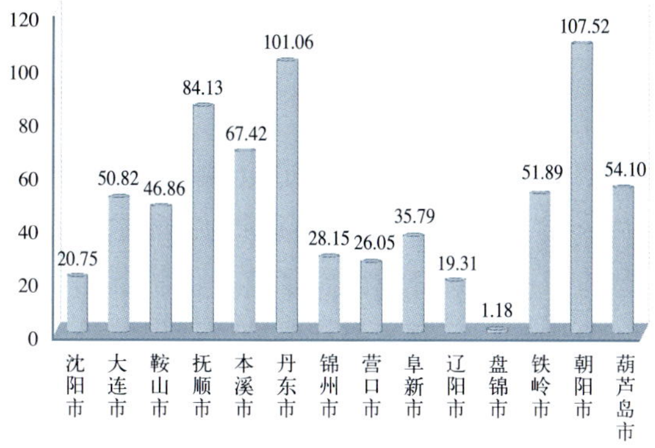

图4-7 各市林业用地面积柱状图 单位：万hm²

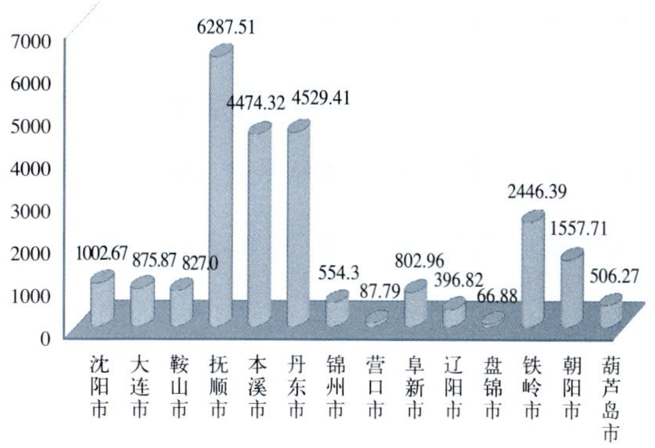

图4-8 各市活立木蓄积柱状图 单位：万m³

二、活立木蓄积量

全省活立木总蓄积24 415.90万m³，其中活立木蓄积、林分蓄积在4000万m³以上的市有丹东市、抚顺市和本溪市。各行政区活立木蓄积、林分蓄积情况详见表4-8、图4-8。

表4-8 辽宁省各行政区活立木蓄积统计表 单位：万m³

单位	活立木总蓄积	林分蓄积	疏林蓄积	散生木蓄积	四旁树蓄积
省计	24 415.90	23 527.63	63.12	47.86	777.29
沈阳市	1002.67	911.58	15.69	0.60	74.80
大连市	875.87	749.04	2.38	1.50	122.95
鞍山市	827.00	748.22	2.39	3.39	73.01
抚顺市	6287.51	6271.21	2.26	10.21	3.83
本溪市	4474.32	4464.15	2.63	4.17	3.37
丹东市	4529.41	4495.96	2.53	9.15	21.77
锦州市	554.30	504.20	4.39	0.78	44.93
营口市	87.79	71.62	0.08	0.27	15.82
阜新市	802.96	765.04	4.44	1.57	31.91
辽阳市	336.82	382.86	0.45	2.22	11.29
盘锦市	66.88	57.53	0.12	0.08	9.15
铁岭市	2446.39	2329.15	6.71	8.53	102.00
朝阳市	1557.71	1354.40	16.26	2.59	184.46
葫芦岛市	506.27	422.67	2.79	2.80	78.00

第三节 森林公园与自然保护区分布

一、森林公园

森林公园建设是社会经济发展对森林资源利用方式的客观选择，也是林业产业结构调整的重要内容。森林公园的建立在缓解森林保护和开发之间的矛盾、调整产业结构、扩大林业职工就业及改善林业职工生活条件等方面起到了积极作用。目前全省共建立国家、省级森林公园65处，森林公园总面积为275 304.0hm²，占全省国土面积的1.86%。“十五”期间，辽宁省充分利用国家、地方社会经济快速发展的良好机遇，采取了有效措施，促进森林公园和森林旅游业持续、快速发展，取得了显著成效；累计接待游客2000万人次，森林旅游直接收入近6亿元，创造社会总产值30亿元。

（一）国家级森林公园建设情况

全省建立国家级森林公园28处。森林公园总面积186 188hm^2，占全省国土面积的1.26%，占森林公园总面积的67.63%。通过建设国家级森林公园，设立专门的管理机构，制定有利于森林资源保护的管理条例，使186 188hm^{2}森林公园的森林风景资源得到了有效保护；另一方面，通过开展森林旅游，森林公园取得了明显的经济效益，缓解了森林公园资源保护投入不足的问题，促进了森林风景资源保护和林分质量的提高。国家级森林公园的建设也使国家珍贵自然遗产得到了切实的保护。全省国家级森林公园面积、分布情况详见表4-9。

表4-9　辽宁省国家级森林公园统计表　　单位：hm^2

序号	公园名称	面积	所在地
1	陨石山国家森林公园	2000	沈阳市东陵区李相乡
2	沈阳国家森林公园	1000	沈阳市沈北新区马刚乡
3	旅顺口国家森林公园	2741	大连市旅顺口区
4	仙人洞国家森林公园	3575	庄河市仙人洞林场
5	大连国家森林公园	3759	大连市金州区
6	长海海岛国家森林公园	7200	长海县小长山岛乡
7	普兰店国家森林公园	667	普兰店市林场
8	大连天门山国家森林公园	3100	庄河市仙人洞镇
9	大连银石滩国家森林公园	22 000	庄河市
10	大连西郊国家森林公园	55 000	大连市甘井子区红旗街道办
11	金龙寺国家森林公园	2138	大连市甘井子区金龙寺村
12	千山国家森林公园	2931	千山风景名胜区管委会
13	元帅林国家森林公园	6959	抚顺大伙房林场
14	猴石国家森林公园	5675	新宾满族自治县赵家林场
15	红河谷国家森林公园	9112	清原满族自治县林业局
16	三块石国家森林公园	6785	抚顺县三块石林场
17	库区国家森公园	4627	桓仁满族自治县库区林场
18	本溪国家森林公园	6667	本溪满族自治县林业总场
19	本溪环城国家森林公园	22 573	本溪市环城公园管理处
20	大孤山国家森林公园	464	东港市大孤山镇
21	天桥沟国家森林公园	4200	宽甸满族自治县双山子乡
22	盖州国家森林公园	1567	盖州市海防林场
23	海棠山国家森林公园	67	阜新蒙古族自治县大阪乡
24	沙地国家森林公园	2267	彰武县林场
25	冰砬山国家森林公园	2019	西丰县冰砬山林场
26	凤凰山国家森林公园	1328	双塔区凤凰山林场
27	大黑山国家森林公园	5100	北票市大黑山林场
28	首山国家森林公园	667	兴城市
合计	28	186 188	

（二）省级森林公园建设情况

全省建立省级森林公园37处，森林公园总面积89 116.0hm^2，占全省国土面积的0.60%，占森林公园总面积的32.37%。省级森林公园的建设，广泛利用林区森林资源，是林区开展多种经营最佳方案之一。森林旅游主要优点在于不仅是对林区资源的不消耗利用，而且还保护了89 116.0hm²森林风景资源；更重要的是增强了林业可持续发展的物质基础，强化了林区或少林区自身的造血功能，增强了经济活力和财力，最终使森林资源得到有效的保护和恢复。全省省级森林公园面积、分布情况详见表4-10。

表4-10　辽宁省省级森林公园统计表

单位：hm^2

序号	公园名称	面积	所在地
1	驼山海滨省级森林公园	2240	瓦房店市驼山乡
2	长兴岛海滨省级森林公园	3307	瓦房店市长兴岛镇
3	大连龙门汤省级森林公园	5078	瓦房店市许屯镇
4	大连大黑石省级森林公园	1760	甘井子区营城子镇
5	西平省级森林公园	2467	台安县西平林场
6	辽宁老虎山省级森林公园	4300	岫岩满族自治县东风林场
7	辽宁岱王庙省级森林公园	1867	岫岩满族自治县清凉山林场
8	白云山省级森林公园	3723	海城市孤山镇
9	龙潭湾省级森林公园	800	岫岩满族自治县龙潭林场
10	浑河源省级森林公园	3332	清原满族自治县省直属林场
11	新宾和睦省级森林公园	1530	抚顺市矿务局
12	大地省级森林公园	8119	本溪满族自治县碱厂林场
13	参王古省级森林公园	2903	本溪满族自治县田师傅林场
14	本溪县湖里森林公园	1617	本溪满族自治县东营房乡
15	辽宁苍龙山原始森林公园	4614	桓仁满族自治县八里店林场
16	辽宁八面威森林公园	3033	桓仁满族自治县和平林场
17	五龙山省级森林公园	467	丹东市五道沟林场
18	蒲石河省级森林公园	4000	凤城市赛马镇
19	黄椅山省级森林公园	75	宽甸满族自治县城郊林场
20	天华山省级森林公园	1400	宽甸满族自治县林川林场
21	宽甸花省级森林公园	1080	宽甸满族自治县牛毛乌乡
22	翠岩山省级森林公园	267	凌海市红旗林场
23	五峰省级森林公园	3723	北宁市五峰林场
24	医巫闾山省级森林公园	1402	北宁市
25	岩井寺省级森林公园	1835	凌海市康家林场
26	高山台省级森林公园	815	彰武县高山台林场
27	元宝山省级森林公园	267	阜新市
28	城子山省级森林公园	3933	西丰县和隆林场
29	七鼎龙潭寺省级森林公园	133	开原市南城子林场
30	辽阳核伙沟省级森林公园	2200	辽阳县寒岭镇
31	石洞沟省级森林公园	1333	辽阳市林业科研所
32	牛河梁省级森林公园	8000	凌源县欺天林场
33	朝阳洞省级森林公园	1867	喀喇沁左翼蒙古族自治县十二德堡林场
34	盘锦省级森林公园	330	盘山县盘山林场
35	辽河湿地省级森林公园	480	盘锦西郊
36	三山妙峰省级森林公园	2300	绥中县三山妙峰林场
37	绥中锥山省级森林公园	2519	绥中县永安乡
合计	37	89 116	

二、自然保护区

建立自然保护区，是保护自然环境、自然资源的有效措施，是社会经济可持续发展的客观要求。全省自然保护区基本包括了辽宁省典型生态环境类型，在保护生态环境完整性和生物多样性等方面起到了重要作用。

（一）自然保护区建设情况

全省自1981年建立第一个自然保护区以来，到目前林业系统已建自然保护区73处，其中国家级自然保护区6处，省级保护区22处，市级保护区26处，县级保护区19处，总保护面积为1 376 060.1hm^2（包括水域面积138 320.0hm^2），占全省国土面积的8.36%。全省各级自然保护区的分布、面积、类型、保护对象详见表4-11。

表4-11　全省林业系统自然保护区统计表

单位：hm^2

序号	保护区名称	级别	保护对象	类型	面积	所在地
1	大连仙人洞自然保护区	国家	赤松、栎林生态系统及其珍稀濒危野生动植物	森林	3575	庄河市
2	桓仁老秃顶子国家级保护区	国家	野生动植物资源	森林	15 217.3	桓仁满族自治县
3	辽宁白石砬子国家级自然保护区	国家	森林和野生动物资源	森林	7467	宽甸满族自治县
4	辽宁努鲁儿虎山国家级自然保护区	国家	华北、蒙古生物区系交汇地带的森林生态系统	森林	13 832.1	朝阳县
5	医巫闾山国家级自然保护区	国家	森林和野生动物资源	森林	14 000	锦州市
6	辽宁双台河口国家级自然保护区	国家	黑嘴鸥、丹顶鹤等濒危物种及湿地生态系统	湿地	128 000	盘锦市
7	辽宁卧龙湖省级自然保护区	省级	卧龙湖水体、鸟类等野生生物种群及生存环境	湿地	11 200	康平县
8	清凉山自然保护区	省级	华北、长白植物区系交汇的森林生态系统	森林	4300	岫岩满族自治县
9	白云山自然保护区	省级	华北、长白植物区系交汇的森林生态系统	森林	13 300	海城市
10	龙潭湾自然保护区	省级	华北、长白植物区系交汇的森林生态系统	森林	4626	岫岩满族自治县
11	三块石自然保护区	省级	森林植物群落、原始林相、国家、省珍稀物种	森林	10 434	抚顺县
12	浑河源自然保护区	省级	森林植物群落、原始林相、国家、省珍稀物种	森林	18 931	清原满族自治县
13	龙岗山省级自然保护区	省级	野生动植物资源	森林	15 052	新宾满族自治县
14	猴石山省级自然保护区	省级	野生动植物资源	森林	13 238	新宾满族自治县
15	本溪和尚帽自然保护区	省级	野生动植物资源	森林	10 973	本溪满族自治县
16	辽宁凤凰山自然保护区	省级	森林和野生动物资源	森林	2600	凤城市
17	喀左楼子山省级自然保护区	省级	华北、蒙古生物区系交汇地带的森林生态系统	森林	11 150	喀喇沁左翼蒙古族自治县
18	北票大黑山省级自然保护区	省级	华北、蒙古生物区系交汇地带的森林生态系统	森林	17 697	北票市
19	朝阳青峰岭省级自然保护区	省级	华北植物区系北缘森林生态系统	森林	9010	朝阳县
20	凌源青龙河省级自然保护区	省级	华北、蒙古生物区系交汇地带的森林生态系统	森林	69 912	凌源市
21	海棠山省级自然保护区	省级	天然次生针、阔混交林	森林	11 002.7	阜新蒙古族自治县
22	老鹰窝山省级自然保护区	省级	天然次生针、阔混交林	森林	6405.3	阜新蒙古族自治县

续

序号	保护区名称	级别	保护对象	类型	面积	所在地
23	彰古台省级自然保护区	省级	沙地自然生态系统、野生动植物资源和樟子松人工林	森林	19 624	彰武县
24	鞍山大麦科省级自然保护区	省级	湿地鸟类资源	湿地	4500	台安县
25	玉石岭自然保护区	省级	森林系统、国家重点保护植物资源	森林	31 947	盖州市
26	白狼山自然保护区	省级	森林野生动植物资源	森林	12 448	建昌县
27	红螺山自然保护区	省级	森林野生动植物资源	森林	10 452	连山区
28	阜新关山省级自然保护区	省级	森林野生动植物资源	森林	4835	阜新蒙古族自治县
29	沈阳望海寺市级自然保护区	市级	森林和野生动植物种群	森林	13 333	法库县
30	沈阳五龙山市级自然保护区	市级	森林和野生动植物种群	森林	31 200	法库县
31	沈阳白清寨市级自然保护区	市级	森林和野生动植物种群	森林	4267	苏家屯区
32	大连黄海岸及石城岛湿地自然保护区	市级	水禽、野生动物资源	湿地	135 050	庄河市
33	大连三湾湿地自然保护区(复洲湾、普兰店湾、金州湾)	市级	水禽、野生动物资源	湿地	180 750	普兰店市
34	本溪牛毛大山自然保护区	市级	野生动植物资源	森林	7175	桓仁满族自治县
35	本溪太子河源自然保护区	市级	野生动植物资源	森林	13 383	本溪市
36	本溪环城生态自然保护区	市级	野生动植物资源	森林	27 292.4	本溪满族自治县
37	丹东双江河自然保护区	市级	湿地和鸟类资源	湿地	120 914	宽甸满族自治县
38	丹东红铜沟白鹭自然保护区	市级	鸟类栖息地	湿地	336	宽甸满族自治县
39	丹东黎明自然保护区	市级	森林和野生动物资源	森林	10 827	宽甸满族自治县
40	丹东五龙山自然保护区	市级	森林和野生动物资源	森林	2281	振安区
41	凤城通远堡红松自然保护区	市级	森林和野生动物资源	森林	24 314	凤城市
42	凤城蒲石河自然保护区	市级	森林和野生动物资源	森林	12 184	凤城市
43	凤城玉龙湖自然保护区	市级	湿地鸟类资源	湿地	5903	凤城市
44	凤城锅头峪自然保护区	市级	森林和野生动物资源	森林	9527	凤城市
45	喀左化石沟市级自然保护区	市级	华北、蒙古生物区系交汇地带的森林生态系统	森林	17 645	喀喇沁左翼蒙古族自治县
46	朝阳凤凰山市级自然保护区	市级	华北、蒙古生物区系交汇地带的森林生态系统	森林	5363	朝阳市
47	大连石城岛黑脸琵鹭自然保护区	市级	黑脸琵鹭等濒危物种及湿地生态系统	湿地	13 950	庄河市
48	葫芦岛六股河口自然保护区	市级	湿地生态系统	湿地	1011	绥中县
49	金宝湾自然保护区	市级	天然次生林及野生动物资源	森林	39 841	辽阳市
50	双河自然保护区	市级	天然次生林及野生动物资源	森林	25 012	辽阳市
51	大石桥老轿顶自然保护区	市级	森林系统、国家重点植物资源	森林	11 505	大石桥市
52	沈阳仙子湖市级自然保护区	市级	仙子湖水体、鸟类等野生生物种群及生存环境	湿地	8667	辽中县
53	本溪桓龙湖自然保护区	市级	湿地、野生动植物资源	湿地	18 945	桓仁满族自治县
54	本溪凉山自然保护区	市级	野生动植物资源	森林	8449.5	桓仁满族自治县
55	西平自然保护区	县级	华北、长白植物区系交汇的森林生态系统	森林	4300	台安县
56	三岔河湿地自然保护区	县级	芦苇沼泽和其他草地生态系统	湿地	5400	海城市
57	张其寨地方级自然保护区	县级	野生动植物资源	森林	1000	溪湖区
58	东风地方级自然保护区	县级	野生动植物资源	森林	1350	溪湖区
59	铁岭县榛子岭自然保护区	县级	野生动植物资源	森林	32 051.1	铁岭县
60	调兵山自然保护区	县级	丘陵天然次生林、人工林生态类型	森林	412.6	调兵山市
61	铁岭市清河自然保护区	县级	野生动植物资源	森林	24 925.6	清河区
62	付家樟子松母树林自然保护区	县级	樟子松母树林资源	森林	666.67	昌图县

续

序号	保护区名称	级别	保护对象	类型	面积	所在地
63	泉头镇肖家沟自然保护区	县级	天然林资源	森林	187	昌图县
64	朝阳苍鹭县级自然保护区	县级	苍鹭栖息地	森林	3825	朝阳县
65	千佛山自然保护区	县级	沙地自然生态系统	森林	860.33	彰武县
66	高山台自然保护区	县级	天然次生针、阔混交林资源	森林	575.5	彰武县
67	大汤河自然保护区	县级	天然次生林及野生动物资源	森林	377	弓长岭区
68	大黑山自然保护区	县级	天然次生林及野生动物资源	森林	10 000	辽阳县
69	华表山自然保护区	县级	天然次生林及野生动物资源	森林	240	弓长岭区
70	建昌县宫山嘴苍鹭县级自然保护区	县级	野生动植物、鸟类资源	森林	1919	建昌县
71	兴城青山县级自然保护区	县级	森林和野生动物资源	森林	28 100	兴城市
72	建昌六股河赤麻鸭、绿翅鸭县级自然保护区	县级	湿地鸟类资源	湿地	2749	建昌县
73	凤城帽盔山自然保护区	县级	森林和野生动物资源	森林	12 268	凤城市
合计	73				1 376 060.1	

（二）国家级自然保护区

全省国家自然保护区有6处，保护面积为182 091.4hm^2，占保护区总面积的13.26%，其中以保护森林植被、野生动植物5处，面积为54 091.4hm^2，占国家保护区面积的29.71%；保护湿地野生动物1处，面积为128 000.0hm^2（包括12 000.0hm^{2}浅海水域），占国家自然保护区面积的70.29%。

1. 白石砬子国家级自然保护区

白石砬子国家级自然保护区，位于丹东市宽甸满族自治县北部，保护区属长白山余脉千山山系，山势蜿蜒曲折，平均海拔1000m，最高峰四方顶海拔1270m。区内属温带季风气候，冬季较寒冷，夏季温暖湿润，年平均温度6.4℃，年平均降水量1200mm左右，区域内相对湿度73%。

该区处于长白山和华北植物区系的交替地带，兼有兴安植物区系的物种，是温带红松阔叶混交林的最南界。植物垂直分布比较明显，在海拔400～1000m的针阔叶混交林中，其中下部为红松枫桦混交林，上部为蒙古栎红松混交林，是本区典型而有代表性的森林类型。物种资源丰富，有高等植物997种，低等植物771种，主要保护对象属于国家重点保护植物有人参、刺人参、钻天柳、水曲柳、天麻、天贝母、野大豆、天女木兰等8种；还有一些苔藓，如刺叶护蒴苔、毛叶梳藓等，除日本有少量分布外，也只在该区生长，十分珍贵；低等植物真菌的种类也多，如松绒蘑，目前仅在该区有所发现，具有重要的经济和研究价值；区域内有脊椎动物166种，其中国家重点保护对象野生动物有紫貂、水獭、黑熊、长耳鸮、红隼、苍鹰、金雕、鸳鸯、花尾榛鸡等24种。

保护区总土地面积7467.0hm^2，其中国有林面积4560.7hm^2，占总面积的61.08%；集体林面积2906.3hm^2，占38.92%。核心区面积2252.1hm^2，占保护区面积的30.16%；缓冲区面积903.4hm^2，占12.10%；实验区面积4311.5hm^2，占57.74%。活立木总蓄积量为717 862m^3。

2. 老秃顶子国家级自然保护区

老秃顶子国家级自然保护区，位于本溪市桓仁满族自治县城西75km处，保护区属长白山龙岗支脉的延续部分，其主峰在八里甸子境内，海拔1367m，素有“辽宁屋脊”之称。区内属北温带大陆性季风气候中的辽东冷凉湿润气候区，冬季较寒冷，夏季温暖湿润，年平均温度6.3℃，年平均降水量870～1100mm，相对湿度67%。

该区属长白植物区系，垂直分布为阔叶林带、针阔叶混交林带、岳桦林带和高山苔原带，是本区典型而有代表性的森林类型。物种资源丰富，野生动植物种类繁多，尚存有完整的原生植被群落。现有低、高等植物232科1788种，陆生脊椎动物63科222种，昆虫131科708种，其中被列为国家重点保护对象珍稀濒危野生植物17种，野生动物22种。国家重点保护植物主要代表种有东北红豆杉、天女木兰、双蕊兰等；动物有东北熊、梅花鹿、香獐子、水獭等。

保护区总土地面积15 217.0hm^2，其中国有林面积8885.5hm^2，占总面积的58.39%；集体林面积6331.5hm^2，占41.61%。核心区面积1791.7hm^2，占保护区面积的11.78%；缓冲区面积11 995.9hm^2，占78.83%；实验区面积1429.4hm^2，占9.39%。活立木总蓄积量为916 571m^3。

3. 医巫闾山国家级自然保护区

医巫闾山国家级自然保护区，位于辽宁省西部义县和北宁市交界处，保护区属于阴山山系的余脉，地势北高南低，海拔200～800m，主峰望海山海拔867m，地貌为侵蚀剥蚀低山丘陵，形成阳坡大面积基石裸露，山势陡峻，阴坡土层较厚，植被完整。该区属暖温带半干旱季风气候，夏季酷热多雨，冬季寒冷干燥，年平均气温8℃，无霜期160～180天，年平均降水量为600mm，水资源较丰富，除冬季冰雪封山外，其他季节溪流不断。

该区属华北植物区系，也是蒙古、长白、华北3个植物区系过渡带，植物类型多样，区内有高等植物786种；华北植物区系代表树种油松是闾山乡土树种，适应性强，耐瘠薄干旱，生长较快。闾山是我国天然侧柏分布的北限，具有重要的科研价值。锦带花在我国史料上少有记载，而在这个保护区却有广泛的分布，每逢盛花季节，各种山花齐开怒放，争芳斗妍，甚为美丽。区内还生长着珍贵植物水曲柳、黄波罗、胡桃楸、香椿、文冠果等，反映了闾山植物的丰富性和独特性。大面积的天然油松林和完整的松栎混交林，郁郁葱葱，极为茂盛，绿浪翻滚，松涛作响，更令人心旷神怡。森林为野生动物创造了良好的栖息环境和丰富的食物来源。全区有脊椎动物达229种，其中鸟类159种，仅是候鸟达118种，属于国家重点保护对象野生动物有22种，如大鸨、鸳鸯、大天鹅、苍鹰、秃鹫、金雕等。石鸡是辽宁省惟一的分布区。

保护区总土地面积14 000.0hm^2，其中国有林面积10 212.1hm^2，占总面积的72.94%；集体林面积3787.9hm^2，占27.06%。核心区面积3468.0hm^2，占保护区面积的24.77%；缓冲区面积5234.0hm^2，占37.39%；实验区面积5298.0hm^2，占37.84%。活立木总蓄积量为547 214m^3。

4. 仙人洞国家级自然保护区

仙人洞国家级自然保护区位于大连市庄河市境内，地处辽东半岛千山山脉南麓，保护区地质构造古老，地貌景观奇特，奇峰怪古林立，山势险峻、峰峦起伏，并分布有大面积的前震旦系假岩溶地貌景观。该区的动植物区系、地质地貌在国内外都有特殊的保护和科研价值，海拔200～600m。本区为温带季风气候，夏季受海洋气候影响，空气清新，年平均气温8.8℃，无霜期170天，年降水量近900mm。莫纳河、小峪河流经保护区，区内近百条沟岔又与两水相连，形成众多的林间小溪。

该区属长白、华北两大植物区系的过渡地带，具有地带多样性特点。保护区有高等植物810种，主要乔木树种有赤松、红松、黑松、麻栎、蒙古栎、糠椴、黄檗、花曲柳、胡桃楸、槭树等。顶极植被保护对象为赤松、麻栎混交林。区内有大面积的天然赤松林和10种栎树，如麻栎、辽东栎、栓皮栎、蒙古栎等。保护区灌木种类也很多，东北地区独有的第四纪冰川残留下的天然亚热带植物十几种，如海州常山、三椏钓樟等树种十分珍贵。保护区有脊椎动物196种，其中鸟类140多种，国家保护动物有白尾海雕、金雕、中华秋沙鸭、白鹤、秃鹫等22种。杂色山雀除台湾和辽宁的桓仁有分布外，仅在此区有分布，是典型的东北动物区稀有鸟类。

保护区总土地面积3575.0hm^2，其中国有林面积1627.0hm^2，占总面积的45.51%；集体林面积1948.0hm^2，占54.49%。核心区面积781.0hm^2，占保护区面积的21.85%；缓冲区面积876.0hm^2，占24.50%；实验区面积1918.0hm^2，占53.65%。活立木总蓄积量为147 045m^3。

5. 努鲁儿虎山国家级自然保护区

努鲁儿虎山国家级自然保护区属于燕山山脉，努鲁儿虎山中，位于朝阳市朝阳县境内，核心区海拔350～1123m。本区属于北温带大陆性季风气候区，尽管受海洋暖湿气影响，但由于北部内蒙古高原的干燥冷空气经常侵入，形成了半干燥半湿润易干燥地区，主要气候特点为四季分明，雨热同季，日照充足，日温差较大，降水偏少，全年平均气温5.4～8.7℃，年均日照时数为2850～2950h，年降水量450～580mm，无霜期122～155天，春秋两季多风、易旱，风力一般为2～3级，冬季盛行西北风，风力较强。

该区属于华北植物区系向蒙古植物区系过渡类型，植被属半干旱草原向半湿润森林区过渡地带，是阻拦北部寒流大风与科尔沁沙地南侵的重要天然生态屏障。自然保护区植被丰富，主要保护对象有4个植被型、10个群系、21个群丛组，均保存良好。山地阳坡分布3200hm^{2}天然山杏林，在华北与东北地区十分罕见。经调查，保护区内有维管束植物97科412属1015种，其中有国家二级重点保护野生植物4种；有脊椎动物5纲27目69科354种，其中国家一级保护野生动物金雕、大鸨两种，国家二级保护动物32种，并有各种鸟类266种，其中水禽80多种，旅鸟120种，鸟类总数在辽宁省首屈一指，形成了丰富多彩的动植物世界。

保护区总土地面积13 832.1hm^2，有林面积10 429.4hm^2，占总面积的75.40%；其中国有林面积2701.9hm^2，占有林地面积的25.91%；集体林面积7727.5hm^2，占74.09%。核心区面积4899.62hm^2，占保护区面积的35.42%；缓冲区面积4453.05hm^2，占32.19%；实验区面积4479.43hm^2，占32.39%。

6. 双台河口国家自然保护区

双台河口自然保护区地处盘锦市西南双台子河入海口处，辖区面积12.8万hm^2，是一个以保护丹顶鹤、黑嘴鸥等珍稀鸟类及其赖以生存的滨海湿地生态环境为主的综合性、多样性、多功能的自然保护区。本区拥有亚洲第一、世界第二大的芦苇沼泽，天下奇观红海滩；拥有254种鸟类，其中国家Ⅰ级保护鸟类5种、Ⅱ级保护鸟类29种，“中日候鸟保护协定”保护的鸟类145种、“中澳候鸟保护协定”保护的鸟类46种。据历年统计数据，本区停歇有丹顶鹤600余只、白鹳460余只、白鹤430余只，分别占全世界其野生种群的25%、20%、20%；同时本区还栖息着足以引起注意的一大批濒危、脆弱的迁徙种群，如黑嘴鸥、黑脸琵鹭等。因而，本区在国际湿地及湿地生物多样性保护中居重要位置。

三、省、市、县级自然保护区

全省省级以下自然保护区有67处，总保护面积为1 193 968.7hm^2，占全省国土面积的

8.06%，占全省自然保护区总面积的86.77%，其中保护森林植被、野生动植物类型保护区52处，保护面积为678 850.0hm²，占省以下保护区总面积的56.86%；保护湿地、野生动植物类型保护区15处，保护面积为515 118.7hm²，占43.14%。

主要保护对象为东北、华北、蒙古3大植物区系中的珍稀、濒危和国家Ⅰ、Ⅱ级，省重点保护的野生动植物资源和湿地资源。主要野生植物代表种有水杉、东北红豆杉、金钱松、红松、长白松、水曲柳、胡桃楸、黄波罗、紫椴、钻天柳、银杏、天女木兰等；主要动物代表种有黑熊、紫貂、猞猁、斑海豹、马鹿、梅花鹿、黄羊、中国林蛙、桓仁林蛙、桓仁滑蜥、黑眉锦蛇、棕黑锦蛇、大天鹅、小天鹅、白鹭、白鹳、黑鹳等。

第四节　湿地与野生动植物分布

辽宁省所处地理位置特殊，是长白、华北、蒙古3大植物区系和东北、华北、蒙古3大动物区系的交汇地带，加之各种环境因子的作用，造就了全省湿地面积广阔、类型多样和丰富的生物多样性。

一、湿　地

（一）湿地类型及面积

按《国际湿地公约》标准，全省湿地划分为5大类11种类型，总面积121.96万hm²，其中近海及海岸湿地73.81万hm²，占湿地总面积的60.52%；永久性河流湿地25.22万hm²，占20.68%；湖泊、库塘湿地11.91万hm²，占9.77%；沼泽和沼泽草甸湿地11.02万hm²，占9.03%。各种湿地类型、面积详见表4-12、图4-9。

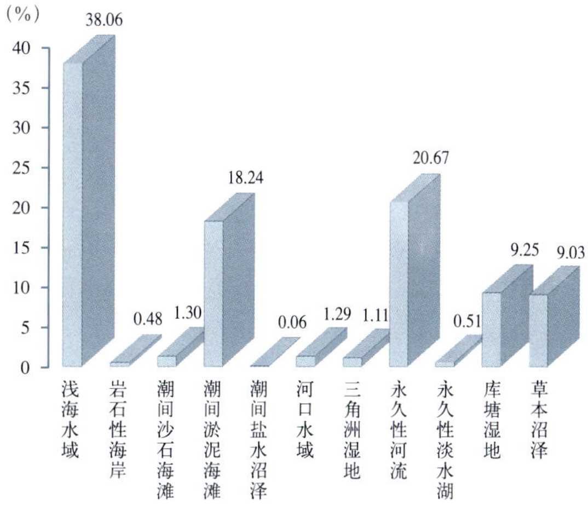

图4-9　全省各湿地类型比例柱状图

表4-12　全省湿地类型、面积统计表

单位：万hm²、%

合计	浅海水域	岩石性海岸	潮间沙石海滩	潮间淤泥海滩	潮间盐水沼泽	河口水域	三角洲湿地	永久性河流	永久性淡水湖	库塘湿地	草本沼泽
121.96	46.42	0.58	1.58	22.24	0.07	1.57	1.35	25.22	0.62	11.29	11.02
比例	38.06	0.48	1.30	18.24	0.06	1.29	1.11	20.67	0.51	9.25	9.03

（二）湿地野生动植物概况

辽宁省是全国湿地面积比较多的省份之一，湿地类型多，湿地动植物种类丰富多样，全省湿地植物有81科122属474种；湿地鸟类有12目30科260种；湿地鱼类25目93科258种；湿地两栖动物2目5科10种；湿地爬行动物2目4科10种；湿地兽类6目9科12种。此外，全省还有许多稀有珍贵的动植物种类。

二、野生动植物

辽宁省特殊的地理位置，造就了特殊的物种多样性。据调查统计，全省有高等植物2200余种，低等植物8000余种，脊椎动物830种，无脊椎动物4000多种，还有浮游动物、底栖动物700多种；其中主要木本植物408种，脊椎动物中兽类81种（海洋兽类12种），鸟类383种，爬行类16种，鱼类322种；在这些物种中，有国家重点保护的100种，省重点保护的91种。

（一）野生植物资源

1. 珍稀树种种类

全省珍稀树种种类有55种（含栽培），其中乔木32种，灌木23种（含栽培）。在珍稀树种中，已列为国家级珍稀濒危保护乔木种有15种，灌木种有5种。各珍稀树种种类及保护级别详见表4-13。

表4-13　辽宁省珍稀树种种类统计表

序号	中文名（拉丁名）	级别	备注
1	红松（*Pinus koraisnsis*）	Ⅱ	乔木
2	樟子松（*P.* var. *mongolica*）		乔木
3	赤松（*P.* var. *densiflora*）		乔木
4	杜松（*Juniperus rigida*）		乔木
5	紫杉（*Taxus cuspidata*）	Ⅰ	乔木
6	水杉（*Metasequoia glyptostroboides*）	Ⅰ	乔木
7	水曲柳（*Fraxinus mandshurica Rupr*）	Ⅱ	乔木
8	胡桃楸（*Juglans mandshurica*）	Ⅱ	乔木
9	黄波罗（*Phellodendron amurense*）	Ⅱ	乔木
10	紫椴（*Tilia amurensis*）	Ⅱ	乔木
11	银杏（*Ginkgo biloba*）	Ⅰ	乔木
12	钻天柳（*Chosenia arbutifolia*）	Ⅱ	乔木
13	灯台树（*Cornus controversa*）		乔木
14	光叶榉（*Zelkova serrata*）		乔木
15	花楸（*Sorbus alnifolia*）		乔木
16	刺楸（*Kalopanax septemlobus*）		乔木
17	东北赤杨（*Alnus mandshurica*）		乔木
18	裂叶榆（*Ulmus laciniata*）		乔木
19	天女木兰（*Magnolia sieboldii*）	Ⅱ	乔木
20	青檀（*Pteroceltis tatarinowi*）	Ⅱ	乔木
21	臭檀（*Evodia daniellii*）		乔木
22	山樱（*Pyunus verecunda*）		乔木
23	长白松（*P.* var. *sylvestriformis*）	Ⅰ	乔木
24	金钱松（*Pseudolarix amabilis*）	Ⅱ	乔木
25	杜仲（*Eucommia ulmoides*）	Ⅱ	乔木
26	核桃（*Juglans regia*）	Ⅱ	乔木
27	白皮松（*Pinus bungeana*）		乔木
28	大白柳（*Salix maximowiczii*）		乔木
29	坚桦（*Betula* chinensis）		乔木
30	日本厚朴（*Magnolia obovata*）		乔木
31	香椿（*Toona sinensis*）		乔木
32	青杆云杉（*Piace wilsonii*）		乔木
33	刺五加（*Acanthopanax senticosus*）	珍稀濒危	灌木

续

序号	中文名（拉丁名）	级别	备注
34	刺参（*Oplopanax elatus*）	珍稀濒危	灌木
35	玫瑰（*Rosa rugosa* Thunb）		灌木
36	东北绣线梅（*Neillia uekii* Nakai）		灌木
37	雪柳（*Fontanesia fortunei* Carr）		灌木
38	风箱果（*Physocarpus amurensis* Maxim）		灌木
39	鸡麻（*Rhodotypos scandens*）		灌木
40	牛皮杜鹃（*Rhododendron chrysanthum*）		灌木
41	朝鲜越橘（*Vaccinium koreanum* Nakal）		灌木
42	长白瑞香（*Daphne koreaum* Nakai）		灌木
43	芫花（*Daphne genkwa* Sieb.et Zucc）	珍稀濒危	灌木
44	三椏钓樟（*Lindera obtusiloba* Blume）		灌木
45	苦木（*Picrasma quassioides*）		灌木
46	毛黄栌（*Cotinus coggygria* var. *pubescens*）	珍稀濒危	灌木
47	兴安圆柏（*Sabina davurica*）		灌木
48	东北茶藨子（*Ribes mandshuricum*）		灌木
49	双蕊兰（*Diplandrorchis sinica s.c.chen*）	珍稀濒危	灌木
50	白檀山矾（*Symplocos paniculata*）		灌木
51	玉铃花（*Styrax obassia*）		灌木
52	海州常山（*Clerodendron trichomum*）		灌木
53	山紫珠（*Callicarpa japonica*）		灌木
54	蚂蚱腿子（*Myripnois dioica*）		灌木
55	鹅掌楸（*Liriodendron chinense*）		灌木

2. 珍稀树种数量

全省珍稀树种总面积2 186 543.1hm^2，蓄积13 120 949m^3，其中优势种分别为：红松面积52 663.6hm^2，蓄积4 992 062m^3，分别占全省林分面积蓄积的1.21%、2.12 %；樟子松面积34 926.9hm^2，蓄积1 606 636m^3，分别占0.80 %、0.68%；水曲柳面积3355.9hm^2，蓄积221 421m^3，分别占0.08 %、0.09 %；胡桃楸面积74 291.5hm^2，蓄积4 311 636m^3，分别占1.70%、1.83 %；黄波罗面积628.6hm^2，蓄积17 228m^3，分别占0.01 %、0.01%；紫椴面积22 416.4hm^2，蓄积1 971 966m^3，分别占0.51%、0.84%。各珍稀树种面积、蓄积详见表4-14、图4-10。

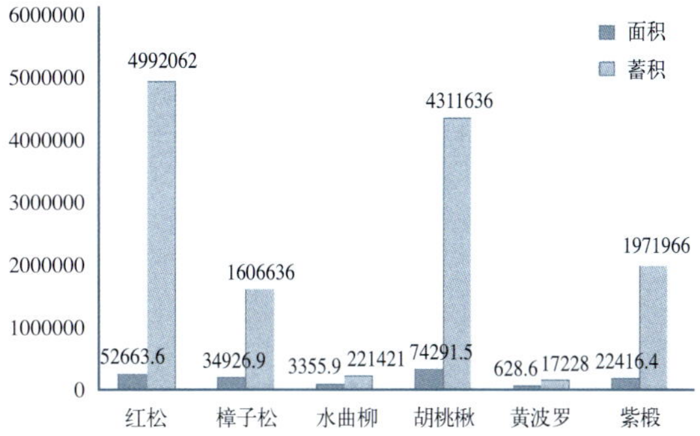

图4-10　全省珍稀树种优势种面积、蓄积柱状图

单位：hm^2、m^3

3. 珍稀树种资源分布

全省珍稀树种资源分布十分复杂，只有准确地反映珍稀树种分布，才能为保护珍稀树种提供可靠依据。

红松：主要分布丹东、抚顺、本溪、铁岭4个市13个县（市、区）。分布面积在4500hm^{2}以上，面积集中连片的有新宾满族自治县、清原满族自治县、本溪满族自治县、桓仁满族自治县、宽甸满族自治县和凤城市，占全省红松总面积的71.54%、蓄积的70.34%；分布面积在1000hm^{2}以上有东港市、岫岩满族自治县2个县（市），占红松总面积的5.66%、蓄积的

表4-14 全省珍稀树种面积、蓄积、株数统计表

单位：hm^2、m^3

树种	面积	蓄积	树种	面积	蓄积
红松	52 663.6	4 992 062	花楸	100.0	—
樟子松	34 926.9	1 606 636	杜松	50.0	—
水曲柳	3355.9	221 421	钻天柳	18.8	—
胡桃楸	74 291.5	4 311 636	刺五加	217 000.0	—
黄波罗	628.6	17 228	核桃	196.3	—
紫椴	22 416.4	1 971 966	长白松	20.0	—
天女木兰	280 000.0	—	东北茶藨子	100 000.0	—
银杏	385.6	—	坚桦	1 000 000.0	—
刺楸	200.0	—	白檀山矾	200 000.0	—
东北红豆杉	159.5	—	玉玲花	200 000.0	—
刺参	130.0	—			
合计				2 186 543.1	13 120 949

4.86 %；其他县（市、区）分布面积在500hm²以下，属于少量或零星分布。

樟子松：主要分布阜新、铁岭、沈阳、抚顺4个市23个县（市、区）。分布面积在7000hm²以上，面积集中连片的有昌图县、彰武县，占全省樟子松总面积的42.52%、蓄积的40.70%；分布面积在4000hm²以上有建平县，占樟子松总面积的11.89%、蓄积的4.84%；分布面积在1000hm²以上有康平县、抚煤集团、省林业厅直属林场、省固沙造林研究所，占樟子松总面积的18.54%、蓄积的25.06%；其他县（市、区）分布面积都在100～500hm²，属于少量分布。

水曲柳：全省除盘锦市以外其他地区均有分布。分布面积在300hm²以上有新宾满族自治县、清原满族自治县和本溪满族自治县，占水曲柳总面积的46.09%、蓄积的53.38%；分布面积在100hm²以上有桓仁满族自治县、明山区、宽甸满族自治县、西丰县、省林业厅直属林场、省实验林场，占水曲柳总面积的29.22%、蓄积的34.63%。其他地区有少量或零星分布。

胡桃楸：主要分布抚顺、本溪、丹东、铁岭4个市12个县（市、区）。分布面积在10 000hm²以上有新宾满族自治县、本溪满族自治县2个县，占胡桃楸总面积的36.33%、蓄积的45.81%；分布面积在7000hm²以上有桓仁满族自治县、宽甸满族自治县和凤城市，占胡桃楸总面积的35.70%、蓄积的28.19%；分布面积在2000hm²以上有抚顺县、清原满族自治县、辽阳县和岫岩满族自治县，占胡桃楸总面积的15.71%、蓄积的13.87%；其他地区有少量或零星分布。

黄波罗：主要分布抚顺、本溪、丹东、铁岭、辽阳5个市8个县（市、区）。分布面积在20hm²以上有抚顺县、新宾满族自治县、明山区、本溪满族自治县、桓仁满族自治县、凤城市、辽阳县和铁岭县，占黄波罗总面积的52.96%、蓄积的54.97%；其他地区除盘锦市以外都有分布，占黄波罗总面积的47.04%、蓄积的45.03%。

紫椴：全省除盘锦市以外其他地区均有分布。分布面积在1000hm²以上有抚顺县、新宾满族自治县、清原满族自治县、本溪满族自治县、桓仁满族自治县、辽阳县、西丰县、医巫闾山自然保护区，占紫椴总面积的72.84%、蓄积的80.75%；其他地区只占黄波罗总面积的27.16%、蓄积的19.25%。

东北红豆杉：主要分布新宾满族自治县、清原满族自治县、本溪满族自治县、桓仁满族自治县、宽甸满族自治县和凤城市。垂直分布在海拔640～1200m，多生于阴坡、半阴坡，树高6～10m，属于零星分布。

钻天柳：主要分布新宾满族自治县、清原满族自治县、本溪满族自治县、桓仁满族自治县、宽甸满族自治县、凤城市和铁岭县。该树种主要生长河谷岸边、滩地的冲积土、河淤土等土壤上。生长的群系为温性沟谷钻天柳林，垂直分布海拔200～700m的河岸两侧，属于零星分布。

银杏：属于辽宁栽培物种。在丹东、大连、鞍山、沈阳、葫芦岛和营口的盖州市都有栽培。

长白松（美人松）：属于辽宁栽培物种。长白松属于赤松变种，原产地能耐－44℃，目前在辽宁省栽培地点有凤城市通元堡林场、清原满族自治县打边沟林场、海城市上商英林场、宽甸满族自治县白石砬子自然保护区、沈阳市植物园。

金钱松：生长于温暖地带，在海拔100～1500m的针阔叶混交林中生长，辽宁省仅在营口鲅鱼圈区熊岳镇树木园有栽培。

水杉：属于辽宁栽培物种。水杉为速生、喜光、耐寒、耐水湿、耐盐碱树种，在北纬20°～40°之间生长，在大连、本溪、丹东、抚顺、沈阳、鞍山、营口等地均有栽培。

杜仲：属于栽培物种，适于温暖、湿润气候生长。在沈阳、抚顺、大连等地均有栽培。

核桃：该树种属于温带树种，喜生于土层深厚、肥沃湿润、排水良好的中砂壤土。在大连、营口、葫芦岛等有大面积栽培。

天女木兰：小乔木，树高可达8m，主要生长于针阔混交林、温性杂木林和温性蒙古栎林之中，海拔在200～1300m的林区均有分布。主要分布在抚顺、本溪、丹东、营口和大连北部3个县级市。

东北赤杨：属于寒温带植物。主要分布在桓仁满族自治县老秃顶子自然保护区、宽甸满族自治县白石砬子自然保护区。

坚桦：主要生长于海拔700～1200m，温性、暖温性杂木林山脊岩石处。主要分布抚顺、本溪、丹东、大连的庄河，辽西部分地区干旱山坡地也有分布。

大白柳：多生长于温性杂木林中，分布范围较窄，海拔高度在200～500m的山谷河流沿岸。主要分布在宽甸满族自治县、桓仁满族自治县和本溪满族自治县。

杜松：多生长于海拔200～700m，矮林、疏林和蒙古栎林植物群落中的山上部或顶部。主要分布抚顺、本溪、丹东、铁岭县、开原市的东部以及盖州市东部地区。

花楸：小乔木，树高可达8～12m。主要生长于温性杂木林中，喜冷凉湿润气候。主要分布抚顺、本溪、丹东、鞍山的岫岩满族自治县、铁岭的西丰县。

刺楸：属五加科乔木，主要生长于海拔400～1000m，排水良好的陡坡或山上腹。主要分布抚顺、本溪、丹东、营口市的盖州市、葫芦岛市的绥中县。

白皮松：喜光树种，在气候温凉、土层深厚、肥沃的钙质土和黄土上生长良好。主要分布沈阳、鞍山、大连、锦州、营口的盖州市。

光叶榉：喜光、喜温暖湿润肥沃的土壤。主要分布大连的旅顺口区、营口的鲅鱼圈区（熊岳镇）。

刺五加：刺五加属于辽宁的乡土树种，主要生长于海拔600～1200m，针阔混交林、温性杂木林、温性栎林中的山体中上部，且数量较为集中。主要分布铁岭、抚顺、本溪、丹东、鞍山的岫岩满族自治县、大连的庄河市地区。

刺参：属于灌木。生长于海拔800～1300m，多生于阴坡。主要分布辽东龙岗山脉的上部或顶部，如新宾满族自治县钢山林场、桓仁满族自治县老秃顶子自然保护区、宽甸满族自治县白石砬子自然保护区、桓仁满族自治县二棚甸子林场和八里甸子林场以及花脖山地区。

东北茶藨子：多生长于海拔300～1200m，在林下伴生灌木、草本植物生长。该物种分布范围较广，在全省各个地区山地的阴坡、半阴坡均有分布。

日本厚朴：属于木兰科木兰属，引入物种。主要分布丹东市（凤城市）。

（二）野生动物资源

全省有脊椎动物830种，无脊椎动物4000多种，还有浮游动物、低栖动物700多种，其中主要脊椎动物中兽类、鸟类、爬行类、两栖类、鱼类共830种。

1. 野生动物种类、数量

(1) 兽类。全省脊椎动物中兽类81种（海洋兽类12种）。据全省野生动物普查资料显示数量均值，兽类动物总数29.22万只（头），其中狼0.59万只、黄鼬19.16万只、狗獾2.40万只、豹猫0.48万只、貉2.14万只、赤狐1.69万只、狍子1.06万只、猪獾2.11万只、野猪0.08万头、黑熊0.03万只、麝0.01万只。国家Ⅰ、Ⅱ类保护动物23种，省级重点保护动物15种。全省重点保护（兽类）动物种类，保护级别详见表4-15。

表4-15 辽宁省重点保护野生动物（兽类）统计表

序号	中文名（学 名）	保护级别
1	紫貂（*Martes zibellina*）	国家Ⅰ级
2	豹（*Panthera pardus*）	国家Ⅰ级
3	梅花鹿（*Cervus nippon*）	国家Ⅰ级
4	豺（*Cuon alpinus*）	国家Ⅱ级
5	黑熊（*Selenarctos thibetans*）	国家Ⅱ级
6	水獭（*Lutra lutra*）	国家Ⅱ级
7	猞猁（*Felis lynx*）	国家Ⅱ级
8	斑海豹（*Phoca largha*）	国家Ⅱ级
9	黑露脊鲸（*Eubalaena glacialis*）	国家Ⅱ级
10	灰鲸（*Eschrichtius robustus*）	国家Ⅱ级
11	鳁长须鲸（*Balaenoptera physalus*）	国家Ⅱ级
12	小鲸（*B.acutorostrata*）	国家Ⅱ级
13	座头鲸（*Megaptera novaeangliae*）	国家Ⅱ级
14	银杏喙鲸（*Mesopiodon ginkgodens*）	国家Ⅱ级
15	虎鲸（*Orcinus orca*）	国家Ⅱ级
16	伪虎鲸（*Pseudorca crassidens*）	国家Ⅱ级
17	江豚（*Neophocaena phocaenoides*）	国家Ⅱ级
18	尖吻海豚（*Tursiops truncatus*）	国家Ⅱ级
19	真海豚（*Delphinus deiphis*）	国家Ⅱ级
20	麝（*Moschus moschiferus*）	国家Ⅱ级
21	马鹿（*Cervus elaphus*）	国家Ⅱ级
22	河鹿（*Hydropotes inermis*）	国家Ⅱ级
23	黄羊（*Procapra gutturosa*）	国家Ⅱ级
24	狼（*Canis lupus*）	省级重点保护
25	狐狸（*Vulpes vuipes*）	省级重点保护
26	貉（*Nyctereutes procyonoides*）	省级重点保护
27	黄鼬（*Mustela sibirica*）	省级重点保护
28	香鼬（*Mustela altaica*）	省级重点保护
29	青鼬（*Martes flavigula*）	省级重点保护
30	银鼠（*Mustela nivalis*）	省级重点保护
31	艾虎（*Mustela eversmanni*）	省级重点保护

续

序号	中文名（学 名）	保护级别
32	猪獾（*Arctonys collaris*）	省级重点保护
33	狗獾（*Meles meles*）	省级重点保护
34	豹猫（*Felis bengalensis*）	省级重点保护
35	野猪（*Sus scrofa*）	省级重点保护
36	狍子（*Capreolus capreolus*）	省级重点保护
37	普通刺猬（*Erinaceus europaeus*）	省级重点保护
38	达乌尔猬（*Hemiedchinus daurieus*）	省级重点保护

(2) **爬行类**。全省有爬行动物28种。据全省野生动物普查资料显示数量均值，爬行类动物总数236.89万条，其中赤峰锦蛇8.06万条、玉斑锦蛇0.30万条、棕黑锦蛇18.32万条、黑眉蝮蛇29.93万条、白眉蝮蛇178.48万条、蛇岛蝮蛇1.80万条。国家Ⅱ级保护动物2种，省级重点保护动物7种。

国家Ⅱ级保护物种有龟（*Caretta caretta*）、棱皮龟（*Dermocholys coriacea*）等2种。

省级重点保护物种有桓仁滑蜥（*Scincella huanrensis*）、北滑蜥（*Scincella septentrionalis*）、黑眉蝮蛇（*Agkistrodon saxatilis*）、白眉蝮蛇（*Agkistrodon halys*）、棕黑锦蛇（*Elapha schrenckii*）、团花锦蛇（*Elapha davidi*）、鳖（*Trionyx sinensis*）等7种。

(3) **两栖类**。全省有两栖类16种。据全省野生动物普查资料显示数量均值，两栖类动物总数80 401.00万只，其中中华蟾蜍14 359.00万只、黑斑蛙27 451.00万只、中国林蛙38 414.00万只、黑龙江林蛙13.00万只、桓仁林蛙163.00万只。省级重点保护物种有爪鲵（*Ouychodactylus fischeri*）、中国林蛙（*Rana chensinensis*）、黑龙江林蛙（*Rana amurensis*）、桓仁林蛙（*Rana huanrensis*）、史氏蟾蜍（*Bufo stejnegeri*）等5种。

(4) **鱼类**。全省有鱼类25目93科258种，其中国家Ⅰ类保护物种有中华鲟（*Acipenser sinensis*）1种；国家Ⅱ级保护物种有红鳞鱼（*Brachymystax lenok*）、松江鲈鱼（*Trachidermus fasciatus*）、文昌鱼（*Branchiofoma belcheri*）等3种。

省级重点保护物种有东北七鳃鳗（*Lampetra morii*）、雷氏七鳃鳗（*Lampetra reissneri*）、香鱼（*Plecoglossus altivelis*）、乔氏新银鱼（*Neosalanx jordani*）、凤鲚（*Coilia mystus*）、刀鲚（*Coilia ectenes*）、东北雅罗鱼（*Leuciscus waleckii*）、鳗鲡（*Anguilla japonica*）、海龙（*Synhnathus acus*）、海马（*Hippocampus japonicus*）等10种。

(5) **鸟类**。全省有鸟类383种。据全省野生动物普查资料显示数量均值，主要鸟类总数141.38万只，其中分布广、种群数量最多的鸟类有鸭类（赤麻鸭、翘鼻麻鸭、绿翅鸭、罗纹鸭、斑嘴鸭、普通秋沙鸭等）47.86万只；鸡类（石鸡、雉鸡等）43.51万只；百灵类（凤头百灵、蒙古百灵等）73.75万只；鹰类（蜂鹰、苍鹰、雀鹰、松雀鹰等）2.88万只；隼类（红脚隼、燕隼、红爪隼、游隼、黄爪隼等）5.08万只；鹤类（白头鹤、丹顶鹤、白枕鹤、灰鹤、白鹤等）0.74万只；雁类（鸿雁、豆雁、白额雁等）7.09万只。国家Ⅰ、Ⅱ类保护鸟类72种，省级重点保护鸟类53种。全省重点保护（鸟类）动物种类、保护级别详见表4-16。

2. 野生动物资源分布

辽宁省天然次生林、人工林生长茂盛，植被类型较多，灌丛、芦苇、草原、谷地、湖泊、河流等与农田互相交替，再加上有漫长的海岸和众多的岛屿，气温和降水量四季变化比较明显，是野生动物理想的生存场所。辽宁省山地、丘陵面积约占全省总面积的60%左

表4-16 辽宁省重点保护野生动物（鸟类）统计表

序号	中文名（学 名）	保护级别
1	白鹳（*Ciconia ciconia*）	国家Ⅰ级
2	黑鹳（*C.nigra*）	国家Ⅰ级
3	朱鹮（*Nipponia nippon*）	国家Ⅰ级
4	金雕（*Aquila chrysaetos*）	国家Ⅰ级
5	白肩雕（*A.helia*）	国家Ⅰ级
6	白尾海雕（*Haliaeetus albicilla*）	国家Ⅰ级
7	虎头海雕（*H.proagicus*）	国家Ⅰ级
8	胡兀鹫（*Gypaetus barbatus*）	国家Ⅰ级
9	白头鹤(*G.monacha*)	国家Ⅰ级
10	丹顶鹤（*G.japonensis*）	国家Ⅰ级
11	白鹤（*G.leucogeranus*）	国家Ⅰ级
12	大鸨（*Otis tarda*）	国家Ⅰ级
13	角䴙䴘（*Podiceps auritus*）	国家Ⅱ级
14	赤颈䴙䴘（*P.grisegena*）	国家Ⅱ级
15	斑嘴鹈鹕（*Pelecanus philippensis*）	国家Ⅱ级
16	鸬鹚鹳（*Phalacrocoracidae*）	国家Ⅱ级
17	海鸬鹚（*Phalacrocorax pelagicus*）	国家Ⅱ级
18	黄嘴白鹭（*Egretta eulophtes*）	国家Ⅱ级
19	白鹮（*Threskioris aethiopicus*）	国家Ⅱ级
20	白琵鹭（*Plataiea leucorodia*）	国家Ⅱ级
21	黑脸琵鹭（*P.minor*）	国家Ⅱ级
22	白额雁（*Anser albifrons*）	国家Ⅱ级
23	大天鹅（*Cygnus cygnus*）	国家Ⅱ级
24	小天鹅（*C.columbianus*）	国家Ⅱ级
25	疣鼻天鹅（*C.olor*）	国家Ⅱ级
26	鸳鸯（*Aix galericata*）	国家Ⅱ级
27	中华秋沙鸭（*Mergus sqmatus*）	国家Ⅱ级
28	蜂鹰（*Pernis ptilorhyncus*）	国家Ⅱ级
29	鸢（*Milvus korschun*）	国家Ⅱ级
30	苍鹰（*Accipiter gentilis*）	国家Ⅱ级
31	赤腹鹰（*A.soloensis*）	国家Ⅱ级
32	雀鹰（*A.nisus*）	国家Ⅱ级
33	松雁鹰（*A.virgatus*）	国家Ⅱ级
34	白尾鹞（*Circus cyaneus*）	国家Ⅱ级
35	鹊鹞（*C.melanoleucos*）	国家Ⅱ级
36	白头鹞（*C.aeruginosus*）	国家Ⅱ级
37	大鵟（*Buteo hemilasius*）	国家Ⅱ级
38	普通鵟（*B.buteo*）	国家Ⅱ级
39	毛脚鵟（*B.lagopus*）	国家Ⅱ级
40	灰脸鵟鹰（*Butastur indicus*）	国家Ⅱ级
41	鹰雕（*Spizaetus nipalensis*）	国家Ⅱ级
42	草原雕（*Aquila rapax*）	国家Ⅱ级
43	乌雕（*A.clanga*）	国家Ⅱ级
44	小雕（*A.pennata*）	国家Ⅱ级
45	短趾雕（*Circaetus ferox*）	国家Ⅱ级
46	蛇雕（*Spilornis cheela*）	国家Ⅱ级
47	秃鹫（*Aegypius monachus*）	国家Ⅱ级
48	鹗（*Pandion haliaetus*）	国家Ⅱ级

续

序号	中文名（学 名）	保护级别
49	猎隼（*Falco cherrug*）	国家Ⅱ级
50	游隼（*F.peregrinus*）	国家Ⅱ级
51	燕隼（*F.subbuteo*）	国家Ⅱ级
52	灰背隼（*F.coiumbarius*）	国家Ⅱ级
53	红脚隼（*F.vespertinus*）	国家Ⅱ级
54	黄爪隼（*F.naumanni*）	国家Ⅱ级
55	红隼（*F.tinnunculus*）	国家Ⅱ级
56	花尾榛鸡（*Tetrastes bonasia*）	国家Ⅱ级
57	灰鹤（*Grus grus*）	国家Ⅱ级
58	白枕鹤（*G.vipio*）	国家Ⅱ级
59	衰羽鹤（*Anthropoidae virgo*）	国家Ⅱ级
60	花田鸡（*Coturnicops noveboracensis*）	国家Ⅱ级
61	小杓鹬（*Numenius' borealis*）	国家Ⅱ级
62	红角鸮（*Otus scopus*）	国家Ⅱ级
63	领角鸮（*O.bakkamoena*）	国家Ⅱ级
64	雕鸮（*Bubo bubo*）	国家Ⅱ级
65	雪鸮（*Nyctea scandiaca*）	国家Ⅱ级
66	鹰鸮（*Ninox scutulata*）	国家Ⅱ级
67	纵纹腹小鸮（*Athene noctua*）	国家Ⅱ级
68	灰林鸮（*Strix sluco*）	国家Ⅱ级
69	长尾林鸮（*S.uralensis*）	国家Ⅱ级
70	长耳鸮（*Asio otus*）	国家Ⅱ级
71	短耳鸮（*A.flammeus*）	国家Ⅱ级
72	蓝翅八色鸫（*Pitta brachyura*）	国家Ⅱ级
73	红喉潜鸟（*Gavia stellata*）	省级重点保护
74	黑喉潜鸟（*Gavia arctica*）	省级重点保护
75	白嘴潜鸟（*Gavia immer*）	省级重点保护
76	黑颈䴙䴘（*Podiceps caspicus*）	省级重点保护
77	白额鹱（*Puffinus leucomelas*）	省级重点保护
78	红脸鸬鹚（*Phalacrocorax urile*）	省级重点保护
79	大白鹭（*Phalacrocorax urile*）	省级重点保护
80	小白额雁（*Egretta alba*）	省级重点保护
81	鸿雁（*Anser erythropus*）	省级重点保护
82	黑雁（*Anser cygnoides*）	省级重点保护
83	豆雁（*Branta bernicla*）	省级重点保护
84	绿翅鸭（*Anas crecca*）	省级重点保护
85	斑嘴鸭（*Anas poecilorhyncha*）	省级重点保护
86	黑嘴鸭（*Larus saundersi*）	省级重点保护
87	石鸡（*Alectoris graeca*）	省级重点保护
88	灰斑鸠（*Streptopelia decaocto*）	省级重点保护
89	火斑鸠（*Oenopopelia tranquebarica*）	省级重点保护
90	大杜鹃（*Cuculus canorus*）	省级重点保护
91	中杜鹃（*Cuculus saturatus*）	省级重点保护
92	小杜鹃（*Cuculus poliocephalus*）	省级重点保护
93	四声杜鹃（*Cuculus micropterus*）	省级重点保护
94	棕腹杜鹃（*Cuculus fugax*）	省级重点保护
95	普通夜鹰（*Caprimulgus indicus*）	省级重点保护
96	黑枕绿啄木鸟（*Picus canus*）	省级重点保护

续

序号	中文名（学 名）	保护级别
97	大斑啄木鸟（*Dendrocopos majnor*）	省级重点保护
98	小斑啄木鸟（*Dendrocopos minor*）	省级重点保护
99	黑啄木鸟（*Dryocopus martius*）	省级重点保护
100	星头啄木鸟（*Dendrocopos canicapillus*）	省级重点保护
101	小星头啄木鸟（*Dendrocopos kizuki*）	省级重点保护
102	棕腹啄木鸟（*Dendrocopos hyperythrus*）	省级重点保护
103	白背啄木鸟（*Dendrocopos lecuotos*）	省级重点保护
104	杂色山雀（*Parus varius*）	省级重点保护
105	小沙百灵（*Calandrella rufescens*）	省级重点保护
106	角百灵（*Eremophila alpestris*）	省级重点保护
107	凤头百灵（*Galerida cristata*）	省级重点保护
108	蒙古百灵（*Melanocorypha mongolica*）	省级重点保护
109	栗耳短脚鹎（*Hypsipetes amaurotis*）	省级重点保护
110	黑枕黄鹂（*Orious chinensis*）	省级重点保护
111	太平鸟（*Bombycilla garrulous*）	省级重点保护
112	小太平鸟（*Bombycilla japonica*）	省级重点保护
113	黑卷尾（*Dicrurus macrocercus*）	省级重点保护
114	发冠卷尾（*Dicrurus hottentottus*）	省级重点保护
115	灰喜鹊（*Cyanopica cyana*）	省级重点保护
116	红点颏（*Luscinia calliope*）	省级重点保护
117	蓝点颏（*Luscinia svecica*）	省级重点保护
118	寿带（*Terpsiphone paradisi*）	省级重点保护
119	紫寿带（*Terpsiphone atrocaudata*）	省级重点保护
120	震旦鸦雀（*Paradoxornis heudei*）	省级重点保护
121	红翅旋壁雀（*Tichodroma muraria*）	省级重点保护
122	红交嘴雀（*Xoxia curvirostra*）	省级重点保护
123	黑头蜡嘴雀（*Eophona personata*）	省级重点保护
124	黑尾蜡嘴雀（*Eophona migratoria*）	省级重点保护
125	锡嘴雀（*Coccothraustes coccothraustes*）	省级重点保护

右，森林面积（包括有林地面积、疏林地面积、灌木林面积）598.97万hm^2，占全省总面积的40.45%，主要分布在全省山地、丘陵地带。由于特殊的地理位置，森林生态环境复杂，因此在森林植被中栖息生存的野生动物物种多样，种类繁多，并成为了多种野生动物的栖息地。山地、丘陵地带也是全省野生动物种分布最多的地区之一。

鸟类代表物种有短翅树莺、鳞头树莺、褐柳莺、巨嘴柳莺、黄眉柳莺、伯劳、林鸮、黑头䴓、普通䴓、旋木雀、花尾榛鸡、红嘴山鸦、棕头鸦雀、黑鹳、红脚隼、斑翅山鹑、红脚鹀、纵纹腹小鸮、长耳鸮、三宝鸟、黑枕绿啄木鸟、斑啄木鸟、山鹡鸰、灰鹡鸰、松鸦、北红尾鸲、三道眉、草鹀、大杜鹃、凤头百灵、喜鹊、金翅、红尾伯劳、黑嘴蜡嘴雀、戴胜、岩鸽、秃鹫等39种。

兽类代表物种有野猪、黑熊、狍子、狐狸、豹猫、狼、黄羊、麝、貉、黄鼬、猪獾、狗獾、普通刺猬等13种。

两栖类代表物种有中华蟾蜍、黑斑蛙、中国林蛙、黑龙江林蛙、桓仁林蛙等5种。

爬行类代表物种有桓仁滑蜥、黑眉蝮蛇、白眉蝮蛇、棕黑锦蛇、团花锦蛇、赤峰锦蛇等6种。

第5章 森林分类经营

第一节 森林分类经营概况

森林分类经营是林业各项改革的基础性工作，它是根据森林多种功能主导利用理论，遵循森林具有多种功能的特点，按其主导利用的不同，将森林的5大林种相应地划分为生态公益林和商品林两大类，使其分别按照各自特点和规律运营的一种新型的林业经济机制政策和发展模式。实施森林分类经营，可以从根本上转变林业经济体制和经济增长方式，实现市场经济条件下的森林资源合理配置，从而解决林业作为物质生产部门和公益事业部门双重功能的矛盾，满足社会对森林不同功能的多样性需求，是实现林业可持续发展的战略举措。

一、森林分类经营的背景

为了适应新形势下环境建设与经济发展的需要，尽快建立起既适应社会主义市场经济要求，又反映林业特点的林业经济新体制，转变林业经济增长方式，发展林业生产力，在我国逐步建立起比较完备的林业生态体系和比较发达的林业产业体系，原国家体制改革委员会、原林业部颁布了《林业经济体制改革总体纲要》（以下简称《纲要》），《纲要》中明确提出了“森林培育要按照森林的用途和生产经营目的划定公益林和商品林，实施分类经营、分类管理”。

实行分类经营，就必须建立新的林业经营管理体制和发展模式。这对于林业主管部门，无论在理论上还是实践上都是一项新生事物，为确保分类经营改革的顺利进行，原林业部下发了《关于开展林业分类经营改革试点工作的通知》（林策通字［1996］69号），要求各地从本地实际出发，积极进行试点，在不断摸索、总结经验的基础上，再逐步推开。辽宁省根据国家文件精神，于1996年开展了森林分类经营改革试点工作，于1999年全面铺开森林分类区划界定工作，为公益林和商品林建设构建了基本框架。2004年落实了中央森林生态效益补偿制度，分类经营改革取得了阶段性成果。

二、森林分类经营改革工作开展情况

根据《林业部关于开展林业分类经营改革试点工作的通知》文件要求，辽宁省从1996年7月开始，本着积极稳妥、逐步推进的原则，确定清原、建平和宽甸县为森林分类经营改革试点县，在1998年又先后增设了大连市的甘井子区和27个国有林场为试点单位。经过3年工作，在各级政府的领导和支持下，经过各级林业部门的共同努力，试点工作取得了丰硕的成果，积累了许多好的经验，为全省铺开森林分类区划界定工作奠定了基础。

试点工作结束后，省林业厅编制下发了《辽宁省森林分类区划工作方案》、《辽宁省森

林资源规划设计调查技术暂行规定》及《补充规定》、《关于开展森林分类区划界定工作的通知》（辽林办字[1999]80号）等文件。各地根据文件精神成立了由政府主要领导挂帅的森林分类经营改革领导小组，于1999～2001年在全省范围内开展了森林分类区划界定工作，其成果通过森林结构的优化与调整，在林业用地内按不同的经营目的或不同的主导利用功能对公益林和商品林进行空间定位、现地落实和结果界定，为林业完备的生态体系和发达的产业体系建设构筑了基本框架。

2001年，辽宁省被国家林业局和财政部确定为全国首批森林生态效益补助资金试点省。辽宁省在森林分类区划界定工作基础上，开展了重点公益林补助资金试点工作。在取得成功经验后，2004年国家建立了中央森林生态效益补偿基金制度。为更好地贯彻落实补偿基金制度，保护好国家重点公益林，维护生态安全，进一步提高公益林整体质量和管理水平，国家林业局和财政部下发了《重点公益林区划界定办法》(林策发〔2004〕94号)和《中央森林生态效益补偿基金管理办法》(财农〔2004〕169号)等规范性文件，明确了补偿范围和基金管理办法。根据文件精神，结合辽宁实际，下发了《辽宁省实施<中央森林生态效益补偿基金管理办法>补充规定》(辽财农〔2005〕296号)文件，重新申报了重点公益林（总面积228.99万hm^2，其中补偿面积181.81万hm^2），在得到国家批复后，制定了《辽宁省中央森林生态效益补偿基金实施方案》，落实了中央森林生态效益补偿制度。

三、区划界定标准

（一）分类系统

根据经营目的的不同将森林、林木和林地分为2个类别、5个林种、22个亚林种，分类系统见表5-1。

（二）重点公益林划分标准

辽宁省将重要江河源头、两岸、国家级森林和陆地野生动物类型的国家级自然保护区、重要水库、边境地区国境线以内10km的林地、沙化严重地区的防风固沙林基干林带和沿海防护林基干林带划为重点公益林。

1. 江河源头

重点江河干流源头，自源头起向上以分水岭为界，向下延伸20km、汇水区内江河两侧最大20km以内的林地；流域面积在10 000km^2以上的一级支流源头，自源头起向上以分水岭为界，向下延伸10km、汇水区内江河两侧最大10km以内的林地。

辽宁省境内重要江河干流源头有大凌河，辽河一级支流源头有浑河、太子河和绕阳河（表5-2）。

2. 江河两岸

重要江河干流两岸以及河长在150km以上、且流域面积在1000km^2以上的一级支流两岸，干堤以外2km以内从林缘起，为平地的向外延伸2km、为山地的向外延伸至第一重山脊的林地。

辽宁省境内重要江河干流两岸有辽河、鸭绿江和大凌河；重要江河一级支流两岸有辽河流域的老哈河、招苏台河、清河、秀水河、柳河、浑河、太子河、绕阳河；鸭绿江流域的浑江、叆河；滦河流域的青龙河。

表5-1　林种分类系统表

森林类别	林　种	亚林种
1 公益林	1 防护林	1 水源涵养林 2 水土保持林 3 防风固沙林 4 农田牧场防护林 5 护岸林 6 护路林 7 其他防护林
	2 特种用途林	1 国防林 2 实验林 3 母树林 4 环境保护林 5 风景林 6 名胜古迹和革命纪念林 7 自然保护区林
2 商品林	3 用材林	1 短轮伐期工业原料用材林 2 速生丰产用材林 3 一般用材林
	4 薪炭林	1 薪炭林
	5 经济林	1 果树林 2 食用原料林 3 蚕场 4 其他经济林

表5-2　重要江河概况表

单位：km、km^2

流域	一级支流	河长	流域面积	流经（县、区）	发源地
辽河	老哈河	450	3494(省内)	建平	河北省
	招苏台河	212	4583	昌图	吉林省
	清河	171	4846	清原、开原	清原县土口子乡
	秀水河	184	3002	康平、法库、新民	内蒙古
	柳河	253	6349	彰武、新民	内蒙古
	绕阳河	283	10 438	阜新、彰武、黑山、台安、盘山	阜新县务欢池乡
	浑河	415	11 481	清原、抚顺、东陵、苏家屯、于洪、辽中、台安、灯塔、辽阳、海城	清原县湾甸子镇、英额门乡
	太子河	413	13 883	新宾、本溪、辽阳、灯塔、海城	新宾县平顶山镇、马架子乡
	干流	1390	219 000	昌图、康平、法库、开原、铁岭、新城子、新民、辽中、台安、盘山	内蒙古
鸭绿江	浑江	447	6952	桓仁、宽甸	吉林省
	叆河	189	5902	本溪、凤城、宽甸	本溪县草河掌镇、凤城市青城子镇
	干流	790	61 900	宽甸、振安区	吉林省
大凌河	干流	397	23 549	凌源、建昌、喀左、朝阳、北票、义县、凌海	凌源市欺天乡、建昌县新开岭乡
滦河	青龙河	200	1710 (省内)	凌源	凌源市三十家子乡

3. 森林和陆地野生动物类型的国家级自然保护区

辽宁省国家级自然保护区有白石砬子国家级自然保护区、老秃顶子国家级自然保护区、医巫闾山国家级自然保护区、仙人洞国家级自然保护区和其他非林业系统所属的国家级自然保护区。

4. 水库

重要水库周围2km以内从林缘起，为平地的向外延伸2km，为山地的向外延伸至第一重山脊的林地。

重要水库包括：

(1) 年均降水量在400mm以下地区、库容在0.5亿m^3以上的水库有建平县白山水库、朝阳县阎王鼻子水库、北票市白石水库；

(2) 年均降水量在400～1000mm地区、库容在3亿m^3以上的水库有抚顺市大伙房水库、葫芦岛市乌金塘水库、辽阳县汤河水库、辽阳县参窝水库、铁岭县柴河水库、开原市清河水库、本溪县观音阁水库、桓仁县桓仁水库、大连市碧流河水库；

(3) 年均降水量在1000mm以上地区，库容在6亿m^3以上的水库有宽甸县水丰水库。

5. 边境地区水路、陆路接壤的国境线以内10km的林地

辽宁省水陆接壤的界江为鸭绿江干流。

6. 沙化严重地区的防风固沙林基干林带（含绿洲外围的防护林基干林带）及集中连片30hm^2以上的有林地、疏林地和灌木林地

辽宁省沙化严重地区分布在科尔沁沙地南缘的彰武、康平、昌图3个县。

7. 沿海防护林基干林带

辽宁省沿海县（市、区）有丹东市的东港市、大连市的庄河市、普兰店市，金州区、甘井子区、旅顺口区，长海县、瓦房店市、营口市的鲅鱼圈区、盖州市、老边区、盘锦市的大洼县、盘山县、锦州市的凌海市、天桥区、葫芦岛市的连山区、龙港区、兴城市、绥中县等19个县（市、区）。

（三）一般公益林

除重点公益林以外的防护林和特种用途林区划界定为一般公益林。

（四）商品林

以生产木材、薪材、干鲜果品和其他工业原料等为主要经营目的的森林、林木、林地区划为商品林，包括用材林、薪炭林和经济林3个林种。

第二节　森林分类经营区划界定结果

按照森林主导功能利用不同和国家林业局、财政部颁发的《重点公益林区划界定办法》，对全省林业用地进行了分类区划，除苗圃地和林业辅助用地外区划为公益林和商品林。

全省公益林总面积为392.70万hm^2，占林业用地的56.50%；全省商品林面积301.01万hm^2，占43.31%；未分类面积1.32万hm^2，占0.19%（图5-1）。

一、生态公益林

（一）生态公益林现状

全省公益林总面积为392.70万hm^2，占林业用地的56.50%。

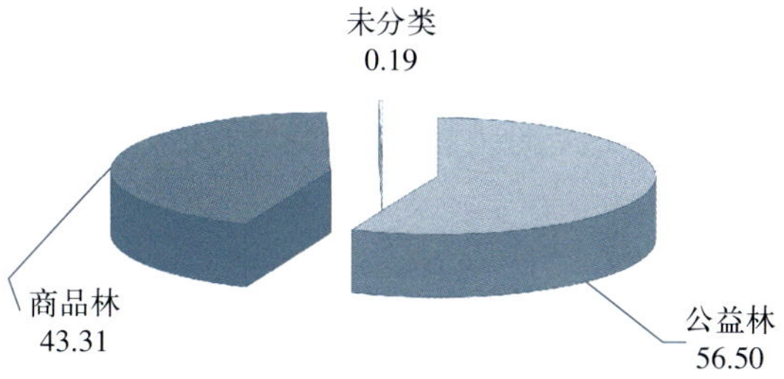

图5-1　分类区划结果比例图（%）

在重点公益林面积中，国有54.68万hm^2，集体136.18万hm^2，个人37.78万hm^2，其他所有制0.35万hm^2，分别占重点公益林面积的23.88%、59.47%、16.5%、0.15%（表5-3、图5-2）。

表5-3　重点公益林现状统计表　单位：万hm^2、%

权属	面积	比例
合计	228.99	100
国有	54.68	23.88
集体	136.18	59.47
个人	37.78	16.50
其他所有制	0.35	0.15

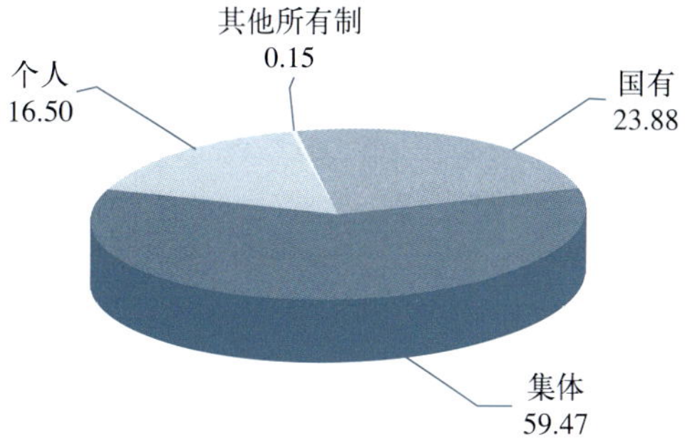

图5-2　重点公益林各权属比例（%）

（二）生态公益林分布

1. 重点公益林分布情况

(1) 重点公益林按生态区位分布在重点公益林面积中，江河源头32.59万hm^2，江河两岸141.43万hm^2，自然保护区5.93万hm^2，水库22.37万hm^2，国防边境地区13.48万hm^2，荒漠化严重地区8.75万hm^2，沿海防护林基干林带4.44万hm^2（重点公益林各区位面积比例见表5-4、图5-3）。

(2) 重点公益林按地区分布在重点公益林面积中，按地区分布，朝阳最多50.09万hm^2，盘锦最少0.21万hm^2，各市面积、比例详见表5-5、图5-4。

2. 一般公益林分布情况

在一般公益林面积中，分布较多的市依次是朝阳市、葫芦岛市和大连市，各市一般公益林面积、比例详见表5-6、图5-5。

表5-4　重点公益林按区位分布统计表

单位：万hm^2、%

生态区位	面积	比例
合计	228.99	100
江河源头	32.59	14.23
江河两岸	141.43	61.76
自然保护区	5.93	2.59
水库	22.37	9.77
国防边境地区	13.48	5.89
荒漠化严重地区	8.75	3.82
沿海防护林基干林带	4.44	1.94

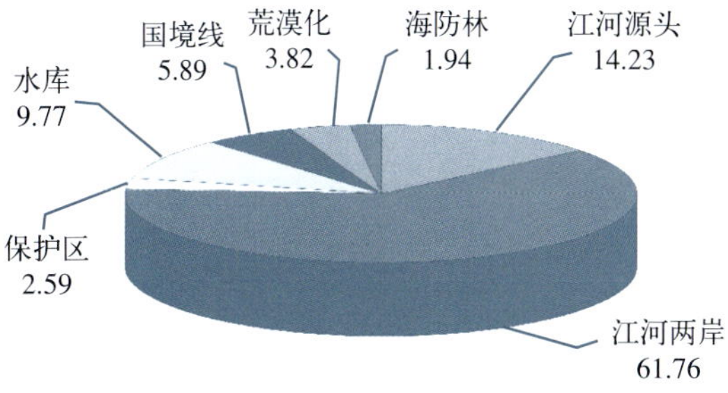

图5-3　重点公益林各区位面积比例（%）

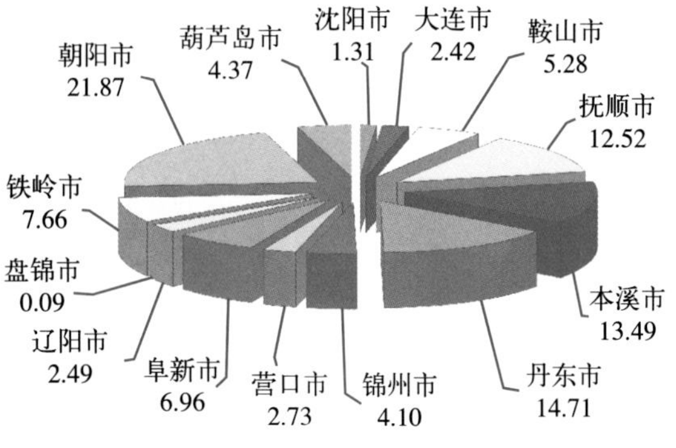

图5-4 重点公益林各市面积比例（%）

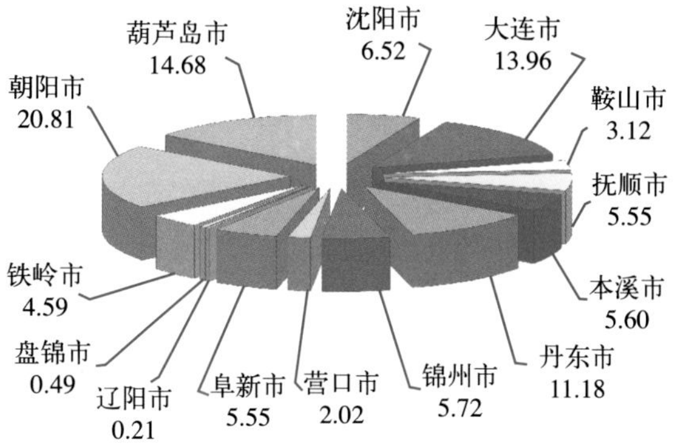

图5-5 一般公益林按地区分布比例（%）

表5-5 重点公益林按地区分布统计表

单位：万hm²、%

统计单位	面积	比例
合计	228.99	100
沈阳市	3.00	1.31
大连市	5.53	2.42
鞍山市	12.08	5.28
抚顺市	28.67	12.52
本溪市	30.90	13.49
丹东市	33.68	14.71
锦州市	9.39	4.10
营口市	6.25	2.73
阜新市	15.94	6.96
辽阳市	5.70	2.49
盘锦市	0.21	0.09
铁岭市	17.54	7.66
朝阳市	50.09	21.87
葫芦岛市	10.01	4.37

表5-6 一般公益林按地区分布统计表

单位：万hm²、%

统计单位	面积	比例
合计	163.71	100
沈阳市	10.67	6.52
大连市	22.85	13.96
鞍山市	5.10	3.12
抚顺市	9.10	5.55
本溪市	9.16	5.6
丹东市	18.31	11.18
锦州市	9.37	5.72
营口市	3.30	2.02
阜新市	9.08	5.55
辽阳市	0.34	0.21
盘锦市	0.80	0.49
铁岭市	7.52	4.59
朝阳市	34.07	20.81
葫芦岛市	24.04	14.68

二、商品林

（一）商品林现状

全省商品林面积301.01万hm²，占林业用地面积的43.31%。在商品林面积中，有林地面积255.47万hm²，蓄积9972.21万m³。

1. 龄组

全省商品林分面积158.08万hm²，蓄积9972.21万m³，其中幼龄林面积82.91万hm²，蓄积2612.05万m³；中龄林面积36.89万hm²，蓄积3225.34万m³；近熟林面积20.07万hm²，蓄积2299.00万m³；成熟林面积12.03万hm²，蓄积1321.28万m³；过熟林面积6.18万hm²，蓄积514.54万m³。林分各龄组面积蓄积比例

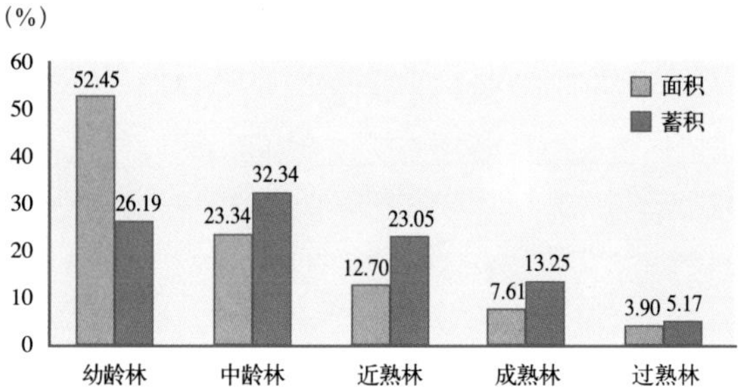

图5-6 商品林林分各龄组面积蓄积比例

详见图5-6。

2. 林种

在商品林面积中，用材林面积150.28万hm^2，薪炭林面积24.37万hm^2；经济林面积102.11万hm^2，未划分林种面积24.25万hm^2，分别占商品林面积的49.93%、8.10%、33.92%、8.05%，详见图5-7。

经济林按亚林种划分为果树林、食用原料林、蚕场和其他经济林，各亚林种面积见图5-8。

3. 地类

在商品林面积中，有林地255.47万hm^2，疏林地1.53万hm^2，灌木林地5.52万hm^2，未成林地14.25万hm^2，无林地24.24万hm^2，分别占商品林面积的84.87%、0.51%、1.83%、4.73%、8.05%，详见图5-9。

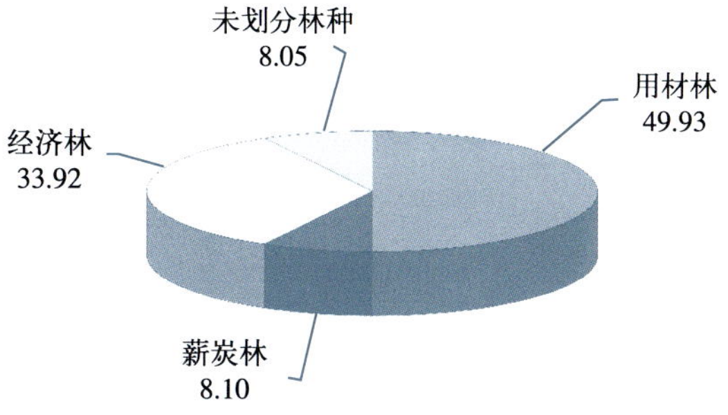

图5-7　商品林各林种面积比例（%）

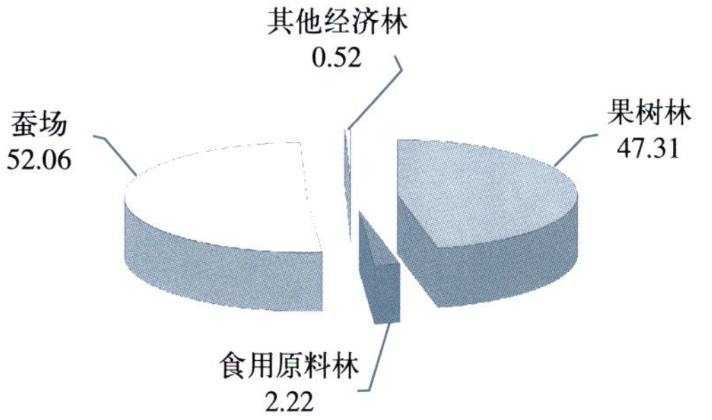

图5-8　经济林各亚林种面积图　单位：万hm^2

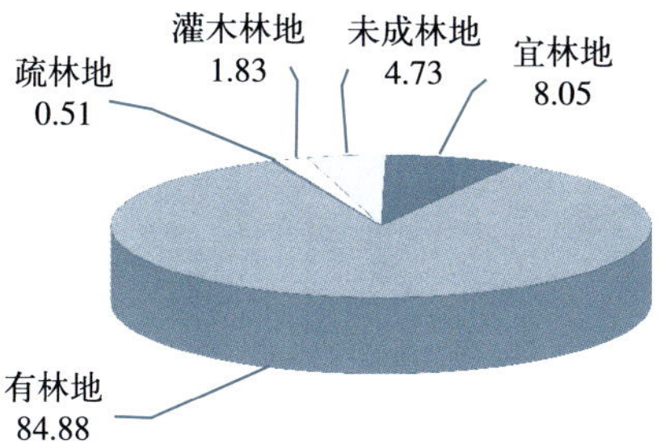

图5-9　商品林各地类面积比例（%）

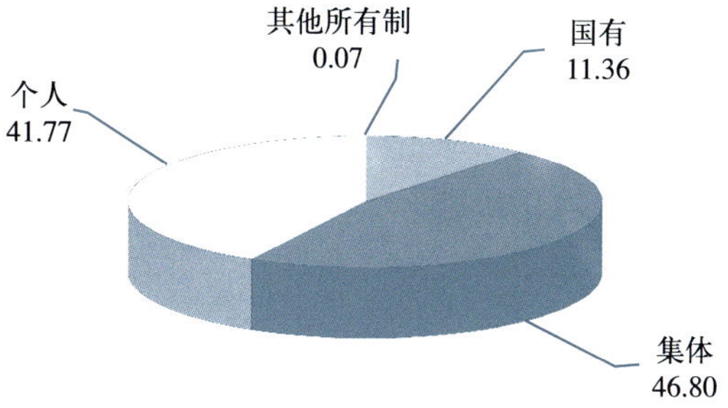

图5-10　商品林各权属面积比例（%）

4. 权属

在商品林面积中，国有34.18万hm^2，集体140.88万hm^2，个人125.72万hm^2，其他所有制0.22万hm^2，分别占商品林面积的11.36%、46.8%、41.77%、0.07%，详见图5-10。

（二）商品林按地区分布

在商品林面积中，分布较多的为丹东市、抚顺市和鞍山市，各市商品林面积、比例详见表5-7、图5-11。

表5-7　商品林按地区分布统计表　单位：万hm^2、%

统计单位	面积	比例
合计	301.01	100
沈阳	6.87	2.28
大连	22.39	7.44
鞍山	29.66	9.85
抚顺	46.07	15.3
本溪	27.30	9.07
丹东	49.03	16.29
锦州	9.32	3.1
营口	16.50	5.48
阜新	10.59	3.52
辽阳	13.26	4.41
盘锦	0.15	0.05
铁岭	26.72	8.88
朝阳	23.15	7.69
葫芦岛市	20.00	6.64

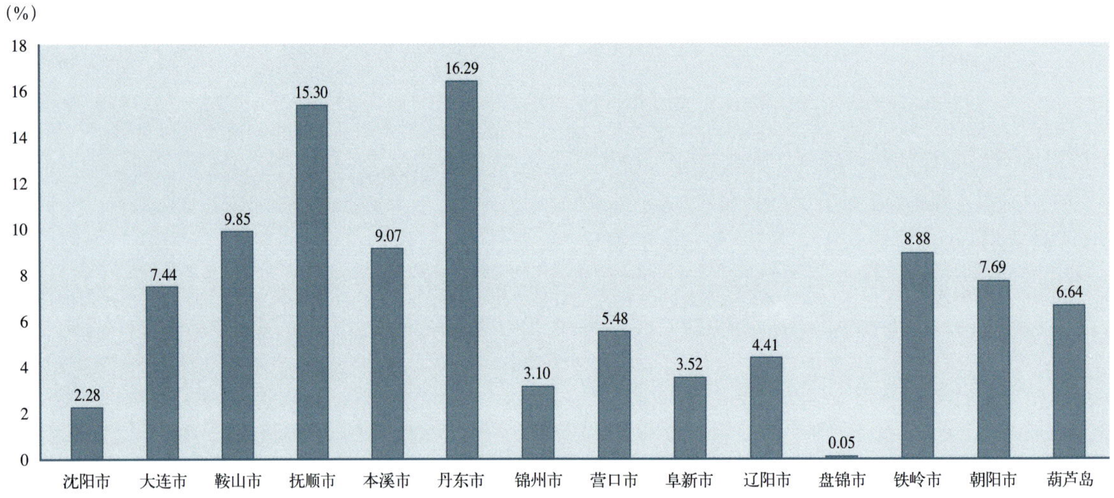

图5－11　商品林按地区分布比例图

第三节　森林分类经营管理

一、公益林经营管理

（一）重点公益林经营管理

为了满足林业生产建设的需要，使辽宁省林业生态体系和森林分类经营走上科学化、规范化、标准化轨道，提高全省生态公益林建设和林业生态工程建设的质量和成效，根据实际情况，制定了《生态公益林建设技术规程》（DB21/T365－2005），使全省生态公益林等级划分、建设区划、营造、经营、利用、管护等都有了详细的技术标准。辽宁省根据规程规范有序地开展了生态公益林建设和经营管理。2004年，经国务院批准，财政部根据《森林法》规定，在中央森林生态效益补助资金试点工作基础上，建立了中央森林生态效益补偿基金制度。

（二）一般公益林经营管理

2004年，省财政积极筹措资金1827万元，建立了地方森林生态效益补偿基金，省政府落实了一般公益林管护补助资金，补偿标准为3.0元/亩·年，此项资金将一般公益林中40.6万hm^2有林地纳入了补偿范围，保证了省级地方森林生态效益补偿基金工作的顺利启动。补偿资金落实后，为使全省补偿工作顺利开展，省林业厅在政策研究、制度建立、机制的运行等方面做了大量的准备工作。召开了全省生态公益林补偿试点启动会议，对补偿工作的落实进行了周密部署。为强化护林队伍管理，重新修订出台了《辽宁省重点公益林、地方公益林（天然林）护林员和监管员聘用办法》、《辽宁省公益林护林员和监管员考核办法（试行）》，为管护人员的选聘及检查验收提供统一标准，初步拟定了《辽宁省生态公益林管理办法》，下发到各地广泛征求意见后出台。省林业厅统一印制管护和监管等7套合同，层层签订，把管护责任落到了实处。

二、商品林经营管理

森林分类经营是我国林业经营制度的重大改革，是林业主动适应社会主义市场经济体制改革需要的重大战略决策。实施分类经营后，商品林经营以市场为导向，由经营者自主经营，自负盈亏，自我发展，国家给予一定的政策扶持。依据《森林法》和《林业经济体制改革总体纲要》的规定，将用材林、经济林、薪炭林纳入商品林。经营商品林以获取经济效益为主，发挥生态功能为辅，以盈利为目的。所以在区划界定上用于发展商品林的林地基本上有较好的立地质量作保证。

实施森林分类经营后，随着经营理念的转变，原有的技术标准已不能完全满足森林经营管理的需要，这给林业生产带来了很大困难。为了满足林业生产的急需，促进全省林业建设健康快速发展，特制定了《人工商品用材林建设技术规程》(DB21/T 1365—2005)。通过规范主要造林树种的栽培区划、树种组及计算标准年龄、经营指标、栽培技术、规划设计与技术档案等，使辽宁省人工商品用材林的经营管理走上了正轨。

第6章 重点营造林工程

辽宁省位于科尔沁沙地南缘，由于历史的原因，新中国成立初期全省森林面积仅为300万hm^2，且主要分布长大线以东地区，辽宁西北部、中南部地区植被稀疏，干旱、水土流失和风沙等自然灾害严重。新中国成立以来，在各级政府的领导下，全省人民开展了大规模的群众造林活动，使植被分布状况得到了一定改善。1978年以来，国家先后启动了三北防护林等重点营造林工程，对于加快生态脆弱地区的植被恢复、产业发展和改善人民的生产生活条件起到了重要作用。辽宁省被国家列入建设范围的营造林工程有三北防护林工程、沿海防护林工程、速生丰产林工程和退耕还林工程。

第一节 建设工程概述

一、三北防护林工程

三北防护林建设工程是在我国的东北、华北和西北地区启动的林业生态建设工程，旨在通过工程建设形成一道绿色长城，防止内蒙古自治区境内的科尔沁、浑善达克、毛乌素3大沙地和腾格里、巴丹吉林沙漠南侵，改善三北地区的生态和经济环境。辽宁省三北防护林工程开展以来已经完成三期工程建设任务，四期工程正在建设中。

（一）建设范围

三北防护林工程建设范围由一期工程的18个县(市、区)，到四期工程已经发展为55个县（市、区），详见表6-1。

表6-1 三北防护林各期工程在辽宁省建设范围统计表 单位：个

建设期	县数	县（市、区）名称
一期工程	18	建平县、北票市、阜新蒙古族自治县、彰武县、黑山县、法库县、康平县、新民市、昌图县、朝阳县、双塔区、龙城区、凌源县、喀喇沁左翼蒙古族自治县、建昌县、清河门区、细河区、义县
二期工程	20	建平县、北票市、阜新蒙古族自治县、彰武县、黑山县、法库县、康平县、新民市、昌图县、朝阳县、双塔区、龙城区、凌源县、喀喇沁左翼蒙古族自治县、建昌县、清河门区、细河区、义县、辽中、北镇市
三期工程	29	建平县、北票市、阜新蒙古族自治县、彰武县、黑山县、法库县、康平县、新民市、昌图县、朝阳县、双塔区、龙城区、凌源县、喀喇沁左翼蒙古族自治县、建昌县、清河门区、细河区、义县、辽中、北镇市、凌海市、连山区、兴城、绥中、盘山、台安县、太和区、南票区、龙港区

续

建设期	县数	县（市、区）名称
四期工程	55	新民市、辽中县、康平县、法库县、东陵区、苏家屯区、新城子区、于洪区、海城市、台安县、岫岩满族自治县、千山区、抚顺县、新宾满族自治县、清原满族自治县、顺城区、本溪满族自治县、桓仁满族自治县、明山区、南芬区、平山区、溪湖区、宽甸满族自治县、凤城市、太和区、北镇市、黑山县、义县、大石桥市、阜新蒙古族自治县、彰武县、细河区、清河门区、辽阳县、灯塔市、弓长岭区、太子河区、银州区、调兵山市、清河区、铁岭县、开原市、西丰县、昌图县、北票市、朝阳县、建平县、凌源市、喀喇沁左翼蒙古族自治县、龙城区、双塔区、兴隆台区、双台子区、建昌县、南票区

（二）建设规模

三北防护林工程建设以来，各期工程规划累计建设规模达到173.9万hm^2，其中人工造林153.7万hm^2、飞机播种造林9.8万hm^2、封山育林10.4万hm^2，详见表6-2。

表6-2 三北防护林工程建设规模统计表 单位：万hm^2、年

工程建设期	合计	按造林方式分		
		人工造林	飞播	封山育林
合 计	173.9	153.7	9.8	10.4
一期工程 1978～1985	36.0	36.0	—	—
二期工程 1986～1995	42.3	42.3	—	—
三期工程 1996～2000	28.2	23.1	4.1	1.0
四期工程 2001～2010	67.4	52.3	5.7	9.4
其中：2001～2005	40.4	31.4	3.4	5.6

注：数据来源于辽宁省三北防护林工作总站。

（三）主要技术措施

为了配合工程的实施，辽宁省林业调查规划院于1980年编制了《辽宁省造林典型设计》；辽宁省林业厅于1987年制订了《辽宁省三北防护林体系建设工程造林技术实施细则》；辽宁省林业调查规划院于1993年编制了《辽宁省立地类型和经营类型表》。这些技术资料为工程实施提供了有效的技术支撑。

三北防护林一期工程建设是以国家确定的科尔沁沙地骨干项目为重点，在组织形式上采取以国营林场和集体造林为主。

采取的主要技术措施：在造林方式和林种结构方面，以人工造林和防风固沙林、农防林为主；在树种选择和配置方面，以乡土树种和乔木、灌木纯林为主；在流动和半固定沙丘治理方面，采取先固后造的技术措施，即先用灌木在迎风坡形成人工沙障，留出丘顶，当坡面固定后在灌木行间营造适宜的乔木树种，待沙丘削顶后再用灌木固沙，行间再植乔木，达到固定流动沙丘的目的。

二期工程建设的重点是除国家确定的科尔沁沙地重点项目外，辽宁省还确定了大凌河流域水土保持林建设项目。在组织形式上提出国家、集体和个人一起上，提倡各种形式的合作造林，进一步放宽林业政策，支持和扶持林业专业户和重点户。在工程管理方面实行因害设防、先易后难、由近及远、责权利结合以及带片网、多林种、造封营相结合的建设方针和技

术路线。

采取的主要技术措施：在造林方式和林种比例方面，采取以人工造林为主，飞播造林和封山育林为辅；林种比例以防护林为主，扩大薪炭林、速生用材林的比例；在树种选择和配置方面，采取乔灌草结合、扩大针阔混交林和乔木、灌木混交林的比例。

三期工程建设的重点是在继续完成国家确定的科尔沁沙地重点项目外，还确定了大凌河流域生态经济型防护林体系示范区、速生丰产林基地建设2个重点项目。在工程管理上提出3个效益兼顾的原则，突出了巩固绿化成果，加强既有资源保护和培育的建设方针和技术路线。

采取的主要技术措施：在造林方式和林种比例方面采取造飞封并举和以防护林为主，进一步扩大薪炭林、速生用材林、经济林的比例；在树种选择和配置方面，落实乔灌草结合，在利用乡土树种的同时，还引进了抗逆性强的杨树新品种，加大了干鲜果、灌木树种的比例；在抗旱造林方面主要利用了机械钻孔、营养杯、水皿插干造林等技术措施。

四期工程建设在总结前三期工程建设经验的基础上，确定工程建设的重点是除继续完成国家确定的科尔沁沙地重点项目外，辽宁省列入国家三北防护林四期工程建设规划试验示范区有2个，一是朝阳市山地防护林体系建设示范区；二是康平、法库科技试验示范区。在工程管理方面，根据建设范围的扩充，提出以防沙治沙和水土保持为重点，坚持多林种、多层次、多功能和多效益，从山水林田路综合整治入手，以恢复和增加林草植被为核心，提高工程建设的质量；加大科技支撑力度和进一步加强既有植被资源保护和培育的建设方针和技术路线。

采取的主要技术措施：在总结前三期工程建设过程中所采取的技术措施的基础上，实施了适合各种立地条件类型、各林种要求的近50种造林模式。

二、沿海防护林工程

沿海防护林建设工程，是在辽宁省沿海地区适合林业发展的地段建立起多林种、多树种、多层次的防护林体系，使之于沿海湿地交错分布，构成复合、稳定的抵御自然灾害的生态系统，为巩固国防和繁荣沿海经济，起到生态安全的保障作用。

（一）建设范围

沿海防护林一期工程建设范围涉及沿海地区4个市12个县（市、区），二期工程建设范围涉及6个市18个县（市、区）（表6-3）。

表6-3　沿海防护林各期工程建设范围统计表　　单位：个

建设期	市数	县数	县（市、区）名称
一期工程	4	12	绥中县、兴城市、连山区、龙港区、凌海市、盘山县、大洼县、大石桥市、老边区、盖州市、鲅鱼圈区、东港市
二期工程	6	18	东港市、庄河市、普兰店市、金州区、甘井子区、旅顺口区、长海县、瓦房店市、鲅鱼圈区、盖州市、老边区、凌海市、凌河区、连山区、龙港区、兴城市、绥中县、大洼县

（二）建设规模

沿海防护林工程规划建设总规模为73.5万hm^2，其中一期工程建设规模为51.9万hm^2，二期工程建设规模为21.6万hm^2（表6-4）。

表6-4　沿海防护林工程建设规模统计表　　单位：万hm^2、年

工程建设期	工程建设期限	合计	按造林方式分		
			人工造林	飞播	封山育林
合计	1988～2010	73.5	43.4	12.1	18.0
一期	1988～2000	51.9	33.8	9.0	9.1
二期	2001～2010	21.6	9.6	3.1	8.9

注：数据来源于《辽宁省海防林体系建设二期工程总体规划》。建设规模中不含中幼林抚育和低产低效林改造面积。

（三）主要技术措施

1. 海岸带类型划分

根据辽宁省海岸带地表物质构成，划分为沙质海岸类型、淤泥质海岸类型和基岩质海岸类型（表6-5）。

表6-5　海岸带类型统计表　　单位：个

海岸类型	县数	县（市、区）名称
全省合计	18	
沙质海岸类型	6	连山区、龙港区、兴城市、绥中县、盖州市、鲅鱼圈区
淤泥质海岸类型	5	东港市、凌海市、凌河区、大洼县、老边区
基岩质海岸类型	7	庄河市、普兰店市、瓦房店市、长海县、甘井子区、旅顺口区、金州区

2. 海防林建设分区

根据海岸类型，将海防林体系建设划分为4个分区，以此来确定各自的发展目标和发展模式。

(1) 辽东半岛丘陵淤泥质海岸经济防护林区。该区属于暖温带气候，是全省植物生长期最长、热量条件最好的地区，适于以木本粮油经济林为主，并大力营造薪炭林、速生丰产林、农田林网和海防林基干林带。

(2) 辽东半岛丘陵基岩质海岸经济防护林区。这一海岸类型区的自然特点和林业发展途径同前。

(3) 辽中平原淤泥质海岸农田防护林区。该区是辽宁省商品粮基地的重点分布区，林业用地面积较少，林业发展方向以农田防护林和沿海防护林基干林带为主，辅以四旁绿化，同时因地制宜营造其他林种，提高森林覆盖率。

(4) 低山丘陵沙质海岸水土保持林区。全区水土流失和风沙危害严重，林业发展方向以营造水土保持林、沿海防护林带及农田防护林为主，并因地制宜的营造其他林种。

3. 树种选择

适宜沿海地区不同宜林地条件的主要造林树种有辽宁杨、109柳、白榆、刺槐、日本黑松、樟子松、落叶松、红松、赤杨、色树、美国白蜡、绒毛白蜡、柽柳、胡枝子、紫穗槐等。

4. 造林技术措施

采取工程造林技术措施。影响滨海一带和辽河三角洲地区造林林木生长的突出因子是土壤含盐量问题，在造林技术措施上要做好排水、台田、大穴、客土、施肥、大苗、营养杯苗等技术环节，并辅以一定的水保措施，确保造林成林。沙质海岸类型，应选择适宜造林树种（草种）先行固定流动沙地，再逐步向周边扩展。

三、速生丰产林工程

辽宁省从1990年开始，利用世界银行贷款项目建设速生丰产林工程以来，先后完成了一期国家造林项目；二期森林资源发展和保护项目；三期贫困地区林业发展项目和四期林业持续发展项目。这些项目都是由国家与世界银行签订的，辽宁省实施的部分属于总项目中的分省项目。

（一）建设范围

项目四期工程建设覆盖全省14个市，55个县（市、区），各期项目建设范围见表6-6。

表6-6　项目建设范围统计表

项目名称	县数	县（市、区）名称
国家造林项目	16	普兰店市、庄河市、岫岩满族自治县、本溪满族自治县、桓仁满族自治县、南芬区、宽甸满族自治县、凤城市、辽阳县、铁岭县、西丰县、开原市、清河区、抚顺县、新宾满族自治县、清原满族自治县
森林资源发展和保护项目	15	宽甸满族自治县、凤城市、辽阳县、桓仁满族自治县、岫岩满族自治县、灯塔市、凌海市、阜新蒙古族自治县、彰武县、建平县、喀喇沁左翼蒙古族自治县、北票市、朝阳县、盘山县、新民市
贫困地区林业发展项目	16	宽甸满族自治县、凤城市、辽阳县、桓仁满族自治县、岫岩满族自治县、新宾满族自治县、西丰县、义县、黑山县、法库县、康平县、建昌县、连山区、朝阳县、阜新蒙古族自治县、彰武县
林业持续发展项目	8	新民市、辽中县、义县、凌海市、盖州市、大石桥市、兴城市、南票区

（二）建设规模

速生丰产林经过四期工程建设，累计建设规模达到19.2万hm^2。各项目建设规模详见表6-7。

表6-7　速生丰产林工程建设规模统计表　　单位：年、个、万hm^2

项目	合计	国家造林项目	森林资源发展和保护项目	贫困地区林业发展项目	林业持续发展项目
建设年限	1990～2007	1990～1995	1996～1998	1998～2002	2002～2007
建设范围	55	16	15	16	8
项目规模	19.2	9.0	3.6	4.7	1.9

注：数据来源于辽宁省林业厅外资项目办公室。

（三）主要技术措施

1. 造林树种选择

世界银行贷款造林建设项目，在造林技术措施上首先注重造林树种的选择，根据主要造林树种进行可行性研究与规划设计；其次按主要造林树种的生物学、生态学特性要求，结合立地条件、种苗标准、先进的栽培技术、管理经验、环境保护措施和培育目标等，编制了主要树种造林技术模型，用以指导项目造林活动。辽宁省项目造林选择的造林树种详见表6-8。

从表6-8可以看出，项目建设选择的造林树种以落叶松和杨树为主，分别占造林树种面积比例的63.3%和27.2%，而且各期工程建设中均有分布。

表6-8 各期项目建设树种选择统计表 单位：hm^2、%

项目	合计	国家造林项目	森林资源发展和保护项目	贫困地区林业发展项目	林业持续发展项目
合计	187 739	90 188	36 000	46 575	14 976
落叶松	118 824	90 188	13 000	14 471	1165
比例	63.3				
杨树	51 107		23 000	16 790	11 317
比例	27.2				
刺槐	5095			5095	
比例	2.7				
板栗	3557			3364	193
比例	1.8				
枣	4288			3253	1035
比例	2.2				
梨	2614			2248	366
比例	1.3				
杏	307			307	
比例	0.5				
榛子垦复	1947			1047	900
比例	1.0				

2. 苗木质量

在世界银行贷款项目建设中，专门编制了“种植材料开发计划”，并严格规定项目育苗必须使用良种，造林必须使用一级苗木。通过推行良种使用和一级苗培育技术，项目的良种使用率达到了100%，一级苗使用率达到95%以上。

3. 造林技术措施

在整地方面，改变了全垦整地的常规方式，实行“穴”状、“带”状整地，避免了水土流失，减轻了农民的劳动强度。在造林密度方面，根据项目造林的培育目标，降低了造林密度。在幼林抚育方面，由全垦抚育为扩穴抚育，减少了幼林抚育的工作量。

四、退耕还林工程

国家林业局于2001年在辽宁省确定4个退耕还林（草）试点县，2002年将辽宁省列入国家退耕还林（草）工程建设范围。

（一）建设范围

工程建设范围涉及全省8个市66个县区，其中重点工程建设范围涉及8个市24个县（市、区）。工程建设范围详见表6-9，重点工程建设范围详见表6-10。

表6-9 退耕还林（草）工程规划范围表 单位：个

单位	县数	县（市、区）名称
合计	66	
沈阳	5	新民市、辽中县、康平县、法库县、新城子区
大连	8	庄河市、普兰店市、瓦房店市、金州区、旅顺口区、甘井子区、长海县、开发区
鞍山	4	海城市、台安县、岫岩满族自治县、千山区

续

单位	县数	县（市、区）名称
抚顺	3	清原满族自治县、新宾满族自治县、抚顺县
本溪	6	桓仁满族自治县、本溪满族自治县、南芬区、平山区、明山区、溪湖区
丹东	3	宽甸满族自治县、凤城市、东港市
锦州	5	凌海市、义县、北镇市、黑山县、太和区
营口	3	盖州市、大石桥市、老边区
阜新	4	阜新蒙古族自治县、彰武县、细河区、清河门区
辽阳	5	辽阳县、灯塔市、弓长岭区、宏伟区、太子河区
铁岭	7	西丰县、开原市、铁岭县、昌图县、清河区、银州区、调兵山市
朝阳	7	朝阳县、北票市、建平县、凌源市、喀喇沁左翼蒙古族自治县、龙城区、双塔区
盘锦	1	盘山县
葫芦岛	5	兴城市、连山区、建昌县、绥中县、南票区

表6-10　退耕还林工程重点建设区范围表　　单位：个

单位	县数	县（市、区）名称
合计	24	
沈阳	4	康平县、法库县、新民市、辽中县
大连	2	庄河市、瓦房店市
鞍山	1	海城市
锦州	4	凌海市、北镇市、黑山县、义县
阜新	2	阜新蒙古族自治县、彰武县
铁岭	1	昌图县
朝阳	5	朝阳县、北票市、建平县、凌源市、喀喇沁左翼蒙古族自治县
葫芦岛	5	兴城市、建昌县、绥中县、南票区、连山区

注：规划重点建设区任务量973 200hm^2，占总任务量的76.2%。

（二）建设规模

退耕还林（草）工程规划建设总规模127.7万hm^2，其中“十五”期间规划任务74.9万hm^2，“十一五”期间规划任务52.8万hm^2（表6-11）。

表6-11　退耕还林工程建设规模统计表　　单位：万hm^2、年

规划阶段	合计	退耕地造林	配套荒山造林
2001～2010	127.7	57.4	70.3
第一阶段 2001～2005	74.9	30.6	44.3
第二阶段 2016～2010	52.8	26.8	26.0

注：数据来源于《辽宁省退耕还林（草）工程“十五”计划及2010年规划》。

（三）主要技术措施

1. 辽东山区

退耕还林（草）工程主要采取造、封并举的措施，因地制宜地培养多种混交模式为主的水源涵养林，适度发展用材林和具有新、奇、特的经济林新品种。

主要造林培育树种有红松、落叶松、樟子松、刺槐、胡桃楸、黄波罗、白桦等，经济林树种有板栗、苹果、梨、葡萄等。

2. 辽中南平原沿海地区

工程建设的重点是充分利用荒滩、荒地和沙质耕地，大力营造农田防护林和生态经济林，增加林草植被面积，提高覆被率；控制辽河沿河沙地发展，建立起带、网、片相结合的森林保护屏障。

主要造林树种以杨树速生品种和柳树、刺槐为主。经济林树种以苹果、梨、葡萄新品种为主，灌木以紫穗槐为主。退耕还林的造林模式以营造林草、林灌及防护林与经济林复合型的模式为主。

3. 辽西北地区

退耕地造林整地：一般采取沿等高线品字形配置造林穴。

主要造林树种草种：樟子松、刺槐、速生杨类、班克松、沙棘、荆条、大扁杏、山杏、草木犀、苜蓿、沙打旺。果树有梨、苹果、葡萄等新品种。

第二节　工程建设情况

自1978年三北防护林工程建设以来，辽宁省各级政府和林业主管部门对工程建设非常重视，各项工程从管理、技术和资金方面逐步实现了规范化管理，保证了各项工程的顺利实施。

一、各项工程规划任务完成情况

各项重点营造林工程规划建设总规模394.3万hm^2，其中按工程建设期分，已经按期完成

表6–12　各工程规划任务完成情况统计表　　单位：万hm^2、%

序号	工程名称及工程建设期	规划任务	完成任务	规划完成率
	合计	394.3		
	按工程建设期分已经完成的工程	252.5	268.2	106.2
	按工程建设期分正在建设的工程	141.8		
一、	三北防护林	173.9		
	一期工程	36.0	54.7	151.9
	二期工程	42.3	54.4	128.6
	三期工程	28.2	29.9	106.0
	四期工程	67.4		
二、	沿海防护林	73.5		
	一期工程	51.9	34.6	66.6
	二期工程	21.6		
三、	速生丰产林	19.2	18.8	97.9
	国家造林项目	9.0	9.0	
	森林资源发展和保护项目	3.6	3.6	
	贫困地区林业发展项目	4.7	4.7	
	林业持续发展项目	1.9	1.5	
四、	退耕还林	127.7		
	第一阶段（2001～2005）	74.9	75.8	101.2
	第二阶段（2006～2010）	52.8		

注：表中按工程建设期完成任务栏无数据的为在建工程；林业持续发展项目规划任务1.9万hm^2，截至2006年已经完成1.5万hm^2。

规划的有252.5万hm^2；规划在建的有141.8万hm^2。在已经按期完成的各项工程中，规划任务252.1万hm^2，实际完成任务268.2万hm^2，平均规划完成率106.2%（表6-12）。

二、各项重点营造林工程建设培育的森林资源

截止到2005年，辽宁省重点营造林工程累计培育森林资源94.78万hm^2，其中有林地59.76万hm^2，灌木林15.68万hm^2（表6-13）。

表6-13　各项工程培育的森林资源

单位：hm^2

工程类别	合计	有林地	疏林地	灌木林	未成林	其他地类
合计	947 808.9	597 592.3	7030.7	156 761.3	179 313.5	7111.1
退耕还林	445 530.9	244 727.5	1081.7	46 938.8	150 011.4	2771.5
三北防护林	392 031.3	248 492.3	5811.8	109 800.5	24 046.1	3880.6
速生丰产林	110 246.7	104 372.5	137.2	22.0	5256.0	459.0

注：数据来源于2005年全省二类调查统计成果；其中三北防护林工程建设培育的森林资源中包含沿海防护林资源。

辽宁省重点营造林工程培育的森林资源，对于生态脆弱地区的植被恢复和重建，对于保护珍稀濒危野生动植物物种，对于缓解省内木材供需矛盾，对于影响经济持续发展都具有重要的现实意义和深远的历史意义。

第三节　工程建设经验与存在的问题

一、工程建设经验

（一）各级政府高度重视

党中央和国务院从战略高度出发，正视我国生态建设的现状，从20世纪70年代末期开始，陆续启动了三北防护林、沿海防护林、速生丰产林和退耕还林等工程，并把工程纳入国民经济发展计划，履行基本建设程序，配套出台相应的法律法规以保障各项工程的顺利实施。省委省政府高度重视林业生态建设，从1985年开始实行造林实绩核查，每年省政府与各市政府等层层签订造林责任状，把每年度的造林核查结果作为考核各级政府政绩的主要指标，促进了各级政府重视工程建设的积极性、务实性和责任感。省政府为了加快生态建设，先后制定和出台了《辽宁省实施〈中华人民共和国森林法〉办法》《贯彻〈关于加快林业发展的决定〉的实施意见》《辽宁省生态建设纲要》《辽宁省产业发展纲要》《关于加快非公有制林业发展的意见》等法规和政策性文件，为工程建设管理、实施起到了保障和促进作用。

（二）组织管理机构健全

根据工程建设的需要，省林业厅先后成立了三北防护林办公室、外资项目办公室、退耕还林办公室等工程管理机构，负责工程建设的组织管理。市、县级林业主管部门也都成立了相应的组织机构，为工程建设的顺利实施奠定了组织基础。

（三）工程建设资金不断增加

自从三北防护林工程启动以来，随着国家综合实力的不断提高，工程建设的补助资金不断增加，极大地调动了广大人民群众参与工程建设的积极性和主动性，为各项工程的顺利实施奠定了经济基础。

（四）严格执行工程规划文件

按照国家基本建设程序，各项工程在建设期开展之前，必须编制相应的规划文件并履行报批程序，规划文件一经批准，便成为工程建设的指导性文件，其中的总体布局、技术路线、建设规模和投资等是工程建设的核心内容。辽宁省已经开展的重点营造林工程，在建设过程中能够严格执行规划设计文件，在工程总体布局、建设规模、造林方式和造林模式等方面，体现了规划文件的指导思想和技术路线，保证了工程建设目标的实现。

（五）实施工程造林与管理

各项重点营造林工程实施过程中，坚持严把整地关、选苗关和植苗关。退耕还林工程的退耕地造林，普遍采取了大坑泥浆中心植苗法造林，速生丰产林工程强调树种选择和苗木质量等等；沙地和丘陵山地造林，普遍采取了营养杯苗造林、浸蘸生根粉造林，还有机械钻孔造林、固态水造林、水皿造林等抗旱造林技术措施，从而保证了造林成活率逐步提高。

二、存在的问题

（一）造林保存率低

重点营造林工程中，除速生丰产林工程外，其余工程建设的重点都布局在辽西北地区和辽中南平原沿海地区，工程区的自然条件（干旱、风沙、水土流失和海风）与区域植被恢复之间本身就是一对矛盾，制约着植被恢复、重建的速度和规模。造林保存率低有两个方面的因素，一是自然因素；二是人为因素，其中前者是主导因素。

1. 自然因素

由于辽宁省西北、中南部地区处于主风带内，地势为由内蒙古高原倾向辽东湾和松辽平原的斜坡，气流下坡则易产生下沉运动。较大的降水锋面和低压系统经过此地时，降雨会明显减少或无降水，因此西北部成为全省降水量最少的地区，正常年降水量仅有450mm，而水面蒸发能力则达1100～1200mm，朝阳、阜新地区和锦州部分地区常年出现干旱。工程建设期间，比较严重的干旱年份有：

(1) 1982年干旱，8月8日至9月18日，锦州、朝阳、阜新和铁岭北部地区40天无雨，发生严重秋吊。全省地下水位普遍下降1～2m，朝阳地区下降最多的达4～5m。全省旱死果树70万株，接近死亡的150万株。

(2) 1987年至1989年连续3年干旱，1989年发生全省特大干旱。1987年，发生夏旱和伏旱。1988年辽西、辽南地区5月份降雨量2～10mm，朝阳、阜新、大连出现春旱；7、8月份又连续出现无雨日。1989年，是连续干旱的第三个年头；7月份沈阳、海城、朝阳地区17天没有下雨，8月份雨量又偏少。全省受灾面积271.2万hm^2，成灾237.3万hm^2，减产粮食37亿kg，水果减产30万t，造成农业直接经济损失30多亿元。

(3) 1997年干旱，全省14个市除盘锦市外，都遭受到不同程度的旱灾，其中春、夏、伏旱和秋旱极为严重。据统计，从1月初到8月2日，全省平均降水量237.6mm，其中西部地区平均降水量156.7mm。更为严重的是6月中旬以后，全省高温天气持续近两个月，辽西、辽南地区大于30℃的高温天气达50多天，最高气温达35℃，并伴有3至4次的干热风，致使地表水和土壤水分大量丧失。辽西、辽中、辽北地区地下水位普遍下降1m，严重的下降3～5m。全省作物受旱面积158.6万亩，成灾116.2万hm^2，减产粮食40亿kg。全省果树因旱减产6.8亿kg，直接经济损失8.46亿元。

由于干旱和树种相对单一，导致病虫鼠害时有发生，如榆紫金花虫将全省80年代营造的榆树人工林被害所剩无几。杨树检疫害虫、樟子松枯梢病、沙棘木蠹蛾等每年都造成一定面积的幼林地消失等。

2. 人为因素

主要是重造轻管，根据三北防护林工程一、二期保存率验收结果，分别为81.28%和91.15%，随着时间的推移保存率逐渐降低，除自然因素外，还说明管护没有到位，主要表现在林地放牧、农地对林地的蚕食等。此外，一期工程建设期间，因技术手段落后，导致年上报完成造林任务数据偏大，如目估上报面积、坡地不改平上报面积等；其次是重乔轻草，工程区的自然特点本来就是以干旱、风沙和水土流失为标志，自然条件和治理目标都需要草本植被在区域内占有一定比例，截至到2004年工程区内原生草本植被比1982年减少34.4万hm^2；最后是重造轻封，封山育林是增加植物盖度的有效措施，在以往的工程建设中，一是封育的比例小，二是封育后的管理不到位，封育成效不显著。

（二）工程建设资金到位滞后

重点营造林工程建设中，有的工程年度计划和资金迟迟不能到位，工程县造林陷入盲目状态，多造的林地因计划数额有限，补助资金无法兑现，挫伤了群众造林的积极性。

（三）重点工程建设区生态状况不容乐观

1. 资源总量偏低

根据全省划分的3大林业生态建设区域，其中辽中南平原沿海地区和辽西北地区，是辽宁省重点营造林工程建设的重点工程区。该区森林资源总量情况详见表6-14。

表6-14　辽中南平原沿海地区和辽西北地区森林资源情况统计表　单位：万hm^2、万m^3、%

类别	辽中南平原沿海地区		辽西北地区	
	数量	占全省比例	数量	占全省比例
林地面积	69.78	10.04	249.98	35.97
有林地面积	59.82	11.20	131.63	24.65
林分面积	41.71	9.55	116.36	26.65
无林地面积	4.90	8.20	43.60	72.96
活立木蓄积	1642.74	6.73	4659.17	19.08
林分蓄积	1426.98	6.06	4116.94	17.50
森林覆盖率	20.24		20.96	

2. 土壤侵蚀模数较高

辽宁省林业调查规划院研究的对辽西北地区建立的森林覆盖率与土壤侵蚀模数的相关关系数学模型显示，森林覆盖率小于10%，区域土壤侵蚀模数大于6050t/km^2·a；森林覆盖率大于50%，土壤侵蚀模数小于475t/（km^2·a），详见表6-15。

根据辽西北地区森林覆盖率现状，目前区域内土壤侵蚀模数应当在2580t/km^2·a，属于强

表6-15　森林覆盖率与土壤侵蚀模数的相关关系表　　单位：%、t/km²·a

项目	指标					
森林覆盖率	<10	10～20	20～30	30～40	40～50	>50
土壤侵蚀模数	>6050	6050～2580	2580～1405	1405～825	825～475	<475

度侵蚀范围；若控制土壤侵蚀模数在500t以下/(km^2·a)，达到轻度侵蚀，森林覆盖率应达到48.5%。

3. 生态脆弱性等级较高

根据2004年沙化土地监测成果显示，重点工程区内植被覆盖度为34.76%，属于非常脆弱区，详见表6-16。

表6-16　生态脆弱性等级划分因子及阈值表　　单位：%

项目	生态脆弱性等级			
	极端脆弱	非常脆弱	比较脆弱	一般脆弱
植被盖度(%)	<20	20～39	40～59	>60
水蚀	严重	强度	中度	轻度
风蚀	极强度	强度	中度	轻、微度

综上所述，由于重点工程区内植被总量不足，导致土壤侵蚀模数属于强度侵蚀范围，生态脆弱性等级属于非常脆弱区。这说明该区的生态环境治理与植被恢复工作任重而道远。

第7章 主要造林树种资源

第一节 选择造林树种的原则

一、选择造林树种的原则

（一）区域适生原则

在一定区域内从温度、湿度、土壤、生长期等条件与所具有的树种生态学和生物学特性相适应，所选树种能在该区域范围内在正常自然条件下或偶然环境条件发生逆向转变时能够正常生长。

（二）速生性原则

保持所选树种在一定区域内具有相对速生性，尤其对于用材树种其速生性是造林树种选择的前提条件之一，只有速生才有可能获得收益最大化。

（三）需求潜能原则

依据社会经济发展和市场对木材树种需求的变化，选择在一定阶段内可能符合市场经济发展的需要和在改善生态环境中能够满足某些生态指标的需要。

（四）成功模式原则

对多年来群众广泛栽植并成功积累了丰富的栽植经验，已获得科学栽植的固定模式，群众对此认同度很高，这些都将成为造林树种选择的原则条件。

（五）抗逆性原则

对有些树种虽然速生性有所差异但抗逆性很强，如生命周期长、耐沙打沙埋、耐干旱、耐瘠薄能力强，在极端条件下能够生存，深根性耐风能力强，抗病虫害能力强；特别对杨树而言，抗病虫害能力是造林树种选择的主要条件之一。

二、主要造林树种

依据造林树种选择原则并结合各地区自然环境条件，共选择主要造林树种41个，详见表7-1。

表7-1 主要造林树种一览表

树　种	适生区域	适生立地环境
杉松冷杉	温带地区，年平均气温0～8℃，极端最低气温-40℃以上，年降水量750～1200mm，相对湿度较高	土层深厚、肥沃、通气排水良好的酸性壤质土壤生长最好，在土层较薄、肥力较差处也能生长
长白落叶松	温带地区，年平均气温2～10℃，年降水量750～1000mm	以湿润肥沃的砂壤土、疏松的黏土、河谷冲积土及滩地生长最好

续

树　种	适生区域	适生立地环境
日本落叶松	北纬45°以南温带、暖温带地区及亚热带高海拔山地，年平均气温2.4～12℃，年降水量500～1400mm	土层深厚、疏松、肥沃、排水良好的壤质土，以阴坡、半阴半阳坡为佳
红松	温带地区，年平均温度0～6℃，极端最低气温-50℃以上，年降水量750～1200mm，相对湿度较高	土层深厚、肥沃、通气排水良好的酸性壤质土壤生长最好，在土层较薄、肥力较差处也能生长
油松	温带南部、暖温带地区，年平均气温5～16℃，极端最低气温不到-23℃，年降水量400～1000mm	以深厚肥沃、土壤通气状况良好的山地轻质棕壤及淋溶褐土上生长最好，平原地区要求排水良好的壤土、砂壤土
樟子松	寒温带、温带地区，年平均气温-4～8℃，极端最低气温不到-50℃，年降水量350～600mm	薄层土的山地、丘陵，酸、中性土壤、沙地均可生长，但以排水良好的深厚土壤生长期最好
黑松	暖温带地区，年平均气温7～12℃，极端最低气温不到-30℃，年降水量500～1000mm	对土壤要求不严，以深厚肥沃、土壤通气状况良好的山地轻质棕壤生长最好
华山松	暖温带地区，年平均气温6～15℃，极端最低温度不到-30℃，年降水量600～1500mm，相对湿度70%以上的山地；温带地区亦可人工栽植	山地中性、酸性黄褐土、黄壤及土层深厚肥沃、排水良好地带，并以森林棕壤、草甸土生长良好
红皮云杉	温带地区，年平均气温0～6℃，极端最低气温不到-40℃，年降水量500～800mm，相对湿度较高	土层深厚、肥沃、通气排水良好的山麓缓坡、小台地、山地棕色森林土壤空气湿度较大的地带
侧柏	温带南缘、暖温带、亚热带地区，年平均气温8～12℃，绝对最低气温不到-35℃，年降水量300～1600mm	以土层深厚、疏松、肥沃生长最好，但山地土层浅薄的粗骨土、石灰性土、岩缝中，中弱度盐渍土、沙丘上均能生长
东北红豆杉	温带地区、年平均气温0～6℃，极端最低气温不到-50℃，年降水量800～1500mm	土层深厚、肥沃、通气排水良好的酸性壤质土壤生长最好，在土层较薄、肥力较差处也能生长
银杏	温带、暖温带、亚热带地区，年平均气温10～18℃，极端最低气温不到-20℃，年降水量600～1500mm	除干燥瘠薄山麓、盐碱地、低湿地外，酸性土、中性土、钙质土均适宜生长，但以深厚、湿润、肥沃、排水良好的砂壤土生长最好
小青杨	温带及暖温带北缘，年平均气温3～8℃，极端最低气温不到-40℃，年降水量500～1000mm	平原四旁，低山谷底，山脚土层较厚，较湿润的壤土、砂壤土生长为好，在轻盐碱地及砂质坨甸、阶地也可生长
大青杨	温带地区，年平均气温0～6℃，极端最低气温不到-45℃，年降水量500～1000mm	坡脚、谷地、四旁，低山，土层较厚，较湿润、肥沃的壤土、砂壤土生长最好，在排水、透气性较好中壤土上也可生长
沙兰杨	从联邦德国引进，适于暖温带及与温带之间，年平均气温6～15℃，降水量在600mm以上	平原四旁，河岸、河滩等肥沃、排水良好的砂壤土最为适宜，在干旱、贫瘠、盐碱地上生长不良。在砂壤土上以冲积砂壤土生长更好

续

树　种	适生区域	适生立地环境
白城杨	温带地区，年平均气温3～10℃，极端最低气温不到40℃，年降水量400～600mm	沙质发育的土壤上，在土层深厚、湿润、排水良好的砂壤土上生长为好，在坨甸、阶地，土壤干燥的砂土上也能较好的生长
辽宁杨	温带及暖温带地区，年平均气温6～15℃，年降水量500～800mm	沙质发育的土壤上，在土层深厚、湿润、排水良好的沙壤土上生长最好，在轻盐碱沙性壤质土上也能生长
欧美108杨	温带及暖温带地区，年平均气温6～15℃，年降水量500～800mm	同辽宁杨
中荷64杨	温带及暖温带地区，年平均气温3～15℃，年降水量400～800mm	平原四旁、河岸、河滩及沙质发育的土壤上，在土层深厚、湿润、排水良好的砂壤土上生长为好，在坨甸、阶地，土壤干燥的砂土上也能较好的生长
荷兰3930	温带及暖温带地区，年平均气温5～15℃，年降水量600～1000mm	平原四旁、河岸河滩及沙质发育的土壤上，在土层深厚、湿润、排水良好的砂壤土上生长为好
垂柳	全省各地广泛栽植，以中部平原为多	适于平原四旁、河滩低湿地，在比较干旱和季节性积水的地段亦可生长
旱快柳	全省各地广泛栽植，以中部平原为多	适于河滩、沟谷、低洼湿地及平原四旁生长良好，在干旱贫瘠的坡地、沙丘生长不良
刺槐	暖温带及温带南部边缘地区，年平均气温5～18℃，极端最低气温不到－43℃，年降水量400～1000mm	平原、低山丘陵缓坡、土层深厚、水分充足的砂壤土为好，耐盐碱、较耐瘠薄，但土壤过于瘠薄、干旱易形成小老树或灌木状
家榆	温带、暖温带南部边缘地区，年平均气温1～17℃，极端最低气温不到－45℃，年降水量400～1000mm。辽宁各地普遍栽植	以平原、四旁深厚肥沃土壤生长最好，在轻盐碱地、固定沙丘和褐土上亦能生长，但在低洼积水区难以生长
栓皮栎	暖温带地区，年平均气温8～16℃，极端最低气温不到－20℃，年降水量500～1500mm。辽宁南部的大连、丹东有分布	对立地条件要求不严，酸性土、中性土、钙质土均可，土层较薄的地带也可生长，以山地土层较厚、肥沃、排水良好的阳坡最好
麻栎	暖温带至亚热带地区，年平均气温8～24℃，年降水量500～2000mm。辽宁南部的大连、丹东有分布	对立地条件要求不严，在土壤瘠薄、干旱地带可以生长成林，以肥沃、排水良好的中性土至微酸性壤质土生长最好
水曲柳	温带地区，年平均气温0～6℃，极端最低气温不到－40℃，年降水量500～800mm的山地	喜深厚肥沃、湿润的壤土和砂壤土，稍耐盐碱，在含盐量≤1.5%时能正常生长，过于贫瘠的立地条件下生长不良
黄波罗	温带至暖温带，年平均气温0～10℃，极端最低气温－40℃，年降水量500～800mm的山地	河谷两侧、山腹中部以下深厚、肥沃、湿润的中性、微酸性壤质、砂壤质冲积土或棕色森林土
胡桃楸	温带地区，适于年平均气温0～6℃，极端最低气温－40℃，年降水量500～1000mm的山地。东部山区在海拔300～800m的沟谷、山麓普遍生长	适宜土层深厚、肥沃、排水良好的沟谷和山下坡下部，贫瘠和排水不良的地段生长不良

续

树 种	适生区域	适生立地环境
紫椴	温带地区，年平均气温0～6℃，极端最低气温不到-40℃，年降水量500～1000mm的山地	喜深厚肥沃、湿润的棕壤土，在干旱、沼泽、盐碱地和白浆土上生长不良
桑树	适于温带及暖温带地区，年平均气温0～12℃，极端最低气温不到-40℃，年降水量500～1000mm	较耐干旱和瘠薄，对土壤适应性强，但建立桑园应选择土层深厚、湿润、肥沃的地方
元宝槭	温带树种，年平均气温2～10℃，极端最低气温不到-35℃，年降水量500～1000mm的山地及丘陵	喜深厚、疏松、肥沃的土壤和阴坡湿润的山谷，在低山较干燥的阳坡或沙丘上能生长；酸性和微碱性土壤上也能生长
胡桃	暖温带、亚热带，年平均气温8～14℃，极端最低气温不到-25℃，年降水量400～1200mm的山地、丘陵及平原	适于阳坡、半阳坡山脚，山坡及平原，土层深厚、肥沃、湿润的砂壤或壤土，不耐干瘠、水湿与盐碱
板栗	亚热带、暖温带及温带南缘，适于丘陵、山地、河滩，年平均气温8～22℃，极端最低气温不到-28℃，极端最高气温35～39.5℃，年降水量500～1500mm	对土壤要求不严，喜深厚、肥沃、湿润、疏松的壤质土，较耐干旱，忌低洼盐碱地、钙质土与重黏土
枣树	北纬45°以南亚热带、暖温带及温带南缘，适于丘陵、山地、河滩，年平均气温8～22℃，极端最低气温不到-28℃，极端最高气温35～39.5℃，年降水量500～700mm	适宜向阳背风处，耐瘠薄山地和丘陵、沙荒地段，微酸性、中性、轻度盐碱土均能正常生长
榛子	温带地区，暖温带亦可生长，但结实量较差，年平均气温3～10℃，极端最低气温不到-40℃，年降水量550～900mm	适宜在土层深厚、肥沃、土质松软、排水好、向阳的低山下腹及丘陵地带生长，土壤瘠薄不利于种子生长及结实
山杏	温带地区，暖温带亦可生长，但结实量较差，年平均气温3～8℃，极端最低气温不到-40℃，年降水量550～900mm	对土壤要求不严，可在荒山、沙荒地、水土流失地段正常生长，较耐黏质土壤，但不耐水湿
紫穗槐	温带南部至暖温带，年平均气温4～20℃，极端最低气温-36℃，年降水量400～1200mm	对立地条件要求不高，沙地、黏土、中性土、盐碱土、酸性土、低湿地与土质瘠薄的山坡均能生长，但以土层深厚的中性砂壤土生长最好
柽柳	辽宁西南沿海地区，年平均气温3～15℃，极端最低气温-33℃，年降水量400～900mm	地下水位较高的轻、中盐碱地，沙丘间盐渍化沙地
沙棘	温带至暖温带，辽宁各地均有栽植，年平均气温3～12℃，极端最低气温-39℃，年降水量400～900mm	对土壤要求不严，能在水土流失严重的荒坡、湿润沙地、山地草甸土、弱中度盐碱地上生长，土层深厚、湿润谷地、河漫地生长较好，能耐黏重土壤
小叶锦鸡儿	温带、暖温带半干旱地区，年平均气温2.5～11℃，极端最低气温-38℃，年降水量180～700mm的丘陵、沙地、草原及山地	在砾岩、花岗岩、石灰岩山地，河谷阶地和固定、半固定沙地及干草原均可生长，在土壤养分、水分适宜条件下才能速生

第二节 主要造林树种资源

一、乔木树种

（一）用材类乔木树种

1. 杉松冷杉（沙松、冷杉）

拉丁名：*Abies holophylla* Marim.

杉松冷杉林是辽宁省东部山区地带性植被，目前保存面积不多，由于生长速度相对较慢，采伐周期长，人工营造面积也很有限。

形态特征：常绿乔木，高达40m，胸径1m，树干通直，小枝有圆形叶痕，1年生枝黄色或淡黄色无毛。叶线形，上面中腹凹下，先端急尖或渐尖；球果圆柱形，腋生，直立，球果10月成熟。

分布：杉松冷杉在辽宁省辽东地区的新宾、本溪、桓仁等地多有栽植，自然生长多在辽东山地阴坡海拔400～800m的山中腹。近年道路和庭院绿化时有栽植。

生物学特性：沙松是耐寒、耐荫性树种，其抗病虫害和抗污染能力较强，自然生长的杉松冷杉在土层40～50cm、湿润、排水良好的暗棕壤地段上出现的频率较高；中龄林以后生长速度较快。

木材性质及利用：材质轻软，纹理通直，韧性较好，抗腐性差，易于着色。木材多用于建筑、桥梁、枕木、器具；纤维长，可用于造纸；针叶可提取芳香油。

2. 红皮云杉（红皮臭）

拉丁名：*Picea koraiensis* Nakai

红皮云杉树姿美观，中期生长速度较快，是营造用材林和四旁绿化的优良树种。

形态特征：常绿乔木，高达35m，胸径80cm，树冠尖塔形，干性通直，树皮灰褐色或浅红褐色，呈不规则长条状薄片脱落，1年生枝淡红褐色或淡黄褐色，小枝有木钉状叶枕。叶锥形长1.2～2.2cm，先端尖，横切面四菱形，四面具气孔线。球果长圆柱形，长5～8cm，在枝上斜下着生，幼时绿色，成熟后淡褐色至褐色，种鳞革质较厚，倒卵形；球果9～10月成熟。

分布：红皮云杉自然分布主要为我国东北的小兴安岭、张广才岭及长白山林区。在大兴安岭东部和北部的河谷沿岸亦有少量分布。在辽宁省桓仁、宽甸偶有分布。人工造林多出现在国有林采伐迹地上或道路、园景等处。

生物学特性：红皮云杉是耐荫能力较强的树种，且耐寒性和耐湿性较强，最适生长环境为空气湿度大、排水良好、土壤肥厚的山麓缓坡或谷地。红皮云杉属浅根性树种，对火灾抵抗力很弱，萌芽能力很弱。人工红皮云杉年生长期很短，15年以前生长缓慢，15～50年以后生长逐渐加快。

木材性质及利用：木材性质及木材干缩系数力学性质稍大，材质松软，心边材区分布明显，抗腐性一般，不耐磨损。木材主要用于建筑、桥梁、枕木、电杆、坑木，在航空、造船、胶合板及家具制造方面也常用。由于声学性能好，是制造乐器的重要材料，同时由于纤维素长，也是造纸的原材料。

3. 长白落叶松（黄花松）

拉丁名：*Larix olgensis* Henry

长白落叶松是辽宁东部山区主要用材林造林树种之一，本区从20世纪50年代末开始大量营造，当地群众营造经验丰富，同时也给林农带来较高效益，山区人民对此认同度很高。

形态特征：落叶乔木，高达30m，胸径可达1m，树冠尖塔形，1年生枝淡红褐色或淡褐色，无白粉，有长毛或短毛；叶线形，长1.5～2.5mm，先端钝或微尖，扁平，叶背面中脉隆起；球果卵形或卵圆形，长1.4～4.5cm，种鳞排列较紧密，球果9～10月成熟。

分布：长白落叶松天然生长于黑龙江省东部和长白山地区，人工长白落叶松在辽宁省长大线以东普遍栽植，以清原、新宾较为集中。

生物学特性：长白落叶松耐严寒，喜潮湿，在针叶林中属最喜光的树种之一。幼苗初期能稍耐庇荫，造林后苗木不能在树冠下正常生长；适应性强，对土壤的水肥条件要求不高，有一定的耐旱性和耐湿性能力，但其生长速度与土壤的水肥条件成正比，土壤酸碱度适应范围在pH值6～8。年生长期在140～150天。长白落叶松属浅根性树种，且根系发育有较大的可塑性。

木材性质及利用：长白落叶松材质密度较大，硬度中等，纹理通直，结构粗，力学强度高，心材含水率少，密度较大，油漆性尚好，稍难干燥，抗弯力强，耐朽性好，耐水湿，是优良的水工木材，多用于造船、机械加工、电柱、桅杆、枕木、坑木及建筑地板、家具等；是较好的造纸材料，松脂可提取松香、松节油等。

4. 日本落叶松

拉丁名：*Larix leptolepis*(Sieb et Zdcc) Gordon

日本落叶松原产日本，20世纪初叶引种栽培于我国，至今已有90多年历史。日本落叶松是辽宁省东部地区速生丰产林营造首选树种之一，已成为我国东北东部北纬45° 以南山地的主要造林树种。

形态特征：落叶乔木，高达30m，胸径1m，树冠尖塔形，1年生枝淡紫褐色或棕黄色，有白粉，幼时有褐色毛，短枝顶端疏生毛；叶线形，长1.5～3.5cm，先端钝尖或钝，球果广卵形或椭圆状卵形，种鳞卵状矩圆形，背面有褐色腺毛，上部边缘向外反曲，种子9～10月份成熟。

分布：日本落叶松自然分布于日本岛北纬35°20′～38°10′，东经136°45′～145°30′范围内。垂直分布于海拔1000～2500m。日本落叶松人工林主要分布在辽宁省东部的丹东、本溪、抚顺、铁岭和沈阳等市县，在辽阳、鞍山、营口、大连等长大线以东的山地也有一定的分布。

生物学特性：日本落叶松是喜光树种，根系较浅，对气候的适应性较强，在年平均气温2.5～12℃、年降水量500～1400mm的气候条件下能正常生长；在北纬40° 以北，由于光周期及低温的交互作用，1～5年的苗木冬季有受冻害的现象；在空气湿度大、降水量大的地方，生长速度较快。日本落叶松对土壤的肥力和水分反应很敏感，在气候干旱、土层瘠薄的地方，生长量很小。本种具有早期速生特点，较之其他落叶松，具有萌动迟、封顶及落叶晚、生长期长的特点。

木材性质及利用：木材力学性能较高，有较好耐腐性，多用于枕木、矿柱、电杆、器械零件，可从木材中提取松节油、酒精、纤维素等。

5. 红松（果松）

拉丁名：*Pinus koraiensis* Sieb.et Zucc

红松是我国二级濒危珍稀保护植物，是重要的珍贵用材树种之一。红松阔叶混交林是东北东南部山地植被的顶极群落。红松树干通直，材质良好出材率高，20世纪90年代以前由于该树种生长速度慢，红松种仁的经济价值尚未被挖掘，使红松人工林营造面积较之落叶松有巨大的差异。近10年来因红松种仁被市场所看好，随之营造面积有大幅度提高且上升趋势明显。

形态特征：常绿乔木，树干通直圆满，高达40m，胸径1.5m；小枝密被黄褐色毛，叶5针一束，长5～12cm，横切面三角形或扇状三角形，叶鞘早落；球果卵圆形或柱状长卵圆形，长10～20cm，球果2年成熟，种鳞先端反曲，种子三角状卵形，无翅；种子9～10月成熟。

分布：红松自然连续分布多在小兴安岭和长白山周围及部分其延伸区域，在辽宁省南至宽甸、西至本溪、北至清原有零星分布或结构不完整的红松阔叶混交林；人工林红松在辽宁省长大线以东均有栽培，以新宾、本溪、凤城、桓仁等地居多，在长大线以西偶有栽培或实验栽培。

生物学特性：红松对光照条件适应幅度较大，天然红松林可在一定的庇荫条件下更新和生长，而人工林则在全光条件下能健壮发育，迅速生长。红松在生长发育各个阶段耐荫性差异较大，虽树龄增加，需光量逐渐增加；10年生以前的红松幼树可在上层郁闭度0.3条件下正常生长。红松对气温的适应幅度较大，自然分布的红松可在温差80℃（－50～35℃）条件下生长发育，红松对大气温度较敏感，随空气温度的增大而生长速度也加快；红松适生于棕壤地段内且土壤肥沃、通气良好，土层深厚，pH值5.5～6.5地段内，土壤含水量适宜40%～50%。红松属浅根性树种，主根不发达，侧根水平展开，红松各发育生长阶段其生长速率不同，10年生以前生长缓慢，10～20年有所加快，20～45年时生长最快阶段，45年以后生长速度逐年放缓。

木材性质及用途：红松材质略轻软，力学强度适中，纹理通直，不易曲裂和弯曲，耐腐性能强，工艺价值高，油漆性能高，易干燥。木材可做建筑、航空、模具、模型、电柱和车船、乐器、运动器械等；种子可提取食用油，种仁可加工成食品、菜肴，市场需求量很大。

6. 华山松（果松）

拉丁名：*Pinus armandii* Franch

华山松是我国西部地区的重要用材树种，因该树种生态幅较广，更新繁殖容易，在20世纪中叶辽宁省大连、沈阳地区进行引种栽植，并取得良好效果，以后在各地相继推广栽培。大部分地区是以观赏价值为前提的，东部山区基本是以用材和防护为目的进行栽培。

形态特征：常绿乔木，高达35m，胸径1m，幼树皮平滑，灰绿色，老树皮则开裂成方块状，不剥落；小枝绿色无毛，叶针状，5针一束，长8～18cm，树脂管道背面两个边生，腹面中生；球果圆锥状卵形，长10～22cm，成熟后种鳞张开，黄褐色，无毛，种子扁卵形，褐色至黑色，有纵管，无翅，球果2年生9～10月份成熟。

分布：在辽宁省中东部普遍栽培，但栽植总面积不大，大面积集中连片者尚无。

生物学特性：华山松属喜光树种，但10年生以下幼树有一定庇荫能力，10年生以上在庇荫环境下难以生长。喜温和、凉爽、湿润的气候，在辽宁省东部相对较适应华山松生长发育。较耐寒，其树种忍耐－30℃的极端低温；能适应多种土壤，在褐土、棕壤、石灰土及草甸土中均能生长，其中以深厚、湿润、疏松微酸的森林棕壤及草甸土上生长最快，不耐盐碱和水湿。华山松中龄林阶段生长速度最快。华山松属深根性树种，主根不明显，侧根、须根发达。

木材性质及利用：华山松高大挺拔，针叶苍翠，冠形优美，是重要的用材树种和优良的庭院绿化树种；木材心边材区别明显，木材质量轻，抗压强度中等，不耐腐，冲击韧度低，适宜建筑用材及板材，可用于制作家具、细木工、雕刻、旋制品、木模，也可做电杆；木材因含纤维素47.26%～53.5%，可用于造纸和其他纤维加工等材料。

7. 胡桃楸（小核桃）

拉丁名：*Juglans mandshurica* Maxim

胡桃楸是我国珍贵树种之一，也是辽东地区用材林和水源涵养林的主要树种。以前在辽宁省东部山区以培育用材林为目的进行过种子直播，但生长缓慢，以苗木栽植的尚少。近年来由于山核桃市场价格有增无减，极大地刺激了林农营造胡桃楸或补种改建山核桃园的热情，从而使胡桃楸林面积有了较大的增加。

形态特征：落叶乔木，高达20m，胸径60cm，树皮灰色或暗灰色，浅纵裂，树冠广卵形；枝条粗壮，灰色，髓部呈黑褐色薄片状，小枝被短茸毛，侧芽较小，叶痕较大呈三角形；奇数羽状复叶，叶长40～60cm；果实为核果，卵球形，顶端尖，表面有8条纵棱，中间有不规则深刻沟，不易开裂，果熟期8～9月份。

分布：自然分布辽宁省东部地区各县（区），以沟谷两侧山下腹为多，此外医巫闾山北坡的沟谷处也有少量分布。人工培育的胡桃楸（包括已建的山核桃园）多分布在辽宁东部的新宾、桓仁、本溪、宽甸、凤城及铁岭等县。

生物学特性：喜光、喜潮湿，深根性树种，适宜生长在土层深厚，肥沃，排水良好的沟谷或山坡下腹，不耐庇荫和干瘠；耐寒性较强，能耐－40℃严寒，根系发达，主根明显，萌蘖性和萌芽能力较强；较为速生。

木材性质及利用：胡桃楸材质坚硬，致密，纹理通直，加工容易，有光泽，力学强度中等；油漆性能好，稍难干燥，易翘裂，耐腐。可供军工用材和珍贵家具、舰船、木模，运动器械、乐器等；种仁可制糖果、糕点、高级食用油，枝、叶、皮可入药。

8. 紫椴（小叶椴）

拉丁名：*Tilia amurensis* Rupr.

紫椴是我国在东北地区优良的用材树种之一，属国家二级保护植物。紫椴在辽宁省栽培历史较短，有50多年的栽培史。由于栽植后生长速度不理想，所以尚不普遍，但栽培人工针椴、人工阔椴混交林对改良土壤，防治病虫害及涵养水源均有重要的意义，是今后科学造林的发展方向。

形态特征：落叶乔木，高达25m，胸径90cm。幼年树皮黄褐色，老年灰色或暗灰色，浅纵裂，呈片状脱落；内皮多纤维及黏液，小枝呈“之”字形曲折。叶宽卵形或卵圆形，基部心形，先端尾尖，粗锯齿近三角形，有小尖头，下面脉液有簇生毛，复伞形花序，带状苞片，下部1/2与花序柄联合；花黄白色，坚果椭圆形或近球形，长5～8mm，密被灰色星状毛层，种子褐色，果熟期9月份。

分布：紫椴在辽宁省东部山区均有分布。天然紫椴是阔叶混交林和针阔混交林的伴生树种，大面积的紫椴纯林尚不存在。人工紫椴林分布只限于辽宁东部国有林场中和庭院绿化中。

生物学特性：紫椴是深根性喜光树种，稍耐庇荫，具有耐寒特性，且耐寒性随年龄增大而增强。紫椴喜肥湿，自然生长通常在水分充足、土壤肥沃深厚的山腰，山腰远比山顶处生长的旺盛。对土壤要求严格，在棕壤土类上生长较高大，在其他土壤上生长不良。紫椴具有较强的抗烟、抗毒、抗病虫害特性。

木材性质及利用：紫椴木材较轻，无边心材之分；有光泽，纹理致密，不翘裂，富有弹性，加工及油漆性能良好，可供建筑、制作家具、造纸、雕刻、细木工、胶合板等用；树冠大，抗毒性强，是较好的行道树和庭院绿化树种；紫椴是优良的蜜源植物，紫椴花可入药，有镇静疗效。

9. 黄波罗（黄柏）

拉丁名：*Phellodendron amurense* Rupr.

黄波罗是我国东北地区的珍贵用材林树种，其材质好，花纹美观，加工容易，用途很广，深受群众喜爱。辽宁省各地均有栽培，但累计面积不多，单块面积较小，主要集中在国有林场或公园内及单位住址周围。

形态特征：落叶乔木，高达20m，树皮淡灰色或灰褐色，深纵裂，木栓层发达、柔软。小枝橙黄色或淡黄灰色，裸芽生于叶痕内，奇数羽状复叶，对生，小叶5～15枚，卵形或卵状披针形，叶缘波状或有不明显的锯齿，齿间有透明油点，叶背面仅基部有毛。雌雄异株，顶生圆锥花序，黄绿色，浆果状核果，球形，熟时黑色，果熟期9～10月份。

分布：自然分布的黄波罗，在辽宁东部各县普遍生长，辽宁西部的建昌、绥中、北镇、义县和辽宁南部的庄河、瓦房店、大石桥、盖县也有一定数量的分布。人工栽植的黄波罗在全省各地均有分布。

生物学特性：黄波罗为喜光树种，深根性，稍耐庇荫，在疏林状态能自然更新；较耐寒，且随年龄增加而增强；在纬度42°以北，初栽植可能遭冻害。黄波罗适生于湿润、通气良好、含腐殖质丰富、中性或微酸性、深厚的壤质土，在河谷两侧、排水良好、土层深厚的腐殖质冲击土上生长最好。

木材性质及利用：木材坚硬，耐水湿，耐腐蚀力强，纹理美丽，有光泽，稍难干燥，可供桅杆、造船及装饰用；树皮木栓可作瓶塞、软木、浮标；内皮黄色可作燃料和入药，黄波罗也是一种优良的蜜源植物。

10. 水曲柳

拉丁名：*Fraxinus mandshurica* Pupr.

水曲柳是辽宁省东部山区的主要珍贵阔叶树种，生长较快，适应性强，用途广，材质好，经济价值高，在东部山区较为普遍栽植，但累计面积不多。

形态特征：落叶乔木，高达30m，胸径60cm，树干通直，树皮灰白色，浅纵裂。冬芽黑色或黑褐色，新枝近四棱形，奇数羽状复叶，对生，小叶7～13枚，椭圆状披针形或羽状披针形，无柄，有细尖锯齿，下面沿叶脉有黄褐色毛；花期5～6月，雌雄异株，圆锥花序腋生，无花被，翅果扭曲，矩圆形长2.5～4cm，种子扁平，翅下延至种子基部，果熟期9～10月份。

分布：在辽宁省东部山区有自然分布，以清原、新宾、桓仁等地为最多，有时可看到小片水曲柳纯林，其他各县较之少些。人工栽植的水曲柳在东部各县均有不等面积分布，以山谷为多。

生物学特性：水曲柳是一个主根短、侧根发达的喜光树种，但幼时稍耐庇荫；该树种喜肥、喜湿润、耐寒和稍耐盐碱。水曲柳可耐－40℃的严寒，在pH值8.4，含盐量0.1%～0.15%的盐碱土上也能生长；但不耐水渍，在季节性积水或排水不良的地方栽植常生长不良或死亡。水曲柳在阔叶树中生长期较短，栽植后的前3年生长缓慢，以后逐渐加快；抗病虫害能力很强，很少有病虫害。

木材性质及用途：水曲柳树干通直圆匀，材质优良，略重硬，强度大，并富含有弹性，纹理通直，花纹美丽，较难加工，难干燥，耐腐、耐磨、耐水湿、韧性大，是胶合板和室内地板的上佳原材料，可用于运动器械、室内装修、机械制造、造船、家具、工业配件等广泛使用。

11. 麻栎（尖柞）

拉丁名：*Quercus acutissima* Garr.

麻栎以其独特的经济价值、防护功能和社会效益，越来越引起人们的关注，在辽宁省大连地区60年代就兴起一股种植麻栎的热潮，当时只是单纯为烧材或保持水土。随着社会经济的发展，在大连、丹东、鞍山等市的部分县（市、区）再次兴起营造麻栎林的热潮，不同的是，当地林农把单纯的烧柴、保持水土向烧炭、切片、食用菌基质、柞蚕养殖、提取木醋液、栎加工等转变，麻栎造林面积逐渐持续增加，同时也取得一定的经济收益。

形态特征：落叶乔木，高达25m，胸径80cm，树皮暗灰褐色，深纵裂；小枝黄褐色，嫩时密生细毛，叶长椭圆状披针形，长8～20cm，基部圆形或广楔形，常不对称，先端渐尖，有时急尖，边缘具刺芒状锯齿，侧脉11～18对，表面光绿色，背面淡绿色，无毛或仅腋脉有毛。雌雄同株，雄株柔荑花序下垂，壳斗碗状，鳞片锥形，反曲有毛，果熟期9～10月份。

分布：麻栎自然分布在辽宁南部的海城以南，东至丹东的宽甸，南部至黄海北岸的低山丘陵区。人工栽植的麻栎林较集中分布在瓦房店、普兰店、庄河、岫岩等地，其他地区较少。

生物学特性：深根喜光树种，喜湿润气候，耐寒、耐干旱瘠薄、耐火、抗风，不耐水湿，不耐盐碱；深根性，主根长，萌生力强，在深厚肥沃、排水良好的中性土壤中生长旺盛。

木材性质及利用：木材强度高，耐磨，色泽好，花纹美观，宜供桩木、船坞、水工用材、家具、制炭等，幼叶可养蚕，种实可制淀粉、饲料，树皮可提取单宁，切片可作菌基质。

12. 栓皮栎

拉丁名：*Quercus variabilis* BL.

栓皮栎及其产业受欧洲市场的影响在我国也受到热烈追捧，且不断升温。在辽宁省南部地区为放养柞蚕和炭产业也有一定面积的栽培。栓皮栎以它特有经济价值和防护效能吸引众多林农向此倾斜。

形态特征：落叶乔木，高达25m，胸径1m，树冠广卵形，树皮灰褐色，深纵裂，栓皮层发达；小枝淡褐色，无毛，冬芽圆锥形，叶片长椭圆状披针形，长8～15cm，先端渐尖，基部楔形，边缘有芒状锯齿，背面灰白色，密被星状毛；总苞杯状，鳞片反卷，有毛，坚果卵球形或椭圆形，花期5月份，果第二年9～10月份成熟。

分布：自然分布于暖湿带气候区，在大连各县（市、区）、丹东的东港、宽甸及凤城南部，鞍山的岫岩和葫芦岛的兴城、绥中等地；人工栽植的栓皮栎大都集中在岫岩、庄河一带。

生物学特性：喜温暖性树种，对气候适应性较广，能耐－20℃的低温；喜光，但可耐庇荫；3年后需光量增加。对土壤要求不严，酸性土、中性土、钙质土、pH值在4～8均能生长，但以向阳坡和山坳、深厚肥沃、排水良好的土壤和砂壤生长最好。萌芽力极强，至老龄不衰退；具有抗旱、抗火、抗风等特性。

木材性质及利用：木材有栗色斑纹，材质坚硬，纹理直，耐磨，耐水湿，栓皮可作绝缘、隔热、隔音、防腐、软木塞等，种实可酿酒、饲料，木屑可作菌基质，叶片可养植柞蚕。栓皮栎林是效能很高的防护林。

13. 刺槐（洋槐）

拉丁名：*Robinia pseudoacacia* L.

刺槐是辽宁省硬阔类少有的速生树种。异地引种已有100余年的历史，是中西部山地主要用材和防护林树种之一，在辽宁省东部的山区为解决居民烧材，缓解消耗其他树种资源起到了重要作用，深受山区农民欢迎。但近几年随着刺槐苗木需求量的增加及育种的个体化，使种质资源生态和生物学特性降低，无法做到科学育种，从而二代苗木栽植后一部分呈现老龄状、灌木状，苗木遗传特性不能发挥，严重挫伤了林农的积极性，导致刺槐林地面积增长速度呈负值，应引起有关部门的关注。

形态特征：落叶乔木，高达25m，胸径60cm，树皮纵裂，灰褐色至黑褐色；小枝无毛，有托叶刺，奇数羽状复叶，互生，小叶7～19枚，窄椭圆形或卵形，长1.5～4.5cm，先端钝圆，微有凹缺，有小尖头；总状花序，白色有香气，荚果扁平，沿腹线有窄翅，种子黑色或黄色，花果期5～9月份。

分布：刺槐在全省各市均有栽植，适宜大部分地区，北纬 42° 以北栽植刺槐有冻害或难以越冬。以大连的普兰店、金州和葫芦岛、锦州各县（市、区）栽植面积居多。

生物学特性：刺槐为喜光树种，不耐庇荫，不耐寒，年平均气温在5℃以下易遭冻害；不耐水湿，耐干旱瘠薄，对土壤要求不严，在砂土、砂壤土、黏壤土、黏土和页岩风化石砾土上和中性土、酸性土及含盐量0.3%以下的盐碱性土上均能生长。刺槐属浅根性树种，侧根发达，萌芽力和根蘖性都很强，平茬后生长旺盛。高生长快速期为2～8年。

木材性质及利用：材质重而坚硬，木材密度可达0.8g/cm^3，顺纹抗压力强，耐磨，耐水浸，可作大棚杆、地板、农具、船板等；刺槐是优良的蜜源植物；刺槐林具有改良土壤、保持水土的效能。

14. 大青杨

拉丁名 *Populus ussuriensis* Kom.

大青杨是从小兴安岭及长白山地区引进的乡土树种，具有早期速生的特点，在辽宁省表现良好。从生长速度看虽比不上其他杨树速生杂交新品种，但比其他乡土杨树要快得多，而且树干挺拔，主干明显，单株材积较大。大青杨没有呈块状大面积栽植，通常在公路两侧有栽植。经实践证明，在辽宁东部山区栽植荷兰系、欧美系、小钻杨类不理想，多出现冻害、病虫害，生长极度不良；若栽植小叶杨、小青杨、香杨等系列树种，其生长速度又不令人满意，栽植大青杨应是合理的选择。

形态特征：落叶乔木，树高达35m，胸径1～2m，树干通直，树冠球形，树皮幼时灰绿色，光滑，壮龄时呈浅灰色，老龄时呈暗灰色，浅纵裂。幼枝有毛，一年生枝红褐色，短枝上叶椭圆形或宽椭圆形，长6～10cm，先端突短尖，扭曲，边缘具细圆锯齿及密生绿毛，表面暗绿色，背面微白色，沿脉有毛，叶柄长0.5～4cm，有毛，上面有沟槽，长枝上的叶较大，长14～18cm，密带黄色毛。雌雄异株，果序轴有毛，蒴果无毛。

分布：自然生长的大青杨在辽宁省属偶见种，人工大青杨只有在清原、新宾、西丰、桓仁等地的公路两侧有栽植。

生物学特性：耐寒、喜湿润、喜光树种，大青杨在所有东北杨树栽培种中是最耐寒、喜湿润的树种，对气候条件要求较高，干旱的气候、瘠薄的土壤不适宜大青杨的生长，大青杨适合东部地区阴坡、腐殖质较厚的中腹、下腹及沟谷地带生长。大青杨抗病虫害能力很强，除幼苗阶段可发生黄锈病外，后期不易遭致病虫害侵袭。

15. 沙兰杨

拉丁名：*Populas* ×*earamerricana* cw. Sacrau79’

沙兰杨是辽宁省自20世纪70年代从异地引入的杨树新品种，至今在可适范围内表现十分稳定和优异，是异地引种最成功的案例之一，当地农民对此认同程度很高，在以后相当长的时期内依然是推选的用材林造林树种之一。

形态特征：落叶乔木，高达30cm，胸径1m，树干基部稍弯，树冠卵圆形或圆锥形，枝层明显，树皮灰白色或灰褐色，基部浅纵裂，裂纹浅而宽；皮孔菱形，大而明显。叶卵状三角形，先端长渐尖，基部宽楔形，稍近截形，两侧偏斜，两面绿色，具黄棕色黏液；长枝叶大，三角形，基部截形，叶缘具圆锯齿。雌株，果序长20～25cm，蒴果卵圆形，浅绿色，长约1cm，果实4月下旬或5月初成熟。

分布：沙兰杨分布主要集中在辽阳、海城、台安、辽中等县。

生物学特性：沙兰杨属喜光树种，冠幅开阔，生活力很强，生长季节需有充足的光照，不耐庇荫；沙兰杨抗寒性较差，在年平均温度6.9℃，极端最低温度－30℃时常遭冻害；沙兰杨喜水喜肥，在土层深厚、肥沃、湿润条件下，最能发挥其速生特性，在粗砂土、盐碱土、特别干燥瘠薄的地段生长较差。沙兰杨为早期速生树种，5年前生长快，9年以后生长速度明显放缓。

木材性质及用途：木材纹理直，结构韧，易干燥，易加工，力学性质低，容重较其他杨类大，纤维长，易漂白，是优良的造纸原料和制作胶合板原材料。

16. 欧美108杨

拉丁名：*Populus* ×*canadensis* ‘Duariento’

107杨、108杨均为意大利70年代利用美洲黑杨为母本，与欧洲黑杨为父本，人工杂交选育出的欧美杨无性系。这两种杨树据观察其特性极为相似，1992年引入辽宁试种，表现出易繁殖、生长快、干形好、适应性强、抗性强等特点，在大连、海城、辽阳、阜新、朝阳等地试验，优于其他多种杨树。2000年以后全省开始大面积栽植。

形态特征：苗期特征为苗干通直，1年生苗高一般为3～4m，苗干中部皮孔均匀分布；叶片为三角形、质厚、秋季为深绿色、叶边缘皱具波浪形；叶芽为钝三角形，芽长6mm左右，顶端为褐色、基部淡绿色，叶芽与茎干紧密相贴；苗皮为灰青色，排列棱线明显。成熟期树体高大通直圆满，幼树树皮光滑，灰绿褐色，具灰白色皮孔斑纹，基部粗糙，树冠较窄，侧枝细，分布均匀，叶片较小而密，平展而光滑。

分布：欧美108杨属异地引种栽植，在辽宁中南、中西部各县普遍栽植。

生物学特性：属喜温性树种，但具有一定的抗寒性，可耐－30℃的低温。属早期速生性树种，在适宜条件下，年平均径生长3.5～4.5cm，高生长3～5m。抗逆性强，在降水量400mm以上，气温－30.6℃，pH值6.5～8.5条件下能较好生长，抗病虫害能力较强，对肩光星天牛有很强的抑制作用。易繁殖、育苗及造林成活率高。适于辽宁中部平原区及西部河流两侧沙性壤土上造林。

经济用途：材质好，质地密，纤维长，是纸浆材和板材的优质原料。

17. 白城杨

拉丁名：*Populus simonii* Carr. ×*nigra* var. *italica* Roehne

白城杨及系列是小钻杨类的一个系列品种，是通过小叶杨与美杨(*P.nigra* var.*italica*)进行自然杂交和人工杂交后，再进行无性繁殖后培育出来的。白城杨在辽宁省西北部栽植表现良好，无论是抗寒性或生长速度及其他适应性都显示出优良特性。

形态特征：落叶乔木，高达20m，树干通直，基部树皮浅裂，侧枝与主干开张角度小，斜上开；叶变异较大，菱状三角形、椭圆形或菱状卵圆形，幼树皮灰绿色，光滑，壮龄树皮暗灰色，沟裂。生长点米黄色，雄株。

分布：重点分布在辽西北的彰武、阜新、康平县的沙地上，并大面积栽培，新民、法库、昌图也有一定面积的栽植。

生物学特性：耐寒性强，可耐气温－36℃的低温，干皮冻害很轻，无枯梢，耐轻度盐碱和干旱瘠薄，属早期速生树种，林龄7年以前其高生长速度最快。

木材性质及用途：木材结构纹细，纤维含量高，可用于造纸、箱板材、胶合板等。

18. 荷兰3930

拉丁名：*Populus* × *canadensis* ‘N3930’

荷兰3930系由省杨树研究所王玉华等引进辽宁试种，辽西北地区引入栽植较多。表现出对气候适应幅度较宽和优良的生长特性，但抗虫害能力较差，对无病虫害防治能力的地区可适量慎重栽植。最近1～2年在中部平原区已用荷兰3016（*Populus* × *canadensis* ‘N3016’）替代荷兰3930。

形态特征：荷兰3930杨树体高大，树干挺直，树冠开阔，树叶宽，三角状，深绿色。当年生苗条墨绿色，有隆起的浅褐色锐棱线，皮孔白色，圆状，均匀分布；叶宽为三角形，宽大于长，先端稍尖，基部浅心形，叶柄宽扁；芽绿褐色，较小，短而圆。

分布：辽宁各地均有栽植，以阜新、朝阳两市栽植较多，在中部地区绿色通道处也常栽植。在抚顺、本溪地区栽植呈现较重的病虫害。

生物学特性：荷兰3930杨属较喜温性树种，并具有一定的抗寒性。该树种的显著特性是速生性，遗传稳定性高，适应性强，可在生长期为145～190天的地区范围内栽植。荷兰3930杨从春季萌动至秋梢封顶的整个生育期内的气温、土壤环境都适于西北及华北地区种植。春季芽萌动为4月中旬，叶初展期为4月下旬，秋梢封顶为8月底，生长期135天，比其他品种萌芽期略早，封顶期也略提前，而生长期则相近，夏季高温季节正是树高胸径生长的高峰期。

木材性质及用途：材质好、质地密、纤维长，是纸浆材和板材的优质原料。

19. 辽宁杨

拉丁名：*Populus* × *liaoningensis* Z.Wang et H.D.Chen sp.nov

辽宁杨是辽宁省杨树研究所陈鸿雕等1982年通过室内切枝水培杂交，集团选择培育出的抗病速生新杂交种。组合为鲁克斯杨×山海关杨。辽宁省栽植面积较大，在杨树中可排在前列。

形态特征：树干通直，树冠尖塔形，枝叶茂盛，树皮粗糙，顺向纵裂深，灰褐色，小枝有5～6条明显的棱线，侧枝角度大，短枝叶三角形，叶基部为浅心状，叶端宽圆渐尖或微凸尖。

分布：在辽宁省中南部、中西部地区普遍栽植，以辽阳、台安、辽中、新民、凌海、黑山、北宁等地分布最多。

生物学特性：暖温性树种，喜光、喜湿、喜肥，属早期速生树种。辽宁杨速生性强，在辽宁灯塔5年生最大胸径可达23.3cm。在南方及长江流域，一年生扦插苗当年平均苗高4.5m（最高6.3m），平均胸径3.3cm（最大4.6cm）；一年生扦插苗造林当年树高可达8.1m，胸径可达8.2cm。对土壤条件要求不是很高，稍耐盐碱，适宜在地下水位较高、排水良好的砂质土壤上生长。

木材性质及用途：材质好、质地密、纤维长，是纸浆材和板材的优质原料。

20. 小青杨

拉丁名：*Populus pseudo-simonii* Kitagawa

小青杨是青杨和小叶杨的天然杂交树种，其生长速度比小叶杨快。小青杨和小叶杨在辽宁省20世纪50～60年代是各地普遍栽植的杨树品种之一。随着杨树新品种的引进即苗源较为充足，逐渐放弃小青杨的栽植。小青杨虽然生长速度小于杨树新品系的速度，但其抗病虫害能力和防护效能及对环境的适应能力远高于杨树新品系。现阶段全省各地千篇一律的栽植杨树速生新品种，如欧美107、108、荷兰3930、辽宁杨等，不能做到适地适树，结果事倍功半，得不偿失。所以小青杨就现阶段而言对某些特定的立地条件下还存在可作首选的必要性。

形态特征：落叶乔木，树高可达20m，胸径30～50cm，树冠广卵形；中龄林树皮淡灰绿色，光滑，老龄白色，树干下部有浅纵裂，小枝和萌枝有棱，先端淡红色。叶菱状卵圆形，或卵状披针形，或卵圆形，长5.3～9cm，上面有光泽，下面白色，无毛，边缘有细钝锯齿。雌雄同株，蒴果长椭圆形，果期5月份。

分布：自然生长的小叶杨遍布全省各县(市、区），人工栽植的小青杨以辽河平原以西为多，其他各地也有一定量的分布。

生物学特性：小青杨为喜光树种，对寒冷气候、干旱瘠薄的土壤有较强的适应性，耐盐碱及抗病虫害的能力也很强，无性繁殖能力强。属深根性树种，主根较长，侧根根幅较大。

材质及用途：木材质轻软，可用于造纸、加工胶合板、包装箱等。

21. 中荷64杨

拉丁名：*Populus* × *canadensis* ‘N64’

中荷64号杨系荷兰育种学家由杂交组合N2056×N1844中选出，其父本为美洲黑杨，从成活率、适应性、生长量、抗性等均表现优异，得到专家的赞同和林农认可，是辽西北造林首选树种。

形态特征：中荷64杨为雌性，树干饱满通直，树冠长卵圆形，树皮灰褐色，较薄，下部有较窄的纵裂，1年生苗圆柱形，非木质化幼茎光滑无毛，呈绿色。

分布：适生性广泛，辽宁各地均有栽植，但大多集中分布在康平、彰武、阜新及朝阳各县（市、区）等辽西北地区。

生物学特性：中荷64杨属温性耐寒树种，在赤峰、建平北部年平均气温6.5℃，极端低温－35℃条件下其幼苗及大树均无冻害。速生性较强，中荷64杨10年生平均树高可达

26.24m，平均胸径达34.3cm，在同样适宜条件下中荷64杨与辽宁杨和欧美108杨的生长速度还有些差距。中荷64杨抗旱、抗风、抗病虫害能力很强，这在本地区杨树速生新品种中也是无与伦比的。能够在降水量400mm左右，年平均风速1.1m/s，最大风速33m/s，土壤干旱瘠薄条件下表现稳定，并对溃疡、烂皮、叶锈病和潜叶蛾、天牛、蚧壳虫等有较强的抗性。

材质及用途：木材纹理通直，色泽洁白、细密，是一种极好的工业用材和民用建材，可用于家具制作，纸浆生产、胶合板等。

（二）防护类乔木树种

22. 黑松（白芽松）

拉丁名：*Pinus thunbergii* Parl

黑松是大连地区20世纪60年代引种普遍栽植的针叶树种之一。

形态特征：常绿乔木，高达30m，胸径1m以上，幼枝树皮暗灰色，老则黑灰色，粗厚，无毛，冬芽银白色。针叶二针一束，暗绿色，有光泽，粗硬，长6～15cm，边缘有锯齿，两面均有气孔线。球果圆锥状卵形或卵圆形，鳞盾隆起，横脊显著，种子倒卵状椭圆形5～7mm。种子第2年10月份成熟。

分布：原产于日本及朝鲜南部海岸，分布于辽东半岛所属各地。

生物学特性：黑松为暖温性喜光树种，幼苗期稍耐庇荫，根系发达穿透力强。黑松在花岗岩、片麻岩及角岩等成土母质上、土壤瘠薄的山脊和阳坡薄层干燥土壤，或保水能力差的石砾土、海滩中性沙地以及在pH值8.0以下的微碱性土壤上均能生长，在海滩盐土地方亦可生长。黑松初年生长比较缓慢，4～5年后生长加快，25年以后出现生长缓慢。不同的海拔对黑松有显著的影响，随海拔增高其生长递减。

木材材质及用途：黑松材质密度、硬度较之油松大，木材可用于坑木。营造黑松林主要为保持水土。

23. 垂柳（垂杨柳）

拉丁名：*Salix babylonica* L.

垂柳在辽宁省为栽培种，引进历史很早，在全省尚无大面积集中造林，大都是呈小面积、分散、呈带状或点状式造林，但分布面很广，遍及辽宁各地。

形态特征：落叶乔木，高达18m，树皮灰黑色，不规则开裂，枝韧，下垂，淡褐黄色、淡褐色或淡紫色，无毛；叶片披针形或线状披针形，长9～16cm，宽5～15mm，基部楔形，先端长渐尖，边缘有细锯齿，表面绿色，背面色浅；雌雄异株，葇荑花序，蒴果，成熟种子细小，绿色，外披白色柳絮。

分布：遍及辽宁各地，栽植在池塘边、河岸及渠的两旁及路、街两侧和村旁、宅旁。

生物学特性：垂柳发芽早，落叶迟，先开花，后放叶；耐水湿性很强，短期淹没不致死亡；喜光不耐荫，可采用插条繁殖。

24. 旱快柳

拉丁名：*Salix matsudana* var. *anshanensis* C.Wabg et J.

旱快柳是旱柳的一个变种，在鞍山发现，此后通过无性系繁殖，二代更为优异，随即全省各地纷纷引种栽植，但大都作为绿化带和防护林带栽植，连续大面积分布较少。

形态特征：落叶乔木，树高达18m，树干直，树皮较薄，平滑，淡灰色，有规则的细沟裂；叶线状披针形，基部楔形，稀椭圆形，两侧不对称，表面暗绿色，无毛，有光泽，边缘锯齿，小枝斜展，不下垂，果期5月份。

分布：自然分布在辽河下游流域，全省广泛栽植，以辽宁省中部平原为多而集中。

生物学特性：旱快柳是温性喜光、喜湿润树种，比较耐寒，在年平均温度2℃，极端低温－39℃条件下，无冻害，不耐庇荫。成行栽植生长旺盛，深根性，侧根庞大，树干韧性大，在轻盐碱土中生长良好，易插条繁殖。

木材性质及利用：材质色浅，韧性强，质地优良，无气味，可供建筑、桩木、包装箱、胶合板、炊具等用。枝条柔软，可供编织。

25. 家榆（榆树）

拉丁名：*Ulmus pumila* L.

家榆70年代至80年代初在全省普遍栽植，且面积急剧扩大，后期由于榆紫金花虫泛滥，加之杨树速生品种不断引进，人们逐渐放弃了榆树栽植。家榆是一个生长快、寿命长、材质好、分布广、适应强的阔叶用材树种，同时由于榆树分叉低，侧枝密，对防风固沙、降低风速有显著效果。若对虫害进行防治和控制，在沙坨地段营造家榆还是事半功倍的。

形态特征：落叶乔木，树高达20m，枝条开展，树冠近圆形或卵圆形，小枝灰色，叶椭圆形或椭圆状披针形，叶缘具不规则复锯齿或单锯齿，表面暗绿色，无毛，背面淡绿色，无毛或脉腋微有簇生毛；4月先于叶开花，花两性，簇生。5月果熟，翅果圆形或倒卵状圆形，长1～2cm，熟时黄白色，无毛。

分布：无论天然林或人工林在全省各地均有分布，以辽宁中西部为多。

生物学特征：家榆是喜光树种。幼龄林侧枝多向阳排列成行，老龄时树枝向外伸展。耐寒性强，在冬季绝对低温常达－40℃的地方也能生长；家榆有很强的抗旱性，在降水量不足400mm、空气相对湿度50%以下的荒漠化地区能正常生长，但适于土壤湿润、深厚、肥沃的地方。耐盐碱性较强，在含0.3%的氯化物盐土和含0.35%苏达盐土、pH值9时尚能生长。家榆为深根性树种，根系发达，具有强大的主根和侧根，具有很强的抗风能力。不耐水湿，不适于在地下水过多或排水不良的洼地。此外对烟和氯化氢等有毒气体的抗性也较强。

木材性质及用途：木材有光泽，纹理通直，结构粗，花纹美丽，略硬直，稍难干燥，易翘曲，稍耐腐，力学强度高，可供建筑、家具、农具等用。种子含油25.5%，可食用及工业用油。树皮可入药，具有安神、利尿等功效。

26. 樟子松（海拉尔松）

拉丁名：*Pinus sylvestris* var. *mongolica* Litv

樟子松是辽宁省中西部沙地造林首选树种之一，新中国成立初期辽宁省由章古台固沙造林试验所率先引种，对遏制沙化蔓延和防沙固沙起到极佳效果，以后各沙化地区及非沙化地区陆续栽植。樟子松林是大兴安岭地区地带性植被，在辽宁省经引种驯化其生长幅度及生物学特性有较大的改变。

形态特征：常绿乔木，高达30m，胸径1m，幼树树冠尖塔形，老则圆头形，下部树皮灰褐色或黑褐色，深裂成不规则鳞块，上部树皮黄褐色或红褐色，薄片状脱落，一年生淡黄褐色无毛，无白粉。针叶两针一束，硬直而扭曲，长4～10cm，边缘有锯齿，两面均有气孔线，横切面半圆形微扁，成熟球果圆锥状卵形；鳞盾极凸起，横纵脊较明显，球果第二年9～10月份成熟。

分布：樟子松自然主要分布于我国大兴安岭北部，北纬50°以北，海拔300～900m的山顶、山脊或阳坡。辽宁省各地均有栽培，以科尔沁沙地南缘的辽西北和辽河平原中北部居多且集中连片，其他地区均属小面积零星分布。

生物学特性：樟子松喜光性强，根系发达，耐寒性强，能耐－40～－50℃的低温；该树种抗旱性很强，能适应干旱的向阳山坡和干旱的沙地、石砾地等。抗压性强。

木材性质及用途：樟子松材质轻软，富含松脂，木材纹理通直，力学强度较大，抗压性强，耐水湿及真菌腐蚀，木材易加工，刨、旋不起毛，易钉入，易干燥，油漆性能良好，可供建筑用材、造船、水闸板、桩木、电杆及家用地板等。

27. 油松（黑松）

拉丁名：*Pinus tabulaeformis* Carr.

油松在辽宁省栽培历史悠久，特别是新中国成立后在辽西山地和辽河以东的低山丘陵、辽东半岛及辽西北沙质丘陵漫岗常可看到大片人工油松林。

形态特征：常绿乔木，高达30m，胸径1m，树冠塔形或圆卵形或平顶、扁圆形，树皮下部灰褐色，裂成不规则鱼鳞块，裂缝及上部树皮红褐色，大枝平展或斜向上，小枝粗壮黄褐色，有光泽，无白粉。针叶两针一束，暗绿色，较粗硬，长10～20cm，边缘有细锯齿，两面均有气孔线，横切面半圆形；球果卵圆形，长4～9cm，鳞盾肥厚，有光泽，横脊显著，纵脊近无，鳞脐明显，有刺尖。球果第二年10月上、中旬成熟。

分布：油松是华北植物区系的代表种，生态幅很广，自然分布界限北至内蒙古阴山，东至吉林长白山余脉，西至宁夏的贺兰山及青海一带，南可达陕西的秦岭、黄龙山一带。在辽宁省成片分布在低山丘陵一带，人工油松林在全省遍及任何区域。

生物学特性：油松是温性树种，抗寒能力相对较强，可耐－30℃低温；油松是喜光树种，在全光条件下能顺利天然更新，1～2年生幼苗可耐庇荫，但幼树以后时期其生长则需要充足的光照；油松适宜棕壤、褐土，在砂土上亦可较好生长，油松对土壤养分、水分要求不高，从土壤中吸收氮素及灰分元素的数量较少，可在岩石缝隙间顽强生存。油松喜微酸性及中性土壤，土壤pH值7.5以上即生长不良，较耐干旱瘠薄，不耐盐碱。油松为深根性树种，主根明显，侧根伸展较广。

材质及用途：油松木材较坚硬，强度大，耐摩擦，可用作建筑、矿柱、枕木。随着旅游事业发展，油松还可作为行道、建园等观赏树种。

28. 侧柏（香柏）

拉丁名：*Plartycladus orientalis* L.

侧柏是辽宁省西部、南部丘陵石质山地的造林树种之一，栽培历史较其他树种悠久，并积累了大量的成功经验。

形态特征：常绿乔木，高达20m，胸径1m，树皮淡褐色或灰褐色，细条状纵裂；生鳞叶的小枝扁平，直展，两面均有绿色，鳞叶交互对生，先端微尖，背部有纵凹槽；雌雄同株，球果长卵形，种鳞四对，扁平，背部上端有反曲的小尖头。种子长卵形无翅，果熟期10月份。

分布：侧柏在辽宁省自然分布很少，只有在北镇医巫闾山、朝阳松岭偶有可见少量天然侧柏。人工栽植的侧柏在全省各地均可见到，以锦州、朝阳居多，但林龄较小；大连地区也有一定数量的人工栽植侧柏林；辽宁东部山区偶有人工栽植的侧柏，一般分布在土层较薄、土壤养分贫瘠的石质山区。

生物学特性：侧柏属温性喜光树种，但苗期及幼树耐庇荫，对土壤要求不严，在向阳干燥瘠薄山地和石缝中均能生长，在石灰岩、页岩、花岗岩等山地均可造林。对土壤酸碱度适应范围广，适生于中性土壤，在酸性及微碱性土壤上亦能生长很好；侧柏耐涝能力很弱，地下水位过高或排水不良的低洼地上易烂根死亡；侧柏属浅根性树种，侧根、须根发达，抗风能力弱。

木材性质和用途：木材有光泽、香味，干燥较慢，干后性质固定，耐腐蚀，油漆和胶黏性良好。木材可供建筑、造船、家具、雕刻、细加工、文具等用；种子、根、枝、叶、树皮可入药，同时其树形美观，常作园林绿化的观赏树。

29. 元宝槭（五角枫）

拉丁名：*Acer truncatum* Bge.

元宝槭以优美的树形、浓密的枝叶、秋天颜色变幻的叶片，被列为城镇风景林树种和庭院、行道绿化树种。元宝槭造林极少为纯林，作为风景林一般与油松、樟子松、圆柏混交或在栎林中见缝插针栽植；作为行道树或庭院绿化，一般与花、灌木及乔木绿化树种混交或零散栽植。

形态特征：落叶乔木，树高8～10m，树冠阔圆形。树皮灰黄色至灰色，有纵裂条纹。小枝互生，光滑无毛，1年枝淡赤褐色、绿色并带有绯红色，后呈灰色；叶互生，掌状深裂或浅裂，多具5裂片，也偶有3裂或7裂，裂片全缘，或有小裂片，叶长5～9cm，表面亮绿色，无毛，基部截形，或深凹入，呈心形或耳形，叶柄长3～12cm，具有白色乳汁；花黄绿色，伞房花序互生，直立，径6～8cm，翅果，果翅开展为直角或钝角，小坚果，较光滑，果期9月份。

分布：自然生长的元宝槭除平原区外在辽东、辽西、辽南山地均有分布。人工栽植的元宝槭多分布在临近城镇的山坡及城市行道绿化带上。彰武北部沙地也有混生的元宝槭分布。

生物学特性：元宝槭耐荫，喜侧方庇荫，幼苗幼树时期耐荫性较强，在林内能与其他树种混生，构成第二林层；系温性树种，喜温和气候条件，也能忍受一定的低温，在－28℃的低温条件下能正常生长。喜生于阴坡湿润的山谷，也能忍受较干旱的气候条件；元宝槭喜深厚疏松的肥沃土壤，酸性和微碱性土壤皆可生长。干旱瘠薄条件下生长缓慢，抗病虫害能力较强。

木材性质及利用：材质坚硬而较重，木纹美丽，强度较高，可制作地板、木梭等，更重要的是经常作为风景林和庭院绿化、街道绿化树种而栽植。

（三）经济类乔木树种

30. 银杏（白果、公孙树）

拉丁名：*Ginkgo biloba* L.

银杏是现存种子植物中最古老的孑遗植物，被称为“活化石”，在中生代三叠纪、侏罗纪时最为繁盛，第四纪冰期后，在我国保存仅一种。辽宁省银杏栽培历史也很早，约有200年历史，目前现存银杏均为栽培种，且作为经济树种和观赏树种栽培，90年代中期以后发展迅速，面积急剧扩大。

形态特征：落叶乔木，树杆端直，树高可达40m，胸径3m，老树树皮深纵裂，粗糙，灰褐色，一年生枝淡黄褐色，2年生以上变为灰色。叶扇形，2叉状叶脉，两面无毛，先端有深或浅的波状缺刻；幼树及萌芽枝上的叶，中部缺裂较深，叶柄长，长枝叶互生，短枝叶3～5

叶簇生；雌雄异株，种实圆形、倒卵形或近圆球形，熟时黄色或橙黄色，外被白粉，外种皮白色、骨质，种子9～10月份成熟。

分布：数量分布是以大连为中心，向东至宽甸，向北至沈阳市区，向西北至锦州、盘锦、葫芦岛、阜新、朝阳所属各县（市、区）逐渐递减。作为经济树种栽培主要集中在大连、丹东两市各县（市、区）。

生物学特性：喜光树种，不耐庇荫，深根性，水平根系伸展很广，较能抗旱，不耐严寒和水涝，喜生湿润肥沃，在瘠薄的石质山坡和过湿地带均不易成活。

木材性质及利用：银杏为珍贵用材树种，木材纹理细，质轻软，有光泽，不易翘裂，可供家具、室内装修、雕刻、细木工及建筑用；种子含淀粉可食，种仁可入药，叶可作银杏茶，预防和治疗心脑血管疾病。

31. 东北红豆杉（紫杉、赤柏松）

拉丁名：*Taxus caspidata* Siebet Zacc

东北红豆杉属珍稀濒危植物，列为国家二级保护。历史上作为用材林或防护林栽培很少，从科研和绿化（绿篱）角度尚有一些栽培。近年来随着社会科技生产力的不断提高，该树种的社会经济潜能不断被挖掘，社会各层次营造该树种的积极性很高，营造面积不断扩大。

形态特征：常绿乔木，高达20m，胸径1m，树皮红褐色，有浅裂纹；枝条平展斜上、直上、密集，小枝基部有宿存芽鳞，一年生枝绿色，秋后变淡褐色，叶基部扭转，于小枝上排列成不规则2列，斜展、线形，长1～2.5cm，基部宽，具短柄，先端具凹尖，表面深绿色，有光泽，背面有两条灰绿色气孔带，叶内无树脂道；雌雄异株，种子紫红色，有光泽，种子9～10月份成熟。

分布：东北红豆杉属寒温性植物，自然分布为长白植物区系内部，辽宁省在宽甸满族自治县白石砬子自然保护区和桓仁满族自治县老秃顶子自然保护区均有一定面积的分布；人工红豆杉历史上作为绿化树种在大连市区和旅顺口有栽培。近年来随着东北红豆杉提取的紫杉醇价格不断攀升，在辽宁东部山区林农开始营造人工红豆杉林，且面积不断扩大。

生物学特性：耐荫性树种，常与鱼鳞云杉、臭冷杉、红松混生，甚耐庇荫，喜潮湿，林中空气湿度大其生长最好。可耐－40℃低温。

木材性质和用途：边材和心材区别明显，材质坚硬、致密、富弹性，有光泽，具香气，可供建筑、家具、器具、雕刻，心材可提取染料等用，种子可榨油，全株可提取紫杉醇，可供药用。

32. 板栗（栗子）

拉丁名：*Castanea mollissima* Blume

板栗是我国特产的一种优良干果树种，辽宁省栽培历史较早，并积累丰富的经验和发展模式。板栗是当地林业的产业支柱，发展板栗对山区农民的致富，发展社会经济、出口创汇有很重要的意义，被当地农民称为“铁杆庄稼”，山区农民对营造和培育板栗热情很高，投入很大。最近几年间板栗幼林面积呈几何式增长。

形态特征：落叶乔木，高达20m，胸径1m，树冠8～10m，树皮呈不规则深裂，褐色或黑褐色。枝长而疏生，灰褐色，有纵沟，1年生新枝梢密生灰白色茸毛；叶互生，具圆状披针形或长圆形、椭圆形，先端渐尖，基部为广楔形或圆形，下面密被灰白色星状毛层或疏生星状毛，叶缘有疏锯齿，齿端刺毛状，叶柄长1.2～2cm。雌雄同株，总苞密被分枝长刺，坚果大，椭圆形、近圆形。

分布：辽宁省板栗均为栽培种，以宽甸、凤城、东港、岫岩、庄河等地分布最多，并向西北和西辐射至桓仁、海城、普兰店、瓦房店、金州等县。板栗在辽宁省适宜地区很广，凡鸭绿江流域和沿海诸河流域降水量在500mm以上均可栽植板栗，从林地资源看还有很大潜力。板栗属兼用树种，也可作为防护林经营。

生物学特性：板栗属喜光树种，在年平均气温10～14℃，年降水量600～1200mm的地方最适生长；光照不足易引起冠内部小枝枯死；对土壤要求不甚严格，适微酸性，以pH值4.6～7.5为宜，以土层深厚、湿润排水良好、含有机质多的砂质或砂岩、花岗岩风化的砾质壤土上发育最好，结实最多；板栗具有深根性特点，其根系发达，水平扩展而宽，但根系损伤愈合能力较差；板栗较耐寒，在绝对低温－25℃条件下可生存。

经济价值：板栗是重要木本粮食，含有蛋白质、脂肪、糖和大量淀粉及多种维生素，可煮食、生食、菜用，并可加工制作糕点及补品；木质坚硬、致密、抗压力强、耐水湿，是建筑、造船、家具、细木工和雕刻的良好用材。

33. 核桃

拉丁名：*Juglans regia* L.

核桃是一种重要的林木粮油树种，在辽宁省栽植历史较为悠久，并掌握了成功的营造技术和管理模式。辽宁省经济林研究所近几年推出的核桃新品种，受到广大果农的认可，并产生一定的经济效益，但发展势头还不够迅猛，造林面积增加不够显著，区域性也有较大局限。

形态特征：落叶乔木，高达20m，树冠宽阔，树皮白色至深灰色，幼时光滑，老时纵裂；小枝粗，髓心片状分隔，1年生小枝淡红褐色，无毛；小叶互生，5～9枚，椭圆形，全缘，下面脉腋有簇生毛；雌雄同株，核果近球形，果核表面刻纹及麻坑浅，近平滑，果熟期9月下旬至10月份。

分布：核桃在辽宁省部分地区有栽种，以大连地区栽培为多，其次在朝阳也有一定面积的栽植，此外在营口、葫芦岛、锦州等地区也有少量栽植。

生物学特性：核桃及其品系均属温性树种，要求温暖、凉爽气候，不耐湿热，在年平均气温10～14℃、极端最低气温－25℃，年降水量400～1000mm的气候条件下生长正常，冬季在温度－30℃时须采取防寒措施。胡桃是喜光树种，即使在幼苗期也需要一定的阳光，不耐干旱瘠薄，在冬季干旱多风季节，可造成干枯死亡。属于深根性树种，主根发达。品种繁育核桃需采用种子播种、幼苗嫁接方式进行。

34. 枣树（大枣）

拉丁名：*Zizyphus jujuba* Mill.

枣树在辽宁省均为栽培种，引入已有数百年历史。枣树易繁殖，抗性强，结果早，营养丰富，投入产出比和经济价值都很高，是一种重要的干果；是适生地区农业经济的产业支柱，发展势头很强。枣树在20世纪80年代以前大都是零散或房前屋后栽植，很少看到有集中连片的枣园。进入80年代实行联产承包后，特别是近10几年间，市场需求旺盛，农民栽枣收益颇丰，农民热情空前高涨，枣林面积迅速增加。

形态特征：落叶乔木，高10m，具长枝，长枝呈“之”字形曲折，具托叶刺，稀无刺，刺双生或单生，双刺中之一呈弯钩状，单刺直立；叶互生，圆卵形或卵状披针形，长

2～6cm，先端圆钝或急尖，基部圆形，常不对称，边缘具圆钝浅锯齿，表面绿色，背面色稍淡，两面无毛或背面脉腋稍有毛，具光泽，3出脉，柄长1～5mm；不完全伞形花序，黄色或黄绿色，核果卵形或柱状长卵形，常1.5～5cm，具短柄，果熟期8～9月份。

分布：以黑山、阜新一线以西和海城、岫岩以南各地均有栽培。绝大部分面积分布在朝阳、锦州、葫芦岛等市各县（市、区）。

生物学特性：枣树是一种喜光且适应能力很强的树种。具有耐热、耐寒、耐旱、耐涝等特点，对土壤要求不严，除沼泽土和重碱土外，无论是山地、丘陵、沟谷，甚至瘠薄的石质及黄土地，均可栽植枣树；对酸碱度适应能力很强，在pH值5.5～8.3的土壤上均能正常生长；枣树根系发达，浅根性，以水平根为主，枣树根蘖能力较强；枣树发芽及开花均较晚。

经济价值：红枣营养丰富，既可作干果食用，又可入药，有补中益气，安神养眸的效果。红枣富含维生素C。大枣可替代粮食用于酿酒、制蜡和加工枣食品、提取香精等。枣树材质地坚韧致密，木材密度高，可作硬木家具及雕刻用。

35. 桑树（家桑）

拉丁名：*Morus alba* L.

辽宁省桑树较大面积的引种栽植是20世纪50年代中后期开始的，主要是作为桑蚕经营而栽培的，当时由于经营管理技术和市场经济等原因，使桑蚕养殖业随兴即废；直到21世纪初，再次兴起桑树栽植与桑蚕养殖，从而形成桑树面积大量增加。绝大部分桑树栽植时在退耕还林工程或农业产业调整的在册耕地中进行的，其品种较多。

形态特征：落叶乔木，树高10m，树皮黄褐色，韧皮纤维发达，老时浅纵裂。小枝细，灰褐色，初时具短柔毛，枝折断有乳浆流出；叶互生，卵形或宽卵形，先端锐尖或短渐尖，边缘锯齿粗钝或不规则分裂，背面沿叶脉有短柔毛；花单性，雌雄异株，聚花果，熟时紫黑色，果熟期5月下旬至7月上旬。

分布：自然生长的桑树除平原区外，全省各地均有分布，人工栽植的桑树在全省各县（市、区）均有不等量的分布，大部集中在平缓的沟谷或平地上。

生物学特性：桑树适生于土层深厚、肥沃的疏松砂质土壤。桑树是喜光树种，幼树稍耐庇荫，较能耐干旱，但不耐涝，桑园积水生长不良；桑树耐瘠薄，对土壤的适应性强，在土壤pH值4.5～7.5，含盐量0.2%以下的轻盐碱地也能生长。

木材性质及利用：木质坚硬，纹理美观，可作家具、乐器、细木工等，桑皮、桑椹可入药，桑叶可养蚕。

二、灌木树种

（一）防护类灌木树种

36. 柽柳

拉丁名：*Tamarix chinensis* Lour

柽柳是优良的盐碱地造林树种，对防风固沙也有较好的作用。辽宁省在新中国成立后就开始营造柽柳，对增加盐碱地区的森林覆盖率、改善生态环境条件起到了重要作用。

形态特征：落叶小乔木或灌木，高可达7m，树皮灰褐色至红褐色，树冠近圆形，小枝细弱常下垂。叶鳞片状，长1～3mm，先端渐尖；总状花序集生为顶生圆锥状复花序，苞片线状凿形，基部膨大较花梗长，萼片5，花瓣紫红色，花盘10裂，雄蕊5，柱头3，棍棒状。

分布：自然生长于海滨内陆的盐碱地和河岸等地，分布于凌海、盘锦、大石桥、盖县、金州、普兰店等县的海岸滩涂处。人工栽植的柽柳除上述地区外在彰武盐碱沙地区域内也有零星分布。

生物学特性：喜光树种，不耐庇荫。对气候条件的适应性广泛，对大气干旱及高温、低温均有一定的适应能力，抗风。对土壤要求不严，既能耐旱，又耐水湿，耐盐碱性能尤为突出。叶能分泌盐分。插穗在含盐量0.5%的盐碱地上能正常出苗，带根的苗木则能再含盐量0.8%的盐碱地上生长，大树能在含盐量1%的重盐碱地上生长，并有降低土壤含盐量的效能。深根性，根系发达，萌芽力强，耐沙割与沙埋。柽柳还是一个生长较快，寿命长的树种。

经济用途：柽柳是重盐碱地造林不可替代的树种，具有降低盐碱和防风固沙作用。

37. 紫穗槐（棉槐）

拉丁名：*Amorpha fruticosa* L.

紫穗槐作为高效防风固沙、水土保持、护堤、护岸及编织的灌木树种为广大群众所栽培。20世纪30年代引入辽宁省，新中国成立后广泛栽植。

形态特征：落叶丛生灌木，高达3m，枝叶繁密，枝灰褐色，稍有棱，有凸起的锈褐色皮孔，被疏柔毛；奇数羽状复叶，互生，叶柄长1～2cm，托叶线形，小叶11～25cm，卵状长圆形或长圆形，先端圆或微凹，具小刺尖，全缘，表面无毛或有微柔毛，背面有微柔毛和黑褐色腺点；总状花序顶生或于枝端腋生，萼钟状，5齿裂，边缘白色柔毛；荚果短、弯曲，长7～9mm，棕褐色，密被瘤状腺点，不开裂，内含种子1粒，果实成熟9～11月份。

分布：紫穗槐在辽宁省均为栽培种，各地广泛分布，以中南部居多。

生物学特性：紫穗槐为喜光灌木，在光照不足条件下虽能生长，但很少开花结果，在上层郁闭度0.8以上时，不能生长。紫穗槐适应性很强，具有耐寒、耐旱、耐水湿、耐盐碱等特点。紫穗槐抗病虫害能力很强，很少有病虫害，紫穗槐在防护灌木中生长最快，萌芽力最强，根系发达，栽植易成活。

经济价值：紫穗槐生长速度快，平茬后生长更旺，紫穗槐嫩枝叶可作绿肥，不但肥效高，而一劳永逸，被称为“铁杆绿肥”；是营养丰富的好饲料，据测定，粗蛋白含量为紫花苜蓿的125%，胡枝子的196%；具有很强的土壤改良作用，紫穗槐根部附有大量根瘤菌，可固定空气中的游离态氮，能迅速改变土壤理化性质，提高林地的透水性和持水量；防护效能高，紫穗槐防风固沙，保持水土的效率要高于其他灌木树种；紫穗槐还可用于编织，是农民增收的有效途径。

38. 小叶锦鸡儿（柠条）

拉丁名：*Caragana microphylla* (Pall.) Lam.

小叶锦鸡儿是半固定沙地造林的首选树种，辽西北沙地上可常见到成片的人工小叶锦鸡儿防风固沙林，由于该树种具有耐炎热、耐沙打、沙埋，根系发达，萌发力强等特点，所以被沙区人民视为半固定沙丘的攻坚树种。

形态特征：落叶灌木，高1～3m，常多数丛生，幼枝具棱，灰白色，后变绿色，木质化后黄灰色，托叶硬化成刺。偶数羽状复叶，互生；叶柄有灰白色柔毛；小叶5～10对，先端小叶成刺状，倒卵形或近椭圆形，长3～10mm，全缘，尖端具刺，幼时两面均有绢毛；花单生，稀2～3簇生；花梗长2～3cm；花冠蝶形，黄色；荚果扁，条形4～5cm，有急尖头，种子小，肾状圆形。

分布：自然生长的小叶锦鸡儿在辽宁省中西部地区除平原外均有分布，人工栽植的以彰武、阜新、朝阳市所属各县及康平、法库为多。

生物学特性：耐寒，也耐高温，在－32.7℃生长良好，夏季能忍耐55℃的高温。喜光性甚强，极耐干旱瘠薄，为旱生灌木。根系发达，萌芽力很强，主根穿透力强，侧根水平发达，有根瘤，能固定空气中的游离态氮，常呈丛状生长，机械损伤或沙打压后可生出新枝。

经济价值：小叶锦鸡儿枝叶茂密，贴地丛生，可减少地表径流和表土冲刷，是防止土壤水蚀、风蚀和固沙的优良树种。平茬后萌生的嫩枝鲜叶富于营养，是牲畜的好饲料。

39. 沙棘

拉丁名：*Hippophae rhamnoides* L.

沙棘是辽宁省沙化和荒漠化地区营造水土保持、防风固沙的主要灌木树种。沙棘造林主要集中在70～80年代。由于沙棘枝密刺多造林后保存较好，很少受牲畜危害，对保持水土和动物保护均起到重要作用。近年来由于出现自然衰退现象，栽植量很少。

形态特征：落叶小乔木，高达10m。枝上有灰褐色刺针，单叶互生，线形或线状披针形，长2～6cm，下面密被银白色或淡褐色盾状鱼鳞斑，叶柄短。雌雄异株，短纵状花序腋生；花单性，先叶开放，花被筒短，2裂，黄色，雄蕊4。浆果近球形或卵圆形，长6～8mm，呈黄色，种子卵形，种皮坚硬，黑褐色有光泽。

分布：辽宁省分布的沙棘均为栽培种，全省各地均有栽培，以朝阳的建平、阜新的彰武分布较集中，有连续数百亩的大块造林。

生物学特性：沙棘是较喜光树种，稍耐荫，也能生于疏林下；对气候的适应性很强，具有抗严寒、抗风沙、耐大气干旱和高温。对土壤要求不严，耐水湿和盐碱，耐干旱和瘠薄，能在地表5cm深处含水量达42%的山地草甸土和重盐碱性土（pH值8.5）以及含盐量1.1%的盐碱地上生长。主根浅，但根系发达，有很强的萌蘖能力，沙棘有较强的固氮能力。沙棘抗病虫害能力很强，造林后病虫害很轻。

经济价值：沙棘是干旱风沙地区造林的先锋树种，主要用于水土保持，防风固沙。沙棘果含有大量的维生素和脂肪，具有较高的药用价值，种子可榨油以食用，果实还可以深加工用以做糕点、果酱的配料。随着饮料工业化的崛起，沙棘果实还可以做果露等饮料。

（二）经济类灌木树种

40. 山杏（西伯利亚杏）

拉丁名：*Prunus sibirica* L.

西伯利亚杏是我国主要木本粮油树种，也是辽宁省西北部干旱地区丘陵、山地和沙化地区坨岗阶地造林的主要树种，除荆条外是面积分布最大的一个灌木群体。山杏林的杏核收益是山区人民经济发展的重要组成部分，有少部分农民已把山杏作为经济林经营并达到集约化程度，以构成产业体系。

形态特征：落叶灌木或小乔木，高1.5～3m，大枝开展，小枝较细，灰褐色或淡紫褐色，通常无毛。叶柄长2～3cm，无毛，无腺体或有腺体；叶片卵圆形，广卵形至扁卵形，长3～8cm，宽2.5～6cm，基部圆形或近心形，先端尾状渐尖，边缘具细钝或锐单锯齿，两面无毛或背面脉腋有簇柔毛。花单生，先于叶开放；花瓣倒卵形至近圆形，粉红色至白色，雄蕊25～30枚，稍短于花瓣；果实近球形，两侧稍扁，基部微凹，先端微尖，腹缝较明显，外被短柔毛；果核扁球形，先端尖，具明显腹棱，果期7月份。

分布：天然生长的山杏主要分布在千山山脉西南端和黑山、阜新线以西的丘陵山地；人工栽培的山杏在辽西北地区普遍分布，以建平、凌源、建昌、阜新、北票、义县、北宁、绥中等分布较有规模。

生物学特性：山杏抗寒能力强，处于休眠期的山杏能在－35℃以下安全越冬，花期和花芽萌动期可耐－3℃的低温，根系发达，具有抗旱、耐瘠薄的特性，但不耐涝、忌水淹。山杏为喜光树种，光照条件充足结实量则大，适宜阳坡生长。对土壤条件要求不严，可在黏土、砂土、砾质土、盐碱土上都能正常生长；但排水良好、土层较厚的壤土、砂壤土上生长最为适宜。

经济用途：杏仁是中华民族的传统药材，有祛痰止咳平喘的功效；杏仁又是驰名品牌承德露露的上游产品，市场需求量很大，人工山杏林不但具有较高经济价值，而且对保持水土、减少地表径流、防风固沙都具有很强的效能。

41. 榛子（平榛）

拉丁名：*Corylus heterophylla* Fisch

榛子，珍贵的干果类灌木树种。辽宁省20世纪70年代即进行人工栽培，但由于市场经济不发达，栽植面积很少，亦不广泛；进入90年代后随着人民生活水平的提高，市场需求旺盛，榛子产业随即进入发展时期，至今榛子产业已成为当地农民脱贫致富的重要途径。榛子是林业种植业周期较短的产业，而且投入产出比较大。目前榛子产业在部分地区已达到规模化、专业化程度。

形态特征：落叶灌木，通常高1～3m。树皮灰褐色或暗褐色；当年生枝黄褐色，具锈褐色密毛，老枝无毛，皮孔明显，芽卵形或广卵形，芽鳞暗赤褐色，具缘毛。叶片较厚，广椭圆形，广卵形，倒卵形或近圆形，长4～10cm，宽3～9cm，基部圆形或近心形，先端近截形微凹入，有时急尖，边缘有不规则锯齿，并常具小裂片，表面深绿色，网脉明显下陷，无毛或近无毛，背面灰绿色，沿脉具短硬毛。花单性，同株，先于叶开放；球果近球形，淡棕褐色，长0.7～1.5cm，总苞钟状，具脉纹，具腺毛及刺毛，先端具尖裂片。果期9～10月份。

分布：自然生长的榛子在全省东西部山地均有分布，以沈阳至大连沿线以东的丘陵及低山分布最为普遍，且因土质肥沃而生长势较旺。人工栽培榛子林（园）主要集中在铁岭、开原、西丰，其次为新宾、清原、抚顺、本溪及市郊、桓仁、凤城、宽甸等地。

生物学特性：榛子为喜光树种，老时稍耐荫，结实的榛子必须在全光下生长；耐寒和稍耐干旱，榛子可在－40℃以下低温中休眠或越冬，在花期不耐霜冻，若遇霜冻则影响结实或不结实，不能忍受极端干旱，短期干旱不影响生长。榛子适宜在降水量550～700mm土层深厚、土质松软、排水好、向阳的低山下腹及丘陵地带生长，土壤瘠薄不利于种子生长及结实，榛子为浅根性灌木树种，根系不够发达。

经济价值：榛子是一种用途广、经济价值较高的果品，市场需求旺盛，榛子果仁营养丰富，含脂肪51.4%～66.4%、蛋白质17.32%～25.92%、碳水化合物6.6%，及多种维生素及矿物质。榛子可生食和炒食，不仅风味好，而且热量高，在食品工业中，榛仁是巧克力、糖果、糕点等加工食品的优质原料，榛子可榨取高级食用油及多种工业用油，含油量达54%。榛仁可入药，具有益脾胃、补血气、宽肠明目之功效。

第8章 森林资源分析

第一节 森林资源特点

一、森林类型与树种多样性

辽宁省东以鸭绿江为界与朝鲜民主主义人民共和国相望，东北与吉林省毗连，西北、西南分别与内蒙古自治区和河北省相邻，南临渤海、黄海，地域辽阔，地理、气候条件等自然因素复杂多样，因此形成了温带针叶林类型、温带阔叶混交林类型、寒温带针叶林类型等多种森林类型。受地理、气候条件的影响形成了树种多样性的特点，现有各种植物161科2200余种，其中具有经济价值的1300种以上，具有药用价值的830多种。全国木本植物8000余种，辽宁省木本植物68科167属550余种，占全国木本植物种类的6.9%，许多植物具有很高的经济价值、观赏价值、生物多样性价值等，如紫杉、刺楸、水曲柳、水杉、杉松冷杉、天女木兰、杜仲、漆树、盐肤木、山葡萄、猕猴桃、山里红、山梨、板栗等。

二、林种比例得到进一步调整

在森林资源林种结构方面，全省林种比例正在向着有利于生态环境建设的方向发展。辽宁省森林资源总量相对全国比较少，许多地区的生态环境还很脆弱，防护林比例大有利于发挥森林的生态防护效益。本次调查防护林面积占林分面积的60.85%，用材林面积占31.66%，特用林面积占3.16%，薪炭林面积占4.33%。从各市情况看，沈阳、大连、鞍山、

表8-1 全省各市林种面积统计表

单位：hm^2

	合计	防护林	特用林	用材林	薪炭林
沈阳市	134 771	90 498	6713	37 555	4.2
大连市	302 774	226 949	21 116	53 449	1261.0
鞍山市	218 514	144 186	290	52 622	21 415.3
抚顺市	719 221	321 000	10 674	378 644	8903.6
本溪市	598 849	358 628	14 395	184 321	41 504.3
丹东市	777 242	469 474	26 399	262 778	18 591.4
锦州市	117 813	75 116	9520	32 845	331.2
营口市	125 308	83 755	179	21 052	20 322.6
阜新市	236 491	147 488	13 163	75 789	51.7
辽阳市	143 467	53 655	248	40 610	48 953.2
盘锦市	5586	4718	2	865	0.0
铁岭市	326 203	193 813	3385	128 998	7.3
朝阳市	446 168	323 665	28 865	87 506	6131.9
葫芦岛市	213 499	154 621	2620	34 268	21 990.8

锦州、营口、阜新、盘锦、朝阳和葫芦岛9个市防护林比例超过全省平均水平，本溪、丹东、铁岭3个市接近省平均水平；辽阳市防护林、用材林、薪炭林与特用林比例趋于平衡，分别是37.38%、28.36%、34.09%、0.17%；抚顺市用材林面积大于防护林面积，各林种比例为用材林面积占全市51.85%，防护林面积占45.43%，特用林面积占1.49%，薪炭林面积占1.23%。全省各市林种面积比例详见表8-1、图8-1。

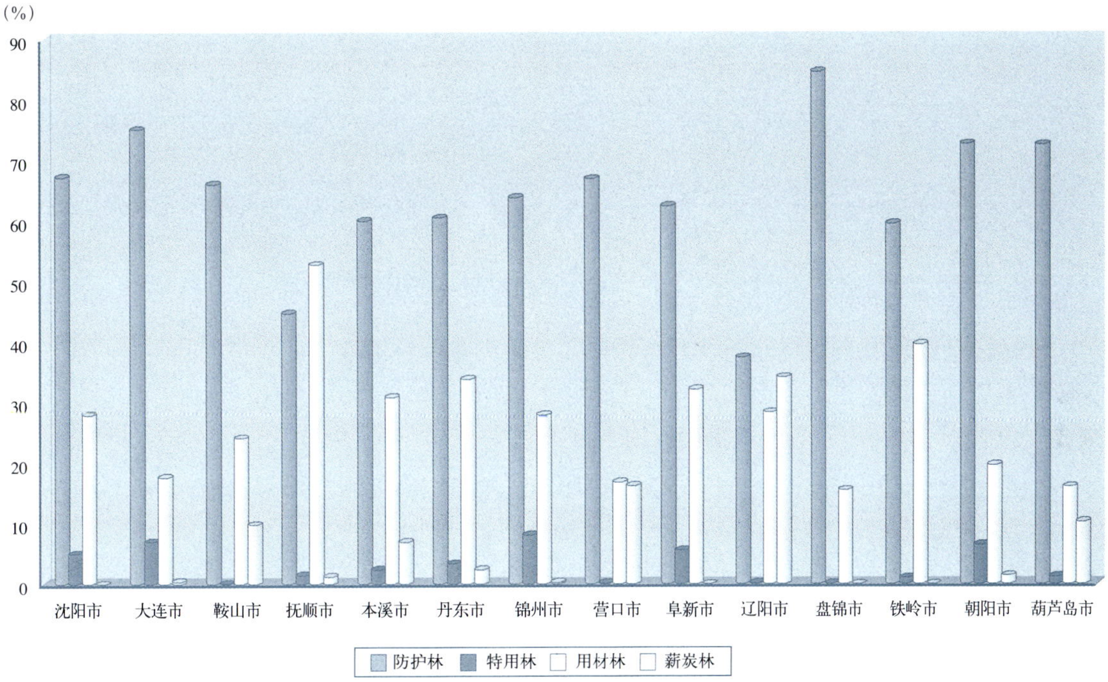

图8-1　全省各市林种面积比例

三、天然林与人工林比例趋于平衡

本次调查全省人工林面积330.52万hm^2，蓄积12 220.83万m^3；天然林面积303.44万hm^2，蓄积11 369.91万m^3。人工林与天然林面积比为52.1∶47.9，蓄积比例为51.8∶48.2。从全省资源总量上看人工林与天然林比例趋于平衡；从各市情况看，沈阳、大连、锦州、阜新、盘锦、铁岭、朝阳和葫芦岛8个市的人工林资源明显多于天然林资源；鞍山、本溪、丹东、营口和辽阳5个市的天然林资源占绝对优势；抚顺市人工林与天然林比例基本持平。各市人工林天然林比例详见表8-2。

表8-2　辽宁省人工林天然林面积蓄积比例表　　单位：%

统计单位	面积比例		蓄积比例	
	人工林	天然林	人工林	天然林
辽宁省	52.1	47.9	51.8	48.2
沈阳市	96.5	3.5	98.3	1.7
大连市	89.9	10.1	86.7	13.3
鞍山市	23.6	76.4	39.7	60.3
抚顺市	43.9	56.1	49.9	50.1
本溪市	31.3	68.7	29.6	70.4

续

统计单位	面积比例		蓄积比例	
	人工林	天然林	人工林	天然林
丹东市	33.4	66.6	24.4	75.6
锦州市	73.7	26.3	88.2	11.8
营口市	24.3	75.7	41.7	58.3
阜新市	91	9	98.5	1.5
辽阳市	24.3	75.7	45.7	54.3
盘锦市	100	0	100	0
铁岭市	49.6	50.4	70.6	29.4
朝阳市	72.2	27.8	97.4	2.6
葫芦岛市	62.4	37.6	83.3	16.7

四、林龄结构低龄化、储备资源丰富

从林龄结构上看，全省幼、中龄林多，近、成、过熟林资源少是辽宁省的主要特点。全省林分中、幼龄林面积占88.7%，近、成、过熟林面积占11.3%；在用材林中，幼、中龄林面积占72.3%，近、成、过熟林面积占27.7%。在丹东、抚顺、本溪3个市中，可采伐的成熟林正在逐年减少。从各市状况分析，森林资源低龄化的倾向更为突出，例如大连、鞍山、本溪、丹东、营口、辽阳和盘锦7个市，幼、中龄林面积占80%以上，储备资源丰富。

五、资源总量少、人均少

按国家统计局2000年11月1日零时公布人口数据计算，辽宁省人口数量为4238万人，本次调查森林资源面积总量436.59万hm^2，平均每人的森林面积只有0.103hm^2，是我国平均水平0.64hm^2的16.1%；林木总蓄积24 415.90万m^3，人均蓄积量为5.76m^3，是我国平均水平71.8m^3的8.02%。从总体上看，辽宁省仍属于森林资源贫乏的省份。

六、森林资源分布不均

（一）区域分布不均

由于历史和自然地理条件等方面的原因，辽宁省森林资源分布非常不平衡,呈现东多西少的特点。东部是指长大铁路以东地区，即抚顺、本溪和丹东市全部，鞍山市的岫岩满族自治县，铁岭市的西丰县、开原市和铁岭县，共25个县（市、区）；西部是指长大铁路以西辽宁省其他地区，共75个县（市、区）。全省林业用地面积695.03万hm^2，有林地面积533.98万hm^2，活立木总蓄积24 415.90万m^3，林分蓄积23 527.63万m^3，其中东部林业用地面积325.92万hm^2，有林地面积297.99万hm^2，活立木总蓄积24 415.9万m^3，林分

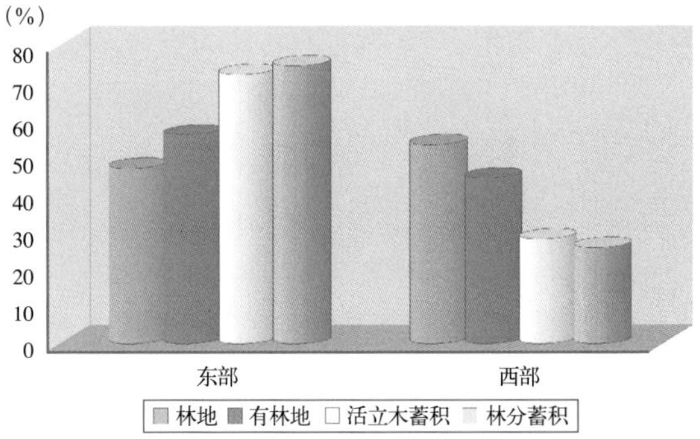

图8-2　辽宁省东西部森林资源分布

表8-3 全省按区域森林资源分布情况表 单位：万hm²、万m³、%

统计因子	辽宁省	东部		西部	
		面积或蓄积	比例	面积或蓄积	比例
林地	695.03	325.92	46.89	369.11	53.11
有林地	533.98	298.00	55.81	235.98	44.19
活立木蓄积	24 415.90	17 576.46	71.99	6839.4	28.01
林分蓄积	23 527.63	17 478.89	74.29	6048.7	25.71

蓄积23 527.63万m^3；西部林业用地面积369.11万hm^2，有林地面积235.9万hm^2，活立木总蓄积6839.44万m^3，林分蓄积6048.74万m^3。东西部各区资源状况占全省资源总量比例详见表8-3、图8-2。

从上述数据可以看出，辽宁东部25个县（市、区）的林地面积、有林地面积与西部的75个县（市、区）的面积基本持平，而东部的活立木总蓄积、林分蓄积远远超过西部，反映出辽宁森林资源东多西少的特点。

（二）全省各市森林资源分布不均

从人均拥有量看，全省人均森林面积0.103hm^2，超过省平均水平的有丹东、抚顺、本溪、阜新、铁岭、朝阳6个市，其中本溪市人均森林面积最多，达到0.378hm^2，这主要也是由于人口少所致；盘锦市人均面积最小，人均面积0.004hm^2。全省人均森林蓄积5.551m^3，超过省人均水平的有丹东、抚顺、本溪和铁岭4个市，其中本溪市人均森林蓄积量最大，达到28.434m^3；营口市人均蓄积量最小，人均0.311m^3。

林地面积：全省林地面积695.03万hm^2，其中林地面积最多的是朝阳市，其次是丹东市，最少的是盘锦市。

有林地面积：全省有林地面积533.98万hm^2，其中有林地面积最大的是丹东市，最小的是盘锦市。

林分面积：全省林分面积436.59万hm^2，其中林分面积最多的是丹东市，最小的是盘锦市。

活立木总蓄积：全省活立木总蓄积24 415.90万m^3，其中蓄积量最多的是抚顺市，最少的是盘锦市。

林分蓄积：全省林分蓄积23 527.63万m^3，其中林分蓄积最多的是抚顺市，最少的是盘锦市。

全省各市森林资源分布情况详见表8-4、图8-3。

森林资源分布不均的特点还反映在与人口、经济发展关系的不平衡上。现有森林资源主要分布在远离人口密集、经济不发达的地域，不仅增加了经营利用森林的费用，尤其是运输费用，也使人们的生活环境得不到森林资源的直接保护，降低了生活质量。近年来在辽宁省日渐兴盛的与森林有关的旅游、文化、休憩等也由于森林距离遥远而增加了出行的难度和费用。

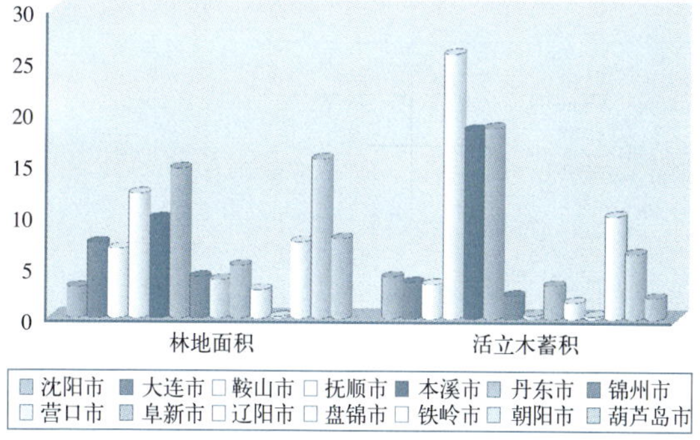

图8-3 全省各市森林资源分布

表8-4 各市森林资源统计表 单位：万hm²、万m³、%

统计单位	林地面积	各市林地面积占全省比例	有林地面积	林分面积	活立木总蓄积	各市活立木蓄积占全省比例	林分蓄积
辽宁省	695.03	100.00	533.98	436.59	24 415.90	100.00	23 527.63
沈阳市	20.75	2.99	14.40	13.48	1002.67	4.11	911.58
大连市	50.82	7.31	45.11	30.28	875.87	3.59	749.04
鞍山市	46.85	6.74	42.89	21.85	827.00	3.39	748.22
抚顺市	84.13	12.10	74.23	71.92	6287.51	25.75	6271.21
本溪市	67.41	9.70	62.37	59.88	4474.32	18.33	4464.15
丹东市	101.06	14.54	96.10	77.72	4529.41	18.55	4495.96
锦州市	28.15	4.05	15.03	11.78	554.30	2.27	504.20
营口市	26.05	3.75	23.20	12.53	87.79	0.36	71.62
阜新市	35.79	5.15	24.75	23.65	802.96	3.29	765.04
辽阳市	19.32	2.78	17.58	14.35	396.82	1.62	382.86
盘锦市	1.18	0.17	0.59	0.56	66.88	0.27	57.53
铁岭市	51.89	7.47	41.42	32.62	2446.39	10.02	2329.15
朝阳市	107.53	15.47	47.91	44.62	1557.71	6.38	1354.40
葫芦岛市	54.1	7.78	28.40	21.35	506.27	2.07	422.67

七、林分树种单一 人工纯林比重大

在全省森林资源中，针叶树种面积138.01万hm²，占林分面积的31.61%；阔叶树种面积298.58万hm²，占68.39%。针叶树种蓄积9261.09万m³，占39.36%；阔叶树种蓄积14 266.54万m³，占60.64%。各树种（组）按面积排序，前5位分别是柞树组、油松组、落叶松组、杨树组、刺槐组，面积合计392.98万hm²，占林分面积的90.01%。各树种（组）按蓄积排序，前5位分别是柞树组、落叶松组、杨树组、油松组、刺槐组，蓄积合计20 905.76万m³，占林分蓄积的88.85%。由此可见，辽宁省森林资源数量主要集中在这5个树种（组）上，林分树种比较单一。林分优势树种组面积蓄积统计详见表8-5、图8-4。

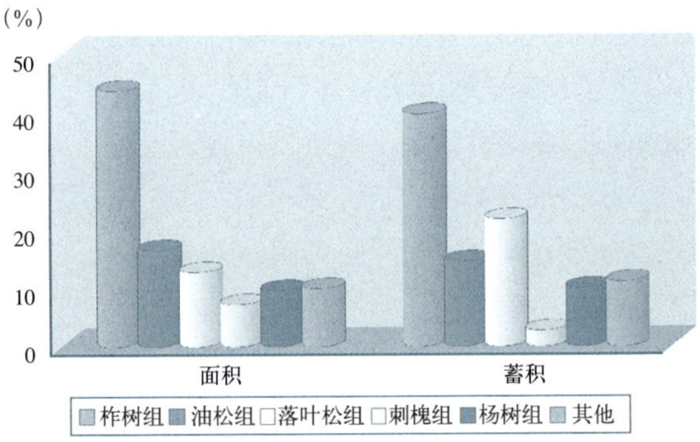

图8-4 全省主要树种面积、蓄积比例图

表8-5 林分优势树种（组）面积蓄积统计表 单位：万hm²、万m³、%

优势树种	合计		比例	
	面积	蓄积	面积	蓄积
合计	436.59	23 527.63	100	100
柞树组	191.18	9353.22	43.79	39.75
油松组	72.08	3430.69	16.51	14.58
落叶松组	55.72	5116.29	12.76	21.75
刺槐组	31.72	647.43	7.27	2.75
杨树组	42.28	2358.13	9.68	10.02
其他	43.61	2621.87	9.99	11.15

全省人工林林分面积224.71万hm^2，蓄积12 162.24万m^3，其中人工纯林面积218.74万hm^2，占人工林林分面积的97.34%，蓄积11 847.83万m^3，占人工林林分蓄积的97.41%；人工混交林面积5.96万hm^2，占2.66%，人工混交林蓄积314.41万m^3，占人工林林分2.59%。人工纯林、混交林各龄组情况详见表8-6、图8-5。

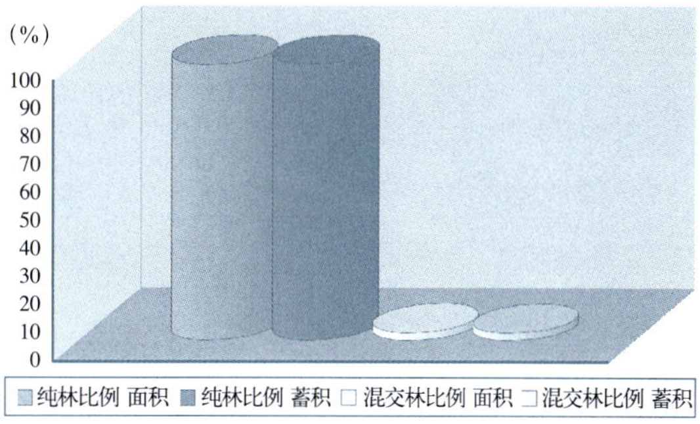

图8-5　全省人工纯林、混交林比例

表8-6　人工纯林、混交林统计表　　单位：万hm^2、万m^3、%

单位	合计		纯林		纯林比例		混交林		混交林比例	
	面积	蓄积	面积	蓄积	面积	蓄积	面积	蓄积	面积	蓄积
辽宁省	224.71	12 162.24	218.74	11 847.83	97.34	97.41	5.96	314.41	2.66	2.59

由上述数据可以看出，人工纯林面积、蓄积均占人工林面积、蓄积97%以上，而混交林面积、蓄积却不到人工林的3%。就全省的自然条件来讲，人工纯林林地生产力一般要高于混交林，但其生态稳定性相对脆弱，防火、抗病能力差，会给全省森林资源保护带来较大压力，树种结构和混交林比重需进一步调整。

第二节　森林资源评价

一、林分质量

（一）单位面积蓄积量

本次调查全省林分蓄积量53.89m^3/hm^2，与前期调查（44.59m^3/hm^2）相比有所提高，但与全国平均水平（84.73m^3/hm^2）相比低30.84m^3/hm^2，与世界平均水平（110m^3/hm^2）差距更大，详见图8-6。

辽宁林地生产力在全国居中游水平，全国平均林分单位面积蓄积量为78.06m^3/hm^2，而辽宁林分单位面积蓄积量为53.89m^3/hm^2，不到全国平均水平的70%，不足世界平均水平的50%。

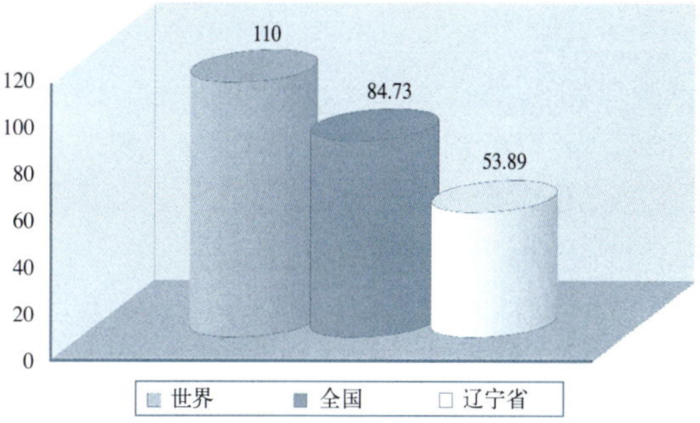

图8-6　每公顷蓄积量对比　　单位：m^3/hm^2

从用材林单位面积蓄积量看，辽宁省用材林平均单位蓄积为55.7m^3/hm^2，比全国用材林平均单位蓄积低23.7m^3/hm^2。

从龄组蓄积看，幼龄林30.71m^3/hm^2，中龄林85.24m^3/hm^2，近熟林115.93m^3/hm^2，成熟林111.80m^3/hm^2，过熟林86.34m^3/hm^2。

国有林与集体林比较，国有林林分平均

蓄积量为78.13m^3/hm^2，集体林为48.42m^3/hm^2。

从以上数据可以看出，辽宁省林地单位面积蓄积量总体水平较低，尤其集体林单位面积蓄积水平相差更大。

（二）林分平均郁闭度

林分平均郁闭度0.63，比全国0.54高0.09。

（三）林分平均胸径

林分平均胸径9.8cm，较全国13.8cm低4.0cm。

总之，全省林分质量的平均水平在不断提高，它标志着辽宁省在森林经营、资源管理等方面工作是卓有成效的。但是，按现有林分质量水平与全国平均水平比较还相差甚远，尚需加强经营管理，以提高林分质量。

二、林地生产力水平

全省林分单位面积年均生长量为1.72m^3，比全国（2.40m^3）低0.68m^3，接近世界林业发达国家（6m^3）的30%，林地生产力水平较低。

总之,新中国成立50多年来，辽宁省森林资源发生了巨大的变化，森林面积、蓄积不断增加，结构逐步改善，质量有所提高；但是辽宁省仍然是一个森林资源匮乏的省份，森林生态系统的整体功能还很脆弱，与社会需求之间的矛盾仍很尖锐，森林资源的数量和质量有待进一步提高，森林资源保护和发展任重而道远。

第三节　森林资源动态分析与展望

一、森林资源动态分析

（一）各地类面积变化原因分析

各地类面积、蓄积的消长变化趋势并不是一个简单的转换过程，而是林木自然消长和人为各种经营活动引起的综合反映。两期森林资源二类调查数据变化情况是：

有林地面积两次调查净增27.96万hm^2；疏林地面积减少了7.46万hm^2；灌木林地面积增加了39.24万hm^2；未成林地面积增加了12.86万hm^2；无林地面积减少了81.62万hm^2。

各地类发生变化的主要原因归纳为：疏林地改造和封育，无林地、宜林地的人工造林和封育；灌木林改造或封山育林；未成林造林地经过正常生长；非林地退耕还林、人工造林；两期调查标准发生变化；人为因素或自然因素导致各地类面积增减。如在间隔期内因为人为采伐、人工更新、经济林失管、“拔大毛”式间伐、过度择伐、火灾病虫害、毁林开荒及基建、矿山建设、修建水库、交通、电力设施征占林地等原因，导致各地类面积发生变化。

（二）森林蓄积动态变化分析

全省活立木蓄积24 415.90万m^3，比上期调查17 630.3万m^3增长6785.6万m^3，年净增长率为2.8%；林分蓄积23 527.6万m^3，比上期调查16 625.7万m^3增长6901.9万m^3，年净增长率为2.9%。

活立木蓄积增长较快的市为大连市增长6.1%、朝阳市增长4.4%、本溪市增长3.9%；活立木蓄积增长较快的县为庄河市增长8.1%、普兰店市增长7.9%、台安县增长7.0%。

林分蓄积增长较快的市为大连市增长7.4%、朝阳市增长4.4%、阜新市增长4.2%；林分蓄积增长较快的县为东港市增长9.2%、庄河市增长8.9%、瓦房店市增长8.3%。活立木蓄积与林分蓄积年净增长率均高于全国平均水平。

林分蓄积量增加最多的3个市为本溪市（1534.4万m^3）、抚顺市（1524.7万m^3）、丹东市（1123.4万m^3）。详见表8-7、图8-7。

表8-7 森林资源蓄积两期对比表

单位：万m^3、%

项目		前期	本期	增长值	增长率	年净增长率
全省合计	活立木蓄积量	17 630.3	24 415.9	6785.6	38.5	3.0
	林分蓄积量	16 625.7	23 527.6	6901.9	41.5	3.2
活立木蓄积增长较快市、县	大连市	458.6	875.9	417.3	91.0	6.1
	朝阳市	972.2	1557.7	585.5	60.2	4.4
	本溪市	2944.1	4474.3	1530.2	52.0	3.9
	庄河市	97.2	229.2	132	135.8	8.1
	普兰店市	88.6	205.5	116.9	131.9	7.9
	台安县	67.2	140.9	73.7	109.7	7.0
林分蓄积增长较快市、县	大连市	341.8	749	407.2	119.1	7.4
	朝阳市	841.4	1354.4	513	61.0	4.4
	阜新市	488.5	765	276.5	56.6	4.2
	东港市	48	125.9	77.9	162.3	9.2
	庄河市	73.6	188.1	114.5	155.6	8.9
	瓦房店市	41.2	99.4	58.2	141.3	8.3

从上述数据对比结果来看，全省活立木蓄积和林分蓄积都呈增长趋势，其主要原因是：(1) 近年来辽宁省加大了森林资源管护力度，实施天然林禁伐政策，加强公益林保护，严格控制森林资源采伐，使全省森林资源得到有效保护，森林蓄积迅速增长；(2) 全省有林地面积增加引起的蓄积增长；(3) 林木自然生长导致蓄积增加。

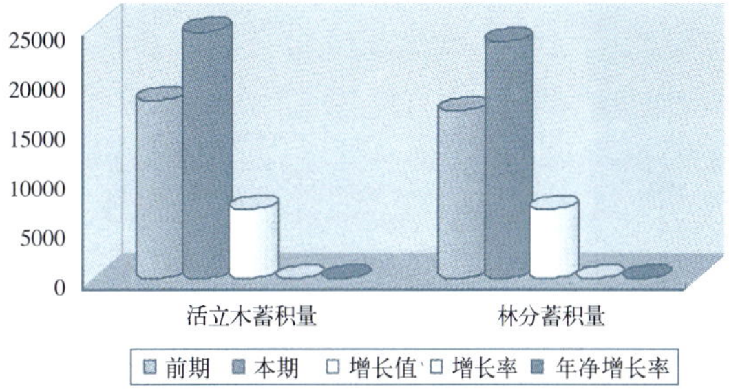

图8-7 全省森林资源蓄积动态变化 单位：万m^3

（三）森林资源质量动态变化分析

据本次调查结果，全省森林资源的质量呈上升趋势。

1. 单位面积平均蓄积上升

全省平均森林蓄积量由1993年的44.59m^3/hm^2上升到本次调查的53.89m^3/hm^2，平均每公顷上升20.85%，其中用材林蓄积由55.71m^3/hm^2上升到70.33m^3/hm^2，上升26.25%。全省各级政府与林业主管部门加大了森林资源管理力度，提高了森林资源管理技术水平，这是森林资源质量提高的主要原因。

2. 针叶林比重略有上升

据1993年调查结果，针叶林面积1 136 479.8hm^2，蓄积5478.2万m^3，占林分总面积的30.48%，蓄积占林分的32.95%；本次结果针叶林面积1 380 125.2hm^2，蓄积9261.1万m^3，占林分总面积的31.61%，蓄积占林分的39.36%。针叶林比重比上期调查略有上升。

3. 林龄结构趋向低龄化

根据1993年调查结果，林分幼、中龄林与近、成、过熟林面积比例为85：15、蓄积比为68：32；而本次调查结果，其面积比为89：11、蓄积比为77：23，其中用材林幼、中龄林面积与近、成、过熟林面积之比，1993年调查结果为82：18，本次调查结果72：28；蓄积之比，1993年调查结果为68：32，本次调查结果为58：42。根据两期调查结果比较，林龄结构低龄化仍在继续发展，虽然森林资源储备丰富，可采资源潜力充足，但是面临现阶段可采资源缺乏的问题。

（四）权属动态变化分析

1. 林业系统国有林分面积、蓄积呈增长趋势

林业系统国有林分面积4795.6hm^2，比1993年的4511.7hm^{2}增加了283.9hm^2，增长6.29%；林分蓄积39.15万m^3，比1993年的26.08万m^{3}增加了13.07万m^3，增长了50.12%。其增长的主要原因是在两次调查期间，辽宁省加强了自然保护区建设，新增加了仙人洞等国家级自然保护区，使全省的林业系统国有林面积、蓄积增加。

2. 非林业系统部门国有林分面积略有减少，蓄积呈增长趋势

非林业系统部门国有林分面积3678.7hm^2，比1993年的3812hm^{2}减少了133.3hm^2，减少了3.5%；林分蓄积22.53万m^3，比1993年的18.65万m^{3}增加了3.88万m^3，增长了20.8%。减少的原因主要是林地征占、自然灾害等。

3. 集体林林分面积呈减少趋势，蓄积略有减少

集体林分面积54 777.3hm^2，比1993年的78 953.9hm^{2}减少了24 176.6hm^2，减少30.62%；林分蓄积191.37万m^3，比1993年的193.25万m^{3}减少了1.88万m^3，减少0.97%。减少的主要原因是辽宁省进行了林权制度改革，鼓励和发展私有制林业，部分集体林变为个人所有，随着林权制度改革步伐的不断加快，林木权属集体所有制形式将会逐渐向个人所有制等形式转变。

4. 个人林分面积、蓄积大幅度增加

个人林分面积78 639.6hm^2，比1993年的46 611.5hm^{2}增加了32 028.1hm^2，增加了68.71%；林分蓄积118.83万m^3，比1993年的10.26万m^{3}增加了108.57万m^3，增长了10.58倍。其增加的主要原因是受辽宁省林权制度改革的影响，集体所有的林木转变为个人所有，导致个人林分面积蓄积大幅度增加；群众造林积极性普遍提高，充分利用宜林地造林，使得私有林分面积、蓄积大幅度增加。

5. 合作造林林分面积、蓄积呈增加趋势

合作造林林分面积1524.4hm^2，比1993年的405.3hm^{2}增加了1119.1hm^2，增加了276.12%；林分蓄积10.89万m^3，比1993年的0.88万m^{3}增加了10.01万m^3，增加了11.37倍。林权制度改革的宗旨是发展全民办林业，实行林木所有权的多元化，鼓励林木私有化，提倡合作造林，因此本次调查合作造林面积、蓄积比1993年都有很大幅度的提高。

6. 未定权属林分面积、蓄积基本稳定

未定权属林分面积51.1hm^2，与1993年的8.9hm^{2}增加了42.2hm^2，增加6.82%；林分蓄积0.09万m^3，比1993年的0.02万m^{3}增加了0.07万m^3，增加53.71%，详见表8-8、图8-8、图8-9。

表8-8　林分各权属蓄积动态变化表

单位：万m^3、%

类别	2005年		1993年		差值		增长率	
	活立木蓄积量	林分蓄积	活立木蓄积量	林分蓄积	活立木蓄积量	林分蓄积	活立木蓄积量	林分蓄积
省计	24 415.90	23 527.63	17 630.34	16 625.68	6785.56	6901.95	38.49	41.51
系统国有计	4761.66	4755.44	4169.40	4153.35	592.26	602.09	14.20	14.50
部门国有计	1110.87	1105.66	800.45	793.98	310.42	311.68	38.78	39.26
集体计	12 756.86	12 618.54	11 500.52	11 345.96	1256.34	1272.58	10.92	11.22
个人计	4924.81	4187.57	1034.33	207.43	3890.48	3980.14	376.14	1918.79
外资计	0.78	0.78			0.78	0.78		
合作计	840.45	839.24	102.00	101.52	738.45	737.72	723.97	726.67
未定计	20.47	20.40	23.64	23.44	−3.17	−3.04	−13.39	−12.96

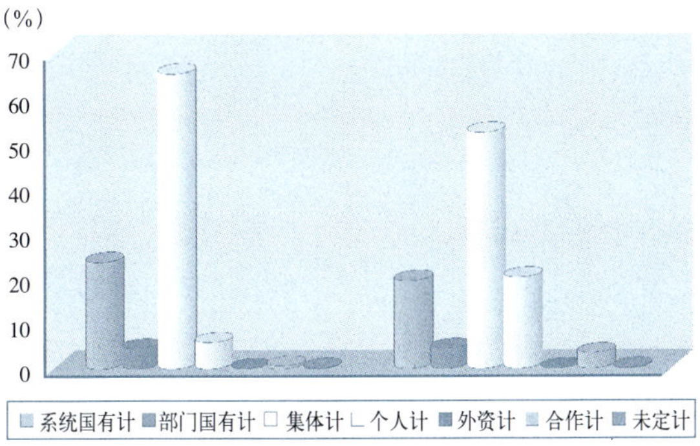

图8-8　全省各林木权属活立木蓄积比例

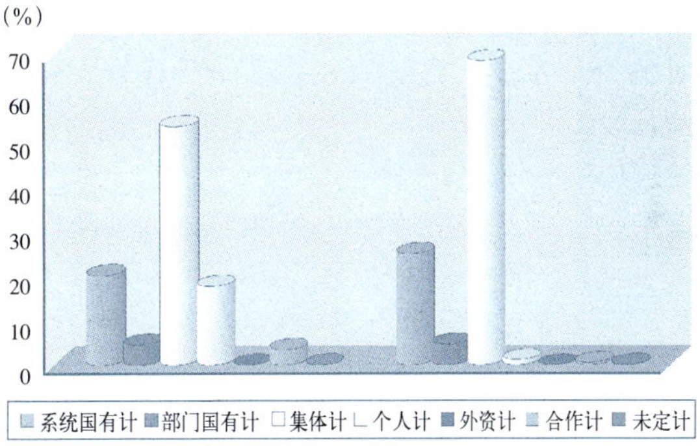

图8-9　全省各林木权属林分蓄积比例

从上述变化中可以看出：林业系统国有和部门所有林分面积基本比较稳定，蓄积稳步增长；集体林面积在减少，个人林分面积、蓄积大幅度增加，面积增长比例高达68.71%，蓄积增长达10.58倍；合作造林林分面积、蓄积也大幅度增长，面积增长比例高达276.12%，蓄积增长达11.37倍；权属未定林分面积、蓄积有所增加，面积增长达4.74倍，蓄积增长达3.5倍。说明辽宁省非公有制林业发展成效显著，林业所有制形式和投资结构逐步趋向多元化。

（五）林种面积变化原因分析

1. 防护林面积变化分析

全省防护林面积1993年调查为77.83万hm^2，本次调查结果为264.75万hm^2，间隔期内共增加186.92万hm^2。主要原因，一是由于辽宁省实施森林分类经营政策，建立了公益林补偿制度，很大一部分用材林、薪炭林划为防护林，使防护林的面积大幅度增加；二是全省实施退耕还林（草）政策，80%的退耕还林地块划为防护林（生态林），这样使得防护林面积增加。

2. 特用林面积变化分析

全省特用林面积1993年二类调查为5.22万hm^2，本次调查结果为13.76万hm^2，间隔期内共增加了8.54万hm^2。主要原因是在两次调查期间辽宁省新建立了国家级、省级自然保护区和森林公园，林种由原林种转变成风景林、自然保护区林等，导致全省的特种用途林面积增加。

3. 用材林面积变化分析

全省用材林面积1993年调查为244.29万hm^2，本次调查结果为139.13万hm^2，间隔期内共减少105.16万hm^2。主要原因，一是由于实施森林分类经营政策，建立了公益林补偿制度，很大一部分用材林划为防护林；二是由于在此期间的人为经营活动、人工造林、主伐以及自然消长等综合作用，使用材林的面积大幅度减少。

4. 薪炭林面积变化分析

全省薪炭林面积1993年调查为45.5万hm^2，本次调查结果为18.9万hm^2，间隔期内共减少26.6万hm^2。主要原因，是由于实施森林分类经营政策，建立了公益林补偿制度，很大一部分薪炭林划为防护林；二是由于农民生活水平的不断提高，燃料结构发生变化（煤炭、液化气、沼气池等进入农民家庭），大部分薪炭林转变成防护林和用材林；三是在此期间林分经过综合改造、主伐以及自然消长等综合因素，使薪炭林的面积大幅度减少。

林分各林种面积蓄积变化情况详见表8-9、图8-10、图8-11。

表8-9 林分各林种面积蓄积动态变化表 单位：hm^2、万m^3

林种	2005年		1993年		差 值	
	面积	蓄积	面积	蓄积	面积	蓄积
合计	4 365 905.5	23 527.6	3 728 340.6	16 625.7	637 564.9	6901.9
防护林	2 647 565.2	12 649.0	778 282.0	2652.0	1 869 283.2	9997.0
特用林	137 570.2	906.4	52 152.9	293.4	85 417.3	613.0
用材林	1 391 301.6	9785.7	2 442 914.8	13 609.4	−1 051 613.2	−3823.7
薪炭林	189 468.5	186.5	454 990.9	70.9	−265 522.4	115.6

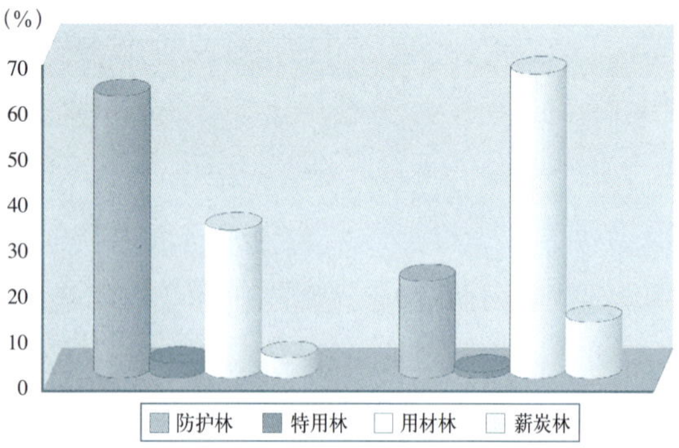

图8-10 全省林分各林种面积动态变化

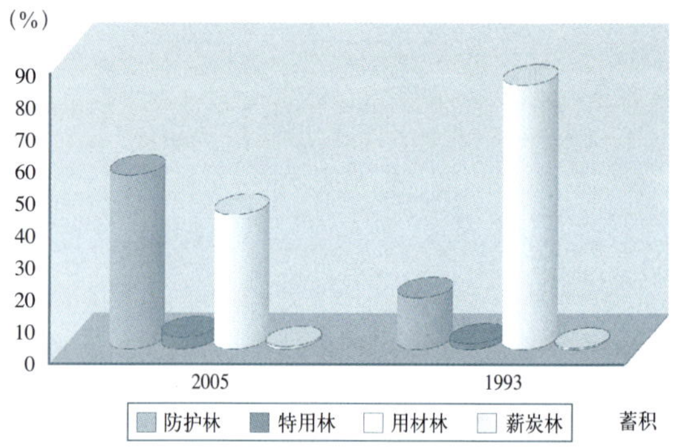

图8-11 全省林分各林种蓄积动态变化

5. 经济林面积变化分析

全省经济林面积1993年调查为1 331 870.9hm^2，其中乔木经济林面积1 310 877.7hm^2，灌木经济林面积20 993.2hm^2；本次调查全省经济林1 021 089.8hm^2，其中乔木经济林面积973 917.4hm^2，灌木经济林面积47 172.4hm^2。间隔期内全省经济林面积减少310 781.1hm^2，其中乔木经济林减少336 960.3hm^2，灌木经济林增加26 179.2hm^2。分析其面积减少的原因：一是种植结构调整使部分进入衰产期或未进入衰产期的经济林改变了原有地类转化为农地、林地等其他地类；二是部分经济林（农地造林）未纳入本次调查范围，这样使全省经济林面积有所减少。全省经济林面积变化情况详见表8-10、图8-12。

表8-10 全省经济林面积动态变化表 单位：hm^2

调查时间	2005年	1993年	差值
乔木经济林	973 917.4	1 310 877.7	−336 960.3
灌木经济林	47 172.4	20 993.2	26 179.2

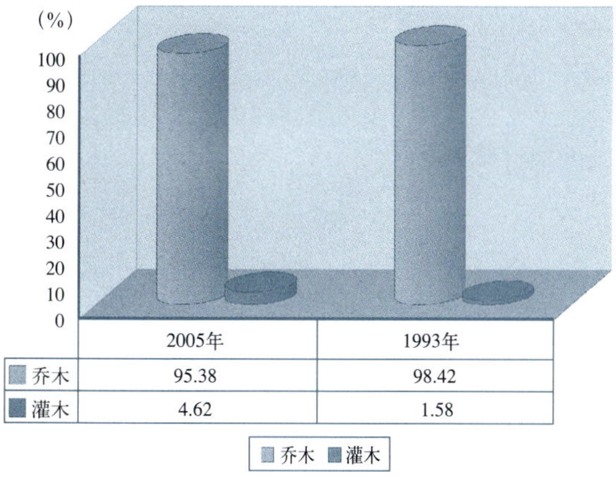

图8-12 全省经济林动态变化

(六)人工林变化动态分析

在两次调查间隔期内辽宁省的人工造林取得了可喜的成绩，1993年调查结果为174.38万hm^2，本次调查结果为224.71万hm^2，间隔期内共增加50.33万hm^2，年均增长4.19万hm^2。增长的主要原因：一是宜林地造林使原来的无林地转变成有林地，导致人工林面积增加；二是实施退耕还林（草）政策，经人工造林使部分耕地变成人工林；三是部分天然林经过更新采伐或改造转变为人工林。

(七)天然林变化动态分析

在两次调查间隔期内辽宁省的天然林保护取得了可喜的成绩，1993年调查结果为198.46万hm^2，本次调查结果为211.88万hm^2，间隔期内共增加13.42万hm^2，年均增长1.12万hm^2。增长的主要原因是实施了天然林禁伐工程，在保持原有天然林面积的基础上，实行封山育林，使得原有的部分荒山转变成天然林。

二、森林资源展望

在国民经济发展“十一五”计划期间，随着林业发展形势的变化，相应的林业政策也会发生改变，为了更好地制定与辽宁省实际情况相适应的林业政策，对全省未来的森林资源数据要进行科学预测、准确判断。由于林业生态系统是一个复杂多样的综合系统，其发展演变过程受多种因素的影响，包括自然因素和人为因素，而且各种因素的影响程度也不相同，为了降低这些因素对预测结果产生的干扰，这里采用灰色系统理论预测模型，对森林资源发展变化趋势进行预测。

经预测，得出2010年、2015年和2020年各地类面积、活立木蓄积与森林覆盖率的预测值，详见表8-11。

表8-11 各地类面积、活立木蓄积与森林覆盖率预测表 单位：万hm^2、万m^3、%

年度(年)	林业用地	有林地	活立木蓄积	森林覆盖率
2010	709.75	555.12	26 923.4	38.1
2015	759.3	602.19	29 924.1	41.3
2020	812.2	653.4	33 256.4	44.83

根据预测结果，到2010年，辽宁省森林资源将会有较大幅度的增长，停止天然林商业性采伐，加强生态公益林和林业自然保护区建设，使天然林及野生动植物资源得到有效的保护和恢复；加快水土流失严重的坡耕地、沙化耕地和过度开垦的土地还林（草），重点河流以及遭受严重风沙危害地区的治理初见成效；期末森林覆盖率将达到38.1%，活立木总蓄积量达到2.69亿m^3，完成省、市、县3级林业综合信息网络建设，建立森林资源档案管理系统及林业综合信息管理系统。

到2015年，通过加强森林抚育和低产林改造，改善森林质量，加强保护和恢复天然林资源，逐步实现森林资源数量稳定增长、质量明显提升和结构进一步优化，期末森林覆盖率达到41.3%，活立木总蓄积量达到2.99亿m^3；基本完成以辽西北地区为重点的生态脆弱区治理建设，初步建立起比较完备的林业生态体系和比较发达的林业产业体系；建成森林资源和林业生态监测与评价体系，实现森林资源与林业生态信息的动态管理，全面实现林业数字化管理。

到2020年，辽宁省森林资源数量继续稳定增长，进一步调整和改善森林结构，加强森林管护，森林覆盖率达到44.83%，活立木总蓄积量达到3.33亿m^3，有林地面积达到653.4万hm^2，基本实现林业生态、经济和社会效益协调统一，建成以主要江河山脉为主体国土生态安全体系和比较发达的林业产业体系，开始进入可持续发展的新阶段。

第9章 森林资源经营管理现状与对策

第一节　森林资源经营管理现状

一、森林资源管理

（一）全面加强了森林资源管理体系建设

1. 完善地方性森林资源保护法律法规体系建设

辽宁省各级政府及林业主管部门，在坚决贯彻执行《森林法》等国家级森林资源保护与发展相关法律、法规的基础上，逐步配套与完善了地方性森林资源保护法律、法规体系建设，相继出台了《辽宁省实施〈森林法〉办法》《辽宁省森林及林木采伐若干规定》《辽宁省人民政府关于加快发展商品林和非公有制林业的通知》《辽宁省重点公益林管护考核管理办法》《辽宁省人民政府关于禁止对天然林进行商业性采伐的通知》等多项法规，并督促与指导各市、县（区）结合本地区实际出台相应的实施办法。林业法律法规体系日益健全，为依法强化森林资源保护与管理提供了法律依据。

2. 加强森林资源保护监督体系建设

加强森林资源保护监督体系建设，是强化森林资源保护与管理，保障国家林业方针政策和法律有效落实，促进林业持续健康发展的一项重大举措。辽宁省各级政府及林业主管部门，高度重视森林资源监督工作，全面加强森林资源监督机构建设，构筑起以省资源处、市林政科（处）、县林政股等行政部门为主体，各级调查监测等技术部门为依托的森林资源监督网络，不断丰富监督内涵，建立健全工作制度，形成了以专项检查和案件查处为手段，全面监督、突出重点、以点带面的监督方法。各级监督部门建立起相互支持、相互促进、相互制约的工作机制。定期开展政策、业务与技术培训，全面提高监督执法队伍整体素质，促进规范化建设。全省各级森林资源监督机构依据国家有关法律、法规和林业建设大政方针，围绕森林资源保护与发展目标，认真履行监督职责，加强对森林资源保护管理的监督，重点监督森林资源目标责任制落实、林地非法流失、森林过量消耗和森林经营利用活动等情况，采取事前介入、事中检查、事后监督与督促整改相结合的方法，严格规范监督行为，把监督工作纳入制度化、规范化、法制化轨道，不断提高监督实效，为促进国家有关森林资源保护管理法律、法规和政策的贯彻执行，规范森林经营行为，强化森林资源保护等工作起到了强有力的保障作用。

3. 加强森林资源保护监测体系建设

森林资源监测是森林资源经营管理的核心工作之一，辽宁省森林资源监测工作经多年来的不断发展与完善，逐步形成了多层次、多角度、覆盖面广泛的森林资源监测体系。从1978年开始建立起辽宁省森林资源连续清查体系，每5年复查1次，至2005年已完成5次复查工作。

同时，加强了全省森林资源二类调查工作，从“四五”清查起至2005年完成4次全省范围内各经营主体的森林、林木与林地的森林资源调查工作。森林资源连续清查与二类资源调查掌握了森林资源数量与质量数据，摸清了森林资源动态变化规律，满足了森林经营管理、总体设计、林业区划与规划设计等多方面需要，为科学决策奠定了坚实基础。随着重点公益林建设、治理荒漠化沙化等生态建设工程的实施，相继开展了重点公益林监测与荒漠化沙化普查等专项监测；与此同时，每年开展全省森林资源采伐限额执行情况检查、全省营造林综合核查、林地征占用调查以及其他林业专业调查与监测。随着林业发展与国家对生态建设的重视，森林资源监测目的由以单纯查清森林资源数量为主向以查清森林资源生态状况与数量并重转变，逐步形成了多资源、多功能的综合监测体系。

随着监测手段逐步提高，积极整合现有林业监测资源，推动利用现代技术、现代装备开展森林资源和生态状况综合监测，进一步提升全省森林资源监测的能力和水平。目前，“3S”技术已广泛应用于各级监测之中，改进了传统调查方法，在提高监测效率的同时，提高了调查成果的精度与可靠性，增强了森林资源监测的科技含量。

加强了监测队伍建设，组建起稳定、高效的省、市、县（区）三级森林资源监测队伍。建立和完善了各项规章制度，推行责任制、巡查制、考核制与公示制，促进监测工作的规范化、制度化和系统化。进一步加强监测行业资质和从业资格管理，实行监测单位资质和从业人员资格认证制度，做到监测单位按资质从业，从业人员持证上岗。强化监测人员的培训，注重素质提升，有力的促进了森林资源监测质量的提高。

（二）全面提高了森林资源经营管理手段

1. 加强森林分类经营与管理

辽宁省自2000年开始实施森林分类经营以来，全省各级林业主管部门认真贯彻执行国家林业局及省委、省政府制定的有关方针、政策，精心组织与建设，分别采取不同的管理体制、经营机制与政策措施，森林分类经营与管理水平日益提高。

(1) 生态公益林建设　建立起省、市、县（区）三级生态公益林领导小组与办公室，各乡（镇）、国有林场分别成立生态公益林管理站，形成自上而下系统而健全的各级组织机构；制定《辽宁省重点公益林管护目标责任状》《辽宁省重点公益林考核办法》等，完善各种规章制度，强化监督管理；研究探索公益林经营管理模式，贯彻执行《中央森林生态效益补偿基金制度》。经几年的不懈努力，生态公益林面积、蓄积、林分质量、森林健康度等级等指标均有较大幅度的提高。

(2) 商品林建设　全省加快速生丰产用材林基地建设，基本实现了由采伐天然林为主向采伐人工林为主的转变。加快经济林产业基地建设，大力发展无公害、绿色果品，丹东板栗、铁岭榛子、朝阳“两杏一枣”等已形成规模优势，产生极佳的市场效益，带动城、乡人民致富，促进地区经济发展。与此同时，积极探索与创新商品林经营管理模式，进一步调动全社会参与商品林建设的积极性，形成了多元主体经营、多元化投入、多层次发展的良好格局，满足了国民经济和社会发展对林业的经济需求。

2. 实施天然林禁伐政策

天然林资源在维护生态平衡、提高环境质量及保护生物多样性方面发挥着不可替代的主体作用。2001年，辽宁省委、省政府以科学发展观统领经济社会发展全局，做出战略性决择，实施天然林禁伐，标志着全省林业生态建设开始进入保护与发展并重的新时期，每年降低木材消耗200多万m^3。2002年，省政府下发《关于禁止对天然林进行商业性采伐的通知》，提出“以森林分类经营政策为基础，按照严格保护、生态优先、科学经营、合理利用、适度开发的原则，确保天然林资源总量增加、质量提高”的基本政策，使天然资源得到休养生息。几年来的全面保护，取得了阶段性成果，天然林资源面积、蓄积实现双增长，蓄积量由1993年的45.7m^3/hm^2提高到2005年的53.6m^3/hm^2，林分质量有所提高。

3. 集体林产权制度改革全面展开

辽宁省作为北方开展集体林产权制度改革先行省份之一，于2005年3月，在本溪市启动集体林产权制度改革试点工作，在全面总结试点工作所取得的经验教训基础上，经多方调研论证，2005年11月辽宁省人民政府下发《关于深化集体林产权制度改革的意见》，以此为标志，集体林产权制度改革在全省范围内全面展开，省委、省政府决定力争在2～3年内全面完成集体林产权制度改革工作。集体林产权制度改革有效地解决了长期以来困扰林业发展的产权不清、权责不明问题，调整了林业生产关系，解放和发展了林业生产力，必将使辽宁省的林业事业焕发出新的生机和活力。

4. 加快非公有制林业发展

近年来，非公有制林业在辽宁省林业和经济社会发展中发挥了重要作用，已成为辽宁省林业建设的重要组成部分，成为全社会办林业的生力军。2004年12月，辽宁省政府出台了《关于加快非公有制林业发展的意见》，全省各级林业主管部门以此为契机，放手发展非公有制林业。在保持集体林地所有权的前提下，进一步明晰林木所有权和林地使用权，落实和完善以家庭承包经营为主体、多种形式并存的集体林经营体制。在国有林业内部引入民营机制，鼓励和扶持职工发展自营经济，使其成为职工致富乃至分流富余人员的重要途径。各级林业主管部门进一步强化对非公有制林业的管理和服务，在依法管理的基础上，积极为非公有制林业发展提供政策、法律、科技和信息服务。非公有制林业的快速发展，实现了辽宁林业的跨越式发展。

（三）全面增强了森林资源采伐利用管理能力

1. 严格执行森林采伐管理制度

森林采伐限额管理制度是由《森林法》明确规定的一项法律制度和保护发展森林资源的一项根本性措施。全省各级政府及林业主管部门认真贯彻落实《关于做好森林采伐限额管理工作的通知》的文件精神，认真执行森林采伐限额管理制度，严格控制森林资源过量消耗。“十五”期间比“九五”减少森林采伐限额813万m^3，有效的保护了森林资源，促进了森林资源可持续发展。

严格遵守木材生产计划管理与林木采伐许可证管理的有关规定，合理开发和利用森林资源。根据《森林法》《辽宁省实施〈森林法〉办法》等法律法规，按照批准实施的木材生产计划，保证了商品材年采伐量不突破相应的采伐限额，“十五”期间全省累计完成木材产量715万m^3，比“九五”期间减少18.8%。实施林木采伐许可证管理制度，保证依法凭证采伐。加强森林资源监督与管理，依法严厉打击滥砍盗伐、超限额采伐、无证采伐等违法、违规犯罪行为。

2. 加强征（占）用林地管理

林地是林业的立足之本和根基，是林业加快发展的重要平台。因此，依法保护和管理林地，认真做好征（占）用林地管理工作，对于促进辽宁省森林资源稳步增长、森林覆盖率逐步提高、生态环境不断改善，实现经济社会可持续发展具有重要的意义和作用。多年来，辽宁省各级林业主管部门积极履行征（占）用林地审核的法定职责，建立健全集体会审制、限时办结制、首问责任制、一次性告知制等管理制度，进一步规范了管理行为。努力查纠各种非法占用林地问题，严厉打击违法违规用地、滥占林地等行为，以打击和整治破坏林地为主要内容的“绿盾行动”，取得了阶段性成果，有力的惩治了犯罪。

“十五”期间，共发生征（占）用林地事件1607次，其中立项级别为国家级的122次，占7.6%；省级的149次，占9.3 %；其他1336次，占83.1%，涉及林地面积4577hm^2。纵观所发生的征（占）用林地，各年度呈递增趋势，在有力促进地区经济建设的同时，对稳定林地，控制林地流失带来一定的负面影响（图9-1）。

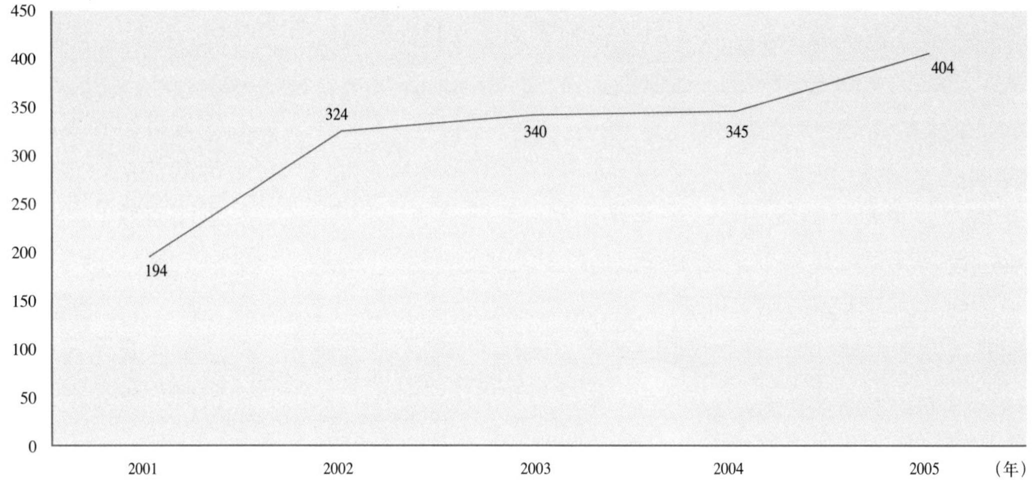

图9—1 “十五”期间征（占）用林地数量趋势图 单位：次

3. 中幼龄林抚育和低质低效林改造力度有所增强

全省“十五”期间，累计完成中幼龄林抚育面积3.2万hm^2，完成低质低效林改造面积5.1万hm^2，分别比“九五”期间增加2.51%和1.48%，中幼龄林抚育和低质低效林改造力度有所增强。目前，全省中幼龄林急需抚育面积105.22万hm^2，需要低质低效林改造面积11.82万hm^2。中幼龄林抚育进度严重滞后，特别是随着营造林面积的快速增加，抚育难度将越来越大。

二、自然保护区建设和野生动植物保护

（一）加大了自然保护区建设力度

各级林业主管部门作为生态建设的主体，为适应经济社会发展需求，站在可持续发展战略高度，大力加强自然保护区建设力度，已建保护区数量占全省各部门保护区总量的67.9%，林业系统自然保护区面积已占全省国土总面积的9.6%，一批具有生态系统多样性、物种多样性、遗传多样性等重要保护价值的森林、林地得到了有效保护，基本形成了国家、省、市、县四级自然保护区网络，这不仅推动全省自然保护区事业的快速发展，保障国土生态安全，也为经济建设、社会发展奠定了坚实基础。

（二）积极地推进了建设工程的实施

野生动植物保护及自然保护区建设工程纳入林业重点工程实施，5年来全省林业系统共

建立各级、各类型自然保护区55处，相当于工程建设前20年自然保护区建设数量的 3倍。同时各级政府加大了自然保护区建设投入，5年间累计投入专项资金近2000万元用于自然保护区资源监测、人员培训及基础设施建设，提高了自然保护区的保护和管理水平，促进了自然保护区事业的快速发展。

（三）加强了法制建设

为加强自然保护区建设和野生动植物保护，先后颁布实施了《自然保护区条例》和《辽宁省森林和野生动物类型自然保护区管理办法》等一系列法律法规，各级地方人大、政府也制定了相应的配套法规和规章，部分市、县（区）按照“一区一法”原则针对不同自然保护区颁布了具体的管理办法或条例，使自然保护区建设管理走上了制度化、规范化、法制化的轨道，加强了野生动植物保护行政执法队伍建设，依法打击破坏野生动植物资源违法犯罪行为。近10年来，共查获各类破坏野生动植物资源案件3000多起。

（四）加大了保护宣传力度

全省各级政府和林业主管部门，加大了宣传力度，强化了自然保护区建设与野生动植物保护管理的公众参与意识。通过电视、电台、报纸等大众传媒来普及野生动植物科普知识，宣传保护与管理的条例与法规，逐步提高公众参与保护与管理的意识，进而有效的加速了自然保护区建设和野生动植物保护管理工作的规范化进程。

（五）加大了科学研究力度

近年来，切实加强了重点野生动植物的科学研究工作，无论从引种实验、资源利用、驯养培育等一系列技术都具有了一定的规模和深度，科研成果已在生产中得到广泛应用，为野生动植物的保护与发展做出了较大贡献。

（六）加强了野生动植物的监测

野生动植物主管部门依托自然保护区加强对野生动植物生长及其栖息环境的的监测，在重点保护野生动植物分布非集中区，也相应地建立了监测站与监测点，以达到保护野生动植物的目的。通过定期监测，对影响野生动植物生长的要素因子进行正确评价，对濒危珍稀物种进行重点保护；同时加强了繁育基地和种质资源库建设，促进了野生动植物的保护与发展。

三、森林有害生物防治

（一）全面实施目标管理，超额完成“四率”指标

根据中共中央、国务院《关于加快林业发展的决定》的精神，结合辽宁省工作的实际，进一步深化了防治目标管理工作，将成灾率和防治率纳入了省长、市长林业生产责任状，强化了政府行为，层层签订责任状，形成了比较完整的森林病虫害防治目标管理体系。“十五”期末，全省林业有害生物发生面积为59.1万hm^2，成灾面积0.4万hm^2，防治面积52.0万hm^2，成灾率、防治率、监测覆盖率、种苗产地检疫率均超过国家规定的指标（表9-1）。

表9-1　有害生物防治率与国家规定指标对比　　单位：%

项目	成灾率	防治率	监测覆盖率	种苗产地检疫率
辽宁省	0.07	88	91	97
国家指标	0.5	75	85	90
差值	−0.43	13	6	7

（二）推进防治体系建设，综合能力不断提高

辽宁省已初步建成各级防治检疫站83个，其中标准站48个；测报点100个，其中国家级中心测报点44个，省级测报点56个；虫情监测点1070个，国家级无检疫对象苗圃15个，省级检疫信得过苗圃43个；各种防治器械2878台，计算机233台，特别是随着国债建设项目和公益林补偿制度的实施，林业有害生物防治基础设施有了很大改善，各地装备并完善了实验室、标本室设施设备，建立药剂药械库，配备专用交通工具。

（三）大力抓好工程治理，减灾取得显著成效

实施了松毛虫、杨树病虫害等国家级工程治理项目。按照国家林业局的要求，在巩固推广一期项目成果和经验的基础上，对松毛虫继续实施工程治理，连续几年的工程治理，使工程区内松毛虫猖獗危害得到了有效控制，累计防治面积39.3万hm^2，常灾区减少5.3万hm^2，偶灾区向自控区转化6万hm^2，基本控制了严重发生的局面。国家级杨树病虫害工程治理区建立了30处无公害控制、天敌控制、生物控制示范区，起到了典型示范作用。全面试行《辽宁省森林病虫鼠害防治设计管理办法》，使工程治理进一步实现了规范化、制度化、科学化管理。

加强了以生物防治为主的无公害防治力度。辽宁省森林病虫害防治站成立了生物防治推广中心，每年繁育白蛾周氏啮小蜂20多亿头，防治美国白蛾近1.3万hm^2；繁育松毛虫赤眼蜂10亿多头，防治松毛虫1万hm^2。同时，还对栗山天牛、日本松干蚧采取了生物防治实验，均取得了较好效果。每年生物防治面积均达到10万hm^2以上，生物防治率为30%以上。

加强栗山天牛防治工作。大力开展栗山天牛防治工作，取得了突破性进展，全省捕捉成虫4.6万kg，挂鸟巢2.8万个，设置诱虫灯1333台，控制面积12.8万hm^2，防治率达到86%。

积极探索新的防治机制。成立防治主体多元化的防治专业队，实行专业化防治；成立森林植物医院，开展森林植物医院试点工作。

（四）狠抓监测预报工作，预警能力稳步提高

坚持以完善监测预报网络为基础，强化管理为手段，应用高新技术，及时、准确提供监测预报信息。①强化管理，以国家级中心测报点的规范化管理为重点，对国家级测报点主测对象及时进行调整，制定了监测调查工作流程和系统调查工作流程，对上报材料种类、上报时间、上报方式、上报内容进行了详细规定，保证了监测预报工作规范、有序地运行。②加强制度建设，先后制定了《预测预报管理办法》《国家级中心测报点管理实施细则》《监测预报及联系报告制度》《辽宁省重大森林病虫害灾情报告制度》等一系列管理制度，提高了预报准确率。③加强队伍建设，着力实行“三抓”，即一抓稳定，保证测报工作的连续性，对专、兼职测报员进行登记，建立了测报员管理数据库；二抓素质，每年组织技术培训，提高业务水平；三抓机制，对监测员实行目标管理责任制，报酬与工作完成的次数、质量挂钩、对及时发现虫情的给予奖励。④提高测报的科技含量。对松毛虫调查实行小班虫情调查，建立小班虫情数据库。全面开展了灯诱监测，全省已购置了560多台诱虫灯，按照统一制定的灯诱监测方案，使灯诱监测成为全省重要监测手段。同时，为了进一步提高监测预警水平，推进森林病虫害防治的信息化进程，研发了以松毛虫、日本松干蚧为主的重大森林病虫害监测预警系统，实现了以小班为单位的防虫施工设计，极大的提高了工作效率和决策能力，在防治工作中取得了事半功倍的效果。

（五）强化检疫和普查，有效控制危险性有害生物

紧紧抓住防范松材线虫病等危险性林业有害生物这条主线，规范检疫管理，进一步加大

检疫执法力度，有效控制危险性有害生物发生蔓延。①加强松材线虫病等危险性林业有害生物的防范工作，成立了由主管省长为总指挥，政府办公厅和14个厅局为成员的“辽宁省防止危险性森林病虫害指挥部”，各地也成立了相应的领导机构，省厅与各市林业主管部门签订了目标管理责任状，常年开展监测、普查，保证了防范外来有害生物工作的顺利开展。②加强检疫管理工作，产地检疫制度化。多年来坚持“四检”制度，对重点工程和政府招标采购的林业用苗实行了无《植物检疫证》坚决不予采购和造林，每年都对新植林进行跟踪检查，发现疫情及时处理，确保造林质量、调运检疫规范化。全面实施现场检疫、现场签发《森林植物现场检疫证明》制度，进一步完善了调运检疫程序，杜绝了只收费不检疫的现象发生。严格执行了“检疫要求”书制度，加大了复检力度，利用检疫信息系统开展异地查询，发现违章调运及时处理，防止危险性有害生物传播蔓延。③强化了对国外引种的检疫审批和监管，加大了对从国外引种的防范力度，对国外拟引种的林木种子、苗木及其他繁殖材料，均组织有关方面的专家开展生态安全性评估，对引进后苗木加强检疫监管，严格引种检疫程序。④规范检疫执法，认真贯彻执行《行政许可法》，开展了“阳光”政务活动，严格检疫执法，查处违法案件，加强行业执法行为的监督检查，促进了检疫执法人员的自我监督和自我约束，提升了检疫执法的地位和形象。

四、森林防火

辽宁省森林防火主管部门，认真贯彻执行中央部署，在省委、省政府的正确领导下，坚持“预防为主，积极消灭”的森林防火工作方针，加强领导、落实责任、强化管理、科学防火，狠抓各项措施的落实，取得了较为突出的成效，为确保森林资源安全，巩固生态建设成果，维护社会稳定，提供了强有力的保证。

（一）建立健全组织指挥体系

依照辽宁省委、省政府提出的森林防火“三个到位”（领导到位、责任到位、措施到位）和“工作十严”（准备工作要严谨严密、防范工作要严看严守、组织工作要严查严管、责任追究要严惩严处、火源管理要严治严打）的指示精神，各级政府切实将森林防火工作列入议事日程，抓紧抓实。一是建立健全组织机构，成立省、市、县（区）、乡四级森林防火指挥部，组织协调森林防火工作，掌握森林防火工作动态，负责本辖区森林火灾预防和现场指挥；二是落实森林防火责任制，各级政府及森林防火主管部门认真对照森林防火行政领导负责制的“五项标准”，形成了职能部门负职责、政府负全责、行政领导负总责的管理格局，将森林防火工作列入年度目标考核内容之中，全面落实了森林防火责任制，省与市、市与县（区）、县（区）与乡（镇）、乡（镇）与各行政村层层签订了森林防火责任状。按照“谁主管、谁负责，谁出事，追究谁”的原则，把森林防火的任务分解到山头地块，强化责任，形成自上而下一级抓一级的森林防火工作格局，同时认真做好检查考核工作，加大执法监督；三是制定火灾事故处置预案，各级政府根据上级要求，并结合当地实际，制定森林火灾事故处置预案，对森林火灾的组织领导、指挥扑救等制定明确的规定和要求。组织体系的完善与健全，极大地提高了正确决策和果断处置能力，确保森林防火各项工作健康、有序、协调发展。

（二）建立完善森林防火预防机制

隐患险于明火、防范胜于救灾。一是着力加强宣传，提高全民森林防火意识。各地在森林防火期，广泛加大宣传教育力度，分别采用电视、广播、报纸、宣传车等形式，反复宣传森林防火法律知识，造成强大舆论氛围，增强全民森林防火意识。由辽宁省森林防火指挥部和辽宁省林业厅主办，辽宁省森林防火指挥部办公室、辽宁省林业厅宣传中心、《辽宁日报》《辽宁农民报》承办的辽宁省首届森林防火知识竞赛，使森林防火知识和安全教育在全民范围内得到巩固和提升。为了实现以人为本的森林防火工作新理念，最大限度的避免发生森林火灾和人员伤亡事故，省防火办编印了《森林火灾扑救与扑火安全》宣传丛书下发到基层单位。为了提高森林防火管理水平，省防火办组织全省森林防火有关人员撰写了森林防火方面论文，并由《辽宁林业科技》杂志社出版了森林防火专刊下发各地，达到了用理论指导实践，用实践完善理论的目的。在日常工作中，全省上下都把森林防火宣传作为第一道工序，在务实上狠下了功夫。在加大各种新闻媒体宣传力度的同时，省防火办还实施了森林防火宣传标牌工程，在全省各市林区、旅游区、重点防火区设立了固定森林防火宣传标牌，增强了全民的森林防火意识。二是关键时期发布森林防火政府戒严令，防患于未然。针对辽宁省森林火灾多发生在“清明节”期间这一特点，每年在清明节前，各地政府均发布森林防火戒严令，实行森林防火戒严。加强火源管理，禁止林区野外用火，形成全民预防、全社会戒备的临战状态。三是抓好重点时间、地段、区域的预防，将自然保护区、风景名胜区、国家重点公益林区、高火险区列为重点地段和区域，增派护林员巡查，加强预防，做到有火不成灾，有惊不成险。

（三）建立高效的防火扑救应急机制

森林火灾是一项不可预见的突发性自然灾害，扑救需要快速、科学、高效、安全，因此需要建立起高效的防火扑救应急机制。一是成立森林火灾扑救队伍，各市在森林消防队建设上采取了建设上有计划，资金投入上有倾斜，人员配置上有标准，切实把加强森林消防专业队伍建设作为防大火的重要手段加以完善和落实。同时还采取了不同形式，对专业、半专业森林消防队员进行森林防扑火知识和扑救安全常识的培训，提高了扑火技能和安全意识，增强了森林消防队伍的战斗力。二是配置扑火装备，初步形成扑火机具化、通讯现代化、监测网络化格局，为实现“打早、打小、打了”的目标奠定基础。

（四）建立依法治火机制

根据《森林防火条例》、《森林防火应急预案》的规定，对工作认真、组织措施到位、防火成效优秀的单位和个人，进行表彰奖励；对于思想认识模糊，责任不到位，措施不得力，造成火灾损失较大、危害严重的给予了通报批评直至追究行政与法律责任。同时加大对森林火灾案件的查处力度，依法追究肇事者的刑事责任。对查处的案件进行公开曝光，达到了震慑犯罪、教育群众的目的。

（五）建立森林防火协调机制

森林防火是一项社会公益事业，只有通过各方面的通力协作，才能减少森林火灾的发生和森林受害率的下降。全省在各级森林防火指挥部的统一协调下，各有关成员单位履行职责，积极支持森林防火工作。气象部门坚持在森林防火期内认真做好火险等级预报；武警官兵在扑救森林火灾中发挥了突击队主力军作用；公安部门一方面积极参加森林火灾的扑救，同时主动协助林业部门查处案件，及时打击森林火灾的肇事者；民政、工商部门在公墓区域禁止迷信品销售，加强对上坟扫墓人员的宣传教育，积极倡导上坟祭祖移风易俗送花圈、栽常青树等活动；教育部门在全市农村中小学校中认真开展森林防火教育活动；新闻单位对森林防火的政府命令和正反两方面的典型事件进行及时报道，取到了很好的效果。由于协调得力，相互合作，基本建立起了科学管理、程序规范的工作体系，使森林防火工作成为全民工程。

第二节　森林资源保护与发展对策

一、森林资源培育保护与发展对策

以中共中央、国务院《关于加快林业发展的决定》及《贯彻中共中央、国务院〈关于加快林业发展的决定〉的实施意见》的精神为指导，按照构建和谐社会及振兴辽宁老工业基地的要求，全面落实科学发展观，坚持生态立省，实行分类指导、分区施策，以大工程促进林业大发展，深化林业改革，创新营造林机制，加强资源管理，发展林业产业，实现质量强林、科技兴林、改革活林和依法治林，加快建立现代林业产权制度，大力发展非公有制林业，完善林业政策法规体系，进一步提升林业现代化水平。全省林业生态建设要进一步抓好森林资源培育，加大植被恢复力度，以国家和省林业重点工程实施为主，并从基础抓起搞好优良种苗培育，抓好速生丰产林、工业原料林、珍贵树种培育和生态脆弱地区造林。以森林可持续经营思想为指导，加强森林资源可持续经营理论研究，进一步作好森林经营工作，提高林分质量和森林生态系统的稳定性，努力完成由传统林业向现代林业的转变。启动全省数字林业工程，充分利用森林资源调查数据，建立全省森林资源数据库和全省森林资源管理信息系统。强化森林资源管理工作，不断完善森林资源管理体系，提高森林资源综合监测能力水平，使森林资源经营管理上一个新的台阶。

（一）辽东山区

1. 加大天然林保护培育力度

辽东山区天然林林分面积191.51万hm^2，占全省天然林林分面积（211.88万hm^2）的90.39%。天然林在辽宁东部山区生态建设中起到了不可替代的作用，同时是重要的水源涵养林基地。但是，天然林林分质量不高，辽东山区低效天然林面积2.23万hm^2、蓄积42.9万m^3，分别占东部天然林面积、蓄积的1.2%和0.4%。因此要认真贯彻落实好省政府《关于加强天然林保护建设工作的通知》（辽政办发（2005）25号文件）精神，切实抓好天然林保护工作，加大天然林培育保护力度。天然林林分质量提高的空间较大，对于低效天然林要实施综合改造，引入培育珍贵树种，要加大森林经营管理力度，整体提高天然林的森林多功能效益。

2. 进一步提高森林经营水平

科学经营好现有森林资源，进一步提高森林经营水平，特别是对于生态公益林抚育和低效林改造要按照生态工程项目进行建设和管理，全面提高森林质量和效益。辽宁东部以落叶松为主的人工林，特别是世行贷款造林项目一期工程落叶松速生丰产林，初植密度过大，应加大以落叶松为主的中幼龄林森林抚育力度。本区人工林林分密度0.8以上林分面积27.1万hm^2，占东部人工林面积的31.1%，其中落叶松14万hm^2，占人工林林分密度0.8以上林分面积的51.7%；人工林林分密度0.9以上林分面积9.1万hm^2，占东部人工林面积的10.5%，其中落叶松7.2万hm^2，占人工林林分密度0.9以上林分面积的79.1%。人工林林分密度偏大，对于高密度人工林林分实施森林抚育，提高人工林林分单位面积产量迫在眉睫，应加大抚育力度。

3. 大力发展林地经济

实施果材林富民工程，积极发展工业原料林，适度发展种苗花卉业，适度开发林下资源，积极培育食用菌、中药材、山野菜采集及人工栽培、野生动物驯养等林业特色产业，切实搞好林产品精深加工，大力发展林地经济。辽东山区果材兼用林（红松、核桃楸）面积15.8万hm^2，占东部林分面积5.7%，其中树种组成3层以上的红松面积7.7万hm^2，树种组成3层以上的胡桃楸面积8.1万hm^2。果材兼用林潜在资源丰富，培育空间较大，要通过有效的森林经营措施，按林业发展规划大力培育果材兼用林。

本区平均胸径大于26cm的林分面积2.8万hm^2、蓄积336.4万m^3，分别占东部林分面积、蓄积的1%和1.9%。大径材资源总量偏低，要通过有效的森林经营措施调整林分径级结构，按林业发展规划培育大径材，并着力抓好板栗等经济林发展。

辽东山区珍贵树种林分面积15.7万hm^2、蓄积1085.1万m^3，分别占东部林分面积、蓄积的5.6%和6%，其中红松面积2.5万hm^2、蓄积206.8万m^3，水胡黄树种组面积11.6万hm^2、蓄积731.9万m^3，紫椴面积1.6万hm^2、蓄积146.4万m^3。对于珍贵树种要加强保护，培育珍贵树种大径材，进一步丰富珍贵树种资源。

（二）辽中南平原沿海地区

1. 进一步加强沿海防护林体系建设

辽中南地区沿海防护林面积30.7万hm^2，占本区林业用地面积的44%，人工林林分单位面积蓄积量为29.9m^3/hm^2，远远低于全省平均水平（全省人工林林分单位面积蓄积量为54.1m^3/hm^2）。由此可以看到，辽中南地区沿海防护林资源总量不足、质量不高。辽中南地区是辽宁省“五点一线”发展战略重点，沿海防护林体系建设与发展将起到重要的作用。因此，要大力发展沿海防护林，并着力提高沿海防护林林分质量，构建抵御自然灾害的综合防护体系。

2. 提高平原地区城乡绿化美化水平

辽中南地区林业用地面积69.78万hm^2，占该区土地总面积的 24%，其比重相对较大，但这一地区的森林资源总量相对偏低，森林的防护效能、景观功能和木材产出能力等森林的综合功能相对较低，亟待提高；特别是要全面提高平原地区城乡绿化美化水平，搞好环村林建设和村屯隙地造林绿化，充分发挥森林的防护和景观综合功能。此外，辽中南地区分布有1.5万hm^2内陆沿河沙地和3.3万hm^2内陆沿海沙地，土地沙化现象问题突出，要加大内陆沙地治理力度，防止沙化土地蔓延。

辽中南地区无蓄积天然林面积为2.7万hm^2，占该区天然林面积的41.5%，其比例较大。该林分的人为活动频繁，同时无蓄积天然林又适合牛、羊啃食，因此，应采取封山禁牧措施，保护天然林资源。

3. 着力抓好经济林建设

辽中南地区经济林面积35.5万hm^2，占本区林业用地面积的50.9%，其中乔木经济林（柞蚕场）17.2万hm^2，占比重比较大，接近1/2；而苹果、梨、桃和其他品种面积18.3万hm^2，占本区林地面积的16.2%，不到20%。辽中南地区气候与立地条件适宜发展经济林，而且经济林发展还有一定的空间，要搞好经济品种调整，适度发展适销对路的核桃和文冠果等经济林，同时要进一步搞好已有经济林更新改造和提高经济林经营管理水平。

（三）辽西北地区

1. 大力造林治理沙化和荒漠化土地

辽西北地区无林地面积43.6万hm^2，占全省无林地面积的72.9%，无林地集中分布在这一地区，造林任务繁重，应加大造林力度。本区高山远山和薄层宜林地面积23.9万hm^2，占该区宜林地面积的61.1%。对于高山远山和薄层宜林地，应实行封山禁牧与培育相结合的措施，尽快实现绿化。

辽宁省沙化和荒漠化土地面积123.68万hm^2，其中沙化土地面积54.96万hm^2，荒漠化土地面积68.72万hm^2，集中分布在辽西北地区。在沙化和荒漠化土地上，宜林地面积19.2万hm^2，占该区宜林地面积的49.1%，其立地条件差，造林任务繁重，应集中资金加大造林投入，加快造林绿化步伐，防止科尔沁沙地沙化和荒漠化土地蔓延，治理沙化和荒漠化土地。

在沙化和荒漠化土地上，有林地面积44.8万hm^2，占该区有林地面积的34%，对于防止沙化和荒漠化土地蔓延，治理沙化和荒漠化土地起到了重要作用，应进一步加强森林经营管理，充分发挥森林的防沙治沙作用。

据调查，辽西北地区山上部土壤瘠薄，应实行封育禁牧，发展水土保持林；山中部土壤较肥沃，应发展两杏一枣经济林；山下部沿河地区土壤肥沃，应大力发展速生丰产林。同时，在辽西北地区进一步搞好沙产业科学研究，推进沙产业发展。

2. 加快低效农田林网改造和退耕还林森林抚育

全省农田防护林面积6.9万hm^2、蓄积564.9万m^3，其中杨树农田防护林面积5.0万hm^2、蓄积492.2万m^3，近成过熟林林网面积1.6万hm^2、蓄积261.7万m^3，主要分布在辽西北地区，要加大改造力度，提高防护效益。同时，这一地区缺苗断条农田林网面积0.8万hm^2，占全省杨树农田林网面积的16%，应进行残次林网改造。此外，在退耕还林工程建设中，退耕地杨树造林8.8万hm^2，部分地块造林初植密度大，已严重影响林木生长降低了林分质量，这部分林分亟待进行森林抚育。

3. 强化灌木林地经营管理

辽西北地区灌木林地面积53.7万hm^2，占全省灌木林地面积的88.5%，其中盖度在30%～60%的灌木林地面积18.8万hm^2，盖度在60%以上的灌木林地面积34.9万hm^2；这一地区的灌木林地比上次二类调查新增44万hm^2。对于辽西北地区的灌木林地，特别是新增灌木林地来之不易，应加强灌木林地经营管理。灌木林适合放牧，要实行封山禁牧，充分发挥灌木林地的防沙治沙和保持水土的效能。

二、加强自然保护区建设 保护野生动植物资源

（一）加快自然保护区的发展和建设

当前，自然保护区建设取得了一定的成绩，但从保护区的分布和保护内涵上看，还远远没有做到对应保护的重要生态系统和野生动植物主要栖息地的覆盖。因此，当前和今后一个时期自然保护区发展建设要坚持数量和质量并重原则，一方面要抓住机遇进一步加快自然保护区的发展，有重点地在最需要保护的地区抓紧建立一批自然保护区，扩大保护范围；另一方面要科学整合现有自然保护区，扩大保护面积，优化自然保护区布局，建立跨行政区域的自然保护区网络，提高保护效能。同时各级林业部门要积极工作，争取各级政府的重视和

支持，按照《自然保护区条例》的有关规定，理顺自然保护区管理体制，将自然保护区建设资金纳入同级财政预算和国民经济计划，切实解决自然保护区的机构、级别、编制等实际问题，保障自然保护区事业健康发展。

（二）加强监督管理，防止不合理的开发建设活动

严格执行《自然保护区条例》，严禁在核心区和缓冲区开展旅游和生产经营活动，严格控制实验区内的各种开发建设活动；保护区范围或功能区界线一经批准，不得随意调整；要实行最为严格的环境准入机制，对涉及自然保护区的规划和建设项目的环境影响评价必须从严把关。依法履行对自然保护区的森林、林木、林地、湿地和野生动植物的保护管理，严厉打击滥砍盗伐、乱捕滥猎、乱采滥挖自然保护区资源和乱占滥用自然保护区土地的行为。

（三）明晰产权，建立生态补偿机制

加大保护区调查力度，按照功能分区，结合林业产权制度改革，明晰产权，切实解决当前保护区土地权属不清，责权不明现象，消除矛盾、促进社会稳定。在明晰产权基础上，统筹保护与发展，建立生态补偿机制，按照保护区分级，研究制定和完善相应的生态补偿政策，使当地经济发展与人民生活水平的提高不会因建立保护区而受到影响。与此同时，在每个自然保护区建立联合管理委员会，其组成包括社区、政府及与保护区资源利用有关的企业、科研单位的代表，协调保护与发展之间的事务。在坚决保护前提下，采取参与式、协议式、补偿式等推动周边及地区经济发展，合理开发与利用保护区资源。

（四）制定和建立保护区各项管理政策

制定自然保护区土地与资源管理法规，由自然保护区管理机构统一管理和监督区内的土地与资源的使用；建立自然保护区资源可持续利用与管理的政策法规体系，包括利用方式和规模、规范和标准、检查和监督、引导和控制、生态补偿费用征收、利益分配等方面内容；制定自然保护区生态旅游总体战略和规划以及管理法规、政策，针对目前运行中出现的问题出台相应的规范管理办法等。与此同时，每个自然保护区要结合自身特点，制定符合当地实际情况和保护需求的管理办法或条例，推进“一区一法”工作。

（五）提高野生动植物栖息地质量

由于工农业的发展、人口的增加、文化旅游事业的迅速兴起，当前野生动植物栖息地逐渐缩小、栖息环境岛屿化、污染严重等问题制约着野生动植物的生存与发展。保护和提高栖息地质量迫在眉睫。以自然保护区为突破口，掌握栖息地质量现状，加强栖息地监测。同时，按照辽宁自然条件特点、植被区划和动物地理区划，制定栖息地保护规划，严格控制开发，坚持可持续发展战略，严格保护野生动植物赖以生存的环境。

（六）加强野生动植物资源本底调查

掌握野生动植物资源本底，是保护好野生动植物的基础和依据，应集中力量，加强业务与技术培训，摸清资源本底；制定翔实可靠的调查方案，确定调查对象、内容与范围，明确调查方法，编制调查报告与各专项调查报告；结合野生动植物保护与利用现状，做出分析与评价，为全面加强野生动植物资源保护与合理利用，提出对策与措施，为各级领导决策、制定各类保护与发展规划，提供基础资料。

（七）加强对野生动植物的科学研究

以自然保护区为平台，以保护对象为重点，采取内引外联的方式，吸引、支持大专院校、科研单位等到保护区开展科学研究，加强保护区科研能力建设，提高自然保护区科研水

平。加强对野生动植物的环境适应和选择方面研究，加强对野生动植物生态学研究、分析野生动植物分布以及环境变化对其产生的影响，加强野生动植物开发与利用及人工驯养与扩繁等方面的研究，为增强野生动植物保护力度，提高保护水平，提供科技支撑与智力支持。

三、强化森林资源支撑保障体系建设

（一）加强森防体系建设

1. 加大宣传力度，提高森林防火能力建设

面对当前森林防火由阶段性转变为全年性的特点，面对气候异常、植被增加、可燃物增多的新形势，利用一切手段扩大宣传，是当前及今后一个时期森林防火工作的第一要素。纵观“十五”期间所发生的森林火灾98%为人为弄火，不走形势、真抓实干，使森林防火深入人心，遵章守则，是避免发生重特大火灾的关键。同时，加快实施森林防火预警预报系统及应急机制建设，建立和完善森林防火指挥体系，组建“专群结合、以专为主”的森林消防队伍，加强技术与业务培训，全面提高森林防火预防、监测、指挥及扑救能力，将森林火灾消灭在萌芽状态，全力保护森林资源。

2. 加强基础建设，提升森林公安队伍整体素质

深入贯彻落实《国家林业局、公安部关于加强森林公安队伍建设的意见》精神，以公安部提出的利用3年时间开展“抓基层、打基础、苦练基本功”为核心内容的“三基”工程为契机，切实加强森林公安基层基础设施装备建设，夯实森林公安工作的根基。完善森林公安指挥系统建设，建立全省森林公安信息网，加强公安队伍业务培训，努力提高办案能力与水平，加强对破坏森林和野生动植物资源重点区域的综合治理，全面提升森林公安队伍的整体素质。

3. 强化科技支撑，推进森林有害生物防治能力建设

充分应用营造林综合技术作为科学防控林业有害生物的治本之策，以恢复和培育健康森林为目标，积极推广乡土树种和抗病虫害品种，大力营造混交林，严禁带疫病苗木造林。加强对现有纯林、低效林的改造，不断提高森林质量。全面开展封山育林，保护森林生物多样性，增强森林抵御自然灾害的能力。针对威胁森林资源、生态安全的重大林业有害生物灾害防治、测报、检疫工作中的技术难题，积极开展技术交流与合作，开发高新和实用的防治技术，加速科技成果转化，率先突破松毛虫、栗山天牛和杨树病虫害等重大林业有害生物控制技术，提高科技水平。高度重视森林病虫防治检疫机构队伍建设，加强基础设施建设，抓好森林植物检疫隔离试种苗圃、无检疫对象苗圃、机械化防治专业队等建设。积极抓好监测预警、检疫预灾和防治服务体系的基础设施建设和有关物资储备工作，实施重大林业有害生物可持续控灾治理项目，切实加强检疫执法、林业有害生物监测、防治和检疫专业技术培训，不断提高预防和除治林业有害生物灾害的综合能力。同时，探索林权制度改革新形势下的森防体系建设新体制和机制，加强调查研究，按照“谁受益、谁负责”的原则，组织引导林农建立互利、互惠、互助的联防联治组织，拓宽资金投入渠道，创新森防补偿机制，建立森防社会化服务体系、开展社会化防治服务。

（二）实施科教兴林战略

重视林业科学基础研究、应用研究和高新技术开发，提高林业科技创新能力，组装集成

适用技术，发挥综合技术优势。当前首要任务是要把林业科技进步贯穿于三北防护林、退耕还林、速生丰产林、自然保护区和野生动植物保护等林业重点工程建设的始终，制定林业重点工程科技支撑的技术标准，纳入工程检查验收考核指标体系，实行林业重点工程建设与林业科学技术推广同步设计、同步实施、同步验收。要鼓励林业科研单位、大专院校和科技人员，深入生产第一线，通过建立科技示范区、示范点，开展科技承包和技术咨询等形式，加快科技成果转化，实现科技成果与实际生产的对接，提高贡献率与转化率。加强林业科技推广服务体系建设，加强县级林业科技推广机构建设，强化基层林业站技术推广职能，并与各大专院校、科研院所建立紧密联系，在树种引种与驯化、良种选育与推广、混交林营造与管理、中幼龄林抚育与低质低效林改造、森林防火与有害生物防治等方面获得智力支持，形成新型林业科技推广网络。加强林业科技领域省际与国际间的交流与合作，实现信息共享。建立各类林业人才教育和培训体系，加大人才培养和林业职工培训力度，特别是要下大力气提高基层林业工作者的整体素质，林业关键岗位实行持证上岗制度。

（三）加强森林资源数据库建立与资源变档工作

充分利用森林资源调查数据，建立全省森林资源数据库(Oracle)，构建结构合理、技术先进、管理科学、信息共享的全省森林资源管理信息系统。充分利用“RS”、“GPS”和“GIS”技术，认真作好全省森林资源变档工作，建立科学、时效、稳定和可靠的森林资源档案体系。

（四）加强林业工作站建设

强化林业站基础设施及装备建设，林业工作站是开展各项林业工程与建设的基石。几年来，通过各级政府及林业主管部门的努力，全省林业站基础设施建设有所改善，但与构建林业完备的生态体系和发达的产业体系，加速推进传统林业向现代林业转变的任务相比，亟待进一步完善，特别是辽西北地区林业站建设还十分薄弱。加强办公用房的修缮与翻新，改善职工办公条件；配备交通及通讯工具，改善出行及通讯困难局面，提高办事效率；加强计算机、复印机、打印机、摄录像设备等办公用品配置，提高现代化办公水平；将林业站建设纳入林业各工程管理范畴，拓宽投资渠道，使各项工作能够顺利实施。加强技术与业务培训，实行轮训制，定期对林业站工作人员进行专业技能与政策理论的培训，提高林业站整体素质，充分发挥“管理、组织、指导、服务”的职能。稳定机构与人员，林业各项工程建设均具有着长期性、连续性等特点，机构、人员的频繁变动，对林业生产极为不利，特别是全省部分乡镇存在的轮换制，影响工程建设。各级林业主管部门要以高度的责任感和使命感为林业站争地位、保机构、保职能、保人员，逐步提高林业站的工作能力和水平。

（五）加强调查规划和监测机构建设

林业调查规划设计单位承担着野外信息采集、监测数据处理、生态建设成效评价和林业发展规划编制等重要职能，在生态建设和林业发展中发挥着十分重要的作用。积极探索林业调查规划设计单位的改制，明确其社会公益事业单位的性质，保证人员编制，加大投入力度，加强基础性建设，改善工作条件，提高现代化监测能力。各级林业调查规划设计单位要创新机制、强化管理，克服片面的任务观念和经济效益观念，加快高新技术应用的步伐，着力提高调查、监测成果质量和水平。建立起以省级调查规划和监测机构为中心，市、县级统一协调的多级森林资源和生态状况综合监测机构，有效开展多层次森林资源监测工作。

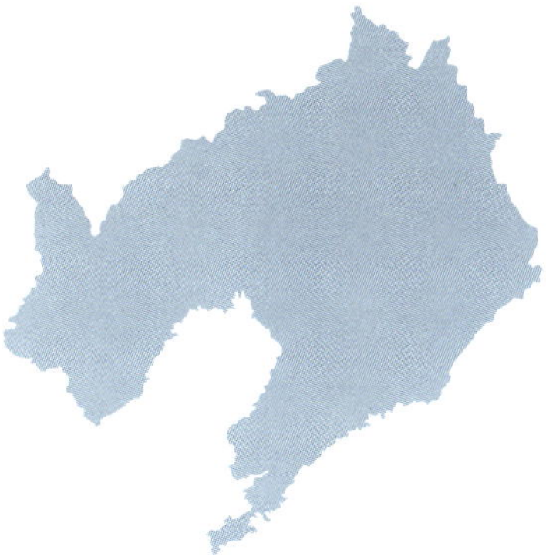

下　篇

各市森林资源

第10章 沈阳市森林资源

第一节 基本情况

一、自然概况

（一）地理位置

沈阳市位于东经122°25′09″～123°48′24″，北纬41°11′5″～43°02′13″，东临抚顺市，南与辽阳市、本溪市接壤，西连黑山、台安两县，北与铁岭、彰武县、内蒙古科左后旗为邻。东西宽115km，南北长205km，全市区域面积128.81万hm^2，其中6个郊区面积31.34万hm^2，4个县（市）94.1万hm^2。

（二）地形地貌

沈阳市横跨长白山余脉和医巫闾山余脉与辽河、浑河冲积平原的过渡地带，形成北部、东部低山丘陵和中西部平原两大地貌景观。地形地貌以平原为主，平均海拔50m左右。东部为低山丘陵，其中庙台山海拔为447.2m，是全市第一高峰；中西部是辽河、浑河冲积平原地势平坦，最低海拔5.3m，位于辽中县于家房子镇上顶子村。

（三）气候

沈阳地区气候属北温带亚洲季风气候区北缘，受季风影响的温湿和半温湿大陆性气候。主要特点，四季分明，降水集中，雨热同季，日照充足，冬季寒冷漫长，气温由西南向东北递减。沈阳年平均降水615mm左右，年日照时间2533.6小时，年均气温在6.8～8.1℃，极端最高气温36.5℃，极端低温－33.1℃，全年无霜期146～163天，年平均冻层深度1.2m。风向以西南风为主，其次为偏北风，雷雨前大风，尤其是春季4、5月份，经常出现7～8级以上的西南大风，频率占全年的59%，年均大风为25～39天。

（四）土壤

沈阳市土壤类型复杂，分为棕壤土、草甸土、水稻土、风沙土、碱土、盐土、沼泽土等7个土类，17个亚类。其分布状况大体是：长春至大连铁路以东的丘陵地区，主要是地带性山地棕色森林土；长春至大连铁路以西的平原地区多以草甸土和水稻土为主，在康平、法库北部和辽河、浑河、浦河、秀水河等沿岸以风沙土为主，盐碱土及沼泽土多分布在平原沿河滩岸及低洼地。

（五）水资源

全市境内主要有辽河、浑河、绕阳河、柳河、蒲河、养息牧河、北沙河、秀水河等大小河流27条，属辽河、浑河两大水系，水资源总量为32.6亿m^3，其中地表水11.4亿m^3，地下水21.2亿m^3。这些河流的特点是汛期流量大，水位高，夹砂量大，枯水期流量小。全市现有水库54座，总库容58 152.44万m^3。地下水大体分3种类型：即平原地区属河流冲积扇，补给充足属富水区；二是柳河、蒲河两岸及附近的山前平原为弱富水区；三是东北部低山区属吉林哈达岭延伸山地，山前平原地下水贫乏为贫水区。

（六）植被

沈阳市的植被属华北植物区和东北植物区两大区系。在东部有比较典型的油松林和柞树林，现已多为次生植被和人工植被；而在西、北部地区受科尔沁沙地的影响，土地沙化，分布着内蒙古草原区植被。全市乔本植物针叶树主要有油松、樟子松、落叶松等；阔叶树主要有杨树、柳树、刺槐等；灌木有榛子、胡枝子、紫穗槐等；草本植物有狗尾草、龙牙草、苍耳和鬼针草等。

二、社会经济情况

沈阳市位于辽宁省中部，是省会所在地，经济地理位置优越，是全省的政治、经济文化中心，也是我国东北地区最大的经济中心城市和全国重要的重工业基地之一。市辖和平、沈河、大东、铁西、皇姑5个市区和东陵、于洪、沈北新区、苏家屯、沈阳棋盘山旅游开发区、沈阳辉山农业高新技术开发区6个郊区，新民市及辽中、康平和法3个县。沈阳市常住总人口740万人，全市国民生产总值2084.1亿元，城镇居民人均可支配收入10 098元，农民人均纯收入5050元。

沈阳为我国东北地区最大的经济中心城市和通往中国长城以南地区的必经之路，长期的经济发展形成了密如蛛网的航空、铁路、公路运输网络。沈阳的铁路是东北地区最大的铁路枢纽，沈阳至山海关线、沈阳至吉林线、长春至大连线等铁路干线都交汇在沈阳。沈阳的公路更是四通八达，沈阳至大连、沈阳至本溪、沈阳至抚顺、沈阳至铁岭的高速公路均已建成通车，形成了全国少有的高速公路网络。快捷的公路运输，给沈阳及辽宁中部城市群的发展创造了极好的条件。

第二节　森林资源现状

一、森林资源概述

（一）林业用地面积

全市土地总面积1 288 088.2hm^2，其中林业用地面积207 520.1hm^2，占土地总面积的16.1%；非林业用地面积1 080 568.1hm^2，占83.9%，详见表10-1。

表10-1　林业用地各地类面积及比例表　　单位：hm^2、%

统计单位 \ 项目		林业用地						
		合计	有林地	疏林地	灌木林地	未成林地	苗圃地	无林地
沈阳市	面积	207 520.1	144 008.4	4218.9	4655.3	22 820	1079.8	30 737.7
	比例	100	69.5	2	2.2	11	0.5	14.8
苏家屯区	面积	11 154.3	9250.6	28.4	565.8	376.2	76.6	856.7
	比例	100	82.8	0.3	5.1	3.4	0.7	7.7
东陵区	面积	8941.9	6963.5	31.5	389.8	182.3	18.7	1356.1
	比例	100	77.9	0.3	4.4	2.0	0.2	15.2

续

统计单位 \ 项目		林业用地						
		合计	有林地	疏林地	灌木林地	未成林地	苗圃地	无林地
沈北新区	面积	6301.3	5036.3	290.7	123.1	141.2	247.4	462.6
	比例	100	80.0	4.6	2.0	2.2	3.9	7.3
于洪区	面积	2021.8	1238.7	4.8	53.5	435.4	116.6	172.8
	比例	100	61.4	0.2	2.6	21.5	5.8	8.5
辽中县	面积	15 896.8	9985.1	248.1	646.2	2859.6	117.4	2040.4
	比例	100	62.8	1.6	4.1	18.0	0.7	12.8
康平县	面积	59 579.6	31 863.6	1464.9	854.4	13 166.5	194.7	12 035.5
	比例	100	53.5	2.5	1.4	22.1	0.3	20.2
法库县	面积	49 281.8	36 096.5	879.6	1293.8	3230	140	7641.9
	比例	100	73.2	1.8	2.6	6.6	0.3	15.5
沈阳辉山农业高新技术开发区	面积	370.7	264.0		21.1			85.6
	比例	100	71.2	0.0	5.7	0.0	0.0	23.1
新民市	面积	46 982.8	36 855.6	1259.4	637.4	2417.6	168.4	5644.4
	比例	100	78.4	2.7	1.4	5.1	0.4	12.0
沈阳棋盘山旅游开发区	面积	6989.1	6454.5	11.5	70.2	11.2		441.7
	比例	100	92.3	0.2	1.0	0.2	0.0	6.3

在有林地面积中，林分面积134 770.9hm^2，占有林地面积的93.6%；经济林面积9237.5hm^2，占6.4%。

在林分面积中，针叶林面积27 847.5hm^2，阔叶林面积105 975.6hm^2，针阔混交林面积947.8hm^2，分别占林分面积的20.7%、78.6%和0.7%。

在无林地面积中，无立木林地面积5117.8hm^2，宜林地面积24 584.1hm^2，辅助生产林地面积1035.8hm^2，分别占无林地面积的16.6%、80.0%和3.4%。

（二）林木蓄积

全市活立木总蓄积1002.67万m^3，其中林分蓄积911.58万m^3，疏林蓄积15.69万m^3，散木蓄积0.60万m^3，四旁树蓄积74.80万m^3，详见表10-2、图10-1。

表10-2　各类森林林木蓄积统计表

单位：m^3

统计单位	活立木总蓄积量	林分				疏林地蓄积	四旁树蓄积	散生木蓄积
		林分总蓄积	针叶林蓄积	阔叶林蓄积	针阔混交林蓄积			
沈阳市	10 026 737	9 115 813	1 960 186	7 097 188	58 439	156 892	748 036	5996
苏家屯区	384 797	348 213	203 365	141 512	3336	1693	34 718	173
东陵区	339 105	262 690	155 359	97 010	10 321	336	75 871	208
沈北新区	501 774	421 421	182 290	234 943	4188	24 067	56 174	112
于洪区	173 653	164 336	1366	162 927	43	366	8877	74
辽中县	752 365	707 771	862	706 909		8116	35 999	479
康平县	2 105 402	1 855 748	325 883	1 529 795	70	57 405	191 004	1245
法库县	2 432 490	2 225 982	545 609	1 666 214	14 159	24 317	178 638	3553
沈阳辉山农业高新技术开发区	15 228	13 118	6062	6421	635		2063	47
新民市	2 705 657	2 500 525	10167	2 489 792	566	40 349	164 692	91
沈阳棋盘山旅游开发区	616 266	616 009	529 223	61 665	25 121	243		14

(三)森林覆盖率

全市土地总面积1 288 088.2hm^2，林分面积144 008.4hm^2，灌木林面积4655.3hm^2，其中特规灌木林2270.6hm^2，森林覆盖率为11.4%。

(四)森林资源质量

全市林分单位面积蓄积量为67.64m^3/hm^2，其中针叶林为70.39m^3/hm^2，阔叶林为66.97m^3/hm^2，针阔混交林为61.66m^3/hm^2。

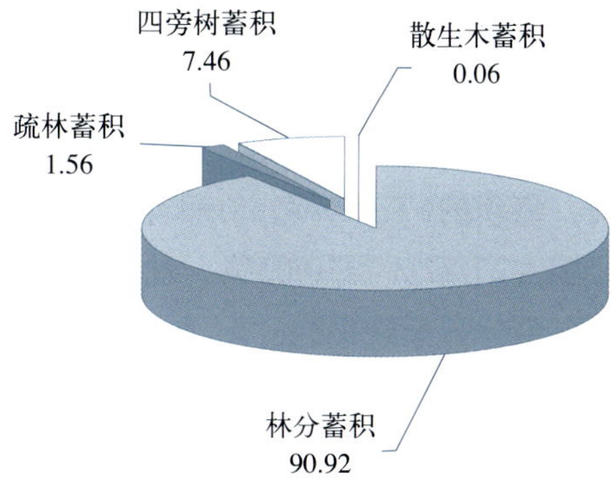

图10-1 各类蓄积比例图(%)

(五)非林业用地造林情况

全市非林地造林共4462.3hm^2，其中林分3531.2hm^2，蓄积49 297m^3，未成林面积931.1hm^2。非林地造林4462.3hm^{2}中，农地造林有4419.3hm^2，非农地造林43.0hm^2。

二、森林资源结构

(一)林分权属结构

在全市林分中集体林比重最大，占林分面积、蓄积的43.18%和56.77%，详见表10-3、图10-2。

表10-3 林分按权属面积蓄积统计表

单位：hm^2、m^3

统计单位	林权	林分							
		合计		针叶林		阔叶林		针阔混交林	
		面积	蓄积	面积	蓄积	面积	蓄积	面积	蓄积
沈阳市		134 770.9	9 115 813	27 847.5	1 960 186	105 975.6	7 097 188	947.8	58 439
	系统国有	18 034.9	1 113 468	6515.2	362 885	11 429.1	746 767	90.6	3816
	部门国有	10 625.4	1 169 214	4602.8	446 167	5731.1	702 261	291.5	20 786
	集体	58 200.7	5 175 191	14 871.4	1 015 189	42 811.6	4 130 127	517.7	29 875
	个人	42 638.6	1 179 811	205.6	16 272	42 433	1 163 539		
	合作	5219.5	474 072	1 603.2	116 213	3568.3	353 897	48	3962
	未定	51.8	4057	49.3	3460	2.5	597		

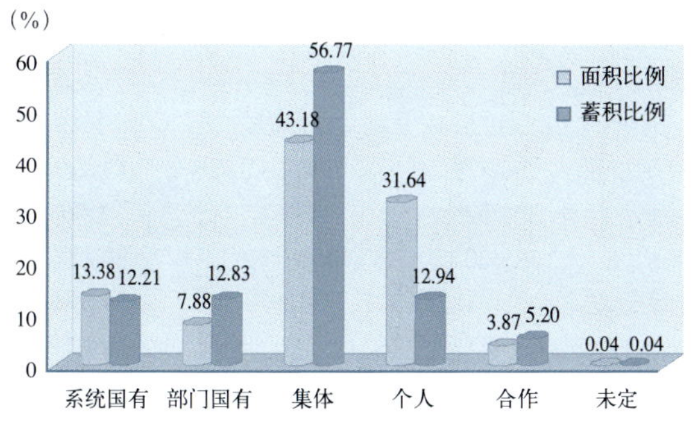

图10-2 林分各权属面积蓄积比例图

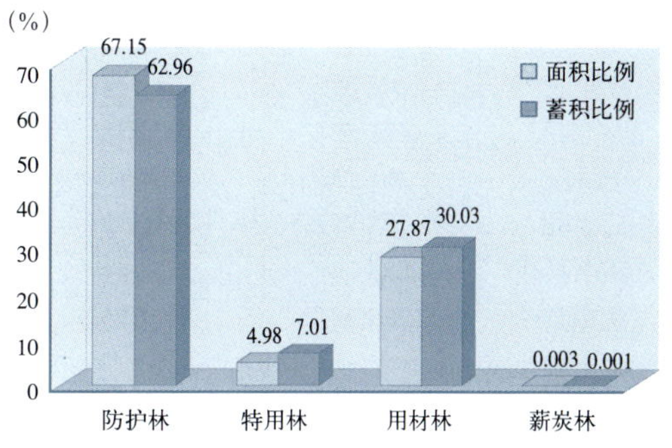

图10-3 林分各林种面积蓄积比例图

（二）林种结构

全市林分中，无论从面积还是蓄积上看，防护林所占比例最大，分别占林分面积、蓄积的67.15%和62.96%，用材林分别占27.87%和30.03%。沈阳市防护林主要分布于康平县、新民市、法库县，防护林占全县林分面积比例最大的是康平县，防护林占林分面积的83.62%；其次是沈北新区81.39%；特用林集中分布于沈阳棋盘山旅游开发区，占全市特用林分面积95.54%，详见表10-4、图10-3。

表10-4　林分面积蓄积按林种统计表　单位：hm^2、m^3、%

统计单位	林种	林分面积	林分蓄积
沈阳市		134 770.9	9 115 813
	防护林	90 498.4	5 738 956
	特用林	6713.4	638 887
	用材林	37 554.9	2 737 856
	薪炭林	4.2	114

（三）龄组结构

在林分中，幼龄林面积、蓄积分别占林分总面积和林分总蓄积的48.8%和18.3%，中龄林分别占20.1%和29.9%，近熟林分别占9.4%和19.1%，成熟林分别占12.7%和22.0%，过熟林分别占9.0%和10.6%，详见表10-5、图10-4、表10-6、图10-5。

表10-5　林分各龄组面积统计表　单位：hm^2

统计单位	合计	幼龄林	中龄林	近熟林	成熟林	过熟林
沈阳市	134 770.9	65 793.5	27 144.2	12 603	17 125.7	12 104.5
苏家屯区	6485.4	3545.2	1509.5	979.1	367.5	84.1
东陵区	5600.4	2787.1	1339	590.2	782.4	101.7
沈北新区	4247.8	2101	1378.2	341.7	399.1	27.8
于洪区	1230.6	638.9	102.3	188.1	224.7	76.6
辽中县	9645.1	6628.5	991	1556.3	403.9	65.4
康平县	30 019.4	14 023.6	4217.5	2052.4	4323.9	5402
法库县	34 377.1	15 451.3	8040.3	3935.5	4835.3	2114.7
沈阳辉山农业高新技术开发区	141.0	59.9	59.2	4.8	17.1	
新民市	36 590.3	19 113.7	5785.4	2125.9	5413.8	4151.5
沈阳棋盘山旅游开发区	6433.8	1444.3	3721.8	829	358	80.7

表10-6　林分按龄组蓄积统计表　单位：m^3

统计单位	合计	幼龄林	中龄林	近熟林	成熟林	过熟林
沈阳市	9 115 813	1 671 027	2 727 051	1 744 192	2 006 793	966 750
苏家屯区	348 213	93 897	129 238	87 191	29 972	7915
东陵区	262 690	85 148	77 625	45 301	47 786	6830
沈北新区	421 421	123 338	176 936	50 765	66 403	3979
于洪区	164 336	18 118	21 060	64 986	46 345	13 827
辽中县	707 771	291 522	154 479	205 525	47 347	8898
康平县	1 855 748	250 144	459 979	303 207	492 271	350 147
法库县	2 225 982	362 515	683 535	470 848	531 390	177 694
沈阳辉山农业高新技术开发区	13 118	4724	4188	547	3659	
新民市	2 500 525	337 492	658 311	415 874	701 454	387 394
沈阳棋盘山旅游开发区	616 009	104 129	361 700	99 948	40 166	10 066

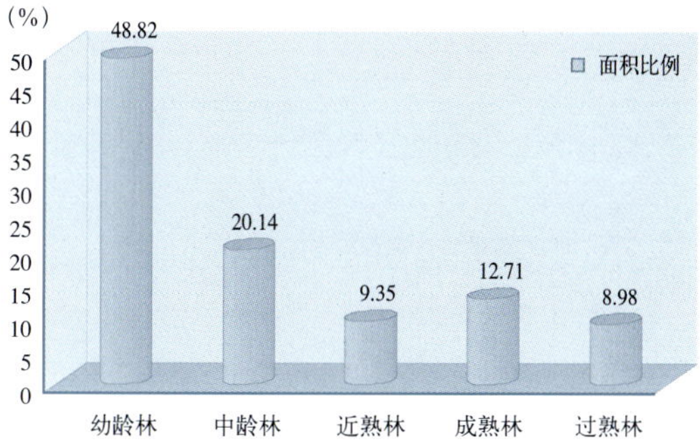

图10-4　林分各龄组面积比例图

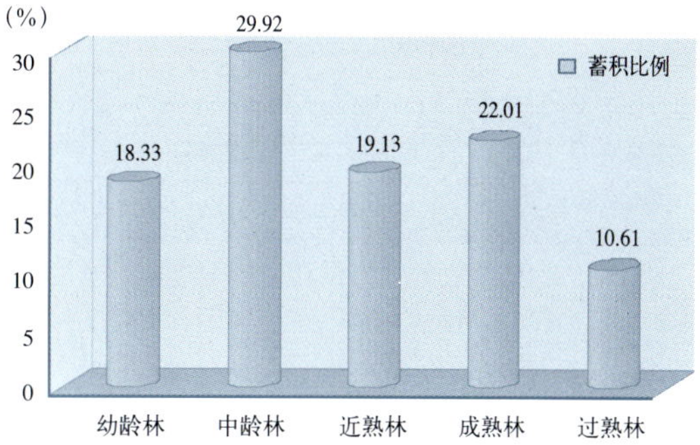

图10-5　林分各龄组蓄积比例图

（四）树种结构

全市林分面积134 770.9hm^2，蓄积911.58万m^3。阔叶树种中杨树及速生杨面积共83 819.7hm^2，蓄积共593.55万m^3，分别占林分面积、蓄积的62.19%，65.11%；针叶树种中油松最多，分别占林分面积、蓄积的15.28%和16.85%，详见表10-7。

表10-7　林分各树种（组）面积蓄积统计表

单位：hm^2、m^3

优势树种	幼龄林		中龄林		近熟林		成熟林		过熟林	
	面积	蓄积	面积	蓄积	面积	蓄积	面积	蓄积	面积	蓄积
合计	65 793.5	1 671 027	27 144.2	2 727 051	12 603	1 744 192	17 125.7	2 006 793	12 104.5	966 750
红松组	55.3	5158								
落叶松组	2449.5	112 616	1032	89 233	598.7	49 428	100.7	9611		
油松组	7573.9	437 066	10 026.9	794 133	2519.5	256 215	475.8	48 565		
樟子松组	2655.9	124 462	814.8	62 044						
云杉组	46.1	678								
冷杉组	14.7	709								
柏树组	74.8	3581								
柞树组	2834.2	45 467	549.7	21 597	19.1	820				
色树组	236	12 124	46.8	2581	30	1818				
榆树组	801.6	35 205	189.7	11 623						
水曲柳组	125.1	7670	4.3	27						
胡桃楸组	24.1	1169	22.2	1240						
黄波罗组	19.9	853	15.3	653						
花曲柳组	41.4	1402	18.5	496						
椴树组	29.5	1481	57	3081						
刺槐组	3747.3	28 858	3559.1	186 482	2070.6	119 822	3146.6	207 111	795.3	57 833
柳树组	1337.5	98 882	855.1	122 453	373.4	54 230	728.7	100 045	679	57 691
杨树组	32 468.9	648 679	5204	940 803	3762.2	834 135	9256.7	1 213 935	6824.3	566 383
速生杨	11 140.8	103 098	4710.2	488 390	3229.5	427 724	3417.2	427 526	3805.9	284 843
杂木组	117	1869	38.6	2215						

三、天然林资源

全市天然林面积6104.0hm^2，蓄积15.83万m^3，其中林分面积、蓄积分别占天然林面积、蓄积的76.9%、99.8%；疏林面积、蓄积分别占天然林面积、蓄积的0.8%、0.2%；未成林占天然林面积的2.7%；乔木经济林占天然林面积10.2%；灌木林占天然林面积9.4%，详见表10-8。

表10–8 天然林面积蓄积统计表

单位：hm^2、m^3

统计单位	面积合计	蓄积合计	林分										疏林地		乔木经济林面积	封育未成林面积	灌木林面积
			小计		幼龄林		中龄林		近熟林		过熟林						
			面积	蓄积	面积	蓄积	面积	蓄积	面积	蓄积	面积	蓄积	面积	蓄积			
沈阳市	6104	158 627	4696.3	158 298	3337.8	80 125	1279.8	72 464	71.6	5231	7.1	478	45	329	624.8	166	571.9
苏家屯区	1873.2	16 397	1730.1	16 397	1708.9	15 629	21.2	768						0			143.1
东陵区	1902.2	57 381	1095.2	57 381	858.2	34 811	216.1	20 023	20.9	2547				0	624.8	36.6	145.6
沈北新区	103.6	2849	60.5	2796	58.9	2750			1.6	46			10.6	53			32.5
康平县	46.5	936	24.7	936	1.9	51	22.8	885						0			21.8
法库县	1335.8	28 990	1032.7	28 738	392.3	7049	584.2	18 573	49.1	2638	7.1	478	32.8	252		129.4	140.9
新民市	23.4	7	0										0.3	7			23.1
沈阳棋盘山旅游开发区	819.3	52 067	753.1	52 050	317.6	19 835	435.5	32 215					1.3	17			64.9

四、人工林资源

全市人工林面积169 598.6hm^2，蓄积911.41万m^3，其中林分面积、蓄积分别占人工林面积蓄积的76.7%、98.3%；疏林面积、蓄积分别占人工林面积蓄积的2.4%、1.7%；未成林面积占人工林面积的13.4%；乔木经济林面积占人工林面积的5.1%；灌木林面积占人工林面积的2.4%，详见表10-9。

人工林中用材林面积44 066.3hm^2，蓄积276.87万m^3；防护林面积108 872.8hm^2，蓄积576.04万m^3；特用林5932.5hm^2，蓄积58.49万m^3；经济林10 718.3hm^2，薪炭林8.7hm^2，蓄积0.01万m^3。

表10–9 人工林面积蓄积统计表

单位：hm^2、m^3

统计单位	面积合计	林分							
		小计		幼龄林		中龄林		近熟林	
		面积	蓄积	面积	蓄积	面积	蓄积	面积	蓄积
沈阳市	169 598.6	130 074.6	8 957 515	62 455.7	1 590 902	25 864.4	2 654 587	12 531.4	1 738 961
苏家屯区	8347.8	4755.3	331 816	1836.3	78 268	1488.3	128 470	979.1	87 191
东陵区	5664.9	4505.2	205 309	1928.9	50 337	1122.9	57 602	569.3	42 754
沈北新区	5487.7	4187.3	418 625	2042.1	120 588	1378.2	176 936	340.1	50 719
于洪区	1732.4	1230.6	164 336	638.9	18 118	102.3	21 060	188.1	64 986
辽中县	13 739	9645.1	707 771	6628.5	291 522	991	154 479	1556.3	205 525
康平县	47 302.9	29 994.7	1 854 812	14 021.7	250 093	4194.7	459 094	2052.4	303 207
法库县	40 164.1	33 344.4	2 197 244	15 059	355 466	7456.1	664 962	3886.4	468 210
沈阳辉山农业高新技术开发区	285.1	141	13 118	59.9	4724	59.2	4188	4.8	547
新民市	41 146.6	36 590.3	2 500 525	19 113.7	337 492	5785.4	658 311	2125.9	415 874
沈阳棋盘山旅游开发区	5728.1	5680.7	563 959	1126.7	84 294	3286.3	329 485	829	99 948

续

统计单位	林分				疏林地		乔木经济林	造林未成林	灌木林
	成熟林		过熟林						
	面积	蓄积	面积	蓄积	面积	蓄积	面积	面积	面积
沈阳市	17 125.7	2 006 793	12 097.4	966 272	4173.9	156 563	8612.7	22 654	4083.4
苏家屯区	367.5	29 972	84.1	7915	28.4	1693	2765.2	376.2	422.7
东陵区	782.4	47 786	101.7	6830	31.5	336	738.3	145.7	244.2
沈北新区	399.1	66 403	27.8	3979	280.1	24 014	788.5	141.2	90.6
于洪区	224.7	46 345	76.6	13 827	4.8	366	8.1	435.4	53.5
辽中县	403.9	47 347	65.4	8898	248.1	8116	340	2859.6	646.2
康平县	4323.9	492 271	5402	350 147	1464.9	57 405	1844.2	13 166.5	832.6
法库县	4835.3	531 390	2107.6	177 216	846.8	24 065	1719.4	3100.6	1152.9
沈阳辉山农业高新技术开发区	17.1	3659					123		21.1
新民市	5413.8	701 454	4151.5	387 394	1259.1	40 342	265.3	2417.6	614.3
沈阳棋盘山旅游开发区	358	40 166	80.7	10 066	10.2	226	20.7	11.2	5.3

五、灌木林资源

全市灌木林面积4655.3hm^2，其中天然灌木林571.9hm^2，占灌木林面积的12.3%；人工灌木林4083.4hm^2，占87.7%；在灌木林中，国家特别规定灌木林2270.6hm^2，占48.8%，其他灌木林2384.7hm^2，占41.2%。

六、经济林资源

全市经济林面积11 504.9hm^2，其中乔木经济林9237.5hm^2，占经济林面积的80.3%；灌木经济林2267.4hm^2，占19.7%。乔木经济林中主要树种为梨、杏、苹果；在灌木经济林中主要树种为葡萄，详见表10-10。

表10—10　经济林面积统计表

单位：hm^2

统计单位	树种	合计	乔木经济林	灌木经济林
沈阳市		11 504.9	9237.5	2267.4
	柞树	707.5	707.5	0.0
	紫穗槐	123.8		123.8
	榛子	219.1		219.1
	刺梅	19.0		19.0
	苹果	1026.7	1026.7	
	梨	4690.7	4690.7	
	沙果	18.5	18.5	
	山楂	776.1	776.1	
	桃	25.4	25.4	
	杏	1172.1	1172.1	

续

统计单位	树种	合计	乔木经济林	灌木经济林
沈阳市	李子	582.8	582.8	
	板栗	9.5	9.5	
	枣	46.8	46.8	
	樱桃	22.6		22.6
	葡萄	1882.9		1882.9
	其他经济树种	181.4	181.4	

七、生态公益林和营造林重点工程建设情况

（一）公益林建设情况

全市公益林建设面积136 705.0hm^2，其中重点公益林29 970.9hm^2，占21.9%；一般公益林106 734.1hm^2，占78.1%，详见表10-11。

表10–11 公益林面积统计表

单位：hm^2

统计单位	森林类别	林分				疏林地	灌木林	未成林地	无林地
		小计	针叶林	阔叶林	针阔				
沈阳市		97 211.8	22 048.8	74 356.3	806.7	2735.4	2384.7	17 371.4	17 001.7
	重点公益林	20 235.7	8650.7	11 431.2	153.8	2016.5	756.7	175	6787
	一般公益林	76 976.1	13 398.1	62 925.1	652.9	718.9	1628	17 196.4	10 214.7
苏家屯区		3956.1	1238.8	2671.3	46	19.7	255.7	304.2	122.6
	重点公益林	138	2.1	135.9			0.7	61.8	
	一般公益林	3818.1	1236.7	2535.4	46	19.7	255	242.4	122.6
东陵区		2246.1	1135.2	1006.1	104.8	6.7	39	34	192.2
	一般公益林	2246.1	1135.2	1006.1	104.8	6.7	39	34	192.2
沈北新区		3534.6	2268	1210.3	56.3	287.9	48.3	87.9	426.9
	重点公益林	201.1	201.1			237.1			30.3
	一般公益林	3333.5	2066.9	1210.3	56.3	50.8	48.3	87.9	396.6
于洪区		1061	32	1024	5	3.7	33.7	249.9	171.8
	重点公益林	33.8		33.8			11	22	
	一般公益林	1027.2	32	990.2	5	3.7	22.7	227.9	171.8
辽中县		5904	12.7	5891.3		77.6	112.7	2611.3	1555
	重点公益林	647	11.5	635.5		39.4	57	91.2	498.6
	一般公益林	5257	1.2	5255.8		38.2	55.7	2520.1	1056.4
康平县		25 104.6	5424.9	19 677.2	2.5	1372.7	755.4	9226.3	5882.5
	重点公益林	13 475.7	5248.2	8225	2.5	1292.2	666.7		2400
	一般公益林	11 628.9	176.7	11 452.2		80.5	88.7	9226.3	3482.5
法库县		24 150.3	6440.6	17 454.3	255.4	483.2	708.4	3183.8	6897
	重点公益林	5740.1	3187.8	2401	151.3	447.8	21.3		3858.1
	一般公益林	18 410.2	3252.8	15 053.3	104.1	35.4	687.1	3183.8	3038.9
沈阳辉山农业高新技术开发区		141	71	63.1	6.9		21.1		85.6
	一般公益林	141	71	63.1	6.9		21.1		85.6
新民市		24 680.3	207.4	24 469	3.9	472.4	340.2	1662.8	1499.9
	一般公益林	24 680.3	207.4	24 469	3.9	472.4	340.2	1662.8	1499.9
沈阳棋盘山旅游开发区		6433.8	5218.2	889.7	325.9	11.5	70.2	11.2	168.2
	一般公益林	6433.8	5218.2	889.7	325.9	11.5	70.2	11.2	168.2

（二）重点工程建设情况

重点工程项目包括退耕还林工程、三北防护林造林工程和速生丰产林工程，3大重点工程共成林79 214.0hm^2，占全市林分面积的58.8%，林业重点工程建设项目的实施，极大地带动了全市森林资源的增长，详见表10-12。

表10-12 各工程按地类统计表

单位：hm^2

统计单位	工程类别	合计	有林地					
			小计	林分				乔木经济林
				计	针叶林	阔叶林	针阔混交林	
沈阳市		110 010.8	81 972.7	79 214.0	9133.9	69 807.4	272.7	2758.7
	退耕还林	58 290.0	35 864.9	33 853.7	3.3	33 850.4		2011.2
	三北防护林	43 987.2	39 252.8	38 505.3	9130.6	29 102.0	272.7	747.5
	速生丰产林	7733.6	6855.0	6855.0	0.0	6855.0	0.0	0.0
苏家屯区	退耕还林	386.9	237.7	235.3		235.3		2.4
辽中县	退耕还林	6413.0	3566.6	3444.3	0.0	3444.3	0.0	122.3
	三北防护林	6379.4	4416.5	4198.8	6.1	4192.7	0.0	217.7
	速生丰产林	1571.5	1383.6	1383.6	0.0	1383.6	0.0	0.0
康平县	退耕还林	23 222.3	10 040.3	8830.3	0.0	8830.3	0.0	1210.0
	三北防护林	9598.8	8726.5	8548.9	2236.2	6310.2	2.5	177.6
法库县	退耕还林	12 589.9	8446.0	7948.7	0.0	7948.7	0.0	497.3
	三北防护林	18 613.2	17 977.2	17 657.8	6704.6	10 686.9	266.3	319.4
沈阳辉山农业高新技术开发区	退耕还林	25.9	25.9	0.0	0.0	0.0	0.0	25.9
新民市	退耕还林	15 652.0	13 548.4	13 395.1	3.3	13 391.8	0.0	153.3
	三北防护林	9395.8	8132.6	8099.8	183.7	7912.2	3.9	32.8
	速生丰产林	6162.1	5471.4	5471.4	0.0	5471.4	0.0	0.0

统计单位	工程类别	疏林地	灌木林	未成林地	无立木林地	宜林地
沈阳市		1295.5	2742.7	21 486.9	1533.3	979.7
	退耕还林		2388.1	20 021.4	15.6	0.0
	三北防护林	1281.1	354.6	601.3	1517.7	979.7
	速生丰产林	14.4	0.0	864.2	0.0	0.0
苏家屯区	退耕还林	0.0	0.8	148.4	0.0	0.0
辽中县	退耕还林	0.0	490.9	2355.5	0.0	0.0
	三北防护林	209.7	93.9	196.4	483.2	979.7
	速生丰产林	0.0	0.0	187.9	0.0	0.0
康平县	退耕还林	0.0	417.8	12 753.3	10.9	0.0
	三北防护林	280.7	21.2	383.5	186.9	0.0
法库县	退耕还林	0.0	1025.1	3114.1	4.7	0.0
	三北防护林	318.3	113.0	21.4	183.3	0.0
沈阳辉山农业高新技术开发区	退耕还林	0.0	0.0	0.0	0.0	0.0
新民市	退耕还林	0.0	453.5	1650.1	0.0	0.0
	三北防护林	472.4	126.5	0.0	664.3	0.0
	速生丰产林	14.4	0.0	676.3	0.0	0.0

第三节 森林资源分析

一、森林资源特点

（1）资源分布的区域性特点明显，由于沈阳市特殊的自然地理位置和人为活动的影响，沈阳的森林资源分布及功能有明显的地区差异；

（2）人工林面积比重大，全市人工林面积169 598.6hm^2，天然林面积6104.0，比例约为97：3；

（3）杨树资源丰富，面积占林分的62.2%，蓄积占林分的65.1%；

（4）幼、中龄林比重占绝对优势，占林分面积68.9%，近熟林占林分面积9.4%，成过熟林占林分面积21.7%。

二、森林资源总量分析

沈阳市上次森林资源二类调查时间是1993年，通过两期调查数据对比分析，林业用地面积、有林地面积、林分面积呈增长趋势，森林覆盖率逐年增加，活立木总蓄积、林分蓄积增长较快。

（一）林业用地面积对比分析

1. 林业用地总面积

全市林业用地面积207 520.1hm^2，比上期二类调查的190 409hm^{2}增加了17 111.1hm^2，年均增长1425.9hm^2，年净增率为0.75%，详见表10-13。

表10−13 林地面积动态变化表

单位：hm^2、%

项目	合计	林分面积	乔木经济林面积	疏林地面积	灌木林地面积	未成林地面积	苗圃地面积	无林地面积
1993年	190 409.0	118 655	15 238	6720	7455	12 296	1146	28 899
2005年	207 520.1	134 770.9	9237.5	4218.9	4655.3	22 820	1079.8	30 737.7
差值	17 111.1	16 115.9	−6000.5	−2501.1	−2799.7	10 524	−66.2	1838.7
净增率	8.99	13.58	−39.38	−37.22	−37.55	85.59	−5.78	6.36
年净增率	0.75	1.13	−3.28	−3.10	−3.13	7.13	−0.48	0.53

林地面积增加的主要原因是林业重点工程建设力度加大，使部分非林业用地通过工程造林转入林业用地。

2. 林分面积

本期二类调查林分总面积134 770.9hm^2，较前期调查林分面积118 655hm^{2}增长了

表10−14 林分面积动态变化表

单位：hm^2、%

项目	合计	幼龄林面积	中龄林面积	近熟林面积	成熟林面积	过熟林面积
1993年	118 655	37 692	31 789	18 638	24 055	64 810
2005年	134 770.9	65 793.5	27 144.2	12 603	17 125.7	12 104.5
差值	16 115.9	28 101.5	−4644.8	−6035	−6929.3	−52 705.5
净增率	13.58	74.56	−14.61	−32.38	−28.81	−81.32
年净增率	1.13	6.21	−1.22	−2.7	−2.4	−6.78

16 115.9hm^2，年均增长1343.0hm^2，年净增率1.13%，详见表10-14。

林分面积增长的主要原因，一是林地面积增加；二是上期调查时的未成林地的自然生长；三是沈阳市加大林地的管护和封育力度，实行天然林保护，使林分面积有大幅增长。

（二）林木蓄积对比分析

全市活立木总蓄积为1002.67万m^3，年均增长21.61万m^3，年净增率2.91%。全市林分蓄积911.58万m^3，年均增长25.88万m^3，年净增率4.31%。本期散生木蓄积0.60m^3，减少0.29万m^3，本期疏林蓄积15.69m^3，年均增长0.3万m^3，四旁树蓄积减少54.49万m^3，详见表10-15。

表10-15 两期二类调查各类蓄积对比表 单位：万m^3、%

蓄积类别	1993年	2005年	差值	净增率	年净增率
总蓄积	743.36	1002.67	259.31	34.88	2.91
林分蓄积	601.05	911.58	310.53	51.66	4.31
疏林蓄积	12.13	15.69	3.56	29.35	2.45
散生木蓄积	0.89	0.6	−0.29	−32.58	−2.72
四旁树蓄积	129.29	74.8	−54.49	−42.15	−3.51

（三）单位面积蓄积对比分析

全市林分单位面积蓄积量为67.64m^3/hm^2，林分蓄积量增加16.97m^3/hm^2，增长了33.52%；用材林单位面积蓄积量为72.9m^3/hm^2，蓄积增加33.32m^3/hm^2，详见表10-16。

单位面积蓄积量增加说明全市森林资源质量普遍有所提高，林地的生产力提升。

表10-16 单位面积蓄积量动态变化表 单位：hm^2、万m^3、m^3/hm^2、%

年代	活立木总蓄积量	林分			用材林		
		面积	蓄积	单位蓄积量	面积	蓄积	单位蓄积量
1993年	743.36	118 655	601.05	50.66	84 634	334.95	39.58
2005年	1002.67	134 770.9	911.58	67.64	37 554.9	273.79	72.90
差值	259.31	16 115.9	310.53	16.97	−47 079.1	−61.16	33.32
净增率	34.88	13.58	51.66	33.52	−55.63	−18.26	84.18

三、森林资源结构变化分析

（一）起源结构变化分析

1. 天然林资源分析

(1) 天然林分面积、蓄积变化

全市天然林分面积4696.3hm^2，比1993年的12 109hm^{2}减少了7412.7hm^2，年均减少617.7hm^2，年均递减率5.1%。

全市天然林分蓄积15.83万m^3，比1993年41.01万m^{3}减少了25.18万m^3，年均减少2.1万m^3，年均递减率5.12%。其减少的主要原因是天然林采伐后的迹地更新大多是采用人工更新和各种建设征占林业用地及非法侵占林地，使得天然林面积减少。

(2) 林种结构分析

天然林中防护林占主导地位，比例增幅较大，较1993年增加了53.21%；特用林比例基本稳定，用材林和薪炭林比例减小，详见表10-17。

表10-17 天然林分各林种面积变化表

单位：hm²、%

项目 \ 林种		合计	防护林	特用林	用材林	薪炭林
1993年	面积	12 109	2586	2233	6056	1234
	比例	100	21.36	18.44	50.01	10.19
2005年	面积	4696.3	3502	798.9	395.4	
	比例	100	74.57	17.01	8.42	
差值	面积	-7412.7	916	-1434.1	-5660.6	-1234
	比例		53.21	-1.43	-41.59	-10.19

防护林比例增加的原因主要是沈阳市林业的工作重点由木材生产，转向对生态系统的保护，在分类经营中将大部分的天然林区划成防护林。

(3) 龄组结构分析

全市天然林中幼龄林占绝大多数，幼龄林面积占天然林分面积的71.07%，中龄林占27.25%，近、成、过熟林仅占1.68%，沈阳市应加强对天然林的保护工作。

2. 人工林资源分析

(1) 人工林面积、蓄积对比分析

全市人工林分面积130 074.6hm²，比1993年106 546hm²增加了23 528.6hm²，年均增加1960.7hm²，年净增率1.84%。未成林地自然生长成林、大力植树造林、特别是近几年林业重点工程建设，是人工林分面积增加的主要原因。

全市人工林分蓄积895.75万m³，比1993年560.04万m³增加了335.71万m³，年均增加27.98万m³，年净增率5.0%。其增长主要原因：第一，生长迅速的中、幼龄林在上期二类调查时比重大；第二，人工林分面积增加较大；第三，造林及经营水平提高，在土壤和水热条件较好的地区如辽中县，配合施肥、浇水等措施杨树3年就可成林。

(2) 林种结构分析

全市人工林中，防护林与用材林比例相当，与1993年相比，防护林面积比例有很大增加，用材林比例下降，使林种结构更趋合理，详见表10-18。

(3) 树种结构分析

杨树面积比重最大，占64.43%，其次为油松14.96%、刺槐10.1%，其余树种所占比例较小。

表10-18 人工林分各林种面积变化表

单位：hm²、%

项目 \ 林种		合计	防护林	特用林	用材林	薪炭林
1993年	面积	106 546	26 215	1616	78 578	137
	比例	100	24.6	1.52	73.75	0.13
2005年	面积	134 770.9	90 498.4	6713.4	37 554.9	4.2
	比例	100	67.15	4.98	27.87	(0.003)
差值	面积	28 224.9	64 283.4	5097.4	-41 023.1	-132.8
	比例		42.55	3.46	-45.88	-0.127

（二）龄组结构变化分析

1. 各龄组面积变化

沈阳市幼龄林面积、蓄积有大幅度增加，中、近、成熟林面积有所减少，但蓄积保持相对稳定并有小幅度增加，过熟林面积、蓄积有一定增长但所占比例仍然较小，近几年加大造林力度是幼龄林面积迅速增加的直接原因，详见表10-19。

表10-19 两期二类调查林分各龄组面积蓄积变化表 单位：hm^2、万m^3

项目/权属	2005年		1993年		差值	
	面积	蓄积	面积	蓄积	面积	蓄积
合计	134 770.9	911.58	118 655	601.05	16 115.9	310.53
幼龄林	65 793.5	167.10	37 692	62.43	28 101.5	104.67
中龄林	27 144.2	272.70	31 789	183.28	−4644.8	89.42
近熟林	12 603.0	174.42	18 638	142.58	−6035	31.84
成熟林	17 125.7	200.68	24 055	170.47	−6929.3	30.21
过熟林	12 104.5	96.68	6481	42.29	5623.5	54.39

全市林分中，幼龄林和中龄林所占面积比重高达68.96%。1993年近、成、过熟林面积共49 174hm^2，占林分面积的41.44%；2005年近、成、过熟林面积共41 833.2hm^2，占林分面积的31.04%，2005年比1993年减少了7340.8hm^2，比例下降了10.4%。

2. 各龄组蓄积变化

从两期二类调查结果分析，林分蓄积增长的速度较快，共增加蓄积310.53万m^3，年净增率2.91%，其中幼龄林蓄积增加104.67万m^3，年净增率13.8%；中龄林蓄积增加89.42万m^3，年净增率4.1%；近熟林蓄积增加89.42万m^3，年净增率1.9%，成熟林蓄积增加30.21万m^3，年净增率1.5%；过熟林蓄积增加54.39万m^3，年净增率10.7%，详见表10-19。

3. 用材林各龄组面积和蓄积变化

在全市用材林中，幼龄林面积6692.6hm^2，蓄积14.27万m^3；中龄林面积6458.5hm^2，蓄积43.88万m^3；近熟林面积6678.8hm^2，蓄积61.53万m^3；成熟林面积10 666.3hm^2，蓄积98.07万m^3；过熟林面积7058.7hm^2，蓄积55.93万m^3。成过熟林比例增加，龄组结构较上期有所改善，说明今后对用材林的成过熟林应及时采伐、及时更新，提高林地的使用效率。

（三）林种结构变化分析

1. 各林种面积、蓄积变化

2005年与1993年两期二类调查数据相比，防护林及特用林面积大幅度增加，用材林面积和薪炭林面积减少；用材林在面积减少较大的情况下，蓄积减少幅度较小，说明用材林质量有所提高，详见表10-20。

表10-20 林分各林种面积、蓄积变化表 单位：hm^2、万m^3

林种/项目	防护林		用材林		特用林		薪炭林	
	面积	蓄积	面积	蓄积	面积	蓄积	面积	蓄积
1993年	28 801	334.95	84 634	334.95	3849	23.81	1371	0.09
2005年	90 498.4	573.9	37 554.9	273.79	6713.4	63.89	4.2	0.01
差值	61 697.4	238.95	−47 079.1	−61.16	2864.4	40.08	−1366.8	−0.08
净增率	214.22	71.34	−55.63	−18.26	74.42	168.33	−99.69	−88.89

2. 各林种面积变化原因

林种变化的主要原因，第一，重点工程建设使全市的林分面积增加，特别是防护林面积增加更快；第二，市政府按国家林业局及省政府实施森林资源分类经营的总体部署，对全市的森林资源实施了分类经营，将生态脆弱地区及生态重要性较高地区的部分用材林区划为防护林；第三，农村经济进一步发展，农民的生活条件有了很大改善，农民改变了烧柴习惯，使薪炭林逐步转变为其他林种；第四，随着社会经济的发展，人们对森林保护和美化环境有了更深的认识，近几年全市不断新建和扩建森林公园、森林风景区，使特用林面积增加。

从林种结构的变化看，林业已从过去的单一重视森林的经济效益转向重视森林所带来的综合效益，防护林及特用林的增加提高了森林的生态效益，对遏制沈阳市土地的沙化，防止水土流失起到了更大的作用，有力地保障了农业生产，美化了人们的生活环境；用材林面积虽然减少，但蓄积量下降幅度较小，说明用材林质量有较大的提升，提高了林地的生产力，保证了林业产业的可持续发展。

（四）树种结构变化分析

1. 主要树种（组）面积变化

全市林分面积增加16 115.9hm^2，其中杨树面积增加18 714.7hm^2，年均增加1559.56hm^2，年净增率2.4%，增长速度最快；樟子松、油松，柞树面积也有小幅增长，分别比上期增长了2.04%、27.83%和14.39%，其他树种面积增长较少；面积减少最多的是刺槐组和柳树组，详见表10-21。

面积变化的主要原因是最近几年的造林树种较为单一，阔叶树比重过大，应加大力度营造针阔混交林，提高针叶树种比例。

表10-21　林分各树种（组）面积、蓄积变化统计表　　单位：hm^2、万m^3

权属	2005年		1993年		差值	
	面积	蓄积	面积	蓄积	面积	蓄积
合计	134 770.9	911.58	118 655	601.05	16 115.9	310.53
红松组	55.3	0.52	56	0.27	−0.7	0.25
落叶松组	4180.9	26.09	4223	17.06	−42.1	9.03
油松组	20 596.1	153.60	20184	81.78	412.1	71.82
樟子松组	3470.7	18.65	2715	6.38	755.7	12.27
云杉组	46.1	0.07			46.1	0.07
冷杉组	14.7	0.07	19		−4.3	0.07
柏树组	74.8	0.36			74.8	0.36
柞树组	3403.0	6.79	2975	3.08	428.0	3.71
色树组	312.8	1.65	390	1.39	−77.2	0.26
榆树组	991.3	4.68	1153	2.16	−161.7	2.52
水曲柳组	129.4	0.77	5	0.02	124.4	0.75
胡桃楸组	46.3	0.24	87	0.26	−40.7	−0.02
黄波罗组	35.2	0.15	34	0.07	1.2	0.08
花曲柳组	59.9	0.19	75	0.1	−15.1	0.09
椴树组	86.5	0.46	22	0.17	64.5	0.29
刺槐组	13 318.9	60.01	15 528	72.8	−2209.1	−12.79
柳树组	3973.7	43.33	5980	27.27	−2006.3	16.06
杨树组	83 819.7	593.55	65 105	387.96	18 714.7	205.59
杂木组	155.6	0.40	104	0.28	51.6	0.13

2. 主要树种（组）蓄积变化

全市林分蓄积比上期二类调查林分蓄积增长了310.53万m^3，除胡桃楸组蓄积减少以外其余树种组面积均有所增加，杨树蓄积增加最快，比上期树种增加了53.0%，详见表10-21。

（五）森林分类结构分析

1. 公益林资源特点

全市公益林界定面积136 705.0hm^2，从功能上看沈阳市重点公益林主要起防风固沙和水土保持的作用；从分布上看主要分布于西部的康平县、法库县，两县土地荒漠化较严重，应保持公益林的比例，并通过封山育林、林下补植，采取乔、灌、草结合的方式，提高公益林的防护功能。

2. 商品林资源结构特点

2005年二类调查共区划商品林68 699.5hm^2，商品林活立木总蓄积278.3万m^3，其中林分面积37 559.1hm^2，蓄积273.8万m^3，详见表10-22。

表10–22　商品林各地类面积统计表　　单位：hm^2

林种	针叶林	阔叶林	针阔混交林	乔木经济林	疏林地	灌木林	未成林地	无立木林地
合计	5798.7	31 619.3	141.1	9237.5	1483.5	2270.6	5448.6	12 700.2
用材林	5798.7	31 615.1	141.1		1482.2		5448.6	
薪炭林		4.2			1.3	3.2	0.0	
经济林				9237.5		2267.4	0.0	
未划分林种								12 700.2

经济林面积占商品林地面积16.7%，用材林面积占64.8%，比例较为合理，保证了林业近期效益与长期效益的结合。用材林幼、中、近熟林面积比例接近1∶1∶1，保证了用材林资源的可持续利用。

（六）林分权属结构分析

1. 林分各权属面积变化

全市林分面积增加16 115.9hm^2，其中系统国有林面积较上期减少9.8%，年净减率为0.8%，集体林面积较上期减少32.2%，年净减率为2.7%，未定权属面积减少2175.2hm^2；部门国有林面积较上期增加59.4%，年净增率为5.0%，合作林面积较上期增加89.3%，年净增率为7.4%，个人权属林面积较上期增加3717.2%，年净增率为309.8%，详见表10-23。

表10–23　两期二类调查林分各权属面积、蓄积对比表　　单位：hm^2、万m^3

权属	2005年		1993年		差值	
	面积	蓄积	面积	蓄积	面积	蓄积
合计	134 770.9	911.58	118 655	601.05	16 115.9	310.53
系统国有	18 034.9	111.34	19 992	77.69	−1957.1	33.65
部门国有	10 625.4	116.92	6665	51.49	3960.4	65.43
合作	5219.5	47.41	2757	8.83	2462.5	38.58
集体	58 200.7	517.52	85 897	447.18	−27 696.3	70.34
个人	42 638.6	117.98	1117	3.6	41 521.6	114.38
未定	51.8	0.41	2227	12.26	−2175.2	−11.85

2. 林分各权属蓄积变化

全市林分蓄积增加310.53万m^3，其中系统国有林蓄积较上期增加43.3%，年净增率3.6%；部门国有林蓄积较上期增加127.1%，年净增率10.6%；合作造林蓄积较上期增加436.9%，年净增率36.4%；集体林蓄积较上期增加15.7%，年净增率1.3%；个人所有林蓄积，较上期增加3177.2%，年净增率264.8%；未定权属减少11.85万m^3，详见表10-23。

3. 变化分析

(1) 个人林分面积的大幅增加，说明沈阳市非公有制林业发展成效显著，林业所有制形式和投资结构逐步趋向多元化，个人通过合作或单独投资造林的积极性极大提高；

(2) 部门国有及合作造林面积增加，表明全社会各行业加大了林业工程的投入，提高了生态环境建设意识。

（七）森林资源经营分析

沈阳市现有可采资源面积17 725.0hm^2，蓄积1 540 051m^3，资源比较丰富，但同经济发展

表10-24 经营措施类型面积统计表

单位：hm^2

单位 \ 经营措施	主伐利用	公益林更新采伐	薪炭林采伐	低产林改造	低效林改造	抚育间伐	未成幼林抚育	封育
沈阳市	17 725.0	11 503.4	8.7	1482.2	15 711.1	8807.6	22 318.9	86 612.6
苏家屯区	378.6	73.0		8.7	122.9	711.5	372.6	5478.4
东陵区	860.5	23.6	8.7	23.5	23.1	538.3	174.3	4204.4
沈北新区	322.0	104.9		2.8	348.1	655.2	119.4	3175.6
于洪区	63.6	237.7		1.1	56.6	12.5	422.6	910.4
辽中县	403.7	65.6		170.5	757.5	73.8	2858.2	8536.2
康平县	3927.6	5798.3		92.2	2338.8	1694.1	12 796.3	18 758.9
法库县	5468.8	1479.4		396.4	1533.5	3001.5	3148.6	24 166.9
沈阳辉山农业高新技术开发区	0.0	17.1		0.0	0.0	12.3	0.0	132.7
新民市	6300.2	3265.1		787.0	10 455.9	1123.4	2417.6	16 230.1
沈阳棋盘山旅游开发区	0.0	438.7			74.7	985.0	9.3	5019.0

表10-25 经营措施类型蓄积统计表

单位：hm^2

单位 \ 经营措施	主伐利用	公益林更新采伐	薪炭林采伐	低产林改造	低效林改造	抚育间伐	封育
沈阳市	1 540 051	1 433 380	115	44 200	168 883	873 294	5 212 782
苏家屯区	27 566	10 321		41	4640	53 962	253 376
东陵区	51 942	2674	115	249	86	37 497	170 463
沈北新区	37 610	32 772		242	29 725	63 455	281 684
于洪区	8039	52 133		25	2200	3177	99 128
辽中县	40 691	15 554		5802	9564	12 865	631 411
康平县	285 658	556 760		1705	59 701	189 945	819 384
法库县	438 065	270 907		14 286	12 884	238 464	1 275 693
沈阳辉山农业高新技术开发区		3659				831	8628
新民市	650 480	438 368		21 850	49 251	172 049	1 208 876
沈阳棋盘山旅游开发区		50 232			832	101 049	464 139

的需要仍存在巨大差距；全市共有8807.6hm^{2}中、幼龄林需要抚育，86 612.6hm^{2}林分、未成林需要封育，森林资源经营管护任务较重，详见表10-24、10-25。

四、森林资源利用潜力分析

（一）新增有林面积潜力分析

沈阳市具有优越的地理位置和较好的自然条件，北部、东部为低山丘陵；中西部为平原，以平原为主体，土壤条件适宜林木成活，宜林程度较好。全市现有疏林地4218.9hm^2，无立木林地5117.8hm^2，宜林地24 584.1hm^2，针对这些可利用资源，因地制宜，采取措施，对疏林地进行改造，使之成林；充分利用无立木林地、宜林地资源，加大工程造林力度，挖掘潜力，最大限度提高森林资源的数量和质量。

（二）提升低产、低效林生产力水平的潜力分析

全市现有低产、低效林17 193.3hm^2，残次林比例较多的地区主要集中在新民、康平、法库3市(县)，辽中县及4个郊区的残次林比例相对较小，其中新民市的残次林共有11 242.9hm^2，蓄积量71 101m^3；康平县的残次林、枯死树，旱死树、小老树居多，共有残次林面积2431hm^2，活立木蓄积61 406m^3，法库县需要改造的面积为1929.9hm^2，蓄积为27 170m^3。

这部分林地大多为20世纪70年代末、80年代初栽植的老品种的杨树，由于立地条件差，造林技术低下，经营管理不善等原因，使得林分质量差，病虫害严重，生长极其缓慢，不能充分发挥林地的生产力。对于过熟林中没有培养前途的低质用材林应尽快伐除，以栽植速生杨为主，采取科学的造林技术措施，促进林木生长，提高林地生产力；对于残次的防护林网及低效片林应进行间伐或皆伐改造，及时更新并适当提高初植密度，以促使其尽快郁闭从而产生防护效应，也可以进行综合改造，伐除老龄木、枯死木和受害木，补植适宜树种提高林分密度。对于中、幼龄林由于毁林开荒造成密度过低的，应先依法收回林地，并责令责任人或单位尽快补植造林，恢复原有植被。全市的低产、低效林平均蓄积量12.4m^3/hm^2，而新植林进入中龄林时，蓄积量将达到100m^3/hm^{2}以上，如果把17 193.3hm^{2}低产、低效林全部改造，森林蓄积量将增加150.61万m^{3}以上，这将大大提高全市的林分质量，更好的发挥森林的三大效益，详见表10-26。

表10-26 低产低效林面积蓄积统计表

单位：hm^2、m^3

统计单位	低产林改造		低效林改造							
	皆伐改造		小计		补植改造		效应带改造		综合改造	
	面积	蓄积	面积	蓄积	面积	蓄积	面积	蓄积	面积	蓄积
沈阳市	1482.2	44 200	15 711.1	168 883	388.6	16 519	12 494.0	26 662	2828.5	125 702
苏家屯区	8.7	41	122.9	4640	53.3	1476	37.5	57	32.1	3107
东陵区	23.5	249	23.1	86			16.4		6.7	86
沈北新区	2.8	242	348.1	29 725	9.6	2656	50.3	3229	288.2	23 840
于洪区	1.1	25	56.6	2200	45	1503	7.4	141	4.2	556
辽中县	170.5	5802	757.5	9564	86.5	886	587.8	5272	83.2	3406
康平县	92.2	1705	2338.8	59 701	69.7	1625	890.4	1685	1378.7	56 391
法库县	396.4	14 286	1533.5	12 884	6.5		1028.9	1465	498.1	11 419

续

统计单位	低产林改造		低效林改造							
	皆伐改造		小计		补植改造		效应带改造		综合改造	
	面积	蓄积	面积	蓄积	面积	蓄积	面积	蓄积	面积	蓄积
沈阳辉山农业高新技术开发区			0.0							
新民市	787	21 850	10 455.9	49 251	96.7	7814	9836.0	14 813	523.2	26 624
沈阳棋盘山旅游开发区			74.7	832	21.3	559	39.3		14.1	273

第四节 森林资源管理现状与对策

一、森林资源管理现状

（一）相关法规制定情况

根据《森林法》和《辽宁省实施〈森林法〉办法》，沈阳市近几年先后出台了《沈阳市林业建设保护条例》、《沈阳市森林林木采伐管理办法》、《低产林改造办法》、《林木采伐审批程序》等法规、文件，进一步丰富完善了全市的森林资源管理制度，初步建成了林地管理、限额管理、更新改造等资源管理体系，为沈阳市森林资源的经营管理提供了法律和政策依据。

(二)森林资源管理重要举措与评价

1. 采伐限额管理执行与评价

采伐限额管理是森林资源管理的核心内容之一，根据法律规定，目前确立的管理制度主要有森林采伐限额管理制度、凭证采伐林木制度和年度木材生产计划管理制度。沈阳是工业地区，生态环境比较脆弱，随着沈阳市的经济发展，采伐限额管理制度面临更大的压力。同时，由于过去“重造轻营”现象的普遍存在，成过熟林中低产、低效林较多，也需要通过采伐限额的手段进行改造更新以提高林地的效益。在面临巨大压力的情况下，沈阳市认真贯彻落实森林采伐限额制度，建立健全各项规章制度和法律法规，相继出台了《沈阳市森林、林木采伐限额管理办法》、《沈阳市林业建设保护条例》、《林木采伐审批程序》等法规、文件，林木采伐管理制度和措施进一步完善，林木采伐管理的整体水平有较大提高，有效地保护了森林资源，遏制了森林资源的不合理利用。

2. 天然林禁伐与效果分析

沈阳市的天然林绝大多数是天然次生林，全市天然林面积较少，仅有6104.0hm^2。随着“天然林禁伐”活动在全市的深入开展，市里专门成立林地清查领导小组，下设办公室负责全市林地清查的日常工作，定期向领导小组报告，对违法占用林地的建设工程、毁林开荒的直接责任人追究法律责任；加大力度宣传对天然林进行禁伐和保护的作用和意义，提高全社会的认识；对天然林禁伐后带来的经济上的损失进行一定的补偿，使现有天然林以及天然林中的珍稀植物和野生动物资源得到了更好的保护。

3. 分类经营界定、分类管理与效益评价

按照国务院批准的《林业经济体制改革总体纲要》和辽宁省政府办公厅《转发省林业厅开展森林分类改革工作意见的通知》（辽政办字[1999]23号）要求，沈阳市林业局根据现有森林资源特点，制定了《沈阳市林业分类经营改革工作方案》，对森林资源实施了分类经营。

全市范围内的生态公益林区划了3个生态区位：第一，江河两岸，即辽河、浑河两岸，包括法库县、新民市、辽中县、苏家屯区、沈北新区；第二，森林野生植物类型国家自然保护区，即沈阳棋盘山旅游开发区；第三，沙化和水土流失严重地区，即康平县。全市共区划重点公益林29 970.9hm^2，一般公益林106 734.1hm^2。对重点公益林实行地籍小班管理，未经批准不得改变小班界线；全面禁止重点公益林皆伐。对商品林，依法管理、放活经营，指导森林经营单位制定经营方案，科学经营、合理利用。通过不同的政策措施，把公益林管严管好，使其更大效能的发挥出生态效益，最大限度地发挥防护功能；把商品林放开搞活，增加群众收益，实现更高的经济效益。

4. 森林防火及病虫害防治

随着沈阳市造林面积的不断扩大，纯林面积比重增加，树种单一，森林病虫害防治难度较大。沈阳地区森林主要虫害有10余种，东部山区主要有赤松毛虫、日本松干蚧，平原地区主要害虫有美国白蛾、白杨透翅蛾、杨干象、青杨天牛等。沈阳市地区的林木病害主要有落叶松枯梢病、杨树烂皮病、溃疡病、杨树锈病等，其中以杨树枝干病害发生较为普遍。

近几年沈阳市根据森林病虫害发生范围广和危害重的特点，加大了防治力度，以“预防为主、积极消灭”为原则，根据上一年的病虫害发生情况，对下一年进行精确的预测分析，建立监测预报体系，及时准确上报防治情况；认真落实《关于加强春季苗木检疫工作的通知》（沈林发[2005]12号）的要求，对苗木进行全程检疫，阻止有害生物传播。组织成立市、县（区）、乡镇、村4级防虫队伍进行应急救灾。增加基础建设投入，保证了沈阳市森林的健康生长，提高了森林质量。

近几年，沈阳市的森林防火工作取得了丰硕的成果,提高了森林防火、救火能力，除一次客火以外，没有发生重大火情和火警。沈阳市加大了森林防火基层基础建设的投资力度，已经建立起“四网两化”（预测预报网、瞭望网、通讯网、阻隔网、扑火机具化、队伍专业化）的基本框架，建立和完善森林防火的防御扑救机制，对护林员进行严格培训和考核，把护林员的工资纳入财政解决，提高了护林员的业务水平和工作热情。

5. 严格林地征占管理

林地是森林资源的重要组成部分，是发展林业必不可少的物质条件。沈阳市十分重视林地的保护工作，通过严格执行相关法规政策，严格征占用林地审核审批程序，坚决打击违法侵占林地行为。进一步完善了林地征用占用审核审批制度，加强工程建设征用占用林地全过程的监管与服务，即提前介入，对征占用林地选址情况、用地规模实行预先论证，确保工程建设不占或少占林地。严厉打击未经批准私自占用林地进行建筑、开矿、取土等违法行为，以及少批多占、蚕食林地的违法行为，极大地促进了占用林地的审核审批制度的正常履行和植被恢复费的足额收取，巩固和保护了近年来林业工作来之不易的成果。

6. 严厉打击森林滥砍盗伐行为

近几年在市场经济条件下，受经济利益驱动，不法分子把谋取暴利的眼睛盯在森林资源上，滥砍盗伐、偷猎偷捕等违法案近频繁发生。为打击犯罪，维护林区治安，沈阳市林业公安分局在各部门的配合下开展了多次严打专项行动，取得了丰硕的成果，有力地保护了沈阳市的森林资源。

二、森林资源管理对策

（一）创新机制体制

(1) 建立统放结合的采伐限额管理新机制。生态林采伐指标实行工程化管理，围绕重点造林工程和森林经营工程进行投入，实行报账制、工程监理制；商品林则实行市场化管理，实行采伐指标单列，最大限度地满足商品林生产者的需求，调动全社会造林的积极性。

(2) 建立资源林政监督新机制，对森林采伐限额实行“货币化”管理，引入审计机制，建立监督机构和队伍，加强对采伐限额的使用和采伐迹地更新情况的审计；建立现代的森林资源林政管理系统，林木采伐及限额管理、林地林权管理、林业行政执法等实行网络化管理。

(3) 建设完善的支持保障体系，加强森林公安、森林防火、病虫害防治的基础建设，加大对违法侵占林地及滥砍盗伐行为的打击力度，并且提高应对森林火灾及病虫灾害的控制能力。

（二）完善法规制度

采取各级人大立法的办法，建立地方性法规，把城市森林建设、重大林业工程项目、全市林业发展规划、林业执法机构和队伍，纳入地方性法规，确立林业发展的法律地位。

（三）加强队伍建设

(1) 加强人才引进，提高林业管理人员和技术人员的整体水平，优化人员结构；

(2) 对现有人员进行有重点的培训，提高林业从业人员的政治素质和业务素质；

(3) 搞好国有场（圃）和基层林业站建设，提高林业工作人员的待遇，更好的调动其工作积极性。

（四）完善监测和管理体系

充分利用本期二类调查成果，建立数字化林业平台，对森林资源进行全面的监测和规范管理，建立造林施工作业设计、林木采伐作业设计、营造林检查验收、森林病虫害检疫等工作软件，建立电子档案。加大投入，建立完善的森林防火监测体系以及森林病虫害监测体系，提高森林灾害监测水平。逐步完善森林资源综合监测体系和森林资源管理体系，使林业生态建设持续、稳定、健康发展。

第11章 大连市森林资源

第一节 基本情况

一、自然概况

（一）地理位置

大连位于辽东半岛南端，位于东经120°58′～123°31′、北纬38°43′～40°10′之间。东临黄海，西濒渤海，南与山东半岛隔海相峙并共扼渤海海峡，北依辽阔的东北平原。全市总面积125.74万hm^2，海岸线总长度为1906km，占全省的73%，占全国的6.0%，其中陆岸线长1288km，岛岸线长618km。

（二）地形地貌

大连市属低山丘陵区，其中北部为山区，中部为低山丘陵区，南部为低丘漫岗平地区。整个地形为北高南低，北宽南窄；地势由中央轴部向东南和西北两侧的黄、渤海倾斜，面向黄海一侧长而缓。长白山系、千山山脉余脉纵贯本区，绝大部分为山地及久经剥蚀而成的低缓丘陵，平原低地仅零星分布在河流入海处及一些山间谷地；岩溶地形各处可见，喀斯特地貌和海蚀地貌比较发育，海拔平均高度为50～200m。

（三）气候

大连市属于暖温带湿润半湿润大陆性季风气候。但由于受黄、渤海三面环绕的影响，又具有海洋性气候的特点。年平均气温8.4～10.5℃，年日照时数为2510.8～2837.8小时，全年无霜期为179.7～210.8天，年平均降水量为570～790.8mm。大连的气候具有光照充足、空气湿润、四季分明、气候宜人的特点。

（四）土壤

大连地区土壤分为6个土类、16个亚类、66个土属、204个土种。6个土类是棕壤、草甸土、风沙土、盐土、沼泽土和水稻土。该6大土类空间上呈有规律分布，其中棕壤在大连地区广泛分布，分布面积占全市土壤面积的81.47%。

（五）水资源

大连地区淡水资源总量为37.86亿m^3/a，其中地表水资源34.2为亿m^3/a、地下水资源为8.84亿m^3/a，两者重复水资源量5.8亿m^3/a。境内河流属于黄、渤海水系，多发源于北部山区，独流入海并具有季节性特点。主要河流200余条，其中碧流河为全市第一大河，长度为159.1km，流域面积为281km^2。境内共有大中小型水库250余座，其中大型水库7座，中型水库6座。主要大型水库有碧流河、松树、朱隈子、刘大、转角楼、红旗和英纳河水库，是大连市工农业生产和居民生活用水的重要水源地。

（六）植被

境内植被主要属于南温带落叶阔叶林，华北和长白山两个植物区系的品种同时兼而有之，其中华北植物区系的品种占主导地位。全市木本植物有54科、130属、327种。主要乔木树种为柞树、黑松、刺槐、杨树、油松、落叶松、赤杨、榆树等，主要灌木树种有胡枝子、锦带花、盐肤木、杜鹃、酸枣、山花椒、榛子、紫穗槐等。草本植物品种更多，其中药用植物有129个科、665种，如桔梗、党参、苦参、天麻、黄芩、苍术、柴胡、地黄等。

二、社会经济现状

全市现辖6区(中山区、西岗区、沙河口区、甘井子区、旅顺口区、金州区)、3市(庄河市、普兰店市、瓦房店市)、1县(长海县)，以及大连经济技术开发区、保税区、长兴岛临港工业区和高新技术园区。户籍人口565.3万人，其中非农业人口317.4万人。2005年全市实现地区生产总值2290亿元，完成全社会固定资产投资1110亿元，完成地方财政一般预算收入151.4亿元，实现社会消费品零售总额732亿元，完成自营出口124.3亿美元，实际利用外资30亿美元，城市居民人均可支配收入11 934元，农村居民人均纯收入5900元。全年接待海外游客60万人次，旅游外汇收入4亿美元，旅游总收入210亿元。

境内交通十分发达，海、陆、空航线(道)一应俱全。主要铁路有6条，其中国铁5条，具体是哈大线、旅大线、金城线、田五线、白老线；县级以上级公路有60余条，其中国家级公路5条，具体为201、202、305国道和沈大高速公路、黄海大道。

第二节　森林资源现状

一、森林资源概述

（一）林地面积

全市林业用地面积508 206.5hm^2，占土地总面积的37.54%；非林业用地面积749 193.5hm^2，占62.46%，详见表11-1。

表11-1　林业用地各地类面积及比例统计表　　单位：hm^2、%

单位＼地类		林地合计	有林地	疏林地	灌木林地	未成林地	苗圃地	无立木林地	宜林地	辅助生产林地
大连市	面积	508 206.5	451 116.9	3485.3	4900.1	17 715.4	413	6362.5	24 031	182
	比例	100.00	88.77	0.69	0.96	3.49	0.08	1.25	4.73	0.04
沙河口	面积	3358	3147.2	43.7	24.6	3.6	11.1	75.5	40.7	11.6
	比例	100.00	93.72	1.30	0.73	0.11	0.33	2.25	1.21	0.35
甘井子	面积	21 446.4	19 938.9	547.9	776.9	70.4	0	46.9	65.4	0
	比例	100.00	92.97	2.55	3.62	0.33	0.00	0.22	0.30	0.00
旅顺口	面积	21 342.8	19 525.9	77.4	350.5	50.2	76.6	1098.3	147.9	16
	比例	100.00	91.49	0.36	1.64	0.24	0.36	5.15	0.69	0.07
金州区	面积	19 513	17 362	251.8	286.6	266.5	127	380.4	832.7	6.3
	比例	100.00	88.98	1.29	1.47	1.37	0.65	1.95	4.27	0.03

续

单位		林地合计	有林地	疏林地	灌木林地	未成林地	苗圃地	无立木林地	宜林地	辅助生产林地
大连经济技术开发区	面积	9595	8498.6	38.1	63.5	58.9	36.9	142.2	751.1	5.7
	比例	100.00	88.57	0.40	0.66	0.61	0.38	1.48	7.83	0.06
长海县	面积	6746	6273.8	24.2	0	159.4	12.6	6.8	269.2	0
	比例	100.00	93.00	0.36	0.00	2.36	0.19	0.10	3.99	0.00
瓦房店	面积	154 718.7	131 973.9	1847.3	2380.2	5702.7	30.1	1069	11 715	0.8
	比例	100.00	85.30	1.19	1.54	3.69	0.02	0.69	7.57	0.00
普兰店	面积	100 984.4	91 574.9	539.3	638.6	2680.1	105	2770	2637	39.9
	比例	100.00	90.68	0.53	0.63	2.65	0.10	2.74	2.61	0.04
庄河市	面积	170 502.2	152 821.7	115.6	379.2	8723.6	14.8	773.4	7572	102
	比例	100.00	89.63	0.07	0.22	5.12	0.01	0.45	4.44	0.06

（二）林木蓄积

全市活立木总蓄积875.87万m^3，其中林分蓄积749.04万m^3，疏林蓄积2.38万m^3，散生木蓄积1.50万m^3，四旁树蓄积122.94万m^3，详见表11-2、图11-1。

表11-2　林木蓄积量分布情况统计表

单位：m^3

单位 \ 地类	活立木总蓄积量	林分				疏林地	四旁树	散生木
		合计	针叶林	阔叶林	针阔混交林			
大连市	8 758 670	7 490 448	2 644 034	4 367 418	478 996	23 820	1 229 398	15 004
沙河口区	166 819	166 351	105 853	42 349	18 149	460	0	8
甘井子区	847 765	840 081	415 113	259 934	165 034	7621	0	63
旅顺口区	900 642	890 548	643 976	215 233	31 339	1067	8750	277
金州区	647 790	623 619	144 214	476 642	2763	4171	19 072	928
大连经济技术开发区	309 559	303 011	148 094	144 245	10 672	568	5062	918
长海县	303 601	284 699	169 716	95 965	19 018	578	18 320	4
瓦房店市	1 235 460	994 200	173 496	716 624	104 080	5784	233 459	2017
普兰店市	2 055 205	1 507 394	237 700	1 206 357	63 337	2997	536 286	8528
庄河市	2 291 829	1 880 545	605 872	1 210 069	64 604	574	408 449	2261

（三）森林覆盖率

全市森林面积45.11万hm^2，森林覆盖率33.47%，林木绿化率42.99%。

（四）森林资源质量

全市林分单位面积蓄积量为24.74m^3/hm^2，其中针叶林为38.26m^3/hm^2，阔叶林为20.04m^3/hm^2，针阔混交林为30.39m^3/hm^2。

（五）非林业用地造林情况

全市非林业用地造林面积15 923.1hm^2，蓄积2.10万m^3。大部分营造的为经济林，经济树种总面积8257.8hm^2，占非林地造林面积的51.86%，其次主要树种是刺槐和杨树。

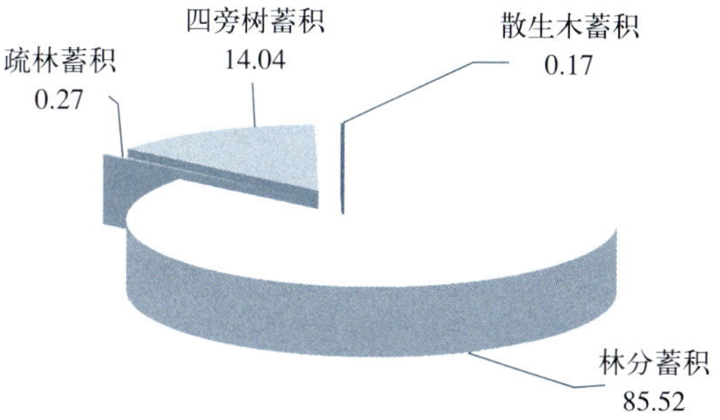

图11-1　各类蓄积比例图（%）

二、森林资源结构

（一）林分权属结构

在林分中，国有面积29 277.8hm²，蓄积146.39万m³，其中林业系统国有面积15 967hm²，蓄积82.72万m³；非林业系统国有面积13 310.8hm²，蓄积63.67万m³。集体林面积247 184.2hm²，蓄积561.52万m³。非公有制林分面积26 291.3hm²，蓄积41.06万m³。权属未定面积20.9hm²，蓄积0.07万m³。各权属面积、蓄积详见表11-3、图11-2。

表11-3　林分按权属面积蓄积统计表　　单位：hm²、m³

单位	林权	林分合计		针叶林		阔叶林		针阔混交林	
		面积	蓄积	面积	蓄积	面积	蓄积	面积	蓄积
大连市		302 774.2	7 490 448	69 098.7	2 644 034	217 911.5	4 367 418	15764	478 996
	系统国有	15 087.9	799 394	5555.3	294 283	9006.2	480 947	526.4	24 164
	部门国有	13 292.8	636 109	6250.2	340 959	5669.1	224 084	1373.5	71 066
	集体	247 184.2	5 615 233	53 464.8	1 856 949	180 196.3	3 381 302	13 523.1	376 982
	个人	26 291.3	410 635	3166.8	125 587	22 852.3	279 146	272.2	5902
	合作	897.1	28 355	660.2	26 256	168.1	1217	68.8	882
	未定	20.9	722	1.4	0	19.5	722	0	0

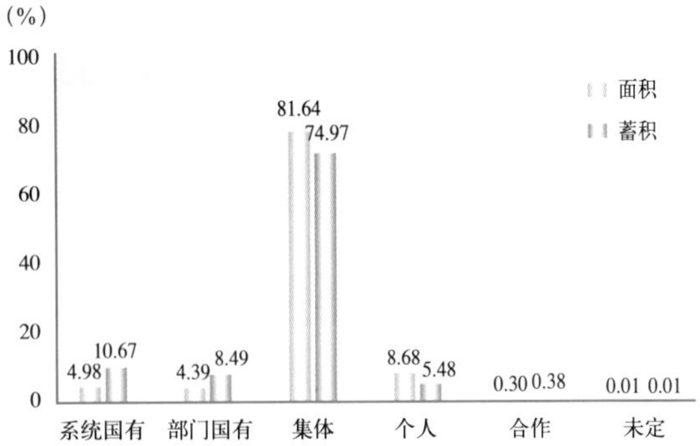

图11-2　林分各权属面积和蓄积比例图

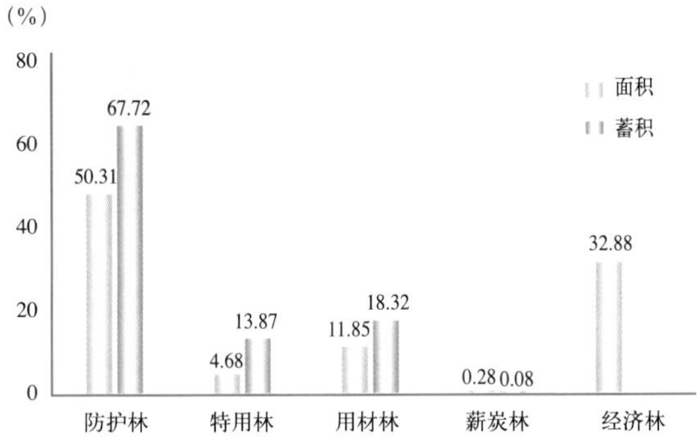

图11-3　林分各林种面积和蓄积比例图

（二）林种结构

在全市有林地中，防护林面积226 949.1hm²，蓄积507.25万m³；特种用途林面积21 115.5hm²，蓄积103.92万m³；用材林面积53 448.6万hm²，蓄积137.24万m³；薪炭林面积1261hm²，蓄积0.63万m³；经济林面积148 342.7hm²。各林种面积、蓄积及所占比例详见表11-4和图11-3。

表11-4　各林种面积和蓄积及比例统计表　　单位：hm²、m³、%

林种	合计	防护林	特用林	用材林	薪炭林	经济林
面积	451 116.9	226 949.1	21 115.5	53 448.6	1261	148 342.7
比例	100	50.31	4.68	11.85	0.29	32.88
蓄积	7 490 448	5 072 531	1 039 207	1 372 373	6337	
比例	100	67.72	13.87	18.32	0.08	

（三）龄组结构

全市中、幼龄林面积占林分面积的94.1%，蓄积占林分蓄积的86.37%；近、成过熟林面积占林分面积的5.9%，蓄积占林分蓄积的13.63%，详见表11-5、11-6和图11-4。

表11-5 林分各龄组面积统计表

单位：hm^2

统计单位	合计	幼龄林	中龄林	近熟林	成熟林	过熟林
大连市	302 774.2	248 556.9	36 323.2	7988.4	7342.5	2563.2
沙河口区	3147.2	1805.4	1057.3	45.2	146.9	92.4
甘井子区	14 376.6	12 178.5	1513.3	528.3	123.5	33
旅顺口区	18 923.9	15 848.7	2523.6	134.2	360.7	56.7
金州区	16 858.2	9264.8	4138.5	1292.8	1513.1	649
大连经济技术开发区	7187.4	4333.4	1991.4	333.5	406.4	122.7
长海县	6174.3	5110.8	1058.7	2.2	2.6	0
瓦房店市	80 454	70 758.4	6628.3	1457.4	1302.1	307.8
普兰店市	73 556.1	58 249.5	9329.2	2393.9	2467.4	1116.1
庄河市	82 096.5	71 007.4	8082.9	1800.9	1019.8	185.5

表11-6 林分各龄组蓄积统计表

单位：m^3

统计单位	合计	幼龄林	中龄林	近熟林	成熟林	过熟林
大连市	7 490 448	4 641 868	1 827 645	442 643	418 340	159 952
沙河口区	166 351	78 359	68 467	2479	8396	8650
甘井子区	840 081	721 942	85 239	22 416	7779	2705
旅顺口区	890 548	726 875	135 536	6296	18 386	3455
金州区	623 619	178 278	226 537	77 456	92 385	48 963
大连经济技术开发区	303 011	152 041	102 820	16 964	23 751	7435
长海县	284 699	236 080	48 367	153	99	0
瓦房店市	994 200	598 017	238 969	74 867	65 517	16 830
普兰店市	1 507 394	732 169	467 686	126 040	127 758	53 741
庄河市	1 880 545	1 218 107	454 024	115 972	74 269	18 173

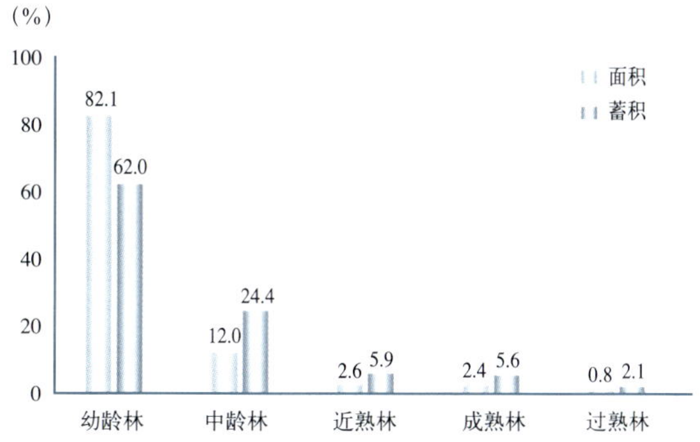

图11-4 林分各龄组面积和蓄积比例图

（四）树种结构

全市主要树种组按面积排序前5位依次是柞树组、油松组、刺槐组、杨树组、落叶松组，5个树种组面积合计286 036.6hm^2，占全市林分面积的94.47%；其他树种组面积16 737.6hm^2，占5.53%。各树种组按蓄积排序，前5位分别是油松组、柞树组、刺槐组、杨树组、落叶松组，5个树种组蓄积合计703.76万m^3，占全市林分蓄积的93.95%；其他树种组蓄积45.28万m^3，占6.05%，详见表11-7。

表11-7　林分各树种组面积蓄积统计表

单位：hm^2、m^3

优势树种	合计		幼龄林		中龄林		近熟林		成熟林		过熟林	
	面积	蓄积	面积	蓄积	面积	蓄积	面积	蓄积	面积	蓄积	面积	蓄积
合计	302 774.2	749 0448	248 557	4 641 868	36 323.2	1 827 645	7988.4	442 643	7342.5	418 340	2563	159 952
红松组	253.9	13692	233.3	11 285	20.6	2407	0	0	0	0	0	0
落叶松	10 709.6	438 691	9913.5	361 024	593.2	55 705	153.4	14 567	36.9	5229	12.6	2166
油松组	63 770.3	2 454 032	55 635	2 015 696	7595.1	395 008	501.1	40 443	38.4	2795	0.7	90
樟子松	1859.7	32 325	1834.1	31 678	25.6	647	0	0	0	0	0	0
云杉组	74.2	614	73.8	613	0.4	1	0	0	0	0	0	0
冷杉组	23.5	2014	13.7	1069	9.4	923	0.4	22	0	0	0	0
柏树组	2025.5	13 257	2025.5	13 257	0	0	0	0	0	0	0	0
柞树组	136 882.9	2 050 027	132 753	1 692 434	3593.3	289 995	254.9	30 551	206	27 181	76.1	9866
桦树组	44.8	516	42.8	514	2	2	0	0	0	0	0	0
色树组	77	1001	76	945	1	56	0	0	0	0	0	0
榆树组	2433.9	34 176	2251.6	32 346	182.3	1830	0	0	0	0	0	0
水曲柳	24.2	1036	23.7	1011	0.5	25	0	0	0	0	0	0
胡桃楸	809.6	17 324	772	15 777	35.3	1445	2.3	102	0	0	0	0
黄波罗	1.7	86	1.7	86	0	0	0	0	0	0	0	0
花曲柳	258.2	5222	214.4	3964	43.8	1258	0	0	0	0	0	0
怀槐组	6.9	41	6.9	41	0	0	0	0	0	0	0	0
椴树组	0.8	28	0.8	28	0	0	0	0	0	0	0	0
刺槐组	61 981	1 629 153	27 399	189 608	20 291	754 412	5948.7	255 510	6269.8	309 172	2072	120 451
柳树组	1249.8	52 587	964.8	25 883	201.5	18 806	48.6	4532	33.8	3177	1.1	189
杨树组	12 692.8	465 701	8343.7	77 081	2216.4	200 256	1002.1	91 660	730.2	69 514	400	27 190
速生杨	646.7	4475	627.6	4038	0	0	0	0	19.1	437	0	0
杂木组	6947.2	274 450	5350.2	163 490	1511.8	104 869	76.9	5256	8.3	835	0	0

三、天然林资源

全市天然林面积47 966.3hm^2、蓄积99.63万m^3，天然林林分面积、蓄积分别占天然林的59.78%、99.61%，其中庄河、普兰店、瓦房店3市天然林面积46 580.4hm^2，占全市天然林资源的97.1%，详见表11-8。

表11-8　天然林面积蓄积统计表

单位：hm^2、m^3

统计单位	面积合计	林分		疏林地		乔木经济林面积	封育未成林面积	灌木林面积
		面积	蓄积	面积	蓄积			
大连市	47 966.3	28 671.9	996 149	30.8	192	17 732	435.4	1096.2
沙河口	158.2	158.2	8941	0	0	0	0	0
甘井子	81.8	0	0	0	0	0	0	81.8
旅顺口	374.8	91.1	1858	0	0	0	28.7	255
金州区	763	624.4	1917	5.1	0	0	1.1	132.4
大连经济技术开发区	5	5	20	0	0	0	0	0
长海县	3.1	3.1	69	0	0	0	0	0
瓦房店	1279.6	959	5660	7.1	0	0	21.5	292
普兰店	699.6	652.8	18 403	3.1	0	0.8	42.9	0
庄河市	44 601.2	26 178.3	959 281	15.5	192	17 731.2	341.2	335

四、人工林资源

全市人工林面积429 251.4hm^2，其中林分274 102.3hm^2、疏林地3454.5hm^2、灌木林地3803.9hm^2、乔木经济林130 610.7hm^2、造林未成林17 280hm^2。人工林面积占全市林业用地总面积的84.46%。人工林蓄积651.79万m^3，占全省活立木总蓄积的74.42%。人工林各地类面积详见表11-9。

表11-9 人工林面积蓄积统计表

单位：hm^2、m^3

统计单位	面积合计	林分		疏林地		乔木经济林面积	造林未成林面积	灌木林面积
		面积	蓄积	面积	蓄积			
大连市	429 251.4	274 102.3	6 494 299	3454.5	23 628	130 610.7	17 280	3803.9
沙河口	3060.9	2989	157 410	43.7	460	0	3.6	24.6
甘井子	21 252.3	14 376.6	840 081	547.9	7621	5562.3	70.4	695.1
旅顺口	19 629.2	18 832.8	888 690	77.4	1067	602	21.5	95.5
金州区	17 403.9	16 233.8	621 702	246.7	4171	503.8	265.4	154.2
大连经济技术开发区	8654.1	7182.4	302 991	38.1	568	1311.2	58.9	63.5
长海县	6454.3	6171.2	284 630	24.2	578	99.5	159.4	0
瓦房店	140 624.5	79 495	988 540	1840.2	5784	51 519.9	5681.2	2088.2
普兰店	94 733.3	72 903.3	1 488 991	536.2	2997	18 018	2637.2	638.6
庄河市	117 438.9	55 918.2	921 264	100.1	382	52 994	8382.4	44.2

人工林按林种分，防护林面积219 502.8hm^2，蓄积445.25万m^3；特用林面积18 905.9hm^2，蓄积87.12万m^3；用材林面积56 848.7hm^2，蓄积1 187 887万m^3；薪炭林面积1328hm^2，蓄积0.63万m^3；经济林面积132 666hm^2。

五、灌木林资源

全市共有灌木林地4900.1hm^2，其中国家特别规定的灌木林地2055.3hm^2，包括306.2hm^{2}的灌木经济林；其他灌木林地2844.8hm^2，详见表11-10。

表11-10 灌木林地分布情况统计表

单位：hm^2

单位	小计	特规灌木林		其他灌木林
		计	其中灌木经济林	
大连市	4900.1	2055.3	306.2	2844.8
沙河口区	24.6	0	0	24.6
甘井子区	776.9	93.4	0	683.5
旅顺口区	350.5	36.7	0	313.8
金州区	286.6	86.3	52.8	200.3
大连经济技术开发区	63.5	43.7	0	19.8
长海县	0	0	0	0
瓦房店市	2380.2	1654.4	228.9	725.8
普兰店市	638.6	119.2	19.4	519.4
庄河市	379.2	21.6	5.1	357.6

六、经济林资源

全市经济林面积150 398hm^2，其中乔木经济林面积148 342.7hm^2，灌木经济林面积2055.3hm^2，详见表11-11。

表11-11　经济林面积统计表　　单位：hm^2

统计单位	树种	合计	乔木	灌木
			小计	小计
大连市	合计	150 398	148 342.7	2055.3
	柞树	60 272.6	60 272.6	
	山杏	122.9		122.9
	紫穗槐	206.4		206.4
	胡枝子	1.1		1.1
	酸枣	76.4		76.4
	柠条	9.3		9.3
	其他灌木	133.6		133.6
	苹果	58 679.1	58 679.1	
	梨	2021.7	2021.7	
	山楂	39.9	39.9	
	桃	17 848.3	17 848.3	
	杏	3807.2	3807.2	
	李子	1575.2	1575.2	
	板栗	1728.6	1728.6	
	枣	561.5	561.5	
	樱桃	1320.1		1320.1
	葡萄	185.5		185.5
	核桃	298	298	
	其他经济树	1510.6	1510.6	

七、生态公益林和营造林重点工程建设

（一）生态公益林

全市公益林总面积为283 714.5hm^2，占林业用地的55.83%，其中有林地248 064.6hm^2，占全市有林地的54.99%。在公益林中，重点公益林55 250hm^2，一般公益林228 464.5hm^2，详见表11-12。

表11-12　公益林面积统计表　　单位：hm^2

统计单位	森林类别	合计	林分				疏林地	灌木林	未成林地	无立木林地	宜林地
			小计	针叶林	阔叶林	针阔混交林					
大连市	合计	283 714.5	248 064.6	56 093.3	179 405.4	12 565.9	2720.9	2819.9	9873.6	4639.4	15 596
	重点	55 250	49583.1	16 359.3	31 220.7	2003.1	364.4	777.9	1082.3	1146.4	2295.9
	一般	228 464.5	198 481.5	39 734	148 184.7	10 562.8	2356.5	2042	8791.3	3493	13300
沙河口	合计	3335.3	3147.2	1978.9	768	400.3	43.7	24.6	3.6	75.5	40.7
	一般	3335.3	3147.2	1978.9	768	400.3	43.7	24.6	3.6	75.5	40.7
甘井子	合计	15 761.5	14 376.6	6538.9	5299.7	2538	547.9	683.5	70.4	17.7	65.4
	重点	3007.4	2812.4	1620.8	1003.3	188.3	0.3	161.8	22.3	5.6	5
	一般	12 754.1	11 564.2	4918.1	4296.4	2349.7	547.6	521.7	48.1	12.1	60.4

续

统计单位	森林类别	合计	林分				疏林地	灌木林	未成林地	无立木林地	宜林地
			小计	针叶林	阔叶林	针阔混交林					
旅顺口	合计	20 588.6	18 921.4	12 587.9	5686.8	646.7	77.4	313.8	50.2	1077.9	147.9
	重点	7217	6347.4	3893	2284.1	170.3	6.9	185.7	3.6	665.9	7.5
	一般	13 371.6	12 574	8694.9	3402.7	476.4	70.5	128.1	46.6	412	140.4
金州区	合计	16 312	14 528.6	4146.7	10 265.9	116	195	200.3	254.8	379.2	754.1
	重点	2067.9	1866.7	882	945.5	39.2	17.2	39.2	37.1	6.4	101.3
	一般	14 244.1	12 661.9	3264.7	9320.4	76.8	177.8	161.1	217.7	372.8	652.8
大连经济技术开发区	合计	7479.3	6751	3073.2	3381.3	296.5	36.5	19.8	58.9	104.2	508.9
	重点	1729.6	1666.2	713.5	827.6	125.1	1.6	0	1.7	30.6	29.5
	一般	5749.7	5084.8	2359.7	2553.7	171.4	34.9	19.8	57.2	73.6	479.4
长海县	合计	6633.9	6174.3	3518.7	2285.2	370.4	24.2	0	159.4	6.8	269.2
	重点	6034.6	6034.6	3425.5	2247.7	361.4	0	0	0	0	0
	一般	599.3	139.7	93.2	37.5	9	24.2	0	159.4	6.8	269.2
瓦房店	合计	83 172	66 032.8	10 219.3	52 221.8	3591.7	1381.7	700.9	5063.6	1000.6	8992.4
	重点	11 461.8	7795.6	2589.4	4834.1	372.1	266	344.6	768	275	2012.6
	一般	71 710.2	58 237.2	7629.9	47 387.7	3219.6	1115.7	356.3	4295.6	725.6	6979.8
普兰店	合计	65 246.9	59 006.3	6425.2	49 748.8	2832.3	337.4	519.4	1975.7	1503.5	1904.6
	重点	16 928.4	16 482.5	1955	13 954	573.5	56	16.4	218.1	155.4	0
	一般	48 318.5	42 523.8	4470.2	35 794.8	2258.8	281.4	503	1757.6	1348.1	1904.6
庄河市	合计	65 185	59 126.4	7604.5	49 747.9	1774	77.1	357.6	2237	474	2912.9
	重点	6803.3	6577.7	1280.1	5124.4	173.2	16.4	30.2	31.5	7.5	140
	一般	58381.7	52 548.7	6324.4	44 623.5	1600.8	60.7	327.4	2205.5	466.5	2772.9

（二）营造林重点工程

大连市营造林国家重点工程主要有退耕还林工程、三北防护林（海防林）工程、速生丰产林工程。全市重点工程营造林总面积86 486.6hm^2，其中生态公益林49 766.4hm^2，商品林36 720.2hm^2，详见表11-13。

表11-13　各营造林重点工程按地类统计表　单位：hm^2

统计单位	工程类别	合计	有林地						疏林地	灌木林	未成林地	无立木林地	宜林地
			小计	林分				乔木经济林					
				计	针叶林	阔叶林	针阔混交林						
大连市	合计	84 166.6	71560	58 267.7	11 402.5	45 471.4	1393.8	13 292.3	721.2	972.1	10 890	23.3	
	退耕	72 643.8	60 399.9	47 107.6	3266.1	42 984.9	856.6	13 292.3	698.9	929.8	10 613	2.2	
	三北	4979.7	4644.4	4644.4	1930	2470.7	243.7		22.3	42.3	249.6	21.1	
	速生	6543.1	6515.7	6515.7	6206.4	15.8	293.5		0	0	27.4		
甘井子	计	2706.7	2682	2682	1473.3	1023.6	185.1		0.3	2.1	22.3		
	三北	2706.7	2682	2682	1473.3	1023.6	185.1		0.3	2.1	22.3		
金州区	计	3400.7	3202.1	2887.3	103.5	2783.8		314.8	6.3	61.9	130.4		
	退耕	3400.7	3202.1	2887.3	103.5	2783.8		314.8	6.3	61.9	130.4		
瓦房店	计	34 268.9	28 113.2	17 399.6	2920	13 624	855.6	10 713.6	582.8	845.2	4728		
	退耕	33 636.9	27 699.2	16 985.6	2863.3	13 270.2	852.1	10 713.6	578.1	845.2	4514		
	三北	632	414	414	56.7	353.8	3.5	0	4.7	0	213.3		

续

统计单位	工程类别	合计	有林地						疏林地	灌木林	未成林地	无立木林地	宜林地
			小计	林分				乔木经济林					
				计	针叶林	阔叶林	针阔混交林						
普兰店	计	19 785	18 157.4	17 607.5	1293.4	16 230.7	83.4	549.9	115.4	37.5	1453	21.9	
	退耕	18 007.7	16 442.9	15 893	12.2	15 878.1	2.7	549.9	114.5	22.7	1425	2.2	
	三北	446.4	411	411	41.8	352.6	16.6		0.9	14.8	0	19.7	
	速生	1330.9	1303.5	1303.5	1239.4		64.1				27.4	0	
庄河市	计	24 005.3	19 405.3	17 691.3	5612.3	11 809.3	269.7	1714	16.4	25.4	4557	1.4	
	退耕	17 598.5	13 055.7	11 341.7	287.1	11 052.8	1.8	1714	0	0	4543		
	三北	1194.6	1137.4	1137.4	358.2	740.7	38.5		16.4	25.4	14	1.4	
	速生	5212.2	5212.2	5212.2	4967	15.8	229.4						

第三节　森林资源分析

一、森林资源总量分析

通过与1993年森林资源调查数据比较，全市林业用地面积、林分面积呈增长趋势，森林覆盖率逐年增加，活立木总蓄积、林分蓄积增长较快。

（一）林业用地面积稳中有升

全市林业用地面积508 206.5hm^2，比1993年507 036.7hm^{2}增加了1169.8hm^2，净增率0.23%，年平均净增率0.02%；比1975年406 200hm^{2}增加了102 006.5hm^2，净增率25.11%，年均净增率0.84%。说明大连市林业用地面积在“四五”期间大幅增加之后，逐步得到稳定，主要是各地区封山禁牧及退耕还林工程实施使林业用地面积略有增加。

（二）林分面积大幅度增加

全市林分面积302 774.2hm^2，比1993年225 272.2hm^{2}增加了77 502hm^2，净增率34.4%，年平均净增率2.87%；比1975年141 800hm^{2}增加了160 974.2hm^2，净增率113.52%，年平均净增率3.78%。30年来，全市加大了水源涵养林、沿海防护林、农田防护林、退耕还林（还草）、绿色通道、野生动植物保护和自然保护区等林业生态重点工程建设力度，取得了阶段性成果。特别是“九五”和“十五”期间，人工造林、飞播造林、封山育（护）林面积大幅度增加，严格控制采伐和乱征滥占林地，实现了造林“倍增计划”和资源科学化管理，使全市林业生态建设逐步走上健康发展的轨道，全市林分面积大幅度增长。

（三）活立木总蓄积增长较快

全市活立木总蓄积由1993年的458.59万m^{3}增加到2005年的875.87万m^3，净增加417.28万m^3，年增加34.77万m^3，年均净增率7.58%；2005年比1975年增加了728.77万m^3，年均净增加24.29万m^3，年均净增率16.51%，实行采伐限额规范化管理是林木总蓄积持续增加的主要原因。

（四）林分蓄积增长较快

全市林分蓄积2005年为749.04万m^3，比1993年的341.79万m^{3}净增加407.25万m^3，年增加33.94万m^3，年均净增率9.93%；比1975年的146.3万m^{3}增加了602.74万m^3，年增加20.09万m^3，年均净增率13.73%。近年来封山育林、天然林禁伐及林木生长迅速等是林分蓄积增加的主要原因。

（五）林木绿化率稳步提高

全市林木绿化率由1993年的35.2%上升到2005年的42.99%，上升了7.79个百分点，年均净增0.65个百分点。

（六）林分质量有所提高

从本次资源调查结果可以看出，全市森林资源质量普遍有所提高，详见下表11-14。

表11-14　森林资源质量动态变化表　　单位：hm^2、万m^3、m^3/hm^2

年份	活立木总蓄积量	林分			用材林		
		面积	蓄积	单位蓄积量	面积	蓄积	单位蓄积量
1975年	147.1	141 800	146.3	10.32	105 533.3	128.4	12.17
1993年	458.59	225 272.2	341.79	15.17	79 982.0	122.35	15.30
2005年	875.87	302 774.2	749.04	24.74	53 448.6	137.24	25.68

总体上看，全市林分质量、用材林质量从1975年到2005年稳步提高，1975年到1993年林分质量和用材林质量增长幅度基本一致，但1993年到2005年用材林质量增长幅度明显高于林分质量增长幅度，说明在近几年实行分类经营，并控制对防护林的采伐已取得明显效果，社会对林木产品的需求逐渐走向高精度化，使得用材林林木质量得到了空前的重视，林业资源管理逐渐走向科学化、正规化，详见图11-5。

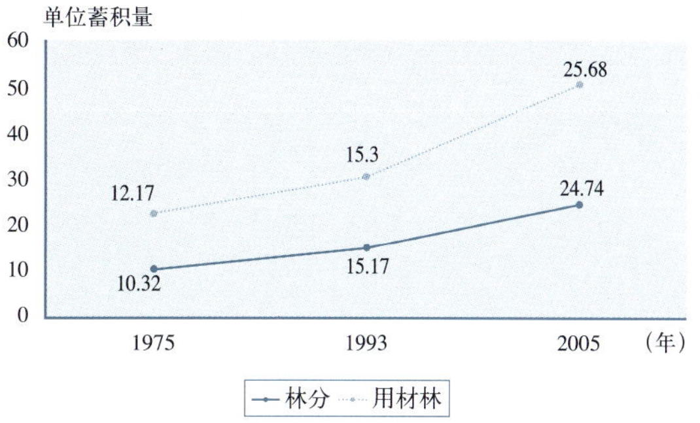

图11-5　林分、用材林单位面积蓄积量变化表
单位：m^3/hm^2

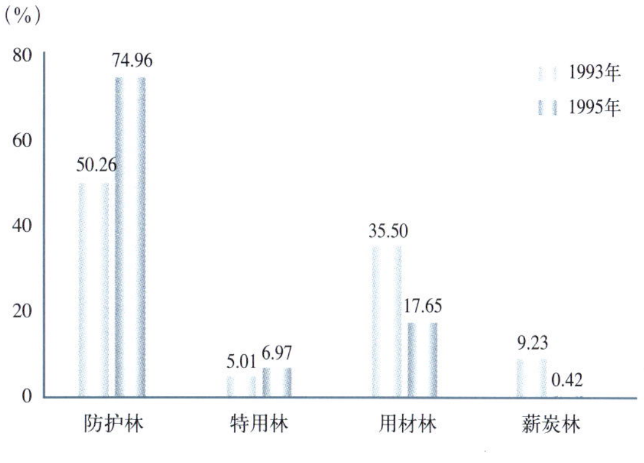

图11-6　林种调整两期对比柱状图

二、森林资源结构变化分析

（一）林种结构变化分析

全市林分面积中，防护林与特用林所占比例由1993年的55.27%上升到2005年的81.93%；用材林与薪炭林所占比例由1993年的44.73%下降到2005年的18.07%。防护林与特用林比例大幅度上升，说明大连市生态环境

表11-15　林分各林种面积蓄积动态变化表　　单位：hm^2、万m^3

林种	面积				蓄积			
	调查时间		差值	净增率%	调查时间		差值	净增率%
	1993年	2005年			1993年	2005年		
用材林	79 982	53 448.6	−26 533.4	−33.17	122.35	137.24	14.89	12.17
防护林	113 224.2	226 949.1	113 724.9	100.44	188.96	507.25	318.29	168.44
薪炭林	20 789	1261	−19 528	−93.93	0.84	0.63	−0.21	−25.00
特用林	11 277	21 115.5	9838.5	87.24	29.64	103.92	74.28	250.61

建设得到了社会的高度重视，努力创造生态宜居型城市，建设以生态防护型为主的林业生态体系战略进一步得到实施，详见表11-15、图11-6。

（二）起源结构变化分析

1. 天然林面积蓄积动态变化与分析

全市天然林林分面积28 671.9hm²，比1993年35 274.5hm²减少了6602.6hm²，净减率18.72%，年平均净减率1.56%；比1975年45 333.3hm²减少了16 661.4hm²，净减率36.75%，年平均净减率1.23%，全市天然林林分面积持续减少。但天然林林分蓄积大幅度增加，全市天然林林分蓄积99.61万m³，比1993年73.66万m³增加了25.95万m³，净增率35.23%，年平均净增率2.94%；比1975年83.5万m³增加了16.11万m³，净增率19.29%，年平均净增率0.64%。封山育林，尤其是近几年采取天然林保护措施是天然林林分蓄积增加的主要原因。

2. 人工林面积蓄积动态变化与分析

全市人工林林分面积274 102.3hm²，比1993年189 997.7hm²增加了84 104.6hm²，净增率44.27%，年平均净增率3.69%；比1975年96 466.7hm²增加了177 635.6hm²，增加了1.84倍，年平均净增率6.14%。全市人工林林分蓄积649.43万m³，比1993年268.13万m³增加了381.3万m³，增加了1.42倍，年平均净增率11.85%；比1975年62.8万m³增加了586.63万m³，增加了9.34倍，年平均净增率31.14%。“十五”期间全市通过实施退耕还林、三北防护林、速生丰产林等重点工程和采取封山育林、封山禁牧等造林措施，人工林资源得到快速发展，工程造林取得阶段性成果，人工林面积、蓄积大幅度增加。

（三）龄组动态变化与分析

龄组是反映林分结构的重要指标之一，也是衡量一个地区不同年龄段资源分布程度的重要标志，龄组的合理分配客观地反映了林业可持续发展的潜力，详见表11-16。

表11-16　林分各龄组面积变化表

单位：hm²

龄组	1993年		2005年		差值	净增(减)率%
	面积	所占比重%	面积	所占比重%		
合计	225 272.2	100	302 774.2	100	77 502	34.40
幼龄林	180 686.9	80.21	248 556.9	82.09	67 870	37.56
中龄林	32 690.4	14.51	36 323.2	12.00	3632.8	11.11
近熟林	6892.7	3.06	7988.4	2.64	1095.7	15.90
成熟林	4194.6	1.86	7342.5	2.43	3147.9	75.05
过熟林	807.6	0.36	2563.2	0.85	1755.6	217.38

从表11-16可以看出，2005年全市林分中幼龄林和中龄林所占比重高达94.09%，虽然比1993年的94.72%稍稍有所下降，但总体比重仍然偏大，可采资源严重不足。1993年近成过熟林面积占林分面积的5.28%，2005年占5.91%，两期基本持平。总体上看，各龄组面积均有不同程度的增加，其中成熟林和过熟林净增率最大，基本上翻了一倍；其次是幼龄林，增长量达到了67 870hm²，也是各龄组中增长量最大的；增长幅度最小的是中龄林和近熟林，净增率分别为11.11%、15.9%。说明大连市在森林经营时比较注重龄组结构调整，近12年来基本维持了龄组的稳定，但要严格控制采伐量，杜绝对中、近熟林采伐，合理保护幼中近熟林，保证后备资源的充足和有序利用达到综合效益最大化。

（四）权属动态变化分析

全市林分权属结构除未定权属外均呈增长趋势，其中个体林增长幅度最大，面积、蓄积增长率分别是1993年的9.4倍、26.4倍，详见表11-17。

表11-17 林分各权属面积蓄积动态变化表 单位：hm^2、万m^3、%

权属	面积				蓄积			
	调查时间		差值	净增率	调查时间		差值	净增率
	1993年	2005年			1993年	2005年		
系统国有	14 248	15 967	1719	12.06	41.94	82.72	40.78	97.23
部门国有	8240	13 310.8	5070.8	61.54	24.58	63.67	39.09	159.0
集体	199 413.2	247 184.2	47 771	23.96	270.85	561.52	290.67	107.32
个人	2536	26 291.3	23 755.3	936.72	1.5	41.06	39.56	2637.33
未定	121	20.9	−100.1	82.73	0.32	0.07	−0.25	78.13

权属结构中蓄积增长幅度明显大于面积增长幅度，说明大连市近几年森林资源管理力度较大，各权属资源质量呈稳步增长趋势。近几年国家鼓励发展非公有制林业，个体林发展迅速，林业发展步入集约化、精品化和产业化轨道；非林业系统森林面积、蓄积增长迅速，由部门办林业向社会办林业的发展方向已取得了良好效果，林业生态系统建设正在受到全社会的关注和支持；通过实施分类经营，林业所有制形式、投资结构、经营方式正趋向多元化发展。林业权属总体发展方向符合当前林业发展需求，是林业可持续发展的有力保障。

（五）树种结构变化分析

全市林分主要树种（组）面积2005年比1993年增加77 502hm^2，面积增长率为34.4%，其中柞树面积增加27 878.6hm^2，年均增加2323.2hm^2，增长量最大；其次增长量较大的有油松、刺槐、落叶松、杨树，均在5000hm^2以上；面积增长率较大的为胡桃楸，增长了114.7倍，其次为落叶松和柳树。面积呈负增长的主要是红松组和桦树组。面积变化的主要原因是最近几年的造林树种较为单一，应加大力度营造混交林，提高混交树种比例。

全市林分主要树种（组）蓄积2005年比1993年增加407.25万m^3，蓄积增长率为119.15%，其中增长量最大的是油松组，增长了166.25万m^3；其次为柞树、刺槐组。蓄积增长率最大的是胡桃楸组，增长了42.3倍；其次为樟子松组，增长了20.5倍，详见表11-18。

表11-18 林分各树种（组）面积蓄积变化统计表 单位：hm^2、万m^3、%

树种	1993年		2005年		差值		增长率	
	面积	蓄积	面积	蓄积	面积	蓄积	面积	蓄积
合计	225 272.2	341.79	302 774.2	749.04	77 502	407.25	34.40	119.15
红松组	921	2.13	253.9	1.37	−667.1	−0.76	−72.43	−35.68
落叶松	2705.2	7.94	10 709.6	43.87	8004.4	35.93	295.89	452.52
油松组	45 635.8	79.15	63 770.3	245.4	18 134.5	166.25	39.74	210.04
樟子松	1790	0.15	1859.7	3.23	69.7	3.08	3.89	2053.33
柞树组	109 004.3	77.67	136 882.9	205	27 878.6	127.33	25.58	163.94
桦树组	88	0.1	44.8	0.05	−43.2	−0.05	−49.09	−50.00
色树组	40	0.16	77	0.1	37	−0.06	92.50	−37.50
榆树组	1247.7	4.39	2433.9	3.42	1186.2	−0.97	95.07	−22.10
水曲柳	4		24.2	0.1	20.2	0.1	505.00	

续

树种	1993年		2005年		差值		增长率	
	面积	蓄积	面积	蓄积	面积	蓄积	面积	蓄积
胡桃楸	7	0.04	809.6	1.73	802.6	1.69	11 465.71	4225.00
花曲柳	157.6	0.61	258.2	0.52	100.6	−0.09	63.83	−14.75
刺槐组	47 851.3	93.86	61 981	162.92	14 129.7	69.06	29.53	73.58
柳树组	597.2	2.89	1249.8	5.26	652.6	2.37	109.28	82.01
杨树组	7343.6	49.51	12 692.8	46.57	5349.2	−2.94	72.84	−5.94
其他组	7879.5	23.19	9726.5	29.5	1847	6.31	23.44	27.21

（六）森林资源经营分析

从全市森林经营措施类型看，封育和低效林改造面积最大，合计为294 697.5hm^2，占90.2%；下面依次为未成林抚育、抚育间伐、主伐利用、公益林更新伐、低产林改造、薪炭林采伐，低产林改造和薪炭林采伐面积最小。说明大连市近几年封山育林成效显著，商品林经营管理水平进一步提高，农村以木材为主的燃料得到初步转变，但林分质量较低，残次林比重较大，今后需要加强对封山育林、生态公益林的管理，加大对低效林改造的力度，使森林资源质量稳步提高，详见表11-19。

表11-19 大连市经营措施类型面积蓄积统计表

单位：hm^2、m^3

经营类型 \ 单位		大连市	沙河口区	甘井子区	旅顺口区	金州区	大连经济技术开发区	长海	瓦房店	普兰店	庄河市
主伐利用	面积	5341.4	0	0	0	1173.9	131.2	0	802.6	2393.2	840.5
	蓄积	269 730	0	0	0	75 072	7528	0	31 948	101 650	53 532
公益林更新伐	面积	4390.9	239.3	156.5	259.3	972.9	397.9	2.6	807.3	1190.3	364.8
	蓄积	298 982	17 046	10 484	12 835	65 702	23 658	99	50 399	79 849	38 910
薪炭林采伐	面积	463.9	0	0	0	0	0	0	463.9	0	0
	蓄积	6290	0	0	0	0	0	0	6290	0	0
低产林改造	面积	746.1	0	0	0	56.8	1.6	0	447.3	201.9	38.5
	蓄积	4018	0	0	0	1427	35	0	1317	1007	232
低效林改造	面积	13 334.8	79.6	1600.1	359.4	990	153.3	43	6192.2	2292.1	1625.1
	蓄积	50 100	1238	23 429	3807	3119	563	1135	8762	6078	1969
抚育间伐	面积	8781.2	30.9	5.3	136.6	627.8	1072	0	1801	1721.1	3386.8
	蓄积	510 965	981	273	9002	36 102	59 062	0	55 874	76 496	273 175
未成林抚育	面积	12 398.7	1.5	4.6	15.6	241.2	47.4	56.9	4343.8	1965.4	5722.3
封育	面积	281 363	2867.8	13 912	18 594.4	13 514	5501	6255.4	73 872	67 530.9	79 315.3
	蓄积	6 374 183	147 546	813 516	865 971	446 368	212 733	284 043	845 394	1 245 311	1 513 301

第四节 森林资源管理现状与对策

一、森林资源管理现状

（一）相关法律法规制定情况

大连是辽宁省重要的港口、贸易、工业、旅游城市之一，经济较发达，森林资源总量相对于生态建设、国民经济发展和人民生活水平需求明显不足，森林总体质量不高，结构不尽合理，受自然条件限制森林经营水平不高，这与促进区域经济发展，满足林产品有效供给，发挥森林多种效益的要求还有一定差距。为了改善生态和投资环境，提高森林资源质量，加大保护力度，大连市在《森林法》《〈森林法〉实施条例》《环境保护法》《野生动物保护法》《退耕还林条例》《野生植物保护条例》《自然保护区条例》《森林防护条例》等国家法律法规的基础上，根据自身特点，结合实际，制定了一系列地方性法律法规，主要有《大连市林地管理条例》《大连市风景林地管理办法》《大连市封山禁牧管理办法》《大连市森林防火管理办法》《大连市野生动物保护管理办法》《大连市生态公益林补偿暂行办法》《大连市农村护林员制度及补助费管理暂行办法》《大连市退耕还林补助暂行办法》《关于大连市农村造林实行工程化管理的暂行规定》等，已基本形成了一套科学完整的、部门齐全且分工明确的科学管理体系和行之有效的运营机制。这些法律法规及规章制度的建立为大连市生态环境建设和林业可持续发展提供了有力的保障。

（二）资源管理的重要举措与评价

1. 林地资源管理与评价

林地是森林资源的基础，是发展林业的基本条件。稳定林业经营范围，控制林地流失，是搞好国土绿化，提高森林覆盖率的重要保证，对改善生态和投资环境，促进国民经济发展具有重要意义。为了加强林地管理，大连市政府相继出台了《大连市林地管理条例》（以下简称《条例》）《大连市风景林地管理办法》以及《大连市封山禁牧管理办法》等规章制度，对林地的征用占用、保护和开发利用以及非法侵占、破坏和违法使用林地做出了明确的规定，使林地保护管理工作逐步走上法制化、制度化的轨道，林地资源得到了有力的保护。

(1) 林地保护和开发利用

为了加强林地管理，大连市政府制定了《大连市林地管理条例》，并严格遵照执行，任何单位和个人不得占用风景名胜区、自然保护区、森林公园和沿海基干林带、水源涵养林等特殊保护的林地，不得擅自改变林地使用性质，不得用任何方式破坏林地植被和地貌；对未成林地、幼林地和封山育林区内，实行封闭管理，禁止放牧和非抚育性修枝割草；禁止在25°以上陡坡林地开垦种植农作物，已开垦的，限期退耕还林；对宜林荒山荒地，要制定开发、利用计划，实行目标责任制，执行专业造林与义务植树相结合的方法，限期绿化；在林业生产单位以林为主的前提下，可以利用林地资源开展综合经营，提高经济效益；各级人民政府对保护、开发利用林地资源应给予经济扶持。《条例》的实施有效地保护了林地资源，防止了林地资源的流失。

(2) 征占用林地管理

根据国家林业局《占用征用林地审核审批管理办法》和《占用征用林地审核审批管理规范》的有关规定，大连市制定了受理、设计、收费、上报、建档等各个环节的管理办法，提高林地审核审批透明度，杜绝审核审批中的盲目性和随意性。对不符合征占用林地条件的项目坚决不予审批，征占用林地管理工作实现了规范化、程序化。占用林地植被恢复费收取率为100%。

(3) 非法侵占、破坏和违法使用林地处罚

依据《条例》规定，大连市多次开展清理非法占用林地的专项活动，并组织大规模的严打行动，立案查处多起较大擅自改变林地用途和破坏林地资源的案件，严厉打击了违法犯罪

活动，有力地保护了林地资源。

2. 林权管理与评价

大连市是经济比较发达的地区，开发建设项目繁多，森林、林木和林地使用权的流转行为发生频繁。特别是近几年来，各种社会力量投资林业比较活跃，这给林权发证工作带来了一定的难度，大连市林业局高度重视这项工作，为进一步加强林权登记发证管理工作，保证林权登记内容准确无误，维护林权权利人的合法权益，根据《森林法》《农村土地承包法》的有关规定，大连市林业局出台了一系列的管理办法，并明确职责，要求森林资源管理部门根据林地使用权和林木所有权的实际情况落实到农户，并依法及时进行林权登记，严格依照《林木和林地权属登记管理办法》的要求，认真审查申请人提交的申请材料，对于登记申请材料齐全的，要依法及时予以受理；对林权登记申请材料不全或不符合有关规定的，坚决不予受理，并及时通知申请人补全材料后重新申请；对于已受理的林权登记申请，要认真审查申请的森林、林木和林地的权属状况，依法履行公告程序，及时完成现场勘验定界工作；对经审查符合登记条件的申请，报请同级人民政府核准登记，发放林权证；对经审查不符合登记条件的，不予登记并以书面形式告知申请人不予登记的理由。大连市经过对林权的强化管理，打消了林农的顾虑，促进了非公有制林业的快速发展。

3. 森林有害生物防治管理与评价

森林有害生物灾害是威胁森林资源的一种自然灾害，严重制约着森林的健康、快速、可持续发展，影响森林生态系统的稳定和生态功能的发挥，如得不到有效防制，会造成巨大的经济损失，直接关系到人民生活环境质量和生态安全。为防止林业有害生物灾害对森林的破坏，大连市林业局及各市、县(区)林业局设有专门的防治检疫机构，以加强监测、防治、检疫体系建设为基础，强化检疫执法，严格控制外来有害生物的传播，组建了机动灵活行之有效的专业防治队伍，完善防治、检疫、测报系统设备，调整林分结构，科学规划营造林方式，利用高新技术强化防治措施，建立林业有害生物灾害预测与防灾监控体系。通过详尽的调查了解，基本掌握了大连地区林业有害生物种类及发生规律，对各种林业有害生物的分布区域及发生的规律建立专门档案，为控制林业有害生物灾害提供了全方位的有力支持。2006年全市森林病虫害防治面积达4.9万hm^2，防治率97%，其中无公害防治率95.4%，生物防治率49%；林业有害生物成灾面积控制在1652hm^2，成灾率为5.2‰；全市8处测报点全部启动，共设监测点125个，监测率96%，没有发现松材线虫病。

4. 森林防火管理与评价

大连市是具有海洋性特点的大陆性季风气候，属于偏干旱地区，市委、市政府对森林防火工作高度重视，为有效预防和及时扑救森林火灾，保护森林资源，促进林业发展，维护公共安全，出台了《大连市森林防火管理办法》，各级政府成立了森林防火指挥部，总指挥由市、县(区)主要行政领导担任，副总指挥由政府主管部门领导担任，成员由市、县(区)直属部门领导组成，下设森林防火指挥办公室，办公室设在市、县 (区)林业主管部门，由办公室主任和专职副主任负责处理森林防火的日常工作。同时，市政府每年多次召开森林安全紧急会议，要求全市采取有力措施，组织安全大检查，堵塞漏洞，消除隐患，坚决遏制森林火灾事故的发生，全力以赴保护人民群众生命财产安全，维护社会稳定。通过加强组织、广泛宣传、制定公约、规范防火行为、签订责任状等措施，实行异地扑火有偿服务，组建专业森林消防队伍，目前全市专业森林消防队增加到17支，半专业森林消防队168支，平均每3000hm^2

林地拥有扑火队1支。规范的管理和专业消防队伍的加强，有力地防止了森林火灾的发生，保护了森林资源。

5. 物种保护管理与评价

物种是遗传信息的载体，是生态系统最主要的组成成分，而森林是生物物种最重要的栖息地之一，因此生物物种的多样性是反映森林生态功能的一个重要方面，对生物物种的保护是对森林资源保护的重要内容。大连市野生动植物资源比较丰富。据调查统计，大连地区有陆生、水生野生动物近2911余种，有环境指示作用的动物近148余种，经济价值较高的动物近1529余种，国家级和省市级动物种类近148余种，珍稀濒危保护的生物近63余种，是东北地区动植物种类较多的地区。

为了有效的保护生物物种资源，我国制定和实施了多项保护生物的法律、法规。大连市为了更有效地实施保护，在国家法律、法规基础上，制定了多项地方性法规、制度，如《大连市野生动物保护管理办法》《大连市森林防火管理办法》《大连市封山禁牧管理办法》《大连市风景林地管理办法》等，为特种保护提供法律保障。为严厉打击破坏森林和野生动物资源违法犯罪活动，大连市野生动植物保护站每年开展春秋两次专项治理活动，对全市范围内市场进行检查，严厉打击了违法犯罪活动。

对物种保护的方式主要有就地保护、迁地保护和离体保护。就地保护是在野外对完整的自然群落和种群的保护，是物种保护的根本途径，也是最有效的方法，主要通过建立自然保护区、保护区外附加保护措施以及生物群落的恢复3种途径来实现。截至到2006年底，大连市有大连斑海豹、大连城山头、大连蛇岛—老铁山、大连仙人洞4个国家级自然保护区，长海海洋珍稀生物一个省级自然保护区，市级有大连三湾湿地、大连黄海岸湿地、大连黑脸琵鹭自然保护区，市县级有金石滩、海王九岛、老偏岛－玉皇顶、三山岛海珍品、小黑山5个自然保护区，对大连市野生动植物以及生物化石进行了有效的保护。

大连庄河仙人洞国家级自然保护区辖区面积为3574.7hm^2, 保护区属长白、华北两大植物区系的过渡地带，动物区系为古北界华北区的结合部，生物物种具有地带多样性特点，是东北地区的野生物种基因库，同时在地质地貌、水文地质方面也具有重要的科学研究价值。主要保护对象是独特的赤松、柞树原生型生态系统，国内少见的大面积前震旦纪的石英岩、夹绢云母石英片和变质砂岩形成的假岩溶地貌及其景观，残存稀有耐寒的三椏钓樟、海州常山、蓝果紫珠等几十种亚热带植物，珍稀的金雕、白尾海雕、杂色山雀等野生动物。通过保护区的建立，有效地保护了特种资源。

6. 森林采伐限额管理与评价

大连市严格按照《森林法》的规定，控制森林资源消耗，正确处理在利用森林资源过程中眼前利益与长远利益、经济利益与生态效益之间的关系。在采伐限额使用上，实行全额管理，分项控制，严格审批手续。在确保重点工程项目采伐限额使用的基础上，严格控制其他林木的采伐。制定了《大连市森林采伐管理（暂行）办法》，明确了审批权限和程序，规定了每年集中两次公开、公正、公平审批制度，对审批的结果向社会公示，自觉接受社会监督。大连市政府为了强化责任，每年与各县区签定的造林绿化责任状中明确规定，森林采伐限额使用控制在80%以内，每年年末市人民政府责成市林业局进行检查验收，对未能完成的县(区、市)人民政府进行通报批评。由于管理到位，大连地区在历年的采伐限额使用上都能按规定执行，从总量指标到单项指标都没有超限额采伐的情况。

7. 木材运输、经营加工管理与评价

实行木材凭证运输和经营加工是依法维护正常的木材运输秩序，防止非法采伐的木材进入流通领域的重要措施，是《森林法》《森林法实施条例》赋予林业主管部门的职责之一。大连是辽宁省重要的港口城市，对出入境的木材及林副产品的运输管理是森林资源管理部门的重要工作之一，为此大连市制定了一系列的管理措施，依法对木材运输进行了有效管理。

木材凭证经营加工制度与凭证采伐林木、凭证运输木材制度，共同构成了山上、路上和经营加工厂点的一体化管理体系，三者相辅相成，互相联系，对保护合法经营，打击私收乱购，控制源头消耗具有十分重要的作用。大连市建立了木材经营加工审批制度，凡从事木材经营加工的单位和个人，在工商部门领取营业执照之前，须由县级以上林业主管部门批准，否则工商部门不得核发营业执照。

二、森林资源管理对策

（一）创新机制

坚持深化林权制度改革，建立完善的森林资源管理体制。集体林产权制度改革是增加农民收入，改善生态环境，推进社会主义新农村建设的重要内容，也是林业改革的重要组成部分。林权改革涉及到林农的切身利益，要本着实际、明确责任、建立权责利相统一的管理体制。要通过改革，在坚持森林采伐限额管理的前提下，确保经营主体享有充分的处置权，依法打破地区封锁和垄断经营，允许林农自主销售林木，自主以出租、转让、入股、联营、抵押等方式流转山林，以充分挖掘林地的经营潜力，提高经济效益。对必须审批的事项也要依法依规尽量下放审批权力，简化审批手续。随着改革的不断深入，要完善经营管理理念，调整森林资源管理机制，放活经营，对生态公益林要严格控制采伐，以实现生态效益最大化为目的，制定有计划的有规律的经营管理方案。对商品林要根据资源总量有序利用，兼顾市场需求，有效引导，放活采伐指标，特别是对速生丰产林等营造林工程管理的商品林，要根据林木生长规律，放开限额管理，以实现经济效益最大化，充分调动社会办林业的积极性。要进一步推进森林资源监督机制，明确各级资源管理部门的职责，建立责任追究制。加强对有害生物防治、森林防火、物种保护等森林资源保护体制的管理，做到有效监测、及时防治，建立完备的森林资源预测预警体系。

（二）完善法规制度

虽然大连市近几年来不断强化资源管理，在国家有关法律法规的基础上，出台了一系列地方性规章制度，但这与我国高速发展的经济状况以及法制化建设的完善还远远不够，人们法制化意识不断加强，这就需要各项社会管理工作必须法律化、制度化。大连市是法制化建设比较发达的地区，森林资源管理要本着实际，针对有利于全市生态建设长远发展的目标，在征占用林地、采伐限额、木材运输、有害生物防治、森林防火、物种保护等方面制定更加切实可行的法律法规；特别是征占用林地，要根据大连市的实际情况，在不违背国家、省里有关规定的基础上，制定各种征占地管理规定和一些技术标准，使森林资源管理者有法可依，以满足社会对生态环境建设的各项需求。同时要规范各种营造林工程的管理，大连市已将各种营造林项目实行工程化管理，这就要求必须制定各种规章制度来对工程的投入、资金、效益评价等各个方面进行监督管理。各项法律法规制度的建立是保证营造林工程化管理发挥最大功能的保障，同时也是各项工作的基础，因此完善地方性法律法规制度是目前森林资源管理的重要内容。

（三）加强队伍建设

队伍建设是林业生态环境建设的基础，队伍质量的高低直接影响各项工作的顺利开展，因此必须大力引进高科技人才，并加强对人才的管理。

(1) 要通过社会公开招聘，录用技术含量高、能力强、适合本岗位的优秀林业技术人才；

(2) 建立规范的考核、奖罚制度，要消灭“吃大锅饭”的管理体制，量化考核标准，用制度来管好人才、用好人才；

(3) 及时组织培训，加强经验交流。技术培训是提高队伍建设的重要内容，要利用定期与不定期层层培训的方法，及时组织对各级各部门人员的业务培训，提高业务部门的技术含量。特别是对基层林业站人员以及护林员，要加强教育与管理；同时要规范晋升机制，提拔有能力、有技术的人员充实到管理岗位上，切实体现科学技术是第一生产力的原则。总之，在队伍建设上，要本着“严格管理、强化培训、定期考核、优胜劣汰”的原则，来强化队伍管理，提高整体队伍素质。

（四）完善监测和管理体系

森林资源监测是森林资源经营管理的核心工作之一，也是林业管理的重要基础性工作。通过定期、定点对森林资源的种类、数量、质量及经营管理情况的调查，及时掌握资源现状及其变化趋势，为各级政府及林业主管部门制定和调整经营决策、管理决策提供科学依据。因此各级林业主管部门都成立了森林资源监测机构，专门负责森林资源清查、森林资源规划设计调查、作业设计调查、年度森林资源专项核（调）查、专业调查和森林资源与生态状况的监测等。森林资源监测体系的好坏，直接影响着森林资源的长期发展，建立森林资源和生态系统监测与评价体系，加强了对森林资源监测预警体系的管理，实行森林资源与生态信息的动态管理，全面实现大连市数字化林业是大连市森林资源监测的重要内容。同时要注重监测工作的组织管理、资金管理和技术更新，做到数据翔实可靠、切合实际的动态管理。

第12章 鞍山市森林资源

第一节 基本情况

一、自然概况

（一）地理位置

鞍山市位于辽宁省中部，东依千山山脉，西连辽河平原，北距辽宁省省会89km，南距大连市308km。东北与辽阳县毗邻，西与盘山县和辽中县相望，南与凤城市、庄河市相邻，东南与大石桥市接壤。地理坐标在东经122°10′～123°41′，北纬40°00′～41°34′之间，中心地理坐标是东经122°59′46″，北纬41°06′50″。全境南北最长175km，东西最宽133km。土地总面积为92.52万hm^2，占辽宁省总面积的6.3%。

（二）地形地貌

鞍山市属低山丘陵区及山前倾斜平原，地形特征是东南高，西北低，自东南向西北倾斜。岫岩满族自治县全境和千山区的千山、大孤山、唐家房镇，以及海城市王石镇至英落镇一带的东南部地区属千山山脉延伸部分，为低山丘陵区，山峦起伏，千山竟秀，一般海拔300～600m，最高峰为岫岩满族自治县的帽盔山，海拔1141m，区域面积为52.71万hm^2，占全市总面积的56.97%。鞍山城区、千山区和海城市的中部地区为千山山脉向西部冲积平原过渡地带，属山前冲积扇倾斜波状平原，一般海拔100～200m，区域面积约为12.33万hm^2，占全市总面积的13.32%。海城市西部和台安县全境的西北部地区系辽河、浑河、太子河冲积平原，地势低洼，一般海拔2～20m，全市海拔最低的是台安县韭菜台镇杨塘村，海拔为2m，平原面积约为27.48万hm^2，占全市总面积的29.71%。

（三）气候

鞍山市地处中纬度的松辽平原的东南部边缘，属暖温带半湿润大陆性季风气候区。夏季风从黄海、渤海吹来，气候炎热，湿润多雨；冬季风从西伯利亚、蒙古吹来，寒冷干燥；春季偏旱，少雨多风，日照长，回暖快，蒸发量大；秋季短，时雨时风，气候凉爽宜人。主要气候特点是四季分明，雨热同步，干冷同期，降水充沛，温度适宜，日照丰富；但大风、冰雹、霜冻等灾害性天气在不同年份均有不同程度的发生。

年平均气温9.6℃，极端最高气温37.2℃，极端最低气温－25.5℃。年平均风速2.8m/s，年均大风日数6天，其中4月至9月多东南风和西南风，10月至次年3月多西北风。年均降水量668.5mm，日最大降水量162.5mm，年均降水日数111天。年均日照时数2390.2小时，年均无霜期176天。

（四）土壤

鞍山市成土母质类型多样，主要有棕壤土、草甸土、水稻土、沼泽土、盐土、风沙土6

种土类，所属16个亚类、53个土属、87个土种。

（五）水资源

鞍山市的地表径流比较丰富，共有大小河流35条，其中大型河流6条，为辽河、浑河、太子河、绕阳河、大辽河、大洋河；中型河流2条，为海城河和哨子河；小型河流27条。境内河道总长1421.6km，其中大河长度248.7km，中小河流长度为1172.9km。全市现有大小型水库29座，其中中型水库3座，小（Ⅰ）水库3座均在海城境内，其余均为小（Ⅱ）水库。地表水资源量为27.01亿m^3，地下水综合补给量为14.07亿m^3，其中地下水可开采量为9.66亿m^3，占地下水总量的68.8%。地表水和地下水资源量合计为41.08亿m^3，地表水与地下水之间的重复量为5.37亿m^3，水资源总量为35.71亿m^3。

（六）植被

鞍山市植被资源比较丰富，木本植物繁多，已知的木本植物有47科、102属、252种。植被区系处于长白、华北和内蒙古3大植被分布区的交叉地带，植被类型属辽南、辽西暖温带落叶、阔叶林区。该区地形属辽东山地向中部平原过渡的丘陵山地，典型植被为油松、栎林，山顶和沿山脊部土壤较为瘠薄，岩石裸露，常分布杜鹃—油松林，主要建群种为油松，混有少量的蒙古栎和花曲柳，林下优势灌木为照白杜鹃；在阳坡，分布苔草—油松林，乔木层有油松、蒙古栎、怀槐、山杨、花曲柳等，草本植物以苔草占绝对优势，有时还零星分布有小玉竹、黄精等；在阴坡，分布灌木—油松林，乔木层除油松外，还混有蒙古栎、怀槐、辽东栎和少量花曲柳等，林下灌木种类较多，主要有胡枝子、榛子、欧柳、荆条、酸枣、卫矛、小叶朴、毛樱桃、花木兰等，主要草本植物有苔草、蕨类、蒿类、委陵菜、箭草、抓根草、猪毛草、小玉竹、黄精、大叶章等。

二、社会经济状况

鞍山市为辽宁省第三大城市，下辖10个行政单位，即铁东区、铁西区、立山区、千山区、高新技术产业开发区、千山风景名胜区管理委员会、玉佛山风景区管理委员会、海城市、台安县、岫岩满族自治县。共辖77个乡镇、39个街道办事处，总人口为347.6万人。

全市2006年国内生产总值为1250亿元，其中第一产业56.0亿元，第二产业776.0亿元，第三产业418.0亿元，分别占全市国内生产总值的4.5%、62.1 %、33.4%。

第二节 森林资源现状

一、森林资源概述

（一）林业用地面积

全市土地总面积925 235.1hm^2，其中林业用地面积468 529hm^2，占土地总面积的50.6%；非林业用地面积456 706.1hm^2，占49.4%，详见表12-1。

在有林地面积中：林分面积218 513.5hm^2，占有林地面积的50.9%；经济林面积210 421.5hm^2，占49.1%。

表12-1　林业用地各地类面积及比例表

单位：hm²、%

统计单位	项目	林业用地 合计	有林地	疏林地	灌木林地	未成林地	苗圃地	无林地
鞍山市	面积	468 529	428 935.0	545.9	2259.7	25 386.7	116.2	11 285.5
	比例	100	91.55	0.12	0.48	5.42	0.02	2.41
铁东区	面积	182.4	167.0	0.0	0.0	0.0	0.0	15.4
	比例	100	91.56	0.00	0.00	0.00	0.00	8.44
千山区	面积	13 275.2	12 149.8	32.6	140.7	209.7	28.5	713.9
	比例	100	91.52	0.25	1.06	1.58	0.21	5.38
千山风景区	面积	6768.5	6558.8	0.0	0.0	205.6	0.0	4.1
	比例	100	96.90	0.00	0.00	3.04	0.00	0.06
玉佛山风景区	面积	696.7	684.4	0.0	0.0	0.0	8.2	4.1
	比例	100	98.23	0.00	0.00	0.00	1.18	0.59
高新区	面积	447.3	430.6	0.0	0.0	15.9	0.0	0.8
	比例	100	96.27	0.00	0.00	3.55	0.00	0.18
台安县	面积	18 119	8437.0	217.6	311.7	5901.8	53.8	3197.1
	比例	100	46.56	1.20	1.72	32.57	0.30	17.65
岫岩满族自治县	面积	328 940.6	312 539.3	123.9	527.5	14 319.0	25.7	1405.2
	比例	100	95.01	0.04	0.16	4.35	0.01	0.43
海城市	面积	100 099.3	87 968.1	171.8	1279.8	4734.7	0.0	5944.9
	比例	100	87.88	0.17	1.28	4.73	0.00	5.94

在林分面积中：针叶林面积37 604.4hm²，阔叶林面积178 875hm²，针阔混交林面积2034.1hm²，分别占林分面积的17.2%、81.9%和0.9%。

在无林地面积中：无立木林地面积4728.8hm²，宜林地面积6504.8hm²，辅助生产林地面积51.9hm²，分别占无林地面积的41.9%、57.6%和0.5%。

（二）林木蓄积

全市活立木总蓄积量827.00万m³，其中林分蓄积748.22万m³，疏林蓄积2.38万m³，散生木蓄积3.40万m³，四旁树蓄积73.00万m³，详见表12-2、图12-1。

表12-2　各类森林林木蓄积统计表

单位：m³

统计单位	活立木总蓄积量	林分 林分总蓄积	林分 针叶林蓄积	林分 阔叶林蓄积	林分 针阔混交林蓄积	疏林地蓄积	四旁树蓄积	散生木蓄积
鞍山市	8 270 046	7 482 168	2 090 327	5 235 677	156 164	23 851	730 055	33 972
铁东区	5092	4765	847	3918	0	0	327	0
千山区	198 368	182 715	90 912	89 928	1875	1083	14 018	552
千山风景区	466 473	460 968	219 416	131 527	110 025	0	0	5505
玉佛山风景区	54 878	54 869	3235	49 809	1825	0	0	9
高新区	27 372	27 372	12 573	10 609	4190	0	0	0
台安县	1 409 097	1 026 397	57 523	968 385	489	13 468	366 110	3122
岫岩满族自治县	5 059 260	4 837 582	1 214 250	3 586 132	37 200	2001	197 111	22 566
海城市	1 049 506	887 500	491 571	395 369	560	7299	152 489	2218

（三）森林覆盖率

全市土地总面积925 235.1hm^2，林分面积218 513.5hm^2，灌木林面积2259.7hm^2，其中国家特别规定灌木林320.3hm^2，森林覆盖率为46.4 %。

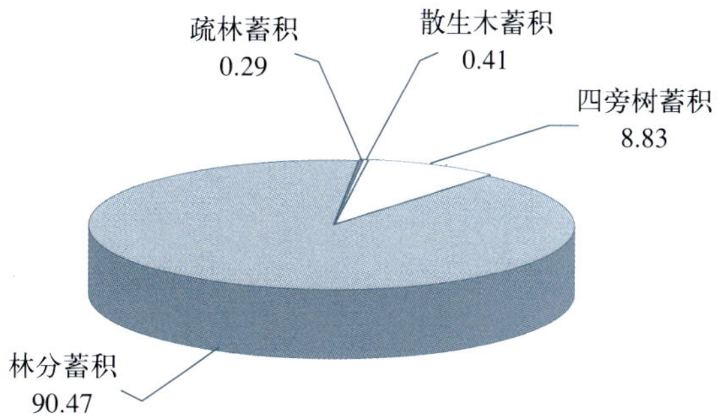

图12-1 各类蓄积比例（%）

（四）森林资源质量

全市林分单位面积蓄积量为34.24m^3/hm^2，其中针叶林为55.59m^3/hm^2，阔叶林为29.27m^3/hm^2，针阔混交林为78.10m^3/hm^2。

（五）非林地造林情况

全市非林地造林共646.2hm^2，全部为农地造林，其中林分643.9hm^2，蓄积19 808m^3；未成林面积2.3hm^2。

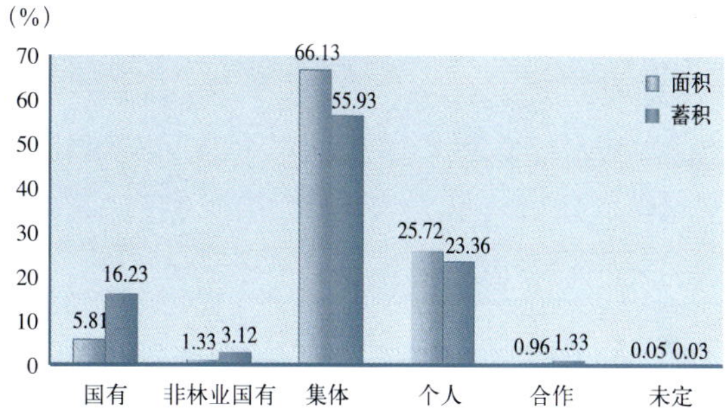

图12-2 林分各权属面积比例

二、森林资源结构

（一）林分权属结构

在全市林分中集体林比重最大，占林分面积、蓄积的66.13%和55.93%，详见表12-3、图12-2。

表12-3 林分各权属面积、蓄积统计表

单位：hm^2、m^3

统计单位	林权	林分							
		合计		针叶林		阔叶林		针阔混交林	
		面积	蓄积	面积	蓄积	面积	蓄积	面积	蓄积
鞍山市		218 513.5	7 482 168	37 604.4	2 090 327	178 875	5 235 677	2034.1	156 164
	系统国有	12 690.4	1 214 093	3141.6	294 976	8702.8	815 837	846	103 280
	部门国有	2938.4	233 599	426.2	30 167	2347.3	189 923	164.9	13 509
	集体	144 516.8	4 185 010	19 626.9	942 698	124 066.2	3 208 413	823.7	33 899
	个人	56 189.7	1 747 823	12 916.8	736 585	43 073.4	1 005 762	199.5	5476
	合作	2133.9	99 386	1475.6	84 327	658.3	15 059		
	未定	44.3	2257	17.3	1574	27	683		

（二）林种结构

全市林分中，无论从面积还是蓄积上看，防护林所占比例最大，分别占林分面积、蓄积的66.00%和69.84%，用材林分别占24.07%和29.48%。全市防护林主要分布于岫岩满族自治县、海城市、台安县、千山区，占各县林分面积比例分别为58.23% 、91.87%、76.13%、96.55% ；特用林主要分布于台安县和岫岩满族自治县，分占全市特用林分面积的33.24 %、31.28%，详见表12-4、图12-3。

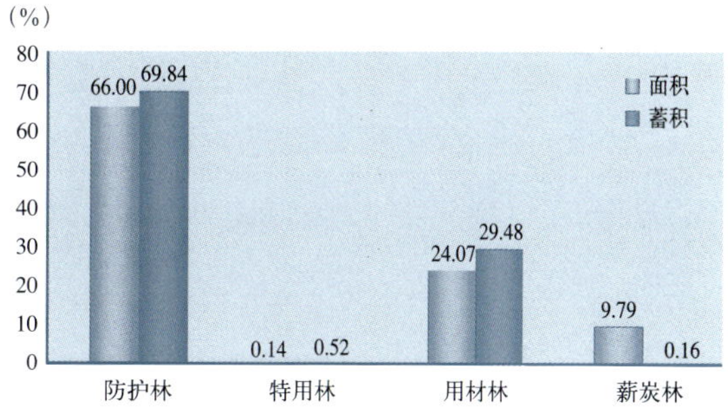

图12-3 林分各林种面积蓄积比例

表12-4　林分各林种面积蓄积统计表

单位：hm^2、m^3、%

统计单位	林　种	林分面积	林分蓄积
鞍山市		218 513.5	7 482 168
	防护林	144 186.2	5 225 641
	特用林	290	38 967
	用材林	52 622	2 205 549
	薪炭林	21 415.3	12 011

（三）龄组结构

在林分中，幼龄林面积、蓄积分别占林分总面积和林分总蓄积的82.66%和50.17%，中龄林分别占13.96%和34.32%，近熟林分别占1.83%和6.82%，成熟林分别占1.14%和5.65%，过熟林分别占0.41%和3.03%，详见表12-5、12-6及图12-4。

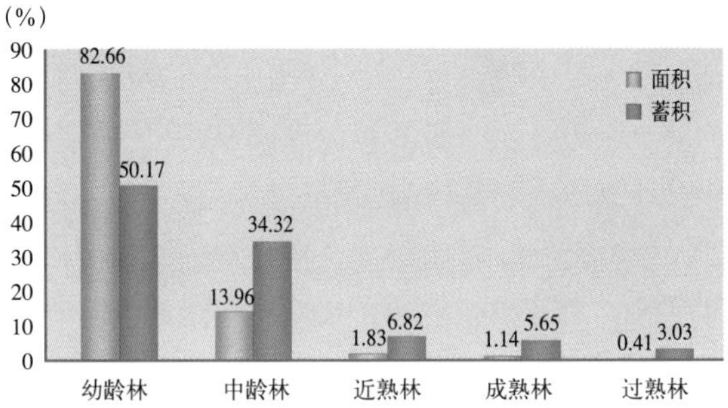

图12-4　林分各龄组面积蓄积比例

表12-5　林分各龄组面积统计表

单位：hm^2

统计单位	合计	幼龄林	中龄林	近熟林	成熟林	过熟林
鞍山市	218 513.5	180 554.2	30 513	3962.9	2533.7	949.7
铁东区	82.9	69	7.1	6.8		
千山区	6476.9	6137.9	231.8	81.5	14	11.7
千山风景区	5987.7	3172.6	2385.5	364.6	65	
玉佛山风景区	669.2	181.9	397.2	84.6	5.5	
高新区	344.9	267.3	54.5		19.9	3.2
台安县	8091.9	3468.4	1253.5	976.4	1516.8	876.8
岫岩满族自治县	162 774.8	135 049.8	24 776	2084.1	807.2	57.7
海城市	34 085.2	32 207.3	1407.4	364.9	105.3	0.3

表12-6　林分各龄组蓄积统计表

单位：m^3

统计单位	合计	幼龄林	中龄林	近熟林	成熟林	过熟林
鞍山市	7 482 168	3 753 622	2 568 158	510 344	423 096	226 948
铁东区	4765	3808	588	369		
千山区	182 715	139 696	24 542	14 422	2731	1324
千山风景区	460 968	114 827	285 451	51 690	9000	
玉佛山风景区	54 869	13 368	32 659	8195	647	
高新区	27 372	22 397	3546		1218	211
台安县	1 026 397	33 722	182 294	172 291	318 041	220 049
岫岩满族自治县	4 837 582	2 746 116	1 851 555	168 871	65 902	5138
海城市	887 500	579 688	187 523	94 506	25 557	226

（四）树种结构

全市林分面积218 513.5hm^2，蓄积7 482 168m^3。阔叶树种中杨树和速生杨面积11 063.5hm^2、蓄积1 256 945m^3，分别占林分面积、蓄积的5.1%、16.8%；针叶树种中落叶松最多，分别占林分面积、蓄积的9.20%和16.06%；油松次之，分别占林分面积、蓄积的7.8%和11.35%，详见表12-7。

表12–7 林分各树种（组）面积蓄积统计表

单位：hm^2、m^3

优势树种	幼龄林		中龄林		近熟林		成熟林		过熟林	
	面积	蓄积	面积	蓄积	面积	蓄积	面积	蓄积	面积	蓄积
合计	180 554.2	3 753 622	30 513	2 568 158	3962.9	510 344	2533.7	423 096	949.7	226 948
红松组	1424.1	113 144	127.9	14 600						
落叶松组	14 322.6	689 764	4578.7	388 045	1115.3	113 138	80.6	10 910		
油松组	13 882.1	584 937	2747.7	215 350	366.8	41 770	60.2	7370		
樟子松组	182.1	7813	41.6	3161						
冷杉组			18	2478						
柏树组	10.1	665	1.8	200						
柞树组	123 284.2	1 856 042	18 414.6	1 507 317	437.2	40 260	393	36 472	4.6	184
桦树组	85.3	2326	28.3	1164						
色树组	120.5	1691								
榆树组	95.9	8572	0.3	27	4.6	309				
水曲柳组	21.5	415								
胡桃楸组	2326	41 460	413.2	21 796	20.9	1195				
黄波罗组	3		0.5	29						
花曲柳组	4.3	249								
怀槐组	6									
椴树组	406.6	23 327	94.1	9567			24.7	2364	49.3	4748
刺槐组	11 075.8	32 908	1547.1	75 277	667.6	38 936	323.3	21 886	7.2	474
柳树组	623.6	27 091	318.4	44 520	78	18 219	79.4	15 070	15.9	1535
杨树组	3420.5	150 337	864.1	170 753	886.3	189 572	573.4	98 717	72.4	8974
速生杨	2573	63 536	513.6	68 429	360.8	65 287	999.1	230 307	800.3	211 033
杂木组	6687	149 345	803.1	45 445	25.4	1658				

三、天然林资源

全市天然林面积349 415.9hm^2，蓄积452.89万m^3，其中林分面积、蓄积分别占天然林面积、蓄积的48.62%和99.96%；疏林面积、蓄积分别占天然林面积、蓄积的0.05%和0.04%；未成林占天然林面积的2.08%；乔木经济林占天然林面积48.77%；灌木林占天然林面积0.48%，详见表12-8。

表12–8 天然林面积蓄积统计表

单位：hm^2、m^3

统计单位	面积合计	林分							
		小计		幼龄林		中龄林		近熟林	
		面积	蓄积	面积	蓄积	面积	蓄积	面积	蓄积
鞍山市	349 415.9	169 880.3	4 527 152	146 152	2 609 054	22 355.9	1 782 819	836.9	84 024
铁东区	54.7	54.7	3808	54.7	3808				
千山区	5603.8	5491.6	113 881	5374.7	104 123	116.9	9758		
千山风景区	5751.6	5548	400 646	3096.9	109 862	2142.2	250 264	254.8	33 654
玉佛山风景区	42.9	42.9	3014	35	2628	7.9	386		
高新区	120.7	120.7	9172	120.7	9172				
台安县	6.2	6.2	268	6.2	268				
岫岩满族自治县	283 594.6	133 990.1	3 551 344	113 022.2	1 949 598	19 921	1 508 720	565.5	48 637
海城市	54 241.4	24 626.1	445 019	24 441.6	429 595	167.9	13 691	16.6	1733

续

统计单位	林分				疏林地		乔木经济林	封育未成林	灌木林
	成熟林		过熟林						
	面积	蓄积	面积	蓄积	面积	蓄积	面积	面积	面积
鞍山市	481.6	46 323	53.9	4932	168.6	1737	170 365.2	7261	1740.8
铁东区									
千山区					18.4	332		41.7	52.1
千山风景区	54.1	6866						203.6	
玉佛山风景区									
高新区									
台安县									
岫岩满族自治县	427.5	39 457	53.9	4932	34.5	466	145 137.6	3912.4	520
海城市					115.7	939	25 227.6	3103.3	1168.7

四、人工林资源

全市人工林面积107 711.4hm^2，蓄积2 977 130m^3，其中林分面积、蓄积分别占人工林面积蓄积的45.13%、99.26%；疏林面积、蓄积分别占人工林面积蓄积的0.37%、0.74%；未成林面积占人工林面积的16.81%；乔木经济林占人工林面积的37.23%；灌木林占人工林面积的0.46%，详见表12-9。

表12–9 人工林面积蓄积统计表

单位：hm^2、m^3

统计单位	面积合计	林分							
		小计		幼龄林		中龄林		近熟林	
		面积	蓄积	面积	蓄积	面积	蓄积	面积	蓄积
鞍山市	107 711.4	48 633.2	2 955 016	34 402.2	1 144 568	8157.1	785 339	3126	426 320
铁东区	112.3	28.2	957	14.3		7.1	588	6.8	369
千山区	6929	985.3	68 834	763.2	35 573	114.9	14 784	81.5	14 422
千山风景区	1012.8	439.7	60 322	75.7	4965	243.3	35 187	109.8	18 036
玉佛山风景区	641.5	626.3	51 855	146.9	10 740	389.3	32 273	84.6	8195
高新区	325.8	224.2	18 200	146.6	13 225	54.5	3546		
台安县	14 861.9	8085.7	1 026 129	3462.2	133 454	1253.5	182 294	976.4	172 291
岫岩满族自治县	43 915.1	28 784.7	1 286 238	22 027.6	796 518	4855	342 835	1518.6	120 234
海城市	39913	9459.1	442 481	7765.7	150 093	1239.5	173 832	348.3	92 773

统计单位	林分				疏林地		乔木经济林	造林未成林	灌木林
	成熟林		过熟林						
	面积	蓄积	面积	蓄积	面积	蓄积	面积	面积	面积
鞍山市	2052.1	376 773	895.8	222 016	377.3	22 114	40 056.3	18 125.7	518.9
铁东区							84.1		
千山区	14	2731	11.7	1324	14.2	751	5672.9	168	88.6
千山风景区	10.9	2134					571.1	2	
玉佛山风景区	5.5	647					15.2		
高新区	19.9	1218	3.2	211			85.7	15.9	
台安县	1516.8	318 041	876.8	220 049	217.6	13 468	345.1	5901.8	311.7
岫岩满族自治县	379.7	26 445	3.8	206	89.4	1535	4626.9	10 406.6	7.5
海城市	105.3	25 557	0.3	226	56.1	6360	28 655.3	1631.4	111.1

人工林中用材林面积27 868.1hm^2，蓄积170.14万m^3；防护林面积33 067hm^2，蓄积123.00万m^3；特用林面积242.4hm^2，蓄积3.52万m^3；经济林40 113.9hm^2，薪炭林面积6420hm^2，蓄积1.05万m^3。

五、灌木林资源

鞍山市共有灌木林2259.7hm^2，其中天然灌木林1740.8hm^2，占灌木林面积的77.0%，人工灌木林518.9hm^2，占23.0%；在灌木林中，国家特别规定灌木林320.3hm^2，占14.2%，其他灌木林1939.4hm^2，占85.8%。

六、经济林资源

鞍山市共有经济林面积210 741.8hm^2，其中乔木经济林210 421.5hm^2，占经济林面积的99.85%，灌木经济林320.3hm^2，占0.15%。乔木经济林中主要树种为柞、梨、苹果；在灌木经济林中主要树种为榛子，详见表12-10。

表12-10 经济林面积统计表

单位：hm^2

统计单位	树种	合计	乔木经济林	灌木经济林
鞍山市		210 741.8	210 421.5	320.3
	柞树	170 564.2	170 564.2	0
	胡桃楸	3.2	3.2	0
	山杏	10.1	0	10.1
	紫穗槐	0.3	0	0.3
	胡枝子	6.5	0	6.5
	榛子	256.6	0	256.6
	其他灌木	4.8	0	4.8
	苹果	10 026.1	10 026.1	0
	梨	25 378.7	25 378.7	0
	山楂	470.4	470.4	0
	桃	443.1	443.1	0
	杏	217.3	217.3	0
	李子	567.9	567.9	0
	板栗	2612	2612	0
	枣	54.2	54.2	0
	文冠果	5.6	5.6	0
	葡萄	42	0	42
	核桃	1.3	1.3	0
	其他经济树	77.5	77.5	0

七、生态公益林和营造林重点工程建设情况

（一）公益林建设情况

鞍山市公益林建设面积171 795.3hm^2，其中重点公益林120 788.6hm^2，占70.31%；一般公益林51 006.7hm^2，占29.69%，详见表12-11。

表12-11　公益林面积统计表

单位：hm^2

统计单位	森林类别	林分				疏林地	灌木林	未成林	无林地
		小计	针叶林	阔叶林	针阔混交林				
鞍山市		144 476.2	15 315.4	127 609.7	1551.1	358.9	1688.4	16 822.2	8449.6
	重点公益林	116 607.3	13 671.6	101 514.6	1421.1	129.1	1032.3	1113.4	1906.5
	一般公益林	27 868.9	1643.8	26 095.1	130	229.8	656.1	15 708.8	6543.1
铁东区		82.9	16.5	66.4	0	0	0	0	15.4
	一般公益林	82.9	16.5	66.4	0	0	0	0	15.4
千山区		6019	1439.6	4549.3	30.1	32.4	127.4	200.9	709.5
	重点公益林	5442.6	1439.6	3972.9	30.1	30.5	125.7	63	687.4
	一般公益林	576.4	0	576.4	0	1.9	1.7	137.9	22.1
千山风景区		4652.8	1381	2383	888.8	0	0	16.1	4.1
	重点公益林	4652.8	1381	2383	888.8	0	0	16.1	4.1
玉佛山风景		669.2	49.4	592.7	27.1	0	0	0	3.2
	重点公益林	669.2	49.4	592.7	27.1	0	0	0	3.2
市实验林场		270.2	0.2	270	0	0	0	0	0
	重点公益林	270.2	0.2	270	0	0	0	0	0
高新区		337	128	149.2	59.8	0	0	0	0
	重点公益林	337	128	149.2	59.8	0	0	0	0
台安县		6256.7	508.5	5743	5.2	141.3	271.4	5445.1	3034.3
	重点公益林	266.7	264.4	2.3	0	0	0	0	0
	一般公益林	5990	244.1	5740.7	5.2	141.3	271.4	5445.1	3034.3
岫岩满族自治县		94 873.8	3034	91 320.6	519.2	35.9	76	7152.2	584.5
	重点公益林	80 551.1	1807.9	78 340.1	403.1	11.8	46.6	973.1	318.7
	一般公益林	14 322.7	1226.1	12 980.5	116.1	24.1	29.4	6179.1	265.8
海城市		31 314.6	8758.2	22 535.5	20.9	149.3	1213.6	4007.9	4098.6
	重点公益林	24 417.7	8601.1	15 804.4	12.2	86.8	860	61.2	893.1
	一般公益林	6896.9	157.1	6731.1	8.7	62.5	353.6	3946.7	3205.5

（二）重点工程建设情况

重点工程项目包括退耕还林工程、三北防护林造林工程、速生丰产林工程与野生动植物保护和自然保护区工程，4大重点工程总面积29 449.8hm^2，其中林分面积17 715.8hm^2，占全市林分面积的8.1%，详见表12-12。

表12-12　各工程按地类统计表

单位：hm^2

统计单位	工程类别	合计	有林地						疏林地	灌木林	未成林地	无立木林地	宜林地
			小计	林分				乔木经济林					
				计	针叶林	阔叶林	针阔混交林						
鞍山市		29 449.8	17 715.8	13 283.1	8304	4952.8	26.3	4432.7	33.8	113.9	11 539.6	46.7	0
	退耕还林	18 832.5	8362.5	3929.8	16.1	3913.7	0	4432.7	0	111	10 359	0	0
	速生丰产林	8785.2	7898.1	7898.1	7855.5	16.3	26.3	0	0	0	887.1	0	0
	三北防护林	1831	1455.2	1455.2	432.4	1022.8	0		33.8	2.9	293.5	45.6	0
	野生动植物保护和自然保护区	1.1	0	0	0	0	0		0	0	0	1.1	0
千山区		593.9	505.7	347.9	0	347.9	0	157.8	0	1.7	86.5	0	0
	退耕还林	593.9	505.7	347.9	0	347.9	0	157.8	0	1.7	86.5	0	0

续

统计单位	工程类别	合计	有林地						疏林地	灌木林	未成林地	无立木林地	宜林地
			小计	林分				乔木经济林					
				计	针叶林	阔叶林	针阔混交林						
台安县		8052.1	3582.9	3278.6	432.4	2846.2	0	304.3	33.8	109.1	4280.7	45.6	0
	退耕还林	6585.5	2282.5	1978.2	0	1978.2	0	304.3	0	109.1	4193.9	0	0
	三北防护林	1466.6	1300.4	1300.4	432.4	868	0		33.8	0	86.8	45.6	0
岫岩县满族自治县		15 985.6	9268.5	8570.3	7871.6	672.4	26.3	698.2	0	0.2	6716.9	0	0
	退耕还林	7197.1	1370.4	672.2	16.1	656.1	0	698.2	0	0.2	5826.5	0	0
	速生丰产林	8785.2	7898.1	7898.1	7855.5	16.3	26.3	0	0	0	887.1	0	0
	三北防护林	3.3	0	0	0	0	0		0	0	3.3	0	0
海城市		4818.2	4358.7	1086.3	0	1086.3	0	3272.4	0	2.9	455.5	1.1	0
	退耕还林	4456	4203.9	931.5	0	931.5	0	3272.4	0	0	252.1	0	0
	三北防护林	361.1	154.8	154.8	0	154.8	0		0	2.9	203.4	0	0
	野生动植物保护和自然保护区	1.1	0	0	0	0	0		0	0	0	1.1	0

第三节 森林资源分析

一、森林资源分布特点

(1) 资源总量东南多西北少。鞍山市的地貌特征是东南高，西北低，自东南向西北倾斜，处于辽宁东部山区向辽河平原的过渡地带。由于地理位置和地貌特征，使森林资源分布自然形成东南部多、西北部少的特点，呈现资源总量分布极度不均，仅岫岩满族自治县有林地面积就占全市的72.9%，森林蓄积量占全市的64.7%，森林覆盖率达69.5%。

(2) 防护林多用材林少。在林种结构分布上，防护林面积和蓄积分别占林分面积和蓄积的66.0%和69.8%，而用材林面积和蓄积仅占24.1%和29.5%。

(3) 幼龄林多成过熟林少。在龄组结构分布上，幼龄林面积占林分面积的82.7%，而近成过熟林面积仅占3.4%，形成可利用资源匮乏，后备资源丰富的局面。

(4) 纯林多针阔混交林少。全市针阔混交林面积仅有0.20万hm^2，占林分面积的0.9%，几乎全部为纯林，在纯林中阔叶林（含阔叶混交林）居多，占林分面积的81.9%。

(5) 天然林多人工林少。 在林分中，天然林面积16.99万hm^2，蓄积452.72万m^3，分别占林分面积、蓄积的77.8%和60.5%；人工林面积4.86万hm^2，蓄积295.50万m^3，分别占22.2%和39.5%。

二、森林资源总量分析

鞍山市上期森林资源二类调查是1993年，通过两期调查结果对比分析，全市森林资源总量持续增加，森林覆盖率逐年提高，森林资源结构渐趋合理，森林资源质量逐渐提升，新植林数量迅速增长，森林资源管理逐步完善。

（一）林业用地面积对比分析

1. 林业用地面积稳中有升

全市林业用地面积46.85万hm^2，比上期二类调查的44.63万hm^2增加了2.22万hm^2，净增率4.97%，年均净增率0.41%。说明林业用地面积持续增长。主要是各地区封山禁牧及退耕还林工程实施使林业用地面积增加。

2. 有林地面积增加迅速

全市有林地面积42.89万hm^2，比上期二类调查的41.36万hm^2增加了1.53万hm^2，净增率3.70%，年均净增率0.31%。说明有林地面积增加迅速，大力植树造林是有林地增加的主要原因。

3. 林分面积大幅度增加

全市林分面积21.85万hm^2，比上期二类调查的19.80万hm^2增加了2.05万hm^2，净增率10.35%，年均净增率0.86%。林业以生态建设为重点加大了水源涵养林、农田防护林、退耕还林（还草）、绿色通道和自然保护区等林业生态工程建设力度，人工造林、飞播造林、封山育（护）林成效显著，采伐和乱征滥占林地得到严格控制，森林资源实现科学化管理，林业生态建设逐步走上健康发展的轨道，林分面积大幅度增加。

4. 乔木经济林面积基本持平

全市乔木经济林地面积21.04万hm^2，上期二类调查的21.55万hm^2减少了0.51万hm^2，净增率－2.37%，年均净增率－0.20%。本期乔木经济林面积比上期乔木经济林面积有所减少，主要原因是岫岩满族自治县以生态建设为重点，退蚕还林，将0.45万hm^2的沙化蚕场调整为生态公益林。

5. 疏林面积大幅度减少

全市疏林地面积0.05万hm^2，上期二类调查的0.55万hm^2减少了0.5万hm^2，净增率－90.91%，年均净增率－7.58%。疏林地改造是疏林面积大幅度减少的主要原因。

6. 灌木林面积变化较大

全市灌木林面积0.23万hm^2，上期二类调查的0.08万hm^2增加了0.15万hm^2，净增率187.50%，年均净增率15.63%，灌木林面积的增加是大量的宜林荒山荒地封山育林的结果。

7. 造林未成林地面积增加

全市造林未成林地面积1.81万hm^2，上期二类调查的0.54万hm^2增加了1.27万hm^2，净增率235.19%，年均净增率19.6%。造林未成林地面积增加的原因是大量的迹地更新、宜林荒山荒地造林，全市植树造林工作呈现稳步发展的局面。

8. 无林地面积减少

全市无林地面积1.12万hm^2，上期二类调查的2.07万hm^2减少了0.95万hm^2，净增率－45.89%，年均净增率－3.82%。封山育林和人工造林是无林地逐步减少的主要原因。

9. 森林覆盖率逐年提高

全市森林覆盖率1993年是45.3%，2005年是46.4%，提高了1.1个百分点。森林覆盖率提高的主要原因是植树造林、封山育林，使有林地面积增加，但提高的幅度不大。

（二）林木蓄积量动态变化与分析

1. 活立木总蓄积增长较快

全市活立木总蓄积由1993年的590.01万m^3增加到2005年的827.00万m^3，净增236.99万m^3，

年增加19.75万m^3，年均净增率3.35%；2005年比1975年增加了581.80万m^3，年均净增19.39万m^3，年均净增率7.91%。其主要原因，第一，森林面积的迅速增加，相应增加森林蓄积；第二，辽宁省实行天然林禁止商业性采伐政策，减少了天然林资源消耗；第三，加强森林资源管理力度，实行限额采伐，控制资源过量消耗，森林资源得到保护资源总量快速增长。

2. 林分蓄积增长较快

全市林分蓄积2005年为748.22万m^3，比1993年的521.98万m^3净增226.24万m^3，年增加18.85万m^3，年均净增率3.61%。

3. 疏林蓄积呈增加趋势

全市疏林地蓄积2005年为2.39万m^3，比1993年的0.02万m^3净增加2.37万m^3，年增加0.20万m^3。

4. 四旁树蓄积、散生木蓄积有所增加

全市四旁树蓄积由1993年的62.60万m^3增加到2005年的73.01万m^3，净增加10.41万m^3；散生木蓄积由1993年的1.21万m^3增加到2005年的3.40万m^3，净增加2.19万m^3。

（三）天然林资源变化分析

全市2005年天然林林分面积16.99万hm^2，比1993年15.78万hm^2增加了1.21万hm^2，净增率7.67%，年均净增率0.64%。天然林林分蓄积452.72万m^3，比1993年353.62万m^3增加了99.1万m^3，净增率28.02%，年平均净增率2.34%。

增长的主要原因是各级政府加大对天然林的保护力度，贯彻实施省政府禁止天然林商业性采伐政策，有效保护天然林资源。在森林经营上，采取天然更新、封山育林、对农民的烧柴场实行砍柴留树等措施，使天然林的面积和蓄积同步增加。

（四）人工林资源变化分析

全市2005年人工林林分面积4.86万hm^2，比1993年4.02万hm^2增加了0.84万hm^2，净增率20.90%，年均净增率1.74%。

全市2005年人工林林分蓄积295.50万m^3，比1993年168.36万m^3增加了127.14万m^3，增加了0.76倍，年均净增率6.29%。大力开展植树造林和消灭荒山活动，特别是“九五”和“十五”期间实施三北防护林、退耕还林等林业生态重点工程，加快了荒山荒地的绿化速度，促使人工林面积和蓄积的快速增长。

（五）森林资源质量动态变化与分析

反映森林资源质量的主要指标有林分的树种组成比例、单位面积蓄积量和生长量、平均胸径和平均郁闭度、林木的病虫危害程度等。

1. 森林质量现状

从本期二类资源调查结果可以看出，全市森林资源质量逐渐提高。在林分中，针叶林面积3.76万hm^2，阔叶林面积17.89万hm^2，针阔混交林面积0.2万hm^2，其面积比例为1.7：8.2：

表12-13 林分面积、蓄积量表

单位：万hm^2、万m^3、m^3/hm^2

地类	面积	蓄积	单位蓄积量	面积比例%
合计	21.85	748.22	34.24	100.00
针叶林	3.76	209.03	55.59	17.21
阔叶林	17.89	523.57	29.27	81.88
针阔混交林	0.20	15.62	78.10	0.91

0.1。针叶林是以占98%的落叶松、油松构成的针叶纯林；在阔叶林中有85%是天然次生林，是以占80%的柞树构成天然阔叶混交林；针阔混交林主要是天然形成，多呈现不规则的块混或散列式株混，详见表12-13。

林分单位面积蓄积量为34.24m^3/hm^2，其中天然林26.65m^3/hm^2，人工林60.80m^3/hm^2。林分单位面积蓄积量水平比全省低19.65m^3/hm^2，人工林比全省平均水平高6.67m^3/hm^2。林分单位面积平均蓄积生长量为0.66m^3/hm^2，林分平均郁闭度在0.5左右。

从总体看，鞍山市森林生长发育状况较好，人工林强于天然林，国有林好于集体林，林业生活力等级处于中等水平；森林健康程度达到一级或二级标准，有85%以上森林面积无病虫害发生或轻度危害；在林分龄组结构上，幼龄林面积高达82.66%，而近、成、过熟林仅占3.38%，结构严重失衡，造成全市单位面积蓄积量和生长量偏低。

2. 森林质量分析

全市林分蓄积量1993年26.36m^3/hm^2，到2005年提高到34.24m^3/hm^2，其中用材林1993年33.66m^3/hm^2，到2005年提高到41.93m^3/hm^2，增长了23.41%，详见表12-14。

表12-14　林分、用材林面积、蓄积及单位面积蓄积量动态表　单位：万hm^2、万m^3、m^3/hm^2

年份	林分			用材林		
	面积	蓄积	单位蓄积量	面积	蓄积	单位蓄积量
1993年	19.80	521.98	26.36	12.33	414.97	33.66
2005年	21.85	748.22	34.24	5.26	220.55	41.93

近年来国家实施林业分类经营，走科技兴林之路，森林经营的集约化程度逐步提高，加快低产低效林改造步伐，带动了全市森林质量的提高。但是增长的速度缓慢，现实的质量状况依然低下，与全省和全国平均水平还有很大差距，这就需要在今后长期的森林经营过程中注重抓好提高森林质量这一薄弱环节。

（六）林种动态变化与分析

2005年与1993年各林种面积和蓄积对比，用材林面积减少了7.07万hm^2，净增率－57.34%；防护林增加了11.21万hm^2，增长3.5倍；薪炭林面积减少2.09万hm^2，净增率－49.41%；特用林面积不变。各林种蓄积随着面积变动而增减，详见表12-15。

"八五"至"十五"期间，在全省范围内开展森林分类经营区划，随后又开展了公益林区划界定工作，为了适应生态环境建设的需要，对现有林的林种结构作了适当的调整。鞍山市根据本地区生态环境对林业的需求，并考虑社会经济建设和发展农村经济以及人民生活的

表12-15　林分各林种面积、蓄积动态表　单位：万hm^2、万m^3

林种	面积				蓄积			
	调查时间		差值	净增率(%)	调查时间		差值	净增率(%)
	1993年	2005年			1993年	2005年		
合计	19.80	21.85	2.05	10.35	521.98	748.22	226.24	43.34
用材林	12.33	5.26	－7.07	－57.34	414.97	220.56	－194.41	－46.85
防护林	3.21	14.42	11.21	349.22	106.13	522.56	416.43	392.38
薪炭林	4.23	2.14	－2.09	－49.41	0.38	1.20	0.82	215.79
特用林	0.03	0.03			0.50	3.90	3.4	680.00

需要，本着“生态优先”的原则，对林种结构进行了调整，调整的重点是防护林。按照生态区位加大防护林比例，在1993年3.12万hm^2的基础上，调整到14.42万hm^2，增加了近3.5倍；调减一般用材林比例，大力发展速生丰产林和短轮伐期用材林；适当减少薪炭林比例，积极开展农村烧柴习俗改革；保持特用林面积不变。鞍山市的林种结构调整基本思路正确，调整的林种结构比例趋近合理。

（七）龄组面积动态变化与分析

两期森林资源二类调查各龄组面积相比，幼龄林面积由1993年的15.31万hm^2增加到18.06万hm^2，净增2.75万hm^2，净增率17.96%；中龄林面积增加了0.2万hm^2，净增率7.02%；近熟林、成熟林面积分别减少了0.59万hm^2和0.31万hm^2，过熟林面积没有变化，详见表12-16。

表12-16 林分各龄组面积变化表

单位：万hm^2

龄组	1993年		2005年		差值	净增率(%)
	面积	比例(%)	面积	比例(%)		
合计	19.80	100	21.85	100	2.05	10.35
幼龄林	15.31	77.32	18.06	82.66	2.75	17.96
中龄林	2.85	14.39	3.05	13.96	0.2	7.02
近熟林	0.99	5.00	0.40	1.83	－0.59	－59.60
成熟林	0.56	2.83	0.25	1.14	－0.31	－55.36
过熟林	0.09	0.46	0.09	0.41		

从本期二类调查林分各龄组面积结构比例分析，幼龄林占82.66%，比重占绝对优势；其他各龄组比例大幅度递减，结构严重失调，与完全调整林的结构比例要求相差甚远。幼龄林多，林业后备资源丰富，林业发展后劲十足，但近、成、过熟林比例仅占3.4%，表现可利用资源极度匮乏，需要在今后的森林经营过程中逐步调整。

（八）权属动态变化与分析

1. 林业系统国有林分面积、蓄积呈增长趋势

林业系统国有林分面积1.27万hm^2，比1993年的0.91万hm^2增加了0.36万hm^2，增长39.56%；林分蓄积121.41万m^3，比1993年的50.86万m^3增加了70.55万m^3，增长了138.71%。

2. 非林业系统部门国有林分面积、蓄积呈增长趋势

非林业系统部门国有林分面积0.29万hm^2，比1993年的0.03万hm^2增加了0.26万hm^2，增长866.67%；林分蓄积23.36万m^3，比1993年的7.17万m^3增加了16.19万m^3，增长了225.80%。

3. 集体林林分面积呈减少趋势，蓄积略有减少

集体林分面积14.45万hm^2，比1993年的16.22万hm^2减少了1.77万hm^2，减少了10.91%；林分蓄积418.50万m^3，比1993年的453.69万m^3减少了35.19万m^3，减少了7.76%。

4. 个体林林分面积、蓄积大幅度增加

个体林分面积5.62万hm^2，比1993年的2.55万hm^2增加了3.07万hm^2，增加了1.20倍；林分蓄积174.78万m^3，比1993年的6.65万m^3增加了168.13万m^3，增长了25.28倍。

5. 合作造林林分面积、蓄积呈增加趋势

合作造林林分面积0.21万hm^2，比1993年的0.08万hm^2增加了0.13万hm^2，增加了1.63倍；林分蓄积9.94万m^3，比1993年的2.89万m^3增加了7.05万m^3，增加了2.44倍。

6. 未定权属林分面积、蓄积基本稳定

未定权属林分面积0.01万hm^2，与1993年的0.01万hm^2持平；林分蓄积0.23万m^3，比1993年的0.72万m^3略有减少。

从上述变化中可以看出：林业系统国有林和部门国有林分面积比较稳定，蓄积稳步增长；集体林面积在减少，个体林面积大幅度增加，增长比例高达120%；各种合作造林林分面积也呈增长趋势，并出现了外资独资或合作造林形式；在现有造林未成林地中个体权属比例达60.63%，说明鞍山市非公有制林业发展成效显著，林业所有制形式和投资结构逐步趋向多元化。

第四节　森林资源管理现状与对策

一、森林资源管理现状

（一）相关法规制定情况

加强森林资源管理，需要以完备的法律、法规为支撑，鞍山市政府及林业主管部门按照国家和省政府的有关规定，于1989年至2006年，制定了《鞍山市征占用林地管理暂行办法》，下发了《关于规范资源管理工作有关问题的通知》《关于在全市范围内清理整顿非法使用林地大检查活动的通知》《关于做好森林采伐限额管理工作的通知》《关于开展木材经营（加工）单位清理整顿工作的通知》《关于推进集体林产权制度改革的意见》对征占用林地、乱占林地、采伐限额管理、木材经营和集体林产权制度改革工作做出明确规定，森林资源管理工作实现了法制化。

（二）森林资源管理重要举措与评价

1. 森林采伐限额管理

鞍山市林业局在森林采伐限额管理上采取了如下 3 项措施：

第一，坚持全额管理，分项控制原则。省下达的采伐限额市林业局无一截流，全部下达各县林业局。在执行采伐限额的过程中，不允许串项使用和互相挪用、挤占采伐限额，特殊情况需要串项使用的，必须由县（区）林业局申报市林业局审核，经省林业厅批准。

第二，严格限额审批程序。申请林木采伐的单位或个人应持有关证明（林权证明、上年伐区和迹地更新验收证明、上年无重大滥伐和森林火灾证明）、经审批的林木采伐申请书和林木采伐作业设计书，由县级资源林政主管部门核发林木采伐许可证。采伐集体林木必须持有村民代表大会意见、村委会及乡（镇）林业站证明。

第三，坚持伐区验收制度。为了加强伐区管理，提高森林采伐质量和迹地更新效率，市林业局下发了《关于做好森林采伐限额管理工作的通知》，强调做好伐区及迹地更新的检查验收工作，签发伐区及迹地更新验收单。文件规定对伐区及迹地更新验收合格率未达到85%以上的单位，停止其下年度的森林采伐资格。市林业局每年要对各县(市、区)的采伐限额执行情况进行检查，并将检查结果通报全市。

鞍山市在森林采伐限额管理方面，加大了执法力度，实行目标管理，加强检查监督，建立责任追究制度，严格控制采伐限额，从而控制了森林资源消耗，做到了采伐限额年年有结余，为全市森林资源的有效保护和发展，遏制生态环境恶化起到了重要作用。

2. 木材生产计划管理

鞍山市认真贯彻执行省林业厅下达的年度木材生产计划，凡是以商品销售为目地所采伐森林、林木，必须纳入年度木材生产计划，超过木材生产计划采伐森林或其他林木的，按滥伐林木处罚。2005年市林业局印发《关于规范资源管理工作有关问题的通知》，为强化管理，规定对资源管理不到位、滥砍盗伐问题严重的，以乡（镇）为单位年累计超过50m^{3}的，等量扣减该单位下年度木材生产计划；没有经县级以上政府批准的森林资源二类调查成果，没有建立健全有关森林资源管理的各项规章、制度和办法的地区，市林业局将暂停执行该地区的下年度木材生产计划。根据近年来对全市采伐限额执行情况的检查验收和林政案件统计结果表明，超限额采伐问题得到有效控制，滥砍盗伐等破坏森林资源情况明显减少，说明林政执法工作加大了宣传和打击力度，广大人民群众的爱林、护林，保护森林资源的意识增强，全市的森林资源管理正逐渐向良好的态势发展。

3. 林木采伐管理

为提高林木采伐质量和管理水平，加强对林木采伐作业设计管理是关键环节。市林业局要求各县（区）林业调查设计队在作业设计时要实事求是，不得弄虚作假；要建立采伐作业设计管理岗位责任制；要选拔业务能力强，政治素质高的人员担任设计队的领导职务；要有严格的管理措施，对不称职者要取消设计资格；加强设计人员的岗位培训，坚持持证上岗制度，以提高设计队伍的整体素质。

凭证采伐是保证采伐限额得以落实的重要的举措，是维护森林、林木所有者和经营者合法权益，控制不合理采伐，防止乱砍滥伐森林的违法行为，增强森林采伐管理的监督机制，确保森林资源持续稳定增长的有效措施。因此，市林业局为加强林木采伐许可证管理，规定从2006年开始，凭林权证申请采伐，无林权证拒绝设计和不予办理林木采伐许可证；对不按要求擅自开证的和在2005年底林权证发证任务未完成80%的，市林业局将暂停执行该地区的2006年度木材生产计划；单位或个人申请采伐公益林的除提供林权证外，还应提交经村民会议或村民代表会议2/3以上人数同意转让的书面材料复印件；要建立采伐流程审批公示制度，林木采伐许可证复印件要粘贴在村委会（场部）和采伐现场明显处，进行公示，便于社会各界和群众了解和监督，公示期限7天。

在林木采伐管理工作中，鞍山市严格执行凭证采伐，建立伐前设计、伐中监督、伐后验收的采伐管理制度。近年来加大了对伐区的检查验收力度，对检查出的问题及时处理，理顺和强化了农民房前屋后林木采伐的管理，基本控制了滥砍盗伐事件的发生，有效地保护了森林资源。

4. 木材运输管理

在木材运输管理上主要采取了如下措施：

(1) 办理出市、出省木材运输证的，必须提供《辽宁省木材经营加工行政许可决定书》复印件、木材采伐许可证原件（或销售许可证原件，到市林业局办林木采伐许可证可用复印件），复印件要清晰，否则不予办理。

(2) 同一单位或个人连续2次办理出省（同一地区）木材运输证明的，必须出示上次收货单位收货证明或发票，防止一证多次使用。

(3) 利用林木采伐许可证为依据办理运输证的，到综合服务大厅办理木材运输证时间和林木采伐许可证采伐截止日期相差7天以上的（山区采伐许可证采伐结束期限15日以上），必须经过县（区）林业主管部门重新核实，并且核实人员在采伐许可证上签字盖章方可办理运输证明，否则不予办理。

(4) 平原地区木材检查站少或无，要加强对无证运输木材的查处力度，维护正常的木材流通秩序。

实行木材凭证运输是依法维护正常的木材运输秩序，防止非法采伐的木材进入流通领域的重要措施，是与采伐限额制度、凭证采伐制度相配套的一项重要森林资源管理制度。鞍山市狠抓木材进入流通领域的管理，对无证运输木材和木材无合法来源的，采取强有力的措施坚决给予打击，依法强化了办理木材运输证的前置条件，对所提供的开证材料要严格审查，保证林木采伐合法运输，从而减少滥砍盗伐行为的发生。

5. 木材经营加工管理

为了有效保护和合理利用森林资源，进一步加强对木材经营加工单位的监督管理，打击违法经营加工木材行为，市林业局与工商局、乡企局、经贸委、农委联合下发了《关于开展木材经营（加工）单位清理整顿工作的通知》。通过清理整顿，对不合格、违法经营的单位，吊销营业执照、取消经营加工木材资格，全市最后保留665家木材经营加工单位。

实行木材凭证经营加工制度，与凭证采伐林木、凭证运输木材，构成了山上、路上和经营加工点的一体化管理体系。凡是从事木材加工的经营单位或个人，首先经县级以上林业主管部门的批准，然后到工商部门办理营业执照。对全市现有木材经营加工单位，要加强监督、检查和管理，保护合法经营，打击私收乱购，定期核查其木材来源和销售情况，发现问题及时处理，责令其限期整改；对问题严重的木材经营加工单位，要取消木材经营加工资格。这样就有效地整顿了经营加工市场秩序，防止违法经营加工木材行为的发生。

6. 征用占用林地管理

在征占用林地申办程序上，制定了申请受理、调查设计、现场查验、补偿收费、审核上报、变更建档等各个环节的管理规范，提高审核审批工作的科学性和透明度，杜绝工作中的盲目性和随意性。鞍山市林业局《关于规范资源管理工作有关问题的通知》中规定：

(1) 在用地单位申请中现场查验意见要详细叙述。

(2) 征占用林地设计依据的文件和计算标准要详尽。

(3) 补偿标准和征占用林地数量、位置要在村组公示7日左右。林木产权为个人所有的要对补偿标准和征占用林地数量逐一签字。

(4) 建设单位向县级林业行政主管部门申请，所征占用的林地跨行政区域的，向共同的行政主管部门申请。

(5) 上报的材料包括申请文件、使用林地申请表、征占用林地单位的法人证明、项目批准文件、被征占用林地的权属证明材料、有资质的设计单位作出的项目使用林地现状调查报告；林地、林木补偿协议、安置补偿协议；预缴森林植被恢复费收据复印件；异地恢复森林植被措施、造林设计、图表；建设单位提供的被征占用林地单位（村、组），村民代表大会或村民代表2/3以上人数同意征占用林地的书面材料；林木产权为个人所有的，要附个人同意补偿的书面材料；该征占用林地的采伐作业设计。

实施林地用途管制，确保林地面积只能增加不能减少，林地保护管理的主要任务是控制林地逆转，做到林地越经营越多、越经营越好。通过两期森林资源调查结果分析可以看出，鞍山市的林地面积在逐年增加，森林质量在逐年提高。

二、森林资源管理对策

（一）创新机制体制

1. 强化森林资源监督机制

建立森林资源监督机制是全面深化林业改革，强化森林资源保护管理，保障国家林业方针政策和法律法规有效落实，促进林业快速、健康、持续发展的一项重大举措。虽然在体制上省林业主管部门没有派驻森林资源监督机构，但是市、县（区）林业主管部门要担负起森林资源监督的职能，实行上管一级制度，建立有效的监督体系，完善市级森林资源监督检查机制。以森林采伐限额管理为重点，对森林资源保护管理工作实施全过程、全方位的监督，特别要加大对伐前公示、伐中监督和伐后验收制度执行情况的监管力度。认真贯彻落实《关于违反森林资源管理规定造成森林资源破坏的责任追究制度的规定》，对国家和省核查的问题要查实、分清责任、认真整改。

2. 实行林业分类经营管理体制

在充分发挥森林多种功能的前提下，按森林主导功能的不同，将森林划分为公益林和商品林两大类，分别采取不同的管理体制、经营机制和政策措施。公益林要按公益事业进行管理，以政府投入为主，吸收社会力量共同建设；商品林要按基础产业进行管理，按市场机制运行，政府给与必要扶持。对公益林和商品林的分类，要区划到位、划界到位、登记到位、建档到位、合同到位，落实到山头地块。对公益林要管严管好，建立公益林认证体系、公益林建设投资和森林生态效益补偿基金，按事权划分，分别由中央和地方政府承担；对商品林要放开放活，人工商品林特别是速生丰产林、工业原料林，要逐步实现经营者按市场需求自主采伐利用。

（二）完善法规制度

森林资源管理法规制度是森林资源管理的基础保障，森林资源管理制度主要包括林地林权管理制度、森林资源利用管理制度、森林资源监督制度和森林资源监测制度等。国家先后出台了多部有关森林资源管理的法律法规政策，为依法强化森林资源管理提供了法律依据，也是制定森林资源管理其他系列制度的前提和基础。

鞍山市政府和林业行政主管部门注重森林资源管理工作，近年来先后制定了多部森林资源管理制度，对加强森林资源管理工作起到了重要作用，但在法规制度体系建立上还不健全、不完善。因此，要以上级制定的法规制度为基础，在不违背上级规程规定的前提下，结合本地区实际情况，制定具有针对性、强制性、时效性和科学性的相关法规制度，建立健全森林资源管理的法规制度体系，使森林资源管理工作有法可依、有章可循，防止工作的盲目性和随意性，促进管理工作的规范化和制度化，进一步提高森林资源的管理水平。

（三）加强队伍建设

1. 森林资源行政管理队伍

各级森林资源行政管理人员肩负着贯彻党的林业方针政策，依法对森林资源的培育、利用和保护实施管理与监督的重大责任。管理人员要加强自身的思想政治建设和执法能力建设，以岗位培训为手段，加强对森林资源的政策、法律、法规和制度学习，全面提升管理队伍的管理能力和执法水平，建立一支政治思想好、业务技术精、纪律严、协调能力强、工作作风硬的森林资源行政管理队伍。

2. 林政执法队伍

林政执法队伍建设是森林资源工作的重要组成部分，其机构主要包括木材检查站和林政稽查队。首先要建立健全林政执法体系，完善规章制度，加强执法人员的岗位培训和政策法律、法规和规章制度教育，实行岗前培训、持证上岗制度，迅速提高执法人员的法律意思、政策水平和执法能力，使其成为遵纪守法、廉洁自律、作风优良的林政执法员，坚决杜绝公路“三乱”行为的发生，严厉打击各种破坏森林资源的违法行为，有效地保护和发展森林资源。

3. 林业调查规划队伍

林业调查规划设计单位承担着森林资源调查信息采集、数据处理、资源档案管理、森林生态建设成效评价和林业发展规划编制等重要职能，在生态建设和林业发展中发挥着十分重要的作用。鞍山市各县（区）林业调查规划设计单位不同程度的存在机构不健全、人员编制不足、技术落后、设备陈旧等问题，难以担负起应有的职能。因此，要着力加强林业调查规划设计队伍建设，完善机构，加强管理；保证人员编制，提高人员素质；理顺投资渠道，加大投入力度，完善基础设施建设；加强技术培训，实行岗位培训、持证上岗制度，提高单位的整体素质；注意新技术引入与应用，提高调查与监测成果质量和水平，为全市建立与国家和省相配套的森林资源和生态状况综合监测体系服务。

（四）完善监测和管理体系

利用现代化技术和系统方法建立科学、高效的森林资源监测与管理体系，充实、完善森林资源档案管理系统。通过定期对森林资源的种类、数量、质量及经营管理情况的调查，及时掌握资源的现状及其变化趋势，获取森林资源的动态数据，通过数据的处理、评价和预测，为各级政府及林业主管部门提供具有数字化、信息化管理的空间数据和属性数据，作为制定和调整经营决策和管理决策的依据，确保决策的科学、准确、有效。切实加强各级森林资源监测管理，促进监测工作的规范化、制度化和系统化，进一步增强监测的时效性和预见性。

森林资源监测的主要任务包括市级森林资源清查（一类调查）、森林资源规划设计调查（二类调查）、作业设计调查（三类调查）、重点公益林资源监测、沙化土地监测、森林资源专项调查和专业调查等。市林业局及各县（区）林业局均设有森林资源调查设计机构，现有从事勘测设计技术人员63名，其中具有高级职称5名、中级22名、初级36名。现已完成森林资源二类调查3次，即1975年（“四五”期间）、1993年（“八五”期间）和2005年（“十五”期间），其成果为资源档案的建立和更新提供了本底数据；完成年度计划作业设计；完成台安县沙化土地普查3次；完成重点公益林资源监测2次。

森林资源监测是资源管理的基础性工作，是《森林法》及《森林法实施条例》赋予林业部门的一项重要职责。因此，进一步加强森林资源监测管理工作，是落实“依法治林、科技兴林”方针的前提和重要内容，其具体对策是：

(1) 进一步加强资源监测队伍建设。虽然各县（区）设有资源监测机构，但是人员不足、技术落后、设备陈旧、资质不够等问题依然突出。针对这些问题，应按机构的业务范围和职能，确定人员编制，保证机构的稳定性；进一步加大技术培训力度，实行持证上岗制度，提高队伍的整体素质；加大资金投入，完善基础设施建设，提高现代化监测能力；加强监测行业资质管理，加快提升勘测设计资质等级和设计能力。

(2) 注重新技术的引入与应用。随着社会高新技术的迅速发展，积极引入遥感、全球定位系统、地理信息系统、数据库系统、信息网络系统等新技术应用于林业调查设计与资源监测。迅速提高监测机构的整体实力和水平。

(3) 建立市级森林资源和生态状况综合监测体系。为适应我国林业5大转变和跨越式发展的需要，在森林资源数量和质量监测基础上，还需要反映森林生态功能、森林健康、土壤侵蚀等方面的动态评价，应着手准备建立森林生态状况综合监测体系，一是与国家和省监测体系框架相统一，国家与地方监测相结合；二是对全市的森林资源做好宏观监控；三是对森林资源二类调查数据进行总体控制。

第13章 抚顺市森林资源

第一节 基本情况

一、自然概况

（一）地理位置

抚顺市位于辽宁省东部偏北，位于东经123° 39′ 42″ ～125° 28′ 58″ ，北纬41° 14′ 10″ ～42° 28′ 32″ 之间，东西长151km，南北宽138km。东与吉林省的柳河、海龙、通化、东丰县相接，南与本溪市相邻，西与沈阳市相毗邻，北与铁岭市接壤。

（二）地形地貌

抚顺山地系长白山脉的西南延伸部分，由哈达岭龙岗的余脉构成。吉林哈达岭由东入境，沿浑河北岸向西南逐渐降为丘陵；龙岗山脉由正东入境，沿浑河南岸向西南延伸，逐渐降为丘陵。境内地势东高西低；地形特点为阳坡短而陡，阴坡长且缓；总的地势平缓，一般坡度在15° ～25° ，超过30° 较少，山岭起伏之间多为宽阔的沟谷和平川。抚顺山地的主体山脉是龙岗山脉，最高峰为钢山主峰，海拔1347m；最低在西部浑河两岸，海拔62.1m。境内山峰起伏，岗峦叠障，水源充沛，土壤肥沃，森林资源丰富。

抚顺全区国土面积中，山地占78%，耕地占13.5%，水面占3.9%，道路及居民区占4.6%，故有“八山、半水、一分田、半分道路和庄园”的概称。

（三）气候

抚顺气候属于温带大陆性气候，夏季炎热多雨，冬季寒冷漫长，春季多风，昼夜温差较大，四季分明，东部气温偏低、西部稍高。年平均气温在4～7℃，年极端最高气温为38.5℃，年极端最低气温为－40.5℃。全年无霜期为120～160天，年日照时数为2255～2517小时，年平均降雨量为700～850mm。风力一般为3～4级，最大为8级，年空气相对湿度为68%～72%，干燥度为0.75左右。

（四）土壤

抚顺全区土壤有暗棕壤、棕壤、草甸土、白浆土、沼泽土和水稻土等6个土类、11个亚类、48个土属、98个土种。棕壤是全市主要的地带性土壤，面积约89.7万hm^2，占各类土壤面积的83.4%。按小班区划平均土层厚度超过51cm。

（五）水资源

境内水资源总量32.3亿m^3，全区人均占有水资源量1433m^3，居全省第三位。主要河流有浑河、清河、柴河、柳河、苏子河、富尔江、太子河等。发源于清原满族自治县的湾甸子乡滚马岭的浑河为最大的河流，区内干流总长205km，流域面积7311km^2，占全市总面积的64.9%苏子河、社河为其两个支流。境内河流分别注入大伙房水库、清河水库、柴河水库、桓仁水库、磨山水库、观音阁水库。

（六）植被

抚顺属长白山植物区系，兼有华北植物群落。植物种较为丰富，有木本植物190余种，草本植物1000余种，其中经济价值较高的野生植物近300种。区系植物主要乔木代表种有红松、沙松冷杉、长白落叶松、胡桃楸、紫椴、水曲柳、山杨、白桦、黄桦、色木槭等；灌木代表种有胡榛子、胡枝子、假色槭、刺五加、长白忍冬等；草本代表种羊胡苔草、粗茎鳞毛蕨、山茄子、木贼等；主要植被群系类型有长白落叶松林、日本落叶松林、红松林、红松阔叶混交林、蒙古栎林、辽东栎林、白桦林、山杨林、色木林、杂木林等。

二、社会经济情况

1. 行政区域

抚顺市下辖4区3县和1个开发区。4区为新抚区、望花区、东洲区和顺城区；3县为抚顺县、新宾满族自治县、清原满族自治县；1个开发区为李石寨开发区。全地区有街道34个、乡镇47个、居委会400个、村委会959个。全市总面积11 272km^2，总人口226万人，其中农业人口77.4万人。

2. 经济概况

据2006年统计公报，全市完成地区生产总值457.5亿元，按可比价格计算，比上年增长15.1%，其中第一产业增加值31.7亿元，增长10%；第二产业增加值254.5亿元，增长16.7%；第三产业增加值171.3亿元，增长13.8%。全年实现农林牧渔业总产值63亿元，其中农业产值23.6亿元，增长8.5%；林业产值6.3亿元，增长8%；牧业产值24.8亿元，增长4.6%；渔业产值7.7亿元，增长8%；农林牧渔服务业产值0.6亿元，增长10%。农民人均纯收入4160元，比上年增长11.1%。

第二节　森林资源现状

一、森林资源概述

（一）林地面积

全市土地总面积1 127 147.2 hm^2，其中林业用地面积841 252.9 hm^2，占土地总面积的74.6%；非林业用地面积285 894.3 hm^2，占25.4%，详见表13-1。

表13-1　林业用地各地类面积及比例表　　单位：hm^2、%

统计单位＼项目		林业用地						
		合计	有林地	疏林地	灌木林地	未成林地	苗圃地	无林地
抚顺市	面积	841 252.9	742 292.7	1298.9	29 627.9	31 079.1	300.3	36 654.0
	比例	100	88.2	0.2	3.5	3.7	0.0	4.4
东洲区	面积	7276.5	6030.0	62.0	389.9	78.4	0.0	716.2
	比例	100	82.9	0.9	5.4	1.1	0.0	9.8

续

统计单位	项目	林业用地 合计	有林地	疏林地	灌木林地	未成林地	苗圃地	无林地
望花区	面积	2072.4	1334.5	5.5	157.5	56.2	0.0	518.7
	比例	100	64.4	0.3	7.6	2.7	0.0	25.0
顺城区	面积	13 569.4	11 969.9	58.6	656.1	181.9	6.4	696.5
	比例	100	88.2	0.4	4.8	1.3	0.0	5.1
李石寨开发区	面积	2090.0	1613.3	82.9	43.4	35.9	0.0	314.5
	比例	100	77.2	4.0	2.1	1.7	0.0	15.0
抚顺县	面积	164 140.0	141 507.0	295.2	3567.0	8035.9	104.1	10 630.8
	比例	100	86.2	0.2	2.2	4.9	0.1	6.5
新宾满族自治县	面积	343 721.6	301 116.1	457.9	15 402.1	13 075.5	106.4	13 563.6
	比例	100	87.6	0.1	4.5	3.8	0.0	3.9
清原满族自治县	面积	308 383.0	278 721.9	336.8	9411.9	9615.3	83.4	10 213.7
	比例	100	90.4	0.1	3.1	3.1	0.0	3.3

在有林地面积中：林分面积719 221.1 hm²，占有林地面积的96.9%；经济林面积23 071.6hm²，占3.1%。

在林分面积中：针叶林面积279 826.4 hm²，阔叶林面积422 353.1 hm²，针阔混交林17 041.6 hm²，分别占林分面积的38.9%、58.7%和2.4%。

在无林地面积中：无立木林地面积10 514.5hm²，宜林地面积23 658.6 hm²，辅助生产林地面积2480.9 hm²，分别占无林地面积的28.7%、64.6%和6.7%。

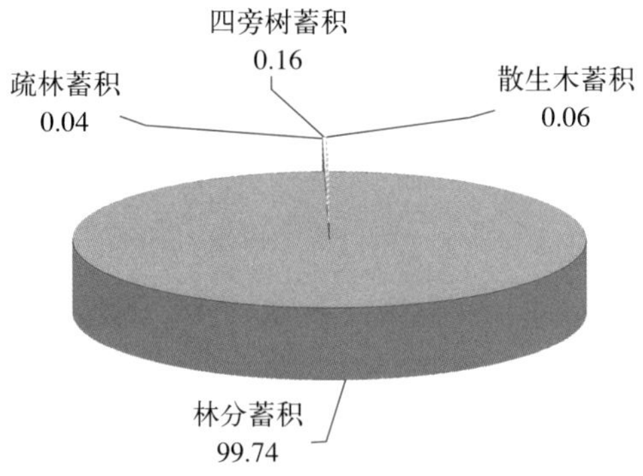

图13-1　各类蓄积比例图（%）

（二）林木蓄积

全市活立木总蓄积6287.51万m³，其中林分蓄积6271.21万m³，疏林蓄积2.25万m³，散木蓄积10.21万m³，四旁树蓄积3.84万m³，详见表13-2及图13-1。

表13-2　各类森林林木蓄积统计表

单位：m³

统计单位	活立木总蓄积量	林分 林分总蓄积	针叶林蓄积	阔叶林蓄积	针阔混交林蓄积	疏林地蓄积	四旁树蓄积	散生木蓄积
抚顺市	62 875 075	62 712 110	29 532 987	31 759 074	1420 049	22 574	38 304	102 087
东洲区	441 934	438 014	321 335	116 283	396	679	2520	721
望花区	53 711	53 319	34 305	18 852	162	66		326
顺城区	895 250	880 287	661 839	197 956	20 492	1217	12 725	1021
李石寨开发区	92 652	92 253	85 128	7125		388		11
抚顺县	11 677 887	11 647 485	6 780 528	4 673 161	193 796	6594	1928	21 880
新宾满族自治县	25 111 711	25 063 389	8 997 894	15 432 787	632 708	6828	2222	39 272
清原满族自治县	24 601 930	24 537 363	12 651 958	11 312 910	572 495	6802	18 909	38 856

（三）森林覆盖率

全市土地总面积1 127 147.2hm^2，有林地面积742 292.7hm^2，森林覆盖率66.2%；全市的林木绿化率达到68.6%。

（四）森林资源质量

全市林分单位蓄积量为87.19m^3/hm^2，其中针叶林为105.54m/hm^2，阔叶林为75.20m^3/hm^2，针阔混交林为83.33m^3/hm^2。

（五）非林业用地造林情况

全市非林地造林198.9hm^2，其中已成林面积182.8hm^2，蓄积0.8万m^3；未成林地面积16.1hm^2。在非林地造林中，农地造林面积为37.2hm^2，占非林地造林总面积的18.7%；非农地造林面积为161.7hm^2，占非林地造林总面积的81.3%。

二、森林资源结构

（一）林分权属结构

在全市林分当中集体林比重最大，占林分面积、蓄积的48.50%和43.27%，详见表13-3。

（二）林种结构

全市林分当中，无论从面积还是蓄积上看，防护林和用材林所占比例基本相当，用材林面积和蓄积分别占林分面积、蓄积的52.65%和55.34，防护林分别占44.63%和42.80%，详见表13-4及图13-2。

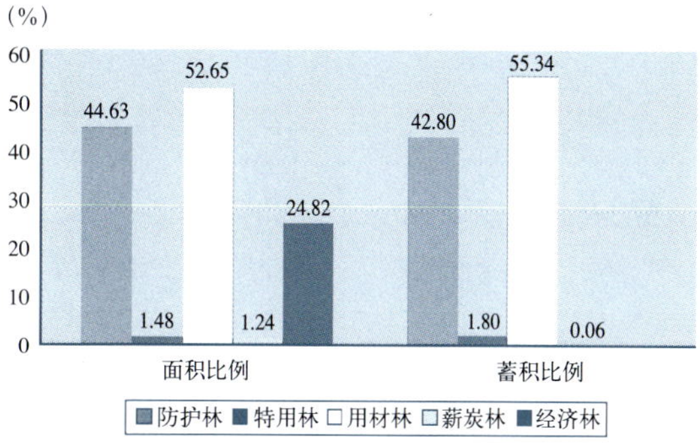

图13-2 各林种面积蓄积比例图

表13-3 林分按权属面积、蓄积表

单位：hm^2、m^3

统计单位	林权	林分							
		合计		针叶林		阔叶林		针阔混交林	
		面积	蓄积	面积	蓄积	面积	蓄积	面积	蓄积
抚顺市		719 221.1	62 712 110	279 826.4	29 532 987	422 353.1	31 759 074	17 041.6	1 420 049
	系统国有	137 241.9	18 491 553	62 849.2	9 492 306	68 328.7	8 336 275	6063.0	662 972
	部门国有	30 915.8	3 675 729	20 676.3	2 751 491	9531.2	856 928	707.3	67 310
	集体	348 820.1	27 134 420	74 540.2	7 608 214	268 194.2	19 117 116	6085.7	409 090
	个人	175 778.3	10 426 400	97 349.9	6 789 498	74 664.8	3 395 671	3763.6	241 231
	合作	26 324.6	2 971 382	24 358.3	2 885 955	1544.9	46 022	420.4	39 405
	未定	143.4	12 626	52.5	5523	89.3	7062	1.6	41

表13-4 林分面积蓄积按林种统计表

单位：hm^2、m^3、%

统计单位	林种	林分面积	林分蓄积
抚顺市		719 221.1	62 712 110
	防护林	321 000.2	26 838 870
	特用林	10 673.6	1 127 889
	用材林	378 643.7	34 708 825
	薪炭林	8903.6	36 526

（三）龄组结构

在林分中，幼龄林面积、蓄积分别占林分面积的53.1%、蓄积的31.6%；中龄林分别占林分面积的33.1%、蓄积的43.4%；近熟林分别占林分面积的9.3%、蓄积的16.1%；成熟林分别占林分面积的4.2%、蓄积的8.4%；过熟林分别占林分面积的0.3%、蓄积的0.5%，详见表13-5、表13-6。

表13-5 林分各龄组面积统计表

单位：hm^2

统计单位	合计	幼龄林	中龄林	近熟林	成熟林	过熟林
抚顺市	719 221.1	381 776.9	238 042.4	66 951.8	30 469.0	1981.0
东洲区	5626.8	1533.5	2362.8	992.5	550.1	187.9
望花区	1162.6	355.4	507.6	160.4	110.8	28.4
顺城区	10 383.4	3321.6	4657.7	1547.1	767.8	89.2
李石寨开发区	1389.6	404.9	626.5	246.7	103.0	8.5
抚顺县	129 462.7	68 168.2	36 511.8	15 227.1	8758.0	797.6
新宾满族自治县	298 249.9	157 654.9	105 057.7	23 899.9	11 018.8	618.6
清原满族自治县	272 946.1	150 338.4	88 318.3	24 878.1	9160.5	250.8

表13-6 林分按龄组蓄积统计表

单位：m^3

统计单位	合计	幼龄林	中龄林	近熟林	成熟林	过熟林
抚顺市	62 712 110	19 812 975	27 234 038	10 117 294	5 248 706	299 097
东洲区	438 014	84 678	189 422	93 266	52 140	18 508
望花区	53319	9197	24 614	7625	8997	2886
顺城区	880 287	188 839	423 971	171 559	87 863	8055
李石寨开发区	92 253	17 562	47 576	20 359	6258	498
抚顺县	11 647 485	3 316 302	4 391 296	2 200 975	1 588 801	150 111
新宾满族自治县	25 063 389	8 563 655	11 291 647	3 460 531	1 665 033	82 523
清原满族自治县	24 537 363	7 632 742	10 865 512	4 162 979	1 839 614	36 516

（四）树种结构

全市林分面积719 221.1hm^2，蓄积6271.21万m^3。阔叶树种中柞树面积和蓄积最多，分别占林分面积、蓄积的46.80%、40.18%；针叶树种中落叶松最多，分别占林分面积、蓄积的30.34%和35.67%，详见表13-7。

表13-7 林分各树种（组）面积蓄积统计表

单位：hm^2、m^3

优势树种	幼龄林		中龄林		近熟林		成熟林		过熟林	
	面积	蓄积	面积	蓄积	面积	蓄积	面积	蓄积	面积	蓄积
合计	381 776.9	19 812 975	238 042.4	27 234 038	66 951.8	10 117 294	30 469.0	5 248 706	1981.0	299 097
红松组	18 121.1	1 998 019	547.5	99 868			7.1	1812	1.5	188
落叶松组	120 850.7	6 414 456	53 152.8	7 255 284	30 095.3	5 619 293	13 917.2	3 030 149	199.0	51 394
油松组	5013.2	378 857	19 396.5	2 206 312	18 068.7	2 209 703	6917.4	991 860	308.1	66235
樟子松组	2632.0	140 379	1339.4	170 521	4.4	217				
云杉组	2986.3	50 965	28.4	5444	3.3	925	2.0	433		
冷杉组	220.5	20 492	348.6	62 572	18.9	3916				
柏树组	10.9	579								
柞树组	196 179.2	9 515 085	126 121.1	13 808 420	11 084.2	1 411 315	3191.8	461 469	17.2	897
桦树组	2156.6	101 111	5611.0	628 808	1481.1	193 175	1072.1	144 934	56.1	11 021

续

优势树种	幼龄林		中龄林		近熟林		成熟林		过熟林	
	面积	蓄积	面积	蓄积	面积	蓄积	面积	蓄积	面积	蓄积
色树组	5494.2	229 594	4546.7	468 104	405.6	48 416	257.4	40 578		
榆树组	1222.5	24 796	1439.0	119 725	288.2	37 142	250.5	33 184	57.9	10 444
水曲柳组	904.6	43 092	598.9	70 657	80.1	10 665	11.3	1877		
胡桃楸组	8820.7	339 677	12 057.3	1 158 649	2184.9	263 991	1441.4	184 572	27.5	2808
黄波罗组	139.0	3081	20.2	1675	0.8	8				
花曲柳组	4487.2	325 445	4237.8	490 294	345.6	46 193	140.3	22 115		
怀槐组	30.2	1020	216.8	22 726	44.6	3964	48.4	4504		
椴树组	1713.7	106 540	2437.9	256 909	168.0	22 061	160.4	19 417	12.1	2081
白桦组	573.7	2325	826.3	82 345	651.0	78 684	877.9	112 549	78.2	9169
刺槐组	5879.7	69 094	4108.1	213 283	1459.3	94 643	1650.6	131 676	684.6	73 833
柳树组	137.0	1697	46.6	2591	4.8	347	18.7	1596	3.1	180
杨树组	3522.8	11 029	718.7	76 772	563.0	72 636	499.1	65 469	535.7	70 847
杂木组	681.1	35 642	242.8	33 079			5.4	512		

三、天然林资源

全市天然林面积450 969.9hm^2，天然林蓄积3140.79万m^3。在天然林面积中，林分面积、蓄积分别占天然林面积、蓄积的90.1%、99.99%，疏林地面积、蓄积分别占天然林面积、蓄

表13-8　天然林面积蓄积统计表

单位: hm^2、m^3

统计单位	面积合计	林分							
		小计		幼龄林		中龄林		近熟林	
		面积	蓄积	面积	蓄积	面积	蓄积	面积	蓄积
抚顺市	450 969.9	406 404.5	31 404 612	2 201 24.7	10 689 572	160 141.0	17 329 887	17 994.2	2 261 456
东洲区	636.9	467.1	31 700	292.0	14 157	160.6	16 134	1.8	190
望花区	331.8	251.9	8401	143.9	1389	108.0	7012		
顺城区	2125.7	1601.4	67 762	1062.9	35 522	538.5	32 240		
抚顺县	79 523.4	68 032.6	4 488 723	45 139.1	1 842 578	20 689.5	2 315 535	1257.0	176 182
新宾满族自治县	212 173.7	195 895.1	15 556 923	99 052.2	5 317 783	82 446.4	8 465 288	9632.6	1 152 385
清原满族自治县	156 178.4	140 156.4	11 251 103	74 434.6	3 478 143	56 198.0	6 493 678	7102.8	932 699

统计单位	林分		疏林地		乔木经济林	封育未成林	灌木林
	过熟林						
	面积	蓄积	面积	蓄积	面积	面积	面积
抚顺市	327.9	48 787	323.3	3245	6901.5	10 688.8	26 651.8
东洲区			2.6	74			167.2
望花区						28.5	51.4
顺城区			1.4	21		26.2	496.7
抚顺县	123.9	20 625	2.0	33	4675.1	3558.2	3255.5
新宾满族自治县	113.2	15 399	302.7	2873	129.7	2385.0	13 461.2
清原满族自治县	90.8	12 763	14.6	244	2096.7	4690.9	9219.8

积的0.1%、0.01%；乔木经济林占天然林面积的1.5%；未成林占天然林面积的2.4%；灌木林面积占5.9%，详见表13-8。

四、人工林资源

全市有人工林面积353 328.7hm^2，蓄积3132.68万m^3，其中林分面积、蓄积分别占人工林面积蓄积的88.5%、99.9%；疏林面积、蓄积分别占人工林面积蓄积的0.3%、0.1%；未成林面积占人工林面积的4.6%；乔木经济林面积占5.8%；灌木林面积占0.8%，详见表13-9。

表13-9 人工林面积、蓄积统计表

单位：hm^2、m^3

统计单位	面积合计	林分							
		小计		幼龄林		中龄林		近熟林	
		面积	蓄积	面积	蓄积	面积	蓄积	面积	蓄积
抚顺市	353 328.7	312 816.6	31 307 498	161 652.2	9 123 403	77 901.4	9 904 151	48 957.6	7 855 838
东洲区	5923.4	5159.7	406 314	1241.5	70 521	2202.2	173 288	990.7	93 076
望花区	1221.9	910.7	44 918	211.5	7808	399.6	17 602	160.4	7625
顺城区	10 740.8	8782.0	812 525	2258.7	153 317	4119.2	391 731	1547.1	171 559
李石寨开发区	1775.5	1389.6	92253	404.9	17 562	626.5	47 576	246.7	20359
抚顺县	73 881.7	61 430.1	7 158 762	23 029.1	1 473 724	15 822.3	2 075 761	13 970.1	2 024 793
新宾满族自治县	117 877.9	102 354.8	9 506 466	58 602.7	3 245 872	22 611.3	2 826 359	14 267.3	2 308 146
清原满族自治县	141 907.5	132 789.7	13 286 260	75 903.8	4 154 599	32 120.3	4 371 834	17 775.3	3 230 280

统计单位	林分				疏林地		乔木经济林	造林未成林	灌木林
	成熟林		过熟林						
	面积	蓄积	面积	蓄积	面积	蓄积	面积	面积	面积
抚顺市	22 652.3	4 173 796	1653.1	250 310	975.6	19 329	16 170.1	20 390.3	2976.1
东洲区	537.4	50 921	187.9	18 508	59.4	605	403.2	78.4	222.7
望花区	110.8	8997	28.4	2886	5.5	66	171.9	27.7	106.1
顺城区	767.8	87 863	89.2	8055	57.2	1196	1586.5	155.7	159.4
李石寨开发区	103.0	6258	8.5	498	82.9	388	223.7	35.9	43.4
抚顺县	7934.9	1 454 998	673.7	129 486	293.2	6561	7369.2	4477.7	311.5
新宾满族自治县	6368.1	1 058 965	505.4	67 124	155.2	3955	2736.5	10 690.5	1940.9
清原满族自治县	6830.3	1 505 794	160.0	23 753	322.2	6558	3679.1	4924.4	192.1

人工林中用材林面积240 733.4hm^2，蓄积2378.73万m^3；防护林面积87 776.9hm^2，蓄积694.16万m^3；特用林6392.4hm^2，蓄积59.77万m^3；经济林18 175.0hm^2；薪炭林251.0hm^2，蓄积0.01万m^3。

五、灌木林资源

全市共有灌木林29 627.9hm^2，其中天然灌木林26 651.8hm^2，占灌木林面积的89.95%；人工灌木林2976.1hm^2，占10.05%。在灌木林中，国家特别规定灌木林4067.9hm^{2}占13.73%，其他灌木林25 560.0hm^2，占86.27%。

六、经济林资源

全市共有经济林面积28 978.3hm^2，其中乔木经济林23 071.6hm^2，占经济林面积的79.6%，灌木经济林5906.7hm^2，占20.4%。乔木经济林中主要树种为梨、柞树；在灌木经济林中主要树种为榛子，详见表13-10。

表13-10　经济林面积统计表

单位：hm^2

统计单位	树种	合计	乔木经济林	灌木经济林
抚顺市		28 978.3	23 071.6	5906.7
	柞树	6907.8	6907.8	
	苹果	764.1	764.1	
	梨	10 095.2	10 095.2	
	沙果	35.1	35.1	
	山楂	2457.7	2457.7	
	桃	33.6	33.6	
	杏	372.6	372.6	
	李子	852.5	852.5	
	板栗	1014.1	1014.1	
	枣	1.9	1.9	
	核桃	7.6	7.6	
	其他经济树种	529.4	529.4	
	紫穗槐	59.2		59.2
	胡枝子	24.1		24.1
	灌木柳	24.4		24.4
	榛子	3777.8		3777.8
	其他灌木	1915.8		1915.8
	葡萄	105.4		105.4

七、生态公益林和营造林重点工程建设情况

（一）公益林建设情况

全市公益林建设面积377 726.6hm^2，其中重点益林286 763.0hm^2，占75.9%；一般公益林90 963.6hm^2，占24.1%，详见表13-11。

表13-11　公益林面积统计表

单位：hm^2

统计单位	森林类别	林分				疏林地	灌木林	未成林地	无林地
		小计	针叶林	阔叶林	针阔				
抚顺市		331 673.8	70 323.7	255 060.9	6289.2	587.2	22 144.3	11 963.5	11 357.8
	重点公益林	262 026.1	50 324.7	206 995.6	4705.8	460.2	10 551.4	6820.2	6905.1
	一般公益林	69 647.7	19 999.0	48 065.3	1583.4	127.0	11 592.9	5143.3	4452.7
东洲区		2968.2	1430.4	1534.9	2.9	52.3	262.0	41.3	391.5
	重点公益林	2379.9	1068.4	1308.6	2.9	24.4	212.8	7.3	98.7
	一般公益林	588.3	362.0	226.3		27.9	49.2	34.0	292.8

续

统计单位	森林类别	林分				疏林地	灌木林	未成林地	无林地
		小计	针叶林	阔叶林	针阔				
望花区		647.7	296.1	344.1	7.5	5.5	157.5	32.9	374.8
	重点公益林	457.8	211.3	240.3	6.2	5.5	157.5	32.9	72.4
	一般公益林	189.9	84.8	103.8	1.3		0.0	0.0	302.4
顺城区		7501.8	4271.5	3032.9	197.4	26.8	516.7	88.1	426.7
	重点公益林	6721.4	3671.1	2852.9	197.4	26.8	512.8	88.1	412.5
	一般公益林	780.4	600.4	180.0			3.9	0.0	14.2
李石寨开发区		963.3	812.7	150.6		37.4	25.4	13.9	9.4
	重点公益林	929.7	811.4	118.3		36.9	19.6	13.9	0.3
	一般公益林	33.6	1.3	32.3		0.5	5.8	0.0	9.1
抚顺县		60 064.5	14 906.9	44 259.0	898.6	92.4	1693.4	4764.7	4272.3
	重点公益林	49 276.3	11 563.7	37 017.7	694.9	49.9	1103.8	2085.0	2232.8
	一般公益林	10 788.2	3343.2	7241.3	203.7	42.5	589.6	2679.7	2039.5
新宾满族自治县		143 514.7	21 210.3	119 685.1	2619.3	208.5	12 574.8	4278.9	3194.7
	重点公益林	112 533.2	13 471.4	97 176.3	1885.5	185.6	6481.0	2753.0	2530.8
	一般公益林	30 981.5	7738.9	22 508.8	733.8	22.9	6093.8	1525.9	663.9
清原满族自治县		116 013.6	27 395.8	86 054.3	2563.5	164.3	6914.5	2743.7	2688.4
	重点公益林	89 727.8	19 527.4	68 281.5	1918.9	131.1	2063.9	1840.0	1557.6
	一般公益林	26 285.8	7868.4	17 772.8	644.6	33.2	4850.6	903.7	1130.8

（二）重点工程建设情况

全市重点工程项目包括退耕还林工程、三北防护林造林工程、野生动植物保护和自然保护区和速生丰产林工程，四大重点工程共成林28 970.4hm^2，占全市林分面积的4.0%，极大的带动了全市森林资源的增长，详见表13-12。

表13-12　各工程按地类统计表

单位：hm^2

统计单位	工程类别	合计	有林地						灌木林	未成林地	无立木林地
			小计	林分				乔木经济林			
				计	针叶林	阔叶林	针阔混交林				
抚顺市		37 124.4	29 642.3	28 970.4	22 882.5	5711.9	376.0	671.9	274.7	7162.7	44.7
	退耕还林	16 470.2	11 363.5	10 774.2	8982.7	1771.5	20.0	589.3	226.1	4871.3	9.3
	三北防护林	7317.3	5184.2	5101.6	1943.4	3107.6	50.6	82.6	48.6	2049.1	35.4
	野生动植物保护和自然保护区	936.6	918.5	918.5	87.4	831.1				18.1	
	速生丰产林	12 400.3	12 176.1	12 176.1	11 869.0	1.7	305.4			224.2	
抚顺县		6070.0	4282.1	3933.5	3039.7	816.1	77.7	348.6	86.7	1681.8	19.4
	退耕还林	2035.3	848.2	504.1	39.5	462.4	2.2	344.1	53.0	1131.8	2.3
	三北防护林	1007.3	406.5	402.0	47.7	353.7	0.6	4.5	33.7	550.0	17.1
	速生丰产林	3027.4	3027.4	3027.4	2952.5		74.9			0.0	
新宾满族自治县		14 899.4	10 258.7	10 076.3	8369.0	1581.5	125.8	182.4	141.2	4492.5	7.0
	退耕还林	9168.3	5413.6	5233.9	4617.1	616.8	0.0	179.7	134.9	3613.2	6.6
	三北防护林	1533.9	884.4	881.7	749.8	131.9	0.0	2.7	6.3	642.8	0.4
	野生动植物保护和自然保护区	936.6	918.5	918.5	87.4	831.1				18.1	
	速生丰产林	3260.6	3042.2	3042.2	2914.7	1.7	125.8			218.4	

续

统计单位	工程类别	合计	有林地						灌木林	未成林地	无立木林地
			小计	林分				乔木经济林			
				计	针叶林	阔叶林	针阔混交林				
清原满族自治县		16 155.0	15 101.5	14 960.6	11 473.8	3314.3	172.5	140.9	46.8	988.4	18.3
	退耕还林	5266.6	5101.7	5036.2	4326.1	692.3	17.8	65.5	38.2	126.3	0.4
	三北防护林	4776.1	3893.3	3817.9	1145.9	2622.0	50.0	75.4	8.6	856.3	17.9
	速生丰产林	6112.3	6106.5	6106.5	6001.8		104.7			5.8	

第三节 森林资源分析

一、森林资源特点

抚顺市是辽宁省森林资源的重要分布区域，其森林资源在树种、权属、龄组、森林分类、起源等各个方面都具有显著的特点。

(1) 权属相对集中。全市森林资源以村有为主的集体所有占近50%，比重较大，其次是国有和个人所有，分别占有20%。这种权属结构特点不利于林业产业化发展和加快市场化进程，私有林比重较小不利于森林资源结构的调整和资产优化配置，同时也说明林业产权制度改革的任务还很艰巨。

(2) 树种单一，纯林多，混交林少。全市森林树种结构总体比较，针叶林、阔叶林、针阔混交林的面积比例是3.9：5.9：0.2，蓄积比例是4.7：5.1：0.2。针叶林中以落叶松为主，其面积、蓄积分别占针叶林的77.9%和75.7%；阔叶林以柞树为主，其面积、蓄积分别占阔叶林的79.7%和79.3%。

(3) 资源兼用。由于抚顺地处浑河、柴河、清河、柳河、太子河、富尔江等主要河流的发源地和上游辽宁中部城市群生态屏障的特殊地理位置，被辽宁省确定为水源涵养林和用材林基地，故抚顺的森林属兼用型资源。林种比重较大的用材林在培育商品林的过程中同样发挥水源涵养和水土保持等保护生态环境作用；防护林虽然以保护生态为主，其在必要的经营中亦可兼获部分商品木材；其他林种也同样在发展自身功能的同时，发挥保护生态环境的作用。

(4) 人工林多为针叶树，天然林多为阔叶林，且人工林生产力高，天然林生产力低。全市森林中，人工林与天然林之比，面积为4：6，蓄积为4.99：5.01。人工林树种以针叶树为主，其面积、蓄积分别占人工林的92.7%和97.1%；天然林树种以阔叶林为主，其面积、蓄积分别占天然林的99.0%和98.8%。

(5) 后备资源丰富，可利用资源偏少，表现在龄组分布不均衡。在全市森林中，幼、中龄林分布集中，其面积占86.2%、蓄积占75.0%；而近、成、过熟林的面积、蓄积分别占13.8%和25.0%，其中当前可利用的成、过熟林面积、蓄积分别只占近、成、过熟林的面积、蓄积的4.5%和8.8%。从龄组分布看，抚顺林业具有较大的发展潜力和较强的发展后劲，但须在发展过程中逐步调整林龄结构，以利均衡发挥生态与生产效益。

(6) 实行森林分类经营。抚顺市从1999年开始在全市进行了森林分类经营，将森林划定公益林和商品林两大类。本次二类调查抚顺市林分总面积71.9万hm^2，总蓄积6271.2万m^3，其中公益林面积33.2万hm^2，蓄积2796.7万m^3，分别占总面积、总蓄积的46.2%和44.6%；商品林面积38.7万hm^2，蓄积3474.5万m^3，分别占总面积、总蓄积的53.8%和55.4%。

(7) 工程造林成效显著。全市实施了退耕还林、三北防护林、野生动植物保护、速生丰产林工程，特别是退耕还林、三北防护林、速生丰产林3项工程成效显著，是抚顺市林业资源增长的重要因素。全市退耕还林工程共造林16 470.2hm^2，三北工程7317.3hm^2，速生丰产林工程12 400.3hm^2。

(8) 林相整齐，连续面积大的多分布在深山远山或国有林中。

由于历史和人为活动频繁等原因，在城乡（镇）周围分布的森林多呈斑块状，连续面积小，而且林分密度较小，多为0.3～0.6。而分布在深山、远山、特别河流源头或国有林场的森林其林相整齐，生长旺盛，林分密度大，林地生产力高。

二、森林资源总量增长分析

抚顺市上次二类调查时间是1993年，通过两次调查数据对比分析，得出如下变化趋势，即林业用地面积、有林地面积、林分面积呈增长趋势；森林覆盖率逐年增加；活立木总蓄积、林分蓄积增长较快。

（一）林业用地总面积

全市林业用地面积841 252.9hm^2，比1993年二类调查的799 302hm^2增加了41 950.9hm^2，年净增率为0.42%。增加的主要原因有：第一，近几年全市开展退耕还林工程，截至“十五”期末，耕地退耕还林并纳入林地管理的面积近16 470.2hm^2，本次已区划调查；第二，近年来，国家对生态环境建设非常重视，加快造林绿化步伐，加大林业重点工程建设力度，如三北防护林工程、速生丰产林工程、绿色通道绿化工程等，使部分非林业用地通过工程造林转入林业用地；第三，本次调查技术手段的改进，区划调查精度有了很大的提高，使前期区划遗漏及错误得到了纠正等。由于上述因素使林业用地面积相比前期二类调查有了大幅增加。

（二）林分面积

本期二类调查林分面积719 221.1hm^2，与前期二类调查的584 567.0hm^2对比林分面积增长了134 654.1hm^2，年净增率1.6%。增长的主要原因是近几年抚顺市实行天然林保护、浑河上游生态示范区建设工程以及开展退耕还林等重点工程，加大了造林和封育力度，使林分面积有大幅增长。

（三）各类林木蓄积对比分析

全市活立木总蓄积为6287.5万m^3，比前期二类调查活立木总蓄积增长了1520.8万m^3，年净增率2.0%；林分蓄积6271.2万m^3，增长了1524.7万m^3，年净增率2.0%；散生木蓄积增加9.1万m^3，疏林蓄积减少15万m^3，四旁树蓄积增加2万m^3。林分蓄积增长的主要原因是抚顺市近年来开展的速生丰产林、退耕还林和三北防护林等工程造林，营造大面积的人工林，且多为速生树种，为全市林分蓄积的增长做出了重要贡献，详见表13-13。

（四）森林覆盖率对比分析

本期调查的全市森林覆盖率为66.2%，比1993年的55.1%上升了11.1个百分点，年均净增

表13-13 两期二类调查各类蓄积对比表

单位：万m^3

蓄积类别	1993年	2005年	差值
总蓄积	4766.74	6287.50	1520.76
林分蓄积	4746.48	6271.20	1524.72
疏林蓄积	17.28	2.26	－15.02
散生木蓄积	1.12	10.21	9.09
四旁树蓄积	1.86	3.83	1.97

1个百分点。植树造林及封山育林使森林面积增加，是森林覆盖率上升的主要原因。

（五）天然林面积、蓄积对比分析

全市天然林分面积406 404.5hm^2，比1993年的339 615.0hm^2增加了66 789.5hm^2，年均净增率1.37%。

全市天然林分蓄积3140.5万m^3，比1993年2473.8万m^3增加了666.7万m^3，年均净增率1.8%。

封山育林，尤其是近几年实施的天然林资源保护工程是二者增加的主要原因。

（六）人工林面积、蓄积对比分析

全市人工林分面积312 816.6hm^2，比1993年244 952.0hm^2增加了67 864.6hm^2，年净增率1.8%。大力植树造林，特别是近些年林业重点建设是人工林分面积增加的主要原因。

全市人工林分蓄积3130.8万m^3，比1993年2272.7万m^3增加了858.1万m^3，年净增率2.3%。大力植树造林及生长迅速的中幼龄林比重大是人工林分蓄积增长较快的主要原因。

三、森林资源结构变化分析

（一）起源结构变化分析

全市人工林面积较上期增长了67 864.6hm^2，蓄积增长858.1万m^3，增长比例分别为27.7%、37.8%；天然林面积较上期增长了66 789.5hm^2，蓄积增长666.7万m^3，增长比例分别为19.7%、27.0%，详见表13-14。

表13-14 人工、天然林面积蓄积与上期对比表

单位：hm^2、万m^3

年度	1993年				2005年			
项目	人工林面积	人工林蓄积	天然林面积	天然林蓄积	人工林面积	人工林蓄积	天然林面积	天然林蓄积
面积	244 952.0	2272.7	339 615.0	2473.8	312 816.6	3130.7	406 404.5	3140.5
比例	41.9%	47.9%	58.1%	52.1%	43.5%	49.9%	56.5%	50.1%

林分面积、蓄积增长原因：

(1) 加强了森林资源的保护和管理。进入20世纪90年代后，全市林业逐步走向以法行政的轨道，特别通过《森林资源保护条例》《采伐限额管理办法》《采伐作业设计实施办法》及技术法规的实施和对滥砍盗伐、乱垦乱占、私收乱购等违法活动的不懈打击，使森林资源得到充分有效的保护，减少了作业采伐以外的消耗，因此森林资源面积、蓄积呈逐年增加态势。

(2) 提高了造、营林质量。几年来在大力营造林同时，也狠抓了营造林质量，在造林中把握了苗木、整地、栽植、幼抚、管护及新技术应用等关键环节，提高了造林成活率和保存

率，达到造一片林成一片，形成造林面积持续增加；在营林生产上，以提高林分质量为林业工作的重点，通过提高适时抚育率使森林蓄积有所增加。

(3) 以天然林资源保护工程为契机，有效保护森林资源。

实施天然林资源保护工程是新时期林业发展难得的历史机遇，是森林休养生息、恢复森林资源的大好时机，通过实施封山禁牧，使原本为宜林地、无立木林地、灌木林地经多年封禁已转变为有林地，提高了林地生产力。

从起源结构看人工林面积比重占43.5%，这个比例若从生态效能的发挥和病虫害防治角度看其比例尚不够合理，由此会给生态环境保护、病虫害防治、森林防火带来很大压力。由其抚顺特定的生态区位决定了天然林面积比重至少应大于人工林。调整增加天然林比例是一个渐进的过程，应逐渐通过结合林种、树种调整和适当的营林措施予以调整。

（二）龄组结构变化分析

林分各龄组面积、蓄积与1993年比较详见表13-15。

表13-15　林分各龄组面积、蓄积对比　　单位：hm^2、万m^3

数量 / 项目	1993年				2005年			
	面积	比例	蓄积	比例	面积	比例	蓄积	比例
合计	584 567.0	100.0%	4746.5	100.0%	719 221.1	100.0%	6271.2	100.0%
幼龄林	216 670.0	37.1%	658.6	13.9%	381 776.9	53.1%	1981.3	31.6%
中龄林	285 670.0	48.9%	2941.3	62.0%	238 042.4	33.1%	2723.4	43.4%
近熟林	61 584.0	10.5%	839.4	17.7%	66 951.8	9.3%	1011.7	16.1%
成熟林	19 961.0	3.4%	297.2	6.2%	30 469.0	4.2%	524.9	8.4%
过熟林	682.0	0.1%	9.9	0.2%	1981.0	0.3%	29.9	0.5%

表13-15说明幼龄林面积、蓄积有大幅度增加，中、近熟林资源相对稳定，成、过熟林面积、蓄积略有增长，形成的原因有：退耕还林、三北防护林等工程的开展、实施，造成幼龄林的比重较大；天然林资源保护工程的实施和采伐限额的执行（不可上串），使成、过熟林的比重有所增大。

从现有龄组结构看，中、幼龄林比重过大，近、成熟林比重过小，可利用资源较少，需要规范调整。但调整受诸多条件限制，且时间更为漫长。可从以下途径调整：

1. 以时间换空间

随着时间的推移，幼、中龄林自然不断地向近、成熟林进级，近、成熟林的比重将增大，林分龄组结构将趋于平衡。

2. 适当通过营林措施调控

在营林过程中适当降低落叶松主伐龄和继续实施落叶松经营伐及落叶松低改策略。就抚顺可造林地块而论，面积增长空间不足2%，通过上述措施使现有部分中龄林向以后转移为近熟林，从而使中幼林比例相对降低，同时适当控制成熟林采伐，有利于后备资源的永续利用。上述两种调控方式没有本质差异，特点均须耗时间，只不过后者更积极一点。

（三）林种结构变化分析

全市现有林分中用材林、防护林、特用林、薪炭林和经济林的比例为51.0∶43.3∶1.4∶1.2∶3.1，与上期二类调查数据对比，用材林面积减少124 107.3hm^2，比例降低24.7%，其主要原因为实行分类经营后把一部分生态区位较重要的上期确定为用材林转为本期的防护林；

防护林增加271 333hm²，比例增加了546%。增加的原因主要也是分类经营改革按需求调整所致。由于抚顺市地处浑河、太河、清河、柴河、柳河的上游，又是5大河流的发源地，中、下游建有数座大中型水库，对涵养水源、保证城乡人民生产、生活用水具有重要的作用。特用林增加2200hm²，增加了25.6%，增加原因主要是由于城市规模的不断扩大，乡镇城市化进程不断加速及森林旅游业迅速发展，森林公园相继建立等必然要求，促使特用林增加；薪炭林减少14 733.3hm²，减少了62.3%，其原因为农村对薪柴的需求的减小，而且薪炭林效益很低，林农把部分土壤条件较好的薪炭林（烧柴场）改造成为用材林，选择立地条件差、离村屯较近的薪炭林保留下来；经济林增加800hm²，增加了3.5%。经济林属高效林种之一，本期经济林总面积23 071.6hm²，基本稳定在上期水平上，其原因为抚顺地区年平均气温和有效积温均较低，发展有可观市场前景的适销果品十分有限而导致经济林面积基本稳定，详见表13-16。

表13-16 林种结构对比表

单位：hm²

年度	合计	用材林		防护林		特用林		薪炭林		经济林	
		面积	%	面积	%	面积	%	面积	%	面积	%
1993	606 865.0	502 751.0	82.8	49 693.0	8.2	8501.0	1.4	23 622.0	3.9	22 298.0	3.7
2005	742 292.7	378 643.7	51.0	321 000.2	43.3	10 673.6	1.4	8903.6	1.2	23 071.6	3.1
2005年与1993年比		−24.7%		546.0%		25.6%		−62.3%		3.5%	

从现有用材林、防护林、特用林、薪炭林和经济林的比例结构看5大林种基本符合分类经营思想，基本满足林业产业体系和生态体系建设的需要，用材林占有较大比重符合林业发展的内在要求，用材林比例小则动力不足，也不利于林业生产要素的积聚。防护林和特用林合计所占比例为46%，符合森林分类经营原则，其比例远高于国民经济发展和地区居民生存环境所需的生态安全底线。但考虑抚顺地区生态区位重要性和特殊性适当增加其比例也是科学的、合理的。从商品林本身结构看经济林比例略低些，但又不能盲目增加，要根据市场需求，以市场为导向，结合老百姓自身条件和需求，合理增大经济林面积，积极发展产销对路的本地名、优、特品种，提高产量及效益。

薪炭林可维持在现有水平，随着农村经济和生活水平不断提高，节柴改灶工程的实施及农村低压电网改造和农村燃料的变化，以煤、气、电代柴的趋势愈演愈烈。从能源消耗结构看，薪材的消耗量在逐年减少，随着社会的发展缩小薪炭林比例是必然趋势。

（四）树种结构变化分析

本市森林构成主要是天然林和人工林。天然林以阔叶树为主，在阔叶树种中柞树占绝对优势；人工林以针叶林为主，落叶松占绝对优势，详见表13-17。

从表13-17树种结构可见，落叶松和柞树面积占绝对优势，其比重分别为30.4%和46.8%，其次为油松占6.9%，其他树种比重均在3%以下。这种分布的树种结构显然是不合理的，一是易感染发生大面积病虫害，给森防工作带来很大压力，发生火灾可控性较小；二是无法满足社会经济发展对木材树种的需求，也不利于产品深加工，增加附加值；三是群落的形态、空间结构简单化不利于生物多样性的形成与发展，使森林改善生态环境的效能降低；四是不利于依托森林资源进行林下产业发展。

造成这一树种结构不合理的原因主要是：

本市土壤、气候、立地条件适宜落叶松的生长发育，特别新宾、清原和抚顺县东部是长

表13-17　林分中各树种面积所占比例

单位：hm^2

树种	1993年		2005年		2005年与1993年
	面积	%	面积	%	比增减(±%)
合计	584 567		719 221.1		
红松	15 554	2.7	18 677.2	2.6	20.1
落叶松	170 468	29.2	218 215	30.4	28.0
油松	53 454	9.1	49 703.9	6.9	−7.0
樟子松	2048	0.3	3975.8	0.6	94.1
云杉	–	–	3020.0	0.4	
冷杉	327	0.1	588.0	0.1	79.8
柏树	–	–	10.9		
柞树	270 214	46.2	336 593.5	46.8	24.6
桦树	18 839	3.2	10 376.9	1.5	−44.9
色树	4134	0.7	10 703.9	1.5	158.9
榆树	2364	0.4	3258.1	0.5	37.8
水曲柳	647	0.1	1594.9	0.2	146.5
胡桃楸	20 269	3.5	24 531.8	3.4	21.0
黄波罗	109		160.0		46.8
花曲柳	6147	1.1	9210.9	1.3	49.8
怀槐	–	–	340.0		
椴树	1885	0.3	4492.1	0.6	138.3
白桦	–	–	3007.1	0.4	
刺槐	6031	1.0	13 782.3	1.9	128.5
柳树	316	0.1	210.2		−33.5
杨树	9596	1.6	5839.3	0.8	−39.1
其他	2165	0.4	929.3	0.1	−57.1

白落叶松和日本落叶松的最佳适生区，苗源充足，群众造林经验丰富；采伐周期相对较短，经济效益也比较好。因此，落叶松发展的速度比较快。

宏观调控不当，年年下达造林、育苗任务，只有数量要求，没有树种限制，有什么种育什么苗，有什么苗栽什么树，只求快速绿化荒山，不考虑树种结构，人为的形成树种结构不合理。

这种不合理的树种结构有必要进行调整，主要控制落叶松林面积的发展，大力发展红松、云冷杉、樟子松林，增加阔叶树造林比重。一是提倡营造阔叶树种，积极推广刺槐、桦树、速生杨树等阔叶树种造林；二是天然林择伐后采取人工营造红松、云冷杉，形成针阔混交林；三是有条件地方可采用天然更新；四是进行针阔带、块状混交等，从而达到调整树种结构的目的；五是加强核桃楸、水曲柳、椴树等珍贵树种育苗、造林培育技术研究，大力营造珍贵树种。

（五）森林分类结构分析

林业分类经营其实质是林业经营的集约化与细分化。通过分类经营，可使经营对象主导功能得到最佳发挥，实现高效经营，使有限的资源得到充分利用，这既有利林业的可持续发展，同时对协调社会经济的发展，正确处理经济发展与环境保护、经济发展与资源利用等都是十分必要的。

抚顺市从1999年开始实行森林分类经营，将森林划分为公益林和商品林两大类。经过近6年的努力，抚顺市森林资源分类经营已经逐步形成了完整的体系，区划已经基本完成。2005年全省又实施了公益林界定调整，使抚顺市的公益林布局更加合理、完善。根据2005年省二类清查数据分析，抚顺市森林分类结构现有如下特点：

1. 森林分类结构合理

本次二类调查抚顺市公益林与商品林面积详见表13-18。

表13-18 公益林与商品林面积统计表

单位：hm^2

公益林					商品林				
类别		针叶林	阔叶林	混交林	类别		针叶林	阔叶林	混交林
合计	331 674	70 324	255 061	6289	合计	387 547	209 503	167 292	10 752
防护林	321 000	66 262	248 750	5988	用材林	378 643	209 503	158 388	10 752
特用林	10 674	4062	6311	301	薪炭林	89 034		89 034	

从表13-18中可以看出，抚顺商品林面积大于公益林，比公益林多55 873hm^2，两者比例为4.6∶5.4。公益林中比重最大的是阔叶林，所占比例为76.9%；商品林则是针叶林，所占比例为54.1%。这与辽宁省东部山区的森林资源分布特点一致，生态区位重要的位置多为天然阔叶林，以柞树为主；而商品林则以人工落叶松为代表的针叶树种。

在林种上，公益林和商品林都显得比较单一，均只有两个林种：公益林是防护林和特用林，商品林是用材林和薪炭林。公益林中防护林为主要林种，占96.8%；商品林中则是以用材林为主，占97.7%。公益林和商品林都是各取所长、各尽其职，充分有效的利用了抚顺市森林资源，通过分类经营，更加有效的促进了抚顺林业的健康发展。

2. 公益林森林类别重点突出

公益林按森林类别统计情况详见表13-19。

表13-19 公益林按森林类别统计表

单位：hm^2

森林类别	合计	针叶林	阔叶林	混交林
	331 674	70 324	255 060.9	6289.2
国家公益林G1	261 350	50 080	206 564.4	4705.5
国家公益林G0	677	245	431.2	0.3
地方公益林	69 648	19 999	48 065.3	1583.4

从表13-19可以看出，公益林中比重最大的是G1（已补偿的国家公益林），所占比重为78.8%。抚顺市地处浑河、柴河、清河、柳河、太子河、富尔江等辽宁省主要河流的发源地上游，又是辽宁中部城市群生态屏障，位置特殊，其生态公益林的兴衰对全省都有着举足轻重的影响。所以，抚顺市公益林的比重显得极为重要，而对生态保护起到主要作用的国家重点公益林应该占公益林的主要成分。

抚顺市森林分类经营实现了林业生态、经济和社会效益的最佳组合，优化了森林资源配置，最大限度地发挥了林业的整体效益，为建立符合林业自身特点和抚顺经济、社会发展的新的林业管理体制和运行机制奠定了基础。

（六）林木权属结构分析

从2005年辽宁省森林资源二类清查数据来看，抚顺市森林资源的一大特点就是林木权

表13–20 林木权属统计表

单位：hm²、m³

林权	活立木总蓄积量	林分		
		合计		
		面积	蓄积	
合计	62 875 075	719 221	62 712 110	比重
系统国有计	18 494 862	137 241	18 491 553	19.1
部门国有计	3 681 253	30 915	3 675 729	4.3
集体计	27 206 158	348 820	27 134 420	48.5
乡有	304 261	3681	303 831	
村有	22 504 948	286 876	22 443 687	
组有	4 059 813	53 174	4 050 701	
其他集体	337 136	5089	336 201	
个人计	10 507 998	175 778	10 426 400	24.4
合作计	2 972 153	26 324	2 971 382	3.6
未定计	12 651	143	12 626	0.02

属比较集中，主要为集体所有林，占48.5%；其次是个人所有林和国有林，分别占24.5%和19.1%；而集体林中村所有林占82.7%。

林木权属结构统计情况详见表13-20。

改革开放以来通过稳定山权林权、划定自留山、确定林业生产责任制，大力造林、普遍护林，集体林业取得了长足发展，但也存在集体林产权不明晰、经营机制不灵活、利益分配不合理、权责利不统一等问题，制约了林业生产力的发展。因此，辽宁省人民政府决定，从2005年下半年开始，用2至3年时间，基本完成全省集体林产权制度改革任务，将集体林产权划给林农个体经营，调动广大林农和社会各方面参与林业建设。由此可以看出抚顺林业在森林资源可持续发展、经营管理和林农经济增长方面具有巨大的内在动力。抚顺市近一半的森林资源是集体所有林，在全省集体林产权制度改革完成后，个人所有林比重将占到70%左右。届时，集体林资源将变成资产，由过去的被动管理变成主动，农民由砍树变成管树，造林积极性明显提高，而且造林及保存质量也将明显提高，不但提高了林农的收入，而且有效消除了长期制约林业发展的体制和机制障碍，有效地释放农村劳动力的巨大潜能和林地的巨大生产潜力，调动其他各种生产要素向林业聚集，充分发挥林业的双重属性和林业的多种功能，抚顺林业的发展定会迈上一个全新的台阶。

（七）森林资源分布结构分析

抚顺市属辽宁省东部山区的一部分，包括清原满族自治县、新宾满族自治县、抚顺县3个县及东洲、望花、顺城、李石寨4个郊区。属于长白山植物区系、有少量华北植物群落渗透、属于温带针阔混交林区，植物种类繁多。在自然区域分布上，沿山脉走向由东向西地势渐低，森林资源逐渐减少，全市森林资源主要集中于清河以南，太子河北的中部以东地区。这个地区的森林面积占全市森林面积的87%，人工林占全市人工林面积的80%。

在行政区域上，森林资源分布不均。新宾县森林面积占全市森林总面积的41.5%；清原县占37.9%；抚顺县占18.0%；郊区占2.6%，详见表13-21。

由此可见，森林资源的分布受自然和社会条件的制约而变化。抚顺市境内东部、中部山地多，发展林业有利因素多，因而森林面积大，林分质量高；西部多在海拔300m以下，发展林业的限制因素和不利条件多，所以森林资源少，而且林分质量也低。而森林资源分布也和

表13-21 抚顺市各县（区）林分面积对比表

单位：hm²、%

抚顺市	新宾满族自治县	清原满族自治县	抚顺县	郊区
719 221	298 250	272 946	129 463	18 562
所占比例	41.47	37.95	18.00	2.58

生态区位密切联系，在新宾县和清原县所处的清河以南、太子河以北的区域内，是抚顺市境内几条主要河流的发源地，生态区位极其重要，是抚顺市生态公益林的主要分布地区，森林的主要贡献力体现在保护生态环境、维持生态平衡等生态效益上。而以抚顺县为主的西部地区，地势相对平缓，而且人为干扰因素多，森林资源比东部少，特别是生态公益林。

抚顺市森林资源区域分布的不平衡是自然和社会双重因素共同作用的结果，但也正是由于这种不平衡使得抚顺市森林资源经营管理上特点突出、重点分明。东部应在侧重保护生态公益林的基础上，再发展营造人工商品林，同时进行林区多种经营，既保护了丰富的天然林资源又能很好的利用其资源；而西部则应加强人工造林力度，大力发展丘陵经济林。东西部根据各自特点侧重经营，最终让这种森林资源区域分布的不平衡促进抚顺林业在生态效益和社会经济效益上的平衡发展。

（八）林分密度结构分析

全市林分平均占有株数为1912.8株/hm^2，其中天然林为1996.0株/hm^2，人工林为1956.7株/hm^2。

林分平均郁闭度为0.7，人工林较上期未发生较大变化，天然林郁闭度平均值从1993年的0.6上升到0.7。林分郁闭度按密度级统计情况详见表13-22。

表13-22 林分郁闭度按密度级分布表

单位：hm²

	合 计	中（0.2～0.6）	密（0.7以上）
小计	719 221.1	239 983.8	479 237.3
天然林	406 404.5	108 053.4	298 351.1
人工林	312 816.6	131 930.4	180 886.2

本期较1993年密度级为中级的人工林有所增加，增加了8.6%，天然林变化不大；郁闭度在0.7以上的天然林增加了16.2%，人工林稍有增加。形成主要原因是：

(1) 近10余年来新植林面积迅猛增加。随着退耕还林工程、三北防护林工程等国家重点林业工程的开展，林农造林积极性空前高涨，从而使造林面积迅速增加。

(2) 实施天然林资源保护工程，加大封山育林力度。结合天然林资源保护工程的实施，全市大力开展了封山育林，使天然林面积得以增加，特别是郁闭度0.7以上的天然林，有了很大增加。

此外，从中、幼龄林的郁闭度结构看，郁闭度在0.7以上有408 045.1hm^2，占林分总面积的56.7 %，其中天然林 254 902.7 hm^2，占 35.4 %；人工林153 142.4 hm^2，占 21.3 %。由此可看出本地区成林抚育任务还很艰巨，需要做好成林抚育工作的安排与部署。

四、森林资源可持续发展利用潜力分析

（一）新增有林地面积潜力分析

全市现有可造林面积34 174hm^2，其中无立木林地10 515hm^2，占31%；宜林地23 659hm^2，

占69%；在可造林面积中属公益林面积11 358hm^2，占33.2 %；商品林面积22 815hm^2，占66.8 %。全市范围内大面积集中连片的荒山已不复存在，大都是零散地块。根据立地类型统计表显示：中厚层土32 315hm^2，占无林地和宜林地合计的94.6%；薄层土1840hm^2，占5.4%；陡坡薄层土548hm^2，占1.6%。由此，除陡坡薄层土548hm^{2}可实施封育外，其他部分均可进行人工造林。从造林数量看，压力并不大，若按3年完成，相当于近10年平均造林面积的109%。新植林郁闭后可使森林覆盖率在2005年的基础上增加3个百分点。此外，在林缘和林中空地还有一定面积的宜林地可供造林，单块面积大约在1至5亩，由于区划规则等原因未单独列出，累计面积约有15 000hm^2。这部分如果造林虽然从统计角度不能增加有林地面积，但实质性增加了森林资源。况且，当前山区林农造林积极性空前高涨，这正是造林地块的潜力所在，不可能视而不造。

（二）提升低产、低效林生产力水平的潜力分析

1. 低产、低效林现状

低产、低效林按地类分包括疏林、阔叶林、针叶林和其他灌木林，按产权分有自留山、承包山、村有等。全市现有低产、低效林面积5413hm^2，蓄积3.4万m^3，其中低产面积714.4hm^2，蓄积1.3万m^3；低效林面积4698.6hm^2，蓄积2.1万m^3。

其形成的主要原因：乱砍滥伐、森林病虫(鼠)害严重、造林郁闭前疏于管护、营林措施不当、造林树种选择未能适地适树等。

目前，低产、低效林大都为疏林或郁闭度小于0.3的林分，目的树种不明确，目的树种占小班树种30%以下，参差不齐，灌木比重较大，蓄积量不足30m^3/hm^2，严重阻碍了林地生产力的发挥。

2. 潜力增长点

对在分类经营中已列为商品林的疏林或标准超出疏林但目的树种不集中、珍贵树种无或低于5%的低产林，为追求木材产量和经济效益的最大化，可进行皆伐，选择速生且未来市场需求潜力较大的树种，重新造林；对幼龄林目的树种明确或有大于5%的珍贵树种分布可通过补植的方式提高林地生产力水平；对中龄林小班面积较大，优劣林分呈交错分布可实施综合经营。

对在分类经营中已列为公益林的低效林全部实施补植造林，通过见缝插针、栽针保阔、栽阔保阔、栽阔保针等措施诱导为阔叶混交林或针阔混交林，以提高其涵养水源、保持水土的生态效能。

此外，对新宾满族自治县、清源满族自治县、抚顺3县现有分布的其他灌木林也是提高林地生产力的潜力所在。这部分灌木林均为自然生长，立地类型条件优越，植物种以胡枝子、榛子为主，通常不实施任何经营措施。这部分灌木林虽有一定防护效能，但与乔木林相比，具有很大差异。从调查区划角度看有80%灌木林应列为荒山荒地，但由于调查者存在概念理解上的差异，将其列为其他灌木林。全市共有其他灌木林面积1842hm^2，对此在采取经营措施上可按宜林地并根据分类经营定位营造商品林或公益林。对抚顺西部地区低效林网改造也是潜力挖掘的对象之一，这部分林网的面积和质量呈逐年下降趋势，本着对历史负责的角度将这部分面积恢复到一定历史时期水平，通过补造和更新等方式提高林地生产力水平。

（三）依托森林资源提高综合利用的潜力分析

抚顺市林地总面积841 252.9hm^2，其中天然林林分面积406 404.5hm^2，这里蕴含着丰富的

产业项目和发展潜力。在实行分类经营改革和集体林产权制度改革背景下坚持走以林养林、依林致富、综合开发、持续利用的道路是林业发展中必然的惟一的选择。由其在公益林比重占46%的情况下靠单一的木材生产，是没有前途的，要完成省政府提出的“十一五”实现林业产值1500亿是没有希望的，惟一希望是在建立产权制度、完善承包机制的基础上依托森林资源，拉长产业链，激发山区农民创造能力。

1. 既往森林资源综合利用经验与问题

全市以新宾满族自治县、清源族自治县、抚顺3县为主，在“七五”期间，按照省委省政府“以林为主，多种经营，全面发展，林兴民富的山区建设方针”进行了林木资源和林地资源综合利用、立体开发等初始阶段的探索和尝试。在集体乡镇选择了几个村作为试点，开发项目主要有迹地林参间作、建立小群落山野果、山野菜基地、改建大棍基地、发展藤本经济、构建林蛙塘、实行封沟育蛙等。在国营林场中，转变单一的木材经营模式，转向以一业为主，多种经营，综合利用，林工贸相结合，重点发展木材加工、果药种植业，畜、禽、鹿、林蛙等养殖业、工矿业、商饮服务业等。“七五”期间，随着试点的推广，仅国营林场期末实现多种经营年产值1720万元，占林场总产值的49.1%。随着市场经济深入发展和林业产业项目的推进，在“八五”至“九五”期间，在项目不断筛选中又丰富推出地板系列产品、食用菌生产、栽培植物系列饮料、人参加工生产、防腐电杆、红松果材兼用及榛子、山核桃园、森林旅游等经营项目。上述项目经过近20年的运营、挖掘、补充、筛选、淘汰，到2005年基本稳定在主要8个项目上，实现年产值401 278.2万元。具体项目和规模为：

(1) 短轮伐期速生丰产林。以速生丰产林和原料林为主的用材林项目，发展面积361 404hm^2。利用土壤肥沃、立地条件好的林地，培育短轮伐期速生丰产林和工业原料林。

(2) 以红松、核桃果材兼用林为主的经济林项目。发展面积53 408.3hm^2，利用现有人工红松林和沟谷两侧天然核桃楸林改建而成。

(3) 以刺龙牙、大叶芹为主的山野菜基地。发展面积5600hm^2，利用大棚和圃地进行栽植经营。

(4) 以香菇、黑木耳等为主的食用菌生产项目。发展面积12 813.3hm^2，利用大棚和陆植方式栽培。

(5) 以林下参、细辛为主的中药材项目。发展面积38 580hm^2，利用天然林下直接播种。

(6) 以城乡绿化、美化为主的种子、苗木、花卉生产基地项目。面积3580hm^2。

(7) 以林蛙、鹿为主的野生动物养殖项目。养鹿2.374万头，开发小流域10 996条，养殖林蛙8000万只，充分利用天然林资源条件养殖野生动物。

(8) 木材深加工。以实木地板、防腐电柱为主的木制品加工项目，年耗木材111.38万m^3，利用木材市场化特点，提高木材附加值。

(9) 以国家级、省级保护区或森林公园为载体的森林生态旅游项目。经营面积71 773.3hm^2，利用森林资源的独特景观、自然风光及奇山怪石和人文景观吸引游客。

经过多年探索和挖掘，山区人民已成功的开发出众多的森林资源立体开发、综合经营项目，发展具有较大规模，并掌握了基本技能，为山区经济发展、农民致富发挥了重要作用。但从项目发展的环节看还存在一些不足，需要进一步加强和提高，主要表现在：一是项目还有待进一步挖掘，在利用立木资源和林地资源方面的项目探索挖掘还不够，仍有很大空间，特别在林下种植食用、药用菌类的项目很少或空白。二是发展不平衡，主要表现在区域发展不平衡，各县之间对项目开发投入不同，有的开发较快，投入较大，普及较广，在同一县（区）发展快慢也不一样；经营主体不平衡，参与项目开发的人群为少数有资金能力的人，无法实现共同富裕；项目规模不平衡，有些项目市场需求很大，前景较好，但发展缓慢，规模较小；技术掌握不平衡，有些经营者技术要点掌握较好经常处于盈利状态，有些则不懂技术，盲目开发，经常处于亏损状态，地方政府缺乏经常性的组织技术培训、技术咨询和技术服务。三是缺乏指导性宏观控制，有些项目市场需求已显露疲态，但农民依然倾囊投入，到头来，亏损累累，遍体鳞伤；有些项目盲目开发，一哄而起，严重浪费了资源。四是资金扶持力度不够，有些项目适于各家各户普遍参与，但苦于无资金投入，导致项目规模较小。五是经营管理粗放，市场信息不对称，科技服务与指导严重滞后于生产。有的项目在经营管理中普遍存在管理粗放，特别是项目生产的关键环节，科技含量较低，形成产品单位产量低、质量差，导致投入产出比低。

2. 潜力增长点分析

通过对上述项目开发、经营的分析，为获得更优异项目，更高产量，更优质产品，更大效益，应从以下切点入手：

(1) 以大市场为导向，以名、优、特为立足点，以生命力为宗旨，发掘一批市场销路好、前景广阔具有中长期投资价值的优异项目。开发新的优异项目是提高产品市场竞争力的重要手段，也是挖掘产业潜力的根本性出路，是通过增加市场容量来获取最大效益的发展模式。以食用、饮用、药用于一体的价值为突破方向和立足点，充分发挥科技优势、人才优势和资源优势，形成支柱式产业。如林下食用菌系列产品开发及其他现有产业链拉长。

(2) 增加科技含量，实行集约化经营。增加科技含量，提高产品质量是增强产品市场生命力的所在，是保证优质高效根本所在。通过科技先行和经营过程的科技指导、科技服务、技术咨询、技术培训及编制技术读物来强化、提高生产经营者的质量意识和技术水平，使之经营真正达到集约化程度。

(3) 加大政府支持力度。政府支持包括资金支持、政策支持、科技支持。资金支持是指银行给予放宽贷款条件的支持和财政给予补贴与贷款贴息的支持，要对开发前期的立项、可研、科技攻关给予资金投入；政策支持是在继续贯彻落实辽政办发[2005]95号《辽宁省人民政府办公厅关于加快辽东山区林业产业发展有关政策的通知》、抚政发[2005]16号《抚顺市人民政府关于深化集体林业产权制度改革的意见》、抚林字[2005]11号《关于合理利用森林资源搞好山区综合开发的意见》等文件精神的基础上，制定具体、宽松的政策措施以调动刺激山区林农发展林业产业的积极性；科技支持是指充分利用科研部门技术优势和成果优势迅速转化成产业优势和效益优势，引导林农学科学、用科学，把产业发展与科技进步紧密联系在一起。

(4) 拉长产业链条。当前本市大部分林业产业项目出售的是一阶产品，其价格和利润率较低，产品附加值遗落在其他经营环节，其原因是深加工不精不细，产业链拉得不长，这个环节不容忽视，必须做大做强，也是我们挖掘产业潜力，提升产业效益的重要方面。

3. 营造林技术应用分析

(1) 种苗质量与来源。种苗已全部进入市场化，绝大（90%以上）部分苗木由个人经销，苗木质量参差不齐，大部分苗木从外观看，生长良好，地径和苗高均达到标准，但由于过量或不适时施肥，导致苗木造林后成活率有所降低。苗木种源渠道复杂，有国营经销，有私人经销，也有个人承包经销。国有经销和承包经销的种子来源大部分为种子基地所产，其遗传和发芽的安全性都很高；私人经销的种子大部分为私收乱购，最大隐患是遗传品质较差，因为随意采摘且多为多代种子，在刺槐和日本落叶松中多有发生。

(2) 造林环节技术应用评价与分析。造林整地是造林技术细则规定的，必须严格执行。但在实际操作中，在有些情形（非经济林造林）中往往不按细则执行，所谓整地仅仅为清清场子，主要表现在部分个人造林上，国有林场、集体林场、企业公司在整地环节上比较规范；在栽植上都能按规则操作，并采取蘸泥浆、保湿剂等措施来提高苗木成活率；在适地适树方面，国营林场、集体林场做得较恰当，个人造林在有的树种上未做到适地适树，如有的把速生杨树栽到山上，还有的栽植耐寒性很差的速生杨；在造林密度上，有个人造林选择了1m×1m或1m×1.5m的株行距，造林环节技术应用的差异势必影响着造林效果，应引起关注。

(3) 造林环节技术应用评价与分析。抚顺市林分改造技术标准在1993年以前执行辽Q1648-83《森林经营技术规程实施细则》，1993年3月起执行辽宁省DB-706-93《森林经营技术规程》标准，对国营林场同年执行省林业厅辽林字〔1993〕97号文件精神（对经营水平较高，森林质量较高，以天然次生林为主，成过熟林少的林场，可将其单位蓄积量低于本场平均蓄积的低产林分列为改造对象），其间抚顺市以市政府文件形式对人工落叶松林改造标准进行了规定，对经营基础好、水平高，按标准可改造的林分面积小的经营单位调低了低改标准。抚顺市低改标准放而不乱、管而不死，通过实施，有效的提高了林分质量，达到了预期目的，符合森林经营指导思想。

抚顺市低产林改造主要采用小面积皆伐改造、择伐改造和少量的补植改造，综合改造面积只占改造总面积的3%左右，从单个改造小班面积大小和该地区林分实际状况看综合改造面积比重过小，方式选择在有些地块中不符合实际需要，少数单位存在单纯取材倾向。2000年以后此类情况得到改善和纠正。

(4) 抚育间伐应用技术评价与分析。抚育间伐的关键环节在于执行单位适宜保留株数的标准。抚顺市抚育间伐在1987年以前执行辽Q1648-83《森林经营技术规程实施细则》的保留株数标准，1987年12月对落叶松每公顷保留株数进行调整，开始执行抚政发〔1987〕118号文件《关于执行〈落叶松人工林新间伐密度管理表〉的通知》；1993年转换执行DB21-706-93辽宁省《森林经营技术规程》，但落叶松仍执行《落叶松人工林新间伐密度管理表》；1997年对落叶松、红松抚育间伐的保留株数进行了调整，开始执行省林业厅《关于加强林业调查规划设计工作的通知》，其他树种仍执行DB21-706-93辽宁省《森林经营技术规程》。几次保留株数调整均向下调整，符合林分生长的客观实际，只是调整时间来得较迟，致使1993年以前较多的集体人工落叶松林（不包括自留山）没有得到及时抚育，降低了林地生产力的发挥。除受标准限制因素以外，大部分集体经营单位自觉抚育的主观意愿不强，从人工林透光抚育普遍滞后和天然幼林普遍不进行抚育足以证明这一点。

抚育方法普遍采用常规下层抚育法，采伐木确定合理有效，抚育过程大部分按设计施工，在生长抚育中有拔大毛现象。前期抚育强度较小，保留株数较多，效果不够理想，这与细则规定的适宜保留株数有关；后期由于保留株数向下调整，满足林木生长规律，达到抚育目的。

第四节　森林资源管理现状与对策

一、森林资源管理现状

（一）相关法规制定情况

法律法规体系的建立健全和司法过程的执行与监督是维护社会政治、经济稳定健康发展的一把双刃剑，并相互依存，缺一不可。

抚顺市把林业法规体系建设作为稳定林业发展的根基来抓，自1986年以来在国家《森林法》和上级地方法律法规指导下，共颁布实施地方法规4部，即《抚顺市森林防火条例》《抚顺市森林保护条例》《新宾满族自治县林业管理条例》《清原满族自治县森林资源保护管理条例》；政府规章5项；政府规范性文件6个；部门规章及规范性文件37项。上述地方法律、规章及规范性文件制定与完善，确定了森林经营单位及与林业有关活动的行为准则，为维护林业发展提供了法律依据。

1. 林业执法与监督

以国家、省和本市制定的有关林业法律法规为依据，对盗伐、滥伐森林、林木，买卖林木采伐许可证、木材运输证，违法收购明知是盗伐、滥伐的林木，违法开垦、采石、采砂、采种、采脂，无证运输，违法加工和其他活动致使森林、林木受毁等违法行为进行治理、查处等执法活动。

2. 执法能力建设

建立健全执法体系：市局及各县（区）均设置了资源林政管理机构和森林公安处、科等林业司法部门，全市设立5个林政稽查队，各林业乡（镇）和国营林场均设置了资源林政管理员，共有执法人员500名。

加强制度建设：在执法主体内部实行执法过程的程序化、规范化、制度化，执法人员纳入责任制管理。

提高林业执法人员的综合素质：不断引导和督促执法人员加强政治思想学习和道德水准的提高，定期组织执法人员参加县以上综合法律和专业法规的学习培训，全部采用资格认证和持证上岗。

加强执法队伍装备建设：装备建设是提高执法效率的重要手段，基于此，全市乡以上林业执法部门均配备了微机及打印输出设备，有的县（区）已实现网络化管理和档案电子化；森林公安部门全部实现车辆配备，并购置了必要的刑勘设备。加快了执法节奏，提高了执法效率。

3. 注重预防违法，提高公民守法意识

主要通过报刊、电视、宣传板、宣传车和公开宣判会等形式，长期、持久地向公民进行法律法规、政策方面的宣传教育，使广大公民提高法律意识，自觉抵制违法犯罪，降低林业犯罪率。

4. 建立和完善法律监督机制，保障执法活动依法履行职责

为达到依法行政，依法保护公民、法人及其他组织的合法权益，依法打击各种破坏森林资源犯罪行为，保证法律的严肃性和公正性，全市在已形成的市、县（区）政法机构、司法机构及社会外部等监督体系的基础上，在林业内部各层次建立了党委对职能部门、领导对职员、上级职能部门对下级职能部门的监督机制。这些法律体系、执法体系、监督体系及执法

制度、队伍、能力的建设为维护林业经济秩序和发展环境起到了极其重要的作用，但由于受社会执法环境的影响，在执法活动中还存在权大于法，有法不依、执法不利、超限执法、执法滞后、监督滞后，以及偏好于运动式执法等不良倾向。

（二）森林资源管理的重要举措与评价

1. 采伐限额管理执行与效果评价

森林资源实行限额采伐是有效保护森林资源的重要手段，采伐限额在现代林业可持续发展中具有动力杠杆的作用，实行限额采伐目的是控制过量消耗，保证森林资源满足国民经济不断增长的需求。

采伐限额是经省林业厅核定，国家林业局审批确定的在一定空间内的法律性文件。各市、县（区）及经营单位必须严格执行，任何主管部门、相关单位及经营单位超限额设计、审批、采伐均应负法律责任。

抚顺市根据国家规定从“七五”，即1986年开始实行采伐限额管理，从“七五”限定的年采伐量33万m^3，到“十五”44万m^3（不包括省厅增拨），总的执行情况为“七五”期间平均每年执行审批采伐限额33万m^3，占核定限额94.2%；“八五”期间平均每年执行审批采伐限额38万m^3，占核定限额95.5%；“九五”期间平均每年执行采伐限额57.85万m^3，占核定限额87.7%；“十五”期间均每年执行审批采伐限额44.83万m^3，占核定限额88.3%；总采伐限额审批发证607.7万m^3，占累计核定限额91.1%，有效控制了森林资源在营林过程中的过量消耗。

本市在采伐限额执行过程中力求做到以下几点：

(1) 依法执行限额，规范使用限额。《森林法》第34条规定“对森林和林木实行限额采伐”。各地区实施采伐限额管理制度是《森林法》赋予的权力和使命。本市从“七五”开始实施限额采伐制度，每个5年都进行调整核定，同时由市政府和县政府向下一级行政单位以法律文件形式下达，并规定执行和使用限额单位的行为规范责任。在执行过程中，以行政乡和国有林场单位进行核定采伐限额数量，对经营水平高的少数行政村可实行限额单列。最低限度保证各县采伐总量不能突破核定限额总量；主伐不能突破限额指标，其他采伐类型不可逆串，保证抚育指标使用量；保证5年限额总量不突破。

(2) 建立采伐限额管理机制，加强源头管理。为达到采伐限额执行的科学性、规范性和真实性，各县（区）均建立采伐限额管理机制，并随经验积累而不断完善。其做法是在使用限额年度前一年末由经营单位提出采伐数量、类型和区划位置的申请，经县局领导及相关部门立会审议确定采伐限额，并拟定计划文件，设计部门依据计划文件规定的数量、类型进行作业设计，并形成设计文本，经营管理部门据此进行现地核对和必要测试后进行现场审批（有时与资源部门共同参与检测）。审批后由资源林政部门核发《采伐许可证》，实行凭证采伐。经营生产单位取得《采伐许可证》后按设计规定内容进行采伐施工；采伐作业完成后由基层林业部门负责施工检查验收，经验收合格后，发给《作业验收证》，同时按各项管理在核定的商品材产量范围内核发《木材销售证》，并登记《木材销售卡》，允许木材分销。经验收的商品材打印产区印号备查。为确保施工采伐量控制在核发采伐量范围内，在作业施工的同时，施工监管员可责令边采伐边检尺，按木材出材量和采伐面积双项控制，其中某一项达到设计指标，即可停止采伐。通过上述一系列制约机制运行，基本消除了采伐限额在经营生产环节中的过量隐性消耗。这样从制度上保证采伐限额顺利实施。

(3) 实行领导责任制。市政府把采伐限额纳入县（区）、乡（镇）领导保护森林资源任期目标责任制的考核内容，实行定向考核。对管理不力并造成超限额采伐的要追究当地政府的领导和森林经营单位的主要领导责任，从而加强了采伐限额管理领导。

(4) 科学运用采伐限额的杠杆作用，调动森林经营单位及经营者的营林积极性。本着以林养林、以林还林的宗旨，在不突破限额总量的前提下，利用采伐限额的杠杆作用，调动那些经营水平高、营造林积极性高的生产单位及经营者的积极性，以求森林面积总体增长，林分质量整体提高。根据抚顺市政府《关于稳定林业政策保护和发展林业生产的若干决定》，“关于采伐限额的使用，要有利于促进林业事业的发展，对造林、抚育和资源保护好的，优先安排，反之要扣减或取消下年采伐指标”、“在有条件的乡村，经批准可机动部分采伐指标搞经营采伐，实行采造、采育挂钩”的规定，在全市实行了采伐限额与植树造林、中幼龄林抚育和森林资源保护挂钩的政策。对滥砍盗伐严重，超限额采伐，作业设计质量差，不按要求更新或管护差，只更新不成林的地区或单位，扣减、收回当年的采伐限额，或取消下年的采伐限额。从1988年试点探索到政策出台及运行至今收到极佳的效果。根据不同情况分别采取“采一造十”、“采一造三”、“采一造五”。在当时条件下，由于经济条件的限制，人们对改革开放的认识程度，对政策的连续性尚处于肤浅和犹豫阶段，恰在此时能够科学、合理、创造性地运用采伐限额的杠杆作用，使全市特别3个县重点林区森林面积在缓慢中陡然加速，林分质量在悄然提高，采伐限额在林业生产中发挥了积极作用。各县（区）一时间涌现出众多造林大户。由于对落后和违规单位的鞭挞与处罚，促使与采伐限额管理要求相悖的行为和事件大幅度减少。

(5) 坚持《采伐许可证》“六不发”制度。为把好凭证采伐关，对滥砍盗伐严重或前一年超限额采伐的不发；不符合办证手续的不发；超出限额指标的不发，采伐作业设计不合格的不发；前一年作业质量达不到验收标准的不发；不按要求进行伐后更新的不发。

(6) 严格机动采伐限额使用管理。为使不可预见和无法列入采伐计划的森林资源消耗控制在采伐限额范围内，按照有关规定，市、县（区）在下达采伐限额时，预留年度采伐限额总量3%～5%为机动限额指标。机动采伐限额由于是由各级局内有关部门集中掌握使用，随机性较大，所以它是一个敏感的社会性问题。使用不好易引发滥砍乱伐和降低党在群众的威信，所以市局及各县（区）在使用采伐限额慎之又慎，基本做到公正、公开、透明，每笔机动限额的使用都通过相关领导与各处、股（室）领导的集体研究讨论，经一支笔签字审批。多年来抚顺市各级机动采伐限额绝大部分用于征占林地、自然灾害、救灾急需、学校等公益用材，大幼林抚育等采伐及采伐作业补缺，剩余部分用于采造、采育挂钩。机动采伐限额使用是一个不断完善的过程，由初期的半透明到透明，从使用的随意性到科学化、规范化，特别是“十五”期间天然林禁伐，群众营造林积极性自发的空前高涨，各种机动限额均有大量节余，机动限额的使用更加公正、客观、透明、合理。

(7) 加强森林资源监管，采伐限额定期审计。1988年，根据市林业局《关于开展森林资源审计工作的通知》和上级林业主管部门的指示精神，在全市开展了以审计采伐限额为主要内容的森林资源审计工作。1989年，根据市林业局《关于加强采伐限额管理有关问题的通知》要求，全市32个县（区）属国有林场全部增设了资源股，67个乡（镇）林业工作站配备了资源管理员，其职责专司森林资源监测和采伐限额管理，对本辖区内采伐限额执行情况进行监督检查。1991年市林业局出台了《抚顺市实施〈辽宁省森林采伐限额管理办法〉细则》（以下简称《细则》）。《细则》要求，县（区）林业局每年要对本地采伐限额执行情况进行一次定期检查。市林业局每年对各县（区）进行一次抽查，抽查内容包括采伐限额管理制度建立、管理制约机制、发证质量、发证数量、执行情况、作业设计质量，及伐区作业质量及更新质量。对抚顺采伐量大的3个山区县每年进行一次市级采伐限额审计和伐区检查；至少每两年轮一次省级采伐限额审计和伐区检查及消耗量调查。通过上述省市轮回检查和定期采伐限额管理培训，使得各县（区）发证基本达到要求，各分项指标按规定控制，未出现超限额发证；伐区采伐量及面积控制管理到位。多年来在采伐限额管理环节上通过采取诸多措施，基本做到发证规范、控制合理、监督有力，达到使森林资源消耗控制在采伐限额范围内，保证森林资源可持续发展与利用。

(8) 严把设计质量关。设计质量是采伐限额关键环节，属源头控制。通常情况下伐区作业施工超面积采伐是不会发生，超面积采伐属偶然事件、个别案例，而伐区监管中的双项控制是规范规定，不具有普遍意义，操作中亦很难控制，回旋余地也很大，基本上是按设计施工、采伐，所以采伐作业设计就成为森林资源消耗的源头环节，是采伐限额管理的关键一环，设计质量差、误差大是看不见的超采。为提高设计质量，保证客观、公正，误差控制允许范围内，首先设计单位要依据有关规定取得资质，进行全员上岗培训，取得资格后持证上岗，对设计人员进行职业道德、敬业爱岗培训教育；同时对设计成果进行定期抽查，把树高、平均胸径、每亩株数、采伐面积、出材量作为检查重点。通过省、市、县巡回检查，整体设计水平普遍提高、责任感较强。少数设计人员设计质量较差，属于工作能力问题，需加强培训；个别设计人员设计质量较差，属责任心问题，属职业道德范畴的问题，需要待培或勒退；国营林场设计偏低的较多，其主要领导需要进一步端正思想。

2. 天然林资源保护

根据天然林在生态建设中的地位和社会发展、人类生存的需求及抚顺市天然林结构现状和变化趋势，市林业局于1999年5月制定的《抚顺市林业生态环境建设规划》中提出天然林保护工程，并提出7项具措施：

(1) 严格控制天然林采伐量。将全市天然林的采伐量由1998年前的采伐面积0.27万hm^2，采伐蓄积20万m^3，逐年压缩至0.13万hm^2和10万m^3。

(2) 坚持低产林改造标准。对超出省市规定标准的低产天然林改造，必须经市林业局批准。

(3) 严禁大面积皆伐天然林。采伐天然林要因地制宜，采取择伐、二次渐伐或小面积皆伐。

(4) 积极推行天然更新和人工促进天然更新。凡具备天然更新或人工促进天然更新条件的采伐迹地，必须实行天然更新或人工促进天然更新，并逐年提高天然林更新和人工促进更新占天然林采伐更新面积的比重，由1998年前的不足1/3提高到1999年的1/2，到2000年达到2/3。

(5) 加大阔叶树种苗培育力度。要有计划地建立阔叶树采种、育苗基地，加速培育乡土珍贵阔叶树种苗木。

(6) 大力营造阔叶林和针阔混交林。要改变大面积营造针叶纯林方式，坚持适地适树的原则，大力营造阔叶林和针阔混交林；对新植针叶纯林，凡有条件的可通过抚育保留阔叶树，诱导形成针阔混交林。

(7) 加大对阔叶林育种、育苗、造林的资金投入。林业建设资金向天然林培育和保护倾斜。

通过1年的天然林资源保护工程的实施，初战即收到较好效果。最明显是天然林采伐量降低9个百分点，采伐面积降低11个百分点。随即2000年末在全省范围内实施“禁止对天然林进行商业性采伐”工程，与此同时，本市在省政府指令的大背景下进行了全面天然林资源保护工程。根据辽政发[2002]12号文件指示“鉴于辽宁省天然林数量锐减，质量下降的实际情况，依据《森林法》及国家关于分类经营等有关法律政策规定，省政府决定在全省范围内禁止对天然林进行商业性采伐（简称天然林禁伐），使其休养生息，恢复发展，禁伐期限为5年（2001～2005）”的精神，本市天然林面积有较大幅增加，天然林单位蓄积量明显提高，水源涵养、保持水土、保育土壤、降解污染、生物多样性等防护效能明显增强。

3. 分类经营界定，分类管理与效益评价

分类经营是为保证国民经济发展中的生态安全，建立完善的林业生态体系和促进林业商品经济快速发展，建立发达的林业产业体系所实施的林业战略性改革，以充分发挥森林的生态、经济和社会效益，实现林业可持续发展为目标，把林业发展推向一个新的时代。

分类经营工作是林业要素运行机制的改革，是一个新生事物，在林业发展史上具有划时代的意义。抚顺地区位于辽宁东部山区，分布大量的天然林和人工林资源，是辽宁中部平原的绿色屏障，大伙房水库是浑河下游及中部平原工业、农业、居民生活用水的供应源，有着独特的战略位置。抚顺市积极贯彻执行上级有关分类经营工作的法规、政策和文件，并根据省政府办公厅《转发省林业厅关于在全省开展林业分类经营改革意见的通知》，市政府办公厅以抚政办发[1999]37号文印发《抚顺市林业分类经营改革工作方案的通知》，在全市开展森林分类经营工作。市林业局以抚林办字[1999]41号文件，下发了《抚顺市森林分类经营区划界定技术方案》。经一年的努力，至2000年末，全市森林分类经营外业区划界定、内业数据汇总及分类资源图等工作全部结束，并通过了省级检查验收。经专家论证后确定全市划定公益林面积346 396hm^2，占森林总面积的45.49%，其中I类公益林270 803hm^2，占森林总面积的35.56%，占公益林总面积的78.18%；II类公益林75 592hm^2，占森林总面积的9.9%，占公益林总面积的21.82%；商品林划定415 114hm^2，占森林总面积的54.51%。2004年二类资源调查时根据国家公益林标准（7条）进行了调整，最后划定国家公益林262 027hm^2，占森林总面积的34.1%，占公益林总面积的75.9%；地方公益林90 963.6hm^2，占森林总面积的10.8%，占公益林总面积的24.1%；商品林划定460 745.1hm^2，占森林总面积的54.8%。为巩固分类经营成果，贯彻执行分类经营的指导思想和指导原则及分类经营实施办法，对生态公益林实行封育保护为主，严格控制森林采伐，以发挥生态效益和社会效益为主要经营目的。随着国家公益林补偿制度的逐步实施，对公益林经营所有者逐步兑现补偿；对商品林按市场经济规则，以追求最大经济效益为目标，实现基地化开发，林场化管理，商品化经营，进行资产化管理。目前在公益林管理上尚存在一些问题，如国家及地方财政对公益林补偿尚未实施，只是管护性投入，林农及经营单位无能力对其进行经营投入，使得有相当数量的低效公益林只能耗时间来缓慢地增强防护效能，即以时间换效能，应根据适地适树原则尽可能的补植阔叶树种或珍贵树种，使之以较短的时间发挥其各种防护效能；对一部分有条件的公益林可在不破坏植物群落结构的前提下利用其结构特点进行林下立体经营，如栽（种）植异山参、山野菜、食用菌等。目前尚无成功模式，可通过示范区形式进行试验、推广。

4. 资源档案管理

森林资源档案是搞好森林资源管理的基础工作，随着科学发展，森林资源档案管理的范围与内容也在不断拓宽和增加，管理手段也逐步加强与提高。抚顺市及各县（区）森林资源档案管理工作是一个从粗放到细致、从可载信息量少到信息量较大、从内容简单到丰富、从手工记录到电子文档逐步提高完善的过程。本市档案管理可分两个时段，1992年以前为档案手工时代，1992年以后为档案电子时代。为满足林业生产和查阅资料需要，全市资源档案管理逐步走向科学化、规范化、制度化。县（区）各局把资源档案管理工作纳入部门领导目标管理责任制的重要考核内容。在手工档案时期全市32家国有林场就已完成档案管理达标，集体乡（镇）以林业站为主体于1991年末全部完成建档，并配备了专职档案员，至此全市森林资源档案全面实行了专人、专柜、专业化管理。1992年县（区）各部门、基层林场和林业站开始引入计算机进行资源档案管理，到2000年全市所有县（区）及其所属的国营林场、林业工作站和资源多、基础较好的集体林场在多项内容上实现了资源档案计算机管理。

5. 林地管理与控制

林地管理是森林资源的核心管理，任何时段都不可忽视和淡化。抚顺市及各县（区）林业局和主管部门始终把林地管理放在资源管理的首要位置，依法实行林地管理。1986年以来大体通过以下措施进行林地管理：

(1) 依法行政，完善专项法规体系。以国家、省颁布的法律法规为框架，结合本地区实际情况，建立、完善地方专项法规体系。为使林地管理具有可操作性，抚顺市政府1989年颁布实施《抚顺市林业管理办法》和《抚顺市森林保护条例》。《抚顺市林业管理办法》中规定“对勘查设计、修筑工程设施、开采矿藏、采石取土、各类建筑等应不占或少占用林地。必须占用时，须由县以上土地管理部门办理征用、划拨手续；占用国家林地、苗圃地、林木良种基地和特种用途林地，须报请省政府批准；征占用林地须伐除林木的，须由县以上林业部门编制采伐设计按审批权限办理采伐手续，并由用地单位向林权所有或经营者进行经济补偿，同时缴纳林业开发建设基金；被占用林地易造成水土流失的，用地单位应采取措施保持水土；未经批准私自占用林地，要依法予以查处。《抚顺市森林保护条例》中对有林、疏林地、未成林地挪为他用，集体所有的灌木林地和无林地改为非林业用地时及林地内开矿、采石、取土、建筑等非林业生产经营活动和在公墓林以外的林地埋坟都做了相应的法律规定。通过相关法规的完善和补充，有效地规范了林地资源管理，依法支持了对林地的正当占用，遏制了对林地的非法侵占和滥用。

(2) 集中联合打击、查处非法侵占林地案件。随着市场经济的快速发展，全市林业也曾几度出现乱采滥占、乱挖滥掘、乱垦滥种的迅猛势头，大有不可逆转之势。为保持林业发展成果，从1986年以来先后8次对非法占用林地的行为和势头进行联合集中打击，共查处非法侵占林地案件80余起，占地面积141.5hm^2，清理林地垦耕4600hm^2。通过上述大规模集中打击，有效的遏制了乱采滥占、乱垦滥种非法势头，理顺了林地征占程序，维护了国家、集体和所有者的利益。

(3) 将林地资源管理纳入市、县（区）长责任状。为确保国家、集体和经营者的经济利益不受侵害，巩固林业改革发展成果，从1999年始，把保护林地资源工作纳入市、县（区）长责任状，实行一票否决。

6. 林业产权制度改革

本次林业产权制度改革是农村联产承包责任制延伸和完善，也是林业发展史上的一个新的里程碑，具有划时代意义。

改革开放以后抚顺市林业在经营体制和产权制度改革方面曾进行过一系列有益的探索和尝试，政府和主管局出台了相关法律文件、政策和办法，为现在集体林权制度改革积累了丰富经验和奠定了良好基础。既往林业产权制度改革仅限于个人管理承包、集体管理承包、集体折股联营和产业项目承包，广大群众缺乏知情权、参与权、决策权和监督权，改革最终没有落在确权上，与国家集体林权改革内涵存在很大差异。2005年辽宁省在本溪进行集体林产权制度改革试点完成的基础上在全省全面展开。市委、市政府对林改工作高度重视，把林改工作放到全市社会经济发展大局来谋划，将林改工作作为推进社会主义新农村建设的重要内容来实施，作为促进农民增收致富的措施来推进，使全市林改工作迅速进入改革程序，并平稳运行，取得了阶段性成果。目前全市已完成应改面积的35%，此间，市委、市政府联合下发了《集体林产权制度改革意见》，各县（区）均制定了《集体林产权制度改革实施方案》。在林改过程中采取以下措施，一是强化领导、组织有序。全市把林改工作作为各级党政“一把手”工程，形成一把手亲自抓，分管领导具体抓的工作机制。二是广泛宣传、大造舆论。通过各种形式的会议、发放宣传册、制作宣传牌、出动宣传车等形式宣传林改的意义和目的及相关的政策、法规，充分利用电视、报刊等媒体宣传林改工作，达到家喻户晓、人人皆知。三是搞好试点、稳扎稳打、循序渐进。选择不同分类结构、不同林种结构、不同权属结构、不同林况类型的乡、村作为试点村，从中找出解决问题思路和方法，明确主要矛盾和次要矛盾，确定林改工作程序。四是落实责任、确保验收。无论是主要领导还是一般指导，都要层层落实责任，建立市包县、县包乡责任体系，最后进行达标验收。把林权制度改革作为林业发展的契机，要充分重视改革中的每个环节，并着手制定切实可行的改革配套政策和措施。通过集体林产权制度改革使全市林业发展进入快速增长时期。

7. 森防体系建设

确保森林资源的安全，是林业建设主要任务之一。危害森林资源安全，主要来自森林火灾、乱砍滥伐和森林病虫害3个方面。多年来，在市委、市人大、市政府的重视与领导下，通过依法治火、依法治林和科学防治，使森林火灾、乱砍滥伐等毁林行为、森林病虫害得到有效的控制，从而保障了森林资源的安全。

(1) 森林防火。长期以来，在认真总结历史上森林防火工作经验教训的基础上，进一步加强了对森林防火工作的领导；充分发挥了各级森林防火组织的职能作用；逐步完善了以领导岗位责任制为主的多层次和多种形式的森林防火责任制；深入开展了以《森林法》、《森林防火条例》为主要内容的宣传教育；狠抓了防火、灭火队伍建设和森林防火基础设施建设，使全市森林防火工作逐步走上规范化、制度化、社会化的轨道，取得了连续多年无重大森林火灾的显著成效。主要把握了以下几个环节。

①加强防火组织机构建设。自1973年在全市全面恢复森林防火组织以来，坚持实行层层设防，统一调度，分层指挥的指挥模式。市、县（区）、乡（镇）、矿区、国有林场以及相关单位，都建立森林防火指挥部，并逐步完善，形成了全市森林防火指挥系统。

组建联防组织：一是跨地区联防，由抚顺市的各县（区）与相邻的本溪县、桓仁县、铁岭县、开原县、西丰县及吉林省梅河口市、东丰县、柳河县等建立了跨地区的市、县、乡森林护林防火联防委员会。二是毗邻县、乡联防。为实现森林防火联防协作，抚顺县、清原满族自治县、新宾满族自治县、顺城区以及3县1区所辖的乡镇、林场都与毗邻地区的县（区）、乡（镇）、林场等成立了森林防火联防委员会。到目前为止，全市基本上建立了县、乡、场联防组织，全面形成了一方有火八方支援的山区森林防火联防网络。三是城乡结合部联防，由于城乡结合部人居混杂，人员流动频繁，山林权属复杂。加之，旅游业兴起，造成区域内的人们森林防火意识差，这就成为森林防火的薄弱环节。为加强城乡结合部的森林防火工作，成立了由所在地区的各乡镇、街道、厂矿、企事业、部队和学校等参加的森林防火城乡联防委员会。

各种形式的联防组织在做好所辖区域的森林防火工作外，也做好相邻地区的森林防火的预防，形成联防区域出现火灾，各联防单位协同作战，积极组织扑救。

②建立精良的森林防火队伍。在山区乡镇、村、国有林场、私营林场、集体林场、自然保护区、风景区、农牧场及其他有林单位，根据其林地面积和森林分布状况配备了常年的专职、兼职护林员。同时，还在重点部位、山火多发时段增设临时护林员。护林员由各县（区）委任、配发统一护林证书和统一标志。

为加强护林防火工作，制定了护林员岗位责任制，每年还对护林员进行分期分批地轮训；有林乡镇、村自发组建了义务扑火队；在重点林区，建立了专业森林消防队。

现在全市有专职护林员4800多名，兼职护林员3400多名；专业森林消防队24支，半专业森林消防队15支，消防队员650名；义务扑火队338个，义务扑火队员13 180名。

③制定有效的森林防火措施。第一是加强法规、规章和制度建设。1994年和1997年两次对《抚顺市森林防火条例》进行了修正，使之更加完善。先后制定了《抚顺市森林防火工作管理制度》、《抚顺市森林消防队工作制度》。制度的建立，使森林防火工作基本实现了规范化、制度化管理。

其次，有针对性地对不同时期和不同人群存在倾向性问题制定森林防火规章守则。如由多部门出台的《关于护林防火工作的联合通知》，开展对城乡广大职工、居民、学生等社会各阶层的森林防火意识的教育；山区乡镇、村制定以“五禁止”为主要内容的“十不准”、“五不准”乡规民约等，都推动了森林防火工作的开展。

第三是建立森林防火责任制。一是领导负责制；二是分区承包负责制；三是岗位责任制；四是监护责任制。通过4项制度实施，全市普遍实现护林防火的目标。

第四是森林防火宣传教育。多年来，始终把森林防火宣传教育作为森林防火的屏障工程长抓不懈，广泛利用电视、报刊、警示牌、宣传车等方式进行宣传教育，使全市城乡人民的森林防火的自觉性和责任感不断增强。

第五是森林防火设施建设。为在第一时间掌握火情、火警并迅速扑救，把火灾损失降至最低限度，全市建立了高频通讯网和林火卫星监测系统及众多防火瞭望塔，目前森林防火观测面可达全市森林总面积的95%以上，设备设施还在不断的添置和补充。同时，在预测预报上，一直实行全市森林火险预测预报制度，及时有效地加强了森林火灾的预防。

⑵打击各种破坏森林资源的违法犯罪行为。森林滥砍盗伐和木材私收滥购是森林资源管理中的一大难题。打击各种破坏森林资源的违法犯罪行为是保护林业发展改革成果和维持林业生产经营秩序的必然选择。抚顺市重点林区自1986年以来森林资源曾几度遭受严重破坏。最严重的几次为：1988年夏在全市范围内乱扒黄波罗树皮，使黄波罗树在短期内遭受灭顶之灾，违法人群已达疯狂程度；1991年秋，在清原满族自治县、新宾满族自治县两县兴起抢收乱采红松果实风波，是又一次群众性毁林事件；再一次是团伙式和群体性盗伐林木，最猖獗时期为1997至1998年；还有1985年木材全部放开后也曾几次出现私收滥购、诱发滥砍盗伐的

混乱局面。上述种种破坏森林资源的行径给国家、集体和个人经济利益造成重大损害，破坏了林业经济发展的运行环境。针对上述不同时期、不同地区、不同形式的破坏森林资源的违法事件，全市及各县（区）林业部门上下动员、领导亲自挂帅，各部门协同作战，对毁林、盗伐林木行为进行了严厉的打击，并采取以下措施进行防范和治理。

①积极开展法制宣传教育。在市政府统一部署下，充分利用广播、电视、报纸等媒体和宣传车、板报、标语等形式，常年开展以《森林法》、《抚顺市森林资源保护条例》以及林业法律、法规为主要内容的法制宣传教育，以增强群众爱林护林的自觉性和守法认识。同时在多发季节和重点地区对乱砍滥伐的人和事进行公开曝光、定点揭露，以震慑犯罪、教育群众。

②加强领导，强化管理。在全市全面推行了领导干部保护、发展森林任期目标责任制，同时，进一步强化了林业行业管理使各级林业主管部门形成山上、山下一起管，采伐设计、施工、检查验收和木材销售、加工、运输一起抓的管理格局。

③治理整顿木材流通秩序。在继续认真实施木材销售卡、木材产地号印和木材加工许可证、木材运输许可证制度的同时，对无营业执照、无加工许可证木材加工厂、点的坚决予以取缔；对私收乱购木材进行违法加工的责令停业整顿，情节严重吊销营业执照和加工许可证，并予处罚。

④依法治林，打击犯罪。为依法治理林业经济环境、整顿林业经济秩序确保林业改革健康发展，自1988年起每年都由林业、公安、工商、检查院、法院等部门协同作战，开展1～2次“严厉打击破坏森林资源违法犯罪行为专项斗争”和专项治理。通过治理整顿、专项打击及宣传教育等措施，使当地广大群众的守法意识有了进一步增强，关闭了一批非法木材加工厂点，合理确定了木材加工厂点的数量、规模和布局；对木材运输过程的违法、违章行为进行了严厉惩处；查处了一批影响较大、群众反应强烈的大案、要案和积案，依法从重从快惩处了一批破坏森林资源的违法犯罪分子，有效地遏制、打击了毁林盗林、私收乱购的势头和嚣张气焰。

(3) 病虫害防治。抚顺市人工林面积312 816.6hm^2，占林地总面积的40%，其比例远高于辽宁东部山区其他各市、县（区），最大单片纯林面积可达数千亩，是病虫害多发区域，理论上病虫害发生的种类、频率和面积要远高于全省平均水平。因此，该市病虫害防治的任务繁重、内容复杂、疑难颇多。全市自新中国成立有记载以来到2000年累计发生病虫害面积571 647hm^2，占林地总面积的68.0%，其中病害发生面积242 950hm^2，占病虫害发生面积的42.5%，虫害发生面积328 697hm^2，占病虫害面积的57.5%；累计发生鼠害面积10 840hm^2。经各级主管部门多年潜心研究、综合防治，到目前为止森林病虫害发病率已获控制在6%左右，为害率控制在1.5%。森林病虫害得到有效控制主要来源于市政府及主管部门对病虫害防治高度重视，确立了“坚持以预防为主，以营林措施为基础，积极保护，利用生物天敌，科学使用化学农药，加强森林病虫害生态管理，增强森林自控能力，搞好森林病虫害综合防治”的指导思想和以“营林措施与生物措施为主导，兼顾化学防治，区别情况，分类施策”防治策略；实行由单一的化学防治向综合防治、由分散防治向集中突击防治、由片面追求防治数量向注重防治质量和提高防治效果的转变。工作重心放在以下几个环节：

①病虫害防治检疫机构及队伍建设。全市及各县（区）病虫害防治检疫站在机构定编的基础上扩充了部分技术专职人员，各乡（镇）林业站和国营林场、矿区林场、铁路林场等设有专职、兼职森林植物检疫员173人（专职20人）；在重点林区先后设立了森林病虫害预测

预报点6处，监测点15处。以上各森防机构、森防队伍建设，组成了全市森林病虫害防治、森林病虫害预测预报、森林植物检疫的网络体系。

②做好专业基础调查工作。在全市范围内围绕病虫害区系、植物检疫对象、美国白蛾边界展开全面调查。此次基础专项调查对有效防治、有效投入均有重大意义。在调查中共采集昆虫标本78 624号，昆虫生活史标本213套，病害标本2200号。通过调查资料分析，编制了《抚顺市森林病虫区系调查技术报告》《抚顺市森林病虫名录》；绘制出《抚顺市主要森林害虫分布图》《抚顺市主要森林病害分布图》《抚顺市森林植物检疫对象分布图》。通过野外专业调查及成果资料分析，基本摸清了抚顺地区森林病害情况和森林昆虫资源情况，查清了抚顺地区主要森林病虫害种类与发生情况和森林植物检疫对象的种类及其分布状况，为抚顺地区的森林病虫害防治和森林植物检疫工作提供了较充分的可靠信息。

③抓住重点，实施科学防治。目前已查明抚顺地区病害100余种，虫害400多种。经过全市广大森防科技工作者的长期调查、发现、积累和潜心研究，总结确定6种病害为主要病害，其危害面较大，频率较高、后果较重，即红松疱锈病、落叶松枯梢病、油松枯死病、落叶松早期落叶病、松落针病、杨树腐烂病；确定9种主要虫害，即松毛虫类、日本松干蚧、落叶松鞘蛾、新松叶蜂、伊藤厚丝叶蜂、核桃扁叶甲、竹节虫、切梢小蠹、泰加大树蜂等，并确定防治方法和用药种类及施用量，为科学防治提供了技术保障。

④加强森林病虫害预测预报。通过流动监测和定位监测，适时发布森林病虫害预测预报信息，对降低病虫害造成的损失和控制突发性病虫害侵袭有不可替代性作用。通过实施森林病虫害预测预报制度对一些主要病虫害和突发虫害及时的采取措施，把受灾面积压缩到最低限度，节约了大量的人力、物力和财力。

⑤依法检疫。在认真贯彻执行国家、地方有关植物检疫法律法规的同时，重点抓住对苗木和木材的检疫，对疫苗、疫材超标准的要控制在原产地。

抚顺的森林病虫害防治工作，在建立森林病虫害防治体系的基础上，进一步完善森林病虫害防治、森林病虫害预报、森林病虫害检疫等网络，全面实行森林病虫害防治工作的目标管理，不断提高森林病虫害防治宏观调控能力和防治水平，使森林病虫害防治工作走向科学化、制度化、规范化、法制化管理的轨道。

二 森林资源管理对策

（一）创新森林资源管理机制

1. 实现以木材生产为主，向多功能主导利用方向转变

实现以木材生产为主，向多功能主导利用方向转变，是对森林资源定性定位和指导思想的重大变革，只有确立这一核心，才能正确理解与认识新时期森林资源发展目标，明确林业建设的重点和任务，更好的服务于国民经济和社会发展的大局，也就能进一步扩展森林资源自身发展空间。抚顺市各级林业主管部门，应据此调整和优化森林资源生产力布局，制定并实施各项政策措施，调整与此不相适应的生产关系，确保森林资源推进生态、经济和社会各方面协调、健康、可持续发展。

2. 加强天然林资源管护

天然林资源在保护生物多样性、维持生态系统平衡方面发挥着不可替代的重要作用。抚

顺市天然林资源占森林资源总面积的62.7%，禁止天然林商业性采伐，就是保护我国生态环境的基础和未来的发展潜力。加强天然林资源管护，制定与之相适应的森林资源发展对策，大力发展人工商品用材林建设，以解决因天然林木材供给减少，导致的木材供需矛盾。

3. 大力发展非公有制林业

新时期，林业要有突破性进展，必须解放思想，大力发展非公有制林业。抚顺市各级林业主管部门，应为非公有制林业发展创造一个宽松的外部环境，充分尊重民营经营者的自主经营权，放手发展；强化集体林产权制度改革，稳定所有权、放活使用权；规范政府行为，公平税赋；强化法制保障；积极探索非公有制林业的有效实现形式，推动非公有制林业发展。

4. 加快林业对外开放步伐

加快林业对外开放步伐，是促进抚顺市森林资源快速发展的必由之路。要紧紧把握世界林业发展的新潮流和新变化，抓住机遇，进一步扩大对外开放力度，增强抚顺林业在国际上的竞争力。全面彻底的建立市场运营机制，多方面、多层次利用外资，弥补建设资金不足。充分发挥科技先导作用，加强林业国际间合作，为森林资源发展提供更广阔空间。

（二）完善法规制度

制定与现代林业建设相适应的林业政策，根据《中共中央国务院关于加快林业发展的决定》精神，完善林业法规体系建设，适时制定与现代林业建设相适应的地方性法规、规章、条例。特别是集体林改革实施以后，生产力与生产关系发生了根本性转变，在充分调查研究基础上，完善法规制度建设，保护集体林改革成果，促进森林资源跨跃式发展，是今后工作中的重中之重。对于已经不适应新形势、新任务、新要求的法规与制度，要及时按程序进行清理与废止。总结森林资源发展中的症结所在，有针对性的进行修订与制定。通过完善法规制度，做到有法可依、有章可循。

（三）加强管理队伍建设，提高人员素质

森林资源管理要通过一支政治素质高、业务能力和执法能力强队伍来完成，所以加强管理队伍建设，提高人员素质是森林资源管理的重要环节，主要抓好以下环节：

(1) 实施人才引进，提高林业管理人员和技术人员的整体水平，优化管理人员结构；

(2) 对现有人员进行有重点的培训，提高从业人员的政治素质和业务素质；

(3) 加强国有场（圃）和基层林业站建设，提高基层资源管理人员执法能力和业务能力；

(4) 建立责任制和考核制，保证管理过程和执法过程的准确性和公正性。

（四）完善森林资源监测和管理体系

(1) 建立完善的监测体系。结合此次二类调查成果，建立数字化林业平台，同时在全市范围内建立森林资源监测体系，通过布设固定样地和临时样地，对森林资源进行全面监测，定期向当地政府和上级主管部门报告森林资源消长情况、地类面积变化情况、病虫害发生和控制情况、滥砍盗伐和滥征乱占情况。

(2) 建立系统的森林资源管理监督体系。对森林采伐限额执行情况实行审计制度，加强对采伐限额的使用和采伐迹地更新情况的审计；建立现代的森林资源林政管理系统，林木采伐及限额管理、林地林权管理、林业行政执法等实行网络化管理。

(3) 规范设计。建立造林施工作业设计、林木采伐作业设计、营造林检查验收、森林病虫害检疫等工作制度，并建立电子档案。

第14章 本溪市森林资源

第一节 基本情况

一、自然概况

（一）地理位置

本溪市位于辽宁省东南部，东经123° 34′ ～125° 46′，北纬40° 49′ ～41° 35′之间。东与吉林省通化市为邻，西与辽阳市接壤，南临丹东市，北靠沈阳市，是沈阳至丹东铁路、沈阳至丹东高速公路的重要枢纽。境内东西长184km，南北宽87km，在版图上呈哑铃状，行政区域总面积841 130.9hm^2。

（二）地形地貌

境内重峦叠嶂，连绵起伏，山多地少，山地面积占80%，耕地面积占8.7%，水面和其他用地占11.3%，故有“八山一水一分田”之说。综观本溪地势，东部、中部较高，南部较低，海拔高度平均为350m左右。桓仁满族自治县境内的花脖子山主峰为全境的最高处，海拔为1336m。太子河和细河汇合处为全境最低处，海拔为85m左右。本溪市城区位于境内的西部，地处太子河上游河谷盆地内，地势由东北向西南倾斜，周围群山环绕，企业林立，中心区楼群鳞次栉比，街道整洁，是一座“城依山建，山在城中”的美丽城市。

（三）气候

本溪地区属于温带大陆性季风气候，具有中纬度西风带天气特色。境内雨热同季，日照丰富，积温较高，冬冷夏暖，春秋季短。年平均气温为7.3～8.9℃，其中冬季平均气温为－8.2℃～7.2℃，春季平均气温为7.7～8.9℃，夏季平均气温为21.4～23.1℃，秋季平均气温为8.6～10.2℃。年日照时数为2030.1～2834.9小时。全地区年均降水量为667.1～918.8mm，冬季降水量为42.5～48.4mm，春季降水量为82.9～133.4mm，夏季降水量为324.2～537.6mm，秋季降水量为199.4～217.5mm。

（四）土壤

本溪地区的土壤属棕壤带。由于受到成土母质、地势、气候、植被、水文等条件的影响，境内各地的土壤类型及其理化性质差异较大。在海拔800m以上的山地发育有林木适合生长的暗壤土，在低山丘陵、山前漫岗以及距离村屯较近的平缓地带发育有大面积的棕壤，在棕壤、暗壤地带的冷凉低温地区零星分布着白桨土。在中部、东南部、西北部、西南部的河谷盆地和平原地带，发育有草甸土、沼泽土和水稻土，地势低平，土质肥沃。

（五）水资源

本溪地区水资源总量为32.6亿m^3/a，其中可利用水资源量为29亿m^3/a。本溪地区河流密布，有大小河流近200条 ，其中流域面积大于100km^{2}的有19条。这些河流分属于太子河、浑江和草河3大水系。太子河是本溪境内最大的河流，全长413km，其中流经本溪境内168km，经城区西部白石砬子村流入辽阳市地界，在海城境内与浑河汇合注入渤海。浑江是鸭绿江中国与朝鲜界河在中国一侧最大的支流，全长447km。浑江干流流经桓仁满族自治县7个乡镇，境内长162km，从东北向西南斜贯桓仁满族自治县，由富尔江入口处的北甸入境，流经桓仁浑江水库后于桓仁镇东北部泡子沿出库，最后流入宽甸满族自治县境内注入鸭绿江。草河是鸭绿江流域瑷河的支流，流经本溪满族自治县境内，河长53.8km。草河发源于本溪满族自治县南部草河掌岭，东靠瑷河，北邻小汤河，西为细河。草河由北向南流经草河掌、草河城和凤城市等地域后注入鸭绿江。

（六）森林植被

本溪是辽宁省东部地区重要的水源涵养林区，由以红松为主的原生植物群落演变成现在的天然次生林，植被属于长白植物区系混有华北区植物，生长茂盛，种类繁多，共有木本植物47科100属251种，其中有大量红松、油松、落叶松以及柞、桦、椴、榆、柳等珍贵木材。本地区特定的气候、地理位置、生态环境使本地区蕴藏着丰富的中药材资源，成为辽宁中药材的主产区，中药材品种和产量位居辽宁首位。全地区有各类中药材1117种，其中植物类114科974种，动物类67科105种，矿物及其他类38种。中药材自然蕴藏量2200万kg。目前，人工种植药材20多万亩，年产中药材1000万kg。

二、社会经济情况

本溪市辖本溪、桓仁2个满族自治县和平山区、明山区、溪湖区、南芬区、经济技术开发区5个城区25个镇、8个乡（含2个民族乡）、25个街道办事处、296个村民委员会、228个社区居民委员会。全市总人口156.6万人，年生产总值293.6亿元，全市地方财政一般预算收入16.93亿元/a，城市居民人均可支配收入 8150 元/a，农村居民人均纯收入4022元/a。年完成农林牧渔业总产值41.40亿元，其中林业产值9.18亿元。本溪交通便利，全市公路总里程达到2314km；通讯发达，城乡电话用户16.3万户。

第二节　森林资源现状

一、森林资源概述

（一）林地面积

全市土地总面积841 130.9hm^2，其中林业用地面积674 139.3hm^2，占土地总面积的80.15%；非林业用地面积166 991.6hm^2，占19.85%。

在林业用地面积中：有林地面积623 712.5hm^2，疏林地面积994.9hm^2，灌木林地面积7478.6hm^2，未成林地面积33 574.1hm^2，苗圃地面积182.9hm^2，无林地面积8196.3hm^2，详见图14-1。

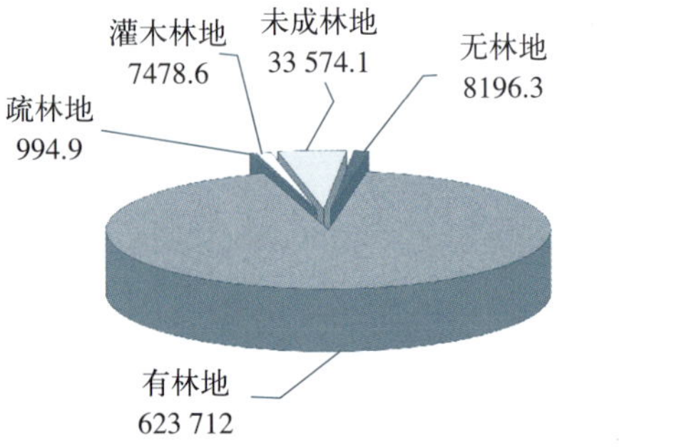

图14—1　林业用地各地类面积比例　单位：hm^2

在有林地面积中：林分面积598 849.3hm²，占有林地面积的96%；经济林面积24 863.2hm²，占有林地面积的4.0%。

在无林地面积中：无立木林地面积2441.6hm²，宜林地面积5475.3hm²，辅助生产林地面积279.4hm²，详见图14-2。

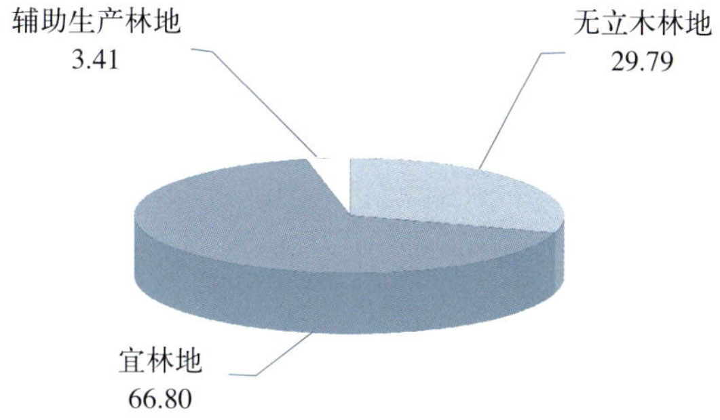

图14-2　无林地各地类面积比例（%）

全市各县（区）林业用地总面积为67.41万hm²，其中平山区为1.01万hm²，溪湖区为1.28万hm²，明山区为3.07万hm²，南芬区为5.03万hm²，经济技术开发区为0.5万hm²，本溪满族自治县为27.51万hm²，桓仁满族自治县为29.01万hm²，详见表14-1。

表14-1　各县（区）林业用地按地类面积统计表　单位：万hm²

县＼地类	合计	有林地			疏林地	灌木林	未成林地	无林地	其他
		小计	林分	乔木经济林					
合计	67.41	62.37	59.88	2.49	0.09	0.75	3.36	0.79	0.05
平山区	1.01	0.89	0.87	0.02	0	0.07	0.03	0.02	0
溪湖区	1.28	0.97	0.85	0.12	0.01	0.05	0.21	0.04	0
明山区	3.07	2.87	2.78	0.09	0.01	0.02	0.13	0.04	0
南芬区	5.03	4.81	4.73	0.08	0	0.08	0.08	0.06	0
经济技术开发区	0.5	0.45	0.41	0.04	0.02	0	0.01	0.02	0
本溪满族自治县	27.51	25.21	24.34	0.87	0.03	0.45	1.47	0.32	0.03
桓仁满族自治县	29.01	27.17	25.90	1.27	0.02	0.08	1.43	0.29	0.02

（二）林木蓄积

全市活立木总蓄积4474.3万m³，其中林分蓄积4464.1万m³，疏林蓄积2.6万m³，散木蓄积4.2万m³，四旁树蓄积3.4万m³，详见图14-3。

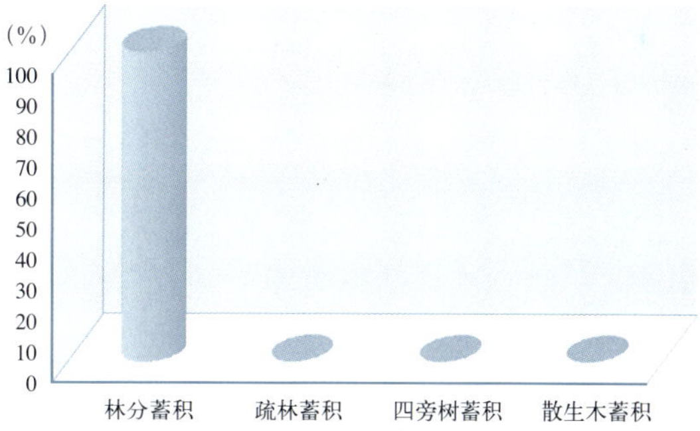

图14-3　各类蓄积比例图

全市各县（区）蓄积量合计为4474.32万m³，其中平山区为39.37万m³，溪湖区为44.16万m³，明山区为159.54万m³，南芬区为308.85万m³，经济技术开发区为15.10万m³，本溪满族自治县为1805.14万m³，桓仁满族自治县为2102.16万m³，详见表14-2。

（三）森林覆盖率

全市土地总面积841 130.9hm²，森林面积623 712.5hm²，森林覆盖率74.3%，林木绿化率75.1%。

（四）森林资源质量

反映森林资源质量的指标有林分的树种组成比例、单位面积蓄积量和生长量、每公顷株数、平均胸径和平均郁闭度、林木生长活力、林木的病虫危害程度等。

全市林分中，针叶林面积135 030.4hm²、阔叶林面积456 272.5hm²、针阔混交林面积

表14-2 各县（市、区）蓄积量统计表

单位：万m³

统计单位	活立木蓄积量	林分	疏林地	四旁树	散生木
合计	4474.32	4464.15	2.63	3.37	4.17
平山区	39.37	39.31	0.00	0.02	0.04
溪湖区	44.16	43.99	0.05	0.01	0.11
明山	159.54	159.32	0.21	0.00	0.01
南芬区	308.85	308.66	0.05	0.00	0.14
经济技术开发区	15.10	14.32	0.03	0.69	0.06
本溪满族自治县	1805.14	1800.7	1.42	0.55	2.47
桓仁满族自治县	2102.16	2097.85	0.87	2.10	1.34

7546.4hm²，分别占全市林分面积的22.55%、76.19%和1.26%。林分结构是纯林多，混交林少，林分的生态稳定性相对脆弱。林分平均郁闭度0.68。林分单位面积蓄积量为75m³/hm²，其中针叶林为97.5m³/hm²，阔叶林为69m³/hm²，针阔混交林为73.5m³/hm²。

林分生长发育状况良好，林木生长活力强，健康、没有病虫危害的森林面积占90.0%，在受病虫危害的林分中，危害程度达到重、中、轻的比例分别为1.0%、1.5%和7.5%。

（五）非林业用地造林情况

全市非林业用地造林82.0hm²，其中农地造林69.2hm²，非农地造林12.8hm²。

二、森林资源结构

（一）林分权属结构

在林分中，国有林面积81 115.8hm²，蓄积905.0万m³；国合林面积19 839.1hm²，蓄积187.8万m³；集体林面积332 616.6hm²，蓄积2531.9万m³；个体林面积156 928.3hm²，蓄积773.3万m³；权属未定面积231.4hm²，蓄积2.9万m³；非林业系统面积7733.7hm²，蓄积60.3万m³；其他林地面积384.4hm²，蓄积60.3万m³，详见表14-3、图14-4。

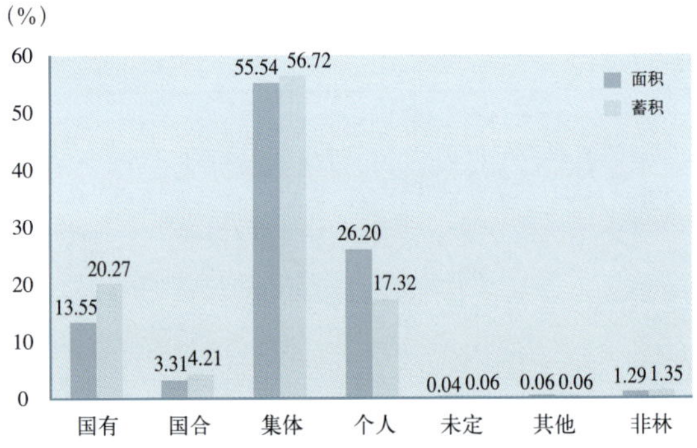

图14-4 各权属面积蓄积比例

表14-3 林分按权属面积蓄积统计表

单位：hm²、m³

统计单位	林权	合计		针叶林		阔叶林		针阔混交林	
		面积	蓄积	面积	蓄积	面积	蓄积	面积	蓄积
1	2	5	6	7	8	9	10	11	12
本溪市		598 849	44 641 487	135 030.4	12 853 233	456 272.5	31 245 531	7546.4	542 723
	系统国有	81 116	9 050 240	22 817.1	2 287 411	55 820.5	6 530 416	2478.2	232 413
	部门国有	7734	603 345	1167.5	94 948	6494.4	502 882	71.8	5515
	集体	332 617	25 319 176	58 423.5	5 575 496	270 759.6	19 526 403	3433.5	217 277
	个人	156 928	7 733 387	35 862	3 152 746	119 904.2	4 518 418	1162.1	62 223
	合作	19 839	1 906 616	16 725	1 738 094	3097.7	143 227	400.8	25 295
	未定	231	28 723	35.3	4538	196.1	24 185		

（二）林种结构

全市防护林面积358 628.2hm^2，蓄积2665.7万m^3；特种用途林面积14 395.4hm^2，蓄积179.0万m^3；用材林面积184 321.4hm^2，蓄积1484.2万m^3；薪炭林面积41 504.3hm^2，蓄积135.2万m^3，详见表14-4、图14-5。

表14-4　各林种面积和蓄积及比例统计表

单位：hm^2、万m^3、%

林种项目	合计	防护林	特用林	用材林	薪炭林
面积	598 849.3	358 628.2	14 395.4	184 321.4	41 504.3
比例	100	59.89	2.40	30.78	6.93
蓄积	4464.1	2665.7	179.0	1484.2	135.2
比例	100	59.72	4.0	33.25	3.03

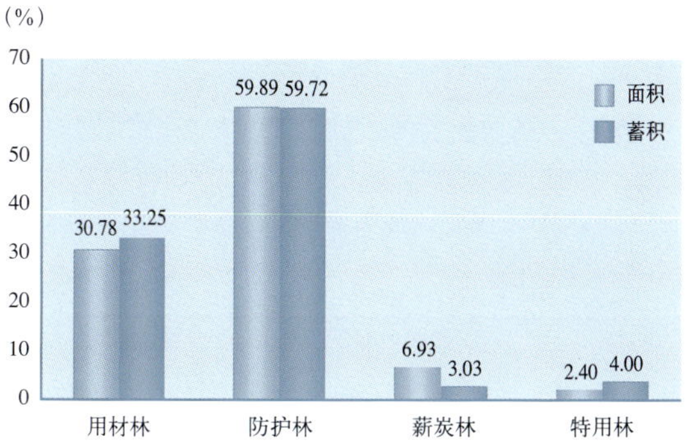

图14-5　林分各林种面积蓄积比例

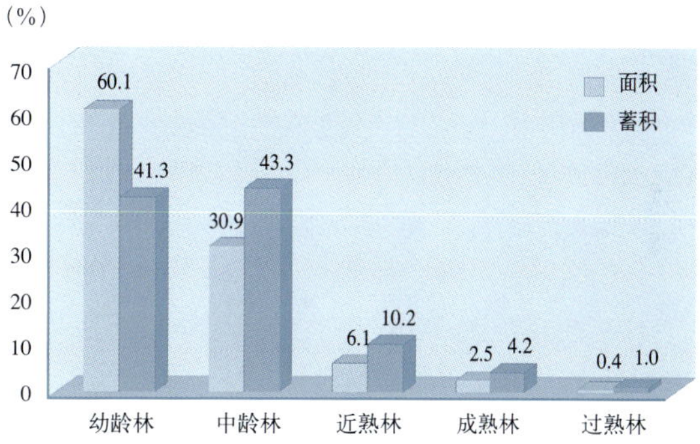

图14-6　林分各龄组面积蓄积比例

（三）龄组结构

在林分中，幼龄林面积359 931.1hm^2，蓄积1842.3万m^3；中龄林面积185 110.4hm^2，蓄积1934.6万m^3；近熟林面积36 334.2hm^2，蓄积455.5万m^3；成熟林面积14 875.6hm^2，蓄积186.3万m^3，过熟林面积2598hm^2，蓄积45.4万m^3，详见表14-5、14-6、图14-6。

表14-5　林分按龄组面积统计表

单位：hm^2

统计单位	合计	幼龄林	中龄林	近熟林	成熟林	过熟林
	面积	面积	面积	面积	面积	面积
本溪市	598 849	359 931.1	185 110.4	36 334.2	14 875.6	2598
平山区	8854	6978	951.6	574.5	348.1	1.8
溪湖区	8224	6217.1	1142.1	264.5	446.2	154.2
明山区	27 447	19 192	6124.2	1881.3	245.5	3.7
南芬区	47 074	28 633.2	14 177.4	3163.7	915.4	184
经济技术开发区	4646	3797	710.1	63.1	75.5	
本溪满族自治县	243 532	139 837.8	78 517.1	16 066.7	7506.3	1604.1
桓仁满族自治县	259 073	155 276	83 487.9	14 320.4	5338.6	650.2

表14-6 林分按龄组蓄积统计表

单位：m^3

统计单位	合计 蓄积	幼龄林 蓄积	中龄林 蓄积	近熟林 蓄积	成熟林 蓄积	过熟林 蓄积
本溪市	44 641 487	18 423 345	19 345 530	4 555 458	1 863 274	453 880
平山区	412 126	236 262	75 213	63 482	36 841	328
溪湖区	422 364	226 978	106 829	27 593	40 508	20 456
明山区	1 567 575	683 613	630 900	227 942	24 513	607
南芬区	3 068 050	1 331 158	1 250 204	347 450	104 725	34 513
经济技术开发区	185 679	108 470	62 523	7436	7250	
本溪满族自治县	18 007 070	6 784 807	7 906 949	2 025 992	968 165	321 157
桓仁满族自治县	20 978 623	9 052 057	9 312 912	1 855 563	681 272	76 819

（四）树种结构

全市林分面积598 849.3hm^2，蓄积4464.15万m^3。阔叶树种中柞树面积358 393.9hm^2，蓄积2444.34hm^2，分别占林分面积、蓄积的59.85%，54.75%；针叶树种中落叶松最多，分别占林分面积、蓄积的18.01%和22.85%，详见表14-7。

表14-7 林分各树种（组）面积蓄积统计表

单位：hm^2、m^3

优势树种	幼龄林		中龄林		近熟林		成熟林		过熟林	
	面积	蓄积	面积	蓄积	面积	蓄积	面积	蓄积	面积	蓄积
合计	359 931.1	18 423 345	185 110.4	19 345 530	36 334.2	4 555 458	14 875.6	1 863 274	2598.0	453 880
红松组	13 700.0	1 186 736	368.0	63 116	18.6	5503			2.7	297
落叶松组	59 607.2	3 725 894	30 041.7	3 770 318	14 369.7	2 008 078	2582.8	400 038	1233.5	298 374
油松组	5589.4	429 129	6773.3	665 731	2486.3	249 884	1072.2	120 169	180.3	26 076
樟子松组	1171.9	68 426	334.0	35 790	0.7	88	3.4	479		
云杉组	77.6	2989	37.5	6058						
冷杉组	327.8	38 886	917.1	142 773	234.3	43 399	76.3	12 626	19.1	4057
柏树组	6.2									
柞树组	234 882.6	1 1616 095	110 720.1	11 323 465	8765.5	1 012 527	3899.2	473 390	126.5	17 883
桦树组	1838.3	101 585	4356.6	457 954	3211.2	423 165	2110.7	272 055	196.7	21 486
色树组	5262.9	274 437	10 779.6	1 068 600	1125.9	131 236	478.1	59 705	32.8	2273
榆树组	267.8	10 344	1838.8	182 188	1295.5	160 613	811.4	96 229		
水曲柳组	372.3	13 751	336.9	37 550	26.4	2241	9.0	1066	11.2	1494
胡桃楸组	12 374.6	486 998	7498.9	626 878	1262.3	139 181	680.3	80 390		
黄波罗组	171.3	2031			15.6	2303				
花曲柳组	1072.9	66 860	1393.5	148 355	43.1	4943	123.3	17 886	14.0	3055
怀槐组	46.2	3350	116.5	12 063						
椴树组	2072.3	144 861	4751.6	496 991	1929.2	241 187	1051.9	146 405	2.0	365
白桦组	8.4	443	28.7	4312	26.7	3048	19.0	2389	13.8	2129
刺槐组	16 292.5	147 255	3517.7	185 036	894.3	61 584	1160.2	99 311	162.1	16 075
柳树组	372.5	7623	137.6	9865	10.9	1159	36.6	3076	20.1	2326
杨树组	3067.2	22 698	446.0	40 432	230.0	19 064	399.8	33 440	578.1	57 272
速生杨	72.6	51	44.6	1059	7.5	568	3.3	287	5.1	718
杂木组	1276.6	72 903	671.7	66 996	380.5	45 687	358.1	44 333		

三、天然林资源

全市天然林面积457 475.1hm^2，天然林蓄积3145.5万m^3。在天然林面积中，林分面积436 781.3hm^2，蓄积3145.0万m^3，分别占天然林面积蓄积的95.5%、99.98%；疏林面积277.2hm^2，蓄积0.5万m^3，分别占0.06%、0.02%；未成林面积6034.3hm^2，占天然林面积的1.32%；乔木经济林面积7470.3hm^2，占1.6%；灌木林面积6912.0hm^2，占1.52%。

在天然林林分中，用材林面积68 121.8hm^2，蓄积446.8万m^3；防护林面积327 463.1hm^2，蓄积2429.1万m^3；薪炭林面积42 880.5hm^2，蓄积132.7万m^3；特用林面积10 443.8hm^2，蓄积136.9万m^3。

天然林资源主要分布在本溪、桓仁两个满族自治县，两县天然林面积389 517.8hm^2，占全市天然林资源的85.1%，详见表14-8。

表14-8 天然林面积蓄积统计表

单位：hm^2、m^3

统计单位	面积合计	林分		疏林地		乔木经济林	封育未成林	灌木林
		面积	蓄积	面积	蓄积	面积	面积	面积
本溪市	457 475	436 781	31 450 319	277.2	4995	7470.3	6034.3	6912
平山区	6213	5491	141 005				30.9	692
溪湖区	3566	2815	66 229	16.2			472.9	262
明山区	17 585	17 085	739 069			5.7	319.2	176
南芬区	38 010	36 970	2 160 656	7.5	218	91.8	208.4	733
经济技术开发区	2583	2341	70 232	132.6	164	3.3	92.6	14
本溪满族自治县	188 384	173 828	12 376 895	69.8	3671	6087.7	3944.7	4454
桓仁满族自治县	201 134	198 252	15 896 233	51.1	942	1281.8	965.6	583

四、人工林资源

全市人工林面积208 285.0hm^2，人工林蓄积1321.2万m^3。在人工林面积中，林分面积162 068hm^2，蓄积1319.1万m^3，分别占人工林面积蓄积的77.75%、99.85%；疏林面积717.7hm^2，蓄积2.1万m^3，分别占0.35%、0.2%；未成林面积27 539.8hm^2，占人工林面积的13.2%；乔木经济林面积17 392.9hm^2，占8.4%；灌木林面积566.6hm^2，占0.3%，详见表14-9。

在人工林林分中，用材林面积128 144.2hm^2，蓄积1038.8万m^3；防护林面积56 536.3hm^2，蓄积237.8万m^3；薪炭林面积1579.6hm^2，蓄积2.5万m^3；特用林面积4294.7hm^2，蓄积42.1万m^3，详见表14-9。

表14-9 人工林面积蓄积统计表

单位：hm^2、m^3

统计单位	面积合计	林分		疏林地		乔木经济林	造林未成林	灌木林
		面积	蓄积	面积	蓄积	面积	面积	面积
本溪市	208 285	162 068	13 191 168	717.7	21 312	17 392.9	27 539.8	567
平山区	3913	3363	271 121	13.6	79	244.3	251	41
溪湖区	8487	5409	356 135	63	301	1200.9	1612.9	201
明山区	12 302	10 362	828 506	62.9	2025	917	959	1
南芬区	11 486	10 104	907 394	8.8	299	737.9	602.9	32
经济技术开发区	2899	2305	115 447	63.3	350	407.6	85.7	38
本溪满族自治县	83 343	69 704	5 630 175	361.9	10 524	2556.8	10 645.2	75
桓仁满族自治县	85 856	60 821	5 082 390	144.2	7734	11 328.4	13 383.1	179

五、灌木林资源

全市灌木林面积7478.6hm^2，其中天然灌木林6912.0hm^2，占灌木林面积的92.4%；人工灌木林566.6hm^2，占7.6%。在灌木林中，国家特别规定灌木林1477.8hm^2，占19.8%；其他灌木林6000.8hm^2，占80.2%。

六、经济林

全市共有经济林面积 26 296hm^2，其中乔木经济林24 863hm^2，占经济林面积的94.6%；灌木经济林1433hm^2，占5.4%。乔木经济林中主要树种为柞树、板栗、梨、山楂，在灌木经济林中主要树种为榛子，详见表14-10。

表14-10 经济林面积统计表

单位：hm^2

统计单位	树种	合计	乔木经济林	灌木经济林
本溪市		26 296	24 863	1433
	柞树	7180	7180	
	胡桃楸	322	322	
	紫穗槐	69		69
	胡枝子	7		7
	榛子	1169		1169
	荆条	2		2
	其他灌木	83		83
	苹果	228	228	
	梨	5936	5936	
	沙果	114	114	
	山楂	2102	2102	
	桃	112	112	
	杏	137	137	
	李子	524	524	
	板栗	8136	8136	
	葡萄	103		103
	核桃	2	2	
	其他经济树种	70	70	

七、生态公益林和营造林重点工程建设情况

（一）国家重点和一般公益林保护面积

全市国家重点公益林面积308 992.1hm^2（含森林经营研究所255hm^2），其中林分面积296 865.2hm^2（含森林经营研究所255hm^2），疏林地面积484.6hm^2，灌木林地面积2895.7hm^2，未成林地面积7773hm^2，无立木林地面积974hm^2，详见表14-11、图14-7。

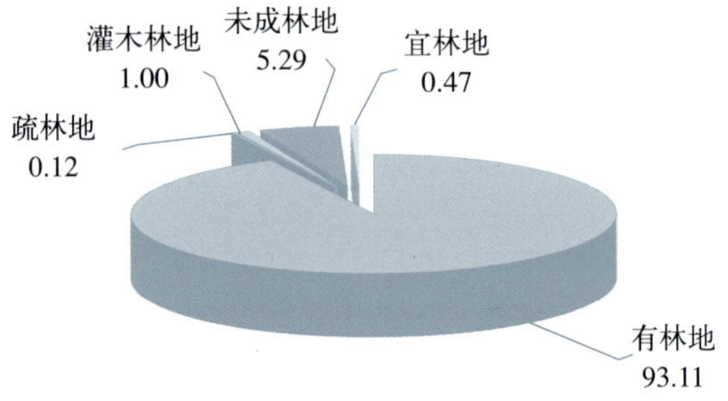

图14-7 国家公益林各地类面积比例（%）

表14-11　公益林面积统计表

单位：hm^2

统计单位	公益林等级	合计	林分				疏林地	灌木林	未成林地	无立木林地	宜林地
			小计	针叶林	阔叶林	针阔混					
本溪市		400 637	373 024	31 914	337 607	3502.6	548.3	3957	21 209	530	1370
	重点	308 992	296 865	22 262	271 743	2861	485	2896	7773	364	610
	一般	91 645	76 158	9652	65865	641.4	63.7	1061	13 436	166	760
平山区		8728	7804	2077.2	5612.1	114.6	13.6	668	193	4	46
	重点	3655	2786	501	2267	18	14	662	193		
	一般	5074	5018	1575.9	3345.5	96.8		6		4	46
溪湖区		9906	7529	2552.8	4829.2	147.1	79.2	243	2008		47
	重点	5416	3086	1173	1814	100	79	239	2007		5
	一般	4490	4443	1380.2	3015.7	47.5		4	1		42
明山区		21 646	21 231	3373.7	17 706	151.3	18.4	45	289		63
	重点	9768	9507	2316	7058	134	2	29	230		
	一般	11 878	11 724	1058.1	10 648	17.3	16.9	16	59		63
南芬区		35 428	34 488	600.5	33 749	138.2	16.3	455	367	24	78
	重点	23 798	22 942	510	22 379	53	16	374	363	24	78
	一般	11 630	11 545	90.1	11 370	85.4		81	4		
经济技术开发区		4750	4368	1298.6	3000.1	69.5	195.9	15	123	47	
	重点	3344	3027	786	2194	47	190	8	73	47	
	一般	1406	1341	512.9	805.7	22.6	6	8	51		
本溪满族自治县		159 496	150 602	15 250.3	134 228	1123.9	173.7	2138	5830	271	481
	重点	120 596	115 547	11 954	102 596	998	133	1273	3296	127	220
	一般	38 901	35 055	3296.8	31 632	126	40.8	866	2534	144	261
桓仁满族自治县		160 684	147 002	6760.6	138 483	1758	51.2	393	12 399	184	655
	重点	142 417	139 970	5022	133 436	1512	51	311	1612	166	307
	一般	18 267	7032	1738.2	5047.5	245.8		81	10 788	18	349

全市一般公益林91 645.2hm^2，其中林分面积76 158.4hm^2，疏林地面积63.7hm^2，灌木林地面积1061.1hm^2，未成林地面积13 436.2hm^2，无林地面积925.8hm^2，详见图14-8。

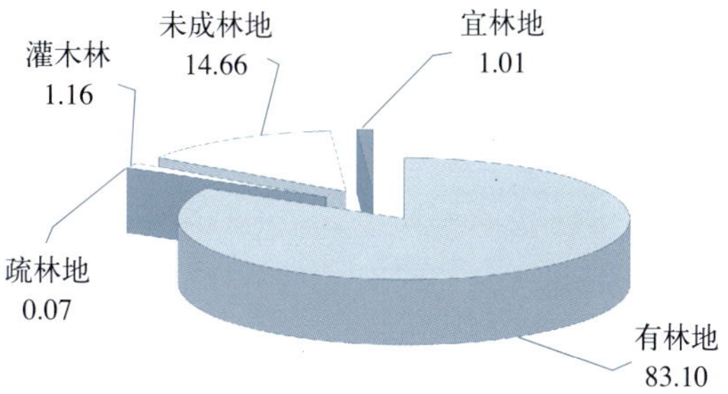

图14-8　一般公益林各地类面积比例（%）

（二）营造林重点工程建设

本溪市营造林重点工程项目有退耕还林工程、三北防护林体系建设工程、野生动植物保护和自然保护区工程、速生丰产林工程，4大重点工程共成林30 965.0hm^2，占全市林分面积的5.2%，林业重点工程建设极大的带动了全市森林资源的增长，详见表14-12。

表14-12　营造林重点工程按地类统计表

单位：hm^2

统计单位	工程类别	合计	有林地						灌木林	未成林地	无立木林地	宜林地
			小计	林分				乔木经济林				
				计	针叶林	阔叶林	针阔混					
本溪市		49 883.7	19 524.7	30 965.0	15 769.4	14 643.5	552.1	2042.3	176.1	16 652.3	7.9	40.1
	退耕还林	19 582.9	2867.3	4280.9	86.6	4194.3		1446.4	106.8	13 748.8		
	三北防护林	10 884.6	1067.6	8377.4	850.0	7396.1	131.3	76.9	40.1	2386.6	3.6	
	自然保护区	3396.4	6.5	3242.4	443.9	2679.5	119.0		29.2	80.4	4.3	40.1
	速生丰产林	16 019.8	15 583.3	15 064.3	14 388.9	373.6	301.8	519.0		436.5		
平山区		5.2	5.2	5.2	5.2							
	速生丰产林	5.2	5.2	5.2	5.2							
溪湖区		756.2	55.3	556.2	331.9	220.2	4.1	15.6		184.4		
	退耕还林	24.6	15.6	9.0		9.0		15.6				
	三北防护林	731.6	39.7	547.2	331.9	211.2	4.1			184.4		
明山区		164.2	3.7	21.4	2.2	19.2		1.5		141.3		
	退耕还林	1.5	1.5					1.5				
	三北防护林	162.7	2.2	21.4	2.2	19.2				141.3		
南芬区		542.8	343.0	334.6	246.0	88.6		95.4	3.5	109.3		
	退耕还林	244.2	95.4	36.0		36.0		95.4	3.5	109.3		
	三北防护林	51.0		51.0		51.0						
	速生丰产林	247.6	247.6	247.6	246.0	1.6						
经济技术开发区		9.7	1.1	6.2		6.2		1.1		2.4		
	退耕还林	9.7	1.1	6.2		6.2		1.1		2.4		
本溪满族自治县		17 864.9	5468.1	12 599.8	3187.9	9198.9	213.0	256.2	42.9	4962.4	3.6	
	退耕还林	7060.4	1573.0	2897.1	3.2	2893.9		179.3	31.7	3952.3		
	三北防护林	7901.3	1008.1	6815.7	394.5	6302.5	118.7	76.9	11.2	993.9	3.6	
	速生丰产林	2903.2	2887.0	2887.0	2790.2	2.5	94.3			16.2		
桓仁满族自治县		30 540.7	13 648.3	17 441.6	11 996.2	5110.4	335.0	1672.5	129.7	11 252.5	4.3	40.1
	退耕还林	12 242.5	1180.7	1332.6	83.4	1249.2		1153.5	71.6	9684.8		
	三北防护林	2038.0	17.6	942.1	121.4	812.2	8.5		28.9	1067.0		
	野生动植物保护和自然保护区	3396.4	6.5	3242.4	443.9	2679.5	119.0		29.2	80.4	4.3	40.1
	速生丰产林	12 863.8	12 443.5	11 924.5	11 347.5	369.5	207.5	519.0		420.3		

第三节　森林资源分析

一、森林资源总量对比分析

本溪市上期二类调查时间是1993年，通过两期调查数据对比分析，林业用地面积、有林地面积、林分面积呈增长趋势，森林覆盖率逐年增加，活立木总蓄积、林分蓄积增长较快。

（一）林业用地面积对比分析

1. 林业用地总面积

全市林业用地面积674 139.3hm^2，比1993年森林资源二类调查的625 057.0hm^2增加了49 082.3hm^2，年净增率为0.79%。增加的主要原因有3个：第一，近几年开展了退耕还林工程，截至“十五”期末，退耕还林并纳入林地管理的耕地面积近3000hm^2，本次已区划调查；第二，近年来，国家对生态环境建设非常重视，加快造林绿化步伐，加大林业重点工程建设力度，如三北防护林工程、绿色通道绿化工程等，使部分非林业用地通过工程造林转入林业用地；第三，本次调查技术手段的改进，区划调查精度有了很大的提高，使前期区划遗漏及错误得到了纠正等。由于上述因素使林业用地面积相比前期二类调查有了大幅增加。

2. 林分面积

本期二类调查林分面积598 849.3hm^2，前期二类调查林分面积553 076.0hm^2，本次二类调查与前期二类调查对比林分面积增长了45 773.3hm^2，年净增率0.83%。增长的主要原因是近几年实行天然林资源保护，以及开展退耕还林等重点工程，加大了造林和封育力度，使林分面积有大幅增长。

(二) 各类林木蓄积对比分析

全市活立木总蓄积为4474.3万m^3，比前期森林资源二类调查数据增长了1530.2万m^3，年净增率4.33%；林分蓄积增长了1534.3万m^3，年净增率4.37%；散生木蓄积减少4.7万m^3；疏林蓄积减少3.2万m^3；四旁树蓄积增加3.8万m^3，详见表14-13、图14-9。

近年来封山育林、大力植树造林是活立木总蓄积、林分蓄积增长的主要原因，也是疏林和散生木蓄积减少的主要原因。

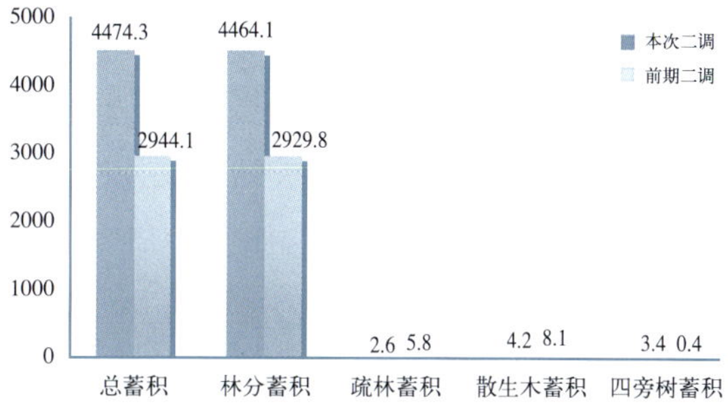

图14-9 两期二类调查林木蓄积对比 单位：万m^3

表14-13 两期二调各类蓄积对比表 单位：万m^3

蓄积类别	1993年二类调查	2005年二类调查	差值
总蓄积	2944.1	4474.3	1530.2
林分蓄积	2929.8	4464.1	1534.3
疏林蓄积	5.8	2.6	−3.2
散生木蓄积	8.1	4.2	−3.9
四旁树蓄积	0.4	3.4	3.0

二、森林覆盖率对比分析

本期森林资源二查调查的全市森林覆盖率为74.3%，比1993年的68.2 %上升了 5.5个百分点，年均净增0. 55个百分点。植树造林及封山育林使森林面积增加，是森林覆盖率上升的主要原因。

三、森林资源结构变化分析

(一) 起源结构变化分析

1. 天然林面积、蓄积对比分析

全市天然林分面积436 781.3hm^2，比1993年的445 188.0hm^{2}减少了8406.7hm^2，修建观音阁水库征占太子河两岸林地是其减少的主要原因。

全市天然林分蓄积3145.0万m^3，比1993年2312.1万m^3增加了832.9万m^3，年均净增率2.2%。封山育林、天然林资源保护工程的实施是其增长的主要原因。

2. 人工林面积、蓄积对比分析

全市人工林分面积162 068.0hm^2，比1993年107 888.0hm^2增加了54 180.0hm^2，年净增率5%。大力植树造林，特别是近些年林业重点工程建设是人工林分面积增加的主要原因。

全市人工林分蓄积1319.1万m^3，比1993年617.7万m^3增加了701.4万m^3，年净增率94.67%。大力植树造林及生长迅速的中幼龄林比重大是人工林分蓄积增长较快的主要原因。

（二）权属结构对比分析

从对比情况看，集体和其他权属面积呈负增长，其余权属面积均有不同程度增加；未定和其他权属的蓄积略有减少，其余权属的蓄积均有不同程度增加，详见表14-14。

表14-14　两期二类调查林分各权属面积蓄积对比表　　单位：hm^2、万m^3

权属	2005年二类调查		1993年二类调查		差　值	
	面积	蓄积	面积	蓄积	面积	蓄积
合计	598 849.3	4464.1	553 076	2929.8	45 773.3	1534.3
国有	81 115.8	905	73 389	850.6	7726.8	54.4
国合	19 839.1	187.8	6740	36.1	13 099.1	151.7
集体	332 616.6	2531.9	365 205	1976.6	−32 588.4	555.3
个人	156 928.3	773.3	98 547	29.4	58 381.3	743.9
未定	231.4	2.9	890	6.7	−658.6	−3.8
其他	384.4	2.9	1023	4.4	−638.6	−1.5
非林业系统	7733.7	60.3	7282	26.1	451.7	34.2

从上述变化中可以看出林业系统国有林和部门所有林分面积基本比较稳定，蓄积稳步增长；集体林面积在减少，个体林面积大幅度增加，增长比例高达59.4%。各种合作造林林分面积也呈增长趋势，并出现了外资独资或合作造林形式，说明本溪市非公有制林业发展成效显著，林业所有制形式和投资结构逐步趋向多元化。

（三）龄组结构对比分析

全市幼龄林面积、蓄积有大幅度增加，中、近、成熟林资源相对稳定，过熟林面积、蓄积略有增长，详见表14-15。

全市林分中，幼龄林和中龄林所占比重高达91.00%，虽然林业发展后劲大，但是可采资源严重不足。1993年近成过熟林面积为87 147.0hm^2，占林分面积的15.76%；2005年近成过熟林面积为53 807.8hm^2，占林分面积的9.00%，2005年比1993年净减少了33 339.2hm^2。这说明

表14-15　两期二类调查林分各龄组面积蓄积对比表　　单位：hm^2、万m^3

权属	2005年二类调查		1993年二类调查		差　值	
	面积	蓄积	面积	蓄积	面积	蓄积
合计	598 849.3	4464.1	553 076	2929.8	45 773.3	1534.3
幼龄林	359 931.1	1842.3	294 125	620.7	65 806.1	1221.6
中龄林	185 110.4	1934.6	171 804	1335.1	13 306.4	599.5
近熟林	36 334.2	455.5	46 661	463.4	−10 326.8	−7.9
成熟林	14 875.6	186.3	36 930	465.8	−22 054.4	−279.5
过熟林	2598	45.4	3556	44.9	−958	0.5

今后本溪市在森林经营时要严格控制采伐量，杜绝对中、近熟林采伐，保证后备资源的充足和有序利用达到综合效益最大化，防止“啃青”现象。

四、林分质量对比分析

从本期二类资源调查结果可以看出，全市森林资源质量普遍有所提高，详见表14-16。

全市林分平均蓄积量由1993年的3.53m³/亩，上升到2005年的4.97m³/亩，其中天然林为4.80m³/亩，人工林为5.43m³/亩。林分每亩蓄积量上升了1.44m³，增长了40.79%，详见表14-16、图14-10。

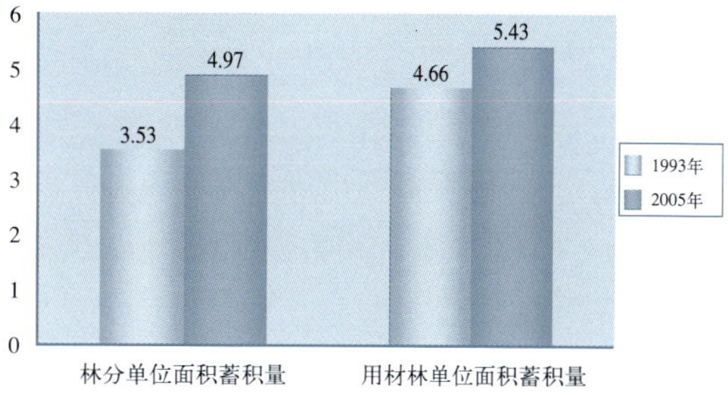

图14－10　林分单位面积蓄积量对比

单位：m³/亩

表14－16　森林蓄积及林分面积动态变化表

单位：hm²、万m³、m³/亩

年份	活立木总蓄积量	林分			用材林		
		面积	蓄积	单位蓄积量	面积	蓄积	单位蓄积量
1993年	2944.1	553 076.0	2929.8	3.53	369 576.0	2585.9	4.66
2005年	4474.3	598 849.3	4464.1	4.97	184 321.4	1484.2	5.37

五、森林资源经营分析

本溪市森林资源可采面积50 204.5hm²，蓄积3 539 361m³，资源比较丰富，但同经济发展的需要仍存在巨大差距。全市共有305 862hm²中、幼龄林需要抚育，254 713hm²林分、未成林需要封育，3553hm²低产、低效林需要改造，森林资源经营管护任务较重，详见表14-17、表14-18。

表14－17　经营措施类型面积统计表

单位：hm²

统计单位	主伐利用	公益林更新采伐	薪炭林采伐	低产林改造	低效林改造	抚育间伐	封育
本溪市	10 517	6305	33 742.5	453	3100	305 862	254 713
平山区	205	145	2.5		32	495	8726
溪湖区	287	314			79	1896	6192
明山区	222	28	272.4	45	29	12 137	14 983
南芬区	1080	19	117.8	4	303	19 704	26 591
经济技术开发区	67	9			213	717	3874
本溪满族自治县	5122	3988	12 703.2	261	2090	119 953	110 407
桓仁满族自治县	3534	1803	20 646.6	144	355	150 960	83 940

表14－18　经营措施类型蓄积统计表

单位：m³

统计单位	主伐利用	公益林更新采伐	薪炭林采伐	低产林改造	低效林改造	抚育间伐	封育
本溪市	1 430 819	757 751	1 350 791	14390	17 851	26 485 290	14 610 902
平山区	25 397	11 772			439	34 659	339 938
溪湖区	29 807	31 157			301	94 986	266 414
明山区	21 700	3420	6492	1573	452	758 488	777 475

续

统计单位	主伐利用	公益林更新采伐	薪炭林采伐	低产林改造	低效林改造	抚育间伐	封育
南芬区	137 518	1720	4099	178	500	1 505 012	1 419 540
经济技术开发区	6884	366			601	57 765	120 577
本溪满族自治县	810 107	479 215	503 549	4876	13 236	10 525 890	5 684 392
桓仁满族自治县	399 406	230 101	836 651	7763	2322	13 508 490	6 002 566

第四节　森林资源管理现状与对策

一、森林资源管理现状

（一）相关法规制定情况

改革开放以来，特别是“九五”实施建设林业强市工程以来，本溪市林业两大体系建设取得了可喜的成就，森林资源管理水平逐年提高，林业改革稳步推进，广大林农造林、营林、护林积极性空前高涨，森林资源持续增长，林业产业快速发展。为加强巩固林业发展成果，全市加强了立法、普法工作，制定出台了《本溪市森林防火办法》《本溪环城森林公园管理条例》《本溪市森林采伐更新管理条例》3部法规；《本溪市木材经营加工管理办法》《本溪市森林资源转让管理办法》《本溪市林地管理办法》《本溪市郊区全面封山育林管理办法》4部政府规章，初步形成了以《森林法》为核心，林业法律、行政法规、规章相互配套的林业法律法规体系。

（二）森林资源管理的重要举措与评价

1. 森林资源管理情况

在木材采伐管理方面，实行伐区监管制度，先后出台了《林木采伐管理办法（试行）》和“林木采伐管理过错责任追究制度”，加强了对采伐限额和木材生产计划、采伐作业设计、审批、采伐许可证、伐区验收、木材运输等关键环节的管理。在加强征占用林地管理方面，实行了征占用林地项目预审制度，依照法定程序，认真办理征占用审核、审批手续。

2. 森林病虫害防治和森林防火工作

以防治日本松干蚧、美国白蛾两项省级工程为重点，建立健全了病虫害防治体系。在森林防火工作中突出加强对野外用火的管理，落实了防火责任制，开展了创建“无烟乡镇”活动，使森林火灾发生率大幅度下降，有力地保护了森林资源安全及林业建设的成果。

3. 野生动植物保护和自然保护区建设

全市野生陆栖脊椎动物种类达到360多种，其中有金雕、大鸨、紫貂、黑熊、丹顶鹤、中华秋沙鸭等国家重点保护动物50多种；低高等野生植物近2000种，其中有东北红豆杉、黄檗、双蕊兰、人参等国家和省级珍稀保护植物30多种。争取并成立了辽宁老秃顶子国家级自然保护区、辽宁和尚帽子省级自然保护区。

4. 林业执法情况

通过开展“两清一打”“绿剑行动”“森保行动”“春雷行动”等专项行动，严历打击破坏森林资源的违法犯罪行为。“十五”期间，全市破获各类毁林案件2434起，挽回林木损失价值620多万元。

5. 加强林业法律法规宣传力度

加强林业法律法规宣传力度，营造全民保护森林资源的氛围，进一步加强法制意识，健全林业执法体系，加强森林资源的采伐管理、林地使用管理、野生动植物管理、森林防火和病虫害防治工作等，严厉打击破坏森林资源的违法犯罪行为，切实巩固绿化成果。

6. 森林资源培育情况

森林资源培育是林业发展之根本，生存之基础。“十五”期间，全市通过实施“五林”工程，加大了后备资源建设力度，提高了生态建设质量。

(1) 植树造林。近年来全市开展了以速生丰产林、退耕还林、三北防护林体系、水源涵养林、绿色通道等造林绿化工程为重点的大规模造林，大力开展全民义务植树活动，平均年造林近20万亩。

(2) 封山育林。全市坚持造封并举的方针，加大封山育林力度，2004年开始对郊区实施了全面封山育林，封山育林区内禁止打柴、割草、割灌、修枝、开荒、放蚕、狩猎、采矿、采砂、采土、采种、采脂、采挖树木、私埋滥葬、非法采伐、毁坏珍贵树木和其他不利于林地保护、林木生长繁育的活动；封山育林区内的生态公益林、幼龄林和未成林造林地为禁牧区。中龄林以上的林分，每年11月1日到翌年5月20日为禁牧期，每年5月21日到10月31日可根据载畜量适度放牧；除国家重点项目外，铁路和县级以上公路两侧、河流两岸、水库周围、城镇附近第一层山脊可视范围内，不得审批新的采矿、采砂、采土等征占用林地项目；封山育林区内全面禁止皆伐作业。经过3年的封山育林，森林蓄积有了较快的增长。

(3) 实施退耕还林。全市已累计完成退耕还林22.5万亩；从2005年开始，本溪市结合开展打击破坏森林资源的专项行动，对城区周边“小开荒”进行了专项集中治理，共清理“小开荒”2016亩。

(4) 科学营林。全市坚持科学营林，提倡营造混交林和以红松、榛子、核桃、板栗为主的果材兼用林建设力度仅今年全市共营造各种混交林5.78万亩，占全市造林总面积的40.9%。每年营造各种经济林9万亩以上。

(5) 加强天然林和公益林保护。加大公益林区划和保护力度，并建立了严格的目标考核管理制度和监督机制。全市建成8个生态办、72个监管站、400多名监管员、3250名专职护林员，层层落实了管护责任。85%的公益林分林到户，集体林林权制度改革后，经营主体发生了变化，本溪建立了不同的管护模式和科学经营管理模式。

二、森林资源管理对策

以落实科学发展观、构建本溪和谐生态环境为重点，以深化改革为动力，进一步加大依法治林力度，加速生态体系和林业产业体系建设，兼顾生态、经济和社会效益，根据建设林业强市的总体要求，加强森林资源的培育和保护，突出生态优先原则，推进生态林业建设，抓好效益林业发展，形成比较完善的林业生态体系、比较发达的林业产业体系和有效的森林资源保障体系，促进资源、环境、经济的协调发展。力争到2010年，使本溪市有林地面积达到62.7万亩，森林蓄积量达到5000万m^3，净增526万m^3，有林地单位面积蓄积从目前的75m^3/hm^2提高到85m^3/hm^2，森林覆盖率达到74%以上；中、幼林抚育2万hm^2，低产低效林改造2万hm^2，封山育林40万亩，营造速生丰产林和工业原料林2万hm^2，改建大径材林0.2万hm^2，培育或改建红松果材兼用林1.5万hm^2，改建核桃果材兼用林0.5万hm^2，榛子林科学经营0.67hm^2，林地种植与上层林木复合经营8万hm^2；一般用材林、速生丰产林（含工业原料林）、果材兼用林的比例由现在的69%、20%、11%，调整到60%、22%、18%；用材林龄组结构由现在的幼龄林、中龄林、近成熟林比例60%、30%、10%，调整到45%、30%、25%；到2020年全市有林地面积达到 63.3 万亩，森林蓄积量达到6000万m^3，有林地单位面积蓄积提高到97.5m^3/hm^2，森林覆盖率达到75%；林地种植与上层林木复合经营面积15万hm^2；一般用材林、速生丰产林（含工业原料林）、果材兼用林的比例调整到30%、30%、40%；用材林幼龄林、中龄林、近成熟林比例调整到30%、35%、35%。为实现上述目标，需要加强以下几方面工作：

（一）创新森林资源管理机制

理清思路，创新森林资源管理机制，持之以恒地抓好建设林业强市工程。思路决定发展出路，本溪林业想要发展就要理清思路，找准自己在本溪经济社会发展中的定位。确定了以兴林富民为目的，以生态建设为中心、以产业发展为重点，以深化改革为动力，在保护发展森林资源的基础上，大力发展林业产业经济，走生态建设产业化、产业发展生态化的科学发展之路，努力把本溪由林业资源大市建成林业经济强市。“十五”期间，始终坚持这一林业发展思路不动摇。2001年省政府出台天然林禁伐政策，为适应天然林禁伐新形势，及时开展调研，保持政策稳定，出台相关政策，确定“五补”措施弥补损失。2003年中共中央国务院出台了《关于加快林业发展的决定》，认真贯彻中央精神，认真研究政策，制定《加快本溪林业发展意见》，同时制定了《产业发展规划》。

（二）完善法规制度

发展需要有效的机制做为动力，而改革就是林业快速发展的动力源泉。1997年以来本溪市根据林业发展的实际需要，在深入调查研究的基础上，实施了以办好“两场”、实现“两分”、推行“两包”、放活“两山”、规范“两卖”、减轻林农税费负担为主要内容的集体林业改革，使全市86%的集体林落实了责任制，极大地调动了山区群众植树造林、发展林业生产的积极性。2005年又实施了以“明晰所有权、放活经营权、落实处置权、确保收益权”为主要内容的集体林产权制度改革，同时为适应集体林产权制度改革，解放林地生产力，加强森林资源管理，提高森林质量，启动了相关的配套改革，出台了《关于切实加强森林经营工作的意见》，进一步放宽商品林和一般公益林的经营政策，加速林种、树种、林龄结构的调整，加快中、幼龄林抚育和低效低产林改造步伐；制定了以林抵押贷款的相关规定，加大对林业的投入；成立了市级林权管理服务中心，以促进森林资源资产化进程。作为全省林业产权制度改革的试点市，目前本溪市集体林首要制度改革任务已基本完成。

（三）加强队伍建设

(1) 加紧人才引进，提高林业管理人员和技术人员的整体水平，优化人员结构；

(2) 对现有人员进行有重点的培训，提高林业从业人员的政治素质和业务素质；

(3) 搞好国有场（圃）和基层林业站建设，提高林业工作人员的待遇，更好的调动其工作积极性。

（四）完善监测和管理体系

(1) 建立完备的资源林政监督体系，对森林采伐限额执行情况进行监控，引入审计机制，加强对采伐限额的使用和采伐迹地更新情况的审计；建立现代的森林资源林政管理系统，林木采伐及限额管理、林地林权管理、林业行政执法等实行网络化管理。

(2) 建立完善的监测体系，结合本期森林资源二类调查成果，建立数字化林业平台，对森林资源进行全面的监测和规范管理，建立造林施工作业设计、林木采伐作业设计、营造林检查验收、森林病虫害检疫等工作软件，建立电子档案。

(3) 提高监测精度。为了及时掌握森林资源消长变化规律，要实施森林资源定期与不定期、固定样地与非固定样地、局部与全面相结合的监测方法，及时掌握森林资源保护中存在的问题，逐步提高森林生态的安全性。

（五）构建发达的林业产业体系

生态和产业是林业建设的两个翅膀，缺一不可。“十五”期间，本溪市充分发挥山区优势，念“山字经”，走“特色路”，打“绿字牌”，扶龙头企业，建绿色基地，强服务体系，采取一系列政策措施，全市已培育发展以刺槐、杨树为主的速生丰产林55 666.7hm^2，以红松、核桃、板栗、榛子为主的坚果经济林57 066.7hm^2，以林下参、辽细辛为主的林下药材34 200hm^2，以刺龙芽、大叶芹为主的人工种植山野菜8000hm^2，林业种苗基地800hm^2，放养林蛙面积达到273 333.3hm^2、规模养殖场13处，年森林旅游产值超过7000万元，建成年产值超过亿元以上的2个、超过5000万元以上的林产品加工企业10个。林业产业已经成为本溪农民增收致富的大产业。

（六）建立林业科技支撑体系

科技兴林是促进林业快速发展的一项重要措施。为了提高本溪市的林业科技水平，还与中国科学院沈阳分院合作开展了本溪数字林业、生态公益林经营及林下产业开发技术的研究项目，尤其是数字林业建设这是我国地级市中第一个进行该项目建设的，此举将大提高本溪市的科技水平和资源管理水平。目前已完成全市520多张地形图地理要素的矢量化工作，并得到了国内外专家的好评。加大了混交林培育力度，形成了林药混交、林菜混交、针针混交、针阔混交等混交林。今春又引进了加拿大、挪威各种彩叶树种——红糖槭、挪威枫等一批彩叶树种。开展了刺槐四倍体引种试验，大面积推广了红松髓心形成层贴接和芽接技术，使红松结实期提前了8年。

（七）建立有效的投入体系

建立有效的投入机制是发展林业建设的重要措施，“十五”期间，拓宽思路，采取多种渠道增加对林业的投入。一方面，林业改革把大量社会资金吸引到林业建设上来，用于植树造林、栽参种药，建设林业产业化龙头企业，发展林业产业。全市从事林下经营开发千亩以上的就达2000余户。农民个体和其他非公有制主体投资以年均40%的速度增长，5年总投资达6.2亿元。另一方面抓住国家关注生态建设的机遇，千方百计争取到了退耕还林、生态公益林管护、三北防护林建设等专项资金，几年来共争取国家、省以上资金投入2.1亿元。

第15章 丹东市森林资源

第一节 基本情况

一、自然概况

（一）地理位置

丹东市是中国最大的边境城市，是中国万里长城的东端起点，也是华夏万里海疆的北端起点。市区位于辽宁省东南部的鸭绿江畔，东与朝鲜民主主义人民共和国的新义洲市隔江相望，南临黄海，西接鞍山、营口，西南与大连市毗邻，北与本溪市接壤。地处东经 123°22′～125°42′，北纬39°45′～41°09′之间。丹东地区东西最大横距196km，南北最大纵距160km，大陆海岸线长120km。

（二）地形地貌

丹东市除东港市沿海平原外大部分属辽东山地丘陵，为长白山脉向西南延伸支脉的东南坡。地势由东北向西南逐渐降低。按高度和地形特征，可划分为北部中低山区、南部丘陵区、南缘沿海平原区3类规模较大的地貌单元。

北部和东北部的凤城市和宽甸满族自治县是辽宁省重点林业县(市)，境内山峦起伏，群山环绕，江河纵横。东北高西南低，一般海拔300～1000m，东北部与桓仁满族自治县交界处的花脖子山是省内最高山，海拔1336m，西北部白云山海拔1176m，中部凤凰山海拔836.4m。境内青椅山呈火山地貌。东部沿江一带地势低平，有著名的宽甸、长甸、永甸等大甸子。

西南的东港市地处鸭绿江口和大洋河口冲积平原区，地势北高南低，呈阶梯状；北部为断块低山丘陵，一般海拔500m以下，相对高差50～150m；中部低丘与平甸相间；南部有呈东西向带状展布的海滨平原。地势略向黄海倾斜。

（三）气候

丹东市属于季风温带大陆性气候。主要特点是气候宜人，冬无严寒，夏无酷暑，是东北地区最温暖湿润的地方。1月份温度最低，月平均气温为－8～－13℃，7月份温度最高，月平均气温为22～23.3℃，全年平均气温为9℃。年平均降水量800～1200mm，无霜期140～175天。风向，全年北部多西北风，南部多北风和东北风。丹东市平均风速为3.2m/s，7～8级以上大风多发生在4月和7月份，最大风速28m/s。

（四）土壤

丹东市土壤类型有暗棕壤、棕壤、草甸土、水稻土、沼泽土、风沙土、盐碱土等。暗棕壤、棕壤多分布在山地丘陵林地内；草甸土多分布在农田中；水稻土、沼泽土主要分布在水田和湿地内；盐碱土主要分布于沿海滩涂及农地中。

（五）水资源

丹东大气降水平均每年约有195亿m^3，以雨、雪形态降落在该地区内，其中44%的降水量通过蒸发返回大气，余下约110亿m^3为地表(地下)径流，为全地区的水资源总量。全市地表水资源总量90.3亿m^3，人均占有量3968m^3，是全省人均水平的 4 倍多。境内大小河流近百条，主要有浑江、叆河、大洋河、半拉江、蒲石河、小雅河、草河及中朝界河鸭绿江等河流。共有大、中水库11座，总库容154.58亿m^3，其中大型水库有铁甲水库、土门水库、太平哨水库和水丰水库；中型水库有罗圈背水库、合隆水库、刁家坝水库、廉家坝水库、太平水库、何家港水库和八一水库。地下水资源总量约19.7亿m^3，可开发利用的约2.8亿m^3，地下水位在5～10m之间。地下水系为基岩裂隙水，富水性较好。

（六）植被

丹东市植被区系属于长白山植物区和华北植物区两个区系，森林覆盖率达到65.9%。区内物种资源丰富，植物种类繁多，立地条件良好，共有植物249科、759属、1841种，其中真菌56科、141属、362种；地衣植物20科、32属、158种；苔藓植物59科、144属、265种；蕨类植物20科、31属、64种；裸子植物4科、8属、16种；被子植物90科、403属、975种。名贵珍稀树种50多种，其中国家重点保护野生植物16种，辽宁省重点保护野生植物20种。

长白山植物区代表植物有云杉、冷杉、长白落叶松、蒙古栎、紫椴、刺楸、榆类、胡桃楸、黄波罗、水曲柳、天女木兰等；草本植物种类较多，以禾本科、菊科、莎草科为主。华北植物区系代表植物柞树、油松、柏类、杨、柳、榆等；人工培植树种主要为红松、银杏、板栗、苹果、梨、桃等；主要灌木树种有崖椒、胡枝子、榛子等。由于土壤、气候条件较好，林木生长较快，萌蘖力较强。草本植物以禾本科和莎草科为主。

二、社会经济情况

丹东市是辽宁省著名的轻工业城市之一，地理位置优越，处于东北亚的中心地带，是环黄海经济圈、环渤海经济圈重要交汇点，具有沿海、沿江和沿边的独特优势。全市行政区域总面积152.2万hm^2，市区面积8.3万hm^2，总人口241.2万人，市区人口76万人。现辖振安、振兴、元宝3个区和凤城、东港2个县级市及宽甸满族自治县，67个乡镇9个办事处。

2005年，全市生产总值完成326.32 亿元，比上年增长16.4%，其中第一产业增加值52.47亿元，增长7.7%；第二产业增加值133.33亿元，增长23.4%；第三产业增加值140.51亿元，增长13.8%。人均地区生产总值12 197 元，增长16.2%。财政、税收稳步增长，全年完成各项税收总额33.83亿元，增长12.8%，全年完成地方财政一般预算收入16.81亿元，增长23.1%；地方财政一般预算支出38.86亿元，增长25%。全年城镇职工年平均工资收入为11 670元，增长22.3%，在岗职工年平均工资收入为14 371元，增长17.4%。城市居民家庭年人均可支配收入为6880.6 元，增长13.9%；年人均消费性支出5909.9 元，增长13.6%。全年农民人均纯收入为4177.6元，增长9.5%；农民年人均生活消费支出3194.3元，增长18.1%。丹东市具有优越的沿海、沿江和沿边的区域地理条件，已形成海、陆、空立体交通运输网，交通便利。

第二节　森林资源现状

一、森林资源概述

（一）林地面积

全市土地总面积1 522 197.3hm^2，其中林业用地1 010 647.5hm^2，占土地总面积的66.4%；非林业用地511 549.8hm^2，占土地总面积的33.6%，详见表15-1。

表15-1　林业用地各地类面积统计表

单位：hm^2、%

统计单位	类别	合计	有林地			疏林地	灌木林	未成林地	苗圃地	无立木林地(含辅助生产林地)	宜林地
			小计	林分	乔木经济林						
丹东市	面积	1 010 647.5	961 014.6	777 242.1	183 772.5	1429.8	1383.1	35 797.1	252.5	5696.7	5073.7
	比例	100.0	95.09	76.91	18.18	0.14	0.14	3.54	0.02	0.56	0.50
元宝区	面积	4145.1	4079.1	2957.0	1122.1	1.1	37.9	19.5			7.5
	比例	100.0	98.41	71.34	27.07	0.03	0.91	0.47			0.18
振兴区	面积	1221.2	1096.3	1084.2	12.1	1.3	1.1	51.7	34.2	17.7	18.9
	比例	100.00	89.77	88.78	0.99	0.11	0.09	4.23	2.80	1.45	1.55
振安区	面积	41 231.5	40 169.4	33 248.7	6920.7	31.7	47.8	728.5	36.4	151.9	65.8
	比例	100.00	97.42	80.64	16.78	0.08	0.12	1.77	0.09	0.37	0.16
宽甸满族自治县	面积	498 619.3	478 898.1	417 439.1	61 459.0	637.8	192.0	13 992.6	16.7	3137.7	1744.4
	比例	100.00	96.04	83.72	12.33	0.13	0.04	2.81	0.00	0.63	0.35
东港市	面积	54 597.1	50 149.8	36 343.9	13 805.9	170.1	54.9	2559.6	79.0	970.5	613.2
	比例	100.00	91.85	66.57	25.29	0.31	0.10	4.69	0.14	1.78	1.12
凤城市	面积	410 833.3	386 621.9	286 169.2	100 452.7	587.8	1049.4	18 445.2	86.2	1418.9	2623.9
	比例	100.00	94.11	69.66	24.45	0.14	0.26	4.49	0.02	0.35	0.64

在有林地面积中：林分面积777 242.1hm^2，占有林地面积的80.9%；乔木经济林面积183 772.5hm^2，占19.1%。

在林分面积中：针叶林面积123 227.5hm^2，占林分面积的15.9%；阔叶林面积637 384.1hm^2，占林分面积的82.0%；针阔混交林面积16 630.5hm^2，占林分面积的2.1%。

在无林地面积中：无立木林地5488.5hm^2，宜林地5073.7hm^2，辅助生产林地208.2hm^2，详见图15-1。

（二）林木蓄积量

全市活立木总蓄积量45 294 140m^3，其中林分蓄积量44 959 592m^3，疏林蓄积量25 380m^3，散生木蓄积量91 454m^3，四旁树蓄积量217 714m^3，详见图15-2。

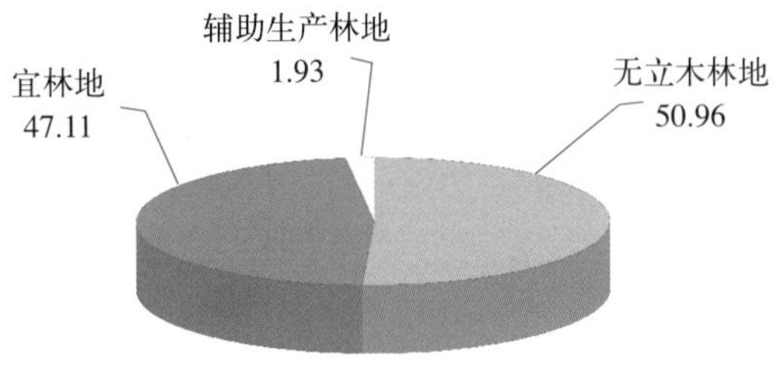

图15-1　无林地各地类面积比例（%）

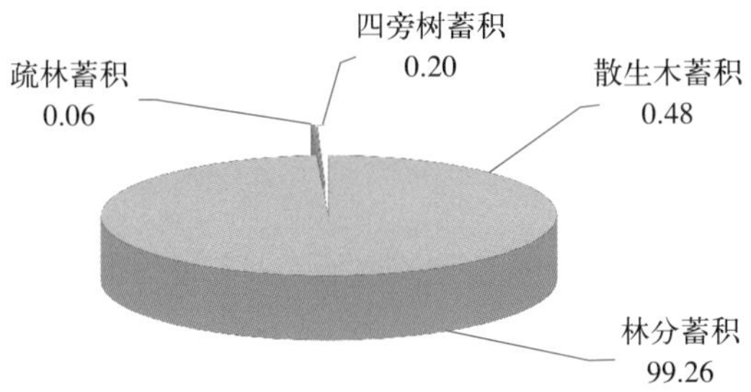

图15-2　各类蓄积比例（%）

表15-2　各县(市、区)林木蓄积量统计表

单位：m^3

统计单位	活立木总蓄积量	林分				疏林地	四旁树	散生木
		合计	针叶林	阔叶林	针阔混交林			
丹东市	45 294 140	44 959 592	10 038 038	33 868 739	1 052 815	25 380	217 714	91 454
元宝区	159 834	159 164	39 356	118 386	1422	41	551	78
振兴区	39 589	39 507	6472	31 224	1811		17	65
振安区	1 075 201	1 062 559	186 062	867 486	9011	253	9187	3202
宽甸满族自治县	25 168 579	25 048 540	4 726 912	19 532 062	789 566	9329	60 981	49 729
东港市	1 322 044	1 258 504	394 858	829 372	34 274	444	57 100	5996
凤城市	17 528 893	17 391 318	4 684 378	12 490 209	216 731	15 313	89 878	32 384

在林分蓄积量中：针叶林蓄积量10 038 038m^3，占林分蓄积量的22.33%；阔叶林蓄积量33 868 739m^3，占林分蓄积量的75.33%；针阔混交林蓄积量1 052 815m^3，占林分蓄积量的2.34%，详见表15-2。

（三）森林覆盖率

全市土地总面积1 522 197.3hm^2，森林覆盖率65.9%，林木绿化率66.1%。

（四）森林资源质量

林分单位面积蓄积量为57.8m^3/hm^2，其中针叶林为81.5m^3/hm^2，阔叶林为53.1m^3/hm^2，针阔混交林为63.3m^3/hm^2。

（五）非林业用地造林情况

全市非林地造林面积208.6hm^2，蓄积量325m^3，其中农地造林191.5hm^2，蓄积量325m^3；非农地造林17.1hm^2。

二、森林资源结构

（一）林分权属结构

在林分中，集体林、个体林、国有林、非林业系统、合作林、权属未定的面积比为1：0.42：0.09：0.01：0.02：0.001；蓄积比为1：0.28：0.15：0.02：0.02：0.001，详见表15-3、图15-3。

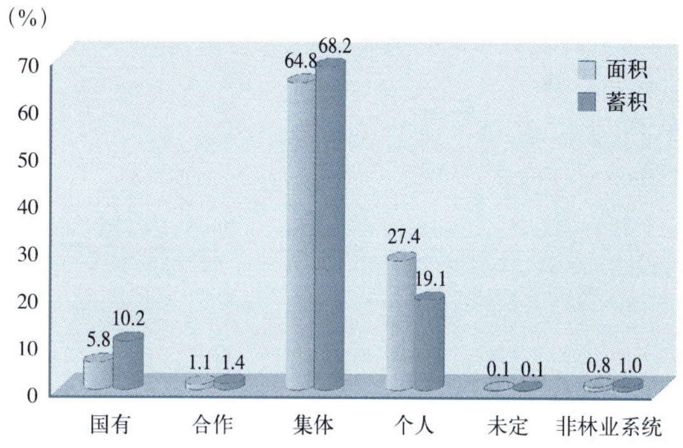

图15-3　林分各权属面积、蓄积比例

表15-3　各权属林分面积蓄积统计表

单位：hm^2、m^3

权属	合计		针叶林		阔叶林		针阔混交林	
	面积	蓄积	面积	蓄积	面积	蓄积	面积	蓄积
合计	777 242.1	44 959 592	123 227.5	10 038 038	637 384.1	33 868 739	16 630.5	1 052 815
集体	503 351.3	30 639 027	49 199.9	3 988 655	444 461.4	26 057 449	9690.0	592 923
个人	212 948.4	8 564 276	53 239.0	4 142 311	155 380.8	4 156 450	4328.6	265 515
国有	44 919.3	4 634 631	12 620.7	1 222 056	30 067.5	3 242 262	2231.1	170 313
非林业系统	6955.2	465 304	1111.3	132 322	5777.4	329 921	66.5	3061
合作	8471.9	605 115	6976.2	546 422	1181.6	37 737	314.1	20 956
未定	596.0	51 239	80.4	6272	515.4	44 920	0.2	47

（二）林种结构

全市林分面积777 242.1hm^2，林分总蓄积44 959 592m^3，各林种面积比为1∶0.06∶0.56∶0.04；各林种蓄积比为1∶0.07∶0.70∶0.01，详见表15-4、图15-4。

表15-4　林分各林种面积蓄积统计表　单位：hm^2、m^3

林　种	面　积	蓄　积
合　计	777 242.1	44 959 592
防护林	469 473.7	25 194 083
特用林	26 399	1 858 860
用材林	262 778	17 682 308
薪炭林	18 591.4	224 341

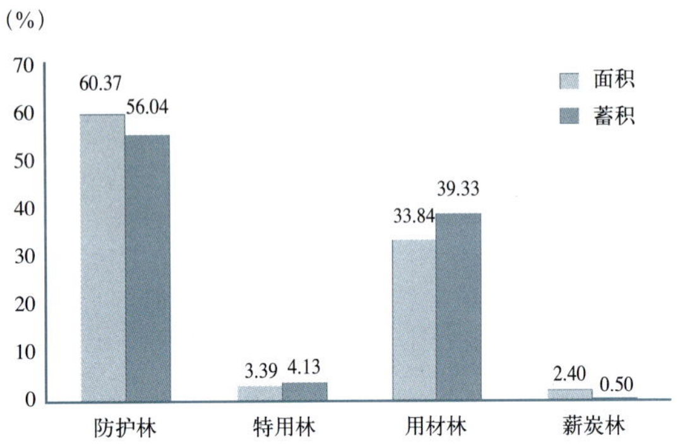

图15-4　林分各林种面积蓄积比例

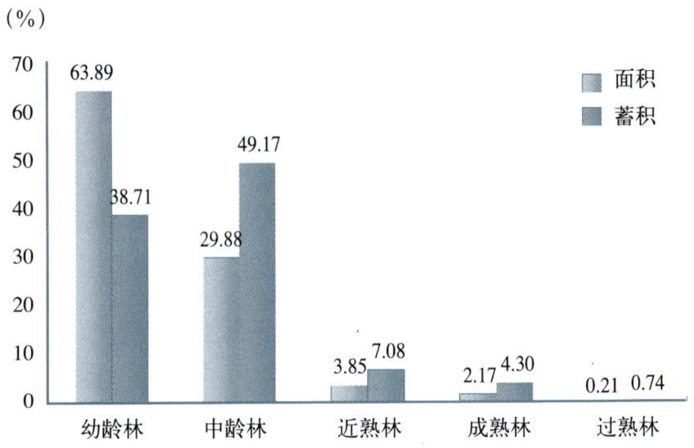

图15-5　林分各龄组面积蓄积比例

（三）龄组结构

在林分中各龄组面积比例结构为1∶0.47∶0.06∶0.03∶0.003；各龄组蓄积比例结构为1∶1.27∶0.18∶0.11∶0.02，详见表15-5、表15-6、图15-5。

表15-5　林分各龄组面积统计表　单位：hm^2

统计单位	合　计	幼龄林	中龄林	近熟林	成熟林	过熟林
丹东市	777 242.1	496 405.4	232 313.3	29 971.1	16 877.0	1675.3
元宝区	2957.0	1549.4	1179.1	122.2	96.5	9.8
振兴区	1084.2	564.1	387.3	100.5	32.3	
振安区	33 248.7	27 632.9	5060.7	304.8	228.7	21.6
宽甸满族自治县	417 439.1	252 540.1	139 746.3	16 018.1	8642.0	492.6
东港市	36 343.9	30 427.5	4994.2	427.7	349.8	144.7
凤城市	286 169.2	183 691.4	80 945.7	12 997.8	7527.7	1006.6

表15-6　林分各龄组蓄积统计表　单位：m^3

统计单位	合　计	幼龄林	中龄林	近熟林	成熟林	过熟林
丹东市	44 959 592	17 402 247	22 103 605	3 182 546	1 935 193	336 001
元宝区	159 164	48 638	99 495	6219	4420	392
振兴区	39 507	12 217	21 725	4178	1387	
振安区	1 062 559	541 340	470 089	29 829	20 287	1014
宽甸满族自治县	25 048 540	9 102 586	13 235 856	1 692 412	961 671	56 015
东港市	1 258 504	763 819	408 499	41 069	27 426	17 691
凤城市	17 391 318	6 933 647	7 867 941	1 408 839	920 002	260 889

（四）树种结构

全市林分中，有24种树种(组)组成，其中面积和蓄积量占比重最大的是柞树(组)和落叶松(组)，分别占林分面积的66.12%、13.62%和占林分蓄积量的68.23%、18.46%，详见表15-7。

表15-7 林分各树种(组)面积蓄积统计表

单位：hm^2、m^3、%

统计单位	优势树种	面积		蓄积	
		计	比例	计	比例
丹东市		777 242.1	100.00	44 959 592	100.00
	红松组	16 148.7	2.08	1 350 221	3.00
	落叶松组	105 861.1	13.62	8 299 317	18.46
	油松组	13 955.2	1.80	1 158 974	2.58
	樟子松组	93.9	0.01	5339	0.01
	云杉组	125.6	0.02	16 839	0.04
	冷杉组	750.5	0.10	56 218	0.13
	柏树组	10.4	0.00		0.00
	柞树组	513 906.4	66.12	30 676 995	68.23
	桦树组	2842.6	0.37	357 855	0.80
	色树组	3770.3	0.49	311 248	0.69
	榆树组	934.8	0.12	81 787	0.18
	水曲柳组	241.9	0.03	11 076	0.02
	胡桃楸组	17 029.4	2.19	680 954	1.51
	黄波罗组	25.5	0.00	1064	0.00
	花曲柳组	1097.5	0.14	71 321	0.16
	怀槐组	58.4	0.01	1655	0.00
	椴树组	1148.0	0.15	98 277	0.22
	白桦组	17.7	0.00	1877	0.00
	刺槐组	24 331.6	3.13	505 438	1.12
	柳树组	2556.1	0.33	34 079	0.08
	杨树组	8882.9	1.14	285 741	0.64
	速生杨	106.5	0.01	307	0.00
	杂木组	63 347.1	8.15	953 010	2.12

三、天然林资源

全市天然林面积665 925hm^2，占全市林地面积的65.9%，其中林分面积566 944hm^2，占天然林面积85.1%；疏林面积1040.5hm^2，占天然林面积的0.2%；封育未成林面积7869.5hm^2，占天然林面积的1.1%；乔木经济林面积88 967.3hm^2，占天然林面积的13.4%；灌木林面积1103.7hm^2，占天然林面积的0.2%。

全市天然林蓄积量33 993 051m^3，其中林分蓄积量33 973 755m^3，占天然林蓄积量的99.9%；疏林蓄积量19 296m^3，占天然林蓄积量的0.1%。

天然林按林种划分为：用材林面积139 130.1hm^2，占天然林面积的20.9%；防护林面积410 024.2hm^2，占61.6%；薪炭林面积12 003hm^2，占1.8%；特用林面积15 473.6hm^2，占2.3%；经济林面积89 294.1hm^2，占13.4%。

在天然林林分蓄积中，用材林蓄积量8 487 685m^3，占25.0%；防护林蓄积量23 944 989m^3，占70.5%；薪炭林蓄积量147 502$m^3$0.4%；特用林蓄积量1 393 579m^3，占4.1%，详见表15-8。

表15-8　天然林面积、蓄积统计表

单位：hm^2、m^3

统计单位	林种	面积合计	林分							
			小计		幼龄林		中龄林		近熟林	
			面积	蓄积	面积	蓄积	面积	蓄积	面积	蓄积
丹东市		665 925.0	566 944.0	33 973 755	338 395.5	11 469 841	194 175.4	18 746 574	22 087.6	2 342 472
	防护林	4 100 24.2	403 086.9	23 944 989	249 714.8	8 765 584	144 717.9	14 165 799	5963	676 871
	特用林	15 473.6	15 291.2	1 393 579	6432.8	294 130	7178.9	890 810	1472.8	175 713
	用材林	139 130.1	136 942.7	8 487 685	70 674.6	226 6145	42 228.7	3 686 445	14651.8	1 489 888
	薪炭林	12 003.0	11 623.2	147 502	11 573.3	143 982	49.9	3520		
	经济林	89 294.1								
元宝区		17 12.6	1709.3	103 228	864.2	21 548	827.2	80 531	17.9	1149
振兴区		248.8	247.5	11 629	165.8	5080	81.7	6549		
振安区		24426.9	24 249.7	754 106	20 275.7	342 516	3910.9	405 615	23.7	2131
宽甸满族自治县		313 985.9	309 768.0	20 058 488	169 024.5	6 129 784	119 754.4	11 592 085	13 378.4	1 449 605
东港市		18 069.9	13 628.8	510 468	11 022.4	263 393	2522.1	234 546	82.6	12 322
凤城市		307 480.9	217 340.7	12 535 836	137 042.9	4 707 520	67 079.1	6 427 248	8585	877 265

统计单位	林种	林分				疏林地		乔木经济林	封育未成林	灌木林
		成熟林		过熟林						
		面积	蓄积	面积	蓄积	面积	蓄积	面积	面积	面积
丹东市		11 941.8	1 373 924	343.7	40 944	1040.5	19 296	88 967.3	7869.5	1103.7
	防护林	2675.1	335 209	16.1	1526	563.4	12 693		5924	450
	特用林	206.7	32 926			125.8	446		52.1	5
	用材林	9060	1 005 789	327.6	39 418	351.3	6157		1836.1	
	薪炭林								57.3	323
	经济林							88 967.3		327
元宝区						1.1	41		2.2	
振兴区						1.3				
振安区		39.4	3844			4.7	29	43.7	128.8	
宽甸满族自治县		7296.4	848 459	314.3	38 555	464.8	6629	1.7	3606.4	145
东港市		1.7	207			144.6	199	4174.3	99.1	23
凤城市		4604.3	521 414	29.4	2389	424	12 398	84 747.6	4033	936

四、人工林资源

全市人工林面积333 699.6hm^2，占全市人工林面积33.3%，其中林分面积210 298.1hm^2，占人工林面积的63.0%；疏林面积389.3hm^2，占0.1%；造林未成林面积27 927.6hm^2，占人工林面积的8.4%；乔木经济林面积94 805.2hm^2，占28.4%；灌木林面积279.4hm^2，占0.1%。

全市人工林蓄积量10 991 921m^3，其中林分蓄积量10 985 837m^3，占人工林蓄积量的99.9%；疏林蓄积量6084m^3，占0.1%。

在人工林面积中，用材林面积140 161hm^2，占人工林面积的42.0%；防护林面积79 271.9hm^2，占23.8%；薪炭林面积8070.9hm^2，占2.4%；特用林面积11 366.1hm^2，占3.4%；经济林面积94 829.7hm^2，占28.4%。

表15-9 人工林面积、蓄积统计表

单位：hm^2、m^3

统计单位	林种	面积合计	林分							
			小计		幼龄林		中龄林		近熟林	
			面积	蓄积	面积	蓄积	面积	蓄积	面积	蓄积
丹东市		333 699.6	2 102 98.1	10 985 837	158 009.9	5 932 406	38 137.9	3 357 031	7883.5	840 074
	防护林	79 271.9	66 386.8	1249 094	61 099.6	908 709	4668.2	282 520	298.5	23 352
	特用林	11 366.1	11 107.8	465 281	9269.9	294 806	1520.2	149 203	145.7	7727
	用材林	140 161.0	125 835.3	919 4623	82 586.4	4 705 874	30 035.3	2 871 486	7439.3	808 995
	薪炭林	8070.9	6968.2	76839	5054.0	23 017	1914.2	53 822		
	经济林	94 829.7								
元宝区		2425.0	1247.7	55 936	685.2	27 090	351.9	18 964	104.3	5070
振兴区		901.6	836.7	27 878	398.3	7137	305.6	15 176	100.5	4178
振安区		16 550.5	8999.0	308 453	7357.2	198 824	1149.8	64 474	281.1	27 698
宽甸满族自治县		179 734.6	107 671.1	4 990 052	83 515.6	2 972 802	19 991.9	1 643 771	2639.7	242 807
东港市		34 864.5	22 715.1	748 036	19 405.1	500 426	2472.1	173 953	345.1	28 747
凤城市		99 223.4	68 828.5	4 855 482	46 648.5	2 226 127	13 866.6	1 440 693	4412.8	531 574

统计单位	林种	林分				疏林地		乔木经济林	造林未成林	灌木林
		成熟林		过熟林						
		面积	蓄积	面积	蓄积	面积	蓄积	面积	面积	面积
丹东市		4935.2	561 269	1331.6	295 057	389.3	6084	94 805.2	27 927.6	279.4
	防护林	284.2	30747	36.3	3766	102.0	1595		12 594.2	188.9
	特用林	143	11974	29	1571	27.6	132		226	4.7
	用材林	4508	518 548	1266.3	289 720	254.9	4340		14 070.8	
	薪炭林					4.8	17		1036.6	61.3
	经济林							94805.2		24.5
元宝区		96.5	4420	9.8	392			1122.1	17.3	37.9
振兴区		32.3	1387					12.1	51.7	1.1
振安区		189.3	16 443	21.6	1014	27.0	224	6877	599.7	47.8
宽甸满族自治县		1345.6	113 212	178.3	17 460	173.0	2700	61 457.3	10 386.2	47.0
东港市		348.1	27 219	144.7	17 691	25.5	245	9631.6	2460.5	31.8
凤城市		2923.4	398 588	977.2	258 500	163.8	2915	15 705.1	14 412.2	113.8

在人工林蓄积中，用材林蓄积量9 198 963m^3，占人工林蓄积量的83.7%；防护林蓄积量1 250 689m^3，占11.4%；薪炭林蓄积量76 856m^3，占0.7%；特用林蓄积量465 413m^3，占4.2%，详见表15-9。

五、灌木林资源

丹东市共有灌木林面积1383.1hm^2，其中天然灌木林面积1103.7hm^2，占灌木林面积的79.8%；人工灌木林面积279.4hm^2，占20.2%。在灌木林中，国家特别规定灌木林面积364.1hm^2，占26.3%；其他灌木林面积1019.0hm^2，占73.7%，详见表15-10。

表15-10　灌木林面积统计表

单位：hm^2

统计单位	合计			天然灌木林面积			人工灌木林面积		
	小计	特规灌木林	其他灌木	小计	特规	其他	小计	特规	其他
丹东市	1383.1	364.1	1019.0	1103.7	326.8	776.9	279.4	37.3	242.1
元宝区	37.9	14.9	23.0				37.9	14.9	23.0
振兴区	1.1		1.1				1.1		1.1
振安区	47.8		47.8				47.8		47.8
宽甸满族自治县	192.0	19.8	172.2	145.0	1.7	143.3	47.0	18.1	28.9
东港市	54.9		54.9	23.1		23.1	31.8		31.8
凤城市	1049.4	329.4	720.0	935.6	325.1	610.5	113.8	4.3	109.5

六、经济林资源

丹东市共有经济林面积184 123.8hm^2，其中乔木经济林183 772.5hm^2，占经济林面积的99.81%；灌木经济林351.3hm^2，占0.19%。乔木经济林中主要树种为蚕柞、桃、苹果，在灌木经济林中主要树种为榛子，详见表15-11。

表15-11　经济林面积、比例统计表

单位：hm^2

类别	合计	乔木									灌木			
		计	柞树	板栗	桃	苹果	梨	山楂	李子	其他	计	榛子	葡萄	其他
面积	184 123.8	183 772.5	126 585.4	50 119.4	2181.7	1837.5	1649.6	817.9	253.3	327.7	351.3	326.2	11.6	13.5
比例	100.00	99.81	68.75	27.22	1.18	1.00	0.90	0.44	0.14	0.18	0.19	0.18	0.01	0.01

七、林业重点工程建设及公益林保护情况

（一）公益林建设情况

全市公益林建设面积519 890.4hm^2，其中重点公益林336 785.1hm^2，占64.8%；一般公益林183 105.3hm^2，占35.2%，详见表15-12。

表15-12　公益林（地）面积统计表

单位：hm^2

统计单位	林种	合计	林分				疏林地	灌木林	未成林地	无林地
			小计	针叶林	阔叶林	针阔混				
丹东市		519 890.4	495 872.7	18 036.9	473 257.0	4578.8	818.8	648.0	18 796.3	3754.6
	重点公益林	336 785.1	329 539.6	13 715.8	312 047.6	3776.2	471.4	84.6	4842.8	1846.7
	一般公益林	183 105.3	166 333.1	4321.1	161 209.4	802.6	347.4	563.4	13 953.5	1907.9
元宝区		2071.8	2071.8	332.9	1696.2	42.7				
	重点公益林	2071.8	2071.8	332.9	1696.2	42.7				
振兴区		1148.8	1081.5	100.3	954.5	26.7	1.3	1.1	51.7	13.2
	重点公益林	1122.7	1080.5	100.3	953.5	26.7	1.3	1.1	26.6	13.2
	一般公益林	26.1	1.0		1.0				25.1	
振安区		26 842.4	26 198.8	1368.4	24 687.1	143.3	26.6	45.0	466.4	105.6
	重点公益林	20 701.8	20 687.7	1255.7	19 306.5	125.5	14.1	0	0	0
	一般公益林	6140.6	5511.1	112.7	5380.6	17.8	12.5	45.0	466.4	105.6
宽甸满族自治县		273 061.6	264 846.9	9147.9	251 914.8	3784.2	331.2	131.2	5899.2	1853.1
	重点公益林	212 483.2	207 909.4	8237.6	196 485	3186.8	309.5	63.4	2808.4	1392.5
	一般公益林	60 578.4	56 937.5	910.3	55 429.8	597.4	21.7	67.8	3090.8	460.6

续

统计单位	林种	合计	林分				疏林地	灌木林	未成林地	无林地
			小计	针叶林	阔叶林	针阔混				
东港市		31 857	29 420.2	2612.5	26 486.5	321.2	159.6	42.8	2032.2	202.2
	重点公益林	23 347.1	22 609.6	2039.5	20 286.9	283.2	145.6	20.1	493.1	78.7
	一般公益林	8509.9	6810.6	573.0	6199.6	38.0	14.0	22.7	1539.1	123.5
凤城市		184 908.8	172 253.5	4474.9	167 517.9	260.7	300.1	427.9	10 346.8	1580.5
	重点公益林	77 058.5	75 180.6	1749.8	73 319.5	111.3	0.9	0	1514.7	362.3
	一般公益林	107 850.3	97 072.9	2725.1	94 198.4	149.4	299.2	427.9	8832.1	1218.2

（二）重点工程建设情况

丹东市重点工程项目有退耕还林工程、三北造林工程和速生丰产林工程，3大重点工程共成林34 977.2hm^2（含疏林和灌木林成林面积），占全市林分面积的4.5%，详见表15-13。

表15-13 各工程分别地类统计表

单位：hm^2

统计单位	工程类别	合计	有林地						疏林地	灌木林			未成林地		
			计	林分				乔木经济林		小计	特规灌木林	其他灌木林	小计	造林未成林	封育未成林
				小计	针叶林	阔叶林	针阔混								
丹东市		45 583.7	34 966.8	31 330.2	23 152.2	7088.2	1089.8	3636.6	7.5	2.9	1.9	1.0	10 606.5	10 601.7	4.8
	退耕还林	16 730.4	8967.3	7332.4	784.3	6536.3	11.8	1634.9	0.0	2.9	1.9	1.0	7760.2	7755.9	4.3
	三北防护林	2410.7	865.6	624.7	99.0	504.2	21.5	240.9	4.5	0.0	0.0	0.0	1540.6	1540.1	0.5
	速生丰产林	26 442.6	25 133.9	23 373.1	22 268.9	47.7	1056.5	1760.8	3.0	0.0			1305.7	1305.7	
振安区		603.6	491.4	388.7	76.2	312.5		102.7					112.2	112.2	
	退耕还林	527.4	415.2	312.5		312.5		102.7					112.2	112.2	
	速生丰产林	76.2	76.2	76.2	76.2										
宽甸满族自治县		23 176.1	19 232.7	16 363.6	12 878.5	2734.2	750.9	2869.1		1.9	1.9		3941.5	3941.0	0.5
	退耕还林	6159.40	3393.20	2399.50	111.80	2275.90	11.80	993.70	0.00	1.90	1.90	0.00	2764.30	2764.30	0.00
	三北防护林	843.3	659.6	488.6	56.0	411.1	21.5	171.0	0.0	0.0	0.0	0.0	183.7	183.2	0.5
	速生丰产林	16 173.40	15 179.90	13 475.50	12 710.70	47.20	717.60	1704.40		0.00			993.50	993.50	
东港市		2183.2	1261.9	915.7	1.2	914.5		346.2		1.0		1.0	920.3	920.3	
	退耕还林	2017.4	1196.9	894.0	0.7	893.3		302.9		1.0		1.0	819.5	819.5	
	三北防护林	165.8	65.0	21.7	0.5	21.2		43.3					100.8	100.8	
凤城市		19 620.8	13 980.8	13 662.2	10 196.3	3127	338.9	318.6	7.5	0			5632.5	5628.2	4.3
	退耕还林	8026.2	3962	3726.4	671.8	3054.6	0	235.6	0				4064.2	4059.9	4.3
	三北防护林	1401.6	141	114.4	42.5	71.9	0	26.6	4.5				1256.1	1256.1	0
	速生丰产林	10 193	9877.8	9821.4	9482	0.5	338.9	56.4	3				312.2	312.2	

1. 退耕还林工程

全市退耕还林工程调查面积为16 730.4hm^2，其中退耕面积7159.2hm^2，退荒面积9571.2hm^2。目前已经成林8970.2hm^2，占53.6%；未成林7760.2hm^2，占46.4%。在退耕还林工程中有10 516.05hm^{2}已进行林权发证，其中511.7hm^{2}已进行土地划拨。

2. 三北防护林体系建设工程

三北防护林体系建设工程森林资源面积2410.7hm^2，其中有林地865.6hm^2，占35.9%；未成林1540.6hm^2，占63.9%；疏林地4.5hm^2，占0.2%。

3. 速生丰产林建设工程

世界银行贷款速生丰产林建设工程从1991年开始起动，现已累积造林26 442.6hm^2，其中有林地25 133.9hm^2，占95.1%；未成林1305.7hm^2，占4.9%。

第三节　森林资源分析

一、森林资源特点

1. 天然林资源比重大

丹东市是全省天然林资源较为集中的地区，林地面积占全省林地面积的6.83%，而天然林面积占到全省天然林面积的21.75%。全市天然林面积是人工林面积的2倍，其中宽甸满族自治县是1.75倍，凤城市是3.10倍，振安区是1.48倍。

从林分上看，天然林面积是人工林面积的2.70倍，其中宽甸满族自治县是2.88倍，凤城市是3.16倍，振安区是1.48倍，详见表15-14。

表15-14　天然林、人工林分析对比表

单位：hm^2

统计单位	合计	小计			林分			其他		
		天然林	人工林	对比	天然林	人工林	对比	天然林	人工林	对比
丹东市	999 624.6	665 925.0	333 699.6	2.00	566 944.0	210 298.1	2.70	98 981.0	123 401.5	0.80
元宝区	4137.6	1712.6	2425.0	0.71	1709.3	1247.7	1.37	3.3	1177.3	0.00
振兴区	1150.4	248.8	901.6	0.28	247.5	836.7	0.30	1.3	64.9	0.02
振安区	40 977.4	24 426.9	16 550.5	1.48	24 249.7	8999.0	2.69	177.2	7551.5	0.02
宽甸满族自治县	493 720.5	313 985.9	179 734.6	1.75	309 768.0	107 671.1	2.88	4217.9	72 063.5	0.06
东港市	52 934.4	18 069.9	34 864.5	0.52	13 628.8	22 715.1	0.60	4441.1	12 149.4	0.37
凤城市	406 704.3	307 480.9	99 223.4	3.10	217 340.7	68 828.5	3.16	90 140.2	30 394.9	2.97

2. 林木资源分布不均

丹东市林木资源主要集中在东北部的宽甸满族自治县、凤城市和振安区境内，占到94.2%，森林覆盖率达到72.3%；而西南部地区的振兴区和东港市分布较少，只占到5.4%，

表15-15　林业有林地面积统计表

单位：hm^2、%

统计单位	类别	合计	林分	乔木经济林	疏林地	灌木林	未成林地	覆盖率
丹东市	面积	999 624.6	777 242.1	183 772.5	1429.8	1383.1	35 797.1	65.9
元宝区	面积	4137.6	2957.0	1122.1	1.1	37.9	19.5	48.0
	比例	0.41	0.38	0.61	0.08	2.74	0.05	
振兴区	面积	1150.4	1084.2	12.1	1.3	1.1	51.7	10.4
	比例	0.12	0.14	0.01	0.09	0.08	0.14	
振安区	面积	40 977.4	33 248.7	6920.7	31.7	47.8	728.5	59.7
	比例	4.10	4.28	3.77	2.22	3.46	2.04	
宽甸满族自治县	面积	493 720.5	417 439.1	61 459.0	637.8	192.0	13 992.6	73.4
	比例	49.39	53.71	33.44	44.61	13.88	39.09	
东港市	面积	52 934.4	36 343.9	13 805.9	170.1	54.9	2559.6	20.5
	比例	5.30	4.68	7.51	11.90	3.97	7.15	
凤城市	面积	406 704.3	286 169.2	100 452.7	587.8	1049.4	18 445.2	72.0
	比例	40.69	36.82	54.66	41.11	75.87	51.53	

森林覆盖率为20.6%，详见表15-15。

3. 公益林占优势

全市公益林、商品林总面积为1 010 186.8hm^2，其中公益林面积519 890.4hm^2，占51.5%；商品林面积490 296.4hm^2，占48.5%。公益林占比重大，说明提高公益林和天然次生林的管理水平和保护力度是森林资源经营管理的重点，详见表15-16。

表15-16 森林分类面积统计表

单位：hm^2

森林类别	合计	有林地			疏林地	灌木林	未成林地	无立木林地	宜林地
		小计	林分	乔木经济林					
合计	1 010 186.8	961 014.6	777 242.1	183 772.5	1429.8	1383.1	35 797.1	5488.5	5073.7
公益林计	519 890.4	495 872.7	495 872.7		818.8	648.0	18 796.3	1490.9	2263.7
国家公益林	336 785.1	329 539.6	329 539.6		471.4	84.6	4842.8	919.0	927.7
地方公益林	183 105.3	166 333.1	166 333.1		347.4	563.4	13 953.5	571.9	1336.0
商品林	490 296.4	465 141.9	281 369.4	183 772.5	611.0	735.1	17 000.8	3997.6	2810.0

4. 经济林中名、优、特品种占比重大

丹东市经济林面积184 123.8hm^2，由于近些年在经济林发展上，鼓励发展"名、优、特"经济品种，丹东市板栗面积增加到105 477.2hm^2(含公益林面积55 357.8hm^2)，占经济林面积的57.3%(不含公益林面积为18.2%)，占全省板栗面积的86.0%。蚕场面积虽然大幅下降，目前仍然保留有126 585.4hm^2，占全市经济林面积的68.8%，占全省蚕场面积的29.4%。

5. 林分中的中、幼龄林多，成、过熟林少

丹东市林分总面积为777 242.1hm^2，其中幼龄林面积496 405.4hm^2，占63.9%；中龄林面积232 313.3hm^2，占29.9%；近、成、过熟林面积48 523.4hm^2，占6.2%。可见目前可利用资源严重不足，而后备资源丰富，发展潜力大。

二、森林资源消长变化分析

丹东市上次二类调查时间是1993年，通过两期调查数据对比分析，初步得出如下变化趋势，林业用地面积、有林地面积、林分面积呈增长趋势；森林覆盖率增加；活立木总蓄积量、林分面积和蓄积量增长较快。

（一）森林资源总量分析

1. 林业用地面积对比分析

全市林业用地面积1 010 647.5hm^2，比1993年二类调查的984 212.0hm^{2}增加了26 435.5hm^2，年净增率为0.22%。增加的主要原因，第一，近几年全市开展了退耕还林（草）工程，截至"十五"期末，耕地退耕还林（草）的面积16 730.4hm^2；第二，近年来，国家对生态环境建

表15-17 林地面积动态变化表

单位：hm^2、%

项目	林地面积合计	林分面积	乔木经济林	疏林地	灌木林地	未成林地	苗圃地	无林地
1993年	984 212.0	650 690.0	280 967.0	11 202.0	366.0	16 032.0	126.0	24 829.0
2005年	1 010 647.5	777 242.1	183 772.5	1429.8	1383.1	35 797.1	252.5	10 770.4
差值	26 435.5	126 552.1	−97 194.5	−9772.2	1017.1	19 765.1	126.5	−14 058.6
净增率	2.69	19.45	−34.59	−87.24	277.90	123.29	100.40	−56.62
年净增率	0.22	1.62	−2.88	−7.27	23.16	10.27	8.37	−4.72

设非常重视，加快造林绿化步伐，加大林业重点工程建设力度，如三北防护林工程、绿色通道绿化工程等，使部分非林业用地通过工程造林转入林业用地，详见表15-17。

2. 林分面积对比分析

全市林分面积777 242.1hm^2，比1993年二类调查的650 690.0hm^{2}增加了126 552.1hm^2，年净增率1.62%。增长的主要原因是近几年封山封蚕、实行天然林资源保护以及开展退耕还林（草）等重点工程，加大了造林和封育力度，使林分面积有大幅增长，详见表15-18。

表15-18　林分面积动态变化表　单位：hm^2、%

项目	林分面积合计	幼龄林	中龄林	近熟林	成熟林	过熟林
1993年	650 690	316 291	216 105	71 422	46 351	521
2005年	777 242.1	496 405.4	232 313.3	29 971.1	16 877	1675.3
差值	126 552.1	180 114.4	16 208.3	−41 450.9	−29 474	1154.3
净增率	19.45	56.95	7.50	−58.04	−63.59	221.55
年净增率	1.62	4.75	0.63	−4.84	−5.30	18.46

3. 各类林木蓄积量对比分析

全市活立木总蓄积量为45 294 140m^3，比1993年二类调查的活立木总蓄积量35 169 900m^{3}增加了10 124 240m^3，年净增率2.4%。林分蓄积量44 959 592m^3，比1993年二类调查的林分总蓄积量33 725 300m^{3}增加了11 234 292m^3，年净增率2.78%，详见表15-19。

表15-19　两期二类调查各类蓄积量对比表　单位：m^3

蓄积类别	1993年二类调查	2005年二类调查	差值	净增率	年净增率
总蓄积	35 169 900	45 294 140	10 124 240	28.79	2.40
林分蓄积	33 725 300	44 959 592	11 234 292	33.31	2.78
疏林蓄积	315 700	25 380	−290 320	−91.96	−7.66
散生木蓄积	21 500	91 454	69 954	325.37	27.11
四旁树蓄积	1 107 400	217 714	−889 686	−80.34	−6.70

变化原因是近些年封山育林、大力植树造林使活立木总蓄积量、林分蓄积量增长的主要原因，也是疏林蓄积量减少的主要原因。

（二）林分质量对比分析

从本期森林资源二类调查结果可以看出，全市森林资源质量普遍有所提高，详见表15-20。

表15-20　森林蓄积量及林分面积变化表　单位：hm^2、m^3、m^3/hm^2

年份	活立木总蓄积量	林分			用材林		
		面积	蓄积	单位蓄积量	面积	蓄积	单位蓄积量
1993年	35 169 900	650 690.0	33 725 300	51.8	545 632.0	30 349 200	55.6
2005年	45 294 140	777 242.1	44 959 592	57.8	262 778.0	17 682 308	67.3

全市林分蓄积量由1993年的51.8m^3/hm^2，上升到2005年的57.8m^3/hm^2，每公顷上升了6.0m^3；用材林蓄积量由1993年的55.6m^3/hm^2，上升到2005年的67.3m^3/hm^2，每公顷上升了11.7m^3。林分质量与1993年二类调查相比有很大程度的提高，详见图15-6。

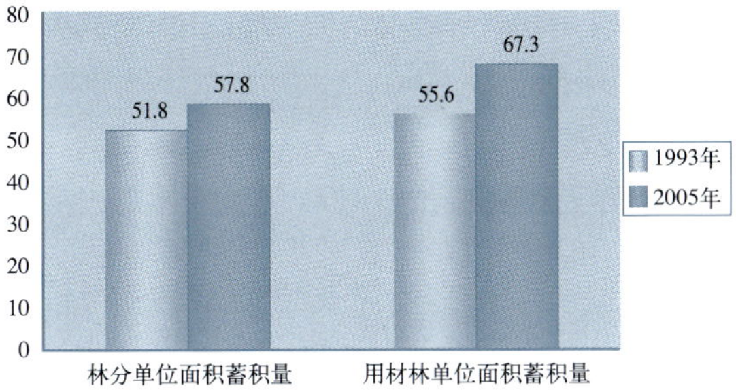

图15-6　林分单位面积蓄积量对比　单位：m^3/hm^2

（三）森林资源结构变化分析

1. 起源结构变化分析

(1) 天然林面积、蓄积量对比分析。全市天然林林分面积566 944hm^2，与1993年二类调查的539 819.0hm^2相比，增加了27 125hm^2，年均净增率0.42%；蓄积量33 973 755m^3，比1993年二类调查的29 457 200m^3增加了4 516 555m^3，年均净增率1.3%。封山育林、天然林资源保护工程的实施是其增长的主要原因。

(2) 人工林面积、蓄积量对比分析。全市人工林林分面积210 298.1hm^2，与1993年二类调查的110 871.0hm^2相比，增加了99 427.1hm^2，年净增率7.4%；蓄积量10 985 837m^3，比1993年二类调查的4 268 100m^3增加了6 717 737m^3，年净增率13.1%。大力植树造林及生长迅速的中幼龄林比重大是人工林林分蓄积量增长较快的主要原因。

2. 龄组结构对比分析

全市幼龄林面积、蓄积量有大幅度增加，中龄林与过熟林面积、蓄积量有所增加，近、成熟林面积、蓄积量在减少（表15-21）。

天然林龄组结构分析：全市天然林中幼、中龄林占绝大多数，幼龄林面积占天然林面积的59.69%，中龄林占34.25%，近、成、过熟林仅占6.06%。与上期二类调查相比，天然林面积、蓄积都有增加，特别是幼龄林面积增加了108 822.5hm^2，年净增率达到3.95%；幼龄林蓄积增加了7 983 541m^3，年净增率达到19.08%。说明丹东市前期对天然林资源的保护工作成效显著，今后对天然林的保护工作需要进一步加强(表15-21)。

表15-21　两期二类调查林分各龄组面积蓄积量对比表　单位：hm^2、m^3

权属	起源	2005年二类调查		1993年二类调查		差　值		年净增率	
		面积	蓄积	面积	蓄积	面积	蓄积	面积	蓄积
合计	计	777 242.1	44 959 592	650 690.0	33 725 300	126 552.1	11 234 292	1.62	2.78
	天然林	566 944	33 973 755	539 819	29 457 200	27 125.0	4 516 555	0.42	1.28
	人工林	210 298.1	10 985 837	110 871.0	4 268 100	99 427.1	6 717 737	7.47	13.12
幼龄林	计	496 405.4	17 402 247	316 291.0	5 232 800	180 114.4	12 169 447	4.75	19.38
	天然林	338 395.5	11 469 841	229 573	3 486 300	108 822.5	7 983 541	3.95	19.08
	人工林	158 009.9	5 932 406	86 718.0	1 746 500	71 291.9	4 185 906	6.85	19.97
中龄林	计	232 313.3	22 103 605	216 105.0	17 147 000	16 208.3	4 956 605	0.63	2.41
	天然林	194 175.4	18 746 574	202 445.0	15 920 800	−8269.6	2 825 774	−0.34	1.48
	人工林	38 137.9	3 357 031	13 660.0	1 226 200	24 477.9	2 130 831	14.93	14.48
近熟林	计	29 971.1	3 182 546	71 422.0	6 456 000	−41 450.9	−3 273 454	−4.84	−4.23
	天然林	22 087.6	2 342 472	66 822.0	6 017 600	−44 734.4	−3 675 128	−5.58	−5.09
	人工林	7883.5	840 074	4600.0	438 400	3283.5	401 674	5.95	7.64
成熟林	计	16 877	1 935 193	46 351.0	4 842 600	−29 474.0	−2 907 407	−5.30	−5.00
	天然林	11 941.8	1 373 924	40 588.0	3 995 200	−28 646.2	−2 621 276	−5.88	−5.47
	人工林	4935.2	561 269	5763.0	847 400	−827.8	−286 131	−1.20	−2.81
过熟林	计	1675.3	336 001	521.0	46 900	1154.3	289 101	18.46	51.37
	天然林	343.7	40 944	391.0	37 300	−47.3	3644	−1.01	0.81
	人工林	1331.6	295 057	130.0	9600	1201.6	285 457	77.03	247.79

人工林龄组结构分析：全市人工幼龄林面积占75.1%，幼龄林蓄积占54.0%；中龄林面积占18.1%，蓄积占30.6%；近、成、过熟林面积仅占6.8%，蓄积占15.4%。与上期二类调查相比，人工林面积、蓄积增幅较大，年净增率分别达到了7.47%和13.12%，除成熟林外各龄组面积蓄积都有增加，特别是中龄林面积、蓄积年净增率分别达到了14.93%和14.48%。说明丹东市经过多年的努力人工林的各龄组结构正趋于合理(表15-21)。

从全市林分各龄组结构上看，幼龄林和中龄林面积所占比重高达93.8%，虽然林业发展后劲大，但是可采资源严重不足。1993年近成过熟林面积为118 294.0hm^2，占林分面积的18.2%；2005年近成过熟林面积为48 523.4hm^2，占林分面积的6.2%，2005年比1993年净减少了69 770.6hm^2。说明今后丹东市在森林经营时要严格控制采伐量，杜绝对中、近熟林采伐，保证后备资源的充足和有序利用，达到综合效益最大化。

3. 林种结构变化分析

(1) 林分中各林种面积、蓄积变化分析。本次二类调查数据与上期相比，防护林及特用林面积有很大增加，用材林面积和薪炭林面积减少；用材林在面积减少较大的情况下，蓄积相对减少较少；薪炭林面积减少较多，蓄积却有大幅增加，说明用材林和薪炭林质量有所提高，详见表15-22。

表15-22　林分各林种面积、蓄积变化表

单位：hm^2、m^3

林种	2005年		1993年		差　值		净增率	
	面积	蓄积	面积	蓄积	面积	蓄积	面积	蓄积
合计	777 242.1	44 959 592	650 690	33 725 300	126 552.1	11 234 292	19.45	33.31
防护林	469 473.7	25 194 083	68 085	2 687 500	401 388.7	22 506 583	589.54	837.45
特用林	26 399.0	1 858 860	5332	663 500	21 067.0	1 195 360	395.11	180.16
用材林	262 778.0	17 682 308	545 632	30 349 200	－282 854.0	12 666 892	－51.84	－41.74
薪炭林	18 591.4	224 341	31 641	25 100	－13 049.6	199 241	－41.24	793.79

各林种变化原因主要有：第一，随着社会进步，人们生态意识和质量观念在不断提高，使各林种面积、蓄积发生了变化；第二，重点工程建设使全市的林分面积增加，特别是防护林面积增加更快；第三，市林业局根据国家林业局及省林业厅的要求，对全市的森林资源进行了分类经营，将生态脆弱地区以及生态重要性较高地区的部分用材林区划调整为防护林；第四，农村经济进一步发展，农民的生活条件有了很大改善，农民改变了烧柴习惯，使薪炭林逐步转变为其他林种；第五，随着社会经济的发展，人们对森林保护和美化环境有了更深的认识，近几年全市不断新建和扩建森林公园、森林风景区，使得特用林面积增加。

(2) 林分按起源各林种面积、蓄积变化分析。天然林中防护林和特用林比例增幅较大，较1993年相比，面积分别增加了528.13%和269.8%；用材林和薪炭林比例减少，面积分别减少69.47%和49.35%。

人工林中各林种面积与上期相比，防护林增加了1597.0%，特用林增加了827.97%，用材林增加了29.63%，薪炭林减少了19.83%，详见表15-23。

(3) 经济林结构变化分析。本期二类调查，全市共区划经济林面积184 123.8hm^2，与上期二类调查面积229 814hm^{2}相比，减少了96 856.2hm^2。减少的主要原因是调查标准变化，本次调查把部分经济树种的板栗区划为公益林，面积为55 357.8hm^2，使经济林面积减少。近些年

表15-23 按起源分类各林种变化表

单位：hm^2、m^3、%

起源	林种	2005年		1993年		差值		净增率	
		面积	蓄积	面积	蓄积	面积	蓄积	面积	蓄积
天然林	合计	566 944.0	33 973 755	539 819	29 457 200	27 125.0	4 516 555	5.02	15.33
	防护林	403 086.9	23 944 989	64 173	2 528 700	338 913.9	21 416 289	528.13	846.93
	特用林	15 291.2	1 393 579	4135	529 900	11 156.2	863 679	269.80	162.99
	用材林	136 942.7	8 487 685	448 562	26 384 800	−311 619.3	−17 897 115	−69.47	−67.83
	薪炭林	11 623.2	147 502	22 949	13 800	−11 325.8	133 702	−49.35	968.86
人工林	合计	210 298.1	10 985 837	110 871	4 268 100	99 427.1	6 717 737	89.68	157.39
	防护林	66 386.8	1 249 094	3912	158 800	62 474.8	1 090 294	1597.00	686.58
	特用林	11 107.8	465 281	1197	133 600	9910.8	331 681	827.97	248.26
	用材林	125 835.3	9 194 623	97 070	3 964 400	28 765.3	5 230 223	29.63	131.93
	薪炭林	6968.2	76 839	8692	11 300	−1723.8	65 539	−19.83	579.99

对经济树种结构进行了大幅度调整，首先对生态环境破坏较大的蚕场进行封育和转向改造；对一些产值低、销路差的老品种逐步淘汰，鼓励发展高产、优质且生长快、产值高的新品种。通过调整，使经济树种结构有了很大变化，蚕柞面积由229 814hm^2下调到126 585.4hm^2，减少了103 228.6hm^2，有效的保护了生态环境。板栗面积由39 068hm^2增加到105 477.2hm^2，逐步发展成为丹东市的支柱产业之一，不但取得了可观的经济效益，同时也带动了相关产业的发展，详见表15-24。

表15-24 两期二类调查经济林面积对比表

单位：hm^2

树种	1993年二类调查	2005年二类调查	差值	备注
合计	280 980	184 123.8	−96 856.2	板栗55 357.8 hm^2区划为公益林
蚕柞	229 814	126 585.4	−103 228.6	
板栗	39 068	50 119.4	11 051.4	
山楂	3912	817.9	−3094.1	
苹果	3179	1837.5	−1341.5	
其他	5007	4763.6	−243.4	

4. 树种结构变化分析

(1) 主要树种（组）面积变化。全市林分面积增加777 242.1hm^2，其中柞树组面积增加42 225.4hm^2，年均增加3518.8hm^2，年净增率0.75%；落叶松（组）面积增加29 685.1hm^2，年均增加2473.8hm^2，年净增率3.25%；面积增长速度最快的是冷杉（组）和黄波罗（组），分别比上期增长了241.83%和44.79%，其他树种面积增长较少；面积减少最多的是油松（组）和榆树（组）。

面积变化的主要原因是最近几年的工程造林和封山育林力度加大，各树种面积普遍提高，油松（组）和榆树（组）由于病虫危害严重，不提倡作为主要造林树种而使其面积下降。

(2) 主要树种（组）蓄积变化。全市林分蓄积比前期二类调查林分蓄积增长了11 234 292m^3，24个树种组中除油松（组）、胡桃楸（组）、椴树（组）和杨树（组）蓄积减少外其余树种组蓄积均有所增加，冷杉（组）和柞树（组）蓄积增加最快，年净增率比1993年分别增加了195.36%和91.84%，详见表15-25。

表15-25 林分各树种面积、蓄积变化表

单位：hm^2、m^3、%

优势树种	2005年		1993年		差值		净增率		年净增率	
	面积	蓄积	面积	蓄积	面积	蓄积	面积	蓄积	面积	蓄积
合计	777 242.1	44 959 592	650 690	33 725 300	126 552.1	11 234 292	19.45	33.31	1.62	2.78
红松组	16 148.7	1 350 221	10 030	486 000	6118.7	864 221	61.00	177.82	5.08	14.82
落叶松组	105 861.1	8 299 317	76 176	3 367 100	29 685.1	4 932 217	38.97	146.48	3.25	12.21
油松组	13 955.2	1 158 974	22 315	1 530 700	−8359.8	−371 726	−37.46	−24.28	−3.12	−2.02
樟子松组	93.9	5339	118	1200	−24.1	4139	−20.42	344.92	−1.70	28.74
云杉组	125.6	16 839			125.6	16 839			0.00	0.00
冷杉组	750.5	56 218	25	2300	725.5	53 918	2902.00	2344.26	241.83	195.36
柏树组	10.4				10.4	0			0.00	0.00
柞树组	513 906.4	30 676 995	471 681	2 551 900	42 225.4	28 125 095	8.95	1102.12	0.75	91.84
桦树组	2842.6	357 855	2712	310 700	130.6	47 155	4.82	15.18	0.40	1.26
色树组	3770.3	311 248	1799	128 500	1971.3	182 748	109.58	142.22	9.13	11.85
榆树组	934.8	81 787	1714	81 300	−779.2	487	−45.46	0.60	−3.79	0.05
水曲柳组	241.9	11 076	181	9100	60.9	1976	33.65	21.71	2.80	1.81
胡桃楸组	17 029.4	680 954	19 163	825 500	−2133.6	−144 546	−11.13	−17.51	−0.93	−1.46
黄波罗组	25.5	1064	4		21.5	1064	537.50		44.79	0.00
花曲柳组	1097.5	71 321	975	42 000	122.5	29 321	12.56	69.81	1.05	5.82
怀槐组	58.4	1655			58.4	1655			0.00	0.00
椴树组	1148.0	98 277	1376	126 800	−228.0	−28 523	−16.57	−22.49	−1.38	−1.87
白桦组	17.7	1877			17.7	1877			0.00	0.00
刺槐组	24 331.6	505 438	20 765	252 400	3566.6	253 038	17.18	100.25	1.43	8.35
柳树组	2556.1	34 079	1217	15 800	1339.1	18 279	110.03	115.69	9.17	9.64
杨树组	8882.9	285 741	5959	343 200	2923.9	−57 459	49.07	−16.74	4.09	−1.40
速生杨	106.5	307			106.5	307			0.00	0.00
杂木组	63347.1	953 010	14 480	683 700	48 867.1	269 310	337.48	39.39	28.12	3.28

5. 权属结构变化分析

(1) 林业系统国有林分面积、蓄积呈增长趋势。林业系统国有林分面积44 919.3hm^2，比1993年的42 383.0hm^2增加了2536.3hm^2，增长6.0%；林分蓄积463.46万m^3，比1993年的440.46万m^3增加了23万m^3，增长了5.2%。

(2) 非林业系统部门国有林分面积、蓄积大幅度增长。非林业系统部门国有林分面积6955.2hm^2，比1993年的540hm^2增加了6415.2hm^2，增长11.88倍；林分蓄积46.53万m^3，比1993年的2.68万m^3增加了43.85万m^3，增长了16.36倍。

(3) 集体林林分面积呈减少趋势，蓄积略有增加。集体林分面积503 351.3hm^2，比1993年的572 567.0hm^2减少了69 215.7hm^2，减少了12.09%；林分蓄积3063.9万m^3，比1993年的2906.0万m^3增加了157.9万m^3，增加了5.43%。

(4) 个体林林分面积、蓄积大幅度增加。个体林分面积212 948hm^2，比1993年的34 664.0hm^2增加了178 284hm^2，增加了5.14倍；林分蓄积856.43万m^3，比1993年的19.51万m^3增加了836.92万m^3，增长了42.9倍。

(5) 权属未定的林分面积、蓄积有所增长。未定权属林分面积596hm^2，与1993年的527hm^2增加了69hm^2，增加了13.1%；林分蓄积5.12万m^3，比1993年的3.87万m^3增加了1.25万m^3，增长了32.3%。

从上述变化中可以看出：林业系统国有林比较稳定，面积、蓄积稳步增长；集体林面积

在减少，部门所有林分面积、个体林面积大幅度增加。部门所有林面积、蓄积大幅增长的原因是自然增长和上期调查漏划所致。个体林面积、蓄积大幅度增加的原因是自然增长及近些年个人造林积极性空前高涨，并出现了外资、独资造林形式。在现有未成林造林地面积中个体权属比例达71.23%，是1993年个体未成林造林地面积的28.46倍。说明丹东市非公有制林业发展成效显著，林业所有制形式和投资结构逐步趋向多元化(表15-26)。

表15-26　两期二类调查林分各权属面积蓄积对比表

单位：hm^2、万m^3

林权	2005年		1993年		差　值	
	面积	蓄积	面积	蓄积	面积	蓄积
	777 242.1	44 959 592	650 690.0	33 725 30	126 552.1	11 234 292
系统国有计	44 919.3	4 634 631	42 383.0	4 404 60	2536.3	230 031
部门国有计	6955.2	465 304	540.0	26 80	6415.2	438 504
集体计	503 351.3	30 639 027	572 567.0	29 060 10	－69 215.7	1 578 927
个人计	212 948.4	8 564 276	34 664.0	195 10	178 284.4	8 369 176
合作计	8471.9	605 115	9.0		8462.9	605 115
未定计	596.0	51 239	527.0	38 70	69.0	12 539

(四) 森林分类构成特点分析

1. 公益林资源特点分析

全市公益林面积519 890.4hm^2，其中林分面积495 872.7hm^2，占比重最大，为95.38%，未成林地次之，详见图15-7。

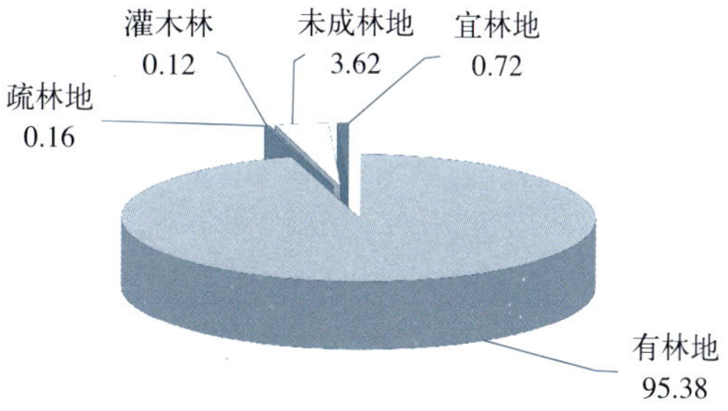

图15-7　公益林各地类面积比例（%）

从功能上看丹东市公益林绝大多数为林分组成，完全可以起到水源涵养、水土保持、农田防护和海防林的作用；从分布上看水源涵养林、水土保持林主要分布于东北部的宽甸满族自治县、凤城市和振安区境内的江河源头及河流两岸；国防林主要分布于中朝边境10km以内的林地内；农田防护林和海防林主要分布于东港市农田及海岸线上。

2. 商品林资源结构特点分析

本期二类调查共区划商品林面积490 296.4hm^2，商品林总蓄积17 972 057m^3，其中林分面积281 369.4hm^2，占林分面积的36.2%；蓄积17 906 649m^3，占林分蓄积量的39.8%。

各林种占商品林的比例分别为：用材林面积占57.0%，经济林面积占37.6%，薪炭林占4.1%，比例较为合理，保证了林业近期效益及长期效益的结合，详见表15-27。

表15-27　商品林(地)面积统计表

单位：hm^2

林种	合计	有林地						疏林地	灌木林	未成林地	无立木林地	宜林地
		小计	林分				乔木经济林					
			计	针叶林	阔叶林	针阔林						
合计	490 296.4	465 141.9	281 369.4	105 190.6	164 127.1	12 051.7	183 772.5	611.0	735.1	17 000.8	3997.6	2810.0
用材林	279 291.1	262 778.0	262 778.0	105 190.6	145 546.5	12 040.9		606.2		15 906.9		
薪炭林	20 073.9	18 591.4	18 591.4		18 580.6	10.8		4.8	383.8	1093.9		
经济林	184 123.8	183 772.5					183 772.5		351.3			
未划林种	6807.6										3997.6	2810.0

（五）森林资源经营分析

全市可划分经营措施类型的森林面积为815 500.8hm^2，其中主伐利用面积15 161.9hm^2，占1.9%；公益林更新采伐面积3196.8hm^2，占0.4%；薪炭林采伐面积10 331.6hm^2，占1.3%；低产、低效林改造面积10 153.4hm^2，占1.2%；抚育间伐面积256 507.6hm^2，占31.5%；未成林幼林抚育面积28 944.9hm^2，占3.5%；封育面积491 204.6hm^2，占60.2%，详见表15-28。

表15–28　经营措施类型面积统计表　　单位：hm^2

统计单位	合计	主伐利用	公益林更新采伐	薪炭林采伐	低产林改造	低效林改造	抚育间伐	未成林幼抚	封育
丹东市	815 500.8	1 5161.9	3196.8	10 331.6	606.2	9547.2	256 507.6	28 944.9	491 204.6
元宝区	3013.4	48.5	57.8	27.9	1.1	0.4	1297.0	6.4	1574.3
振兴区	1138.3		32.3			16.2	166.9	38.6	884.3
振安区	34 056.7	234.0	16.3	2.8	5.1	287.7	8902.5	523.3	24 085.0
宽甸满族自治县	432 241.7	6390.1	2550.9	5183.2	301.8	6231.5	146 253.4	11 257.9	254 072.9
东港市	39 128.5	343.5	151.0	26.3	10.5	1052.0	6030.4	2197.6	29 317.2
凤城市	305 922.2	8145.8	388.5	5091.4	287.7	1959.4	93 857.4	14 921.1	181 270.9

从表15-28数据可以看出，全市可主伐利用的森林资源很少，在今后一定时间内森林资源管理的重点是对现有森林资源加强管护，其次是做好幼龄林的透光抚育、中龄林的生长抚育工作。

（六）森林资源利用潜力分析

1. 新增有林面积潜力分析

全市现有疏林地面积1429.8hm^2，未成林地面积35 797.1hm^2，无立木林地面积5696.7hm^2，宜林地面积5073.7hm^2。如果把疏林改造成有林，保护好未成林，使其顺利成林；对宜林地本着适地适树的原则，加快造林步伐，尽快绿化，有林地面积可以增加47 997.3hm^2，森林覆盖率可以提高4.75%，特别是森林覆盖率较低的东港市，可以提高7.9个百分点，详见表15-29。

表15–29　无林地、未成林地统计表　　单位：hm^2、%

统计单位	占林地比例	合计	疏林地	未成林地	无立木林地	宜林地
丹东市	4.75	47 997.3	1429.8	35 797.1	5696.7	5073.7
元宝区	0.68	28.1	1.1	19.5		7.5
振兴区	7.34	89.6	1.3	51.7	17.7	18.9
振安区	2.37	977.9	31.7	728.5	151.9	65.8
宽甸满族自治县	3.91	19 512.5	637.8	13 992.6	3137.7	1744.4
东港市	7.90	4313.4	170.1	2559.6	970.5	613.2
凤城市	5.62	23 075.8	587.8	18 445.2	1418.9	2623.9

2. 提升低产、低效林生产力水平的潜力分析

全市现有低产、低效林10 153.4hm^2，其中低产林面积606.2hm^2，占6.0%；低效林面积9547.2hm^2，占94.0%。低产、低效林蓄积量为34 044m^3，单位面积蓄积量只有3.35m^3。这部分森林由于林分质量差，病虫害严重，生长极其缓慢，不能充分发挥林地的生产力。

对于这些低产、低效林及时进行改造，使其达到现有林分平均水平，单位面积蓄积量由3.35m^{3}提高到57.85m^3，林木蓄积量将可增加553 279.7m^{3}以上，这将大大提高全市的林分质量，更好的发挥森林的三大效益(表15-30)。

表15-30　低产、低效林面积、蓄积统计表　　单位：hm^2、m^3

统计单位	合计		低产林改造		低效林改造	
	面积	蓄积	面积	蓄积	面积	蓄积
丹东市	10 153.4	34 044	606.2	10 497	9547.2	23 547
元宝区	1.5	41	1.1	41	0.4	
振兴区	16.2				16.2	
振安区	292.8	253	5.1	210	287.7	43
宽甸满族自治县	6533.3	14 315	301.8	4454	6231.5	9861
东港市	1062.5	904	10.5	47	1052.0	857
凤城市	2247.1	18 531	287.7	5745	1959.4	12 786

第四节　森林资源管理现状与对策

一、森林资源管理现状

作为全省林业重点市的丹东市，森林覆盖率已达到了65.9%，公益林面积占林业用地面积的51.4%；天然林面积占林业用地面积的65.9%，是人工林面积的2倍。所以，提高森林经营水平、加大管护力度特别是提高公益林和天然次生林的管理水平和保护力度是森林资源管理的重点。经过多年的林业工作实践，丹东市已经形成了一套科学完整的、部门齐全且分工明确的科学管理体系和行之有效的运营机制，正按照相关法律、法规及有关政策、规定的要求，进行正常有效的运转，为丹东林业的发展，做出了具大贡献。

（一）相关法规制定情况

丹东市根据《森林法》《辽宁省实施〈森林法〉办法》结合丹东市实际，近几年先后出台了《关于印发丹东市“山上丹东”建设规划纲要(1999～2008)的通知》〔丹政发(1999)15号〕《关于加快丹东市山区建设若干问题的通知》〔丹政发(1999)25号〕《关于印发丹东市林业生态建设规划纲要和丹东市林业产业发展规划纲要的通知》〔丹政发(2004)14号〕《关于加快丹东市林业产业发展的意见》〔丹政发(2005)8号〕《丹东市森林林木采伐管理办法》《低产林改造办法》《林木采伐审批程序》等地方性法规和文件，进一步丰富完善了全市的林业建设内容和森林资源管理制度，形成了林业建设、林地管理、限额管理、更新改造等资源管理方面较为完善的管理制度，直接为丹东市森林资源的经营管理提供了法律依据和政策依据。

（二）资源管理重要举措与评价

1. 森林分类界定、分类管理与效益评价

(1) 生态公益林管理与成效评价。为加强生态公益林建设，管好公益林资源，丹东市专门成立了丹东市生态公益林建设管理办公室，配备专职工作人员，重点负责全市生态公益林建设管理工作。各县(区)也分别成立了生态公益林建设管理办公室，市县两级共配备了专职管理人员30名，以确保此项工作的正常开展。

全市公益林面积519 890.4hm^2，其中国家重点公益林336 785.1hm^2，一般公益林面积183 105.3hm^2；聘用监管员509名，护林员2633名，由县(区)林业局与监管员及护林员签订管护合同，根据《辽宁省公益林护林员和监管员考核办法》规定，各县(区)生态公益林建设管理办公室采取多种方式对护林员进行监督管理；建立健全奖惩制度，组织检查和考评，要求持证上岗。

为了提高全市护林队伍的整体素质，多次对管护人员进行岗位培训，培训内容包括《森林法》《森林法实施条例》《森林防火条例》《违反林业法规的法律责任》及管护人员的相关管理办法和考核办法等。全市共举办各类培训班60多期，培训护林员3000多人次。通过培训提高了管护人员的业务、文化素质，增强了事业心。

各县（区）都能严格按照管护合同的有关规定，层层落实责任制，以小班为单位落实到人，护林员在各自的责任区内严格巡查，担负起看管林木、森林病虫害防治及野生动物保护等工作，有力的保护了全市的林业资源，使乱砍滥伐、乱占林地现象基本杜绝。森林防火期内，注重搞好防火宣传，严格控制火源，责任明确，护林人员坚守岗位，使全市的森林火灾发生率降低。在管护区内搂草、打柴、放牧、搂树叶、拉土等破坏森林资源的违法行为在逐年减少。

(2) 商品林管理与成效评价。全市商品林面积490 296.4hm^2，占林业用地面积的48.5%，其中用材林林地面积279 291.1hm^2，占商品林面积的57.0%；薪炭林面积20 073.9hm^2，占4.1%；经济林面积184 123.8hm^2，占37.6%。

在用材林的管理上，注重培育优质速生品种。在兼顾生态和社会效益的同时，从经济效益出发，以发挥最大经济效益为目的。大力发展速生、丰产树种，对于低质、低产、低效的用材林地逐步进行改造。目前，全市培育的以优质速生杨、日本落叶松、刺槐为主体的速生丰产林面积已超过12万hm^2。

全市的薪炭林主要分布于个人自留山和承包山上，区划薪炭林的目的是为农民提供烧柴和冬季取暖。丹东市对薪炭林管理的原则是在保证生态平衡不受破坏的前提下，尽量满足农民的烧柴需求。对于不同的地段规定不同的采伐间隔期；对于生态较脆弱的地段，严禁进行片伐，只能进行带状轮伐。农民采伐薪炭林首先要向林业主管部门提出申请，由林业部门主管人员现场审核，经批准后方可按要求进行采伐。由于管理到位，薪炭林的林分质量由1993年0.79m^3/hm^{2}提高到12.07m^3/hm^2。

在经济林管理上，丹东市以发展“名、优、特”品种为先导，以提高经济效益为目的，积极改造质次、价低、经济效益差的老品种，更换质优、价高且高产的新品种，特别是对生态环境破坏较大蚕场，果断采取封、改措施。

2. 天然林禁伐与效果分析

丹东市的天然林资源丰富，天然林面积665 925hm^2，占全市林地面积的65.9%。主要采取以下措施，加强了天然林保护工作：第一，加大对天然林进行禁伐和保护的宣传力度，提高全社会的认识；第二，对天然林禁伐后带来的经济损失进行一定的补偿；第三，加大管护力度，聘用专职的护林人员，对天然林进行保护。由于管理到位，采取的措施得当，天然次生林资源得到了很好保护和发展，与1993年相比，天然次生林面积增加了27 295.3hm^2，净增率达到5.1%；蓄积量增加了4 516 556m^3，净增率为15.3%。单位蓄积量由54.6m^3/hm^{2}提高到59.9m^3/hm^2。可见，林分质量有明显提高。

3. 采伐限额管理执行与评价

林木采伐限额管理是森林资源管理的核心内容之一，是有效保护森林资源的重要手段，根据法律规定，目前确立的管理制度主要有森林采伐限额管理制度、凭证采伐林木制度和年度木材生产计划管理制度。丹东市对采伐限额使用非常重视，纳入政府管理，由政府行文对采伐限额使用情况予以规定，进行宏观调控。

在限额指标使用上，为确保使用的科学、合理、实效，由3个林业部门参与管理，形成一套科学完整的监督机制。采伐前，林木所有者提出采伐申请，设计部门现场审核，对于符合采伐规定的小班予以采伐设计；采伐设计完成后，由资源林政部门现地核对，经核实无误后，方可开具林木采伐证，凭证采伐。采伐过程中，由林政主管部门派人进行全程监控。采伐作业完成后，由林业经营部门对采伐迹地进行验收，有效防止了设计不合理、乱采滥伐及超设计采伐等情况的发生。

由于管理到位，丹东地区在历年的采伐限额使用上都能按规定执行，从总量指标到单项指标都没有超限额采伐的情况，有效地保护了森林资源，遏制了森林资源的不合理利用。

4. 严格林地征占管理

林地是森林资源的重要组成部分，是发展林业必不可少的物质条件。通过严格执行相关法规政策，严格征占用林地审核审批程序，坚决打击违法侵占林地行为。

丹东地区矿产资源丰富，在林地内开采矿产资源现象较多，为确保国有资源的合理利用，防止林地资源的逆转和流失，丹东市出台了很多有关林地资源管理政策，严厉打击未经批准私自占用林地进行建筑、开矿、取土等违法行为，以及少批多占林地的违法行为，震慑了罪犯，树立了形象，教育了群众。对于非法开采矿产、占用林地资源的，坚决予以关闭；对于符合政策，有利于经济发展的开采点，而又未办理征、占林地手续的，要求补办占用林地手续后才能进行生产。丹东市各级资源林政部门每年都不定期的组织人力，对占用林地的地段进行检查，对于非法占用的林地，予以封闭；同时设立举报电话，全天候接听群众举报，接到举报后，马上开展调查，发现问题，及时解决。

对于合理占用林地资源的工程项目，特别是促进国民经济发展的大型工程项目，如修建高速公路、水电站、架设高压线路等，林政主管部门积极介入，加强工程建设征用占用林地全过程的监管与服务；对征占用林地选址情况、用地规模实行预先论证，确保工程建设不占或少占林地；对占用的林地积极协助办理各种相关手续，同时安排异地植被恢复，根据占用林地面积数量，按2～4倍的比例在异地进行造林，恢复植被。

5. 森林资源保护与评价

(1) 病虫害防治。森林火灾、森林病虫害及乱砍滥伐是威胁森林资源的3大灾害。森林病虫害是一种自然灾害，是“不冒烟的森林火灾”。为防止森林病虫害的发生、发展及危害，丹东市林业局及各县(区)林业局设有专门的防治机构。组建了机动灵活行之有效的专业防治队伍。通过多年的调查了解，基本掌握了丹东地区森林病虫鼠害种类及发生规律；对各种病虫鼠害的分布区域及发生的规律建立专门档案，为快速扑灭森林发生的各种病虫鼠害提供了技术支持。实行工程项目管理，对易发生的危害程度较大的森林病虫鼠害，设有专人负责、专业防治队伍；对森林病虫鼠害实行生物防治与药物防治相结合的方法进行预防，把森林病虫鼠害发生的概率的危害的程度降到最低，有效的保护了森林资源。

(2) 森林防火。丹东市从1975年开始建立市、县(区)森林防火指挥部，总指挥由市、县(区)主要行政领导担任，副总指挥由政府主管部门领导担任，成员由市、县(区)直属部门领导组成，下设森林防火指挥办公室，办公室设在市、县(区)林业主管部门，由办公室主任和专职副主任负责处理森林防火的日常工作。

丹东市从1994年开始组建森林消防队，1995年以国有林场为依托组建了8支消防队，到目前全市已经拥有森林消防队69支，消防队员1680人，其中省级重点森林消防队2支，市级重点森林消防队8支，县级重点森林消防队14支。在森林防火装备上在了很大改善。由于丹东市对森林防火非常重视，配备有装备精良且机动灵活的消防队伍，多年来没有发生重大森林火灾，切实有效的保护了森林资源的安全，提高了林分质量，促进了林业的发展。

(3) 森林治安。为加强森林治安工作，从1986年开始，根据省、市有关文件精神，丹东市及各县(区)先后成立了森林公安处、公安科、林业治安派出所(治安队)等林业治安机构18个，编制105人。森林治安队伍的建立有效的保护了森林资源，稳定了林区治安环境。

6. 物种资源保护与评价

为加强森林资源管理，切实保护好物种资源，丹东市先后成立了白石砬子和凤凰山等13个自然保护区。

(1) 白石砬子自然保护区。1988年5月，白石砬子自然保护区经国务院批准，确定为国家级自然保护区，其主要任务是保护长白山、华北植物区系交替地带原生型红松阔叶混交林的自然景观和野生动植物资源。全区总面积为7467hm^2，森林覆盖率99.5%，现已划定的核心区面积2267hm^2，试验区面积1467hm^2，缓冲区面积2900hm^2，经营区面积833hm^2，该区域是全省次生林区森林植被保存比较完整的地方。

白石砬子自然保护区从1986年开始到2000年，先后组织过单项和多项考察，取得多项科技成果，其中“天然次生林择伐综合经营技术研究”获得国家科技进步三等奖；“柞林抚育间伐技术推广”、“森林类型划分及评价”和“野生经济物植调查与利用”分别获得辽宁省科技进步三等奖；“珍贵阔叶树适地适树判定技术研究”获得辽宁省林业厅科技进步三等奖；“利用人工巢箱招引森林益鸟试验”项目通过省级鉴定；包括地质、地貌、水文、土壤和植被等内容的考察报告《白石砬子国家级自然保护区科学考察集》已由中国林业出版社出版。这些成果的取得为保护珍贵野生动、植物资源，科学合理经营森林资源提供了技术支持。

由于保护区境内地质发育时间漫长，地形错综复杂，气候变化较大，又处于长白山、华北植物区系交替地带，因此该区动、植物资源和种类十分丰富，具有古老性、珍贵性和多样性等特点。经调查，全区共有植物249科、759属、1841种，其中列为国家一级保护的1种，列为国家二级保护的1种，列为国家三级保护的11种。区内野生动物有28目187种，其中列为国家二级保护的动物有21种；昆虫类约有1000多种。保护区的建立，为这些野生动植物生存、发展提供了良好的栖息地，使这些野生动植物特别是珍贵的野生动植物的生存空间安定，免遭灭顶之灾。

(2) 凤凰山自然保护区。凤凰山自然保护区区划面积为2600hm^2，森林覆盖率95%以上，林木总蓄积量达到12.5万m^3，年生长量3600m^3。在植物区系上处于长白山区系向华北区系过渡区，保护区内气候适宜、地形复杂、雨量充沛、植物生长繁茂、野生动植物资源丰富。经过多年的努力，基本查清了动、植物资源种类及数量。现在，保护区内物种有1676种(不含昆虫)，其中真菌类24科102种，苔藓类50科214种，维管束植物116科1165种。在这些植物中属辽宁新记录7种，东北新记录14种，新种1种。保护区生长的人参、天女木兰、野大豆等10种为国家级保护植物；刺五加、杜松、玉铃花等数十种属地带性珍稀植物。区内有脊椎动物69科195种，其中哺乳类24种、鸟类121种、两栖类7种、爬行类9种、鱼类30种等。这些动物中金雕、秃鹫、鸳鸯等25种属国家重点保护动物。

凤凰山自然保护区的工作重点是对区内野生动、植物资源进行保护和管理。在保护好现有森林资源同时，对于珍稀的动、植物品种积极进行繁育，1997年在保护内建设了一处生态型鸟乐园，集饲养繁育珍稀名贵鸟类、野生病残鸟救护、爱鸟护鸟科普宣传教育为一体。园内饲养有丹顶鹤、天鹅、大雁、孔雀等40余种近3000只，这是我国林业系统惟一的一处生态型鸟乐园。1997年至2000年，鸟乐园每年繁育名贵鸟100多只，救治病残鸟几十只。目前，保护区已由原来的资源保护型发展成集资源保护、资源开发、旅游、科研于一体的多功能自然风景区。

7. 加强森林资源管理，合理开发利用森林资源

丹东市在加强、加大森林资源管护力度的同时，积极合理开发利用森林资源。到2000年，森林旅游业得到了空前发展，开发的主要旅游地有：白石砬子国家级自然保护区，凤凰山、鸭绿江两处国家级风景名胜区，大孤山、天桥沟两处国家级森林公园，鸭绿江口国家级湿地保护区，青山沟省级名胜区，五龙山、黄椅山、薄石河、天华山4处市级森林公园。这些景点以丹东市为中心，形成5大旅游区域，为中外游客展示了丹东地区的秀美山川，每年接待中外游客近100万人次。旅游区的建立不但可以减少森林采伐，保护好森林资源，还可以增加林业收入，为林农就业创造了良好契机。

此外，以山参为主的林下中药材等林下种植业已初具规模；以中密度板、集成板、高档家具为主的林产品加工业也具有一定的规模和档次。

作为丹东市支柱产业之一的食用菌生产得到了快速发展，丹东市林产资源丰富，气候四季分明、温度适宜、雨量充沛，为食用菌生产和发展提供了得天独厚的资源优势。丹东市栽培食用菌的历史大约有80年之久，从1986到2000年，食用菌生产得到了快速发展，其中黑木耳年均开发达到4万m^3，获经济效益1亿多元人民币；香菇达到年均栽培2千万盘，创经济效益超亿元。

二、森林资源管理对策

（一）创新机制

(1) 建立机动灵活的采伐限额管理新机制。对生态林公益林采伐指标实行统一管理，特别是重点公益林要从严控制，确保生态效益的最大发挥；商品林则实行市场化管理，实行采伐指标单列，最大限度地满足商品林生产者的需求，调动全社会造林的积极性。

(2) 建设完善的支持保障体系。加大投入，加强森林公安、森林防火、病虫害防治的基础建设，提高对森林火灾及病虫害的控制能力；加大对违法侵占林地及滥砍盗伐行为打击力度，把问题消灭在萌芽状态。

(3) 针对林业产权制度改革的新形势，逐步建立和完善产权归属明晰、经营主体到位、责权划分明确、利益保障严格、流转程序规范、监管服务有效的林业产权制度和运营机制，为林业建设和发展服务。

（二）完善法规制度

采取各级人大立法的办法，建立地方性法规，把城市森林建设、重大林业工程项目、全市林业发展规划、林业执法机构和队伍，纳入地方性法规，确立林业发展的法律地位。

（三）加强队伍建设

(1) 加紧人才引进，提高林业管理人员和技术人员的整体水平，优化人员结构；

(2) 对现有人员进行有重点的培训，提高林业从业人员的政治素质和业务素质；

(3) 搞好国有场（圃）和基层林业站建设，提高林业工作人员的待遇，更好的调动其工作积极性。

（四）完善监测和管理体系

(1) 建立完备的资源林政监督体系。对森林采伐限额执行情况进行监控，引入审计机制，加强对采伐限额的使用和采伐迹地更新情况的审计；建立现代的森林资源林政管理系统，林木采伐及限额管理、林地林权管理、林业行政执法等实行网络化管理。

(2) 建立完善的监测体系。结合此次二类调查成果，建立数字化林业平台，对森林资源进行全面的监测和规范管理，建立造林施工作业设计、林木采伐作业设计、营造林检查验收、森林病虫害检疫等工作软件，建立电子档案。

(3) 提高监测力度。为确保林业建康有序发展，及时掌握森林资源变化动态，实施森林资源定期与不定期、固定样地与非固定样地、局部与全面监测相结合的监测方法，及时发现问题及时解决，逐步提高了森林生态的安全性。

第16章 锦州市森林资源

第一节 基本情况

一、自然概况

（一）地理位置

锦州市位于辽宁西部，界于东经120°42′～122°36′与北纬40°49′～42°08′之间，西与葫芦岛市毗邻，北枕松岭山与朝阳市和阜新市相接，南临渤海与山东半岛相望，东西长206km，南北宽50km，呈东北至西南走向的狭长地理带，与葫芦岛市共称“辽西走廊”，土地总面积989 062.3hm^2。

（二）地形地貌

全市地貌结构为“三山一水三分田，二分道路和庄园”。地势西北高、东南低，从海拔400m的山区，向南逐渐降到海拔20m以下的海滨平原。山脉连绵起伏，东北部有医巫闾山脉，西北部有松岭山脉，其地势属中等切割的低山丘陵，山脉与海岸走向基本一致。并由西北的松岭——医巫闾山低山地带经中部丘陵向东南沿海平洼地区和滩涂呈梯式迅速下降。境内最高峰为海拔866.6m的医巫闾山主峰望海寺。

（三）气候

锦州市地处欧亚大陆东部，属暖温带半湿润气候，大气环流以西风带和副热带系统为主，为大陆性季风区。气候特点是春季温和多风，夏季高温多雨，秋季温凉晴朗，冬季寒冷干燥，四季分明，降水集中，季风明显，风力较大。年平均气温为7.8～9.0 ℃，自南向北降低。年极端最高气温为41.8 ℃，年极端最低气温为－31.3 ℃。年无霜期为144～180天，年平均降水量为567mm。降水四季分布不均，60%～70%的降水集中在夏季。

（四）土壤

锦州市北部多低山丘陵，南部为滨海平原，土壤类型主要有草甸土、棕壤、盐碱土等。凌海市、北镇市、义县主要以棕壤、盐碱土为主，黑山县、锦州市经济技术区开发、凌河区、太和区、南站新区、凌南新区以草甸土为主。

（五）水资源

全市主要河流9条，主要入海河流是大凌河、小凌河。大凌河发源于凌源市打鹿沟，于义县头道沟乡进入锦州境内，流经义县、凌海市，于凌海市西八千乡注入渤海，属一级支流。

（六）植被

锦州市地处华北、内蒙古与长白山3大植物群落交界处，因而天然物种丰富，椴、桦、栎、榆、槭、黄波罗、油松等优良和珍贵的天然乔木树种均有分布，且荆条等灌木树种遍及全区。

二、社会经济情况

锦州市下辖凌海市、北镇市、义县、黑山县、锦州市经济技术区开发区、凌河区、太和区、南站新区、凌南新区。全市总人口 308.3 万人，生产总值（GDP）实现381.94亿元，人均GDP达到12 389元，城镇居民人均可支配收入8862元。

锦州市是国务院批准的辽东半岛经济开放区，享有国家给予的吸引外资的优惠政策。近年来，出口产品已有200多个品种，同世界上90多个国家和地区建立了经贸关系，有30多个国家和地区的外商在锦州投资兴办企业。为改善投资环境，锦州还建立了锦州经济技术开发区、锦州经济发展试验区、锦州高新技术产业园区。锦州交通、机场和铁路、公路组成了全区陆海空立体交通网络，作为中国交通大动脉的北京至哈尔滨铁路和北京至哈尔滨公路横贯全境，8条铁路和158条公路纵横交错，北京至沈阳高速公路现已通车。锦州港是国家一类开放商港，是辽西地区及其广阔腹地通往世界的重要交通要道。

锦州市个体私营经济发展迅速，现已成为锦州市经济的新的增长点和重要组成部分，全市个体私营业户已有15万户，注册资金30.8亿元。随着市场经济的深入发展，个体私营经济的产业结构、产品结构逐步得到调整和优化，初步形成了具有锦州地区特色的产业布局。

第二节 森林资源现状

一、森林资源概述

（一）林地面积

全市土地总面积989 062.3hm^2，其中林业用地面积281 547.7hm^2，占土地总面积的28.47%；非林业用地面积707 514.6hm^2，占71.53%。

在林业用地面积中：有林地面积150 312.2hm^2，疏林地面积4462.2hm^2，灌木林地面积42 777.3hm^2，未成林地面积15 117.0hm^2，苗圃地面积333.9hm^2，无林地面积68 545.1hm^2，详见表16-1、图16-1。

在有林地面积中：林分面积117 812.7hm^2，占有林地面积的78.38%；经济林面积32 499.5hm^2，占21.62%。

表16-1 各类林地面积统计表

单位：hm^2

县（市区）	有林地	疏林地	灌木林地	未成林地	无立木林地	宜林地
锦州市	150 312.2	4462.2	42 777.3	15 117.0	10 680.6	57 534.7
凌河区	366.7		4.2	11.3		48.1
太和区	3363.8	98.8	437.5	251.5	88.5	1827
锦州市经济技术开发区	544.0	2.7	9.6	106.3	32.1	170
黑山县	20 671.5	422.4	730.2	3392.3	2878.5	979.1
义县	58 984.2	2865.6	18 846.6	4164.3	1179.4	42 606.3
凌海市	28 811.9	799	19 287.8	5086.9	5178.1	7753.2
北镇市	34 164.6	273.7	3322.6	1752.4	949.3	2954.3
南站新区	1517.4		77.7	333.2	88.7	728.5
凌南新区	1888.1		61.1	18.8	286	468.2

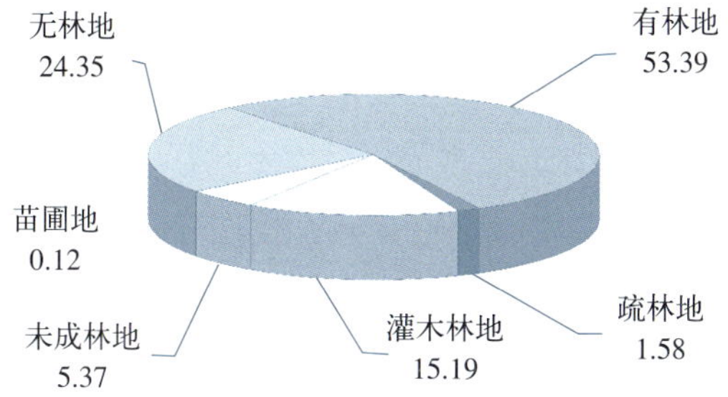

图16-1　林业用地各地类面积比例（%）

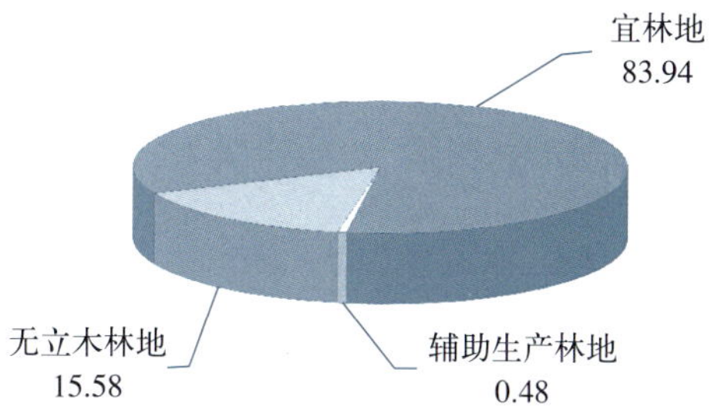

图16-2　无林地各地类面积比例（%）

在无林地面积中：无立木林地面积10 680.6hm^2，宜林地面积57 534.7hm^2，辅助生产林地面积329.8hm^2，详见图16-2。

（二）林木蓄积

全市活立木总蓄积554.3万m^3，其中林分蓄积504.2万m^3，疏林蓄积4.4万m^3，散生木蓄积0.8万m^3，四旁树蓄积44.9万m^3，详见表16-2、图16-3。

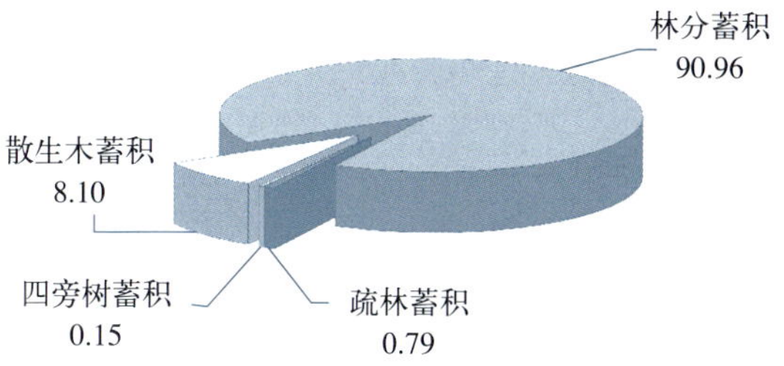

图16-3　各类蓄积比例（%）

表16-2　各县（区）森林、林木蓄积统计表　　单位：m^3

统计单位	活立木总蓄积量	林分				疏林地蓄积	四旁树蓄积	散生木蓄积
		合计蓄积	针叶林蓄积	阔叶林蓄积	针阔混交林蓄积			
1	4	6	8	10	12	14	16	18
锦州市	5 542 976.0	5 041 990.0	997 691.0	4 027 257.0	17 042.0	43 873.0	449 306.0	7807.0
凌河区	11 862.0	11 780.0	2731.0	8664.0	385.0			82.0
太和区	74 390.0	73 079.0	18 618.0	54 182.0	279.0	1309.0	2.0	
锦州市经济技术开发区	27 815.0	15 182.0		15 182.0		56.0	12 542.0	35.0
黑山县	1 533 246.0	1 323 226.0	11 665.0	1 310 421.0	1140.0	6865.0	201 335.0	1820.0
义县	1 345 262.0	1 262 347.0	433 454.0	822 203.0	6690.0	24 942.0	54 239.0	3734.0
凌海市	862 028.0	776 029.0	122 895.0	650 945.0	2189.0	8422.0	75 798.0	1779.0
北镇市	913 119.0	805 118.0	382 782.0	415 977.0	6359.0	2279.0	105 390.0	332.0
南站新区	39 318.0	39 293.0	447.0	38 846.0				25.0
凌南新区	735 936.0	735 936.0	25 099.0	710 837.0				

（三）林木绿化率

全市土地总面积989 062.3hm^2，有林地面积150 312.2hm^2；灌木林面积42 777.3hm^2，其中国家特别规定灌木林地面积1307.7hm^2；四旁树占地面积3299.9hm^2；林木绿化率22.3%。

（四）森林资源质量

全市林分单位面积蓄积量为42.75m^3/hm^2，其中针叶林为28.2m^3/hm^2，阔叶林为49.2m^3/hm^2，针阔混交林为18m^3/hm^2。

（五）非林业用地造林情况

全市非林地造林面积为3719.7hm^2，其中林分面积3420.9hm^2，占非林地造林的91.97%，蓄积量2.8万m³；未成林面积298.8hm²，占非林地造林的8.03%。

二、森林资源结构

（一）林分权属结构

全市林分中，系统国有林面积23 223.1hm²，蓄积115.6万m³；国合林面积316.4hm²，蓄积1.8万m³；集体林面积46 273.5hm²，蓄积184.8万m³；个体林面积41 772.5hm²，蓄积89.0万m³；权属未定面积469.8hm²，蓄积1.0万m³；其他权属面积413.1hm²，蓄积1.2万m³；非林业系统面积5344.3hm²，蓄积110.7万m³，详见图16-4。

（二）林种结构

全市防护林面积75 115.6hm²，蓄积280.3万m³；特种用途林面积9520.5hm²，蓄积58.6万m³；用材林面积32 845.4hm²，蓄积164.7万m³；薪炭林面积331.2hm²，蓄积0.5万m³。林分各林种面积和蓄积比例详见图16-5。

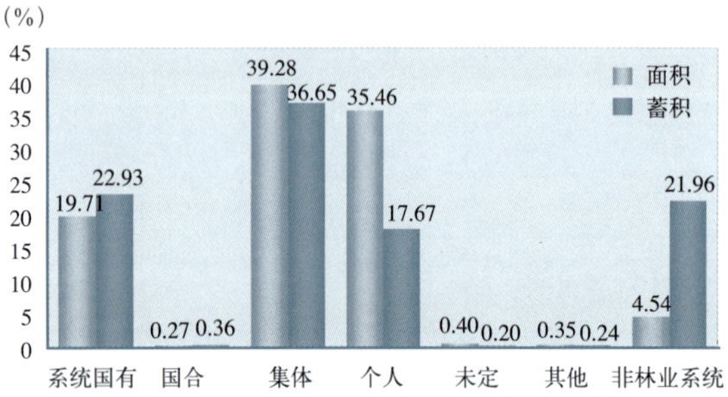

图16-4　林分各权属面积蓄积比例

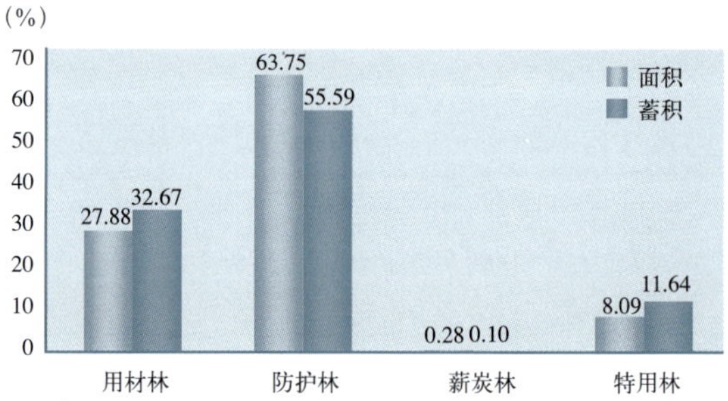

图16-5　林分各林种面积蓄积比例

（三）龄组结构

全市林分中，幼龄林面积75 747.1hm²，蓄积135.8万m³；中龄林面积25 859.7hm²，蓄积148.8万m³；近熟林面积6217.0hm²，蓄积63.6万m³；成熟林面积6773.8hm²，蓄积72.5万m³；过熟林面积3215.1hm²，蓄积83.5万m³，详见图16-6。

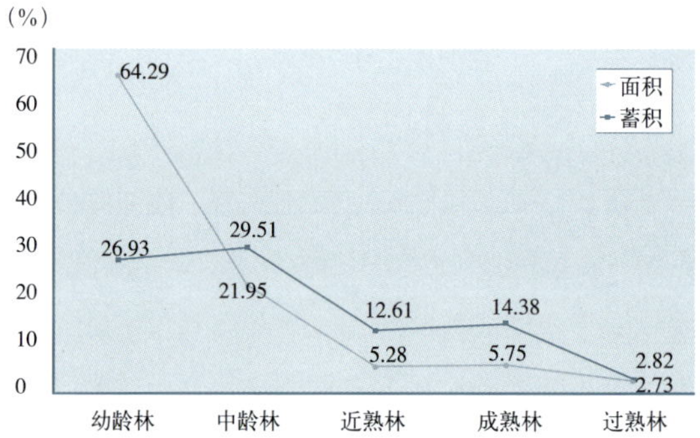

图16-6　林分各龄组面积蓄积比例

（四）树种结构

全市林分面积117 813hm²，蓄积5 041 990 m³。各树种结构详见表16-3。

表16-3　林分各树种（组）面积、蓄积统计表

单位：hm²、m³

优势树种	幼龄林		中龄林		近熟林		成熟林		过熟林	
	面积	蓄积	面积	蓄积	面积	蓄积	面积	蓄积	面积	蓄积
5	8	9	10	11	12	13	14	15	16	17
合计	75 747.1	1 357 828	25860	1 488 067	6217	635 777	6773.8	724 856	3215	835 462
红松组	32.9	3170								
落叶松组	91.9	4556	47.2	5498	0.9	37				
油松组	26 420.6	518 403	8062.6	403 770	462.1	35 961	40.9	3391	23.6	3658

续

优势树种	幼龄林		中龄林		近熟林		成熟林		过熟林	
	面积	蓄积	面积	蓄积	面积	蓄积	面积	蓄积	面积	蓄积
5	8	9	10	11	12	13	14	15	16	17
樟子松组	102.3	1535	5.8	183						
云杉组	0.9									
柏树组	371.3	1006	16	440	6.8	24 232				
柞树组	6806.2	117 029	2137.7	155 930	54.8	4331	6.8	705		
桦树组	67.1	52	133.7	11 286						
色树组	61.7	1498	58	1750			7.2	324	2	251
榆树组	2565.6	92 736	269.3	5506	30.1	811	11.3	158		
水曲柳组	189.9	2663	4.7	35						
胡桃楸组	25.4	593	3.8	123	7.4	446				
黄波罗组	26	465	17.2	354						
花曲柳组	1043.9	17 196	39.9	749						
怀槐组	1.4									
椴树组	371.1	10 972	967.9	98 442	26.3	3119				
白桦组	49.8	1770	1.2	24						
刺槐组	12 831.1	163 661	7170.5	137 207	1660.7	47 874	1236.4	80 918	316.1	568 382
柳树组	656.6	30 915	367.4	60 221	299.5	49 175	290.9	48 285	183.1	16 502
杨树组	16 409.1	299 035	2911.7	315 910	2497.9	347 624	4062.5	478 853	2275	200 895
速生杨	7404.3	89 835	3634.7	290 208	1170.5	122 167	1117.8	112 222	415.4	45 774
杂木组	218	738	10.4	431						

三、天然林资源

全市天然林面积55 860.4hm^2，天然林蓄积60.1万m^3。在天然林面积中，林分面积17 038.9hm^2，蓄积59.9万m^3，分别占天然林面积蓄积的30.50%、99.66%；疏林面积393.4hm^2，蓄积0.2万m^3，分别占0.71%、0.34%；未成林面积413hm^2，占天然林面积的0.74%；乔木经济林面积0.6hm^2；灌木林面积38 014.5hm^2，占68.05%。

在天然林林分中，用材林面积337.1hm^2，蓄积0.4万m^3；防护林面积10 363.0hm^2，蓄积

表16-4　天然林面积、蓄积统计表

单位：hm^2、m^3

统计单位	面积合计	林分							
		小计		幼龄林		中龄林		近熟林	
		面积	蓄积	面积	蓄积	面积	蓄积	面积	蓄积
锦州市	55 860.4	17 038.9	599 116	12 075.8	211 836	4485	343 198	298.6	27 851
凌河区	64.4	60.2	1288	57.1	1201	3.1	87	0	0
太和区	598.3	188.2	372	183.8	187	4.4	185	0	0
锦州市经济技术开发区	9.7	2.9	102	0	0	2.9	102	0	0
黑山县	697.9	150.9	1836	140.4	1394	7.2	200	0.7	78
义县	26 308.3	8452.3	316 522	5849.8	97 553	2236.7	186 928	195.7	16 679
凌海市	18 440.3	677.4	4150	557.9	2268	119.5	1882	0	0
北镇市	9704.1	7489.6	274 374	5286.8	109 233	2093.8	153 342	102.2	11 094
凌南新区	37.4	17.4	472	0	0	17.4	472	0	0

续

统计单位	林分				疏林地		乔木经济林	封育未成林	灌木林
	成熟林		过熟林						
	面积	蓄积	面积	蓄积	面积	蓄积	面积	面积	面积
锦州市	177.5	15 980	2	251	393.4	1620	0.6	413	38 014.5
凌河区	0	0	0	0	0	0	0	0	4.2
太和区	0	0	0	0	8.4	71	0	0	401.7
锦州市经济技术开发区	0	0	0	0	0	0	0	0	6.8
黑山县	2.6	164	0	0	0	0	0	0	547
义县	168.1	15 111	2	251	275.3	1040	0	357.9	17 222.8
凌海市	0	0	0	0	35.7	210	0	0	17 727.2
北镇市	6.8	705	0	0	74	299	0.6	55.1	2084.8
凌南新区	0	0	0	0	0	0	0	0	20

17.1万m^3；特用林面积6338.8hm^2，蓄积42.4万m^3。主要集中在义县、凌海、北宁3县(区)，详见表16-4。

四、人工林资源

全市人工林面积156 808.3hm^2，人工林蓄积448.5万m^3。树种以刺槐、油松、杨树为主。在人工林面积中，林分面积100 773.8hm^2，蓄积444.3万m^3，分别占人工林面积蓄积的64.27%、99.06%；疏林面积4068.8hm^2，蓄积4.2万m^3，分别占2.59%、0.94%；未成林面积14 704.0hm^2，占人工林面积的9.38%；乔木经济林面积32 498.9hm^2，占20.72%；灌木林面积4762.8hm^2，占3.04%。

在人工林林分中，用材林面积32 508.3hm^2，蓄积164.4万m^3；防护林面积64 752.6hm^2，蓄积263.2万m^3；薪炭林面积331.2hm^2，蓄积0.5万m^3；特用林面积3181.7hm^2，蓄积16.2万m^3，主要集中在义县、凌海、北镇、黑山4县(市)，以防护林和用材林为主，详见表16-5。

表16-5 人工林面积、蓄积统计表

单位：hm^2、m^3

统计单位	面积合计	林分							
		小计		幼龄林		中龄林		近熟林	
		面积	蓄积	面积	蓄积	面积	蓄积	面积	蓄积
锦州市	156 808.3	100 773.8	4 442 874	636 71.3	1 145 992	21 374.7	1 144 869	5918.4	607 926
凌河区	317.8	247.6	10 492	84	4521	108.7	4171	50.5	1558
太和区	3553.3	2301.7	72 707	1310.1	27 611	731.1	27 437	97.8	5868
锦州市经济技术开发区	652.9	483.9	15 080	302	8525	163	5415	10.9	380
黑山县	24 518.5	19042	1 321 390	9852.1	240 252	2806.2	284 224	1991.5	303 600
义县	58 552.4	39 658.1	945 825	26 723.3	332 515	8162.8	258 967	1723.8	100 559
凌海市	35 545.3	24220	771 879	15 546.4	198 792	5752.6	303 266	1346.4	115 634
北镇市	29 809.2	13 271.8	530 744	8995.6	225 827	3446.5	226 239	495.2	47 471
南站新区	1928.3	1058.8	39 293	647.8	16 692	120.5	6751	189.8	8380
凌南新区	1930.6	489.9	735 464	210	91 257	83.3	28 399	12.5	24 476

续

统计单位	林分				疏林地		乔木经济林	造林未成林	灌木林
	成熟林		过熟林						
	面积	蓄积	面积	蓄积	面积	蓄积	面积	面积	面积
锦州市	6596.3	708 876	3213.1	835 211	4068.8	42 253	32 498.9	14 704	4762.8
凌河区	2.9	107	1.5	135	0	0	58.9	11.3	0
太和区	131.4	9203	31.3	2588	90.4	1238	873.9	251.5	35.8
锦州市经济技术开发区	7.7	739	0.3	21	2.7	56	57.2	106.3	2.8
黑山县	2976.3	376 120	1415.9	117 194	422.4	6865	1478.6	3392.3	183.2
义县	1909.7	151 814	1138.5	101 970	2590.3	23 902	10 873.8	3806.4	1623.8
凌海市	1008.3	101 635	566.3	52 552	763.3	8212	3914.5	5086.9	1560.6
北镇市	316.4	29 067	18.1	2140	199.7	1980	13 402.6	1697.3	1237.8
南站新区	80.6	4475	20.1	2995	0	0	458.6	333.2	77.7
凌南新区	163	35 716	21.1	555 616	0	0	1380.8	18.8	41.1

五、灌木林资源

全市灌木林42 777.3hm^2，其中天然灌木林38 014.5hm^2，占灌木林面积的88.9%；人工灌木林4762.8hm^2，占灌木林面积的11.1%。在灌木林中，国家特别规定灌木林1307.7hm^2，占3.0%；其他灌木林41 469.6hm^2，占97.0%。

六、经济林资源

全市共有经济林面积33 741.3hm^2，其中乔木经济林32 499.5hm^2，占经济林面积的96.3%；灌木经济林1241.8hm^2，占3.7%。乔木经济林中主要树种为梨、杏、苹果，在灌木经济林中主要树种为山杏、葡萄，详见表16-6。

表16–6 经济林面积统计表

单位：hm^2

统计单位	树种	合计	乔木经济林	灌木经济林
锦州市		33 741.3	32 499.5	1241.8
	山杏	814.6		814.6
	紫穗槐	44.3		44.3
	榛子	2.1		2.1
	沙棘	3.4		3.4
	苹果	4442.8	4442.8	
	梨	21 956.1	21 956.1	
	山楂	157.2	157.2	
	桃	67	67	
	杏	4721.6	4721.6	
	李子	309.5	309.5	
	板栗	3	3	
	枣	672.3	672.3	
	葡萄	377.4		377.4
	核桃	37.9	37.9	
	其他经济树	132.1	132.1	

七、生态公益林和营造林重点工程建设情况

（一）公益林建设情况

全市公益林建设面积187 649.3hm^2，其中林分面积84 636.1hm^2，疏林地面积3479.9hm^2，灌木林地面积41 533.4hm^2，未成林地面积12 703.9hm^2，无林地面积45 296.0hm^2，详见图16-7。

在公益林总面积中，国家重点公益林93 923.6hm^2。其中林分面积43 796.9hm^2，疏林地面积2910.1hm^2，灌木林地面积29 385.5hm^2，未成林地面积1283.2hm^2，无林地面积16 547.9hm^2，详见图16-8。

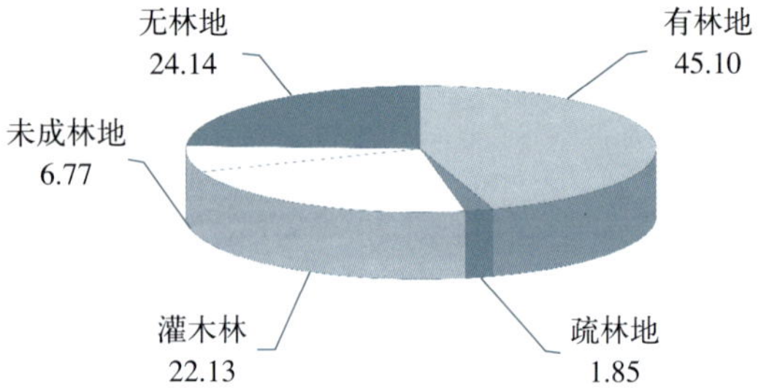

图16-7 公益林各地类面积比例（%）

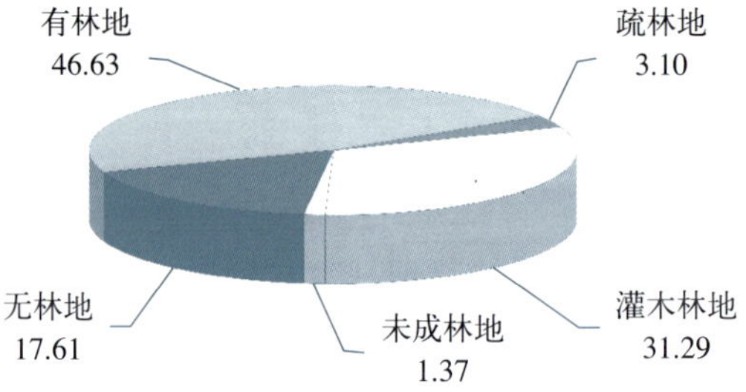

图16-8 国家公益林各地类面积比例（%）

一般公益林面积93 725.7hm^2，其中有林地面积40 839.2hm^2，疏林地面积569.8hm^2，灌木林地面积12 147.9hm^2，未成林地面积11 420.7hm^2，无林地面积28 748.1hm^2，详见图16-9、表16-7。

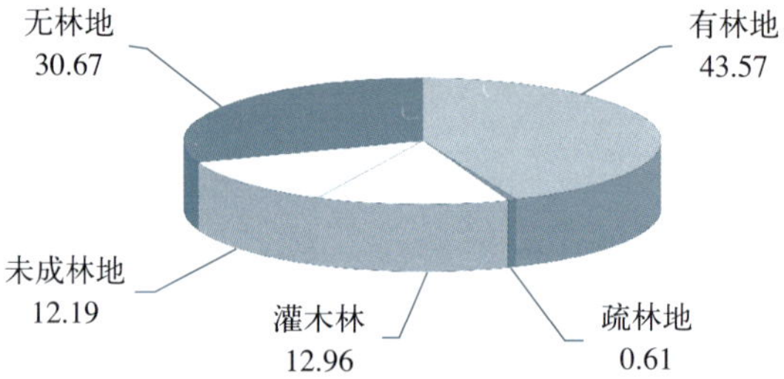

图16-9 地方公益林各地类面积比例（%）

（二）林业重点工程建设情况

1. 退耕还林工程

（1）全市退耕还林工程自2001年在锦

表16-7 公益林（地）面积计表

单位：hm^2

统计单位	森林类别	林分				疏林地	灌木林	未成林地	无立木林地	宜林地
		小计	针叶林	阔叶林	针阔混交林					
锦州市		84 636.1	35 357	48 768.8	510.3	3479.9	41 533.4	12 703.9	4945.4	40 350.6
	重点公益林	43 796.9	24 070.5	19 391.8	334.6	2910.1	29 385.5	1283.2	812.8	15 735.1
	一般公益林	40 839.2	11 286.5	29 377	175.7	569.8	12 147.9	11 420.7	4132.6	24 615.5
凌河区		287.1	78.7	198.6	9.8	0	4.2	2.4	0	37.9
	一般公益林	287.1	78.7	198.6	9.8	0	4.2	2.4	0	37.9
太和区		2083.2	737.8	1330.3	15.1	89.3	422.3	251.1	65.4	1745
	重点公益林	1213.8	736.9	461.8	15.1	54.5	387.3	0	0	736.9
	一般公益林	869.4	0.9	868.5	0	34.8	35	251.1	65.4	1008.1
锦州市经济技术开发区		266.4	0	266.4	0	0	9.6	59.6	16.2	132.2
	重点公益林	199.2	0	199.2	0	0	9.6	22.5	0	105
	一般公益林	67.2	0	67.2	0	0	0	37.1	16.2	27.2

续

统计单位	森林类别	林分				疏林地	灌木林	未成林地	无立木林地	宜林地
		小计	针叶林	阔叶林	针阔混交林					
黑山县		13 319.8	337.9	12 959.6	22.3	239.2	726.4	2959.1	2172.5	943.8
	重点公益林	494.5	286.4	204	4.1	6.2	9.1	0	0.9	0
	一般公益林	12 825.3	51.5	12 755.6	18.2	233	717.3	2959.1	2171.6	943.8
义县		32 705.5	17 794.6	14 734.9	176	2487	18 480.1	3329.7	409	26 122.1
	重点公益林	17 803.8	9113.6	8583.9	106.3	2465.3	14 089.3	858.8	235.7	10 322.1
	一般公益林	14 901.7	8681	6151	69.7	21.7	4390.8	2470.9	173.3	15 800
凌海市		15 082.9	7659.4	7320.2	103.3	430.2	18 881.8	4178.6	1600.8	7436.4
	重点公益林	9066.8	5835.4	3167.8	63.6	210.8	11 994.8	353.1	380.4	3150.1
	一般公益林	6016.1	1824	4152.4	39.7	219.4	6887	3825.5	1220.4	4286.3
北镇市		20 020.1	8642.1	11 194.2	183.8	234.2	2940.8	1741.4	618.6	2932.4
	重点公益林	14 898.5	8087	6666	145.5	173.3	2895.4	48.8	195.8	1421
	一般公益林	5121.6	555.1	4528.2	38.3	60.9	45.4	1692.6	422.8	1511.4
南站新区		459.3	33.2	426.1	0	0	50.1	163.2	62.9	532.6
	重点公益林	120.3	11.2	109.1	0	0	0	0	0	0
	一般公益林	339	22	317	0	0	50.1	163.2	62.9	532.6
凌南新区		411.8	73.3	338.5	0	0	18.1	18.8	0	468.2
	一般公益林	411.8	73.3	338.5	0	0	18.1	18.8	0	468.2

州市启动以来，截至2005年底，共造林36 916.1hm^2。目前林分面积15 871.5hm^2，疏林面积65.4hm^2，灌木林面积7126.3hm^2，未成林面积9732.1hm^2，无立木林地面积2031.6hm^2，乔木经济林面积2089.2hm^2。

(2) 全市退耕还林工程省下达指标面积62 040.0hm^2，其中退耕还林耕地造林16 173.3hm^2，荒山配套造林面积45 866.7hm^2。未达到指标面积25 123.9hm^2，其中退耕还林耕地造林未达到指标面积2353.3hm^2，退荒未达到指标面积22 770.6hm^2。

2. 三北防护林体系建设工程

全市三北防护林体系建设工程森林资源面积33 451.7hm^2，其中林分面积21 429.1hm^2，疏林地面积430hm^2，灌木林面积2392.3hm^2，未成林面积2032.4hm^2，无立木林地面积62.6hm^2，乔木经济林面积7105.3hm^2。

3. 速生丰产林工程

全市速生丰产林工程共造林5831.9hm^2，其中林分面积4641.5hm^2，疏林面积40.6hm^2，未成林面积739.1hm^2，无立木林地面积410.7hm^2。

4. 野生动植物保护和自然保护区建设工程

全市野生动植物保护和自然保护区建设工程森林资源面积10 130.1hm^2，其中林分面积7647.5hm^2，疏林面积83.3hm^2，灌木林面积2204.3hm^2，无立木林地面积150.6hm^2，乔木经济林面积44.4hm^2，详见表16-8。

表16-8　林业重点工程建设情况表

单位：hm^2

统计单位	工程类别	合计	林分				乔木经济林	疏林地	灌木林	未成林地	无立木林地	宜林地
			小计	针叶林	阔叶林	针阔混交林						
锦州市		86 329.8	58 828.5	7253.3	42 146.9	189.4	9238.9	619.3	11 722.9	12 503.6	2394.8	260.7
	退耕还林	36 916.1	17 960.7	49.2	15 822.3	0	2089.2	65.4	7126.3	9732.1	1785.6	246
	三北防护林	33 451.7	28 534.4	5339.1	15 985.5	104.5	7105.3	430	2392.3	2032.4	62.6	0
	野生动植物保护和自然保护区	10 130.1	7691.9	1865	5697.6	84.9	44.4	83.3	2204.3	0	135.9	14.7
	速生丰产林	5831.9	4641.5	0	4641.5	0	0	40.6	0	739.1	410.7	0
太和区		491	211	0	176.2	0	34.8	6	0	242.2	31.8	0
	退耕还林	491	211	0	176.2	0	34.8	6	0	242.2	31.8	0
黑山县		20 447.1	15 213.3	0	14 018.6	0	1194.7	138.6	287.7	3319.8	1440.6	47.1
	退耕还林	10 376.5	6415.3	0	6099.7	0	315.6	0	287.7	2248.1	1378.3	47.1
	三北防护林	9239.2	8069.8	0	7190.7	0	879.1	137.7	0	969.4	62.3	0
	速生丰产林	831.4	728.2	0	728.2	0	0	0.9	0	102.3	0	0
义县		21 275.3	11 644.3	473	9765.5	55.7	1350.1	15.1	6300.5	3013.2	88.6	213.6
	退耕还林	11 818.4	5177.4	0	3873.3	0	1304.1	6.2	4442.8	1991.6	1.5	198.9
	三北防护林	1122.8	378.4	30.5	344.3	0	3.6	0	261	483.4	0	0
	野生动植物保护和自然保护区	6370.9	4669.1	442.5	4128.5	55.7	42.4	3.3	1596.7	0	87.1	14.7
	速生丰产林	1963.2	1419.4	0	1419.4	0	0	5.6	0	538.2	0	0
凌海市		18 100.4	10 472.2	2273.1	7823.5	24.6	351	227.4	2405.4	4242.4	753	0
	退耕还林	9514.7	3136	49.2	2735.8	0	351	51.8	2393.7	3590.9	342.3	0
	三北防护林	5548.4	4842.3	2223.9	2593.8	24.6		141.5	11.7	552.9	0	0
	速生丰产林	3037.3	2493.9	0	2493.9	0	0	34.1	0	98.6	410.7	0
北镇市		25 669.4	21 001.8	4507.2	10 116.7	109.1	6268.8	232.2	2729.3	1657	49.1	0
	退耕还林	4368.9	2735.1	0	2690.9	0	44.2	1.4	2.1	1630.3	0	0
	三北防护林	17 541.3	15 243.9	3084.7	5856.7	79.9	6222.6	150.8	2119.6	26.7	0.3	0
	野生动植物保护和自然保护区	3759.2	3022.8	1422.5	1569.1	29.2	2	80	607.6	0	48.8	0
南站新区		346.6	285.9	0	246.4	0	39.5	0	0	29	31.7	0
	退耕还林	346.6	285.9	0	246.4	0	39.5	0	0	29	31.7	0

第三节　森林资源分析

一、森林资源特点

反映森林资源质量的指标有林分的树种组成比例、单位面积蓄积量和生长量、每公顷株数、平均胸径和平均郁闭度、林木生长活力、林木的病虫危害程度等。全市林分中，针叶林面积35 428.7hm^2、阔叶林面积81 815.1hm^2、针阔混交林面积568.9hm^2，分别占全市林分面积的30.07%、69.45%和0.48%。林分结构特点是纯林多，混交林少，林分的生态稳定性相对脆弱。林分平均郁闭度0.5。林分单位面积蓄积量为42.8m^3/hm^2，其中针叶林为28.2m^3/hm^2，阔叶林为49.2m^3/hm^2，针阔混交林为18.0m^3/hm^2，详见表16-9。

表16-9 林分面积、蓄积量表

单位：hm^2、万m^3

地类	面积	蓄积	单位蓄积量	面积比例%
合计	117 812.7	504.2	42.8	100
针叶林	35 428.7	99.8	28.2	30.07
阔叶林	81 815.1	402.7	49.2	69.45
针阔混交林	568.9	1.7	18.0	0.48

全市林分面积117 812.7hm^2，林分蓄积504.2万m^3，其中天然林面积17 038.9hm^2，蓄积59.9万m^3；人工林面积100 773.8hm^2，蓄积444.3万m^3，详见表16-10。

表16-10 人工林、天然林面积和蓄积量表

单位：hm^2、万m^3

龄组 \ 起源	合计		天然林		人工林	
	面积	蓄积	面积	蓄积	面积	蓄积
合计	117 812.7	504.2	17 038.9	59.9	100 773.8	444.3
幼龄林	75 747.1	135.8	12 075.8	21.2	63 671.3	114.6
中龄林	25 859.7	148.8	4485	34.3	21 374.7	114.5
近熟林	6217.0	63.6	298.6	2.8	5918.4	60.8
成熟林	6773.8	72.5	177.5	1.6	6596.3	70.9
过熟林	3215.1	83.5	2.0		3213.1	83.5

二、森林资源总量分析

通过对1993年和2005年两期森林资源二类调查数据对比分析，林业用地面积、有林地面积、林分面积呈增长趋势，森林覆盖率逐年增加，活立木总蓄积、林分蓄积增长较快。

（一）林业用地面积对比分析

1. 林业用地总面积

全市林业用地面积281 547.7hm^2，比1993年二类调查的280 919.0hm^2增加了628.7hm^2，年净增率为0.02%。各县(区)的林业用地增长率参差不齐，义县林业用地面积1993年为105 550hm^2，2005年为128 730.5hm^2，增加了23 180.5hm^2，年净增率为1.8%；北镇市与黑山县由于气候、病虫害等原因出现负增长，与2005年相比分别减少2806.5hm^2和6722hm^2。

全市林业用地面积增加的幅度较大，增加的主要原因有：第一，开展了退耕还林工程；第二，近年来，国家对生态环境建设非常重视，加快造林绿化步伐，加大林业重点工程建设力度，如三北防护林工程、绿色通道绿化工程、速生丰产林工程、野生动植物保护和自然保护区建设工程等，使部分非林业用地通过工程造林转入林业用地；第三，本期森林资源二类调查采用先进技术手段，区划调查精度有了很大的提高，使前期二类调查区划遗漏及错误得到了纠正等。由于上述因素使林业用地面积相比前期二类调查有所增加。

2. 林分面积

全市林分面积117 812.7hm^2，比1993年森林资源二类调查的93 732.0hm^2增加了24 080.7hm^2，年净增率2.14%。增长的主要原因是近几年全市实行天然林资源保护，以及开展退耕还林、速生丰产林等重点工程，加大了造林和封育林力度，使林分面积有大幅增长。

（二）林木蓄积对比分析

全市活立木总蓄积为554.3万m^3，比前期森林资源二类调查的活立木总蓄积增长了

表16-11 两期二类调查各类蓄积对比表 单位：万m^3

蓄积类别	1993年二类调查	2005年二类调查	差值
总蓄积	508.7	554.3	45.6
林分蓄积	444.7	504.2	59.5
疏林蓄积	6.0	4.4	－1.6
散生木蓄积	0.4	0.8	0.4
四旁树蓄积	57.6	44.9	－12.7

45.6万m^3，年净增率0.74%；林分蓄积增长了59.5万m^3，年净增率1.11%；散生木蓄积增长0.4万m^3；疏林蓄积及四旁树蓄积略有减少，详见图16-10、表16-11。

近些年封山育林、大力植树造林既是活立木总蓄积、林分蓄积增长的主要因素，也是疏林蓄积减少的主要原因。

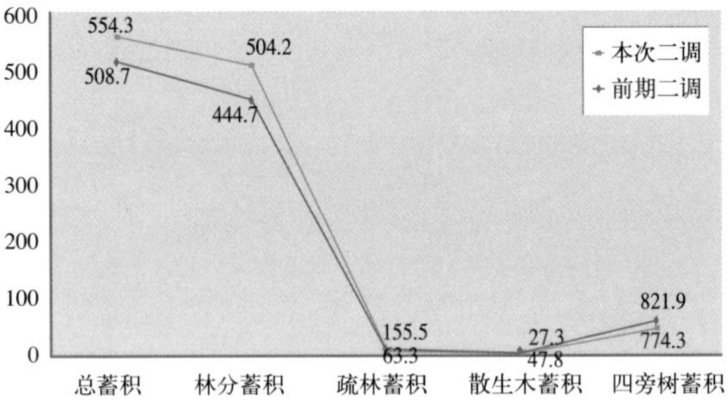

图16-10 两期二类调查林木蓄积对比 单位：万m^3

三、森林资源结构变化分析

1. 天然林资源分析

全市天然林分面积17 038.9hm^2，比1993年的13 022.0hm^2增加了4016.9hm^2，年均净增率2.57%。近几年实施的天然林资源保护工程是其增加的主要原因。

全市天然林分蓄积59.9万m^3，比1993年50.1万m^3增长了9.8万m^3，年均净增率1.63%。封山育林、天然林资源保护工程的实施是其增长的主要原因。

2. 人工林资源分析

全市人工林分面积100 773.8hm^2，比1993年80 710.0hm^2增加了20 063.8hm^2，年净增率2.07%。大力植树造林，特别是近些年林业重点工程建设是人工林分面积增加的主要原因之一。

全市人工林分蓄积444.3万m^3，比1993年394.6万m^3增加了49.7万m^3，年净增率1.05%。大力植树造林及生长迅速的中幼龄林比重大是人工林分蓄积增长较快的主要原因。

四、权属结构对比分析

从对比情况看，集体、非林业系统和国合权属面积呈负增长，其余权属面积均有不同程度增加。集体和国合权属的蓄积略有减少，其余权属的蓄积均有不同程度增加，详见表16-12。

从上述变化中可以看出：林业系统国有林和部门所有林分面积比较稳定，蓄积稳步增长；集体林面积在减少，个体林面积大幅度增加。各种合作造林林分面积也呈增长趋势，并出现了外资独资或合作造林形式，说明锦州市非公有制林业发展成效显著，林业所有制形式和投资结构逐步趋向多元化。

表16-12 两期二类调查林分各权属面积蓄积对比表 单位：hm²、万m³

权属	2005年二类调查		1993年二类调查		差 值	
	面积	蓄积	面积	蓄积	面积	蓄积
合计	117 812.7	504.2	93 732	444.7	24 080.7	59.5
系统国有	23 223.1	115.6	22 819.0	96.5	404.1	19.1
国合	316.4	1.8	510.0	1.9	−193.6	−0.1
集体	46 273.5	184.8	61 723.0	300.3	−15 449.5	−115.5
个人	41 772.5	89.1	2613.0	8	39 159.5	81.1
未定	469.8	1	76	0.3	393.8	0.7
其他	413.1	1.2	162	0.5	251.1	0.7
非林业系统	5344.3	110.7	5829.0	37.2	−484.7	73.5

五、龄组结构对比分析

全市幼龄林面积、蓄积有大幅度增加，中、近、成熟林资源有所减少，过熟林面积、蓄积略有增长，详见表16-13。

表16-13 两期二类调查林分各龄组面积蓄积对比表 单位：hm²、万m³

权属	2005年二类调查		1993年二类调查		差 值	
	面积	蓄积	面积	蓄积	面积	蓄积
合计	117 812.7	504.2	93 732.0	444.7	24 080.7	59.5
幼龄林	75 747.1	135.8	32 433.0	36.2	43 314.1	99.6
中龄林	25 859.7	148.8	29 846.0	135.1	−3986.3	13.7
近熟林	6217.0	63.6	14 922.0	120.4	−8705.0	−56.8
成熟林	6773.8	72.5	13 431.0	128.4	−6657.2	−55.9
过熟林	3215.1	83.5	3100.0	24.6	115.1	58.9

全市林分中，幼龄林和中龄林所占比重高达86.24%，虽然林业发展后劲大，但是可采资源严重不足。1993年近成过熟林面积为31 453.0hm²，占林分面积的33.56%，2005年近成过熟林面积为16 205.9hm²，占林分面积的13.76%，2005年比1993年净减少了15 248.0hm²。在今后森林经营时要严格控制采伐量，杜绝对中、近熟林采伐，保证后备资源的充足和有序利用达到综合效益最大化。

六、林分质量对比分析

从本次二类资源调查结果可以看出，全市林分森林资源质量有所降低，主要原因是幼中龄林面积占林分面积的比重较大，但是用材林森林资源质量有所提高，详见表16-14。

表16-14 森林蓄积及林分面积动态变化表 单位：hm²、万m³、m³/hm²

年份	活立木总蓄积量	林 分			用材林		
		面积	蓄积	单位蓄积量	面积	蓄积	单位蓄积量
1993年	508.7	93 732.0	444.7	47.4	59 183.0	238.0	47.8
2005年	554.3	117 812.7	504.2	42.8	32 845.4	164.7	50.1

全市用材林蓄积量由1993年的47.8m^3/hm^2，上升到2005年的50.1m^3/hm^2，上升了2.3m^3/hm^2，增长了4.81%，详见图16-11。

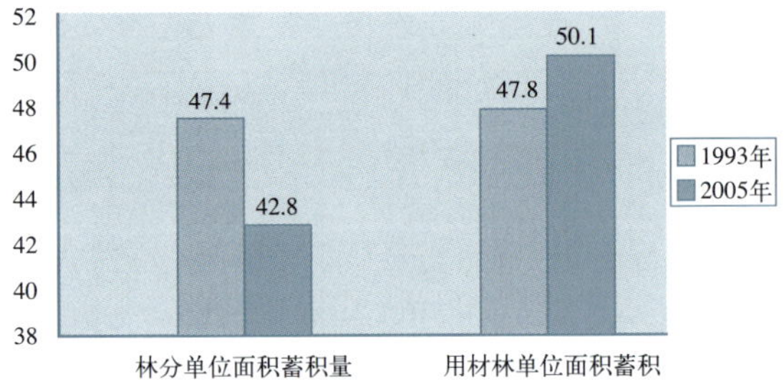

图16-11 林分单位面积蓄积量对比 单位：m^3/hm^2

第四节 森林资源管理现状与对策

一、森林资源管理现状

（一）相关法规制定情况

全市积极开展林业政策创新，完善林业行政执法体系。几年来，市政府制定了《锦州市封山禁牧暂行办法》《锦州市预防林业有害生物应急预案》《锦州市森林生态效益补偿基金管理使用实施细则》《锦州市林木采伐和木材运输管理办法》《锦州市征占用林地管理办法》等地方性法规文件。

（二）资源管理重要举措与评价

1. 采伐限额管理执行与评价

锦州市在森林资源采伐限额管理工作中，从制定政策、提高经营管理水平入手，学习借鉴其他市先进管理经验，结合本市实际，针对性地采取了几项有力措施：

(1) 成立了锦州市森林资源监督工作领导小组，同时要求各县(区)也必须成立相应的监督机构，确保森林资源监督工作的正常开展。要求各地对反映出来的问题，对照有关法律法规、规定，进行认真的自查自纠，特别是要认真查找伐区调查设计、木材生产、盗伐、乱砍滥伐和农民蚕食林地等关键环节中存在的问题及产生的原因，并制定切实可行的整改措施。

(2) 建立健全规章制度，加快森林资源管理监督工作规范化建设步伐。制定了《锦州市封山禁牧办法》《锦州市林木采伐管理办法(试行)》并下发执行；建立健全了伐前设计和审批责任制度、伐区监理制度、伐后验收和审计制度、重大林业行政案件报告制度、过错追究制度等规章制度。

(3) 在全省林业系统率先实行“林木采伐许可证”审批“全程办事代理制”。它是由机关工作人员依法无偿全程代替申办人办理其申办事项的一种新的行政审批服务模式，是由专门窗口统一受理送达，部门窗口全程代办，承诺时限办结，降低了当事人的办事难度，进一步提高了行政审批的办事效率。

(4) 加强采伐限额管理，杜绝超限采伐。以森林采伐限额检查为突破口，加强“源头”管理，对全市依法编制森林采伐限额的森林经营单位的年度森林采伐限额执行情况进行检查。县级林业主管部门在使用采伐限额和执行林木采伐计划时，应执行在80%之内，其余20%由市局控制，用于征占用林地、盗砍滥伐、自然灾害及其他因素等不可预测的消耗；如有突破80%的，将取消或削减下一年度林木采伐限额。

(5) 加强队伍建设，提高森林资源监督管理人员素质。首先是要保持资源林政队伍的相对稳定，尽量将政治素质好、业务能力强的人员调整和充实到资源林政管理队伍中来；其次是市局组织各县(区)林政股长和技术骨干到省内森林资源管理水平较高的丹东、朝阳等地学习取经，同时进行了资源管理和公益林方面的技术培训。

2. 林业行政执法管理

在林业行政执法改革上取得重要进展，所有林业行政案件统一由市森林公安分局办理，其他处室密切配合，改变了过去多头执法、分散执法的局面；同时，进一步加强执法队伍建设，解决执法人员编制问题，充实林业公安队伍，增加森警14人，提高了办案能力。同时还对林业行政审批工作实施重大改革，建立首席代表制，所有林业审批事项全部进入审批大厅，实行全程代理制，进一步方便群众，缩短办事时限，提高办事效率。

3. 木材凭证运输及林权管理

对全市149家木材经营加工厂点全部换发新版《辽宁省木材经营加工许可证》。通过建立档案、年检和监督检查等手段，与有关部门密切配合，规范经营行为，逐步实现木材行业管理的规范化。加强规范木材运输证明的签发管理工作，制定了《锦州市林业局木材运输管理办法》并下发执行。同时进入市政府统一办证大厅，实行“全程办事代理制”，利用计算机办证，提高办证效率和质量，并逐步实现网络管理；严格审查木材来源，凡是不能提供林木采伐许可证（正本）与合法的木材来源证明的，一律不予办理运输证明。

4. 林地林权管理

强化林权纠纷的调解处理工作，对现有的林权纠分利用林权换证工作之机，重新核实一次，登记备案。对有林权纠分的林分不得进行采伐作业。加强对征占用林地的管理，控制林地逆转，加大检查力度，严格审核征占用林地项目；对于手续不健全，设计不规范的，一律不予受理。

加大林权登记工作力度，全市共投入资金50余万元，购买了计算机5台，打印机5台，要求各地对林权登记申请表、身份证复印件、林地四至等内容进行现地核查。待申请内容与现地情况完全一致时，发放林权证，避免发证过程中出现失误，共发放林权证33 439册。

5.分类经营界定与效益评价

森林分类区划界定是林业分类经营的基础工作，林业分类经营是根据社会和市场经济对林业的需求，按照森林主导功能的不同，对其实行分类区划、分类管理、分类经营的现代管理体制和发展模式。全市共区划界定生态公益林187 649.3hm^2，占林业用地总面积的66.6%。公益林界定范围主要包括大凌河、绕阳河、小凌河两岸；医巫闾山；盘海高速公路、京沈高速公路、秦沈客运专线两侧；海防林基干林带等。

全市在森林分类界定基础上，按照主导功能和经营目的的不同，对生态公益林实行了严格的保护，制定生态公益林管理办法，限制采伐，依法征占，并从2004年开始对其实现了合理补偿。为管好生态公益林，建立了护林员和监管员聘用制度、岗位责任制度、限制采伐制度、每日巡查制度、定期考核制度、资金管理制度等等，使生态公益林得到了有效的保护。对商品林，依法管理、放活经营，指导森林经营单位制定经营方案，科学经营、合理利用。通过不同的政策措施，把公益林管严管好，使其更大效能的发挥出生态效益，最大限度地发挥防护功能；把商品林放开搞活，增加群众收益，实现较高的经济效益。

6. 加强林业有害生物防控工作

锦州地区位于我国东部森林带与西部草原带的过渡带，生态极为敏感和脆弱，自然灾害频繁，使森林病虫害日趋严重。森林病虫害发生面积已由“九五”期间的年均37.5万亩上升到2001年的53.5万亩，2002年突破100万亩。不仅每年损失木材8万m^3，年均直接经济损失达

2000余万元，而且直接威胁锦州市“三北防护林”、“速生丰产林”和“世界银行贷款项目造林”建设，极大地影响造林绿化成果的巩固和发展，已成为制约锦州市林业可持续发展的重要因素，而且对生态环境造成了一定的破坏。

造成森林病虫害发生面积居高不下的主要原因有以下几方面：第一，锦州处于辽西干旱地区，生态比较脆弱，特别是近几年气候异常，长期暖冬和持续干旱，造成树势衰弱、病虫害基数急剧增加，给病虫危害和蔓延创造了有利条件；第二，全社会对森林病虫害是无烟的森林火灾的认识不足，远远低于对洪涝、火灾等灾害的认识程度，造成防治不利，形成森防部门孤军奋战的局面；第三，依法治理森林病虫害的力度不够，“预防为主、综合治理”的方针和“谁经营、谁防治”的责任制度，在有些地方难以落实，缺乏行之有效的监督机制；第四，林分结构不合理，人工纯林面积过大，人工纯林面积占全市森林面积的90%以上，抵御病虫害的能力较弱。

针对上述情况，全市加强了林业有害生物监测预警体系、检疫御灾体系、防治减灾体系、应急反应体系和防治法规体系建设，实现林业有害生物防治的标准化、规范化、科学化、法制化、信息化管理，使主要林业有害生物的发生范围和危害程度大幅度下降，危险性有害生物扩散蔓延趋势得到较大缓解，扭转林业有害生物严重发生的局面，促进森林健康成长。在全市森林面积不断增加的情况下，到2010年，努力实现成灾率控制在0.45%以下，无公害防治率达80%以上，灾害测报准确率达到85%以上，种苗产地检疫率达到100%。

7. 森林火灾的防治措施

锦州市各级政府、各级林业主管部门针对严峻的森林防火形势，加强领导，明确责任，狠抓落实，确保不发生重大火灾，为保障人民群众生命财产安全和社会和谐稳定，采取了以下措施：

(1) 加强森林防火工作的宣传。全市利用多种方式向广大群众宣传森林防火的重要性，宣传国家有关防火的法律、法规，特别做好《锦州市人民政府关于进一步加强森林防火的通告》的宣传，提高全民的防火意识。用村规民约规范村民行为，用反面典型进行警示教育，用公开曝光和处罚的办法对火灾肇事者进行惩诫，使违规者望而却步。对村民野外用火，在严管的同时积极引导，使他们采取文明的方式祭奠，改变旧有的净地、整地习惯，排除野外火险隐患，防患于未然。

(2) 加强森林防火的组织领导工作。建立专业森林防火队伍，每个山区乡镇有一支强有力的护林员队伍来担当起寻山护林的任务，做到有火情及时发现，及时扑救，充实和提高现有的专业、半专业扑火队伍；加大投入，提高扑火物资贮备，加强防火机具维修保养，确保关键时刻用得上；对重点区域、重点地块、重点时间、重点天气、重点人员要死看死守，采取针对性地防控措施；在火源管理上做到管严、管实、管死，宁紧勿松、宁严勿宽；加强对痴、呆、傻、精神病等理智不健全特殊群体及儿童的管理，落实好监护责任制。

(3) 加强森林火灾的扑救工作。市政府出台了《处置森林火灾应急预案》，一旦发生火情，严格按照该预案进行扑救，避免瞎指挥和打乱仗；严明扑火纪律，发现火情，各县（区）要在第一时间上报火情，不得瞒报、迟报、漏报，避免贻误战机，造成大的损失。各地打破行政区域的界限，谁发现得早，谁就先扑救。各级森林消防队要随时听从市森林防火指挥部的统一调动，需要跨区域调动扑火力量或运用部队扑火时，必须先上报市防火指挥部；做到科学扑救，力求打早、打小、打了。火灾发生后各县（区）指挥长要及时到位，靠前指挥，切实担负起责任。

(4) 建立森林火灾的责任制。按照《关于认真贯彻落实〈辽宁省森林防火工作责任追究暂行办法〉的通知》中的规定，落实好森林防火行政首长负责制。各级防火指挥部组成部门的责任制已经在今年市政府出台的《处置森林火灾应急预案》中得到了进一步的明确，各部门一定要各司其职，各负其责；落实好重点人员责任制，即落实好对放牧员、护林员、进山户、山区企业法人、林主、坟主、理智不健全人员的监护人等防火重点人员的责任制；落实好森林防火责任倒追制度，各县（区）要按照《关于认真贯彻落实〈辽宁省森林防火追究暂行办法〉的通知》要求，以"九个落实"为标准，细化责任，严格奖惩，真正把防火责任制落实到人头，落实到地块。对防火、扑火工作中出现的失职、渎职及玩忽职守行为，市政府将按照《关于认真贯彻落实〈辽宁省森林防火工作责任追究暂行办法〉的通知》中的有关规定，对责任者严肃处理。

8. 加大野生动物保护力度，加强自然保护区建设工作

锦州市基本完成了辖区内野生动物驯养繁殖和经营利用清理整顿工作，包括各饭店、酒店、药店、商场、养殖户等进行了全面清理。对审批驯养繁殖许可证和运输许可证全部进厅办理，进一步规范了野生动物经营利用行为，杜绝无证驯养、无证经营、无证运输情况发生，建立了野生动物管理档案，提高了工作效率。开展了打击乱捕滥猎野生动物行为，切实加强野生动物资源保护管理工作，对猎捕多发地段进行巡逻检查，在重点地区蹲点守候，对群众反映比较强烈的集市，采取突击检查，野生动物保护组织与森林公安密切配合，做到行动迅速、出警及时，并通过新闻媒体常年设立举报电话，通过采取这些有效措施，遏制了破坏野生动物违法行为，每年平均销毁网具50片，解救鸟类600多只，取得了良好的社会效果。同时，还解决市级野生动物保护组织队伍5个全额拨款编制，进一步加强了队伍建设，有效的开展了野生动物保护工作。完成了辖区内湿地清查工作，开展了生态监测工作，摸清了野生动植物资源底数，建立了凌河口湿地自然保护区，还完成了饶阳河、大亚、翠岩山保护区的规划设计工作，并纳入锦州碧海行动计划。同时，还在大小凌河入海口、饶阳河湿地、大亚湿地等建立4个重点鸟类监测点，对鸟类等野生动物进行监测。闾山保护区实现了全年无火灾，与周边村屯建立了联防联护制度，组建了村级扑火队，同时还完成了野生动植物采集工作，采集标本230余种，开展了油松生长量监测工作。今年在锦州市大面积发生禽流感的严峻形势下，积极开展疫源疫病监测工作，成立领导小组，制定预案，建立监测点，密切监视野生鸟类，在全市重点区域凌河口湿地2个入海口、医巫闾山自然保护区、黑山绕阳河建立4个重点鸟类监测点。各县、市、(区)林业局在各地区的重点地区也建立了120处鸟类监测点，同时关闭鸟类市场，停止一切交易和运输鸟类活动，严防禽流感通过候鸟传播。

二、森林资源管理对策

全面落实党中央、国务院关于振兴东北老工业基地的重大战略决策，加速推进锦州的工业化、城市化、信息化、现代化进程。具体说，就是要着眼提升锦州市综合实力和国际竞争力，建设港口锦州，建设工业锦州，建设开放锦州，建设文明锦州，并制定了打赢锦州老工业基地振兴攻坚战的战略规划。坚持工业立市战略，坚持以港兴市战略，坚持开放牵动战略，坚持走可持续发展道路，大力推进农业产业化，坚持不懈地抓好农业基础设施建设，搞

好植树造林和退耕还林还草，改善生产条件和生态环境。

林业既是一项公益事业，又是一项基础产业，不仅要承担改善生态环境、维护生态安全的任务，而且要承担好满足社会林产品需求、促进国民经济发展的任务。坚持可持续发展道路，实现锦州老工业基地振兴，改善生态环境，维护生态安全，林业面临重要的任务。因此，林业必须用新思路、新体制、新机制、新方式，采取切实有力的新措施，从锦州林业实际出发，牢固树立生态意识，为实现锦州老工业基地的振兴，全面建设小康社会，创造良好的生态环境。

（一）创新森林资源管理机制

1. 坚持生态建设为主的林业可持续发展战略

锦州市现有宜林荒山57 534.7hm^2，多为高山、远山，造林是锦州市生态公益林建设的重点和生态环境好转的症结所在，而且集中在西北山区，仅义县的宜林荒山面积就有42 606.3hm^2，占全市的74.1%。另外锦州市农业生产条件恶劣，旱、涝、风沙、水土流失、荒漠化、地下水短缺等，无不与西北部山区没有营造起生态公益林的绿色屏障相关联。虽然锦州市造林绿化工作取得了显著成绩，但也存在着不容忽视的问题，主要表现在以下几方面：一是造林成活率、保存率低，多年的干旱，使造林绿化成果大打折扣，在一些地方管护措施不到位，制度不健全，责任不明确也是原因之一；二是造林难度越来越大，过去造林采用先易后难、由近及远的策略，现在待绿化的荒山多为高山、远山、石质山，而且土壤瘠薄，岩石裸露，水土流失严重，使造林成活率极低，制约着造林的进程；三是资金投入严重不足，由于造林难度增加，造林成本随之加大，地方财政难以投入大量资金，使得造林速度缓慢，特别是山区生态公益林建设，群众难以造林，需要政府大量投入。另外锦州市未成林面积15 117.0hm^2，应加强管护，及早成林。

2. 坚持生态建设与产业协调发展的道路

改善生态环境，全面提升林业在国民经济和社会发展中的综合实力，必须加强林业产业建设。锦州市林业产业规模小，档次低，竞争力差，实现林业振兴，要确立以森林资源培育为基础，以精深加工为带动，以科技进步为支撑的林业产业发展新格局。要坚持“两手抓”，即抓生态建设的同时，又要关注林业产业的发展，全面推进百万亩速生丰产林和经济林基地建设，实现生态与产业协调发展。

3. 加速推进退耕还林还草工程

退耕还林还草工程，是党中央、国务院加强生态建设的重大战略决策，保护环境，就是保护我们人类自己。搞好退耕还林工程，也是增加森林资源，发挥森林生态效益、社会效益、经济效益的重要前提。要抓住这一生态重点工程建设的有力时机，全力推进锦州市林业快速发展，切实落实有关退耕还林补偿政策，为生态环境的根本改善，实现生态文明，奠定坚实的基础。

4. 放手发展非公有制林业，落实林业政策

发展非公有制林业，是林业发展的客观要求，是全面振兴林业的基础，也是增加森林资源，提高林分质量的重要保证。要鼓励各种社会主体跨所有制、跨行业、跨地区投资发展林业，农户、城镇居民、干部职工都可参与林业开发，从事林业建设，切实落实“谁造谁有、合造共有”的政策，并为发展非公有制林业提供更加优惠的政策，全面推进林业的快速发展。

创造宽松环境，推动非公有制林业发展。非公有制林业作为林业经济的重要组成部分，具有广阔的发展前景，其发展过程和经济成分所占比例不应受到人为的、行政的干预和限制，各级政府部门应积极引导，促进非公有制林业的健康快速发展。转变观念，广泛宣传发展非公有制林业的重要意义及其在整个林业建设中的地位和作用。积极制定优惠政策，鼓励扶持非公有制林业发展。

（二）完善法规制度

改革是发展的动力，林业改革面临的任务非常艰巨，要全力抓好林业产权制度、林业管理体制、林业分类经营等项改革，这几项改革事关根本，事关全局，必须精心谋划。林业发展，还要有促进林业发展的政策措施做保障，这也是广大群众普遍关心的基本问题，而核心是发展非公有制林业问题。要从政府对林业投入、金融政策、林木采伐制度、减轻税费负担作为切入点，稳定林业政策，提供强有力的林业发展支持保障措施。大力发展林业产业，促进生态与产业协调发展。全面落实本地区林业产业发展规划，结合当地森林资源、林业企业和产品市场情况，充分发挥地域优势、产业和特色产品优势，加快林业产业发展。正确理解科技进步与林业跨越式发展的关系，全面推进林业行业的科技进步和科技创新，建立起符合社会主义市场经济规律和林业自身规律的新机制，制定有利于林业生态建设和产业发展相结合的政策及保障措施。

（三）加强森林资源管理队伍建设

(1) 引进专业技术人才，提高资源管理队伍的整体素质，优化人员结构；

(2) 加强管理人员培训工作，全面提高管理人员的政治素质和业务水平；

(3) 加强基层林业站建设，稳定基层林业站人员和编制，提高林业站管理水平，提高基层林业工作人员待遇，调动工作积极性；

(4) 建立规范的考核、奖罚制度，要消灭“吃大锅饭”的管理体制，量化考核标准，用制度来管好人才、用好人才。

（四）完善森林资源监管体系

要加强森林资源监管体系建设，以市林业调查规划设计院为核心，以各县资源林政和规划设计队为基础进行日常监管工作；对于国家或省级重点项目的监测工作由省林业调查规划设计院牵头，市、县配合工作，理顺森林资源监管体系。森林资源监测是森林资源经营管理的核心工作之一，也是林业管理的重要基础性工作。通过定期、定点对森林资源的种类、数量、质量及经营管理情况的调查，及时掌握资源现状及其变化趋势，为各级政府及林业主管部门制定和调整经营和管理决策提供科学依据。因此各级林业主管部门都成立了专门森林资源监测机构，专门负责森林资源清查、森林资源规划设计调查、作业设计调查、年度森林资源专项核（调）查、专业调查和森林资源与生态状况的监测等。森林资源监测体系的好坏，直接影响着森林资源的长期发展，建立森林资源和生态系统监测与评价体系，加强了对森林资源监测预警体系的管理，实行森林资源与生态信息的动态管理，同时要注重监测工作的组织管理，资金管理和技术更新，做到数据翔实准确，为政府部门宏观决策服务。

总之，锦州市的林业工作无论在质量、数量上，还是在措施创新上都有重大突破，积累了一定经验，为全面实施林业“十一五”规划奠定了良好的基础。

第17章 营口市森林资源

第一节 基本情况

一、自然概况

（一）地理位置

营口市位于松辽平原南部，渤海辽东湾东北岸，大辽河入海口，沈阳至大连高速公路、哈尔滨至大连公路、长春至大连铁路纵贯南北。地理坐标为北纬39° 55′～40° 30′，东经120° 56′～123° 02′之间。全市地域东西宽50.7km，南北长111.8km，总土地面积53.65万hm^2。

（二）地形地貌

总的地势是自东南向西北倾斜，自然形成东山区、中丘陵、西平原地貌特征。属于千山山系，山脉呈南北向纵贯东部，东部山区共有山峰2800余座，其中步云山、绵羊顶子山、老轿顶、黄花排为辽南千米以上的4大高峰。总的地貌是“五山一水四分田”。

（三）气候

本区属暖温带大陆性季风气候，其特点是春季温暖、干燥少雨，夏天酷暑、降水集中，秋季凉爽、气候宜人，冬天严寒、雪少风多。常年平均气温为7.0～9.5℃，≥10℃天数为175～180天，最冷1月份平均气温－9.0～10℃，夏季的7月份温度最高为24.5～25℃，年差约33.5～34.5℃，寒暑相差较大，有效积温3600℃，日照时数2600～2880小时，无霜期170～180天。年降水量为670～800mm，东部山区较多，西部平原少于山区，总体由东南向西北减少，4～9月降水较多，占全年降水量的85%左右；蒸发量为1565～1800mm，年蒸发量大于降水量，4～6月蒸发量与降水量差值较大，是降水量的3～5倍；年相对湿度为61%～66%，总体为春季空气干燥，夏季湿润。

（四）土壤

全市土壤主要有棕色森林土、草甸土、滨海盐碱土3种。东部山区以森林棕壤土为主，西部平原沿海地区以草甸土、滨海盐碱土为主。

（五）水资源

全市地下水资源量为3.07亿m^3，其中山区为2.16亿m^3，平原为1.06亿m^3；地表水资源量8.84亿m^3，其中盖州市5.92亿m^3，大石桥市2.24亿m^3，营口市区（包括老边区、鲅鱼圈区）0.68亿m^3。本区境内大小河流百余条，流域面积在100km^2以上的有11条，主要有大辽河、大清河、虎庄河、熊岳河、浮渡河、碧流河6大水系。

（六）森林植被

营口市处长白山植物区系、华北植物区系交汇地带。在东部地区有比较典型的柞树林和油松林，现已多为天然次生植被和人工植被；而在西部地区受海风影响，分布着人工植被。

全市乔木植物针叶树主要有油松、樟子松、落叶松等；阔叶树主要有栎树、桦树、胡桃楸、水曲柳、黄波罗、椴树、杨、柳、榆等；灌木有榛子、胡枝子、灌木柳等。

二、社会经济情况

营口市辖盖州市、大石桥市、老边区、鲅鱼圈区、站前区、西市区等2市4区。全市共54个乡镇（办事处），649村民委员会。全市总人口为229万人，其中城市人口68.1万人，农业人口160.9万人。国民生产总值380.94亿元，人均GDP是8128元，共有汉、满、回、朝鲜、蒙古等26个民族。

营口市公路交通十分便捷，拥有沈阳至大连高速公路、盘海营高速公路、庄林公路、沈山高速公路等重要干线，与长春至大连铁路、沟帮子至海城铁路，北京至沈阳铁路等共同形成“三纵三横”的陆上交通大动脉，把营口同广大腹地紧密相连，形成了四通八达的陆路交通网络。目前，全市公路总里程达1534km，已经实现村村通公路。“一市两港”为货运带来极其便利条件。

第二节 森林资源现状

一、森林资源概述

（一）林地面积

全市土地总面积536 545.5hm^2，其中林业用地面积260 539.9hm^2，占土地总面积的48.60%；非林业用地面积276 005.6hm^2，占51.40%。

在林业用地面积中：有林地面积231 968.2hm^2，疏林地面积1667.8hm^2，灌木林地面积1110.7hm^2，未成林地面积12 329.9hm^2，苗圃地面积85.8hm^2，无林地面积13 316.5hm^2，辅助生产用地61.0hm^2，详见表17-1、图17-1。

在有林地面积中：林分面积125 308.3hm^2，占有林地面积的54.02%；乔木经济林面积106 659.9hm^2，占45.98%。

表17-1 全市林业用地各类土地面积表

单位：hm^2、%

统计单位 \ 项目		林地							
		合计	有林地	疏林地	灌木林地	未成林地	苗圃地	无林地	辅助用地
营口市	面积	260 539.9	231 968.2	1667.8	1110.7	12 329.9	85.8	13 316.5	61.0
	比例	100	89.04	0.64	0.43	4.73	0.03	5.11	0.02
盖州市	面积	198 142.2	178 951.5	1316.4	658.1	10 239.9		6915.3	61.0
	比例	100	90.32	0.66	0.33	5.17		3.49	0.03
大石桥市	面积	54 972.9	47 784.2	205.9	357.7	1348.3		5276.8	
	比例	100	86.93	0.37	0.65	2.45		9.60	
鲅鱼圈区	面积	6506.1	4874.7	142.6	82.9	376.9		1029.0	
	比例	100	74.93	2.19	1.27	5.79		15.82	
老边区	面积	918.7	357.8	2.9	12.0	364.8	85.8	95.4	
	比例	100	38.95	0.32	1.31	39.71	9.34	10.37	

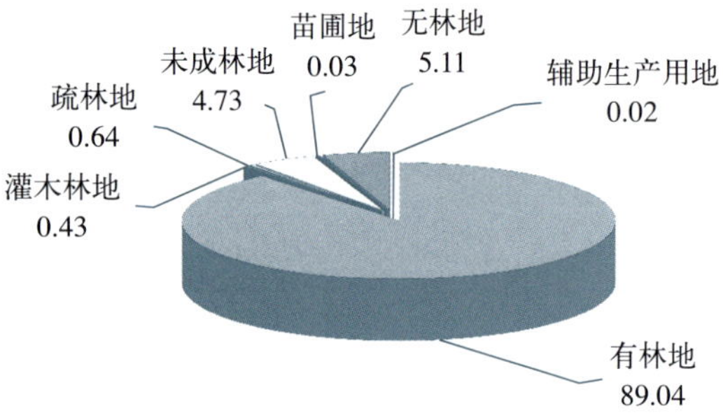

图17-1 林业用地各地类面积比例（%）

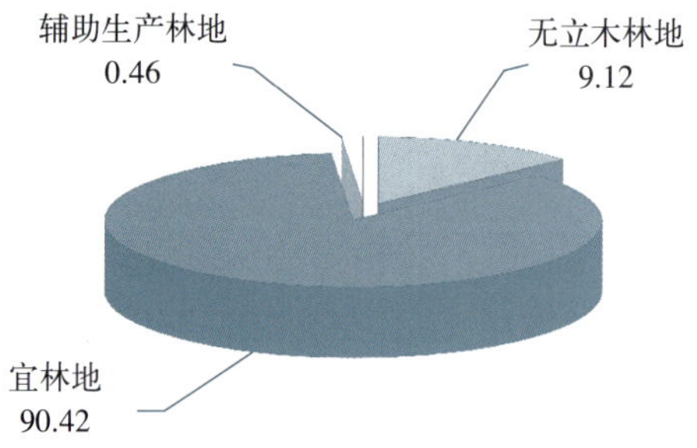

图17-2 无林地各地类面积比例（%）

在无林地面积中：无立木林地面积1220.3hm^2，宜林地面积12 096.2hm^2，辅助生产林地面积61.0hm^2，详见图17-2。

（二）林木蓄积

全市活立木总蓄积877 929m^3，其中林分蓄积716 172m^3，疏林地蓄积869m^3，散生木蓄积2716m^3，四旁树蓄积158 172m^3，详见表17-2、图17-3。

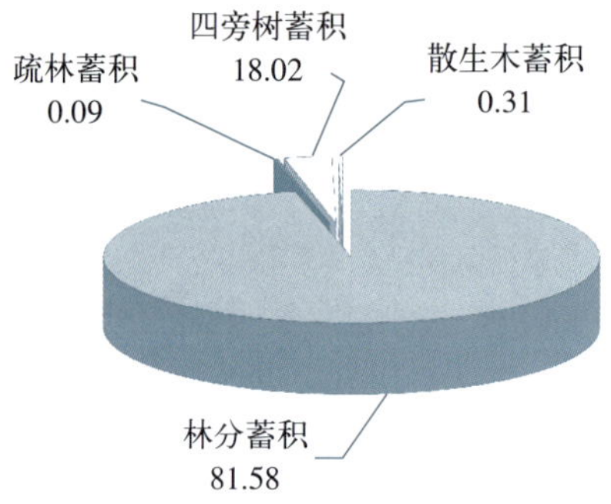

图17-3 各类蓄积比例（%）

表17-2 林木蓄积量表

单位：m^3

单位	活立木总蓄积	林分				疏林蓄积	散生木蓄积	四旁树蓄积
		合计	针叶林	阔叶林	针阔混交林			
营口市	877 929	716 172	383 442	303 672	29 058	869	2716	158 172
盖州市	414 153	357 242	175 573	166 594	15 075	223	2680	54 008
大石桥市	396 681	336 220	206 080	116 459	13 681	646	25	59 790
鲅鱼圈区	9844	8480	1789	6389	302			1364
老边区	57 251	14 230		14 230			11	43 010

（三）森林覆盖率

全市土地总面积536 545.5hm^2，森林面积231 968.2hm^2，国家特别规定灌木林面积616.9hm^2，森林覆盖率43.40%，林木绿化率43.70%。

（四）森林资源质量

全市林分单位面积蓄积量较低，平均为5.72m^3/hm^2，其中针叶林为33.14m^3/hm^2，阔叶林为2.70m^3/hm^2，针阔混交林19.93m^3/hm^2，详见表17-3。

表17-3 林分单位面积蓄积质量表

单位：hm^2、m^3

地类	面积	蓄积	单位蓄积量	面积比例（%）
合计	125 308.3	716 172	5.72	100
针叶林	11 570.4	383 442	33.14	9.23
阔叶林	112 279.8	303 672	2.70	89.60
针阔混	1458.1	29 058	19.93	1.17

（五）非林地造林情况

全市非林业用地营造用材林面积966.0hm^2，蓄积45 054m^3。主要造林树种为刺槐、柳树和杨树。

二、森林资源结构

（一）林分权属结构

营口市林分总面积为125 308.3hm^2，蓄积716 172m^3。权属有系统国有、部门国有（包括农垦、铁路、公路、水利和其他部门）、集体（包括乡有、村有、组有和其他集体）、个人（包括民营、自留山和其他个人）、合作（包括国合和其他合作），详见表17-4、图17-4。

表17-4　林分面积、蓄积按权属统计表　　单位：hm^2、m^3

统计单位	林权	合　计		针叶林		阔叶林		针阔混交林	
		面积	蓄积	面积	蓄积	面积	蓄积	面积	蓄积
营口市		125 308.3	716 172	11 570.4	383 442	112 279.8	303 672	1458.1	29 058
	系统国有	1600.1	59 179	201.9	13 891	1374.2	44 092	24.0	1196
	部门国有	2003.7	10 508	5.0	49	1998.2	10 459	0.5	
	集体	36 216.8	154 727	3242.5	76 506	32 389.0	71 402	585.3	6819
	个人	85 008.9	474 991	7863.6	277 285	76 297.0	176 663	848.3	21 043
	合作	478.8	16 767	257.4	15 711	221.4	1056		

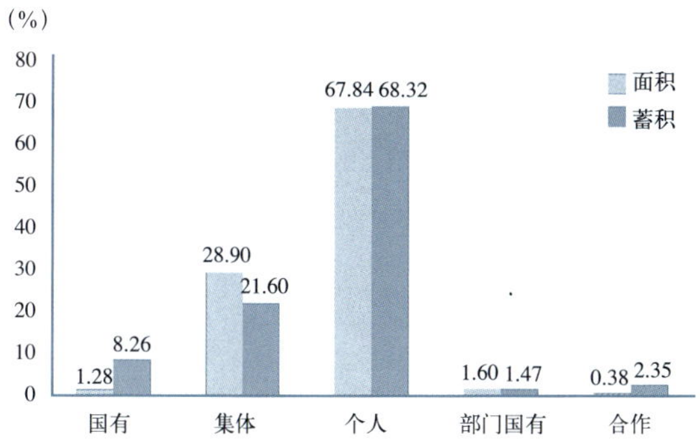

图17-4　林分各权属面积、蓄积比例

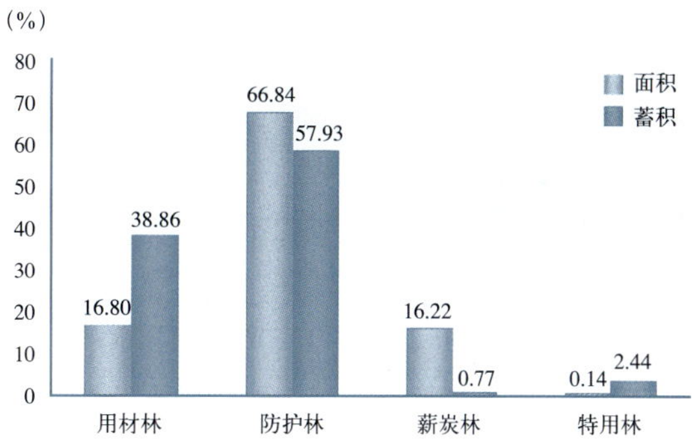

图17-5　林分各林种面积、蓄积比例

（二）林种结构

全市划分防护林面积83 754.7hm^2，蓄积414 875m^3；特种用途林面积179.1hm^2，蓄积17 422m^3；用材林面积21 051.9hm^2，蓄积278 335m^3；薪炭林面积20 322.6，蓄积5540m^3，详见表17-5、图17-5。

表17-5　林分林种结构面积、蓄积统计表　　单位：hm^2、m^3

单位	合计		防护林		特用林		用材林		薪炭林	
	面积	蓄积	面积	蓄积	面积	蓄积	面积	蓄积	面积	蓄积
营口市	125 308.3	716 172	83 754.7	414 875	179.1	17 422	21 051.9	278 335	20 322.6	5540
盖州市	102 227.7	357 242	62 906.4	143 871	179.1	17 422	18 833.1	190 423	20 309.1	5526
大石桥市	20 707.6	336 220	18 617.6	248 344			2076.5	87 862	13.5	14
鲅鱼圈区	2169.4	8480	2027.1	8430			142.3	50		
老边区	203.6	14 230	203.6	14 230						

（三）龄组结构

在林分中，幼龄林面积122 292.0hm^2，蓄积507 708m^3；中龄林面积2283.8hm^2，蓄积147 942m^3；近熟林面积307.1hm^2，蓄积31 312m^3；成熟林面积265.2hm^2，蓄积18 364m^3，过熟林面积159.7hm^2，蓄积10 846m^3，详见表17-6、图17-6。

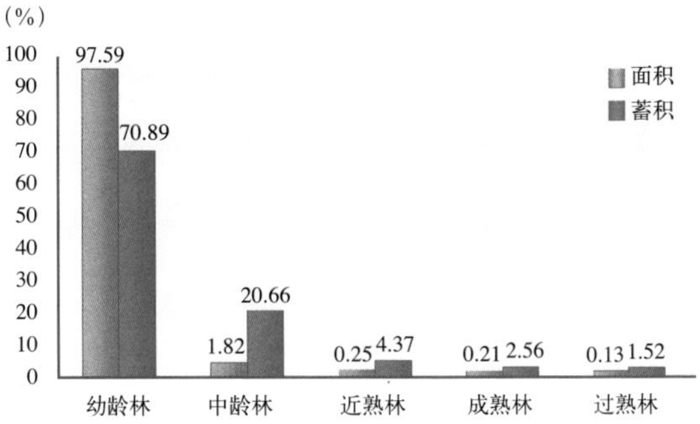

图17-6　林分各龄组面积、蓄积比例

表17-6　林分各龄组面积、蓄积统计表

单位：hm^2、m^3

单位	合计		幼龄林		中龄林		近熟林		成熟林		过熟林	
	面积	蓄积	面积	蓄积	面积	蓄积	面积	蓄积	面积	蓄积	面积	蓄积
营口市	125 308.3	716 172	122 292.1	507 708	2283.8	147 942	307.1	31 312	265.6	18 364	159.7	10 846
盖州市	102 227.7	357 242	100 183.0	233 908	1577.4	91 075	126.5	9708	197.1	13 313	143.7	9238
大石桥市	20 707.6	336 220	19 832.7	258 448	617.8	51 306	173.4	19 937	67.7	4921	16.0	1608
鲅鱼圈区	2169.4	8480	2105.7	6785	63.7	1695						
老边区	203.6	14 230	170.7	8567	24.9	3866	7.2	1667	0.8	130		

（四）树种结构

营口市优势树种按组划分为20个，其中针叶树种组划分为6个，阔叶树种组划分为14个。在针叶树种中，红松、落叶松、油松、樟子松、云杉和柏树等6个树种组面积为12 839.4hm^2，蓄积为409 467m^3；在阔叶树种中，有柞树、桦树、色树、榆树、水曲柳、花曲柳、核桃楸、黄波罗、怀槐、椴树、刺槐、柳树、杨树和杂木等14个树种组，面积为112 468.9hm^2，蓄积为306 705m^3，详见表17-7。

表17-7　林分各树种（组）面积、蓄积统计表

单位：hm^2、m^3

优势树种	幼龄林		中龄林		近熟林		成熟林		过熟林	
	面积	蓄积	面积	蓄积	面积	蓄积	面积	蓄积	面积	蓄积
合计	122 292.1	507 708	2283.8	147 942	307.1	31 312	265.6	18 364	159.7	10 846
红松组	8.2	391								
落叶松组	1589.8	73 928	1264.1	93 539	85.5	9024	14.9	1539		
油松组	9384.3	210 257	454.0	19 246	5.4	267				
樟子松组	30.2	1225	1.0	48						
云杉组	1.5	3								
柏树组	0.5									
柞树组	97 803.1	106 723	132.3	8647						
桦树组	562.4	8557	13.7	1315						
色树组	166.1	397.5			2.7	365				
榆树组	16.2	1338								
水曲柳组	37.6	1172								
核桃楸组	856.9	11 994	3.8	129						
黄波罗组	16.6	409								
花曲柳组	21.1	700			4.3	434				
怀槐组	379.8	2863								

续

优势树种	幼龄林		中龄林		近熟林		成熟林		过熟林	
	面积	蓄积	面积	蓄积	面积	蓄积	面积	蓄积	面积	蓄积
椴树组	535.5	23 939	50.4	4567	41.7	7274				
刺槐组	7130.0	4012	228.9	10 064	129.1	7552	130.3	6940	135.6	9526
柳树组	204.2	7851	7.3	2361	5.3	849	29.2	671	2.2	168
杨树组	2415.0	35 511	101.9	6978	33.1	5547	91.2	9214	21.9	1152
杂木组	1133.1	7860	26.4	1048						

三、天然林资源

全市天然林面积187 075.3hm^2，天然林蓄积417 792m^3。在天然林面积中，林分面积110 863.2hm^2，蓄积417 370m^3，分别占天然林面积蓄积的59.26%、99.90%；疏林面积1236.9hm^2，蓄积422m^3，分别占0.66%、为0.10%；封育未成林面积8723.3hm^2，占天然林面积的4.66%；乔木经济林面积65 990.9hm^2，占35.28%；灌木林面积261.0hm^2，占0.14%，详见表17-8。

在天然林林分中，用材林面积15 737.5hm^2，蓄积82 223m^3；防护林面积75 984.7hm^2，蓄积314 428m^3；薪炭林面积18 987.7hm^2，蓄积5526m^3；特用林面积153.3hm^2，蓄积15 193m^3。

表17-8 天然林面积、蓄积统计表　　单位：hm^2、m^3

统计单位	合计		林分		疏林		乔木经济林	封育未成林	灌木林
	面积	蓄积	面积	蓄积	面积	蓄积	面积	面积	面积
营口市	187 075.3	417 792	110 863.2	417 370	1236.9	422	65 990.9	8723.3	261.0
盖州市	153 019.9	221 036	93 901.5	220 858	1054.5	178	49 799.2	8132.5	132.2
大石桥市	32 964.4	195 711	16 023.1	195 467	113.8	244	16 191.7	511.9	123.9
鲅鱼圈区	1091.0	1045	938.6	1045	68.6			78.9	4.9

四、人工林资源

全市人工林面积60 001.3hm^2，人工林蓄积299 249m^3。在人工林面积中，林分面积14 445.1hm^2，蓄积298 802m^3，分别占人工林面积蓄积的24.07%、99.85%；疏林面积430.9hm^2，蓄积447m^3，分别占0.72%、0.15%；未成林面积3606.6，占人工林面积的6.01%；乔木经济林面积40 669.0hm^2，占67.78%；灌木林面积849.7hm^2，占1.42%，详见表17-9。

在人工林林分中，用材林面积5314.4hm^2，蓄积196 112m^3；防护林面积7770.0hm^2，蓄积100 447m^3；薪炭林面积1334.9hm^2，蓄积14m^3；特用林面积25.8hm^2，蓄积2229m^3。

表17-9 人工林面积、蓄积统计表　　单位：hm^2、m^3、%

统计单位	合计		林分		疏林		乔木经济林	造林未成林	灌木林
	面积	蓄积	面积	蓄积	面积	蓄积			
营口市	60 001.3	299 249	14 445.1	298 802	430.9	447	40 669.0	3606.6	849.7
盖州市	38 146.0	136 429	8326.2	136 384	261.9	45	26 924.6	2107.4	525.9
大石桥市	16 731.7	141 155	4684.5	140 753	92.1	402	10 884.9	836.4	233.8
鲅鱼圈区	4386.1	7435	1230.8	7435	74.0		2705.3	298.0	78.0
老边区	737.5	14 230	203.6	14 230	2.9		154.2	364.8	12.0

五、灌木林资源

全市灌木林地面积1110.7hm^2。在灌木林地面积中，国家特别规定灌木林面积616.9hm^2（其中灌木经济林153.6hm^2），占灌木林地面积的55.54%；其他灌木林地面积493.8hm^2，占44.46%。主要灌木树种有紫穗槐、胡枝子、榛子、溲疏、灌木柳等。

六、经济林

全市经济林面积107 306.7hm^2，其中乔木经济林面积106 659.9hm^2，占经济林面积的99.40%；灌木经济林面积646.8hm^2，占0.60%。乔木经济林主要树种有柞树、苹果、梨、桃、杏、李子、板栗和枣；灌木经济林主要树种有山杏、紫穗槐、胡枝子、榛子、溲疏和其他灌木，详见表17-10。

表17-10　经济林各亚林种面积统计表

单位：hm^2

统计单位	面积合计	果树林	食用原料林	蚕场	其他经济林
营口市	107 306.7	41 136.6	27.3	65 988.4	154.4
盖州市	77 235.3	27 371.9		49 799.2	64.2
大石桥市	27 145.3	10 881.6	25.7	16 189.2	48.8
鲅鱼圈区	2765.8	2728.9	1.6		35.3
老边区	160.3	154.2			6.1

七、生态公益林和营造林重点工程建设情况

（一）公益林保护面积

全市公益林面积95 440.8hm^2，其中林分面积83 933.8hm^2，疏林地面积1280.8hm^2，灌木林地面积329.3hm^2，未成林地面积3662.6hm^2，无林地面积6234.3hm^2，详见表17-11。

表17-11　公益林面积统计表

单位：hm^2

统计单位	森林类别	林分				疏林地	灌木林	未成林地	无林地
		小计	针叶林	阔叶林	针阔混交林				
营口市		83 933.8	7382.8	75 475.8	1075.2	1280.8	329.3	3662.6	6234.3
	重点公益林	60 789.4	5979.4	54 042.3	767.7	1083.6	293.9	494.0	198.6
	一般公益林	23 144.4	1403.4	21 433.5	307.5	197.2	35.4	3168.6	6035.7
盖州市		63 085.5	3881.4	58 732.8	471.3	956.7	12.0	1891.6	41.5
	重点公益林	47 964.6	3549.9	44 058.5	356.2	932.4	8.4	87.3	15.3
	一般公益林	15 120.9	331.5	14 674.3	115.1	24.3	3.6	1804.3	26.2
大石桥市		18 617.6	3271.9	14 836.5	509.2	204.9	289.0	1054.0	5141.5
	重点公益林	11 956.3	2353.0	9271.6	331.7	125.0	282.8	232.3	182.4
	一般公益林	6661.3	918.9	5564.9	177.5	79.9	6.2	821.7	4959.1
鲅鱼圈区		2027.1	229.5	1703.4	94.2	116.3	22.4	352.2	955.9
	重点公益林	866.7	76.5	710.4	79.8	26.2		173.7	
	一般公益林	1160.4	153.0	993.0	14.4	90.1	22.4	178.5	955.9
老边区		203.6		203.1	0.5	2.9	5.9	364.8	95.4
	重点公益林	1.8		1.8			2.7	0.7	0.9
	一般公益林	201.8		201.3	0.5	2.9	3.2	364.1	94.5

1. 重点公益林面积

在公益林总面积中，重点公益林面积62 451.0hm²。其中林分面积60 655.4hm²，占97.12%；疏林地面积1029.3hm²，占1.65%；灌木林地面积204.5hm²，占0.33%；未成林地面积382.8hm²，占0.61%；无林地面积179.0hm²，占0.29%，详见图17-7。

2. 一般公益林面积

在公益林面积中，一般公益林面积32 989.8hm²，其中林分面积23 278.4hm²，占70.56%；疏林地面积251.5hm²，占0.76%；灌木林地面积124.8hm²，占0.38%；未成林地面积3279.8hm²，占9.94%；无林地面积6055.3hm², 占18.36%，见图17-8。

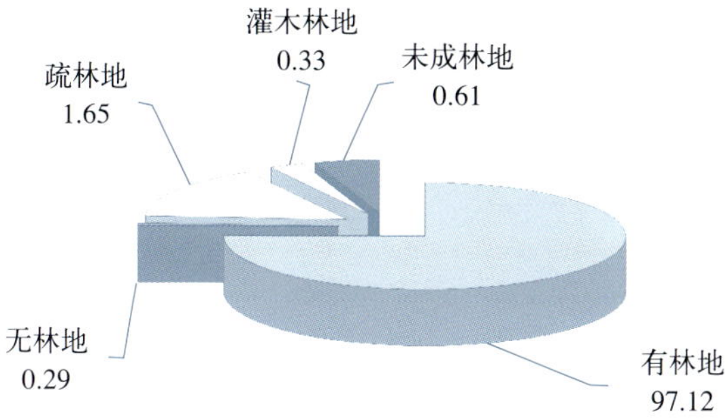

图17-7 重点公益林各地类面积比例（%）

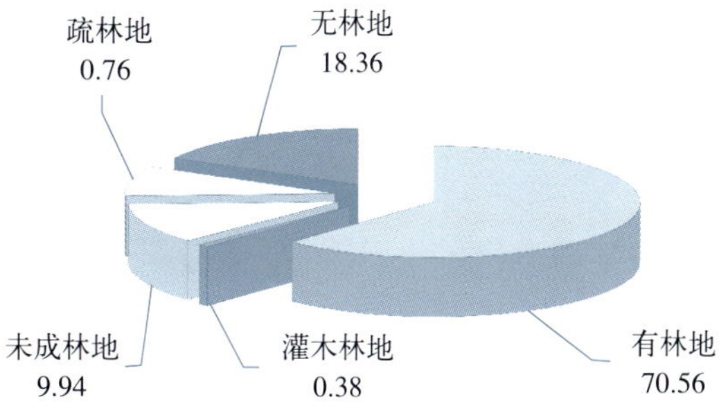

图17-8 地方公益林各地类面积比例（%）

（二）重点工程建设

1. 退耕还林工程

退耕还林工程自2001年在全市启动以来，截至2004年底共造林13 381.4hm²，目前已经成林面积3116.8hm²，未成林面积1991.4hm²，共5028.2hm²，其中退耕还林耕地造林2956.27hm²，荒山造林2071.93hm²。

2. 三北防护林体系建设工程

三北防护林（包括海防林）体系建设工程完成造林266.8hm²，其中林分面积为2.6hm²，未成林面积为264.2hm²。

3. 速生丰产林工程

全市世界银行贷款四期项目建设面积为658.3hm²（包括用材林、经济林济），其中有林地428.8hm²，未成林林地229.5hm²。在有林地中，林分面积62.1hm²，乔木经济林面积366.7hm²，详见表17-12。

表17-12 各造林工程按地类面积统计表

单位：hm²

统计单位	工程类别	合计	有林地					疏林地	灌木林地	未成林地
			小计	林分			乔木经济林			
				计	针叶林	阔叶林				
营口市		5953.3	3383.2	2358.5	16.5	2342.0	1024.7	133.3	31.7	2405.1
	退耕还林	5028.2	2951.8	2293.8	16.5	2277.3	658.0	133.3	31.7	1911.4
	三北防护林	266.8	2.6	2.6		2.6				264.2
	速生林	658.3	428.8	62.1		62.1	366.7			229.5

第三节 森林资源分析

一、森林资源特点

（一）林木权属由集体所有向个人、多元化所有转移

全市林分面积125 308.3hm^2，蓄积716 172m^3，其中个人林分面积、蓄积占绝对优势，分别占67.84%、66.32%；集体林次之，分别占28.90%、21.60%；国有林分别占1.28%、8.26%；部门国有、合作造林分别占1.98%、3.82%。说明全市林地、林木权属通过林权改革，由过去的集体经营管理逐步转向个人经营管理。

（二）天然林面积比重大

在林分面积中，天然林面积、蓄积占绝对优势，分别占全市林分面积、蓄积的88.47%、58.28%；人工林面积、蓄积只占11.53%、41.72%。

（三）树种结构向多元化发展

全市林分树种比较丰富，各优势树种面积从大到小依次为柞树、刺槐、杨树、落叶松、油松、柳树、樟子松、柏树、榆树、怀槐和红松；优势树种蓄积依次为落叶松、杨树、柳树、油松、榆树、樟子松和水曲柳。树种结构趋向多元化发展。

（四）乔木经济林比重大

全市经济林面积占绝对优势，占林种总面积的46.13%；防护林面积次之，占36.01%；用材林面积占9.05%，薪炭林面积占8.74%，特用林面积占0.07%。蓄积按大小排列顺次为防护林、用材林、特用林和薪炭林。

（五）幼龄林多，中、近、成熟林少

全市幼龄林面积、蓄积占绝对优势，分别占林分面积、蓄积的97.59%、70.89%；中龄林占1.82%、20.66%；近熟林占0.25%、4.37%；成熟林占0.21%、2.56%；过熟林占0.13%、1.52%。

二、森林资源动态分析

营口市上期森林资源二类调查时间是1993年，通过两期调查数据对比分析，得出如下动态变化趋势。

（一）林业用地面积对比分析

1. 林业用地总面积略有增加

全市林业用地面积260 539.9hm^2，比1993年调查数据259 831.0增加了708.9hm^2，年净增率为0.02%。增加的主要原因是，第一，近几年全市开展了退耕还林工程，截至“十五”期末，耕地退耕还林并纳入林地管理面积5028.2hm^2；第二，国家重视生态环境建设，加快造林绿化步伐，加大林业重点工程建设力度，如三北防护林工程（包括海防林工程）、速生丰产林工程、绿色通道绿化工程等，使部分非林业用地通过工程造林转入林业用地；第三，本期二类调查技术手段先进，调查精度有了大幅度的提高，使前期区划遗漏及错划的小班得到了有效的纠正等。上述因素是林业用地面积增加的主要原因。

2. 林分面积大幅度增加

全市林分面积为125 308hm²，比1993年的90 324hm²，增加了34 984hm²，年净增率为3.27%。林分中幼龄林面积增加幅度较大，林业重点工程建设取得了明显效果。

3. 乔木经济林面积大幅度减少

全市经济林地面积107 306.7hm²，比1993年147 890.0hm²减少了40 583.3hm²，净减率27.44%，年平均净减率2.29%。主要原因是调查技术标准发生变化，使一部分经济林本期调查时划入灌木林地中，还有农地中的经济林本次没有区划调查。

4. 疏林地面积大幅度减少

全市疏林地面积1667.8hm²，比1993年2851.0hm²减少了1183.2hm²，净减率41.50%，年平均净减率3.46%。封山育林、低产林改造是疏林地减少的主要原因。

5. 未成林地面积大幅度增加

全市未成林地面积12 329.9hm²，比1993年1539.0hm²增加了10 790.9hm²，净增率高达701.16%，年平均净增率58.43%。未成林地面积大幅度增加是宜林荒山荒地造林、迹地更新和封山育林的结果。

6. 无林地面积大幅度减少

全市无林地面积13 316.5hm²，比1993年15 874.0hm²减少了2557.5hm²，净减率16.11%，年平均净减率1.34%。封山育林和人工造林是无林地减少的主要原因。

（二）各类林木蓄积对比分析

全市活立木总蓄积为877 929m³，比1993年活立木总蓄积1 054 900m³减少了176 971m³，年下降率为1.40%。林分蓄积减少了54 028m³，年下降率0.58%；疏林蓄积减少了1431m³，年下降率为5.18%；散生木蓄积增加了516m³，年净增率为1.95%；四旁树蓄积减少了122 028m³，年下降率为3.63%，详见表17-13。

表17-13 两期森林资源二类调查各类蓄积对比表 单位：m³

蓄积类别	1993年	2005年	差 值
总蓄积	1 054 900	877 929	−176 971
林分蓄积	770 200	716 172	−54 028
疏林蓄积	2300	869	−1431
散生木蓄积	2200	2716	516
四旁树蓄积	280 200	158 172	−122 028

（三）森林覆盖率对比分析

全市森林覆盖率为43.40%，比1993年的44.62%下降了1.22个百分点，年均下降0.10个百分点。下降的原因是本次没有对农地果树区划调查（面积有41 231hm²），不能参加覆盖率计算，是覆盖率下降的主要原因。

（四）天然林面积、蓄积对比分析

全市天然林分面积110 863.2hm²，比1993年的78 831hm²增加了32 032.2hm²，年均净增率3.39%；天然林分蓄积417 370m³，比1993年362 900m³增加了54 470m³，年均净增率1.25%。

（五）人工林面积、蓄积对比分析

全市人工林面积14 445.1hm²，比1993年11 493hm²增加了2952.1hm²，年净增率2.14%；人

工林蓄积298 802m^3，比1993年407 300m^{3}减少了108 498m^3，年下降率2.22%。

（六）权属结构对比分析

从对比情况看，国有、集体和非林业系统权属面积、蓄积呈负增长，其余权属面积、蓄积均有不同程度增加，详见表17-14。

表17-14 两期森林资源二类调查林分各权属面积、蓄积对比表 单位：hm^2、m^3

权属	2005年		1993年		差值	
	面积	蓄积	面积	蓄积	面积	蓄积
合计	125 308.3	716 172	90 324	770 200	34 984.3	-54 028
国有	1600.1	59 179	1965.0	97 900	-364.9	-38 721
国合	478.8	16 767	327.0	6800	151.8	9967
集体	36 216.8	154 727	81 588	579 700	-45 371.2	-424 973
个人	85 008.9	474 991	6307	48 400	78 701.9	426 591
非林业系统	2003.7	10 508	137.0	37 400	-1866.7	-26 892

从上述变化中可以看出：国有林、国合林林分面积、蓄积基本趋向稳定，蓄积略有下降，面积稳步增长；集体林、非林业系统林分面积、蓄积在减少，个体林面积大幅度增加，面积、蓄积年净增率高达103.99%、73.45%，说明全市非公有制林业发展成效显著，林业所有制形式和投资结构逐步趋向多元化。

（七）龄组结构对比分析

全市幼龄林面积、蓄积大幅度增加，中、近、成熟林资源相对稳定，过熟林面积、蓄积略有增长，详见表17-15。

表17-15 两期森林资源二类调查林分各龄组面积、蓄积对比表 单位：hm^2、m^3

权属	2005年		1993年		差值	
	面积	蓄积	面积	蓄积	面积	蓄积
合计	125 308.3	716 172	90 324.0	770 200	34 984.3	-54 028
幼龄林	122 292.1	507 708	86 606.0	425 500	35 686.1	82 208
中龄林	2283.8	147 942	2406.0	182 000	122.2	-34 058
近熟林	307.1	31 312	561.0	77 600	-253.9	-46 288
成熟林	265.6	18 364	647.0	76 000	-381.4	-57 636
过熟林	159.7	10 846	104.0	8700	55.7	2146

全市林分中，幼龄林和中龄林所占比重高达99.42%，虽然林业发展后劲大，但是可采资源严重不足。1993年近、成、过熟林面积为1312.0hm^2，占林分面积的1.45%，2005年近成过熟林面积为732.4hm^2，占林分面积的0.58%，2005年比1993年减少了579.6hm^2。

（八）林分质量对比分析

从2005年森林资源二类调查结果可以看出，全市森林资源质量普遍下降，详见表17-16。

表17-16 森林蓄积及林分面积动态变化表 单位：hm^2、m^3、m^3/hm^2

年份	活立木	林分			用材林		
	总蓄积量	面积	蓄积	单位蓄积量	面积	蓄积	单位蓄积量
1993年	1 054 900	90 324	770 200	8.53	20 299	533 600	26.29
2005年	877 929	125 308.3	716 172	5.72	21 051.9	278 335	13.22

全市林分蓄积量由1993年的8.53m^3/hm^2，下降到2005年的5.72m^3/hm^2；用材林蓄积量由1993年的26.29m^3/hm^2，下降到2005年的13.22m^3/hm^2，详见图17-9。

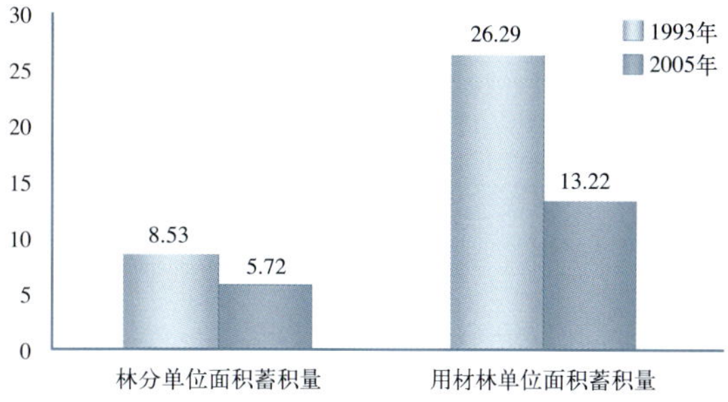

图17-9 林分单位面积蓄积量对比

单位：m^3/hm^2

（九）森林资源经营分析

全市现有森林资源中，按经营措施类型划分：主伐利用面积353.5hm^2，蓄积23 145m^3；公益林更新采伐面积72.1hm^2，蓄积6065m^3；薪炭林采伐面积1805.5hm^2，蓄积5540m^3；低产林改造面积217.5hm^2，蓄积180m^3；低效林改造面积2694.5hm^2，蓄积1241m^3；抚育间伐面积10 615hm^2，蓄积135 402m^3；封育面积112 301.6hm^2，蓄积545 468m^3；未成林幼抚面积11 710.1hm^2。资源比较丰富但同经济发展的需要仍存在巨大差距，抚育间伐和未成林幼抚任务艰巨，低效林改造任务也很繁重，详见表17-17。

表17-17 经营措施类型统计表

单位：hm^2、m^3

统计单位		营口市	鲅鱼圈区	老边区	盖州市	大石桥市
主伐利用	面积	353.5			327.7	25.5
	蓄积	23 145			20 744	2401
公益林更新采伐	面积	72.1		0.8	13.1	58.2
	蓄积	6065		130	1807	4128
薪炭林采伐	面积	1805.5			1792	13.5
	蓄积	5540			5526	14
低产林改造	面积	217.5	18.3		198.2	1
	蓄积	180			180	
低效林改造	面积	2694.5	155	2.9	2226.5	310.5
	蓄积	1241	62		531	648
抚育间伐	面积	10 615	191.7		7013.1	3410.2
	蓄积	135 402	651		55 390	79 361
未成林幼抚	面积	11 710.1	328.3	364.1	9816.1	1201.6
	蓄积					
封育	面积	112 301.6	2018	209.4	92 543.9	17 530.3
	蓄积	545 468	7767	14 100	273 287	250 314

第四节 森林资源管理现状与对策

一、森林资源管理现状

（一）相关法规制定情况

林业是一项重要的公益事业和基础产业，具有多种效益和功能，在促进经济社会发展，维护国土生态安全，为广大人民群众谋福利等方面都起到了至关重要的作用。因此，营口市根据《森林法》和《辽宁省实施〈森林法〉办法》，结合本市森林资源管理现状及特点，几年来相继出台如下地方林业法规：

1988年营口市人民政府印发了《营口市关于征占用林地管理暂行办法》（营政发〔1988〕42号）；

1993年营口市人民政府印发了《营口市封山育林管理暂行办法》（营政发〔1993〕23号）；

1998年营口市人民政府印发了《关于加快治理开发农村“四荒”资源的通知》（营政办发〔1998〕8号）；

1999年营口市人民政府印发了《营口市森林资源有偿转让管理暂行办法》（营政发〔1999〕45号）；

2002年营口市人民政府印发了《营口市陆生野生动植物资源保护管理暂行办法》（营政发〔2002〕23号）；

2003年营口市人民政府印发了《关于进一步加强林业生态建设的决定》；

2005年营口市人民政府印发了《关于深化集体林权制度改革实施意见》（营政发〔2005〕40号）；

2006年营口市人民政府为了解决林牧矛盾，改善生态环境，印发了《营口市封山禁牧管理暂行规定》（营政发〔2006〕18号。

（二）森林资源管理重要举措与评价

1. 分类经营界定与资源管理评价

根据森林分类区划要求和标准，针对全市的生态区位重要性、森林生态脆弱性、生态环境现状和社会经济发展水平，考虑到生态公益林和商品林两类林分的合理比例和布局，并在充分尊重群众意愿的基础上，按照“因害设防，生态优先”的原则，以涵养水源、保持水土，以及重要河流两岸、交通干线为重点，全市共区划界定重点公益林面积62 451.0hm^2，一般公益林面积32 989.8hm^2。

在经营商品林方面严格执行森林经营技术规程，采伐限额使用上优先解决低产林改造和抚育间伐指标，由县级林业主管部门审批，报市林业主管部门备案。严禁对天然林和公益林采伐，对病死树采伐由县级林业主管部门审核把关，报市林业局审批，严格执行“严管林”的林业政策。

2. 强化木材市场管理

积极贯彻执行中央的林业方针政策，深入宣传贯彻林业法律法规，加大执法力度，依法行政，依法治林，强化木材市场管理，整顿规范木材经营加工秩序。2002年，营口市林业局、营口市经济贸易委员会、营口市农村经济发展局、营口市乡镇企业管理局、营口市工商行政管理局等5个部门联合印发了《关于开展木材经营（加工）单位清理整顿工作的通知》，对山区经营，特别是加工点进行严格管理，东部山区每个乡镇只许建1～2个木材经营加工厂，并且由营口市林业局审批；同时，加强监督检查，严厉打击私收滥购木材等违法行为。

3. 整顿非法占用林地

整顿非法占用林地、规范矿产资源开发秩序，是营口市在林业建设中的大事。2005年国土资源、矿业管、安全监管、公安、工商、环保、水利、林业等8个部门联合行动，对矿产资源开发秩序进行清理整顿，通过拉网排查，逐矿登记，摸清了全市违法占用林地开矿有337家，对违法占用林地开采矿藏进行立案查处，有效地打击了违法占用林地毁坏森林资源行为。依法审批征占用林地，严格控制非林业工程项目占用林地，一直坚持能不占则不占，能少占则少占的原则，严格审核审批征占用林地。对未批先占、不批也占的单位严肃查处，有效遏制了违法占用林地的现象。

4. 对封山禁牧、乱捕滥猎效果的评价

营口市人民政府在封山禁牧管理暂行规定中规定“违规放牧，赔偿损失，无法计算损失的，按每次每只（头）3～5元赔偿，无力支付赔偿费的，用牲畜作价抵顶。”各乡镇成立禁牧小分队，查处违规放牧行为，进入林地放牧的现象已逐年减少，有效地保护森林资源，减少了水土流失。

严厉打击乱捕滥猎，保护野生动物资源。为贯彻《野生动物保护法》，2002年营口市人民政府印发了《营口市陆生野生动植物资源保护管理暂行办法》，每年森林公安、野保、林政据此联合行动，查处乱捕滥猎和违法经营行为，放生大量野生动物，有效地保护了野生动物资源。

5. 对森林防火、病虫害防治效果评价

营口市在森林防火方面，坚持关键季节为重点，并采取了一系列有效措施，不断加大森林防火力度。第一，各级政府和林业主管部门把森林防火工作作为林业工作的一项中心任务，纳入到重要议事日程，并实行行政领导负责制，任务落实到人；第二，充分利用各种媒体，宣传《森林法》《森林防火条例》等各种法律法规，提高广大群众的防火意识；第三，坚持“预防为主，积极消灭”的方针，严格控制火源，减少野外用火，完善各种规章制度，使防火工作经常化、制度化、规范化；第四，逐级落实一条龙防火责任制，层层落实，上下监督，逐级检查，形成一个完整的防火责任制体系。

在森林病虫害防治方面，主要加强林业有害生物预防，严密防范外来有害物种入侵，坚持开展工程治理，大力推行无公害防治，专群结合，联防联治，标本兼治，每年防治率都超过95%以上，取得了良好的防治效果，遏制住了林业有害生物高发势头，促进林业建设持续、快速、协调、健康发展。

二、森林资源管理对策

（一）创新机制

(1) 根据全市森林资源现状及消长变化趋势，深入调查研究，建立并完善符合本地区森林经营管理要求的最佳森林经营模式和年度采伐限额分配使用机制，同时加大森林采伐限额审计、伐区验收制度，严肃查处违规、违纪行为；

(2) 强化木材市场管理，整顿规范木材买卖、加工秩序，严厉打击私收滥购木材等违法行为；

(3) 依法审批征占用林地，整顿和规范矿产资源开发秩序，对非法占用林地、毁坏林木要立案查处；

(4) 封山禁牧，对违规放牧要赔偿损失，无法计算损失的，用牲畜作价抵押；

(5) 制定非公有制林业发展的管理政策，激活全社会投资林业的积极性，促进非公有制林业的快速发展，尤其建立起鼓励通过流转扩大自有林规模而成立个体私营林场业主积极性的政策措施，以提高产权制度改革后森林集约经营水平，从而保证森林资源面积、蓄积持续稳定增长；

(6) 建立森林资源资产交易评估平台，满足林木资产所有者交易的社会需求。

（二）完善法规制度

根据国家《森林法》各项条款，进一步完善地方林业立法机制，严格按照立法和有关规定，完善林业立法的工作程序。根据国家对立法项目的统一要求，理清林业立法思路，制定科学合理的林业立法长远规划和年度计划，并组织实施。加强立法项目的前期研究、论证，强化法制工作机构的内部综合协调和审核职能，加强与其他部门的立法协调。民主立法、科学立法，建立健全林业立法的公众参与机制，通过组织立法听证会、论证会、座谈会的形式广泛听取社会各方面的意见。积极配合立法机关，做好法规草案的起草和说明工作。重视林业法规的解释，及时解答林业执法实践中出现法规适用问题，对现有的法规不利于林业发展的要进一步修改和完善。

（三）加强队伍建设

全市森林资源管理队伍非常薄弱，市（县、区）资源林政管理人员受到编制限制，管理人员只有1～2人，很难适应森林资源管理工作，有些工作很难做到规范管理。乡镇林业管理人员不稳定，更换频繁，机构不健全，只有少部分乡镇有独立的林业工作站，大部分乡镇林业工作由农业发展中心负责，设一人管理，专业学校毕业生极其缺少，整体管理水平和业务素质不高，难以提高森林资源管理水平。针对这些问题，今后要加强基层林业站机构建设、落实经费、稳定队伍创造出良好的环境，同时要强化资源林政队伍建设，提高林业行政执法队伍和设计队伍整体业务素质，建立一支政治过硬、作风优良、业务娴熟的森林资源管理队伍，以适应林业发展的需要。

（四）完善监测和管理体制

完善森林资源监测体系建设，促进林业快速发展是全市今后工作的重点。为掌握防御林业灾害的主动权，全市将建立和完善林业灾害的预警系统和抗御体系。通过建立森林火险、森林病虫害、野生动物疫源疫病监测等预警系统，及时掌握可能发生灾害的情况，快速采取应对措施，将可能发生的灾害消灭在萌芽状态之中。通过建立抗御森林火灾、外来有害生物等体系，推广应用以水灭火新技术，尽力做到不发生重大森林火灾；采取综合治理，及时清除疫点疫区，从根本上消灭外来有害生物对森林的危害；完善各种应急预案，保证能够及时、稳妥处置相关的突发事件。

要进一步加强深化林权制度改革，按照“明晰产权、放活经营、综合配套、规范流转”的要求，在全面完成林权登记换发证工作的基础上，推进森林资源资产评估、社会化服务等配套改革，坚持依法、有偿、自愿的原则，促进森林、林木和林地经营权的合理流转，积极探索山林权属承包到户后开展规模经营的模式，调动经营者投资开发林业的积极性。

第18章 阜新市森林资源

第一节 基本情况

一、自然概况

（一）地理位置

阜新市地理坐标介于东经121°01′～122°58′，北纬41°41′～42°51′之间，东临沈阳市，西接朝阳市，南依锦州市，北部与内蒙古通辽市接壤。北部为科尔沁沙地，东部为辽河平原，西部为努鲁儿虎山，属内蒙古草原与华北石质山地的过渡地带，为辽河与大凌河流域上中游低山丘陵区域。

（二）地形地貌

阜新市主要以平原为主，地貌形态是西北高东南低，东北为科尔沁沙地南缘，其间有细河盆地和柳河平原。

（三）气候

本区气候属北温带亚湿润半干旱大陆性季风气候型。年均气温7.8℃，有效积温（≥10℃）3377～3299℃，日照时数2673～2762h/a；年平均降水量450～540mm，蒸发量1560～1783mm，无霜期154天。

本区受西伯利亚和蒙古高压气团过境影响，常年多风，且频率高。年均风速2.4～3.6m/s，最大瞬时风速可达25 m/s，6级以上大风日70.8d；太阳能总辐射量574.0kJ/cm^2，太阳生理辐射量281.2 kJ/cm^2。

（四）土壤

本区土壤主要以淋溶褐土、森林棕壤土和风沙土、草甸土居多。山区主要以淋溶褐土为主、平原以草甸土为主、沙区以风沙土为主。

（五）水资源

全市水资源总量为9.7308亿m^3，地表水资源量为5.0390亿m^3，地下水资源量为6.0644亿m^3，地表和地下水之间的重复水量为1.3726亿m^3，全市水资源可利用总量为8.3182亿m^3，全市人均水资源占有量507m^3，为全省人均占有量(878m^3)的58%；亩均水资源量166m^3，为全省亩均占有量(526m^3)的30%。境内主要河流有绕阳河、柳河、细河、牤牛河、养息牧河等。

（六）植被

本区处在华北植物区系和蒙古植物区系交错地带，适宜生长的植被主要有杨树、柳树、油松、樟子松、刺槐、紫穗槐及经济树种大扁杏、山杏；沙地植物有榆树、胡枝子、差巴嘎蒿、卫矛、沙打旺、隐子草为代表。

二、社会经济概况

阜新市辖阜新蒙古族自治县、彰武县和海州区、细河区、太平区、新邱区、清河门区，共65个乡，835个村民委员会。土地总面积1 032 314.6hm^2，其中林业用地面积357 873.1hm^2。全市总人口193万人，其中城镇人口83万人，农业人口110万人，农村劳动力50万个。2005年农林牧渔业总产值70.1亿元，农民人均收入3093元。

阜新境内交通便利。铁路线穿境而过；公路101国道、304国道、沈阜公路、阜锦高速公路等与县、乡支线相连，铁阜、阜朝、沈彰线高速公路正在建设中，构成了四通八达的交通网络。通讯设施完备，与国内外交流快捷、方便。

第二节 森林资源现状

一、森林资源概述

（一）林地面积

阜新市土地总面积1 032 314.6hm^2，其中林业用地面积357 873.1hm^2，占土地总面积的34.67%；非林业用地面积674 441.5hm^2，占65.33%。

在林业用地面积中：有林地面积247 518.7hm^2，疏林地面积4239.6hm^2，灌木林地面积40 479.2hm^2，未成林地面积10 310.9hm^2，苗圃地面积787.2hm^2，无林地面积54 537.5hm^2，详见表18-1、图18-1。

在有林地面积中：林分面积236 491.2hm^2，占有林地面积的95.54%；经济林面积11 027.5hm^2，占4.46%。

表18-1 各类土地面积表

单位：hm^2

统计单位＼项目		合计	有林地	疏林地	灌木林地	未成林地	苗圃地	无林地	辅助用地
阜新市	面积	357 873.1	247 518.7	4239.6	40 479.2	10 310.9	787.2	53 572.9	964.6
	比例	100	69.2	1.2	11.3	2.9	0.2	14.9	0.3
海州区	面积	1324.7	612.9	0.9	536.4	160		14.5	
	比例	100	46.3	0.1	40.5	12.1		1.0	
新邱区	面积	1855.3	1095.8	12	498.8	95.8	5.1	146.2	1.6
	比例	100	59.1	0.6	26.9	5.2	0.3	7.8	0.1
太平区	面积	2432.7	1643.8	57.2	470.4	84.0	1.8	160.2	15.3
	比例	100	67.6	2.4	19.3	3.5	0.1	6.5	0.6
清河门区	面积	1876.7	1513.2	5.4	116	50.4		191.7	
	比例	100	80.6	0.3	6.2	2.7		10.2	
细河区	面积	2125.9	1187.1	66.0	417	66.0	62.1	286	41.7
	比例	100	55.8	3.1	19.6	3.1	2.9	13.5	2.0
阜新蒙古族自治县	面积	223 811	138 754.9	2408.6	33 647.8	8013.9	413.5	39 822.5	749.8
	比例	100	62.0	1.1	15.0	3.6	0.2	17.8	0.3
彰武县	面积	124 446.8	102 711	1689.5	4792.8	1840.8	304.7	12 951.8	156.2
	比例	100	82.5	1.4	3.9	1.5	0.2	10.4	0.1

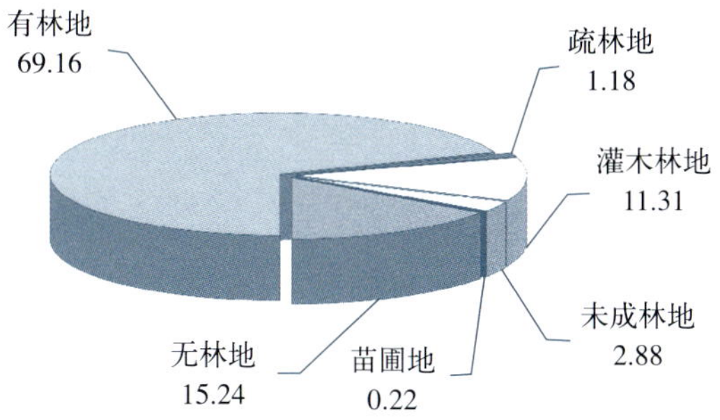

图18-1 林业用地各地类面积比例（%）

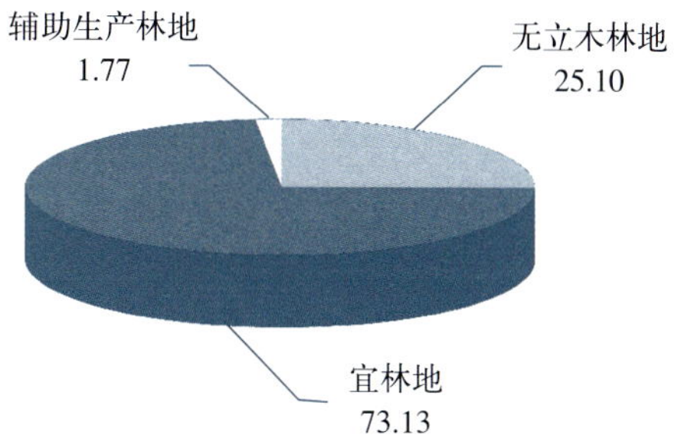

图18-2 无林地各地类面积比例（%）

在无林地面积中：无立木林地面积13 689.9hm^2，宜林地面积39 883.0hm^2，辅助生产林地面积964.6hm^2，详见图18-2。

（二）林木蓄积

阜新市活立木总蓄积8 029 607m^3，其中林分蓄积7 650 386m^3，疏林地蓄积44 351m^3，散生木蓄积15 660m^3，四旁树蓄积319 210m^3，详见表18-2、图18-3。

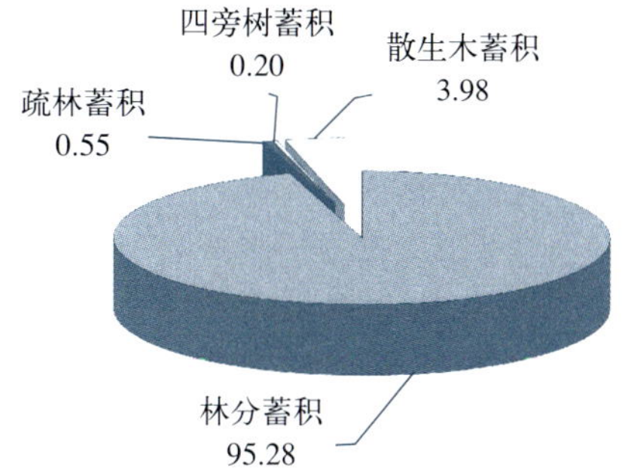

图18-3 各类蓄积比例（%）

表18-2 各类蓄积统计表

单位：m^3

统计单位	活立木总蓄积量	林分				疏林地蓄积	四旁树蓄积	散生木蓄积
		林分总蓄积	针叶林蓄积	阔叶林蓄积	针阔混交林蓄积			
阜新市	8 029 607	7 650 386	2 759 534	4 835 360	55 492	44 351	319 210	15 660
海州区	8388	5885	657	5228		49	2440	14
新邱区	62 123	52 056	21 605	30 451		199	9684	184
太平区	66 313	65 145	46 236	18 909		644	515	9
清河门区	75 246	69 360	7804	61 556		76	5743	67
细河区	53 384	46 474	19 159	27 315		872	6021	17
阜新蒙古族自治县	4 419 594	4 223 301	2 249 164	1 933 971	40 166	20 279	167 219	8795
彰武县	3 344 559	3 188 165	414 909	2 757 930	15 326	22 232	127 588	6574

（三）森林覆盖率

阜新市土地总面积1 032 314.6hm^2，有林地面积247 518.7hm^2，灌木林地面积40 479.2hm^2(其中国家特别规定灌木林1941.0hm^2)，四旁树占地面积26 157.2hm^2，森林覆盖率24.17%，林木绿化率30.43%。

（四）森林资源质量

全市林分单位面积蓄积量较低，平均为32.35m^3/hm^2，其中针叶林为30.98m^3/hm^2；阔叶林为33.14m^3/hm^2；针阔混交林为37.08m^3/hm^2，详见表18-3。

阜新市是辽宁省乃至全国防沙治沙的重点地区之一，林业建设已处在“治理与破坏相持的关键阶段”，具有“脆弱性、不确定性、反复性、不平衡性和艰巨性”的特点。在今后森林经营中，调整和优化森林资源结构，通过实施各种经营措施兑现、干预，促进现实森林向可持续方面不断演变和发展。

表18-3　林分面积、蓄积量表

单位：hm²、m³

地类	面积	蓄积	单位蓄积量	面积比例%
合计	236 491.2	7 650 386	32.35	100.00
针叶林	89 074.4	2 759 534	30.98	37.66
阔叶林	145 920.4	4 835 360	33.14	61.71
针阔混交林	1496.4	55 492	37.08	0.63

（五）非林业用地造林情况

全市非林业用地营造用材林、速生丰产林面积152.1hm²，蓄积2142m³，主要造林树种为刺槐、杨树、速生杨。

二、森林资源结构

（一）林分权属结构

按权属分，国有林面积67 833.5hm²，蓄积2 188 057m³；国合林面积884.3hm²，蓄积36 298m³；集体林面积59 673.5hm²，蓄积2 777 360m³；个体林面积80 527.1hm²，蓄积1 779 653m³；权属未定面积766.3hm²，蓄积18 606m³；其他权属面积1902.5hm²，蓄积144 479m³；非林业系统面积24 904hm²，蓄积702 663m³，详见表18-4、图18-4。

表18-4　林分按权属分的面积、蓄积表

单位：hm²、m³

统计单位	林权	合计		针叶林		阔叶林		针阔混交林	
		面积	蓄积	面积	蓄积	面积	蓄积	面积	蓄积
阜新市		236 491.2	7 650 386	89 074.4	2 759 534	145 920.4	4 835 360	1496.4	55 492
	系统国有	67 833.5	2 188 057	43 365.4	1 491 116	23 519.7	654 399	948.4	42 542
	部门国有	24 904.0	702 663	20 800.5	552 928	3951.4	143 644	152.1	6091
	集体	59 673.5	2 777 360	23 505.4	671 984	35 934.5	2 101 039	233.6	4337
	个人	80 527.1	1 779 653	949.4	29 930	79 415.7	1 747 201	162.3	2522
	合作	2786.8	184 047	134.7	1144	2652.1	182 903		
	未定	766.3	18 606	319.3	12 432	447	6174		

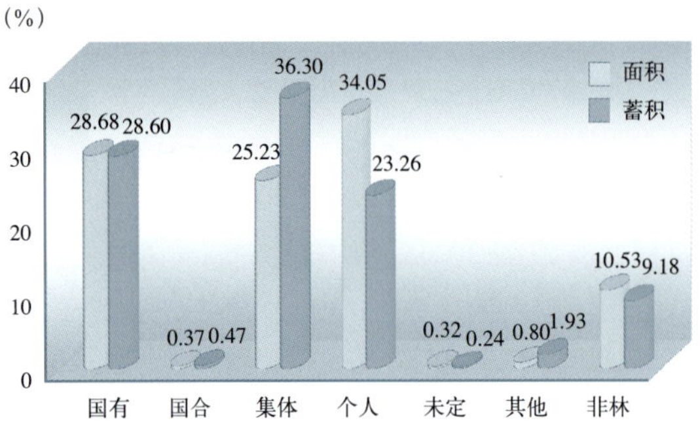

图18-4　林分各权属面积蓄积比例

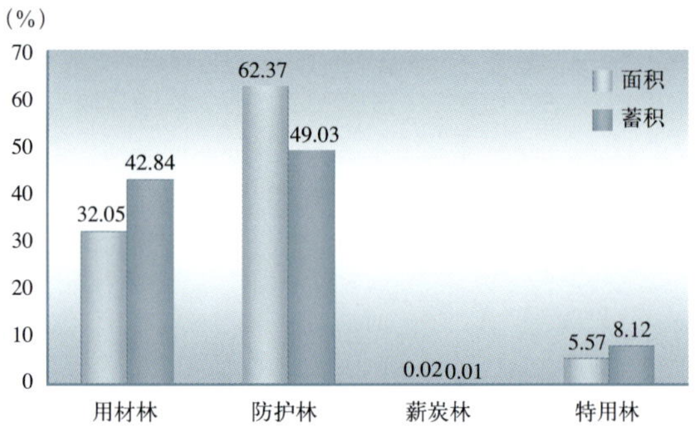

图18-5　林分各林种面积蓄积比例

（二）林种结构

全市防护林面积147 487.8hm²，蓄积3 750 651m³；特种用途林面积13 163.1hm²，蓄积621 164m³；用材林面积75 788.6hm²，蓄积3 277 594m³；薪炭林面积51.7hm²，蓄积977m³，详见表18-5、图18-5。

表18-5 林分面积、蓄积按林种统计表

单位：hm^2、m^3

统计单位	林 种	林分面积	林分蓄积
阜新市		236 491.2	7 650 386
	防护林	147 487.8	3 750 651
	特用林	13 163.1	621 164
	用材林	75 788.6	3 277 594
	薪炭林	51.7	977

（三）龄组结构

在林分中，幼龄林面积109 613.9hm^2，蓄积1 309 399m^3；中龄林面积66 800.4hm^2，蓄积2 707 864m^3；近熟林面积15 635.3hm^2，蓄积979 579m^3；成熟林面积20 256.8hm^2，蓄积1 253 511m^3；过熟林面积24 184.8hm^2，蓄积1 400 033m^3，详见表18-6、图18-6。

表18-6 林分各龄组面积统计表

单位：hm^2

统计单位	合计	幼龄林	中龄林	近熟林	成熟林	过熟林
阜新市	236 491.2	109 613.9	66 800.4	15 635.3	20 256.8	24 184.8
海州区	584.4	553.9	3	8.6	8.3	10.6
新邱区	1016.6	684.7	205.2	40.7	65.8	20.2
太平区	1559.9	663.1	687.3	110	91.7	7.8
清河门区	1291.4	712.2	143.9	180	80.8	174.5
细河区	1126.5	878.4	147.1	41.2	25.1	34.7
阜新蒙古族自治县	132 593.7	53 845.4	52 725.7	7497.2	5501.5	13 023.9
彰武县	98 318.7	52 276.2	12 888.2	7757.6	14 483.6	10 913.1

（四）树种结构

全市林分阔叶树种主要是杨树及速生杨，面积136 362.8hm^2，占林分面积的57.66%，蓄积占林分蓄积的60.69%；针叶树种以油松为主，在针叶树种组中，有红松、落叶松、油松、樟子松、柏树、冷杉等6个树种组，面积为88 959.8hm^2，蓄积为2 717 978m^3。其中油松组、樟子松组面积、蓄积最大，面积为87 163hm^2，蓄积为2 711 177m^3，分别占针叶树种组面积、蓄积的97.98%、99.75%。

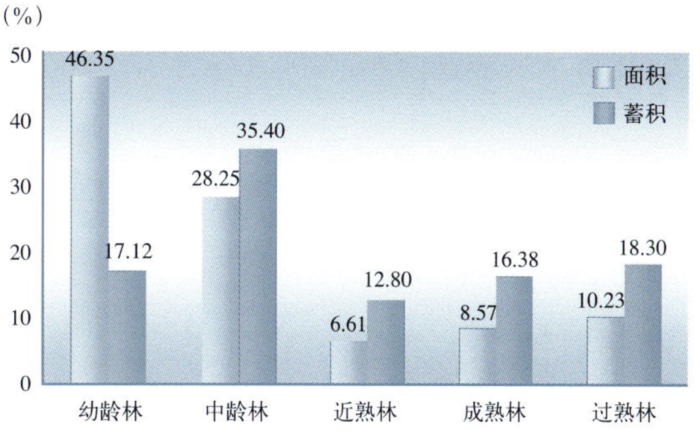

图18-6 林分各龄组面积蓄积比例

在阔叶树种组中，有柞树、色树、榆树、水曲柳、花曲柳、胡桃楸、黄波罗、怀槐、椴树、刺槐、柳树、杨树和杂木等13个树种组，面积为146 329.3hm^2，蓄积为4 887 418m^3，其中杨树组面积、蓄积最大，面积为135 896.8hm^2，蓄积为4 625 563m^3，分别占阔叶树种组面积、蓄积的92.87%、94.64%，详见表18-7。

三、天然林资源

全市天然林面积27 310.2hm^2，蓄积118 533m^3。在天然林面积中，林分面积5410hm^2，

表18–7 林分各树种（组）面积、蓄积统计表

单位：hm²、m³

优势树种	幼龄林		中龄林		近熟林		成熟林		过熟林	
	面积	蓄积	面积	蓄积	面积	蓄积	面积	蓄积	面积	蓄积
	109 613.9	1 309 399	66 800.4	2 707 864	15 635.3	979 579	20 256.8	1 253 511	24 184.8	1 400 033
红松组	6.1	486								
落叶松组	332.1	10 375	613.4	25307	125.1	5380	1.5	15		
油松组	24 955.8	569 644	49 102	1 669 519	4819.2	200 620	206.3	13 203	12.4	253
樟子松组	6941.2	194 350	2005.7	95 836	85.9	5871				
云杉组	0.7	6								
冷杉组	0.4									
柏树组	716.6	6246	1.1	69						
柞树组	1235.6	26 055	1096.6	24 540						
色树组	262.2	11 070	385.8	11 607						
榆树组	1347.4	5375	434.3	5509	28.8	694	1.6	167		
水曲柳组			3.3	16						
胡桃楸组			7.9	203						
黄波罗组	15.3	4	31.4	1047						
花曲柳组	408.8	5674	97.8	2362	6.9	288				
怀槐组	4.8	159	29.1	1304						
椴树组			168.8	7592						
刺槐组	1889.3	15 714	627.2	15 942	110.5	4192	169.7	6599	97.5	3560
柳树组	171.4	6212	66.6	7605	40	5160	123.4	16 769	238.6	23 170
杨树组	18 809.7	185 761	4423.4	327 722	5416.4	359 138	13 137	712 453	21 014.6	1 167 723
速生杨	51 449.2	272 131	7676.9	510 881	4996.6	397 911	6617.3	504 305	2821.7	205 327
杂木组	1067.3	137	29.1	803	5.9	325				

蓄积117 291m³，分别占天然林面积、蓄积的19.81%、98.95%；疏林面积70.1hm²，蓄积1242m³，分别占0.26%、1.05%；未成林面积60.5hm²，占天然林面积的0.22%；灌木林面积21 769.6hm²，占79.71%。

在天然林林分中，用材林面积862.9hm²，蓄积38 063m³；防护林面积22 030hm²，蓄积61 472m³；经济林面积160.3hm²；薪炭林面积51.7hm²，蓄积977m³；特用林面积4205.3hm²，蓄积18 021m³，详见表18-8。

表18–8 天然林面积蓄积统计表

单位：hm²、m³

统计单位	面积合计	林分												疏林地		乔木经济林	封育未成林	灌木林
		小计		幼龄林		中龄林		近熟林		成熟林		过熟林						
		面积	蓄积	面积	蓄积	面积	蓄积	面积	蓄积	面积	蓄积	面积	蓄积	面积	蓄积	面积	面积	面积
阜新市	27 310.2	5410	117 291	3106.2	41 857	1638.2	40 512	319.3	16 575	337.8	18 020	8.5	327	70.1	1242		60.5	21 769.6
新邱区	299.2																	299.2
太平区	264.2																	264.2
清河门区	131.1	18	1570					18	1570									113.1
细河区	12.1	12.1	223	4.3		7.8	223											0
阜新蒙古族自治县	25 458	4738.6	113 313	2501.4	41 185	1597.4	39 168	293.8	14 613	337.5	18 020	8.5	327	68.4	1227		60.5	20 590.5
彰武县	1145.6	641.3	2185	600.5	672	33	1121	7.5	392	0.3				1.7	15			502.6

四、人工林资源

全市人工林面积275 238.2hm^2，蓄积7 576 204m^3。在人工林面积中，林分面积231 081.2hm^2，蓄积7 533 095m^3，分别占人工林面积、蓄积的83.96%、99.43%；疏林面积4169.5hm^2，蓄积43 109m^3，分别占人工林面积、蓄积的1.51%、0.57%；未成林面积10 250.4hm^2，占人工林面积的3.72%；乔木经济林面积11 027.5hm^2，占人工林面积的4.01%；灌木林面积18 709.6hm^2，占人工林面积的6.80%。

在人工林林分中，用材林面积77 858.9hm^2，蓄积3 268 147m^3；防护林面积171 209.6hm^2，蓄积3 704 573m^3；经济林面积12 808.2hm^2；薪炭林面积30.3hm^2；特用林面积13 331.2hm^2，蓄积603 484m^3，详见表18-9。

表18-9　人工林面积蓄积统计表　　单位：hm^2、m^3

统计单位	面积合计	林分							
		小计		幼龄林		中龄林		近熟林	
		面积	蓄积	面积	蓄积	面积	蓄积	面积	蓄积
阜新市	275 238.2	231 081.2	7 533 095	106 507.7	1 267 542	65 162.2	2 667 352	15 316	963 004
海州区	1310.2	584.4	5885	553.9	2339	3	283	8.6	677
新邱区	1403.2	1016.6	52 056	684.7	21 731	205.2	15 535	40.7	6235
太平区	1991.2	1559.9	65 145	663.1	19 837	687.3	30 715	110	7028
清河门区	1553.9	1273.4	67 790	712.2	21 878	143.9	9489	162	14 254
细河区	1724.0	1114.4	46 251	874.1	23 345	139.3	10 526	41.2	5635
阜新蒙古族自治县	157 367.2	127 855.1	4 109 988	51 344	627 044	51 128.3	1 859 381	7203.4	410 933
彰武县	109 888.5	97 677.4	3 185 980	51 675.7	551 368	12 855.2	741 423	7750.1	518 242

统计单位	林分				疏林地		乔木经济林	造林未成林	灌木林
	成熟林		过熟林						
	面积	蓄积	面积	蓄积	面积	蓄积	面积	面积	面积
阜新市	19 919	1 235 491	24176.3	1 399 706	4169.5	43 109	11 027.5	10 250	18 709.6
海州区	8.3	1102	10.6	1484	0.9	49	28.5	160	536.4
新邱区	65.8	6631	20.2	1924	12	199	79.2	95.8	199.6
太平区	91.7	7300	7.8	265	57.2	644	83.9	84	206.2
清河门区	80.8	7827	174.5	14 342	5.4	76	221.8	50.4	2.9
细河区	25.1	3187	34.7	3558	66	872	60.6	66	417.0
阜新蒙古族自治县	5164	386 695	13 015.4	825 935	2340.2	19 052	6161.2	7953.4	13 057.3
彰武县	14 483.3	822 749	10 913.1	552 198	1687.8	22 217	4392.3	1840.8	4290.2

五、灌木林资源

全市灌木林地面积40 479.2hm^2。在灌木林面积中，国家特别规定灌木林面积1941.0hm^2，占灌木林面积的4.80%；其他灌木林38 538.2hm^2，占灌木林面积的95.20%。

六、经济林资源

全市共有经济林面积12 968.5hm^2，其中乔木经济林面积11 027.5hm^2，占经济林面积的

表18-10 经济林面积统计表

单位：hm^2

统计单位	树种	合计	乔木经济林	灌木经济林
阜新市		12 968.5	11 027.5	1941.0
	山杏	1320.9	0.0	1320.9
	紫穗槐	2.9	0.0	2.9
	榛子	7.8	0.0	7.8
	沙棘	30.6	0.0	30.6
	柠条	95.8	0.0	95.8
	苹果	241.5	241.5	0.0
	梨	3621.5	3621.5	0.0
	沙果	51.3	51.3	0.0
	山楂	77.6	77.6	0.0
	桃	0.6	0.6	0.0
	杏	6122.9	6122.9	0.0
	李子	164.9	164.9	0.0
	枣	313.4	313.4	0.0
	葡萄	483.0	0.0	483.0
	其他经济树种	433.8	433.8	0.0

85.0%；灌木经济林面积1941.0hm^2，占15.0%。乔木经济林主要树种为杏和苹果，灌木经济林主要树种为山杏，详见表18-10。

七、生态公益林和营造林重点工程建设情况

（一）公益林面积

全市公益林建设面积250 170.5hm^2，其中有林地面积160 650.9hm^2，疏林地面积2803.3hm^2，灌木林地面积38 507.9hm^2，未成林地面积8814.0hm^2，无林地面积39 394.4hm^2，详见表18-11、图18-7。

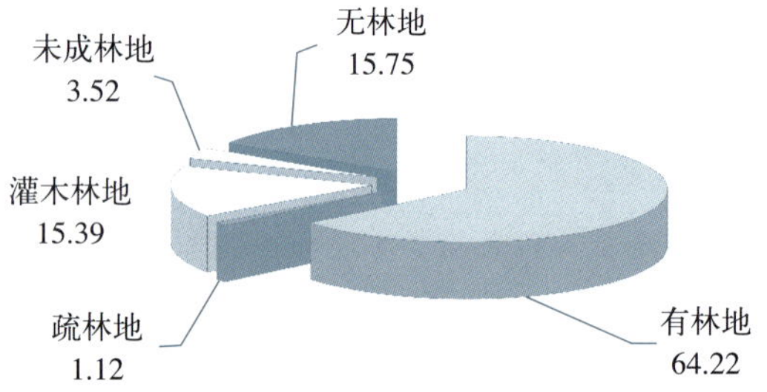

图18-7 公益林各地类面积比例（%）

表18-11 公益林面积统计表

单位：hm^2

统计单位	森林类别	林分				疏林地	灌木林	未成林地	无林地
		小计	针叶林	阔叶林	针阔混交林				
阜新市		160 650.9	79 986.2	79 225.6	1439.1	2803.3	38 507.9	8814.0	39 394.4
	重点公益林	95 005.8	72 566.0	21 237.0	1202.8	2428.8	24 886.6	1989.9	35 058.0
	一般公益林	65 645.1	7420.2	57 988.6	236.3	374.5	13 621.3	6824.1	4336.4
海州区		227.1	20.3	206.8			536.4	154.0	0.0
	重点公益林	0.0					536.4	145.3	0.0
	一般公益林	227.1	20.3	206.8			0.0	8.7	0.0
新邱区		687.1	378.9	308.2		9.1	335.0	21.1	24.5
	重点公益林	310.3	304.1	6.2			213.8	0.9	0.0
	一般公益林	376.8	74.8	302.0		9.1	121.2	20.2	24.5

续

统计单位	森林类别	林分				疏林地	灌木林	未成林地	无林地
		小计	针叶林	阔叶林	针阔混交林				
太平区		1261.1	743.9	517.2		57.2	438.8	71.0	105.4
	重点公益林	684.0	540.4	143.6			433.9	52.9	7.3
	一般公益林	577.1	203.5	373.6		9.4	4.9	18.1	98.1
清河门区		833.9	169.9	664.0		1.0	116.0	26.3	136.1
	重点公益林	236.6	169.9	66.7			58.9	1.6	10.8
	一般公益林	597.3		597.3			57.1	24.7	125.3
细河区		1124.8	633.5	491.3		32.7	345.7	11.9	75.7
	重点公益林	715.2	618.7	96.5			345.7	11.9	75.7
	一般公益林	409.6	14.8	394.8			0.0	0.0	0.0
阜新蒙古族自治县		89 932.4	65 018.1	23 890.8	1023.5	1436.6	32 449.2	7024.6	28 261.2
	重点公益林	65 029.0	58 975.1	5071.5	982.4		20 072.4	1424.3	24 521.9
	一般公益林	24 903.4	6043.0	18 819.3	41.1	197.8	12 376.8	5600.3	3739.3
彰武县		66 584.5	13 021.6	53 147.3	415.6	1266.7	4286.8	1505.1	10 791.5
	重点公益林	28 030.7	11 957.8	15 852.5	220.4	1108.5	3225.5	353.0	10 442.3
	一般公益林	38 553.8	1063.8	37 294.8	195.2	158.2	1061.3	1152.1	349.2

1. 重点公益林

在公益林中，重点公益林面积156 369.1hm²，其中有林地面积95 005.8hm²，疏林地面积2428.8hm²，灌木林地面积24 886.6hm²，未成林地面积1989.9hm²，无林地面积35 058hm²。

2. 一般公益林

一般公益林面积90 801.4hm²，其中有林地面积65 645.1hm²，疏林地面积374.5hm²，灌木林地面积13 621.3hm²，未成林地面积6824.1hm²，无林地面积4336.4hm²。

（二）重点工程建设

1. 退耕还林工程

全市自2001年开始启动退耕还林工程以来，共下达造林、种草计划任务121 300.0hm²，其中退耕地造林39 433.0hm²，退耕还草2667.0hm²，宜林荒山配套造林79 200.0hm²。

全市退耕还林工程共造林60 997.4hm²（不包括2005年18 900.0hm²的任务量），其中退耕地造林39 960.2hm²，荒山配套造林21 037.2hm²。目前已经成林面积55 167.3hm²，未成林面积5552.3hm²，其他宜林地277.8hm²。按营造林种划分，生态林面积50 772.4hm²，占退耕总面积的83.24%；经济林面积10 225.0hm²，占退耕总面积的16.76%。

2. 三北防护林体系建设工程

全市三北防护林体系建设工程营造林面积31 677hm²，其中有林地面积24 243.5hm²，疏林地面积179.1hm²，灌木林面积3567.8hm²，未成林面积3686.6hm²。

3. 速生丰产林工程

全市速生丰产林工程营造林面积2379.8hm²，均为有林地，造林主要树种为杨树，详见表18-12。

表18-12　各工程按地类统计表

单位：hm^2

统计单位	工程类别	合计	有林地				
			小计	林分			
				计	针叶林	阔叶林	针阔混交林
阜新市		95 054.2	75 211.6	67 428.1	4770.6	62 490.9	166.6
	退耕还林	60 997.4	48 588.3	41 744.2	91.2	41 653.0	0.0
	三北防护林	31 677.0	24 243.5	23 383.0	4679.4	18 537.0	166.6
	速生丰产林	2379.8	2379.8	2300.9	0.0	2300.9	0.0
海州区	退耕还林	259.7	251.0	222.5	20.3	202.2	0.0
	三北防护林	996.1	314.4	314.4	0.0	314.4	0.0
新邱区	退耕还林	248.2	229.0	211.2	0.0	211.2	0.0
	三北防护林	243.2	64.9	64.9	0.0	64.9	0.0
太平区	退耕还林	443.7	375.7	358.9	0.0	358.9	0.0
	三北防护林	203.8	15.5	15.5	1.5	14.0	0.0
清河门区	退耕还林	524.5	502.3	429.6	0.0	429.6	0.0
	三北防护林	23.3	23.3	23.3	0.0	23.3	0.0
细河区	退耕还林	476.1	265.5	249.0	0.0	249.0	0.0
	三北防护林	405.7	323.3	302.1	200.3	101.8	0.0
阜新蒙古族自治县	退耕还林	28 875.9	18 522.6	14 424.4	5.8	14 418.6	0.0
	三北防护林	9858.2	6038.7	5600.4	63.1	5503.7	33.6
	速生丰产林	258.8	258.8	258.8	0.0	258.8	0.0
彰武县	退耕还林	30 169.3	28 442.2	25 848.6	65.1	25 783.5	0.0
	三北防护林	19 946.7	17 463.4	17 062.4	4414.5	12 514.9	133.0
	速生丰产林	2121.0	2121.0	2042.1	0.0	2042.1	0.0

统计单位	工程类别	有林地	疏林地	灌木林			造林未成林	宜林地
		乔木经济林		小计	特规灌木林	其他灌木林		
阜新市		7783.5	179.8	10 146.1	1497.2	8648.9	9238.9	277.8
	退耕还林	6844.1	0.7	6578.3	1199.8	5378.5	5552.3	277.8
	三北防护林	860.5	179.1	3567.8	297.4	3270.4	3686.6	0.0
	速生丰产林	78.9	0.0	0.0	0.0	0.0	0.0	0.0
海州区	退耕还林	28.5	0.0	0.0	0.0	0.0	8.7	0.0
	三北防护林	0.0	0.0	536.4	0.0	536.4	145.3	0.0
新邱区	退耕还林	17.8	0.0	0.0	0.0	0.0	19.2	0.0
	三北防护林	0.0	0.0	178.3	0.0	178.3	0.0	0.0
太平区	退耕还林	16.8	0.0	13.4	13.4	0.0	29.6	25.0
	三北防护林	0.0	0.0	138.5	0.0	138.5	49.8	0.0
清河门区	退耕还林	72.7	0.0	0.0	0.0	0.0	22.2	0.0
	三北防护林	0.0	0.0	0.0	0.0	0.0	0.0	0.0
细河区	退耕还林	16.5	0.0	53.7	53.7	0.0	26.8	130.1
	三北防护林	21.2	0.8	73.7	13.2	60.5	7.9	0.0
阜新蒙古族自治县	退耕还林	4098.2	0.0	5385.0	745.4	4639.6	4876.3	92.0
	三北防护林	438.3	1.3	1427.1	233.2	1193.9	2391.1	0.0
	速生丰产林	0.0	0.0	0.0	0.0	0.0	0.0	0.0
彰武县	退耕还林	2593.6	0.7	1126.2	387.3	738.9	569.5	30.7
	三北防护林	401.0	177.0	1213.8	51.0	1162.8	1092.5	0.0
	速生丰产林	78.9	0.0	0.0	0.0	0.0	0.0	0.0

第三节　森林资源分析

一、森林资源特点

（一）林木权属由集体所有向多元化转变

全市林分面积236 491.2hm^2，蓄积7 650 386m^3，其中个人林分面积占绝对优势，面积、蓄积分别占34.05%、23.26%；集体林分别占25.23%、36.30%；国有林分别占28.68%、28.60%；国合、其他、未定、非林4类权属面积、蓄积只占12.04%、11.84%。这说明全市林地、林木权属通过林权改革，由过去的主要以集体所有逐步转向多元化所有。

（二）人工林多，天然林少

在林分面积中，人工林面积、蓄积占绝对优势，分别占全市林分面积、蓄积的97.71%、98.47%；天然林面积、蓄积只占2.29%、1.53%。

（三）树种结构由单一向多元化发展

全市林分各优势树种面积从大到小依次为杨树、油松、樟子松、刺槐、柞树、榆树、杂木、落叶松、色树、柏树、柳树、花曲柳、椴树、黄波罗、怀槐、胡桃楸、水曲柳和冷杉；优势树种蓄积依次为杨树、油松、樟子松、柳树、刺槐、柞树、落叶松、色树、榆树、花曲柳、椴树、柏树、怀槐、杂木、黄波罗、胡桃楸、水曲柳和冷杉。树种结构由单一向多元化发展。

（四）防护林多，用材林少

全市防护林面积占绝对优势，占林种总面积的59.59%；用材林面积次之，占30.62%；特用林面积占5.32%；经济林面积占4.45%；薪炭林面积占0.02%。各林种蓄积按大小排列依次为防护林、用材林、特用林和新炭林。

（五）中幼龄林多，可采资源少

全市幼龄林面积占绝对优势，占林分面积的46.35%；中龄林次之，占林分面积的28.25%；近、成、过熟林只占25.41%；蓄积按大小排列顺次为中龄林、过熟林、幼龄林、成熟林和近熟林。

二、森林资源动态分析

通过两期森林资源二类调查数据对比分析，全市林业用地面积、有林地面积、林分面积呈增长趋势，森林覆盖率逐年增加，活立木总蓄积、林分蓄积增长较快。

（一）林业用地面积对比分析

1. 林业用地总面积有所增加

全市林业用地面积357 873.1hm^2，比1993年调查的311 543hm^{2}增加了46 330.1hm^2，年净增率为1.24%。增加的主要原是国家重视生态环境建设，加大林业重点工程建设力度，近几年实施了退耕还林工程、三北防护林工程、绿色通道绿化工程等，使部分非林业用地通过工程造林转入林业用地，详见表18-13。

表18-13 林地面积动态变化表 单位：hm^2、%

项目	林地面积							
	合计	林分面积	乔木经济林	疏林地	灌木林地	未成林地	苗圃地	无林地
1993	311 543	194 379	6722	11 605	8497	9745	596	79 999
2005	357 873.1	236 491.2	11 027.5	4239.6	40 479.2	10 310.9	787.2	54 537.5
差值	46 330.1	42 112.2	4305.5	－7365.4	31 982.2	565.9	191.2	－25 461.5
净增率	14.87	21.66	64.05	－63.47	376.39	5.81	32.08	－31.83
年净增率	1.24	1.81	5.34	－5.29	31.37	0.48	2.67	－2.65

2. 林分面积有所增长

本期森林资源二类调查林分面积比1993年的194 379hm^2增加了42 112.2hm^2，年净增率1.81%。实施退耕还林、三北防护林等林业重点工程，加大造林和封山育林力度，森林经营水平逐渐提高，使林分面积有所增长，详见表18-14。

表18-14 林分面积动态变化表 单位：hm^2、%

项目	林分面积					
	合计	幼龄林	中龄林	近熟林	成熟林	过熟林
1993	194 379	92 294	49 148	12 787	23 976	16 174
2005	236 491.2	109 613.9	66 800.4	15 635.3	20 256.8	24 184.8
差值	42 112.2	17 319.9	17 652.4	2848.3	－3719.2	8010.8
净增率	21.66	18.77	35.92	22.27	－15.51	49.53
年净增率	1.81	1.56	2.99	1.86	－1.29	4.13

（二）各类林木蓄积对比分析

全市活立木总蓄积为8 029 607m^3，比1993年的活立木总蓄积增长了2 388 407m^3，年净增率3.53%；林分蓄积7 650 386m^3，比1993年的4 885 000m^3增长了2 765 386m^3，年净增率4.72%；散生木蓄积15 660m^3，比1993年的14 900m^3增长760m^3；疏林和四旁树蓄积比1993年调查数有所减少，详见表18-15、图18-8。

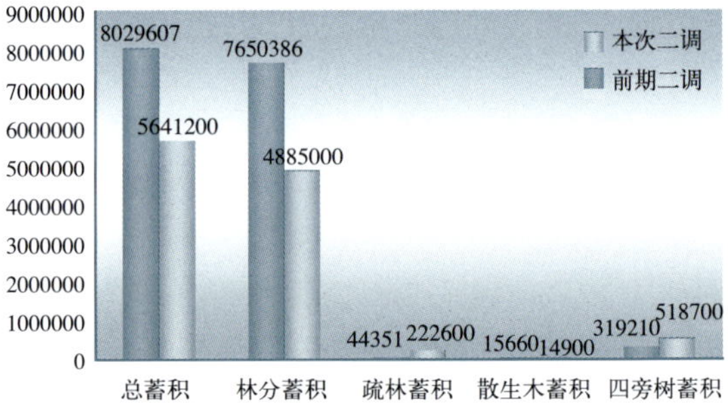

图18-8 两期二类调查林木蓄积对比 单位：m^3

近些年封山育林、大力植树造林是活立木总蓄积、林分蓄积增长的主要原因，低产林改造和森林经营水平的提高是疏林蓄积减少的主要原因。

表18-15 两期二类调查各类蓄积对比表 单位：m^3

蓄积类别	1993年二类调查	2005年二类调查	差值
总蓄积	5 641 200	8 029 607	2 388 407
林分蓄积	4 885 000	7 650 386	2 765 386
疏林蓄积	222 600	44 351	－178 249
散生木蓄积	14 900	15 660	760
四旁树蓄积	518 700	319 210	－199 490

（三）森林覆盖率对比分析

本期森林资源二类调查全市森林覆盖率为24.17%，比1993年的18.75%上升了5.42个百分点，年均净增0.45个百分点。植树造林及封山育林使森林面积增加，是森林覆盖率上升的主要原因。

（四）天然林面积、蓄积对比分析

全市天然林分面积27 310.2hm^2，比1993年的5019.0hm^{2}增加了22 291.2hm^2，年均净增率37.01%。天然林面积增加的主要原因是近几年实施天然林资源保护工程，大搞封山育林，是增加的主要原因。

全市天然林分蓄积118 533m^3，比1993年的86 200m^{3}增加了32 333m^3，年均净增率3.13%。封山育林、天然林资源保护工程的实施是其增长的主要原因。

（五）人工林面积、蓄积对比分析

全市人工林分面积231 078.2hm^2，比1993年的186 607hm^{2}增加了44 471hm^2，年净增率1.99%。大力开展植树造林，特别是近些年林业重点工程建设是人工林面积增加的主要原因。

全市人工林分蓄积7 533 095m^3，比1993年调查的4 673 500m^{3}增加了2 859 595m^3，年净增率5.10%。大力植树造林及生长迅速的中幼龄林比重大是人工林分蓄积增长较快的主要原因。

（六）权属结构对比分析

从对比情况看，国有和集体林面积呈负增长，其余权属面积均有不同程度增加；各种权属的蓄积均有不同程度增加，详见表18-16。

表18-16 两期二类调查林分各权属面积、蓄积对比表 单位：hm^2、m^3

权属	2005年		1993年		差 值	
	面积	蓄积	面积	蓄积	面积	蓄积
合计	236 491.2	7 650 386	194 379	4 885 000	42 112.2	2 765 386
国有	67 833.5	2 188 057	74 143	1 761 200	－6309.5	426 857
国合	884.3	36 298	452		432.3	36 298
集体	59 673.5	2 777 360	90 126	2 762 600	－30 425.5	14 760
个人	80 527.1	1 779 653	2023	61 300	78 504.3	1 718 353
未定	766.3	18 606			766.3	18 606
其他	1902.5	144 479	457	15 200	1445.5	129 279
非林业系统	24 904	702 663	27 178	284 700	－2274	417 963

从上述变化中可以看出林业系统国有林和部门所有林分面积稍有减少，但基本比较稳定，蓄积稳步增长；集体林面积在减少，个体林面积大幅度增加，增长比例较高；各种合作造林林分面积也呈增长趋势，并出现了外资独资或合作造林形式。这说明阜新市非公有制林业发展成效显著，林业所有制形式和投资结构逐步趋向多元化。

（七）龄组结构对比分析

全市各龄组面积、蓄积有大幅度增加，成熟林面积略有减少，详见表18-17。

全市林分中，幼龄林和中龄林所占比重达74.60%，虽然林业发展后劲大，但是近期可采资源严重不足。1993年近、成、过熟林面积为52 937hm^2，占林分面积的27.23%，2005年近、成、过熟林面积为60 076.9hm^2，占林分面积的25.4%。说明今后阜新市在森林经营时要注意调整采伐结构，保证后备资源，以达到综合效益最大化和有序利用。

表18-17　两期二类调查林分各龄组面积蓄积对比表　　单位：hm^2、m^3

权属	2005年		1993年		差　值	
	面积	蓄积	面积	蓄积	面积	蓄积
合计	236 491.2	7 650 386	194 379	4 885 000	42 112.2	2 765 386
幼龄林	109 613.9	1 309 399	92 294	760 100	17 319.9	549 299
中龄林	66 800.4	2 707 864	49 148	1 402 600	17 652.4	1 305 264
近熟林	15 635.3	979 579	12 787	551 000	2848.3	428 579
成熟林	20 256.8	1 253 511	23 976	1 166 300	－3719.2	87 211
过熟林	24 184.8	1 400 033	16 174	1 005 000	8010.8	395 033

（八）林分质量对比分析

从本期二类资源调查结果可以看出，全市森林资源质量普遍有所提高，详见表18-18。

全市林分蓄积量由1993年的25.13m^3/hm^2，上升到2005年的32.35m^3/hm^2，提高了7.22m^3/hm^2；用材林由1993年的25.76m^3/hm^2，上升到2005年的43.25m^3/hm^2，提高了17.49m^3/hm^2。

表18-18　森林蓄积及林分面积动态变化表　　单位：hm^2、m^3、m^3/hm^2

年份	活立木总蓄积量	林　分			用材林		
		面积	蓄积	单位蓄积量	面积	蓄积	单位蓄积量
1993年	5 641 200	194 379	4 885 000	25.13	109 445	2 819 200	25.76
2005年	8 029 607	236 491.2	7 650 386	32.35	75 788.6	3 277 594	43.25
差值	2 388 407	42 112.2	2 765 386	7.22	－33 656.4	458 394	17.49

（九）森林资源经营分析

全市现有森林资源中，按经营措施类型划分：主伐利用面积34 211.6hm^2，蓄积2 009 238m^3；公益林更新采伐面积10 230.0hm^2，蓄积644 306m^3；薪炭林采伐面积66.5hm^2，蓄积66.5 m^3；低产林改造面积1436.3hm^2，蓄积28 616m^3；低效林改造面积14 994.8hm^2，蓄积74 617m^3；抚育间伐面积13 963.3hm^2，蓄积747 255万m^3；封育面积9758.0hm^2，蓄积4 189 736m^3；未成林幼林抚育面积9758.0hm^2。资源比较丰富但同经济发展的需要仍存在巨大差距，抚育间伐和未成林幼林抚育任务艰巨，低效林改造任务也很繁重，详见表18-19。

表18-19　经营措施类型面积、蓄积统计表　　单位：hm^2、m^3

统计单位	主伐利用		公益林更新采伐		薪炭林采伐		低产林改造	
	面积	蓄积	面积	蓄积	面积	蓄积	面积	蓄积
阜新市	34 211.6	2 009 238	10 230.0	644 306	66.5	969	1436.3	28 616
海州区	14.4	1833	4.5	753			0.9	49
新邱区	63.3	7366	22.7	1189			2.9	84
太平区	97.8	6657	1.7	908			0.0	
清河门区	167.3	14 502	88.0	7667			4.4	68
细河区	1.7	104	58.1	6641			33.3	787
阜新蒙古族自治县	17 237.6	1 079 434	1287.8	151 543	54.8	969	972.0	18 032
彰武县	16 629.5	899 342	8767.2	475 605	11.7		422.8	9596

续

统计单位	低效林改造		抚育间伐		未成林幼林抚育	封育	
	面积	蓄积	面积	蓄积	面积	面积	蓄积
阜新市	14 994.8	74 617	13 963.3	747 255	9758.0	204 919.4	4 189 736
海州区	62.3		2.4	228	134.9	1062.3	3071
新邱区	14.4	349	56.1	5660	94.9	1205.1	37 607
太平区	60.2	653	312.4	15 154	84.0	1583.8	42 417
清河门区	1.4	82	67.9	4091	50.4	1083.8	43 026
细河区	113.9	518	39.5	4267	66.0	1291.7	35 029
阜新蒙古族自治县	8206.2	27 424	10 707.8	535 079	7894.7	129 123.1	2 431 099
彰武县	6536.4	45 591	2777.2	182 776	1433.1	69 569.6	1 597 487

第四节　森林资源管理现状与对策

一、森林资源管理现状

（一）相关法规制定情况

森林资源管理必须法律化、制度化、科学化和规范化。阜新市人民政府、市林业局针对各个时期林业形势，先后制定了《阜新市封山禁牧暂行办法》《阜新市森林资源流转管理暂行办法》《阜新市造林质量事故行政责任追究的若干规定》《阜新市绿化带建设管护若干规定》；下发了《关于深化改革，实施林业第二次创业的决定》(阜委法[2001]4号)《关于做好退耕还林工作的意见》(阜委法[2001]5号)《关于进一步深化林业改革有关问题的通知》(阜政发[2001]35号)《关于做好“十五”期间森林采伐管理工作的通知》(阜政发[2003]40号)《关于印发阜新市开展清理整顿和严厉打击非法乱占滥用林地专项行动实施方案的通知》(阜政发[2004]22号)《关于进一步做好森林防火工作的通知》(阜政办发[2004]135号)等有关森林资源管理文件。这些办法和文件对促进全市“十一五”期间森林资源管理制度化、科学化、规范化起到了有力保证。

（二）森林资源管理重要举措与评价

1. 实行采伐限额管理目标责任制

阜新市在年度森林采伐限额执行方面，主要采取以下措施：(1) 制定领导干部保护发展森林资源任期目标责任制，层层签订责任状，建立责任追究制度；(2) 建立控制森林采伐管理体系，严格控制采伐限额，严禁预留机动限额；(3) 坚持制度约束和日常监督管理相结合，强化森林资源管理业务监管，及时发现存在的问题并予以纠正；(4) 严格规定采伐许可证核发截止日期，杜绝林木采伐跨年度现象；(5) 开展年度迹地更新检查验收工作，以此促进采伐迹地及时造林更新；(6) 在全市范围内统一林木采伐设计文本和推广使用林木采伐设计管理软件。通过采取上述措施，阜新市超限额采伐情况基本杜绝，森林质量下降势头得到扭转，森林面积和蓄积量快速增长，林种结构和所有制结构发生转变。

2. 分类经营管理与评价

根据森林分类区划要求和标准，针对阜新市的生态区位重要性、森林生态脆弱性、生态环境现状和社会经济发展水平，在充分尊重群众意愿的基础上，合理确定生态公益林和商品林两类林的比例。在布局上，按照“因害设防，生态优先”的原则，以防沙治沙和保护重要江河一级支流及重要交通干线和国防设施为重点，把防风固沙林、水源涵养林和水土保持林作为生态公益林建设的重点，在投资政策上予以倾斜。对商品林，则以不断提高林分质量和追求利润最大化为目标，在明晰林业产权的基础上，进一步放活经营权，鼓励采取承包、租赁、转让、拍卖等多种形式，推进森林、林木、林地使用权合理流转；同时鼓励非公有制资本以各种方式参与林业开发，实现由部门办林业向全社会办林业的转变。

二、森林资源管理对策

（一）创新机制

当前和今后一个时期，林业工作必须牢牢把握以生态建设为主的指导思想，紧紧围绕生态建设、生态安全、生态文明的总体要求，按照严格保护、积极发展、科学经营、持续利用的原则，坚持整体提升与局部治理并举，生态保护与产业发展并重，继续加强林业生态保护建设，大力优化林种、树种和产业结构，推进林业产业化经营，为建设绿色阜新作出应有的贡献。为此，要重点突出抓好以下几个方面的工作：

1. 以集体林产权制度改革为突破口，创新林业经营机制

将集体林产权制度改革作为各级党委、政府的一项重要工作，通过改革进一步明晰集体林的林地使用权和林木所有权，最大限度地调动广大农民及社会各界发展林业生产的积极性。在完成集体林产权制度改革的基础上，一是抓紧建立林业生产要素市场，搭建信息平台，促进森林资源的有序流转，为农民提供全方位服务，使绿色银行由“定期存折”变为“活期存折”；二是以三北和退耕还林工程为载体，科学规划设计，精心组织实施，积极营造工业原料林、速生丰产林和防护林，不断增加森林后备资源；三是鼓励非公有制经济投资主体以多种形式开发建设林业，对于营造公益林的可享受公益林的优惠政策，营造商品林的享受商品林的优惠政策，形成社会办林业的良好氛围。

2. 以“两林”建设为基础，完善分类经营机制

要在坚持“生态优先”的前提下，正确处理好生态林业和商品林业的关系，改革与现代林业建设不适应的林业政策和林业经营制度，该管好的公益林一定要管好，该放活的商品林必须要放活。对公益林中的宜林地和林中空地，采取积极有效的措施，尽快恢复森林植被；对生态功能低下的疏林地要合理补植，严格封育，改善林分结构，提高林分质量，使其逐步发挥公益林的生态功能。对商品林，要通过集约经营，提高林地、林木生产力，真正实现高投入、高产出、高效益。

3. 加强保护管理，完善森林保护机制

依法管理保护森林资源始终是林业工作永恒的主题，是建设生态大市、实现人与自然和谐发展的必然要求。加强森林资源的保护，确保采伐限额的严格执行，一是要逐步完善“十一五”年森林采伐限额管理政策，按照分类经营、分区施策的原则，研究制定既符合市场经济规律，又符合林木生长自然规律的办法和措施，以吸引更多的生产要素向林业流动；

二是要严格实行凭证采伐林木的制度，对申请办理林木采伐许可证的单位和个人所提交有关的证明文件，要认真审核，严格把关；三是要进一步加强监督，严禁超限额采伐和采伐迹地更新欠账，控制林地资源的非法流失；四是提高自然保护区建设管理水平，坚持抓好森林防火和林业有害生物防控，尤其是松毛虫和杨树病虫害的预防工作；五组织开展各种专项整治，坚决打击破坏森林和野生动植物资源的违法犯罪行为，确保森林资源安全和林区秩序稳定。

林业处于生态建设的首要地位，生态关系到经济社会的可持续发展，森林资源管理工作任重而道远。在各级政府和主管部门的帮助和支持下，我们一定要按照“严管林”的要求，努力探索新形势下森林资源管理的新途径和新方法，不断开创林业建设新局面。

（二）完善法规制度

阜新市在森林资源管理方面制定的法规和建立的各项制度，对森林资源管理起到了积极的作用，并取得很好的效果。但随着集体林产权制度改革的顺利进行和现代林业发展的客观需要，一些有关森林资源管理的法规制度还需要进一步的加以完善，以确保森林资源管理政策、法规、制度的先进性、时效性。

（三）加强队伍建设

阜新市现有森林资源管理队伍还不能完全保证林业事业的建康发展，需强化资源林政队伍、林业行政执法队伍和设计队伍的建设，加强管理队伍的业务、政治和职业道德培训，建立一支政治过硬、作风优良、业务娴熟的森林资源综合管理队伍，提高全市森林资源管理水平。

（四）完善监测和管理体系

有了先进的体制机制、完善的制度、过硬的队伍，还需建立完善森林资源管理技术监测体系和行政管理体系。目前，省级已建立了全省森林资源连续清查体系、重点公益林监测体系和森林病虫害监测体系。阜新市应充分利用各类省级监测体系，通过引进新技术，采用高科技手段，建立适合本市的森林资源、重点公益林、森林病虫害、森林防火等监测体系，同时要建立完备的行政管理体系，以此做为技术体系建立实施的支撑，最终建立一个和谐统一，科学高效的森林资源管理体系。

第19章 辽阳市森林资源

第一节 基本情况

一、自然概况

（一）地理位置

辽阳市位于辽东半岛城市群的中部，西起东经122°35′04″，东至东经123°41′00″，东西跨经度1°05′56″；南自北纬40°42′19″，北抵北纬41°36′32″，南北跨纬度54′13″。东临煤铁之城本溪满族自治县，南界钢都鞍山，西与辽河油田接壤，北依省会沈阳市。所辖辽阳县、灯塔市、弓长岭区、白塔区、文圣区、宏伟区和太子河区。

（二）地貌

辽阳市地处辽东低山丘陵与辽河平原的过渡地带，地貌特征为东南高西北低，呈同向倾斜缓降地势。长大路界于山地与平原之间，长大路以东为山地丘陵，属长白山系，千山山脉纵贯其间。海拔500m以上的山峰数百座，界临岫岩满族自治县、本溪满族自治县境的水泉乡是辽阳地区的最高点，超过1000m的高山多集中在这一地区，构成东部山地的主体，主要山峰有大黑山、白云山、摩天岭、元帅岭等。东北部和中南部为丘陵坡岗地带，海拔高程50～300m。西部和西北部为浑河、太子河冲积平原，海拔在10～20m，最低点是界临海城市、台安县和辽中县的唐马寨镇及穆家镇。全市山地丘陵面积20.08万hm^2，占总面积的42.4%，平原区面积24.64万hm^2，占总面积的52.1%，水域面积2.56万hm^2，占总面积的5.5%。

（三）气候

辽阳地处北温带，属温带季风气候区。受季风影响全年夏季多东南风，温湿多雨，冬季多偏北风，寒潮侵袭时有短时间严寒天气，春季风势较大，春秋两季多为西北和西南风。年平均气温8.4℃，1月份平均气温－11.2℃，最低气温－33.7℃。7月份平均气温24.8℃，极端最高气温38℃。无霜期平均160天，初霜期最早出现在9月19日，终霜期最晚出现在5月16日。平均日照时数2512.5h，冻土最深1.26m，结冰期3～4个月。

（四）水资源

辽阳市平均降雨量743.5mm，平均蒸发量1725mm，降水在本地区东部低山丘陵与西部冲积平原区有明显差异，降水量东部多于西部。

辽阳境内河流网布，分属太子河与浑河两个水系，大型水库两座，葠窝水库和汤河水库。太子河南源发源于本溪满族自治县草帽顶子山，北源发源于新宾满族自治县平顶山，经本溪满族自治县入辽阳境内，从大台子村出境，辽阳境内流程143km，流域面积约4000km^2，是辽阳境内的主要河流。境内的自然河流多为太子河支流，从北、东、南三面汇入太子河，形成向心水系。浑河是辽阳、辽中的界河，发源于清原满族自治县的滚马岭，全长415km，境内流程85km，流域面积约600km²，浑河在辽阳境内的主要支流分布在灯塔市的西部。

葠窝水库位于辽阳市弓长岭区沙土坎村东，地处太子河干流中部，本溪满族自治县、辽阳两市之间，是辽河流域左侧一大支流，与浑河共称东部独立水系，建成于1973年，是辽宁省大型水库之一，库区面积5334hm²，相应库容7.91亿m³，正常水位96.60m。

汤河水库位于辽阳县与弓长岭区境内，水库是以防洪和生活用水为主，兼顾发电、养鱼等综合利用的水利枢纽工程。汤河水库落成分3个阶段，1958～1959年为兴建期，1968～1969年为续建期，1978～1983年为保坝加固期，3次建设总造价为6873.1万元。坝顶高程118.66m，最大坝高48.66m，坝顶宽6m，坝顶长455m，是省内大型水库之一，控制流域面积1128km²，库容量为7.23亿m³。

（五）土壤

全市土壤分为3个土类、6个亚类、70个土种，其中棕壤土类占地面积27.16万hm²，是总土地面积的57.45%；草甸土类占地面积13.27万hm²，占28.07%；水稻土类占地面积4.1万hm²，占8.68%。

棕壤土类多分布于辽阳市中长铁路以东地区，以西地区多为草甸土，水稻土主要分布在辽阳、浑河、灯塔、红光等水田地区。全市耕地土壤肥力属于中上等，养分含量分别为有机质1.8714%，氮0.0979%、磷7.1mg/kg、钾86.63mg/kg。耕地普遍缺磷，局部地区缺氮少钾。

（六）森林植被

辽阳市属于长白山和千山山脉植物分布区系的交叉地带。主要木本植物230余种，针叶树种主要有红松、云杉、冷杉、油松、赤松、樟子松、落叶松，阔叶树种主要有杨树、柳树、刺槐、桦树、色木、胡桃楸、水曲柳、黄波罗、花曲柳、榆树、柞树等，主要灌木有榛子、紫穗槐、胡枝子、山杏、荆条等。

二、社会经济情况

辽阳市国土总面积4743km²，人口182万人，其中城市人口70万人，农村人口112万人。管辖辽阳县、灯塔市（县级）、弓长岭区、太子河区、文圣区、白塔区和宏伟区。2005年全市实现生产总值330.2亿元，其中农林牧渔业总产值49.8亿元。

辽阳市地处辽南城市群体中心，铁路、公路纵横交错，交通十分便利，运输业发达。境内哈大铁路、辽溪铁路横跨东西，中长铁路过境。沈大高速公路纵贯南北、202国道、辽东公路、辽鞍公路、辽沈公路过境。

第二节　森林资源现状

一、森林资源概述

（一）林地面积

全市土地总面积474 399.3hm²，其中林业用地面积193 111.7hm²，占土地总面积的40.7%；非林业用地面积281 287.6hm²，占59.3%。

按现行的林地分类系统，林业用地包括有林地、疏林地、灌木林地、未成林造林地、苗圃地和其他林地。在林业用地面积中，有林地面积175 835.3hm²，疏林地面积118.8hm²，灌木林地面积3322.4hm²，未成林地面积1397.6hm²，苗圃地面积98.7hm²，无林地面积1793.5hm²，宜林地面积10 503.1hm²，林业辅助用地面积42.3hm²，详见表19-1、图19-1。

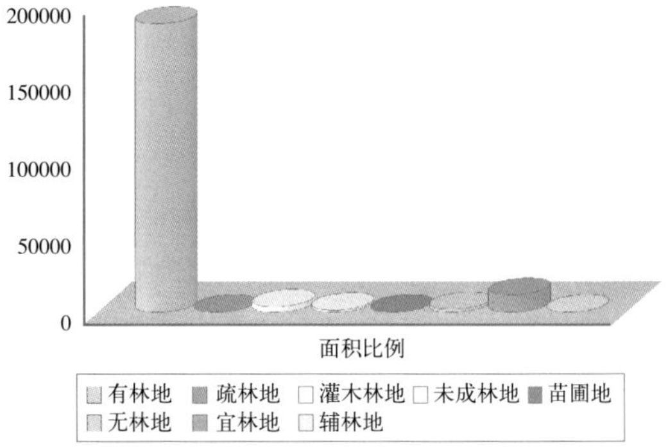

图19-1　林业用地各地类面积比例

表19-1　各类土地面积统计表

单位：hm²

统计单位	有林地	疏林地	灌木林	未成林地	苗圃地	无立木林地	宜林地	辅助生产林地
辽阳市	175 835.3	118.8	3322.4	1397.6	98.7	1793.5	10 503.1	42.3
白塔区	34.6		0.0	8.0		0.0	8.3	
文圣区	1213.4	49.3	0.8	24.0		0.0	1091.0	
宏伟区	1716.2	0.5	80.9	65.4		3.3	253.3	2.0
弓长岭区	15 733.5	8.9	695.2	111.4	2.0	122.5	1026.1	2.2
太子河区	877.6	0.1	26.2	61.4	34.7	62.3	462.4	
辽阳县	135 326.4	53.4	1571.2	994.6	35.0	772.8	5279.8	12.4
灯塔市	20 933.6	6.6	948.1	132.8	27.0	832.6	2382.2	25.7

（二）林木蓄积

林木蓄积即活立木总蓄积，按照林木类型的不同，分为森林蓄积、疏林蓄积、散生木蓄积和四旁树蓄积。全市活立木总蓄积3 968 151m³，其中林分蓄积3 828 595m³，疏林蓄积4476m³，散生木蓄积22 199m³，四旁树蓄积112 881m³，详见表19-2、图19-2。

（三）森林覆盖率

全市土地总面积474 399.3hm²，森林面积175 835.3hm²，灌木林面积3322.4hm²，森林覆盖率38.9%。

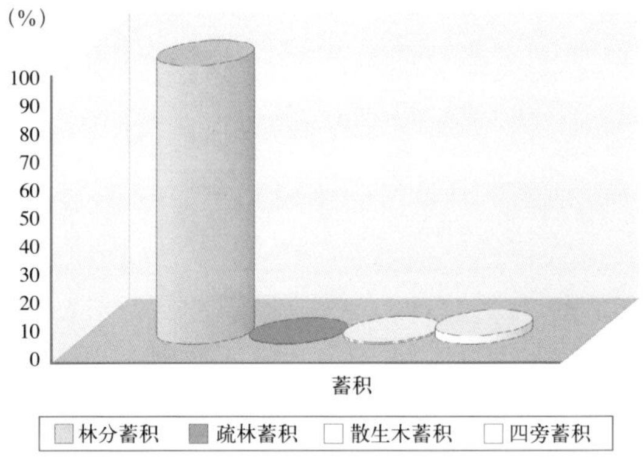

图19-2　辽阳市各类林木蓄积比例

表19-2　各类林木蓄积统计表

单位：m³

统计单位	活立木总蓄积量	林分蓄积	疏林蓄积	散生木蓄积	四旁树蓄积
辽阳市	3 968 151	3 828 595	4476	112 881	22 199
白塔区	1804	1804			
文圣区	87 557	86 535	986		36
宏伟区	94 633	92 856	9	1730	38
弓长岭区	343 257	337 556	95	3586	2020
太子河区	39 708	35 546	2	3741	419
辽阳县	2 492 102	2 397 822	2311	75 019	16 950
灯塔市	909 090	876 476	1073	28 805	2736

（四）森林资源质量

全市林分蓄积量为26.69m^3/hm^2，其中用材林单位面积蓄积量为48.71m^3/hm^2。

（五）非林地造林情况

全市非林地造林面积2827.3hm^2，蓄积87 911m^3。主要造林的树种是速生杨树、柳树、刺槐和其他经济树种。

二、森林资源结构

（一）权属结构

在林分中，林业系统国有面积4795.6hm^2，蓄积391 522m^3；非林业系统国有面积3678.7hm^2，蓄积225 257m^3；集体林面积54 777.3hm^2，蓄积1 913 749m^3；个体林面积78 639.6hm^2，蓄积1 188 254m^3；合作林面积1524.4hm^2，蓄积108 894m^3；权属未定面积51.1hm^2，蓄积919m^3，详见表19-3、图19-3。

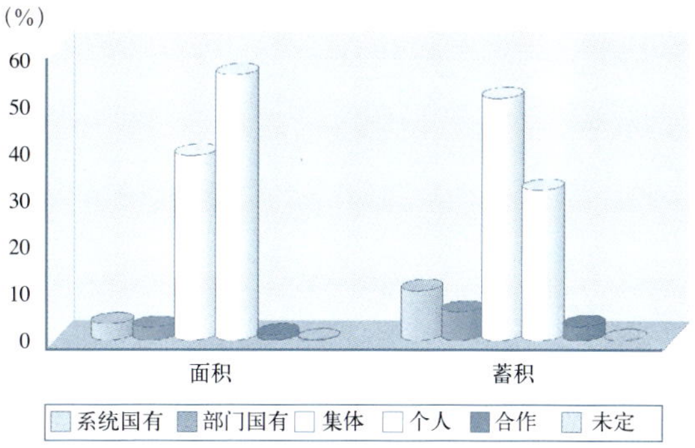

图19-3 林分各权属面积、蓄积比例

表19-3 各权属面积、蓄积统计表　　单位：hm^2、m^3、%

权属	面积	蓄积	面积比率	蓄积比率
系统国有	4796	391 522	3.34	10.23
部门国有	3679	225 257	2.56	5.88
集体	54 777	1 913 749	38.18	49.99
个人	78 640	1 188 254	54.81	31.04
合作	1524	108 894	1.06	2.84
未定	51	919	0.04	0.02

（二）林种结构

全市防护林面积53 655.1hm^2，蓄积1 717 214m^3；特种用途林面积248.3hm^2，蓄积10 908m^3；用材林面积40 610.1hm^2，蓄积1 978 337m^3；薪炭林面积48 953.2hm^2，蓄积122 136 m^3，详见表19-4、图19-4。

表19-4 辽阳市各林种面积、蓄积统计表　　单位：hm^2、m^3、%

林种	面积	蓄积	面积比率	蓄积比率
防护林	53 655.1	1 717 214.0	37.4	44.9
特用林	248.3	10 908.0	0.2	0.3
用材林	40 610.1	1 978 337.0	28.3	51.7
薪炭林	48 953.2	122 136.0	34.1	3.2

（三）龄组结构

在林分中，幼龄林面积119 088.1hm^2，蓄积198.62万m^3；中龄林面积16 630.7hm^2，蓄积109.61万m^3；近熟林面积4991.0hm^2，蓄积46.79万m^3；成熟林面积1986.5hm^2，蓄积18.95万m^3；过熟林面积770.4hm^2，蓄积8.88万m^3，详见表19-5、图19-5。

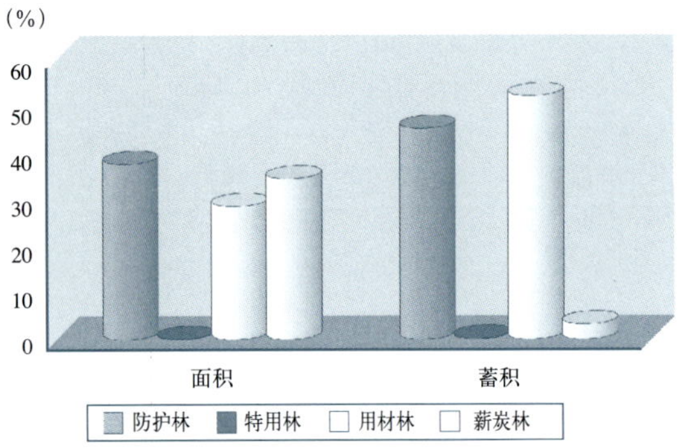

图19-4 林分各林种面积、蓄积比例

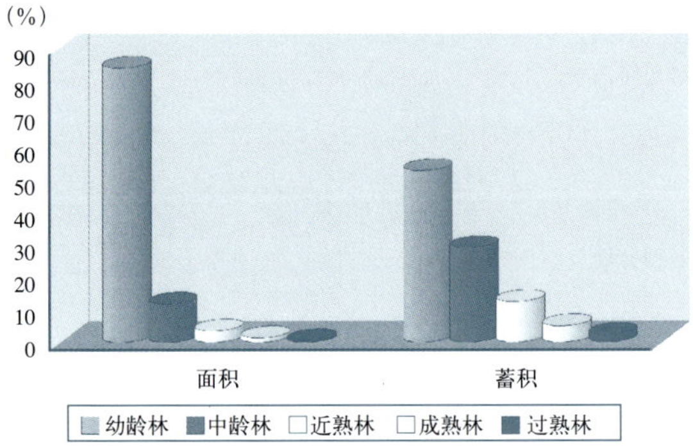

图19-5 林分各龄组面积、蓄积比例

表19-5 各龄组面积、蓄积统计表 单位：hm²、m³、%

龄组	面积	蓄积	面积比率	蓄积比率
幼龄林	119 088.1	1 986 188	83.01	51.88
中龄林	16 630.7	1 096 131	11.59	28.63
近熟林	4991	467 916	3.48	12.22
成熟林	1986.5	189 518	1.38	4.95
过熟林	770.4	88 842	0.54	2.32

（四）树种结构

全市森林资源中，针叶树面积30 851.7hm²，占21.5%；阔叶树面积112 615hm²，占78.5%。针叶树蓄积1 978 952m³，占51.69%；阔叶树蓄积1 849 643m³，占48.31%。各树种组按面积排序，前5位分别是柞树组、油松组、落叶松组、刺槐组、杨树组（含速生杨），面积合计129 863.6hm²，占林分面积的90.52%。各树种（组）按蓄积排序，前5位分别是柞树组、落叶松组、油松组、杨树组（含速生杨）、刺槐组，蓄积合计3 402 116m³，占林分蓄积的88.86%，详见表19-6、图19-6。

表19-6 林分优势树种组面积、蓄积统计表 单位：hm²、m³

树种组	合计	柞树组	油松组	落叶松组	杨树组	刺槐组
面积	131 264.6	90 839.4	17 105.0	13 035.2	3762.8	6522.2
蓄积	3 402 116	1 143 047	889 469	1 038 731	206 665	124 204

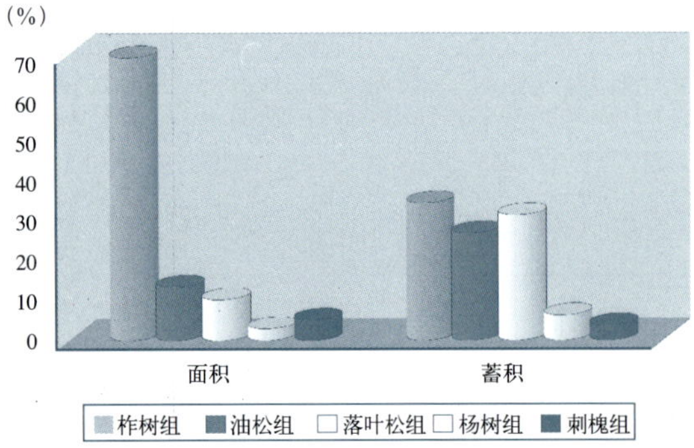

图19-6 辽阳市林分优势树种组面积、蓄积比例

三、天然林资源

全市天然林面积136 850.2hm²，占有林地面积的77.83%；天然林蓄积2 081 526m³，占森林蓄积的54.37%。在天然林面积中，林分114 592.6hm²，占83.74%；疏林40.2hm²，约占0.03%；经济林19 528.9hm²，占14.27%；灌木林与封育未成林2688.5hm²，占1.96%。

在天然林分中，防护林面积49 817.9hm²，蓄积1 447 420m³；特用林面积64.9hm²，蓄积

2515m³；用材林面积19 295.4hm²，蓄积513 856m³；薪炭林面积47 853.7hm²，蓄积117 735m³；经济林面积19 818.3hm²。

天然林资源主要分布在辽阳县、灯塔市和弓长岭区，其中辽阳县天然林面积占全市的80.37%，蓄积占67.07%；灯塔市天然林面积占全市的9.48%，蓄积占21.61%；弓长岭区天然林面积占全市的9.49%，蓄积占9.0%，详见表19-7。

表19-7 天然林面积、蓄积统计表

单位：hm²、m³

统计单位	面积合计	林分									
		小计		幼龄林		中龄林		近熟林		成熟林	
		面积	蓄积	面积	蓄积	面积	蓄积	面积	蓄积	面积	蓄积
辽阳市	136 850.2	114 593	2 081 218	105 944.6	1 638 218	7841.8	389 164	682.6	41 285	80.3	8043
白塔区	0.3		8	0.3	8						
文圣区	303.3	295	18 528	3.9	351	115	5245	79.5	4426	63.3	6196
宏伟区	577.2	514	28 742	431.7	23 196	74.8	4993	7.9	553		
弓长岭区	12 993.0	12 175	188 047	11 236.9	132 886	826.3	48 081	108.4	7004	3.2	76
太子河区	18.5	12	17	12.1	17						
辽阳县	109 979.9	89 650	1 395 992	83437.3	1 119 340	5735.1	245 860	453.8	26 872	13.6	1722
灯塔市	12 978.0	11 946	449 884	10 822.4	362 420	1090.6	84 985	33	2430	0.2	49

统计单位	林分		疏林地		乔木经济林	封育未成林	灌木林面积			
	过熟林						小计	特规灌木林		其他灌木
	面积	蓄积	面积	蓄积	面积	面积		计	经济灌木	
辽阳市	43.3	4508	40.2	308	19 528.9	13.8	2675	289.4	56.7	2385.3
白塔区										
文圣区	33.1	2310	8.5	114						
宏伟区			0.5	9	3		59			59.3
弓长岭区			4.9	33	240		573	47.2	41.9	526.1
太子河区							6			6.4
辽阳县	10.2	2198	26.3	152	19 072		1232	109	14.8	1122.6
灯塔市					213.9	13.8	804	133.2		670.9

四、人工林资源

全市人工林资源面积43 823.9hm²，占有林地面积的24.92%；人工林蓄积1 751 545m³，占森林蓄积的45.75%。在人工林面积中，林分28 874.1hm²，占65.89%；疏林78.6hm²，约占0.17%；经济林12 839.7hm²，占29.3%；灌木林与造林未成林2031.5hm²，占4.64%。

在人工林林分中，防护林面积6253.4hm²，蓄积269 919m³；特用林面积183.4hm²，蓄积8393m³；用材林面积21 334.7hm²，蓄积1 464 664m³；薪炭林面积1102.6hm²，蓄积4401m³。

人工林资源主要分布在辽阳县、灯塔市和弓长岭区，分别占全市人工林资源面积的63.81%、20.63%、8.11%，蓄积的57.32%、24.42%、8.54%。人工林面积较大的优势树种有落叶松（组）、刺槐（组）、油松（组）、杨树（组）、速生杨（组），5个优势树种(组)面积合计占全市人工林面积的64.11%，详见表19-8。

表19-8 人工林面积、蓄积统计表

单位：hm^2、m^3

统计单位	面积合计	林分									
		小计		幼龄林		中龄林		近熟林		成熟林	
		面积	蓄积	面积	蓄积	面积	蓄积	面积	蓄积	面积	蓄积
辽阳市	43 823.9	28 874	1 747 377	13 143.5	347 970	8788.9	706 967	4308.4	426 631	1906.2	181 475
白塔区	42.3	34	1796	5.5	347	0.2	6			28.6	1443
文圣区	984.2	834	68 007	43.3	370	16.8	1057	68.8	3662	245.2	17 086
宏伟区	1285.8	839	64 114	362.2	11 762	142.2	12 511	117.8	10 112	184.2	24 448
弓长岭区	3556.0	2794	149 509	1153.7	22 903	1035.3	82 070	345.4	30 627	253.8	13 719
太子河区	946.8	366	35 529	193.6	4939	61.2	7225	24.1	4068	37.4	6261
辽阳县	27 965.7	18 241	1 001 830	9194.1	223 674	5607.2	426 392	2514.2	256 138	796.8	80 763
灯塔市	9043.1	5767	426 592	2191.1	83 975	1926	177 706	1238.1	122 024	360.2	37 755

统计单位	林分		疏林地		乔木经济林	造林未成林	灌木林面积			
	过熟林						小计	特规灌木林		其他灌木
	面积	蓄积	面积	蓄积	面积	面积		计	经济灌木	
辽阳市	727.1	84 334	78.6	4168	12 839.7	1383.8	648	369.1	160.6	278.6
白塔区						8				
文圣区	459.5	45 832	40.8	872	85	24	1	0.8		
宏伟区	32.7	5281			359.7	65.4	22			21.6
弓长岭区	6.1	190	4	62	524.4	111.4	122	45.2	23.4	76.7
太子河区	49.4	13 036	0.1	2	499.8	61.4	20	19.5	19.5	0.3
辽阳县	128.2	14 863	27.1	2159	8363.9	994.6	340	244	61.6	95.6
灯塔市	51.2	5132	6.6	1073	3006.9	119	144	59.6	56.1	84.4

五、灌木林资源

全市灌木林地面积3322.4hm^2，其中国家特别规定灌木林面积658.5hm^2，其他灌木林面积2663.9hm^2，主要分布在辽阳县、灯塔市和弓长岭区3个县（市、区），占全市灌木林总面积的96.75%。

六、经济林

全市经济林面积33 068.8hm^2，其中果树林面积13 110.4hm^2，占经济林面积的39.65%；食用原料林面积26.0hm^2，占0.08%；蚕场面积19 665.7hm^2，占59.47%；其他经济林面积266.7hm^2，占0.81%，详见表19-9、图19-7。

表19-9 全市经济林各林种面积统计表

单位：hm^2

类别	经济林合计	果树林	食用原料林	蚕场	其他经济林
面积	33 068.8	13 110.4	26.0	19 665.7	266.7

七、生态公益林和营造林重点工程建设情况

（一）公益林

全市公益林总面积60 604.5hm^2，其中有林地53 903.4hm^2，疏林地31.8hm^2，灌木林

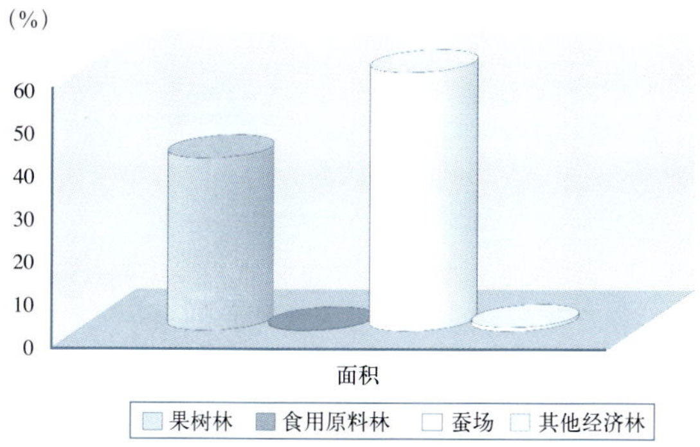

图19-7 全市经济林各林种面积比例

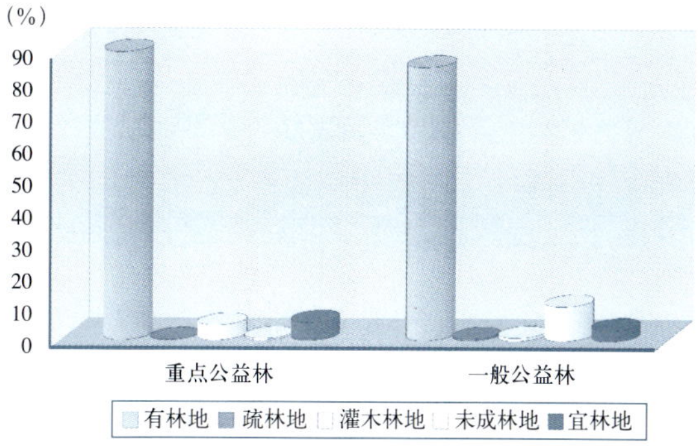

图19-8 公益林各地类面积比例

表19-10 公益林面积一览表

单位：hm^2

类别	合计	重点公益林	一般公益林
公益林面积	60 406.5	57 046.1	3360.4
有林地	53 903.4	51 053.4	2850
疏林地	31.8	17.5	14.3
灌木林地	2622.2	2594.2	28
未成林地	599.3	242.3	357
宜林地	3249.8	3138.7	111.1

2622.2hm^2，未成林599.3hm^2，宜林地3249.8hm^2。划为重点公益林57 046.1hm^2，划为一般公益林3360.4hm^2，详见表19-10、图19-8。

（二）退耕还林工程

全市完成退耕还林面积5331.8hm^2，其中有林地4510.3hm^2，灌木林地10.5hm^2，未成林地面积811.0hm^2。在退耕还林面积中，生态林2130.2hm^2，占退耕还林工程面积的39.95%；经济林3201.6hm^2，占60.05%。

（三）三北防护林工程

全市完成三北防护林面积686.8hm^2，其中有林地650.4hm^2，未成林地面积32.4hm^2，宜林地4.0hm^2。

（四）速生丰产林工程

全市完成速生丰产林面积5414.8hm^2，其中有林地5256.1hm^2，疏林地6.7hm^2，未成林地面积129.8hm^2，无立木林地22.2hm^2。

第三节 森林资源分析

一、权属动态变化

根据两期资源调查数据比较分析可以看出，林业系统国有和部门所有林分面积基本比较稳定，蓄积稳步增长；集体林面积在减少，个体林面积、蓄积大幅度增加，面积增长比例高达68.71%，蓄积增长达10.58倍；合作造林林分面积、蓄积也大幅度增长，面积增长比例高达276.12%，蓄积增长达11.37倍；权属未定面积、蓄积有所增加，面积增长达4.74倍，蓄积

表19-11 林分各权属面积蓄积动态变化表 单位：hm^2、万m^3

类别	1993年		2005年		差值		比率（%）	
	面积	蓄积	面积	蓄积	面积	蓄积	面积	蓄积
合计	134 303.3	249.1	143 466.7	382.9	9163.4	133.8	6.82	53.71
系统国有	4511.7	26.08	4795.6	39.15	283.9	13.07	6.29	50.12
部门国有	3812	18.65	3678.7	22.53	－133.3	3.88	－3.50	20.80
集体	78 953.9	193.25	54 777.3	191.37	－24 176.6	－1.88	－30.62	－0.97
个人	46 611.5	10.26	78 639.6	118.83	32 028.1	108.57	68.71	1058.19
合作	405.3	0.88	1524.4	10.89	1119.1	10.01	276.12	1137.50
未定	8.9	0.02	51.1	0.09	42.2	0.07	474.16	350.00

增长达3.5倍。说明全市非公有制林业发展成效显著，林业所有制形式和投资结构逐步趋向多元化。详见表19-11。

二、林种动态变化

随着森林分类经营制度的实施及森林生态效益补偿制度的建立，本期与前期森林资源二类调查比较，林种发生了很大变化，公益林的比例提高了。所以，两期调查结果林种变化很大，符合辽阳市的实际情况，详见表19-12。

表19-12 林分各林种面积、蓄积动态变化表 单位：hm^2、万m^3、%

林种	面积				蓄积			
	1993年	2005年	差值	净增率	1993年	2005年	差值	净增率
防护林	24 200.5	53 655.1	29 454.6	121.7	51.9	171.7	119.8	230.6
特用林	1038.8	248.3	－790.5	－76.1	6.5	1.1	－5.5	－83.3
用材林	50 262.4	40 610.1	－9652.3	－19.2	186.4	197.8	11.5	6.2
薪炭林	58 801.6	48 953.2	－9848.4	－16.7	4.3	12.2	7.9	183.3

从表中可以看出，用材林和薪炭林面积减少、蓄积增加，防护林面积、蓄积大幅度增加。目前，防护林面积净增29 454.6hm^2，年净增率10.14%；特用林面积减少790.5hm^2，年净减率6.34%；用材林面积减少了9652.3hm^2，年净减率1.6%；薪炭林面积减少9848.4hm^2，年净减率1.39%。林种结构日趋合理。

三、龄组动态变化

全市林分中，幼龄林和中龄林所占比重高达94.60%，虽然林业发展后劲大，但是可采资源严重不足。1993年近、成、过熟林面积为3311.6hm^2，占林分面积的2.46%；2005年近、成、过熟林面积为7747.9hm^2，占林分面积的5.4%，2005年比1993年净增加了4436.3hm^2。为保证后备资源的充足和有序利用达到综合效益最大化，龄组结构还需进一步调整，加大中、近熟林面积比例，详见表19-13。

表19-13　林分各龄组面积变化表　　单位：hm²、%

龄组	1993年	2005年	差值	净增(减)率
合计	134 303.3	143 466.7	9163.4	6.82
幼龄林	117 739.2	119 088.1	1348.9	1.15
中龄林	13 252.5	16 630.7	3378.2	25.49
近熟林	2007.1	4991	2983.9	148.67
成熟林	1048.8	1986.5	937.7	89.41
过熟林	255.7	770.4	514.7	201.29

四、起源动态变化

天然林林分面积蓄积大幅度增加。全市天然林林分面积114 592.6hm^2，比1993年8061.2hm^{2}增加了106 531.4hm^2，净增13倍，年平均净增率110.1%。天然林林分蓄积208.12万m^3，比1993年117.37万m^{3}增加了90.75万m^3，净增率77.32%，年平均净增率6.44%。十几年来封山育林，尤其是近几年采取天然林资源保护工程是天然林林分面积、蓄积增加的主要原因。

人工林面积、蓄积增长较快。全市人工林林分面积28 874.1hm^2，比1993年26 242.1hm^{2}增加了2632hm^2，净增率10.03%，年平均净增率0.84%。人工林林分蓄积174.74万m^3，比1993年131.77万m^{3}增加了42.97万m^3，净增率32.61%，年平均净增率2.72%。大力植树造林，特别是“九五”和“十五”期间林业生态重点工程，尤其是退耕还林工程的实施是人工林林分面积增加的主要原因。另外全市中、幼龄林面积比重大，林木生长迅速也是林分蓄积增加的原因之一。

五、森林资源质量变化

从本期森林资源清查结果可以看出，全市森林资源质量与1993年二类调查相比普遍有所提高，林分与用材林单位面积蓄积变化详见表19-14。

全市林分蓄积量由1993年的18.55m^3/hm^2，上升到2005年的26.69m^3/hm^2，其中用材林单位面积蓄积量由1993年的37.08m^3/hm^{2}提高到48.71m^3/hm^2，单位面积蓄积上升了11.63m^3，增长了31.36%，详见图19-9。

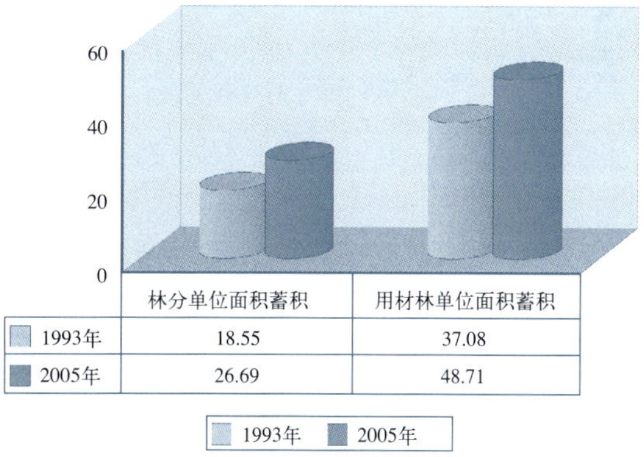

图19-9　单位面积蓄积变化动态

单位：m^3/hm^2

表19-14　林分面积、蓄积动态变化表　　单位：hm²、万m³、m³/hm²

年份	林分			用材林		
	面积	蓄积	单位蓄积量	面积	蓄积	单位蓄积量
1993	134 303.30	249.14	18.55	50 262.40	186.35	37.08
2005	143 466.70	382.86	26.69	40 610.10	197.83	48.71

六、森林资源经营分析

从表19-15、19-16中可以看出，辽阳市的可采资源仅有2392.7hm²，蓄积242 616m³，远不能满足飞速发展的经济需求。随着农民生活水平的提高，烧柴结构也发生了变化，现有的薪炭林资源可以考虑向用材林、防护林转化，以缓解木材供需矛盾和提高生态效益。全市现有25 582.2hm²的中、幼龄林亟待进行抚育间伐，全市封育面积112 985.6hm²、蓄积2 277 319m³，说明全市森林资源管护的任务仍然比较繁重，详见表19-15、19-16。

表19-15 经营措施类型面积统计表

单位：hm²

项目	辽阳市	白塔区	文圣区	宏伟区	弓长岭区	太子河	辽阳县	灯塔市
主伐利用	2392.7	28.6	801.1	74.4	178.5	61.2	893.3	355.6
公益林更新	364.2			142.5	84.6	25.6	55.5	56.0
薪炭林采伐	4658.8				299.4		3618.5	740.9
低产林改造	83.9		49.3		4.0		30.2	0.4
低效林改造	147.1			0.5	24.7	0.1	102.0	19.8
抚育间伐	25 582.2		64.8	265.3	2406.9	17.5	19 344.1	3483.6
未成林幼扶	1390.8	8.0	24.0	65.4	109.6	61.4	989.6	132.8
封育	112 985.6	6.0	262.5	952.2	12 584.5	280.2	85 081.8	13 818.4

表19-16 经营措施类型蓄积统计表

单位：m³

项目	辽阳市	白塔区	文圣区	宏伟区	弓长岭区	太子河	辽阳县	灯塔市
主伐利用	242 616	1443	71 424	9247	13 805	16 455	93 478	36 764
公益林更新	35 744			20 482	180	2842	6068	6172
薪炭林采伐	101 193				8203		58 030	34 960
低产林改造	1305		986		62		253	4
低效林改造	3861			9	51	2	2723	1076
抚育间伐	1 171 033		3364	19 893	97 477	1977	787 024	261 298
封育	2 277 319	361	11 747	43 234	217 873	14 272	1 452 557	537 275

第四节 森林资源管理现状与对策

一、森林资源管理现状

（一）相关法律法规制定情况

森林资源管理必须法律化、制度化、科学化和规范化。辽阳市委、市政府、市林业局针对各个时期林业形势，积极开展林业政策创新，完善林业行政执法体系。结合本市情况，制定了《关于自留山林木采伐管理的暂行规定》和《关于进一步加快林业发展的若干意见》，下发了《关于印发〈辽阳市小额自用自有林（树）木采伐管理办法〉的通知》《加强林木采伐的管理工作的通知》《关于加强林业调查设计管理工作的通知》和《关于印发〈辽阳市重点生态公益林管护管理实施办法（试行）〉的通知》。这些办法对促进全市“十一五”期间森林资源管理制度化、科学化、规范化起到了有力保证。

（二）森林资源管理重要举措与评价

近年来，辽阳市各级政府和林业主管部门始终树立科学的发展观，在森林资源管理上作了很多重要举措。

(1) 强化征占用林地审核审批管理。征占用林地审核审批管理是《森林法》赋予林业主管部门的一项重要职责，也是强化林地保护管理的重要措施。工作中，严格执行国家林业局《占用征用林地审核审批管理办法》和《占用征用林地审核审批管理规范》的有关规定，制定了受理、设计、收费、上报、建档等各个环节的管理规范，提高林地审核审批透明度，杜绝审核审批中的盲目性和随意性。

(2) 依法严厉打击非法占用林地行为。由于一些单位和个人法制观念淡薄，在经济利益驱使下，时常发生违法占用林地现象。近年来，辽阳市把打击非法占用林地作为林业严打的主要内容，常抓不懈，与司法机关配合查处了灯塔大地福园、鞍塔石灰石矿等一批违法占用林地案件。按照国家林业局和省林业厅的部署，全市分3个阶段集中开展了征占用林地清理整顿大检查工作，取得明显成效。第一，制定方案，调查摸底。市、县两级林业主管部门均制定了工作方案，对清理整顿工作的目标和重点、组织领导、工作步骤、方法措施都做了具体要求，在此基础上，由县（区）林业主管部门组织各乡（镇）林业站，对违法占用林地进行摸底调查，逐块填写登记表，严禁瞒报、漏报。第二，梳理分类，依法查处。在调查摸底的基础上，进行梳理，确定市、县两级重点案件。市级重点案件由市领导小组督办，集中全市森林公安、资源林政、调查设计部门的业务骨干组成专案组，立案查处；县级重点案件由县（市）区林业主管部门具体部署，做到不留死角，不走过场。第三，完善手续，巩固成果。经过集中清理后，对符合用地条件的建设项目，依据有关规定，给予补办使用林地手续；对应该恢复林地的，做好植树造林实施工作；对一些历史遗留的一时难以查处或需要申请法院强制执行的案件，逐个登记，制定时间表，指定专人负责，直到彻底解决。

(3) 开展林地复垦，增加林地资源。林地保护管理的主要任务是要控制林地逆转，做到林地越经营越多、越经营越好。对此，辽阳市积极探索新增加林地的有效途径。所收取并返投的森林植被恢复费除了用于宜林地造林、增加有林地面积外，还利用废弃矿山、排岩场和尾矿库等进行林地复垦。通过采取回填、平整、覆土等整地工程，创造适宜的造林条件，并对造林季节、造林树种、造林方式等进行试验推广。

(4) 确认自留山，完善责任山。对林业“三定”时期自留山确认和落实到户的责任山和承包山进一步明晰产权，理顺产权关系，完善承包合同。

(5) 规范资源流转。稳妥处理近年来已经流转的集体山林，对已经流转的集体山林，凡程序合法、合同规范的，要维护其山林权属；对手续不完备，群众意见较大的，予以补充完善。

森林资源管理评价：经过市、县、乡三级林业部门的不懈努力，全体管护人员的勤奋工作，全市生态公益林和天然林的管护水平有了明显提高，森林植被得到初步恢复，森林蓄积量明显增加，生态效益突显。经过近几年的休养生息，天然林林相呈好转态势，植被损坏的林地重披绿装，森林涵养水源能力增强，河流断流现象有所改善，泥石流现象明显减少。林业“两乱”得到有力打击，林区治安日趋稳定。切实加强了森林防火，森林火灾的预防和抵御能力有了大幅度提高，火灾危害逐年减轻。

二、森林资源管理对策

（一）创新机制

辽阳市林业局下设资源林政科、林业勘测设计室与生态办。分管采伐限额管理和木材生产计划的下达、限额检查与限额审计、征占用林地的查验与审核、林权管理、林权纠纷调查与处理、生态公益林的管理、木材运输与检查站建设、木材经营加工管理和林业行政案件的处理等工作。随着现代林业的飞速发展，现有的机制体制将会越来越不适应林业事业的发展，因此，必须要创新和改进现有的林业机制体制。

(1) 适应集体森产权制度改革的新形势，深入调查研究，建立并完善合民情、符民意和森林资源经营管理要求的年度采伐限额分配使用机制，建立森林资源资产交易平台，满足森林资源资产所有者的森林资源资产交易的社会需求。

(2) 加强对各县（区）的森林资源管理日常监管，通过加大森林采伐限额审计、伐区验收力度，严肃查处发生在森林资源管理中出现的违规、违纪行为，从而推动全市森林资源管理水平的不断提高。

(3) 继续强化全市森林资源管理的制度建设，创新管理模式，根据全市各林种、各树种资源的消长变化，研究符合本地区森林资源保护和利用整体要求的森林经营方式。

(4) 制定符合非公有制林业发展的管理政策，激活全社会投资林业的积极性，促进非公有制林业的发展，尤其建立起鼓励通过流转扩大自有林规模而成立个体私营林场业主积极性的政策措施，以提高集体产权制度改革后森林集约经营水平、科技含量，从而保证森林资源面积、蓄积的持续稳定增长；建立起鼓励木材精、深加工发展的扶持政策，以利于加快地方经济发展的产业结构调整。

(5) 加大林业行政执法力度，重点将整顿和规范矿产资源开发秩序工作引向深入；强化林区乱砍滥伐的综合治理；加强木材流通秩序整顿，尤其治理木材经营企业的私收滥购行为，从而实现保护公民守法经营，打击违法犯罪，实现林区社会治安秩序根本好转的目的。

（二）完善法规制度

辽阳市在森林资源管理方面制定的法规和建立的各项制度，对森林资源管理起到了积极的作用，并取得很好的效果。但随着集体林产权制度改革的顺利进行和现代林业发展的客观需要，一些有关森林资源管理的法规制度还需要进一步的加以完善，以确保森林资源管理政策、法规、制度的先进性、时效性。

当前，面临林业产权制度改革，要把林权管理作为核心，通过产权制度改革，进一步规范和完善林权管理制度，建立健全林权档案。一是要做好集体林产权制度改革后林权登记发证工作；二是要通过集体林产权制度改革解决历史遗留问题；三是在今后林权变更登记中逐步实行对登记地块进行实测；四是应着手筹集资金争取对现有自留山实测；五是做好林权档案管理工作。

（三）加强队伍建设

(1) 组建技术精干、高效、稳定的调查规划设计和资源监测队伍，建立和完善各项规章制度，加强技术队伍的业务培训，提高业务素质，强化行业资质管理，做到调查规划和监测单位按资从业，持证上岗。

提高调查规划设计和资源监测的技术手段，改变传统的调查监测方法，把“3S”技术广泛应用到工作中，提高效率、精度和可靠性。

(2) 建立健全市县两级森林资源数据库及资源变档。利用2005年二类调查成果，建立市、县级数据库，包括小班属性数据、矢量数据、栅格数据、模型数据、气象数据等等。资源数据发生变化时，要随变随改，及时更新各种数据库，上报省级数据管理部门。

(3) 进一步加强基层林业工作站建设。乡镇林业站是林业工作的基础，其工作水平直接影响到当地林业的建设水平。近些年，由于政府进行农村机构改革，基层林业站受到一定的冲击，表现为办公用房紧缺、办公设备落后、技术人员业务素质参差不齐、人员工资拖欠等现象，其结果直接影响林业站各项职能的发挥。因此，加强林业站的基础建设迫在眉睫。

（四）完善监测和管理体系

充分利用各类省级监测体系，通过引进新技术，采用高科技手段，建立适合本市的多功能数字化林业管理平台，建立森林资源数据库，提高森林资源监测、重点公益林监测、森林病虫害监测、森林防火等监测水平，同时要建立科学、高效的行政管理体系。

第20章 盘锦市森林资源

第一节 基本情况

一、自然概况

（一）地理位置

盘锦市位于辽宁省西南部，辽河冲积平原的最南端，辽河三角洲腹地，南临辽东湾，东与营口市、鞍山市接壤，西、北与锦州市相连。地理坐标在北纬40°41′～41°27′，东经121°31′～122°28′之间，土地总面积40.71万hm^2。

（二）地形地貌

盘锦市地势低洼平坦，为退海冲积平原，地面高程一般在2～4m之间，最高为18.2m，最低0.4m。地势北高南低，由北向南以万分之一的坡降倾斜于辽东湾。

（三）气候

盘锦市属暖温带大陆性半湿润的季风气候区。其气候特点是四季分明、雨热同季、温度适宜、光照充裕。年平均气温8.4℃，最高温度在7月份为24.3℃；最低温度在1月份为－10.2℃，年较差为34.5℃。土壤一般在11月上旬开始结冻，下旬封冻，最大冻土深度可达117cm，解冻日期在3月中旬，4月中旬化通。全年无霜期177天，土壤冻深0.7～0.9m。年平均降雨量646.6mm，各月降雨量差异较大，降水主要集中在夏季，6～9月降水量为422.4mm，占全年降水量的65%；该地区年平均蒸发量为1669.6mm，是年降水量的2.6倍。蒸发量最高出现在5月份，平均蒸发量为264.9mm；最低在1月份，为38.0mm，这主要是春季空气干燥少雨、风速大，加快了蒸发。风速和风向变化较小，年平均风速为4.4m/s，全年主导风向为西南风。

（四）土壤资源

该市的土壤类型受地形、气候和水文等自然条件的影响，土类全部为非地带性土壤，主要有沼泽土、盐碱土、草甸土、水稻土和部分的风沙土。盐土主要分布在西部及西南沿海地带，分为滨海盐土、草甸盐土和沼泽盐土。滨海盐土分布在西南近海地区，自然植被以耐盐、耐湿性植物为主；草甸盐土的地势比滨海盐土稍高，地表以耐盐植物为主；沼泽盐土分布在距海较近的低洼地区，常年积水或历年有季节性积水，地表生长耐盐喜湿性植物。草甸土分为碳酸盐草甸土和盐化草甸土两类。碳酸盐草甸土主要分布在双台子河（辽河）沿岸的河漫滩、低阶地及冲积平原上；盐化草甸土分布在平原开阔地带。

（五）水资源

全市水资源总量10.94亿m^3，其中地表径流2.58亿m^3，第四系浅层地下水1.06亿m^3，上第三系深层地下水7.30亿m^3。地表水资源主要靠降水和河川过境径流补给。域内多年平均降水是646.6mm，年平均径流量2.58亿m^3。境内多年平均河川径流总量72.04亿m^3。全市有6座水库，总库容量1.1亿m^3。盘锦市境内有大、中、小河流21条，总流域面积3570km^2，其中大型河流4条，即辽河、大辽河、绕阳河、大凌河。

（六）植被

盘锦市植物区划属华北植物区系，植物生长快、密度大。共有野生植物70科、242种，其中林木类33科、119种，杂草类37科、123种。宜林树种有樟子松(海拉尔松)、侧柏(扁柏)、连翘(迎春花)、旱柳(青皮柳)、家榆(白榆、榆树)、桑、苹果、刺槐(洋槐)、紫穗槐(棉槐、椒条)、臭椿、火炬树、色木槭(地锦槭、五色枫)、葡萄、柽柳(三春柳、红柳)、沙棘(醋柳、酸刺)、华北紫丁香等。

盘锦市境内芦苇总面积8万hm^2多，其中东郭、羊圈子、赵圈河、辽滨、新生5大苇场面积6.9万hm^2，长苇面积达5.5万hm^2，平均年产芦苇近50万t。

二、社会经济情况

全市总人口125.9万人，其中城镇人口68.4万人，非农人口57.5万人。2005年全市地区生产总值441.3亿元，其中第一产业增加值46.9亿元，第二产业增加值318.8亿元，第三产业增加值75.7亿元，人均生产总值34 641元。

盘锦市交通便利，铁路列车可直达北京、上海、广州、杭州等国内主要城市。盘海高速公路横贯东西，将沈大、京沈两条高速公路连接在一起，盘锦港的运营已形成铁路、公路和水路综合运输网络。

第二节 森林资源现状

一、森林资源概述

（一）林地面积

全市土地总面积407 109.7hm^2，其中林地面积11 772.3hm^2，占土地总面积的2.9%；非林业用地面积395 337.4hm^2，占土地总面积的97.1%，详见表20-1。

表20-1 林地各地类土地面积及比例表 单位：hm^2、%

统计单位	项目	合计	有林地	疏林地	灌木林	未成林地	苗圃地	无林地
盘锦市	面积	11 772.3	5882.5	58	341.4	3360.8	177	1952.6
	比例	100.0	50.0	0.5	2.9	28.5	1.5	16.6
双台子区	面积	27.3	25.3					2
	比例	100.0	92.7					7.3
兴隆台区	面积	818	475.2		61.1	250.2		31.5
	比例	100.0	58.1		7.5	30.6		3.8
大洼县	面积	2971.4	1669.7	12.3	114.5	746.8	88.9	339.2
	比例	100.0	56.2	0.4	3.9	25.1	3.0	11.4
盘山县	面积	7955.6	3712.3	45.7	165.8	2363.8	88.1	1579.9
	比例	100.0	46.7	0.6	2.1	29.7	1.1	19.8

在有林地面积中：林分面积5585.6hm²，占有林地面积的95.0%；经济林面积296.9hm²，占5.0%。

在林分面积中：针叶林面积34.8hm²，阔叶林面积5529.3hm²，针阔混交林21.5hm²，分别占林分面积的0.6%、99%、0.4%。

在无林地面积中：无立木林地面积136.8hm²，宜林地面积1777.9hm²，辅助生产林地面积37.9hm²，分别占无林地面积的7%、91.1%、1.9%。

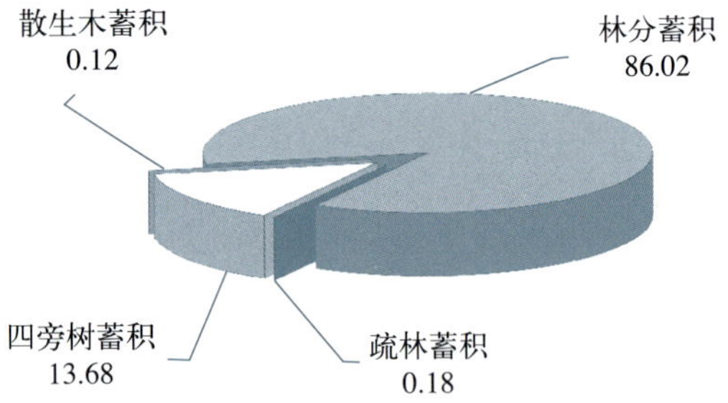

图20-1　各地类蓄积比例（%）

（二）林木蓄积

全市活立木总蓄积66.88万m³，其中林分蓄积57.53万m³，疏林蓄积0.12万m³，散生木蓄积0.08万m³，四旁树蓄积9.15万m³，详见图20-1、表20-2。

表20-2　各类森林林木蓄积统计表

单位：m³

统计单位	活立木总蓄积量	林分				疏林地蓄积	四旁树蓄积	散生木蓄积
		林分总蓄积	针叶林蓄积	阔叶林蓄积	针阔混交林蓄积			
盘锦市	668 830	575 251	1645	572 012	1594	1216	91 514	849
双台子区	1698	1408		1408			290	
兴隆台区	45 338	39 087		39 087			6251	
大洼县	230 620	212 333		212 333		554	17 000	733
盘山县	391 174	322 423	1645	319 184	1594	662	67 973	116

（三）森林覆盖率

全市土地总面积407 109.7hm²，林分面积5585.6hm²，灌木林面积341.4hm²，其中国家特别规定灌木林104.5hm²，森林覆盖率2.34%。

（四）森林资源质量

全市林分单位面积蓄积量为103m³/hm²，其中针叶林为48.85m³/hm²、阔叶林为103.45m³/hm²、针阔混交林为74.42m³/hm²。

二、森林资源结构

（一）林分权属结构

在全市林分中集体林比重最大，占林分面积、蓄积的43.7%和53.7%，详见表20-3、图20-2。

（二）林种结构

全市林分中，防护林面积、蓄积所占比例最大，分别占林分面积、蓄积的84.47%和87.35%；用材林分别占15.49%和12.62%。全市防护林主要分布于盘山县、大洼县、兴隆台区，防护林占全市林分面积比例最大的是盘山县，所占比例为47.73%；其次是大洼县，所占比例为27.78%，详见表20-4、图20-3。

表20-3 林分按权属面积、蓄积统计表

单位：hm²、m³

统计单位	林权	活立木总蓄积量	林分							
			合计		针叶林		阔叶林		针阔混交林	
			面积	蓄积	面积	蓄积	面积	蓄积	面积	蓄积
盘锦市		668 830	5585.6	575 251	34.8	1645	5529.3	572 012	21.5	1594
	系统国有计	22 356	507.9	21 920	27.5	1480	458.9	18 846	21.5	1594
	部门国有计	175 067	1676.8	168 511			1676.8	168 511		
	集体计	345 184	2439.1	308 788	7.3	165	2431.8	308 623		
	个人计	120 693	906.2	70 513			906.2	70 513		
	合作计	5530	55.6	5519			55.6	5519		

表20-4 各林种面积、蓄积表

单位：hm²、m³

统计单位	林种	林分	
		面积	蓄积
盘锦市		5585.6	575 251
	防护林	4718.2	502 466
	特用林	2.1	209
	用材林	865.3	72 576

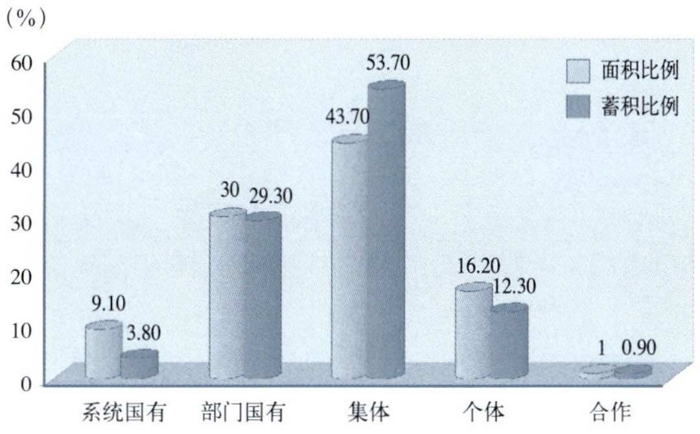

图20-2 林分权属面积、蓄积比例图

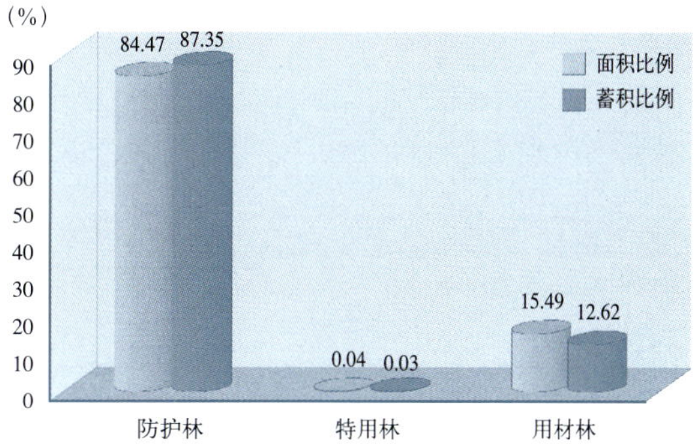

图20-3 林分各林种面积、蓄积比例图

（三）龄组结构

在林分中，幼龄林面积、蓄积分别占林分总面积和林分总蓄积的59.5%和43.1%，中龄林分别占25.4%和34.1%，近熟林分别占9.4%和13.9%，成熟林分别占4.4%和7.0%，过熟林分别占1.3%和1.9%，详见表20-5、表20-6、图20-4、图20-5。

表20-5 林分各龄组面积统计表

单位：hm²

统计单位	合计	幼龄林	中龄林	近熟林	成熟林	过熟林
盘锦市	5585.6	3324.1	1416.8	524.8	244.5	75.4
双台子区	25.3	22.8	0.4	2.1	0	0
兴隆台区	475.2	179.5	177.2	105	13.5	0
大洼县	1556	895.3	411.1	194.6	52.6	2.4
盘山县	3529.1	2226.5	828.1	223.1	178.4	73

表20-6　林分各龄组蓄积统计表

单位：m^3

统计单位	合计	幼龄林	中龄林	近熟林	成熟林	过熟林
盘锦市	575 251	248 109	196 080	80 146	40 089	10 827
双台子区	1408	1009	238	161	0	0
兴隆台区	39 087	5802	18 038	8335	6912	0
大洼县	212 333	70 822	90 278	37 248	12 635	1350
盘山县	322 423	170 476	87 526	34 402	20 542	9477

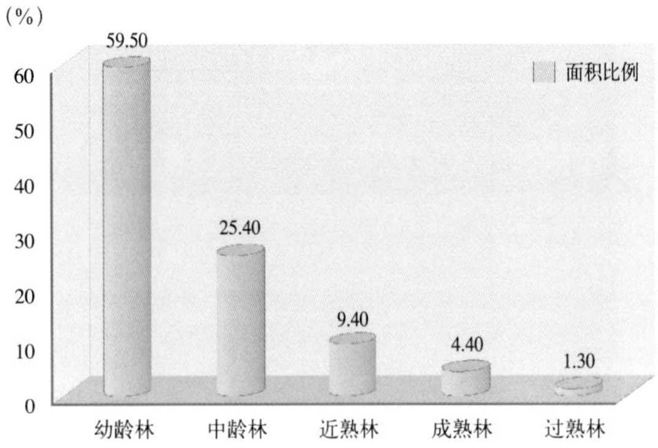

图20-4　林分各龄组面积比例

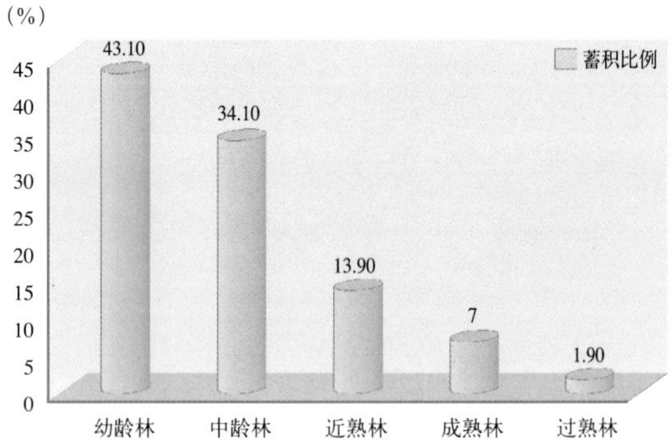

图20-5　林分各龄组蓄积比例图

（四）树种结构

全市林分面积5585.6hm^2，蓄积57.53万m^3。阔叶树种中杨树及速生杨面积共3796.5hm^2，蓄积共40.7万m^3，分别占林分面积、蓄积的68%、70.7%；针叶树种主要是樟子松，分别占林分面积、蓄积的0.9%和0.4%，详见表20-7。

表20-7　林分各树种（组）面积、蓄积统计表

单位：hm^2、m^3

优势树种	幼龄林		中龄林		近熟林		成熟林		过熟林	
	面积	蓄积	面积	蓄积	面积	蓄积	面积	蓄积	面积	蓄积
合计	3324.1	248 109	1416.8	196 080	524.8	80 146	244.5	40 089	75.4	10 827
樟子松组	45	2186	3.2	287	0	0	0	0	0	0
榆树组	108.9	11 194	0	0	0	0	0	0	0	0
花曲柳组	15.6	40	0	0	0	0	0	0	0	0
刺槐组	73.7	3178	73.5	10 506	70.6	9260	15.7	2092	0	0
柳树组	793.6	51 909	383.9	50 632	159.3	17 607	37	9203	2.3	143
杨树组	2097.2	177 554	816.3	128 426	280.6	52 304	134.4	22 675	73.1	10 684
速生杨	183.3	1943	139.9	6229	14.3	975	57.4	6119	0	0
杂木组	6.8	105	0	0	0	0	0	0	0	0

三、人工林资源

全市没有天然林，全部为人工林，面积为9642.7hm^2，蓄积为57.65万m^3，其中林分面积5585.6hm^2，蓄积57.53万m^3，分别占人工林面积蓄积的57.9%、99.8%；疏林面积58hm^2，蓄积0.12万m^3，分别占人工林面积蓄积的0.6%、0.2%；未成林面积3360.8hm^2，占人工林面积的34.9%；乔木经济林面积296.9hm^2，占人工林面积的3.1%；灌木林面积341.4hm^2，占人工林面积的3.5%，详见表20-8。

表20-8 人工林面积、蓄积统计表

单位：hm^2、m^3

统计单位	面积合计	林分												疏林地		乔木经济林	造林未成林	灌木林
		小计		幼龄林		中龄林		近熟林		成熟林		过熟林						
		面积	蓄积	面积	蓄积	面积	蓄积	面积	蓄积	面积	蓄积	面积	蓄积	面积	蓄积	面积	面积	面积
盘锦市	9642.7	5585.6	575 251	3324.1	248 109	1416.8	196 080	524.8	80 146	244.5	40 089	75.4	10 827	58	1216	296.9	3360.8	341
双台子区	25.3	25.3	1408	22.8	1009	0.4	238	2.1	161	0	0	0	0	0	0	0	0	0
兴隆台区	786.5	475.2	39 087	179.5	5802	177.2	18 038	105	8335	13.5	6912	0	0	0	0	0	250.2	61.1
大洼县	2543.3	1556	212 333	895.3	70 822	411.1	90 278	194.6	37 248	52.6	12 635	2.4	1350	12.3	554	113.7	746.8	115
盘山县	6287.6	3529.1	322 423	2226.5	170 476	828.1	87 526	223.1	34 402	178.4	20 542	73	9477	45.7	662	183.2	2363.8	166

人工林中用材林面积865.3hm^2，蓄积7.26万m^3；防护林面积4718.2hm^2，蓄积50.25万m^3；特用林2.1hm^2，蓄积0.02万m^3，经济林面积401.4hm^2。

四、灌木林资源

全市共有灌木林341.4hm^2，其中国家特别规定灌木林104.5hm^2，占30.6%；其他灌木林236.9hm^2，占69.4%。

五、经济林资源

全市经济林面积401.4hm^2，其中乔木经济林296.9hm^2，占经济林面积的74%；灌木经济林104.5hm^2，占26%。乔木经济林中主要树种为苹果、梨、李子，在灌木经济林中主要树种为葡萄，详见表20-9。

表20-9 经济林面积统计表

单位：hm^2

统计单位	树种	合计	乔木经济林	灌木经济林
盘锦市		401.4	296.9	104.5
	苹果	139.6	139.6	0
	梨	15.7	15.7	0
	山楂	3.4	3.4	0
	杏	0.7	0.7	0
	李子	52.4	52.4	0
	枣	7.3	7.3	0
	葡萄	104.5	0	104.5
	其他经济树	77.8	77.8	0

六、生态公益林和营造林重点工程建设情况

（一）公益林建设情况

全市公益林建设面积10 072.4hm^2，其中重点公益林2056.4hm^2，占20.4%；一般公益林面积8016hm^2，占79.6%，详见表20-10。

（二）重点工程建设情况

全市林业重点工程主要有退耕还林工程共造林3756.8hm^2；其他工程共造林3767.2hm^2，包括“三北”防护林、速生丰产林、世界银行贷款造林等工程。

表20-10　公益林面积统计表

单位：hm^2

统计单位	森林类别	合计	林分 小计	林分 针叶林	林分 阔叶林	林分 针阔	疏林地	灌木林	未成林地	无立木林地	宜林地
盘锦市		10 072.4	4720.3	27.5	4671.3	21.5	46.5	236.9	3357.7	125.6	1585.4
	重点公	2056.4	1266	27.5	1217	21.5	8.4	117.7	134.6	2.5	527.2
	地方公	8016	3454.3	0	3454.3	0	38.1	119.2	3223.1	123.1	1058.2
双台子区		25.3	25.3	0	25.3	0	0	0	0	0	0
	地方公	25.3	25.3	0	25.3	0	0	0	0	0	0
兴隆台区		727.2	475.2	0	475.2	0	0	1.8	250.2	0	0
	重点公	456.7	399.4	0	399.4	0	0	0	57.3	0	0
	地方公	270.5	75.8	0	75.8	0	0	1.8	192.9	0	0
大洼县		2760.2	1552.9	0	1552.9	0	12.3	112.1	743.7	7.5	331.7
	重点公	466.7	333.3	0	333.3	0	0	23.7	51.3	2.5	55.9
	地方公	2293.5	1219.6	0	1219.6	0	12.3	88.4	692.4	5	275.8
盘山县		6559.7	2666.9	27.5	2617.9	21.5	34.2	123	2363.8	118.1	1253.7
	重点公	1133	533.3	27.5	484.3	21.5	8.4	94	26	0	471.3
	地方公	5426.7	2133.6	0	2133.6	0	25.8	29	2337.8	118.1	782.4

第三节　森林资源分析

一、森林资源特点

(1) 森林资源少。盘锦是辽宁省的少林市，这主要是特殊的地理位置和自然条件造成的。

(2) 森林资源分布不均衡。北部区域森林资源多，南部区域的森林资源少，其原因为南部地区的苇地和滩涂面积大，宜林面积少。

(3) 造林树种单一。全市土壤结构主要分为盐土、草甸土、沼泽土和水稻土。土质盐碱化，限制了树种的多样性。

(4) 林地多为带状。利用现有的道路、干渠、堤坝、村屯内植树，大大减少了造林范围，并且盘锦市的道路、干渠、堤坝经常改动和重新规划，使得林地面积不稳定。少部分片林分布在盘山县高升镇、盘山林场和石山种畜场等地。

(5) 防护林比重大。因为沿海防护林体系建设工程是盘锦市林业建设的重点工程，所以在实施分类经营和造林工作中，加大了防护林种的比重。

二、森林资源总量分析

森林资源分析是指区域内的森林资源在一个经理期内，通过社会的、自然的综合作用，其在数量和质量上发生的动态变化。本次分析的基础数据采用前一个经理期（1993年）与本经理期（2005年）两期森林资源二类调查成果进行对比，研究资源消长变化原因，为今后森林资源管理提供依据。

（一）林业用地面积对比分析

根据两期森林资源二类调查成果，全市林业用地面积总量较前期减少2679.7hm^2，林分面积较前期减少59.4hm^2，详见表20-11。

表20-11 森林资源总量动态变化表

单位：hm²、%

项目	林业用地面积							
	合计	林分	乔木经济林	疏林地	灌木林	未成林地	苗圃地	无林地
1993	14 452	5645	992	124	311	1185	241	5954
2005	11 772.3	5585.6	296.9	58	341.4	3360.8	177	1952.6
差值	−2679.7	−59.4	−695.1	−66	30.4	2175.8	−64	−4001
净增率	−18.5	−1.1	−70.1	−53.2	9.8	183.6	−26.6	−67.2
年净增率	−1.7	−0.1	−6.4	−4.8	0.9	16.7	−2.4	−6.1

全市林业用地面积和林分面积减少的原因如下：

1. 技术标准变化导致个别地类面积减少

前期森林资源二类调查对农地和宜林地营造的乔木经济林全部调查，统计到林业用地面积中，本期调查农地植果不调查；苗圃地前期调查包括临时和固定苗圃，本期只调查固定苗圃。

2. 土地属性的变更导致林业用地面积减少

盘锦市的水利等部门的用地面积与林业用地面积经常变更，以及将部分特殊地段林业用地变更使用。

（二）林木蓄积对比分析

全市活立木总蓄积为66.88万m^3，年均增长0.64万m^3，年净增率1.1%。全市林分蓄积57.53万m^3，年均增长0.68万m^3，年净增率1.4%。本期疏林蓄积减少了0.18万m^3，四旁树蓄积减少0.37万m^3，详见表20-12。

表20-12 两期二类调查各类蓄积对比表

单位：万m³、%

蓄积类别	1993年	2005年	差值	净增率	年净增率
总蓄积	59.88	66.88	7	11.7	1.1
林分蓄积	50.06	57.53	7.47	14.9	1.4
疏林蓄积	0.3	0.12	−0.18	−60	−5.5
散生木蓄积	0	0.08	0.08		
四旁树蓄积	9.52	9.15	−0.37	−3.9	−0.4

（三）单位面积蓄积量对比分析

全市林分单位面积蓄积量为103m^3/hm^2，林分蓄积量增加14.3m^3/hm^2，增长了16.1%；用材林单位面积蓄积量为84.4m^3/hm^2，蓄积增加35.1m^3/hm^2，详见表20-13。

表20-13 单位面积蓄积量动态变化表

单位：hm²、万m³、m³/hm²、%

年代	活立木总蓄积量	林分			用材林		
		面积	蓄积	单位蓄积量	面积	蓄积	单位蓄积量
1993年	59.88	5645	50.06	88.7	1966	9.69	49.3
2005年	66.88	5585.6	57.53	103	865.3	7.3	84.4
差值	7	−59.4	7.47	14.3	−1100.7	−2.39	35.1
净增率	11.7	−1.1	14.9	16.1	−56	−24.7	71.2

三、森林资源结构变化分析

（一）起源结构变化分析

全市林分均为人工起源，人工林分面积5585.6hm^2，比1993年5645hm^{2}减少了59.4hm^2。这主要是林网更新改造的结果；人工林分蓄积57.53万m^3，比1993年50.06万m^{3}增加了7.47万m^3，年均增加0.68万m^3，年净增率1.4%。其增长原因是，第一，生长迅速的中、幼龄林在上期二类调查时比重大；第二，前一个经营期近、成、过熟农田林网大都以群众杨品种为主，蓄积量极低；第三，造林技术及经营水平提高，详见表20-14。

表20-14 人工林分各林种面积变化表

单位：hm^2、%

项目 \ 林种		合计	防护林	特用林	用材林
1993年	面积	5645	3679		1966
	比例	100	65.2		34.8
2005年	面积	5585.6	4718.2	2.1	865.3
	比例	100	84.5	0	15.5
差值	面积	－59.4	1039.2	2.1	－1100.7
	比例		19.3	0	－19.3

（二）龄组结构变化分析

1. 各龄组面积变化

全市幼、中龄林面积、蓄积有大幅度增加，近、成、过熟林面积有所减少，但蓄积保持相对稳定并有小幅度增加。近几年的造林力度加大是幼、中龄林面积迅速增加的直接原因。

全市林分中，幼龄林和中龄林所占面积比重高达84.9%。1993年近、成、过熟林面积共3450hm^2，占林分面积的61.1%；2005年近、成、过熟林面积共844.7hm^2，占林分面积的15.1%，2005年比1993年减少了2605.3hm^2，比例下降了46%，详见表20-15。

表20-15 两期二类调查林分各龄组面积、蓄积变化表

单位：hm^2、万m^3

权属 \ 项目	2005年		1993年		差 值	
	面积	蓄积	面积	蓄积	面积	蓄积
合计	5585.6	57.53	5645	50.06	－59.4	7.46
幼龄林	3324.1	24.81	979	3	2345.1	21.81
中龄林	1416.8	19.61	1216	6.43	200.8	13.18
近熟林	524.8	8.02	1837	16.73	－1312.2	－8.72
成熟林	244.5	4.01	1379	19.37	－1134.5	－15.36
过熟林	75.4	1.08	234	4.53	－158.6	－3.45

2. 各龄组蓄积变化

从两期二类调查结果分析，林分蓄积有所增长，共增加蓄积7.46万m^3，年净增率1.4%，其中幼龄林蓄积增加21.81万m^3，年净增率0.2%；中龄林蓄积增加13.18万m^3，年净增率0.1%；近熟林蓄积减少了8.72万m^3，年净减率4.7%；成熟林蓄积减少了15.36万m^3，年净减率7.2%；过熟林蓄积减少了3.45万m^3，年净减率6.9%，详见表20-15。

3. 用材林各龄组面积和蓄积变化

在全市用材林中，幼龄林面积354.1hm²，蓄积2.78万m³；中龄林面积373.5hm²，蓄积2.82万m³；近熟林面积19hm²，蓄积0.1万m³；成熟林面积71.4hm²，蓄积0.85万m³；过熟林面积47.3hm²，蓄积0.67万m³。幼、中龄林比例增加，近、成、过、熟林比例减少，说明全市森林在现阶段可采资源少，而后备资源丰富。

（三）林种结构变化分析

1. 各林种面积、蓄积变化

本期二类调查数据与上期相比，防护林面积有很大增加，用材林面积减少；用材林面积减少幅度大，蓄积减少幅度小，说明用材林质量有所提高，详见表20-16。

表20-16　林分各林种面积、蓄积变化表　　单位：hm²、万m³、%

项目＼林种	防护林		用材林		特用林	
	面积	蓄积	面积	蓄积	面积	蓄积
1993年	3679	40.37	1966	9.69		
2005年	4718.2	50.25	865.3	7.26	2.1	0.02
差值	1039.2	9.88	-1101	-2.43	2.1	0.02
净增率	28.2	24.5	-56.0	-25.1		

2. 各林种面积变化原因

林种面积变化的原因主要是：第一，重点工程建设特别是沿海防护林工程的实施，使得防护林面积增加；第二，按国家林业局和省林业厅的要求，全市的森林资源实施了分类经营，将湿地范围、沿海范围和沟渠两侧部分用材林区划调整为防护林；第三，随着社会经济的发展，人们对森林保护和美化环境有了更深的认识，营造了部分风景林，增加了特用林种。

从林种结构的变化看，林业已从过去的重视森林的经济效益转向重视森林所带来的综合效益，防护林的增加提高了森林的生态效益，对遏制盘锦市土地的沙化、盐碱化起到了更大的作用，有力的保障了农业生产，美化了人们的生活环境；用材林的面积虽有较大下降，但蓄积量下降幅度小，说明用材林质量有较大的提升，提高了林地的生产力，保证了林业产业的可持续发展。

（四）树种结构变化分析

1. 主要树种（组）面积变化

全市林分面积中柳树面积增加795.1hm²，年均增加72.28hm²，年净增率12.4%，增长速度最快。整体上看除了柳树外，樟子松、花曲柳、杂木组面积也有小幅增长；面积减少最多的是刺槐组和杨树组。

面积变化的主要原因是最近几年的造林树种较为单一，阔叶树比重过大，应加大力度营造混交林，提高针叶树种比例。

2. 主要树种（组）蓄积变化

全市林分蓄积比前期二类调查林分蓄积增长了7.46万m³，除榆树、刺槐、花曲柳蓄积减少以外其余树种组面积均有所增加，详见表20-17。

表20-17 林分各树种结构变化表

单位：hm^2、万m^3

优势树种	1993年		2005年		差 值	
	面积	蓄积	面积	蓄积	面积	蓄积
合计	5645	50.06	5585.6	57.53	-59.4	7.46
樟子松组	8	0.03	48.2	0.25	40.2	0.2
榆树组	343	1.28	108.9	1.12	-234.1	-0.2
花曲柳组	7	0.06	15.6	0	8.6	-0.1
刺槐组	786	5.62	233.5	2.5	-552.5	-3.1
柳树组	581	4.11	1376.1	12.95	795.1	8.8
杨树组	3920	38.96	3796.5	40.7	-123.5	1.74
杂木组			6.8	0.01	6.8	0

（五）森林分类结构分析

1. 公益林资源特点

(1) 从功能上看盘锦市重点公益林主要起防风固沙和沿海防护的作用。

(2) 从分布上看主要分布于盘山县和大洼县，盘山县土地沙化、大洼县的沿海防护都应保持公益林的比例，发挥公益林的防护作用。

2. 商品林资源结构特点

本期二类调查共区划商品林1485hm^2，商品林活立木总蓄积7.27万m^3，其中林分面积865.3hm^2，蓄积7.26万m^3，经济林面积占商品林地面积7%，用材林面积占58.3%，详见表20-18。

表20-18 商品林面积情况统计表

单位：hm^2

林种	针叶林	阔叶林	乔木经济林	疏林地	灌木林	未成林地	无立木林地	宜林地
合计	7.3	858	296.9	11.5	104.5	3.1	11.2	192.5
用材林	7.3	858	0	11.5	0	3.1	0	0
经济林	0	0	296.9	0	104.5	0	0	0
未划分林种	0	0	0	0	0	0	11.2	192.5

（六）林分权属结构分析

1. 林分各权属面积变化

全市林分面积中系统国有林面积较上期增加了66.9hm^2，增加15.2%，年净增率为1.4%；集体林面积较上期减少2764.9hm^2，减少了53.1%，年净减率为4.8%；部门国有林面积较上期增加1676.8hm^2；合作林面积较上期增加55.6hm^2；个人权属林面积较上期增加906.2hm^2。

2. 林分各权属蓄积变化

全市林分蓄积增加7.47万m^3，其中系统国有林蓄积较上期增加1.8%，年净增率0.2%；部门国有林蓄积较上期增加16.85万m^3；合作造林蓄积较上期增加0.56万m^3；集体林蓄积较上期减少35.4%，年净减率3.2%；个人所有林蓄积，较上期增加7.05万m^3，详见表20-19。

3. 变化分析

(1) 个人林分面积的大幅增加，说明盘锦市非公有制林业发展成效显著，林业所有制形式和投资结构逐步趋向多元化，个人通过合作或单独投资造林的积极性有所提高。

(2) 部门国有及合作造林面积增加，说明全社会对林业的重视程度都有所提高。

表20-19 两期二类调查林分各权属面积蓄积对比表 单位：hm^2、万m^3

权属	2005年		1993年		差 值	
	面积	蓄积	面积	蓄积	面积	蓄积
合计	5585.6	57.53	5645	50.06	−59.4	7.47
系统国有	507.9	2.19	441	2.23	66.9	0.04
部门国有	1676.8	16.85			1676.8	16.85
合作	55.6	0.56			55.6	0.56
集体	2439.1	30.88	5204	47.83	−2764.9	−16.95
个人	906.2	7.05			906.2	7.05

（七）森林资源经营分析

全市现有可采资源面积118.7hm^2，蓄积15 171m^3，资源同经济发展的需要存在巨大差距；全市共有3241.2hm^2中、幼龄林需要抚育，5243.6hm^2面积需要封育，说明全市的森林资源管护任务仍比较重，详见表20-20。

表20-20 经营措施类型面积、蓄积统计表 单位：hm^2、m^3

统计单位	主伐利用		公益林更新采伐		低产林改造		低效林改造		抚育间伐		未幼抚	封育	
	面积	蓄积	面积	蓄积	面积	蓄积	面积	蓄积	面积	蓄积	面积	面积	蓄积
盘锦市	118.7	15 171	201.2	35 745	11.5	155	128.1	4075	297	50 935	3241.2	5243.6	470 386
双台子区	0	0	0	0	0	0	0	0	0	0	0	25.3	1408
兴隆台区	0	0	13.5	6912	0	0	1.8	116	31.6	5142	215.7	464.6	26 917
大洼县	0	0	55	13 985	0	0	71.9	2531	120	26 492	667.8	1512.5	169 879
盘山县	118.7	15 171	132.7	14 848	11.5	155	54.4	1428	145.4	19 301	2357.7	3241.2	272 182

四、森林资源可持续发展利用潜力分析

（一）有林面积潜力分析

由于盘锦市的地理位置和自然条件比较特殊，地势低洼，土质盐碱，宜林程度差，林业发展的空间较小，只能利用现有的道路、干渠、堤坝、村屯内植树，具有典型的平原农作区林业的特点。为加快林业的发展，1989年市人大对全市林业用地进行了界定，指出境内河流干渠、道路两旁、坑塘四周、三级渠系、三级道路均属于林业用地，为盘锦市林业建设提供了符合本地实际的法律依据。经过几年的努力，境内的主要干道、大型干渠、河流水库已基本绿化结束，农田防护林网得到了进一步的完善，只有沿海防护林重盐碱地段、村屯四旁植树以及一些远、高、漏地区的绿化还存在着一定的不足，这将是盘锦市林业未来发展的主要方向。

本期二类调查数据表明，全市现有无立木林地136.8hm^2，其中盘山县129.3hm^2，大洼县7.5hm^2；宜林荒地1777.9hm^2，其中盘山县1412.7hm^2，大洼县331.7hm^2，兴隆台区31.5hm^2，双台子区2hm^2。随着海防林体系建设工程的逐步实施、先进造林技术的应用以及优良耐盐碱树种的选育，一些濒海重盐碱地段造林将成为可能，盘锦市宜林荒地还将有所增加。如果全市宜林荒地全部绿化，有林地面积将增加1914.7hm^2，森林覆盖率将提高0.5%。

（二）提升低产、低效林生产力水平的潜力分析

全市现有低产、低效林220hm^2，主要集中在盘山县的高升镇、盘山县林场以及大洼县的

部分农田林网。这部分林地大多为60、70年代结合水利工程基础设施建设进行的植树造林，栽植的树种以群众杨等老品种为主，由于土质盐碱化，立地条件差，修建的台田标准不高，造林技术低下等原因，平均蓄积量仅为0.23m³/hm²，个别地段已形成“小老树”，经济效益极为低下，生态效益也不能充分发挥。这部分林木应及早进行更新改造，缺苗段档地段栽严补齐，没有培养价值的尽快伐除，以栽植速生杨为主，采取科学的造林技术措施，实施高标准台田工程，切实提高造林质量，预计成林后，蓄积将达到120～225m³/hm²，详见表20-21。

表20-21　低产、低效林面积、蓄积统计表

单位：hm²、m³

统计单位	低产林改造		低效林改造							
	皆伐改造		小计		补植改造		效应带改造		综合改造	
	面积	蓄积	面积	蓄积	面积	蓄积	面积	蓄积	面积	蓄积
盘锦市	11.5	155	128.1	4075	21.2	308	53.1	2080	53.8	1687
双台子区	0	0	0	0	0	0	0	0	0	0
兴隆台区	0	0	1.8	116	0.5	116	1.3	0	0	0
大洼县	0	0	71.9	2531	20.7	192	32.7	1250	18.5	1089
盘山县	11.5	155	54.4	1428	0	0	19.1	830	35.3	598

第四节　森林资源管理现状与对策

一、森林资源管理现状

（一）相关法规制定情况

1989年市首届人大常务委员会通过了《盘锦市保护和发展林业若干问题的规定》，使盘锦市林业建设具有了可操作性和更加符合本地实际的法律依据。1994年市政府制定了《关于5年基本绿化盘锦的决定》，并配套出台了《关于5年基本绿化盘锦的总体规划》，更进一步明确了林业发展目标。从2001年开始市政府按照“不限制发展方式，不限制发展速度，不限制发展规模”的原则，大力发展非公有制林业。2003年制定了林业生态和产业中长期发展规划；2005年下发了中共盘锦市委、盘锦市人民政府关于贯彻《〈中共中央国务院关于加快林业发展的决定〉的实施意见》，同年出台了《盘锦市林木采伐更新管理办法》。这些文件和政策的出台，极大促进了盘锦市林业的快速发展。

（二）森林资源管理重要举措与评价

1. 采伐限额管理执行与评价

林木采伐限额管理是森林资源管理的核心内容之一。根据法律规定，目前确立的管理制度主要有森林采伐限额管理制度、凭证采伐林木制度和年度木材生产计划管理制度。通过多年来的生产实践证明，实行森林采伐限额制度、凭证采伐制度及木材生产计划是非常必要的。特别是盘锦市，林业属农作区的林业，主要担负着防护和绿化功能，几乎没有发展林地经济的空间，群众对其没有依赖性。不仅如此，在农田旁还因林网影地减产现象，农民对自己田边地头栽植树木有意见，如果采伐政策或管理稍有松懈，对盘锦地区来说林木将遭受很大损失。

自1987年实行采伐限额制度以来，有效地保护了森林资源，有力地控制了森林资源的

过量消耗。具体措施有：第一，合理分解限额指标。盘锦市林地多建立在水利工程和交通工程之上，林木采伐和这些工程密不可分。所以在年初林业部门要求这些部门报工程计划，同时根据各单位生产经营需要，统筹考虑，优先安排林网的更新和改造。第二，严格伐前、伐中、伐后各个环节的管理，认真执行相关规定，建立了林木采伐更新制度、发证制度、责任追究制度等。第三，加强检查验收工作。每年都要进行一至两次针对设计文本、采伐证管理、迹地更新等方面的检查验收，发现问题及时处理。第四，强化木材经营加工和木材运输管理。通过以上手段，使有限的资源得到了充分培育、合理利用和有序开发，林分结构日趋合理，林分质量明显提高，防护功能显著增强，经济效益逐渐突出。

2. 分类经营界定、分类管理与效益评价

森林分类区划界定是林业分类经营的基础工作。林业分类经营是根据社会和市场经济对林业的需求，为实现林业的两个根本转变，按照森林主导功能的不同，对其实行分类区划、分类管理、分类经营的现代管理体制和发展模式。把以发挥生态效益为主要目的的森林及林地划为公益林，由各级政府负责建设，实行事业化管理，使其发挥最大的生态和社会效益；把以利用为目的的森林划分为商品林，实行企业化管理，集约经营，提高林地生产力，最大程度发挥其经济效益。按照《森林法》，辽宁省林业厅和盘锦市农林局分别下发了《关于开展森林分类区划界定工作的通知》(辽林办字[1999]80号)《关于印发林权登记换证和林业分类经营改革工作意见的通知》(盘农字[1999]130号)，依据因地制宜、统筹兼顾、上下结合、搞好总体布局，结合本地中、长期发展规划及各业特点，以发挥最大经济效益、生态效益、社会效益为目的，并正确处理好这三者的关系等原则，盘锦市共区划界定生态公益林10 072.4hm^2，占总林地面积的85.6%。

森林分类界定完成之后，按照主导功能及经营目的的不同，对生态公益林实行了严格的保护，按照生态公益林管理办法，限制采伐、依法征占，并从2004年开始对其实现了合理补偿。至2006年纳入国家公益林补偿面积达1266.7hm^2，纳入地方公益林补偿面积4400hm^2。为管好生态公益林，建立了护林员和监管员聘用制度、岗位责任制度、限制采伐制度、每日巡查制度、定期考核制度、资金管理制度等，使生态公益林得到了有效的保护。对商品林，依法管理、放活经营，指导森林经营单位制定经营方案，科学经营、合理利用。通过不同的政策措施，把公益林管严管好，使其更大效能的发挥出生态效益，最大限度地发挥防护功能；把商品林放开搞活，增加群众收益，实现最大的经济效益。

3. 森林防火及病虫害防治

目前，盘锦市主要林业有害生物的发生及危害相当严重，每年发生面积超过3333.3hm^2，年平均发生率近20%，大大高出全国平均水平。全市共有林业有害生物种类49种，能经常造成危害的有近10种，其中危害较重有3种，即美国白蛾、杨树蛀干害虫和杨树烂皮病。林业有害生物危害，对盘锦市林业造成较大的经济损失。

几年来，全市以《中共中央国务院关于加快林业发展的决定》为指针，坚持科学发展观和可持续发展战略，贯彻执行“预防为主，科学防控，依法治理，促进健康”的方针，紧密围绕新时期林业发展大局，积极推进森林健康，全面加强林业有害生物预防，严密防范外来有害生物入侵，坚持开展工程治理，大力推行无公害防治，专群结合，联防联治，标本兼治，每年防治率都超过95%，取得了很好的防治效果，遏制住了林业有害生物高发势头，促进林业建设持续、快速、协调、健康发展。

在森林防火方面，盘锦市采取了6项措施：第一，各级政府和林业部门把森林防火工作作为林业工作的一项中心任务，纳入到重要议事日程，并实行行政领导负责制，任务落实到人，责任明确到人；第二，充分利用各种媒体，宣传《森林法》《森林防火条例》《林苇防火办法》等各项法律法规，提高广大群众的防火意识；第三，坚持“预防为主，积极消灭”的方针，严格控制火源，减少野外用火，完善各种规章制度，使防火工作真正走上了经常化、制度化、规范化的道路；第四，在重点林区石山种畜场成立护林防火大队，有效的增强了防火力量；第五，逐级落实一条龙的防火责任制，层层落实，上下督促，逐级检查，形成一个完整的防火责任体系；第六，狠抓“三个第一”，即“第一把火，第一肇事者，第一责任人”，切实做到依法管火，依法治火。

4. 严格林地征占管理

盘锦市把总、干、支3级渠系的堤坝、国堤坝坑、路肩及两侧台田都规划为林业用地，成片林地少，仅占总林地面积的15%左右。多年来，各级政府和林业主管部门非常重视有限的林地资源的保护和管理，通过严格执行相关的法律法规和政策，严格征占用林地审核审批程序，坚决查处违法征占用林地和擅自改变林地用途的违法行为，通过每年进行一次征占林地大检查等方式对林地资源进行严格管理和控制。具体措施是，第一，对依法要征占林地的建设项目进行严格的预审制度，能不占的就坚决不予审核审批，能少占的就不允许多占，不允许先占后批、少批多占、化整为零占地行为发生，并且足额收取森林植被恢复费；第二，加强与交通、水利、电力等部门的沟通，增强其报请林业主管部门审核审批意识；加强与土地部门的协调，强调依法审批；第三，组织相关部门对全市范围内的林地进行定期检查，对未批先占、未批先采等违法行为，及时依法查处，并组织进行异地造林、植被恢复等情况的跟踪检查；第四，涉及水利、交通及其他建设工程时，把林台工程考虑在先，把造林绿化考虑在先，作好建设规划，明确部门责任，确保林地只增不减，树木保栽保活。

5. 严厉打击森林乱砍盗伐行为

全市立足于加强森林资源管理，维护森林安全的高度，不断加大对乱砍盗伐等林业刑事案件的查处力度，按照省厅要求，多次在全市范围开展各项严打行动，并收到了良好效果，为森林资源的安全提供了可靠的保证。多年来，公安干警发扬作风严谨、吃苦耐劳、爱岗敬业、立场坚定、纪律严明的工作作风，采取“蹲坑”、“放线”、“堵截”等形式，深入乡村，严厉打击乱砍盗伐等违法犯罪行为。在办案过程中坚持以事实为依据，以法律为准绳，做到严格执法，依法行政，使全市各类林业行政案件呈现明显的下降趋势。

二、森林资源管理对策

（一）创新机制

(1) 适应集体林产权制度改革的新形势，深入调查研究，建立并完善合民情、符民意和森林资源经营管理要求的年度采伐限额分配使用机制；建立森林资源资产交易平台，满足森林资源资产所有者对其森林产品交易的社会需求。

(2) 加强对各县（区）的森林资源管理日常监管，通过加大森林采伐限额审计、伐区验收力度，严肃查处发生在森林资源管理中出现的违规、违纪行为，从而推动全市森林资源管理水平的不断提高。

(3) 继续强化全市森林资源管理的制度建设，创新管理模式，根据全市各林种、各树种资源的消长变化，研究符合本地区森林资源保护和利用整体要求的森林经营方式。

(4) 制定符合非公有制林业发展的管理政策，激活全社会投资林业的积极性，促进非公有制林业的发展，尤其建立起鼓励通过流转扩大自有林规模而成立个体私营林场业主积极性的政策措施，以提高集体林产权制度改革后森林集约经营水平、科技含量，从而保证森林资源面积、蓄积的持续稳定增长；建立起鼓励木材精、深加工发展的扶持政策，以利于加快地方经济发展的产业结构调整。

(5) 加大林业行政执法力度，重点将整顿和规范矿产资源开发秩序工作引向深入；强化林区乱砍滥伐的综合治理；加强木材流通秩序整顿，尤其治理木材经营企业的私收滥购行为，从而实现保护公民守法经营，打击违法犯罪，实现林区社会治安秩序根本好转的目的。

（二）完善法律法规制度

盘锦市在森林资源管理方面制定的法规和建立的各项制度，对森林资源管理起到了积极的作用，并取得很好的效果。但随着集体林产权制度改革的顺利进行和现代林业发展的客观需要，一些有关森林资源管理的法规制度还需要进一步的加以完善，以确保森林资源管理政策、法规、制度的先进性、时效性。

（三）加强队伍建设

(1) 组建技术精干、高效、稳定的调查规划和资源监测队伍，建立和完善各项规章制度，加强技术队伍的业务培训，提高业务素质，强化行业资质管理，做到调查规划和监测单位按资从业，持证上岗。提高调查规划设计和资源监测的技术手段，改变传统的调查监测方法，把“3S”技术广泛应用到工作中，提高效率、精度和可靠性。

(2) 建立健全市县两级森林资源数据库及资源变档。利用2005年二类调查成果，建立市、县级数据库，包括小班属性数据、矢量数据、栅格数据、模型数据、气象数据等。资源数据发生变化时，要随变随改，及时更新各种数据库，上报省级数据管理部门。

(3) 进一步加强基层林业工作站建设。乡镇林业站是林业工作的基础，其工作水平直接影响到当地林业的建设水平。近些年，由于政府进行农村机构改革，基层林业站受到一定的冲击，表现为办公用房紧缺、办公设备落后、技术人员业务素质参差不齐、人员工资拖欠等现象，其结果直接影响林业站各项职能的发挥。因此，加强林业站的基础建设迫在眉睫。

（四）完善监测和管理体系

充分利用各类省级监测体系，通过引进新技术，采用高科技手段，建立适合本市的多功能数字化林业管理平台，建立森林资源数据库，提高森林资源监测、重点公益林监测、森林病虫害监测、森林防火等监测水平，同时要建立科学、高效的行政管理体系。

第21章 铁岭市森林资源

第一节 基本情况

一、自然概况

（一）地理位置

铁岭市系辽宁省辖市之一，位于辽宁省北部，地处北纬41°59′～43°29′之间，东经123°27′～125°06′。南与沈阳市、抚顺市毗邻，北与吉林省四平市相连，东与抚顺市清原满族自治县、吉林省辽源市接壤，西与沈阳市法库县、康平县及内蒙古自治区科尔沁左翼后旗和通辽市为邻。全市东西长134km，南北宽162km，区域面积1 297 968.5hm^2。

（二）地形地貌

铁岭市地势大体是东高中低，北高南低，西部稍高的地貌轮廓。山地和丘陵分列东西两侧，中部为由北向南缓泻的辽河平原。全市可分为东部低山丘陵区和西部辽河低丘平原区两大地貌区。东部低山丘陵区位于哈尔滨至大连公路以东，为长白山脉向南的延伸部分，地势由东向西逐渐降低，主要包括铁岭县、昌图县、开原市的东部和西丰县、清河区的全部，面积为680 000hm^2，约占全市总面积的52.3%；西部辽河低丘平原区位于哈尔滨至大连公路以西，是被辽河及其支流冲积而成的平原，地势自北向南缓倾，主要包括昌图县大部，开原市和铁岭县西部，调兵山市的全部，面积约为618 500hm^2，约占全市面积的47.7%。

在全市1 297 968.5hm^{2}的区域面积中，山地丘陵占40%，平原占45%，河流及其他约占15%，大体是“四山半水，四分半田，一分道路和庄园”。

（三）气候

铁岭市属于中温带大陆性季风气候区。一年之中，四季分明，冬季寒冷，夏季炎热，秋季凉爽，春季温暖，但春季来迟，一旦春到，气温回升快，多南风，少雨；秋季也较早的离去，温度急剧下降，雨水明显减少，因此春、秋二季较短，冬季偏长。年平均气温为5～7.3℃，年极端最高气温35.2～36.5℃，年极端最低气温－29.9～－41.1℃，按80%保证率，≥0℃积温为3354～3658℃，>10℃活动积温为2893～3352℃。全市无霜期平均142天，由于受地形和地势的影响，霜期差异较大。全年日照总时数为2638.8～2934.2h，最多年(1965年)2849.4～3217.5h，最少年(1976年)2389.7～2687.0h。全市年降水量654.6～739.4mm，年平均降水量696mm。

（四）土壤

铁岭市土壤分为暗棕壤、棕壤、黑土、风沙土、草甸土、沼泽土、水稻土7个类型。暗棕壤面积为0.26万hm^2，棕壤面积为91.75万hm^2，黑土面积为1.37万hm^2，风沙土面积为4.84万hm^2，草甸土面积为21.45万hm^2，沼泽土面积为0.65万hm^2，水稻土面积为4.5万hm^2，分别占全市土壤总面积的0.2%、73.5%、1.1%、3.9%、17.2%、0.5%、3.6%。

（五）水资源

铁岭市水资源多年平均总量为31.41亿m^3，其中多年平均地表水资源量21.77亿m^3，地下水综合补给量14.37亿m^3。地表水与地下水之间的重复水量为4.73亿m^3，地下水可开采量为9.17亿m^3，山区可开采地下水量2.79亿m^3。按人口计算，人均占有水资源量为1061m^3，是全国人均占有量2300m^3的42%。铁岭市行政区域均属辽河流域，境内辽河干流长170km，域内流域面积在100km^2以上的河流共有39条。全市共有水库96座，其中大型水库有清河水库、柴河水库、南城子水库和榛子岭水库，均分布在东部的辽河一级支流上。

（六）植被

铁岭市是山地、平原、丘陵、河川等多种地貌类型并存的地区，本区位于暖温带落叶阔叶林区和温带针阔混交林区交汇处。由于地理位置、自然环境的决定，境内有各种植物1415种，其中木本植物有落叶松、油松、樟子松、蒙古栎、家榆、紫穗槐等。铁岭市有野生维管束植物约100余科、1000余种，其中药用类700余种，其他如酿造类、芳香油类、纤维类、鞣料素等200余种。主要药用类植物有黄柏、苦枥、白蜡、刺五加、胡枝子、胡桃楸、南蛇藤、猕猴桃、北五味子、桔梗、玉竹、沙参、穿山龙、细辛、人参、平贝母、威灵仙、福寿草、防风、知母、益母草、川芎、甘草、仙鹤草、枸杞、苦参、芍药、远志、黄芩等。

二、社会经济情况

铁岭市市辖8个行政单位，即开原市、调兵山市、铁岭县、西丰县、昌图县、银州区、清河区和铁岭经济开发区。全市总人口302.6万人，生产总值（GDP）实现264.2亿元，人均GDP达到1000美元。城镇居民人均可支配收入6526元，农民人均纯收入3756元。境内现有5条铁路营运线路，铁路总长322km；拥有国家级公路3条，计230km；省级公路7条，计664km；县级公路34条，计1072km，交通便利，具有良好的区位优势。

第二节 森林资源现状

一、森林资源概述

（一）林业用地面积

铁岭市土地总面积1 297 968.5hm^2，其中林业用地面积518 912.6hm^2，占土地总面积的39.98%；非林业用地面积779 055.9hm^2，占60.02%。

在林业用地面积中：有林地面积414 121.0hm^2，疏林地面积2212.5hm^2，灌木林地面积20 606.4hm^2，未成林地面积24 193.9hm^2，苗圃地面积308.8hm^2，无林地面积57 470.0hm^2，详见表21-1、图21-1。

在有林地面积中：林分面积326 203.2hm^2，占有林地面积的78.77%；经济林面积87 947.8hm^2，占21.23%。

在无林地面积中：无立木林地面积9901.9hm^2，宜林地面积46 747.6hm^2，辅助生产林地面积820.5hm^2，详见图21-2。

表21-1　林业用地各地类面积及比例表

单位：hm²、%

统计单位	项目	林业用地 合计	有林地	疏林地	灌木林地	未成林地	苗圃地	无林地
铁岭市	面积	518 912.6	414 121.0	2212.5	20 606.4	24 193.9	308.8	57 470.0
	比例	100	79.8	0.4	4.0	4.7	0.1	11.0
银州区	面积	815.2	621.8	1.1	22.5	78.5		91.3
	比例	100	76.3	0.1	2.8	9.6		11.2
清河区	面积	25 546.7	22 582.8	106.4	895.7	500.6	17	1444.2
	比例	100	88.4	0.4	3.5	2.0	0.1	5.6
铁岭经济开发区	面积	4875.6	3249.5	97.8	633.3	55.3		839.7
	比例	100	66.7	2.0	13.0	1.1		17.2
铁岭县	面积	90 105	68 686.2	46.4	7757.1	2029.0	40.6	11 545.7
	比例	100	76.2	0.1	8.6	2.3	0.1	12.7
西丰县	面积	172 000.3	153 237.1	128.5	1099.8	6975.4	41.1	10 518.4
	比例	100	89.1	0.1	0.6	4.1		6.1
昌图县	面积	79 050.2	43 949.2	1442.9	1760.5	10 976.6	164.0	20 757.0
	比例	100	55.6	1.8	2.2	13.9	0.2	26.3
调兵山市	面积	4401.5	3347.2	266.8	74.0	120.5	7.8	585.2
	比例	100	76.1	6.1	1.7	2.7	0.2	13.2
开原市	面积	142 118.1	118 447.2	122.6	8363.5	3458.0	38.3	11 688.5
	比例	100	83.3	0.1	5.9	2.4	0.1	8.2

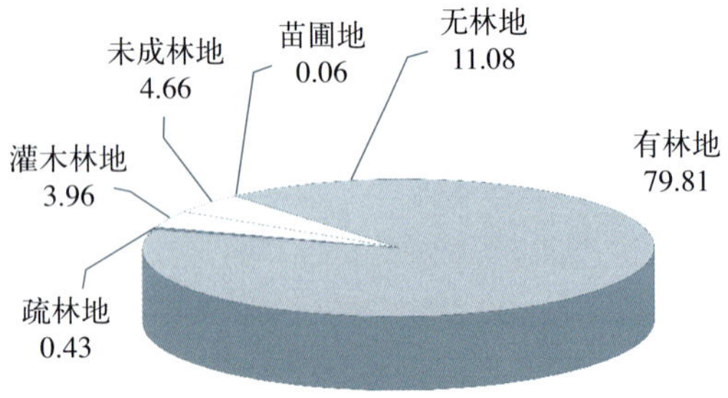

图21-1　林业用地各地类面积比例（%）

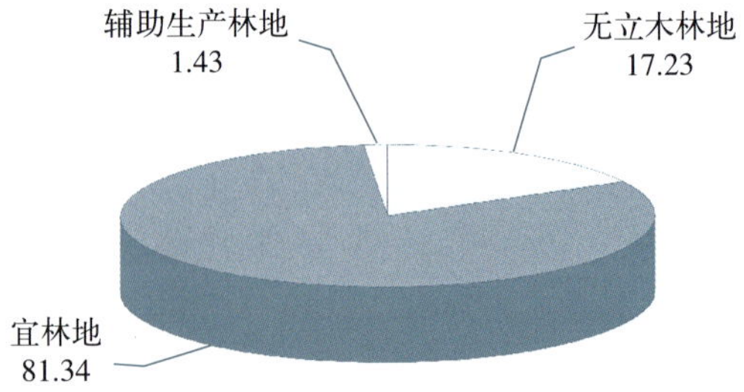

图21-2　无林地各地类面积比例（%）

（二）林木蓄积

全市活立木总蓄积2446.4万m³，其中林分蓄积2329.1万m³，疏林蓄积6.7万m³，散生木蓄积8.6万m³，四旁树蓄积102.0万m³，详见表21-2、图21-3。

（三）森林覆盖率

全市土地总面积1 297 968.5hm²，森林面积414 121.0hm²。

国家特别规定灌木林地面积11 256.5hm²，森林覆盖率32.8%，林木绿化率34.0%。

（四）森林资源质量

反映森林资源质量的指标有林分的单位

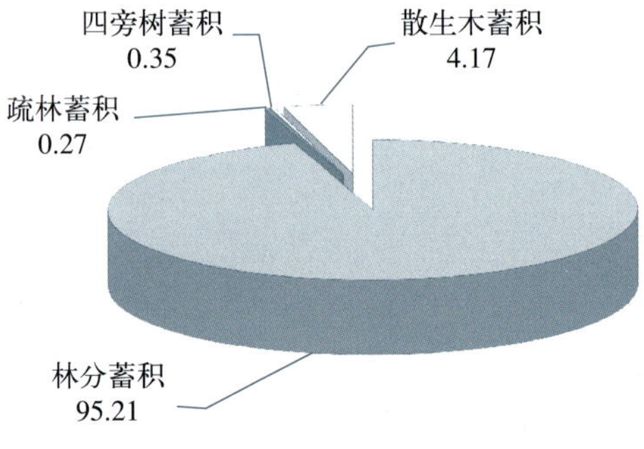

图21-3　各类蓄积比例（%）

表21-2　各类林木蓄积统计表　　　　单位：m^3

统计单位	活立木总蓄积量	林分				疏林地蓄积	四旁树蓄积	散生木蓄积
		林分总蓄积	针叶林蓄积	阔叶林蓄积	针阔混交蓄积			
铁岭市	24 463 863	23 291 496	13 308 797	9 718 029	264 670	67 073	1 020 020	85 274
银州区	56 782	56 529	32 057	20 744	3728	34		219
清河区	1 478 372	1 472 901	1 126 133	309 909	36 859	401		5070
铁岭经济开发区	250 272	247 889	204 137	42 046	1706	2049	334	
铁岭县	4 728 518	4 659 839	3 237 455	1 369 959	52 425	4101	41 904	22 674
西丰县	6 740 742	6 714 230	3 859 151	2 767 468	87 611	2006	1	24 505
昌图县	4 709 003	3 702 729	712 935	2 981 748	8046	53 147	939 538	13 589
调兵山市	176 490	173 337	96 425	76 709	203	2442	708	3
开原市	6 323 684	6 264 042	4 040 504	2 149 446	74 092	2893	37 535	19 214

面积蓄积量和生长量、每公顷株数、平均胸径和平均郁闭度、林木生长活力、林木的病虫危害程度等。全市林分中，针叶林面积137 385.6hm^2、阔叶林面积184 558.4hm^2、针阔混交林面积4259.2hm^2，分别占全市林分面积的42.12%、56.58%和1.30%。林分结构特点是纯林多，混交林少，林分的生态稳定性相对脆弱。林分单位面积蓄积量为71.40m^3/hm^2，其中针叶林为96.87m^3/hm^2，阔叶林为52.66m^3/hm^2，针阔混交林为62.14m^3/hm^2；林分平均株数1514株/hm^2；平均胸径12.3cm；平均郁闭度0.66，详见表21-3。

表21-3　林分面积、蓄积量表　　　　单位：hm^2、m^3、%

地类	面积	蓄积	单位蓄积量	面积比例
合计	326 203.2	23 291 496	71.4	100
针叶林	137 385.6	13 308 797	96.87	41.12
阔叶林	184 558.4	9 718 029	52.66	56.58
针阔混	4259.2	264 670	62.14	1.30

（五）非林业用地造林情况

全市非林地造林33.0hm^2，农地造林22.6hm^2，非农地造林10.4hm^2。林分31.8hm^2，蓄积0.2万m^3，未成林1.2hm^2。

二、森林资源结构

（一）林分权属结构

在全市林分中集体林比重最大，占林分面积、蓄积的67.7%和60.7%，详见表21-4、图21-4。

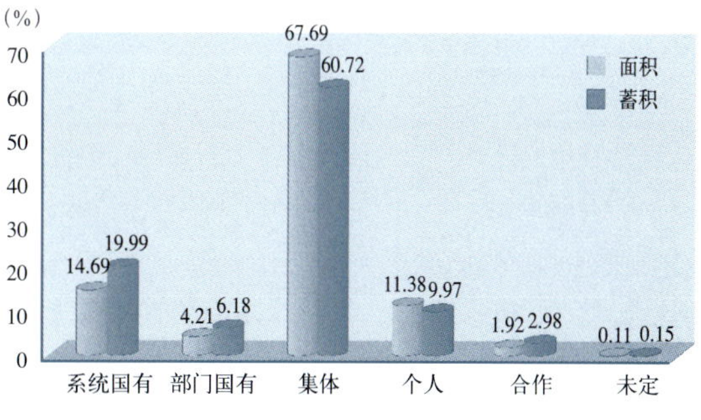

图21-4　林分各权属面积、蓄积比例

（二）林种结构

全市现有林分面积326 203.2hm^2，其中防护林面积193 812.7hm^2，蓄积1146.7万m^3；特种用途林面积3385.0hm^2，蓄积26.9万m^3；

表21-4　林分按权属面积、蓄积统计表

单位：hm^2、m^3

统计单位	林权	林分							
		合计		针叶林		阔叶林		针阔混交林	
		面积	蓄积	面积	蓄积	面积	蓄积	面积	蓄积
铁岭市		326 203.2	23 291 496	137 385.6	13 308 797	184 558.4	9 718 029	4259.2	264 670
	系统国有	47 919.1	4 656 762	28 814.7	3 128 713	18 153.6	1 446 037	950.8	82 012
	部门国有	13 733.4	1 439 715	8842.0	1 063 192	4815.4	371 058	76.0	5465
	集体	220 821.3	14 143 423	73 453.3	6 667 134	144 583.7	7 325 119	2784.3	151 170
	个人	37 121.8	2 321 595	20 161.7	1 754 073	16 539.5	543 256	420.6	24 266
	合作	6248.2	694 921	5884.0	665 881	342.5	27 650	21.7	1390
	未定	359.4	35 080	229.9	29 804	123.7	4909	5.8	367

表21-5　林分面积、蓄积按林种统计表

单位：hm^2、m^3、%

统计单位	林种	林分面积	林分蓄积
铁岭市		326 203.2	23 291 496
	防护林	193 812.7	11 466 882
	特用林	3385.0	268 675
	用材林	128 998.2	11 555 897
	薪炭林	7.3	42

用材林面积128 998.2hm^2，蓄积1155.6万m^3；薪炭林面积7.3hm^2，详见表21-5、图21-5。

（三）龄组结构

在林分中，幼龄林面积、蓄积分别占林分总面积和林分总蓄积的52.0%和27.9%，中龄林分别占27.5%和37.1%，近熟林分别占14.2%和24.4%，成熟林分别占5.1%和9.0%，过熟林分别占1.3%和1.7%，详见表21-6、表21-7、图21-6。

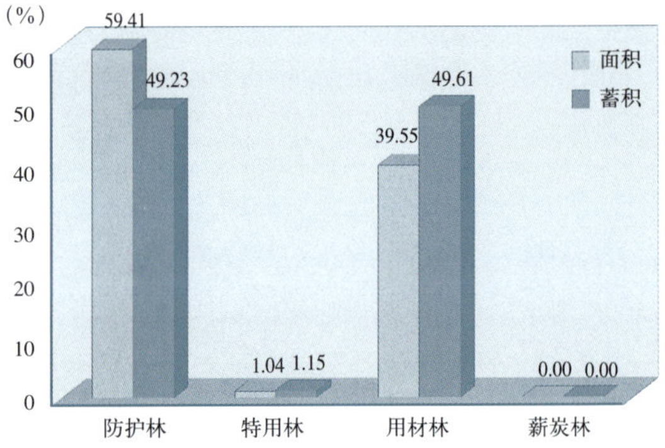

图21－5　林分各林种面积、蓄积比例图

表21-6　林分各龄组面积统计表

单位：hm^2

统计单位	合计	幼龄林	中龄林	近熟林	成熟林	过熟林
铁岭市	326 203.2	169 524.3	89 556.0	46 257.3	16 570.3	4295.3
银州区	558.3	126.0	267.1	44.5	92.6	28.1
清河区	19 979.6	11 688.2	3992.2	3883.0	388.5	27.7
铁岭经济开发区	2948.3	1393.5	917.0	432.1	169.6	36.1
铁岭县	65 764.1	33 751.4	14 254.8	1735.4	4516.3	506.2
西丰县	90 378.4	38 944.0	35 756.1	12 851.3	2613.1	213.9
昌图县	42 517.0	17 393.1	12 125.6	4613.8	5412.1	3072.4
调兵山市	3115.9	1430.2	626.7	573.5	310.0	175.5
开原市	100 941.6	64 797.9	21 616.5	11 123.7	3168.1	235.4

表21-7　林分各龄组蓄积统计表

单位：m^3

统计单位	合计	幼龄林	中龄林	近熟林	成熟林	过熟林
铁岭市	23 291 496	6 486 091	8 637 208	5 685 817	2 085 855	396 525
银州区	56 529	8418	27 276	4797	13 140	2898
清河区	1 472 901	436 116	436 455	546 141	51 155	3034
铁岭经济开发区	247 889	102 498	78 548	48 123	13 800	4920
铁岭县	4 659 839	1 190 980	1 288 562	1 520 617	615 028	44 652
西丰县	6 714 230	1 720 835	3 294 597	1 379 193	303 346	16 259
昌图县	3 702 729	781 089	1 335 252	669 975	629 710	286 703
调兵山市	173 337	38 949	37 438	50 089	32 033	14 828
开原市	6 264 042	2 207 206	2 139 080	1 466 882	427 643	23 231

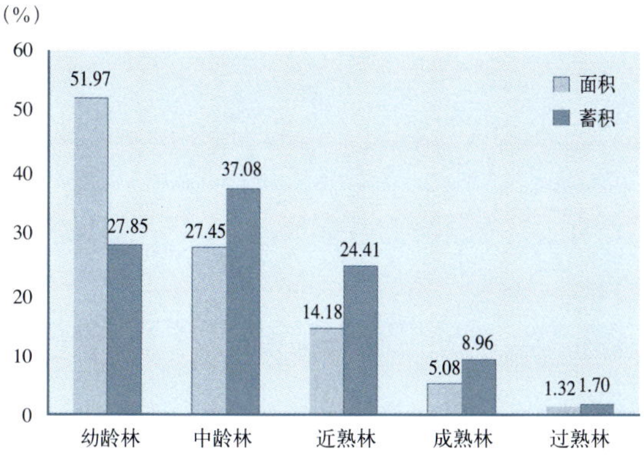

图21－6　林分各龄组面积、蓄积比例图

（四）树种结构

全市林分面积为326 203.2hm^2，其中针叶树种面积140 805.4hm^2，针叶树种占43%；阔叶树种面积185 397.8hm^2，阔叶树种占57%，详见表21-8。

从表21-8可以看出，铁岭市林分优势树种主要以落叶松、油松、柞树和杨树为主，其他树种有少量分布，树种单一，且多为纯林，森林防护效能低下，易大面积发生病害和虫害，森林防护工作难度较大。

表21-8　林分各树种组面积、蓄积统计表

单位：hm^2、m^3

优势树种	幼龄林		中龄林		近熟林		成熟林		过熟林	
	面积	蓄积	面积	蓄积	面积	蓄积	面积	蓄积	面积	蓄积
合计	169 524.3	6 486 091	89 556	8 637 208	46 257.3	5 685 817	16 570.3	2 085 855	4295.3	396 525
红松组	1501.6	110 730	11.5	1042						
落叶松组	27 899.9	1 614 311	23 452.3	2 464 549	17 127.6	2 380 166	3532.3	616 563	26.6	4888
油松组	9162.5	755 538	22 378.6	2 162 539	21 598.8	2 339 497	4519.8	528 626	30.6	5177
樟子松组	7997.1	428 914	1398.2	109 110	8.9	967				
云杉组	118.9	4851								
冷杉组	22	507	8.6	1873						
柏树组	9.6	201								
柞树组	99 272.4	2 934 834	24 115.6	2 108 372	1438.4	132 640	331.1	33 509		
桦树组	1459.3	57 286	2867.9	220 900	319.4	24 440	189.2	14 982		
色树组	793.5	36 818	732.9	68 595	11.2	829				
榆树组	2502.9	113 065	401.5	22 637	33.3	1281	90	9180		
水曲柳组	117.4	5319	68.8	7773	2.4	226				
胡桃楸组	2162	65 397	1569.2	112 259	24.9	2049	218.9	21 947		
黄波罗组	75.3	2752	2.5	85						
花曲柳组	722.9	36 911	570.4	62 051	20.8	2311	79.1	7491		

续

优势树种	幼龄林		中龄林		近熟林		成熟林		过熟林	
	面积	蓄积	面积	蓄积	面积	蓄积	面积	蓄积	面积	蓄积
怀槐组	186	6874	1909.6	155 748	64.9	5723	21.5	1589		
椴树组	564	29 733	1426.3	127 708	72.8	5581	14.3	1260		
白桦组	16.1	83	15.7	1291	7.9	549	12.7	1521	11.6	1715
刺槐组	2989.9	22 666	1113.3	33 072	696.7	35 350	1306.8	83 197	1016	78 196
柳树组	1264.7	52 606	1734.9	174 442	545.8	60 308	583.7	70 203	369.1	42 915
杨树组	10 530.8	205 481	5764.7	800 282	4283.5	693 900	5667.8	695 211	2841.4	263 634
速生杨	13.1						3.1	576		
杂木组	142.4	1214	13.5	2880						

三、天然林资源

全市天然林面积232 595.1hm^2，蓄积686.9万m^3。在天然林面积中，林分面积147 877.0hm^2，蓄积686.4万m^3，分别占天然林面积、蓄积的63.58%、99.93%；疏林面积418.7hm^2，蓄积0.5万m^3，分别占0.18%、0.07%；未成林面积2158.5hm^2，占天然林面积的0.93%；乔木经济林面积63 265.1hm^2，占27.20%；灌木林面积18 875.8hm^2，占8.11%。

在天然林林分中，用材林面积23 744.9hm^2，蓄积120.9万m^3；防护林面积122 250.0hm^2，蓄积551.4万m^3；特用林面积1882.1hm^2，蓄积14.1万m^3。

全市天然林资源主要分布在铁岭、西丰和开原3县(市)，天然林面积共213 545.2 hm^2，占全市天然林资源的91.81%，详见表21-9。

表21-9 天然林面积、蓄积统计表 单位：hm^2、m^3

统计单位	面积合计	林分		疏林地		乔木经济林面积	封育未成林面积	灌木林面积
		面积	蓄积	面积	蓄积			
铁岭市	232 595	147 877	6 863 695	418.7	5376	63 265.1	2158.5	18 875.8
银州区	51.2	22.6	864			18.2		10.4
清河区	11 302.2	10 409.3	400 365				42.6	850.3
铁岭经济开发区	1002.7	382.9	14 110	24	196		2	593.8
铁岭县	37 821.9	30 227.2	1 167 147				36	7558.7
西丰县	100 191	42 195.7	2 691 434	54.5	791	56 515.1	511.9	913.7
昌图县	6184.8	4442.3	300 451	225.1	3998	3	484.6	1029.8
调兵山市	509	397	12 167	70.7	310			41.3
开原市	75 532.4	59 800	2 277 157	44.4	81	6728.8	1081.4	7877.8

四、人工林资源

全市人工林面积228 538.7hm^2，人工林蓄积1648.9万m^3。在人工林面积中，林分面积178 326.2hm^2，蓄积1642.7万m^3，分别占人工林面积、蓄积的78.03%、99.63%；疏林面积1793.8hm^2，蓄积6. 2 万m^3，分别占0.78%、0.37%；未成林面积22 035.4hm^2，占人工林面积的9.64%；乔木经济林面积24 652.7hm^2，占10.79%；灌木林面积1730.6hm^2，占0.76%。

在人工林林分中，用材林面积105 253.3hm^2，蓄积1034.6万m^3；防护林面积71 562.7hm^2，蓄积595.3万m^3；薪炭林面积7.3hm^2；特用林面积1502.9hm^2，蓄积12.8万m^3，详见表21-10。

表21-10 人工林面积、蓄积统计表

单位：hm^2、m^3

统计单位	面积合计	林分		疏林地		乔木经济林面积	造林未成林面积	灌木林面积
		面积	蓄积	面积	蓄积			
铁岭市	228 538.7	178 326.2	16 427 801	1793.8	61 697	24 652.7	22 035.4	1730.6
银州区	672.7	535.7	55 665	1.1	34	45.3	78.5	12.1
清河区	12 783.3	9570.3	1 072 536	106.4	401	2603.2	458	45.4
铁岭经济开发区	3033.2	2565.4	233 779	73.8	1853	301.2	53.3	39.5
铁岭县	40 696.8	35 536.9	3 492 692	46.4	4101	2922.1	1993	198.4
西丰县	61 249.9	48 182.7	4 022 796	74	1215	6343.6	6463.5	186.1
昌图县	51 944.4	38 074.7	3 402 278	1217.8	49 149	1429.2	10 492	730.7
调兵山市	3299.5	2718.9	161 170	196.1	2132	231.3	120.5	32.7
开原市	54 858.9	41 141.6	3 986 885	78.2	2812	10 776.8	2376.6	485.7

五、灌木林资源

铁岭市灌木林资源总面积20 606.4hm^2，其中国家特别规定灌木林地11 256.5hm^2，占灌木林地总面积的54.6%；其他灌木林地9349.9hm^2，占灌木林地总面积的45.4%。在国家特别规定灌木林中，榛子资源分布最多，面积为10 443.6hm^2，占特规灌木林的92.8%，占灌木林地总面积的50.7%，其产前期498.5hm^2，初产期319.1hm^2，盛产期9626.0hm^2。铁岭市林业依托丰富的榛子资源，发展特色榛子产业，取得了较大的经济效益。

六、经济林资源

全市经济林面积99 174.3hm^2，其中乔木经济林87 917.8hm^2，占经济林面积的88.7%；灌木经济林11 256.5hm^2，占11.3%。乔木经济林中，主要树种为柞树、梨、苹果、山楂、李子；在灌木经济林中，主要树种为榛子、葡萄，详见表21-11。

表21-11 经济林面积统计表

单位：hm^2

统计单位	树种	合计	乔木经济林	灌木经济林
铁岭市		99 174.3	87 917.8	11 256.5
	柞树	63 483.5	63 483.5	
	山杏	45.8		45.8
	紫穗槐	293.4		293.4
	胡枝子	53.1		53.1
	榛子	10 443.6		10 443.6
	刺梅	7.6		7.6
	酸枣	9.5		9.5
	其他灌木	27.4		27.4
	苹果	5110.3	5110.3	
	梨	12 728	12 728	
	沙果	416.2	416.2	
	山楂	3253.2	3253.2	
	桃	25.8	25.8	
	杏	775.1	775.1	
	李子	1010.4	1010.4	
	板栗	154.7	154.7	

续

统计单位	树种	合计	乔木经济林	灌木经济林
	枣	5.6	5.6	
	樱桃	5.6		5.6
	葡萄	370.5		370.5
	核桃	4.8	4.8	
	其他经济树	950.2	950.2	

七、生态公益林和营造林重点工程建设情况

（一）公益林建设情况

全市公益林建设面积250 640.7hm^2，其中重点公益林175 443.6hm^2，占70%；一般公益林75 197.1hm^2，占30%，详见表21-12。

（二）林业重点工程建设情况

铁岭市林业重点工程建设包括退耕还林工程、三北防护林体系建设工程和速生丰产林工程。3大重点工程共成林81 817.9hm^2，占全市林分面积的25.1%。林业重点工程的建设，有效地促进了全市森林资源的增长，详见表21-13。

表21-12 公益林面积统计表

单位：hm^2

统计单位	公益林等级	合计	林分				疏林地	灌木林	未成林地	无林地
			小计	针叶林	阔叶林	针阔混				
铁岭市		250 640.7	197 190.5	42 168.3	153 329.2	1693.0	1227.4	9261.8	20 102.0	22 859.0
	重点公益林	175 443.6	150 227.8	34 608.3	114 188.7	1430.8	638.4	7828.5	3833.7	12 915.2
	一般公益林	75 197.1	46 962.7	7560.0	39 140.5	262.2	589.0	1433.3	16 268.3	9943.8
银州区		575.8	432.7	249.2	148.4	35.1		9.4	77.8	55.9
	重点公益林	575.8	432.7	249.2	148.4	35.1		9.4	77.8	55.9
清河区		10 572.2	9007.7	1689.0	7146.9	171.8	99.8	317.2	389.4	758.1
	重点公益林	9835.1	8279.9	1606.4	6526.4	147.1	99.8	317.2	380.1	758.1
	一般公益林	737.1	727.8	82.6	620.5	24.7			9.3	
铁岭经济开发区		3781.7	2159.4	1540.2	592.8	26.4	96.1	633.3	54.2	838.7
	重点公益林	1268.1	734.7	481.1	253.6		33.5	321.9	1.9	176.1
	一般公益林	2513.6	1424.7	1059.1	339.2	26.4	62.6	311.4	52.3	662.6
铁岭县		44 301.3	36 037.1	5336.5	30 357.7	342.9	20.1	4100.7	619.6	3523.8
	重点公益林	33 577.3	27 753.7	4985.2	22 425.6	342.9		3545.8	190.4	2087.4
	一般公益林	10 724.0	8283.4	351.3	7932.1		20.1	554.9	429.2	1436.4
西丰县		59 972.7	51 481.9	13 231.7	37 585.9	664.3	67.2	152.6	6392.9	1878.1
	重点公益林	52 800.6	49 944.5	13 039.2	36 276.7	628.6	64.2	130.4	1470.5	1191.0
	一般公益林	7172.1	1537.4	192.5	1309.2	35.7	3.0	22.2	4922.4	687.1
昌图县		55 910.2	33 727.6	9140.1	24 489.6	97.9	662.7	602.2	9563.4	11 354.3
	重点公益林	23 328.3	18 398.2	8063.6	10 259.4	75.2	376.5	90.6	71.6	4391.4
	一般公益林	32 581.9	15 329.4	1076.5	14 230.2	22.7	286.2	511.6	9491.8	6962.9
调兵山市		1762.9	1309.8	555.9	746.4	7.5	180.3	33.2	47.9	191.7
	一般公益林	1762.9	1309.8	555.9	746.4	7.5	180.3	33.2	47.9	191.7
开原市		73 763.9	63 034.3	10 425.7	52 261.5	347.1	101.2	3413.2	2956.8	4258.4
	重点公益林	54 058.4	44 684.1	6183.6	38 298.6	201.9	64.4	3413.2	1641.4	4255.3
	一般公益林	19 705.5	18 350.2	4242.1	13 962.9	145.2	36.8		1315.4	3.1

表21-13 各工程类别按地类统计表

单位：hm^2

统计单位	工程类别	合计	有林地						疏林地	灌木林地	未成林地	无立木林地	宜林地
			小计	林分				乔木经济林					
				计	针叶林	阔叶林	针阔混						
铁岭市		81 817.9	55 846.4	25 416.2	34 833.5	4282.5	1324.2	8054.9	258.0	3642.0	2377.6	60.6	3.3
	退耕还林	35 948.4	13 686.2	1017.2	6750.5	606.3	21.9	6657.5		3288.9	2204.3		3.3
	三北防护林	34 228.8	30 522.0	13 277.1	17 880.5	3660.0	399.1	881.1	258.0	353.1	170.8	60.6	
	速生丰产林	11 640.7	11 638.2	11 121.9	10 202.5	16.2	903.2	516.3			2.5		
清河区		1088.0	999.8	622.8	612.6		13.9	373.3			72.3		
	退耕还林	460.5	377.0		3.7			373.3			72.3		
	三北防护林	4.7											
	速生丰产林	622.8	622.8	622.8	608.9		13.9						
铁岭经济开发区		75.3	28.5		13.2			15.3					
	退耕还林	75.3	28.5		13.2			15.3					
铁岭县		8176.6	4408.5	2719.3	3745.5	320.4	228.1	166.3		2569.9	665.1		3.3
	退耕还林	4639.6	1352.7	572.5	929.2	309.3	21.9	91.4		2495.0	665.1		3.3
	三北防护林	1412.4	931.2	22.2	897.9	11.1		74.9		74.9			
	速生丰产林	2124.6	2124.6	2124.6	1918.4		206.2						
西丰县		13 211.9	6826.5	2839.3	2708.0	87.2	127.2	3295.9		54.6	489.5		
	退耕还林	9579.9	3367.3	121.1	529.9	74.1		2755.5		54.6	466.6		
	三北防护林	1013.7	842.4	617.7	217.9			24.1			21.4		
	速生丰产林	2618.3	2616.8	2100.5	1960.2	13.1	127.2	516.3			1.5		
昌图县		45 680.2	32 740.9	12 523.5	20 132.0	3680.4	399.1	1693.1	258.0	680.9	1024.5	59.5	
	退耕还林	14 680.6	4405.1	51.3	3604.1	51.3		962.4		430.2	963.9		
	三北防护林	30 999.6	28 335.8	12 472.2	16 527.9	3629.1	399.1	730.7	258.0	250.7	60.6	59.5	
调兵山市		430.0	339.8	147.4	128.8	147.4		63.6		18.9	36.4		
	退耕还林	430.0	339.8	147.4	128.8	147.4		63.6		18.9	36.4		
开原市		13 155.9	10 502.4	6563.9	7493.4	47.1	555.9	2447.4		317.7	89.8	1.1	
	退耕还林	6082.5	3815.8	124.9	1541.6	24.2		2396.0		290.2			
	三北防护林	798.4	412.6	165.0	236.8	19.8		51.4		27.5	88.8	1.1	
	速生丰产林	6275.0	6274.0	6274.0	5715.0	3.1	555.9				1.0		

第三节　森林资源分析

一、森林资源特点

铁岭市森林资源分布按地理位置划分，主要集中在东部山区；按行政区域划分，主要集中在西丰、开原、铁岭和昌图4县（区），其他地区分布较少，详见表21-14。

表21－14　森林资源分布表

单位：hm^2、%

统计单位	林业用地面积	所占比重	有林地面积	所占比重
铁岭市	518 912.6	100	414 121	100
银州区	815.2	0.2	621.8	0.2
清河区	25 546.7	4.9	22 582.8	5.5
铁岭经济开发区	4875.6	0.9	3249.5	0.8
铁岭县	90 105	17.4	68 686.2	16.6
西丰县	172 000.3	33.1	153 237.1	37.0
昌图县	79 050.2	15.2	43 949.2	10.6
调兵山市	4401.5	0.8	3347.2	0.8
开原市	142 118.1	27.5	118 447.2	28.5

从表21-14可以看出，西丰县、开原市是铁岭市的森林资源大县（区），丰富的森林资源不仅是全市的生态屏障，也是辽宁省重要的水源涵养林基地；铁岭县的森林资源主要分布在东部山区几个乡镇，平原地区有较少分布；昌图县的森林资源主要以带状、网状形式分布，资源总量虽少，但对辽北地区的防沙治沙发挥十分重要的作用。森林资源的保护和合理利用，是铁岭市区域经济健康发展的保障。

二、森林资源总量分析

铁岭市1993年与2005年分别完成两个经理期的森林资源二类调查工作，通过两次调查数据对比分析，全市林业用地面积、有林地面积、林分面积呈增长趋势，森林覆盖率逐年增加，活立木总蓄积、林分蓄积增长较快。

（一）林业用地面积对比分析

1. 林业用地总面积

铁岭市林业用地面积518 912.6hm^2，比1993年二类调查的487 918.2hm^2增加了30 994.4hm^2，年净增率为0.53%。增加的主要原因是铁岭市实施的退耕还林工程，截止“十五”期末，耕地退耕还林并纳入林地管理的面积近15 000hm^2；国家重视生态环境建设，加快造绿化步伐，加大三北防护林工程、防沙治沙工程、绿色通道绿化等林业重点工程建设力度，使部分非林业用地通过工程造林转入林业用地，详见表21-15。

2. 林分面积

1993年二类调查林分面积280 559.0hm^2，2005年二类调查林分面积326 203.2hm^2，前后两期二类调查对比林分面积增长了45 644.2hm^2，年净增率1.4%。增长的主要原因是近几年铁岭市加强了天然林资源保护，实施了退耕还林、三北防护林体系建设等林业重点工程，加大了

表21–15 林业用地面积动态变化表

单位：hm^2、%

项目	林业用地面积							
	合计	林分面积	乔木经济林	疏林地	灌木林地	未成林地	苗圃地	无林地
1993年	487 918.2	280 559.0	89 296.6	10 599.3	6929.9	24 167.6	457.9	75 907.9
2005年	518 912.6	326 203.2	87 917.8	2212.5	20 606.4	24 193.9	308.8	9901.9
差值	30 994.4	45 644.2	–1378.8	–8386.8	13 676.5	26.3	–149.1	–666 006
净增率	6.4	16.3	–1.5	–79.1	197.4	0.1	–32.6	–877.4
年净增率	0.53	1.4	–0.12	–6.6	16.5	0.01	–2.7	–73.1

表21–16 林分面积动态变化表

单位：hm^2、%

项目	合计	幼龄林	中龄林	近熟林	成熟林	过熟林
1993年	280 559.0	153 164.8	99 775.5	16 758.4	8903.4	1956.9
2005年	326 203.2	169 524.3	89 556.0	46 257.3	16 570.3	4295.3
差值	45 644.2	16 359.5	–10 219.5	29 498.9	7666.9	2338.4
净增率	16.3	10.7	–10.2	176.0	86.1	119.5
年净增率	1.4	0.9	–0.9	14.7	7.2	10.0

造林和封山育林力度，使林分面积大幅增长，详见表21-16。

（二）各类林木蓄积对比分析

铁岭市活立木总蓄积为2446.4万m^3，1993年二类调查活立木总蓄积1617.6万m^3，2005年二类调查活立木总蓄积2446.4万m^3，增长了828.8万m^3，年净增率4.27%；林分蓄积增长了780.89万m^3，年净增率4.20%；散生木蓄积增加2.64万m^3；四旁树蓄积增加55.3万m^3；疏林蓄积略有减少，详见表21-17、图21-7。

近年来封山育林、大力植树造林是活立木总蓄积、林分蓄积增长的重要原因，也是疏林蓄积减少的主要原因。

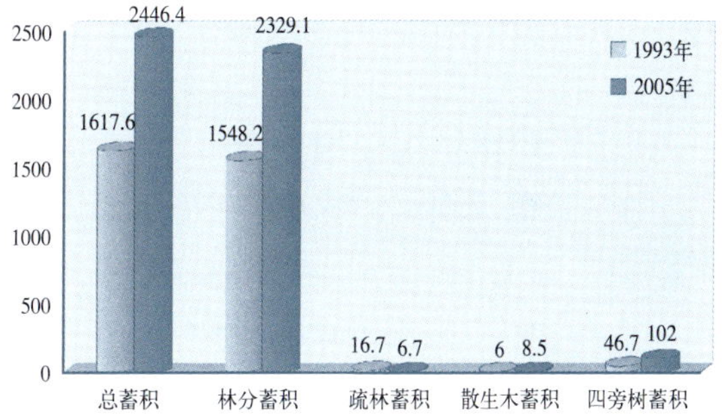

图21–7 1993年与2005年二类调查蓄积对比

单位：万m^3

表21–17 两期二类调查蓄积对比表

单位：万m^3

蓄积类别	1993年	2005年	差 值
总蓄积	1617.6	2446.4	828.8
林分蓄积	1548.2	2329.1	780.9
疏林蓄积	16.7	6.7	–10.0
散生木蓄积	6.0	8.5	2.5
四旁树蓄积	46.7	102.0	55.3

（三）单位面积蓄积对比分析

全市林分单位面积蓄积量为71.4m^3/hm^2，林分蓄积量增加16.2m^3/hm^2，增长了29.4%；用材林单位面积蓄积量为89.6m^3/hm^2，蓄积增加31.2m^3/hm^2，增长了53.4%，详见表21-18。

单位面积蓄积量增加说明全市森林资源质量普遍提高，林地生产力有较大提升。

表21-18　单位面积、蓄积量动态变化表　　单位：hm²、万m³、m³/hm²、%

年代	活立木总蓄积量	林分			用材林		
		面积	蓄积	单位蓄积量	面积	蓄积	单位蓄积量
1993年	1617.57	280 559.0	1548.2	55.2	217 158.4	1268.63	58.4
2005年	2446.4	326 203.2	2329.1	71.4	128 998.2	1155.59	89.6
差值	828.83	45 644.2	780.9	16.2	−88 160.2	−113.04	31.2
净增率	51.2	16.3	50.4	29.4	−40.6	−8.9	53.4

三、森林资源结构变化分析

（一）起源结构变化分析

1. 天然林资源分析

全市天然林分面积147 877.1hm²，比1993年的138 389.5hm²增加了9487.5hm²，年均净增率0.57%；天然林分蓄积686.4万m³，比1993年的525.5万m³增加了160.9万m³，年均净增率2.55%。封山育林，尤其是近几年实施的天然林资源保护工程是其面积、蓄积增加的主要原因。

2. 人工林资源分析

全市人工林分面积178 326.2hm²，比1993年的142 169.5hm²增加了36 156.7hm²，年净增率2.12%；人工林分蓄积1642.7万m³，比1993年的1022.8万m³增加了619.9万m³，年净增率5.05%。大力植树造林，特别是近些年林业重点工程建设是人工林分面积、蓄积增加的主要原因。

（二）龄组结构变化分析

全市幼龄林面积、蓄积有大幅度增加。中龄林面积减少，近、成、过熟林面积、蓄积略有增长。在全市林分中，幼龄林和中龄林面积所占比重高达79.4%；1993年近成过熟林面积为27 618.7hm²，占林分面积的9.8%；2005年近成过熟林面积为67 122.9hm²，占林分面积的20.6%，2005年比1993年净增了39 504.2hm²。这说明近几年实行天然林资源保护工程、公益林管护工程，使采伐量明显下降，一些近、成、过熟林受到保护。

根据1993年和2005年二类调查结果分析，林分蓄积增长的速度较快，共增加蓄积780.94万m³，年净增率4.2%，其中幼龄林蓄积增加285.25万m³，年净增率6.5%；中龄林蓄积增加5.54万m³，年净增率0.1%；近熟林蓄积增加373.5万m³，年净增率16%，成熟林蓄积增加102.32万m³，年净增率8%；过熟林蓄积增加14.33万m³，年净增率4.7%，详见表21-19。

表21-19　两期二类调查林分各龄组面积、蓄积对比表　　单位：hm²、万m³

项目 龄组	2005年		1993年		差值	
	面积	蓄积	面积	蓄积	面积	蓄积
合计	326 203.2	2329.15	280 559	1548.21	45 644.2	780.94
幼龄林	169 524.3	648.61	153 164.8	363.36	16 359.5	285.25
中龄林	89 556	863.72	99 775.5	858.18	−10 219.5	5.54
近熟林	46 257.3	568.58	16 758.4	195.08	29 498.9	373.5
成熟林	16 570.3	208.59	8903.4	106.27	7666.9	102.32
过熟林	4295.3	39.65	1956.9	25.32	2338.4	14.33

（三）林种结构变化分析

2005年与1993年二类调查数据相比，防护林及特用林面积有很大增加，用材林面积和薪炭林面积减少，其主要原因是实施林业分类经营后，将生态脆弱地区以及生态重要性等级较高地区的部分用材林和薪炭林区划调整为防护林，进一步加强了生态环境保护和建设，详见表21-20。

表21-20　林分各林种面积、蓄积变化表

单位：hm^2、万m^3

林种 / 项目	防护林		用材林		特用林		薪炭林	
	面积	蓄积	面积	蓄积	面积	蓄积	面积	蓄积
1993年	41 729.9	257.8	217 158.4	1268.6	2688.5	18.3	18 982.2	3.5
2005年	193 812.7	1146.7	128 998.2	1155.6	3385	26.9	7.3	0.0042
差值	152 082.8	889	−88 160.2	−113.0	696.5	8.6	−18 974.9	−3.5
净增率	364.4	344.8	−40.6	−8.9	25.9	47	−100	−100

从林种结构的变化看，林业已从过去的重视森林的经济效益转向森林所带来的综合效益，防护林及特用林的增加提高了森林的生态效益，对遏制铁岭市土地的沙化、防风固沙、防止水土流失起到极其重要的作用，为工农业生产和全市的生存环境提供生态屏障。

（四）树种结构变化分析

全市林分面积增加45 644.2hm^2，其中柞树面积增加20 690.5hm^2，年均增加1724.2hm^2，年净增率1.7%；落叶松面积增加12 405.0hm^2，年均增加1033.8hm^2，年净增率1.7%。以上两个树种面积增长速度最快。油松、樟子松、刺槐面积也有一定增长，分别比上期增长了9.8%、30.6%和34.8%；其他树种面积增长较少，桦树面积呈减少趋势。主要树种面积增加的原因是大力封山育林和植树造林。

全市林分蓄积比1993年二类调查林分蓄积增长了780.9万m^3，除桦树组蓄积减少以外，其余树种组蓄积均有一定增加，以油松组、落叶松组、柞树组蓄积增加最快，分别比1993年增加了81.3%、38.6%、56.0%，详见表21-21。

表21-21　林分各树种（组）面积、蓄积变化统计表

单位：hm^2、m^3

树种	2005年		1993年		差　值	
	面积	蓄积	面积	蓄积	面积	蓄积
合计	326 203.2	23 291 496	280 559.0	15 482 100	45 644.2	7 809 396
红松组	1513.1	111 772	1184.3	25 900	328.8	85 872
落叶松组	72 038.7	7 080 477	59 633.7	5 107 700	12 405	1 972 777
油松组	57 690.3	5 791 377	52 564.4	3 194 100	5125.9	2 597 277
樟子松组	9404.2	538 991	7203.4	102 500	2200.8	436 491
云杉组	118.9	4851			118.9	4851
冷杉组	30.6	2380	14.0	1400	16.6	980
柏树组	9.6	201			9.6	201
柞树组	125 157.5	5 209 355	104 467.0	3 340 100	20 690.5	1 869 255
桦树组	4835.8	317 608	5911.0	321 500	−1075.2	−3892
色树组	1537.6	106 242	1139.6	63 500	398.0	42 742
榆树组	3027.7	146 163	2288.2	51 000	739.5	95 163
水曲柳组	188.6	13 318	276.1	16 600	−87.5	−3282
胡桃楸组	3975	201 652	2417.6	113 000	1557.4	88 652
黄波罗组	77.8	2837	145.6	9600	−67.8	−6763

续

树种	2005年		1993年		差　值	
	面积	蓄积	面积	蓄积	面积	蓄积
花曲柳组	1393.2	108 764	1079.6	66 300	313.6	42 464
椴树组	2077.4	164 282	1435.8	95 000	641.6	69 282
刺槐组	7122.7	252 481	5283.8	168 500	1838.9	83 981
柳树组	4498.2	400 474	3360.2	163 400	1138	237 074
杨树组	29 088.2	2 658 508	28 429.1	2 348 200	659.1	310 308
其　他	2418.1	179 763	3725.6	293 800	–1307.5	–114 037

（五）林分权属结构对比分析

在林分中，系统国有林面积47 919.1hm^2，蓄积465.7万m^3；部门国有林面积13 733.4hm^2，蓄积144.0万m^3；集体林面积220 821.3hm^2，蓄积1414.3万m^3；个体林面积37 121.8hm^2，蓄积232.2万m^3；权属未定面积359.4hm^2，蓄积3.5万m^3；合作面积6248.2hm^2，蓄积69.4万m^3。

从对比情况看，国合和未定权属面积呈负增长，其余权属面积均有不同程度增加；国合和未定权属的蓄积略有减少，其余权属的蓄积均有不同程度增加，详见表21-22。

表21-22　两期二类调查林分各权属面积、蓄积对比表　　单位：hm^2、万m^3

权属	2005年		1993年		差　值	
	面积	蓄积	面积	蓄积	面积	蓄积
合计	326 203.2	2329.1	267 591.7	1431.6	58 611.5	897.5
国有	47 919.1	465.7	43 548	387.5	4371.1	78.2
国合	896.2	11.3	1454.2	11.6	–558	–0.3
集体	220 821.3	1414.2	213 213.7	1004.1	7607.6	410.1
个人	37 121.8	232.2	6516.5	5.6	30 605.3	226.6
未定	359.4	3.5	625.8	8.5	–266.4	–5
其他	5352	58.2	2233.5	14.4	3118.5	43.8
非林系统	13 733.4	144	12 967.3	116.6	766.1	27.4

从上述变化中可以看出：林业系统国有林和非林业系统林分面积有所增加，蓄积稳步增长；集体林面积增加，个体林面积大幅度增加，增长比例高达469.7%；各种合作造林林分面积也呈增长趋势。在现有未成林造林地中个体权属比例达71.08%，说明铁岭市非公有制林业发展成效显著，林业所有制形式和投资结构逐步趋向多元化。

从表21-22中可以看出，集体林面积和蓄积所占比重最大，实行集体林产权制度改革后，这部分资源的使用权、经营权大部分将按政策落实到千家万户，新体制、新机制必将带动森林资源的保护和增长，促进林业经济的快速发展。

（六）森林覆盖率对比分析

铁岭市2005年森林资源二类调查森林覆盖率为32.8%，比1993年的28.5%上升了4.3个百分点，年均净增0.36个百分点。大力植树造林及封山育林是森林覆盖率上升的主要原因。

（七）森林资源经营分析

全市现有森林资源中，按经营措施类型划分主伐利用面积15 720hm^2，蓄积183万m^3；公益林更新采伐面积5144.8hm^2，蓄积65万m^3；薪炭林采伐面积25.3hm^2，蓄积0.0042万m^3；低

表21-23 经营措施类型面积统计表

单位：hm^2

单位＼经营措施	主伐利用	公益林更新采伐	薪炭林采伐	低产林改造	低效林改造	抚育间伐	未成林幼林抚育	封育
铁岭市	15 720	5144.8	25.3	985.1	6640.1	76 303.7	20 222.5	236 960.9
银州区	33.6	87.1		1.1	1.4	130.2	78.5	315.4
清河区	402.1	14.1	6.1	6.6	129.1	4881.3	311.1	15 176.5
铁岭经济开发区	68	137.7		1.7	109.9	826.6	55.3	2535.5
铁岭县	4589.2	433.3	18	26.3	90.7	9181.7	1701	55 938.6
西丰县	2467.9	359.1		61.3	1117.2	33 755.4	5457.2	54 417.9
昌图县	4916.8	3467.7		780.2	3702.7	4372.6	9667.9	28 630.8
调兵山市	390	94.7		86.5	233	267	94.2	2371
开原市	2852.4	551.1	1.2	21.4	1256.1	22 888.9	2857.3	77 575.2

表21-24 经营措施类型蓄积统计表

单位：m^3

单位＼经营措施	主伐利用	公益林更新采伐	薪炭林采伐	低产林改造	低效林改造	抚育间伐	封育
铁岭市	1 830 557	651 534	42	28 495	54 129	6 557 542	14 236 270
银州区	3460	12 578		34	40	12 960	27 491
清河区	53 321	868		163	323	430 364	988 263
铁岭经济开发区	7755	10 965		120	1929	72 474	156 695
铁岭县	601 464	58 216		868	4628	680 336	3 318 428
西丰县	293 200	26 405		1312	1485	3 117 291	3 276 543
昌图县	457 182	459 231		24 524	37 466	469 860	2 307 613
调兵山市	29 372	17 200		934	1828	15 748	110 697
开原市	384 803	66 071	42	540	6430	1 758 509	4 050 540

产林改造面积985.1hm^2，蓄积2.8万m^3；低效林改造面积6640.1hm^2，蓄积5.4万m^3；抚育间伐面积76 303.7hm^2，蓄积655.8万m^3；封育面积236 960.9hm^2，蓄积1423.6万m^3；未成林幼抚面积20 222.5hm^2。这表明资源比较丰富但同经济发展的需要仍存在巨大差距，抚育间伐和未成林幼抚任务艰巨，低效林改造任务也很繁重，详见表21-23、表21-24。

（八）森林资源发展潜力分析

1. 新增有林地面积潜力分析

铁岭市现有宜林地46 775hm^2，其中昌图县14 785hm^2，占31.6%；铁岭县10 480hm^2，占22.4%；西丰县9671hm^2，占20.7%；开原市9139hm^2，占19.5%；其他几个县（区）合计2700hm^2，只占5.8%。全市宜林地分布特点是，昌图县的宜林地主要分布在平原，其他县（区）的宜林地主要分布在山区。综合全市气候及立地条件特点，其宜林地具有较高的开发价值，平原地区易发展速生杨，山区易发展落叶松、刺槐等乔木树种，也可因地制宜发展梨、榛子等经济树种。如果上述宜林地实现全部绿化，全市有林地面积将增加11.3%，森林覆盖率将增加3.6%。全市森林资源数量的增加，将进一步改善生态环境，促进林业经济的发展。

2. 森林资源相关产业发展分析

铁岭市具有丰富的森林资源，交通便利，区位优势明显。西丰县的全部及开原市、铁岭县的东部山区森林资源最为集中，适宜林下种植山野菜、中草药和大力发展养鹿业，逐步发展成规模产业，建立相关产品深加工基地，形成产业链条，提高产品增加值，使产品的经济价值最大化。随着生活水平的提高，森林旅游已成为当今热门产业，铁岭市的森林旅游业景区少、发展滞后，具有很大的发展空间。要抢抓机遇，根据森林资源分布特点和自然风貌，统筹规划，科学布局，建立景区，布设景点，依托当地风土人情，开发出独具特色的旅游产品，建设具有辽北特色的旅游产业基地。

第四节　森林资源管理现状与对策

一、森林资源管理现状

（一）相关法规制定情况

森林资源管理必须法律化、制度化、科学化和规范化。市人民政府、市林业局针对各个时期林业形势，制定了《铁岭市林木采伐管理办法》，在继续完善和执行《铁岭市林木采伐管理办法》的基础上，充分调查研究，深入贯彻国家林业局、省林业厅的有关规定，制定了《铁岭市农民自用材管理办法》，严格规定了农民自用材采伐的范围、申请的程序、每年每户允许使用的额度及监督管理的具体措施；制定了《〈林木采伐许可证〉核发人员工作守则》，严格规定了发证人员的工作纪律、发证依据及违规责任；制定了《铁岭市“十一五”期间森林及林木采伐若干规定》，严格规定了森林经营“三个技术规程”的使用方法、设计文本规范、天然林和自用材管理、林木采伐设计审批权限、公路路树采伐育林基金的征收和电力设施保护问题；制定了《〈木材运输证明〉核发人员工作守则》，严格规定了发证人员工作纪律、地方材和二次起运木材发证依据及违规责任。这些办法对促进全市“十一五”期间森林资源管理制度化、科学化、规范化起到了有力保证。

（二）森林资源管理的重要举措与评价

1. 采伐限额管理执行情况

为加强规范采伐限额管理工作，2006年铁岭市制定并下发了《铁岭市人民政府批转市林业局关于加强“十一五”期间森林采伐限额管理工作实施意见的通知》（铁政发[2006]36号）和《铁岭市林业局关于下达2006年度木材生产计划的通知》（铁市林发[2006]34号）2个重要文件。在年度森林采伐限额执行方面，主要采取措施是：制定领导干部保护发展森林资源任期目标责任制，实施“一把手工程”，层层签订责任状，建立责任追究制度；建立控制森林采伐管理体系，严格控制采伐限额，严禁预留机动限额；坚持制度约束和日常监督管理相结合，强化森林资源管理业务监管，及时发现存在的问题并予以纠正；严格规定采伐许可证核发截止日期，杜绝林木采伐跨年度现象；开展年度迹地更新检查验收工作，以此促进采伐迹地及时造林更新；在全市范围内统一林木采伐设计文本和推广使用林木采伐设计管理软件。

2. 天然林资源保护情况

全市实施天然林资源保护工程后，森林采伐量明显下降，一些近、成、过熟林受到保护。1993年近成过熟林面积为27 618.7hm^2，占林分面积的9.8%；2005年近成过熟林面积为67 122.9hm^2，占林分面积的20.6%，2005年比1993年净增了39 504.2hm^2，天然林得到有效保护。

3. 公益林管理情况

全市公益林建设面积250 619.5hm²，其中重点公益林面积175 422.4hm²，一般公益林面积75 197.1hm²。市、县（区）成立公益林管理办公室，下设森林资源监管员和护林员，每位护林员负责管护200hm²重点公益林，其工资由国家支付。全市共聘用880名护林员，实行聘用制的管理办法，择优录用。监管员对所辖区的护林员定时考核，不合格者随时解聘。目前，管护工作开展有序，效果显著。

4. 林业违法犯罪治理情况

铁岭市从以下几方面开展打击林业违法犯罪活动。第一，严格治理林业公路“三乱”，实现了全市林业公路无“三乱”的治理目标；第二，严厉查处、打击林业违法犯罪活动，保证生产秩序好转，维护公民合法权益，保卫林业生态建设成果；第三，全面落实省林业厅《转发国家林业局关于进一步加强木材经营加工监督管理有关问题的通知》精神，深入开展全市木材经营加工企业的清理整顿工作；第四，认真开展全市森林资源管理系统的商业贿赂的专项整治工作。

5. 森林防火、病虫害防治和野生动植物保护情况与效果评价

铁岭市森林防火设备老化，基础设施相对落后，无市级森林消防队和森林防火物质储备库，防火机动性能差。目前组建县级森林消防队16支、乡镇级森林消防队44支、总兵力1238人。全市现有风力灭火机666台，防火服667套，油锯49台，其他防火机具和防火通讯设备无论是数量还是质量，都难以满足当今森林防火形势的需要。

近年来，由于大面积培育人工纯林，造成树种单一的不利局面，尤其是杨树、樟子松纯林，极易发生病害和虫害，防治难度很大。野生动植物保护管理工作很有起色，1996年正式成立野生动植物保护管理机构，经过几年的努力，全市野生动物保护管理队伍从实践中不断发展壮大。同时，批建了清河等5个县级自然保护区，设立37处野生动物监测点，形成完整的野生动物疫源疫病监测体系。

6. 林业用地征占管理情况

按照国土资源部、国家林业局整顿和规范矿产资源开发秩序的有关要求，为严格规范采石、采矿企业林地使用秩序，铁岭市市政府采取以下主要措施：第一，建立健全征占用林地管理制度，实行规范化、科学化管理；第二，坚持征占用林地项目实行一项工程，一次性设计、补偿、报批和采伐；第三，申报手续需有县以上计划部门批准的计划任务书、征占用林地单位的申请书、林木采伐设计书、双方签订的补偿协议书、现场审核意见；第四，没有林业主管部门办理的林木采伐许可证不准用地单位采伐林木和在林地内施工；第五，制定统一的标准、统一设计单位、统一设计文本、统一取费标准、统一审批条件和范围；第六，征占用林地中勘明四至范围，凡在拐点处设定标桩，以便于日常监督管理。科学规划，可有效控制林业用地的征用和占用。

二、森林资源管理对策

加强森林资源管理，保护生态环境，建设生态文明，保障生态安全，需要管理制度的不断完善，管理体制、机制的不断创新，同时，需要建立高素质的管理队伍和完备的森林资源监测体系。

（一）创新森林资源管理机制

(1) 适应集体林产权制度改革的新形势，深入调查研究，建立并完善合民情、符民意和森林资源经营管理要求的年度采伐限额分配使用机制；建立森林资源资产交易平台，满足森林资源资产所有者对其产品交易的社会需求。

(2) 加强对各县（区）的森林资源管理日常监管。通过加大森林采伐限额审计、伐区验收力度，严肃查处发生在森林资源管理中出现的违规、违纪行为，从而推动全市森林资源管理水平的不断提高。

(3) 继续强化全市森林资源管理的制度建设，创新管理模式。根据全市各林种、各树种资源的消长变化，研究符合本地区森林资源保护和利用整体要求的森林经营方式。

(4) 制定符合非公有制林业发展的管理政策，激活全社会投资林业的积极性，促进非公有制林业的发展，尤其建立起鼓励通过流转扩大自有林规模而成立个体私营林场业主积极性的政策措施，以提高集体产权制度改革后森林集约经营水平、科技含量，从而保证森林资源面积、蓄积的持续稳定增长；建立起鼓励木材精、深加工发展的扶持政策，以利于加快地方经济发展的产业结构调整。

(5) 加大林业行政执法力度，重点将整顿和规范矿产资源开发秩序工作引向深入；强化林区乱砍滥伐的综合治理；加强木材流通秩序整顿，尤其治理木材经营企业的私收滥购行为，从而实现保护公民守法经营，打击违法犯罪，实现林区社会治安秩序根本好转的目的。

（二）完善法规制度

铁岭市在森林资源管理方面制定的法规和建立的各项制度，对森林资源管理起到了积极的作用，并取得很好的效果。但随着集体林产权制度改革的顺利进行和现代林业发展的客观需要，一些有关森林资源管理的法规制度还需要进一步的加以完善，以确保森林资源管理政策、法规、制度的先进性、时效性。

（三）加强队伍建设

铁岭市现有森林资源管理队伍还不能完全保证林业事业的健康发展，需强化资源林政队伍、林业行政执法队伍和设计队伍的建设，加强管理队伍的业务、政治和职业道德培训，建立一支政治过硬、作风优良、业务娴熟的森林资源综合管理队伍，提高全市森林资源管理水平。

（四）完善监测和管理体系

有了先进的体制机制、完善的制度、过硬的队伍，还需建立完善森林资源管理技术监测体系和行政管理体系。目前，省级已建立了全省森林资源连续清查体系、重点公益林监测体系和森林病虫害监测体系。铁岭市应充分利用各类省级监测体系，通过引进新技术，采用高科技手段，建立适合本市的森林资源、重点公益林、森林病虫害、森林防火等监测体系，同时要建立完备的行政管理体系，以此做为技术体系建立实施的支撑，最终建成和谐统一，科学高效的森林资源管理体系。

第22章 朝阳市森林资源

第一节 基本情况

一、自然地理概况

朝阳市位于辽宁省西部，辖区东经118°51′～120°21′和北纬40°24′～42°21′之间，北与内蒙古自治区赤峰市及哲里木盟接壤，南与辽宁省葫芦岛市毗连，东与辽宁省阜新市、锦州市为邻，西与河北省承德市交界。朝阳市距省会沈阳341km，距首都北京518km。铁路、公路可直达北京、沈阳等8个大中城市；朝阳还是北京、承德通往沈阳、丹东、大连以至东北各地的交通要道。

（一）地形地貌

朝阳市处于内蒙古高原与沿海松辽平原的结合部，地势西北高东南低，呈东向侧坡。境内地形受大兴安岭余脉影响，形成努鲁儿虎山、松岭山、大黑山、大青山4条主要山脉，其中努鲁儿虎山脉和松岭山脉均呈东北、西南走向，并驾齐驱于大凌河南北，形成了群山绵亘、丘陵起伏、沟壑纵横、山谷相间的复杂地形地貌特征。坐落于凌源市西南的红石砬子山是朝阳地区的最高山峰，海拔1256m。土地多为丘陵山地，只有小块山间盆地和沿河冲积平原。

（二）气候

朝阳市属北温带大陆性季风气候区，尽管东南部受海洋暖湿空气影响，但由于北部蒙古高原的干燥冷空气经常侵入，形成了半干旱半湿润易旱地区。主要气候特点为四季分明，雨热同季，日照充足，日温差较大，降水偏少。全年平均气温5.5～8.7℃，年均日照时数为2850～2960h，年降水量平均485.2mm，无霜期120～155天。春秋两季多风易旱，风力一般2～3级，冬季盛行西北风，风力较强。朝阳市是国家划定的荒漠化地区，范围包括70个完整乡（镇）和29个不完整乡（镇）总面积为105.72万hm^2，占全市总土地面积的53.67%，占全省总土地面积的7.10%；荒漠化土地面积为68.72万hm^2，占监测区域土地总面积的65.00%。

（三）水资源

境内主要河流有大凌河、小凌河、六股河、老哈河、青龙河，其中大凌河主源发于境内，流经凌源市、喀喇沁左翼蒙古族自治县、朝阳县、北票市，境内流长294km，流域面积14 162km^2，是贯穿全境的最大河流，也是中国东北独流入海的较大河流之一。老哈河为市境西缘辽宁省与内蒙古自治区的界河，北入内蒙古西拉木伦河，汇入辽河入海。小凌河、六股河、青龙河皆发源于朝阳市境内。5条河流水系网状遍布境内川谷，多为季节性支流，因此河流都具有雨涨旱消、道宽流窄的特点。

（四）土壤

由于低山丘陵气候干旱，雨量又少，形成以褐土为主的地带性土壤，且分布面广。草甸土主要分布于河流沿岸河滩及河谷盆地。棕色森林土主要分布在北票大黑山等海拔较高、人为破坏较少的天然林地带。风沙土主要分布于老哈河沿岸及建平县、朝阳县和北票市的北部与内蒙交界地带。所以，该地区水土流失严重，土壤干旱瘠薄，肥力较差，作物产量较低。

（五）植被

本区处于蒙古植物区系和华北植物区系的交叉带，自然植被的过渡性和混杂性非常明显，各植被区的代表树种相互渗透，交错分布。植被类型为暖温带落叶阔叶林区，代表的地带性森林植被群落是油松栎林。代表树种有油松、赤松、樟子松、栎类、臭椿、色树、榆树、杨树、柳树、刺槐等，灌木有山杏、荆条、酸枣、沙棘、胡枝子等。

二、社会经济概况

朝阳市辖5县（市）、3区，总面积近2万km^2，总人口338.7万，是辽宁省幅员较大的行政辖区，也是辽西地区一个重要的政治、经济、文化中心。

改革开放以后，国民经济快速持续增长，年生产总值实现212.14亿元，其中第一产业完成55.75亿元，第二产业完成82.17亿元，第三产业完成74.21亿元。人均生产总值6280元，折合815美元。市财政一般预算收入21.5亿元。

交通运输业持续发展，交通网络基本形成，高速公路里程48km，普通公路里程5621km。

第二节 森林资源现状

一、森林资源概述

（一）林地面积

朝阳市土地总面积1 969 914.4hm^2，其中林业用地面积1 075 182.6hm^2，占土地总面积的54.58%；非林业用地面积894 731.8hm^2，占45.42%。

在林业用地面积中：有林地面积479 083.0hm^2，疏林地面积13 272.6hm^2，灌木林地面积354 832.0hm^2，未成林地面积66 214.2hm^2，苗圃地面积754.8hm^2，无林地面积161 026.0hm^2，详见图22-1和表22-1。

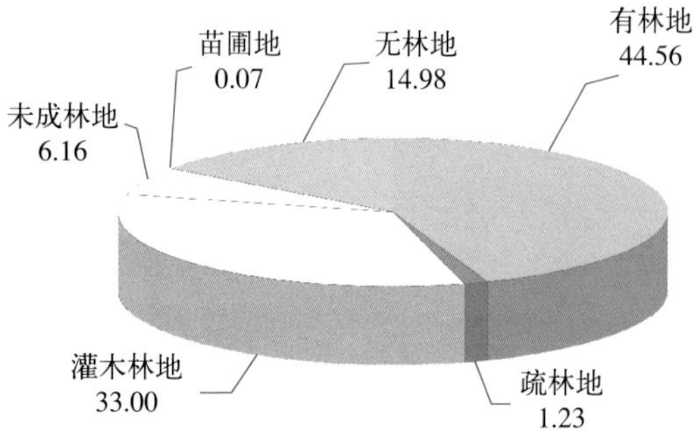

图22-1 林业用地各地类面积比例（%）

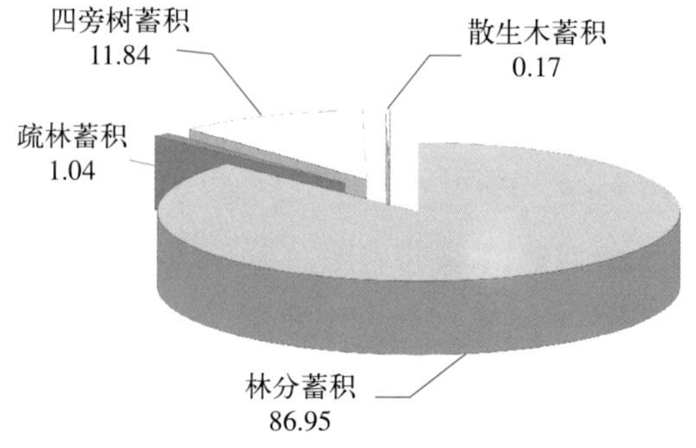

图22-2 各类蓄积比例（%）

（二）林木蓄积

全市活立木总蓄积15 577 069m^3，其中林分蓄积13 544 004m^3，详见表22-2和图22-2。

（三）森林覆盖率

全市有林地面积479 083.0hm^2，特殊规定灌木林面积354 832.0hm^2，森林覆盖率35.6%，林木绿化率36.1%。

表22-1　林业用地各地类面积统计表

单位：hm^2

地类 项目	林业用地面积合计	有林地			疏林地	特别规定灌木林	未成林地	苗圃地	无立木林地	宜林地	林业辅助用地
		小计	林分	乔木经济林							
朝阳市	1 969 914.4	479 083.0	446 167.8	32 915.2	13 272.6	354 832.0	66 214.2	754.8	8046.7	151 641.9	1337.4
双塔区	49 807.3	12 327.1	10 687.5	1639.6	570.1	8155.9	895.3	125.7	119.6	3832.5	7.8
龙城区	62 126.7	11 135.7	8484.9	2650.8	319	8427.5	2089.3	42.2	347.9	6023.9	2.1
朝阳经济技术开发区	1820	168.9	69.6	99.3		6.5	14.4		0	4.4	
朝阳县	373 998.2	67 660.8	58 930.6	8730.2	3512.3	97 571.8	7055.4	190.7	1446.2	34 818	23.4
建平县	487 802	135 565.9	129 783.5	5782.4	4182.7	53 822.7	15 473.3	82.7	2264.6	31 373.4	321
喀喇沁左翼蒙古族自治县	221 874.1	59 020.2	52 751.4	6268.8	658.4	46 616.9	9336.7	127.9	872.4	12 225.2	947.9
北票市	445 622.9	99 500.6	95 904.4	3596.2	3119.2	63 038.7	18 475.1	146.3	2674.9	45 940.6	26.8
凌源市	326 863.2	93 703.8	89 555.9	4147.9	910.9	77 192	12 874.7	39.3	321.1	17 423.9	8.4

表22-2　各类蓄积统计表

单位：m^3

单位	活立木总蓄积	林分	疏林地	散生木	四旁树
朝阳市	15 577 069	13 544 004	162 566	25 885	1 844 614
双塔区	290 647	236 991	2221	585	50 850
龙城区	273 013	169 808	2873	1416	98 916
朝阳经济技术开发区	11 679	2334			9345
朝阳县	1 899 824	1 574 313	20 895	4014	300 602
建平县	5 730 040	5 164 698	101 140	4450	459 752
喀喇沁左翼蒙古族自治县	1 747 433	1 534 237	4839	1347	207 010
北票市	2 595 866	2 138 664	20 656	8298	428 248
凌源市	3 028 567	2 722 959	9942	5775	289 891

（四）森林资源质量

朝阳市林分中，针叶林面积264 398.5hm^2、阔叶林面积176 968.3hm^2、针阔混交林面积4801.0hm^2，分别占全市林分面积的59.26%、39.66%、1.08%。林分结构是纯林多，混交林少，林分的生态稳定性相对脆弱。林分平均郁闭度0.52，单位面积蓄积量为30.37m^3/hm^2，其中针叶林为31.31m^3/hm^2，阔叶林为29.22m^3/hm^2，针阔混交林19.6m^3/hm^2。

（五）非林业用地造林情况

全市非林地造林面积234.5hm^2，蓄积857m^3，主要是杨树、刺槐造林。

二、森林资源结构

全市林分面积446 167.8hm^2，林分蓄积13 544 004m^3，其中天然林面积36 216.2hm^2，蓄积356 302m^3；人工林面积409 951.6hm^2，蓄积13 187 702m^3，详见表22-3。

表22-3 林分面积、蓄积量统计表 单位：hm^2、m^3

起源＼龄组	合计		天然林		人工林	
	面积	蓄积	面积	蓄积	面积	蓄积
合计	446 167.8	13 544 004	36 216.2	356 302	409 951.6	13 187 702
幼龄林	226 246.7	3 709 786	32 706.5	211 385	193 540.2	3 498 401
中龄林	158 655.1	6 094 514	2758.5	105 468	155 896.6	5 989 046
近熟林	20 688.7	1 128 373	681.4	32 700	20 007.3	1 095 673
成熟林	20 052.5	1 313 833	69.8	6749	19 982.7	1 307 084
过熟林	20 524.8	1 297 498			20 524.8	1 297 498

（一）林分权属结构

在林分中，国有林面积155 036.9hm^2，蓄积4 580 090m^3；集体林面积179 010.4hm^2，蓄积5 947 990m^3；非公有制林分面积111 262.1hm^2，蓄积2 979 214m^3；权属未定面积858.4hm^2，蓄积36 710m^3，详见表22-4和图22-3。

表22-4 林分面积、蓄积按权属统计表 单位：hm^2、m^3

单位	合计		国有		集体		非公有制		未定	
	面积	蓄积	面积	蓄积	面积	蓄积	面积	蓄积	面积	蓄积
朝阳市	446 167.8	13 544 004	155 036.9	4 580 090	179 010.4	5 947 990	111 262.1	2 979 214	858.4	36 710
双塔区	10 687.5	236 991	6790.2	136 651	2294	50 163	1603.3	50 177		
龙城区	8484.9	169 808	2580.3	58 028	2588	27 800	3315.1	83 980	1.5	0
朝阳经济技术开发区	69.6	2334	0.5	11	65.6	2213	3.5	110		
朝阳县	58 930.6	1 574 313	23 855.6	594 701	18 870	536 579	16 199.6	442 713	5.4	320
建平县	129 783.5	5 164 698	38 712.6	1 277 846	86 158.6	3 651 050	4911.6	235 744	0.7	58
喀喇沁左翼蒙古族自治县	52 751.4	1 534 237	22 245.2	550 378	9234.6	353 909	21 271.6	629 950		
北票市	95 904.4	2 138 664	21 939.4	559 608	28 275.6	504 280	44 856.8	1 039 022	832.6	35 754
凌源市	89 555.9	2 722 959	38 913.1	1 402 867	31 524	821 996	19 100.6	497 518	18.2	578

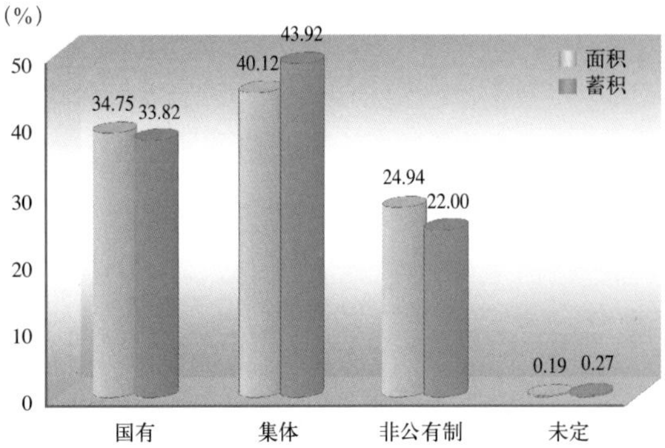

图22-3 林分各权属面积、蓄积比例

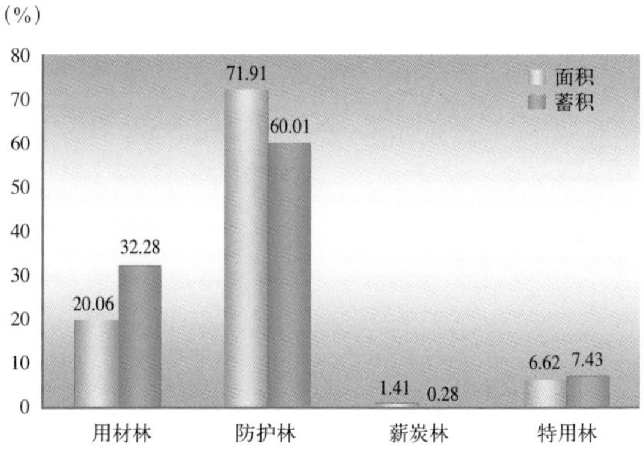

图22-4 林分各林种面积、蓄积比例

（二）林种结构

朝阳市防护林面积323 664.7hm^2，蓄积8 127 800m^3；特种用途林面积28 865.3hm^2，蓄积1 005 864m^3；用材林面积87 505.9hm^2，蓄积4 371 978m^3；薪炭林面积6131.9hm^2，蓄积38 362m^3，林分各林种面积和蓄积比例见表22-5和图22-4。

表22-5 林分林种结构面积、蓄积统计表

单位：hm^2、m^3

林种单位	合计		防护林		特用林		用材林		薪炭林	
	面积	蓄积	面积	蓄积	面积	蓄积	面积	蓄积	面积	蓄积
朝阳市	446 167.8	13 544 004	323 664.7	8 127 800	28 865.3	1 005 864	87 505.9	4 371 978	6131.9	38 362
双塔区	10 687.5	236 991	8312.3	120 937			2375.2	116 054		
龙城区	8484.9	169 808	6867.8	91 601			1524.9	77 994	92.2	213
朝阳经济技术开发区	69.6	2334	69.6	2334						
朝阳县	58 930.6	1 574 313	40 154.5	905 594	2092.8	18 360	16 254.4	648 243	428.9	2116
建平县	129 783.5	5 164 698	83 003.7	2 876 379	16 296.3	733 227	30 483.5	1 555 092		
喀喇沁左翼蒙古族自治县	52 751.4	1 534 237	42 633.6	1 127 708	2696.8	64 027	4483.2	320 487	2937.8	22 015
北票市	95 904.4	2 138 664	68 153.2	916 606	5199	101 302	20 091.1	1 109 589	2461.1	11 167
凌源市	89 555.9	2 722 959	74 470	2 086 641	2580.4	88 948	12 293.6	544 519	211.9	2851

（三）龄组结构

在林分中，幼龄林面积226 246.7hm^2，蓄积3 709 786m^3；中龄林面积158 655.1hm^2，蓄积6 094 514m^3；近熟林面积20 688.7hm^2，蓄积1 128 373m^3；成熟林面积20 052.5hm^2，蓄积1 313 833m^3；过熟林面积20 524.8hm^2，蓄积1 297 498m^3，详见图22-5。

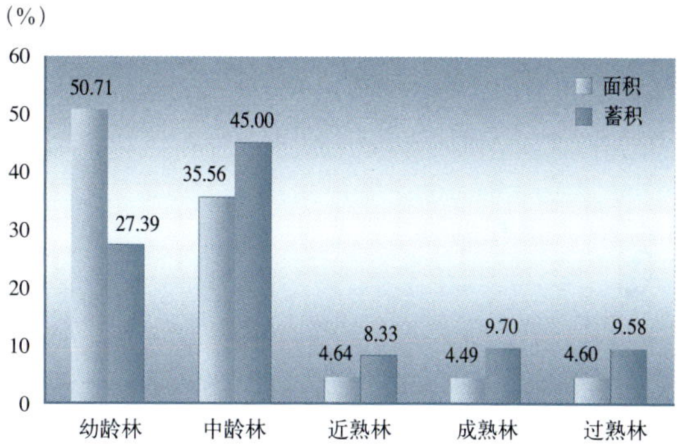

图22-5 林分各龄组面积、蓄积比例

（四）树种结构

朝阳市针叶树种组中，油松组面积、蓄积最大，面积为261 190.0hm^2、蓄积为8 228 985m^3，分别占林分面积、蓄积的58.54%、60.76%。

阔叶树种组中，柞树组、刺槐组和杨树组面积、蓄积较大，各树种组面积、蓄积详见表22-6。

表22-6 林分面积、蓄积按树种统计表

单位：hm^2、m^3、%

项目 / 树种组	林分面积		林分蓄积	
	面积	百分比	蓄积量	百分比
合计	446 167.8	100.00	13 544 004	100.00
油松组	261 190	58.54	8 228 985	60.76
刺槐组	80 259.3	17.99	708 154	5.23
杨树组	52 997.1	11.88	3 597 665	26.56
柞树组	27 527	6.17	258 849	1.91
速生杨	7315.9	1.64	430 257	3.18
其他组	16 878.5	3.78	320 094	2.36

三、天然林资源

全市天然林面积254 319.4hm²，天然林蓄积359 416m³。在天然林面积中，林分面积36 216.2hm²，蓄积356 302m³，分别占天然林面积蓄积的14.24%、99.13%；疏林面积489.9hm²，蓄积3114m³，分别占0.19%、0.87%；封育未成林面积5887.3hm²，占天然林面积的2.32%；灌木林面积211 726hm²，占83.25%，详见表22-7。

表22-7　天然林各地类面积表　单位：hm²

单位	合计	林分	疏林地	灌木林	封育未成林
朝阳市	254 319.4	36 216.2	489.9	211 726	5887.3
双塔区	6590.1	332.5	14.2	6162.9	80.5
龙城区	4622.5	38.2		4584.3	
朝阳县	77 607.5	4617	214.8	72 605.5	170.2
建平县	11 922.9	1078	46	10 735.5	63.4
喀喇沁左翼蒙古族自治县	29 660.7	2774.4	17.8	26 658.1	210.4
北票市	46 095.8	4957.9	178.2	40 899.9	59.8
凌源市	77 819.9	22 418.2	18.9	50 079.8	5303

在天然林林分中，用材林面积1680.0hm²，蓄积62 689m³；防护林面积31 398.3hm²，蓄积232 356m³；薪炭林面积10.3hm²，蓄积100m³；特用林面积3127.6hm²，蓄积61 157m³。

天然林资源主要分布在凌源市、朝阳县和北票市，3市（县）天然林面积202 595.3hm²，占全市天然林资源的79.66%。

四、人工林资源

全市人工林面积659 082.4hm²，人工林蓄积13 347 154m³。在人工林面积中，林分面积409 951.6hm²，蓄积13 187 702m³，分别占人工林面积、蓄积的62.20%、98.81%；疏林面积12 782.7hm²，蓄积159 452m³，分别占1.94%、1.19%；未成林面积60 326.9hm²，占人工林面积的9.15%；乔木经济林面积32 915.2hm²，占4.99%；灌木林面积143 106hm²，占21.72%，详见表22-8。

在人工林林分中，用材林面积85 825.9hm²，蓄积4 309 289m³；防护林面积292 266.4hm²，

表22-8　人工林各地类面积表　单位：hm²

单位	合计	林分	疏林地	灌木林	乔木经济林	造林未成林
朝阳市	659 082.4	409 951.6	12 782.7	143 106	32 915.2	60 326.9
双塔区	15 358.3	10 355	555.9	1993	1639.6	814.8
龙城区	17 349	8446.7	319	3843.2	2650.8	2089.3
朝阳经济技术开发区	189.8	69.6		6.5	99.3	14.4
朝阳县	98 192.8	54 313.6	3297.5	24 966.3	8730.2	6885.2
建平县	197 121.7	128 705.5	4136.7	43 087.2	5782.4	15 409.9
喀喇沁左翼蒙古族自治县	85 971.5	49 977	640.6	19 958.8	6268.8	9126.3
北票市	138 037.8	90 946.5	2941	22 138.8	3596.2	18 415.3
凌源市	106 861.5	67 137.7	892	27 112.2	4147.9	7571.7

蓄积7 895 444m^3；薪炭林面积6121.6hm^2，蓄积38 262m^3；特用林面积25 737.7hm^2，蓄积944 707m^3。

五、灌木林资源

全市灌木林面积354 832.0hm^2，全部是国家特别规定灌木林，其中人工灌木林面积143 106hm^2，占40.33%；天然灌木林面积211 726hm^2，占59.67%，详见表22-9。

表22-9　灌木林面积统计表　　单位：hm^2

单位＼类别	灌木林地	特别规定灌木林	天然灌木林	人工灌木林
朝阳市	354 832.0	354 832.0	211 726.0	143 106.0
双塔区	8155.9	8155.9	6162.9	1993.0
龙城区	8427.5	8427.5	4584.3	3843.2
朝阳经济技术开发区	6.5	6.5		6.5
朝阳县	97 571.8	97 571.8	72 605.5	24 966.3
建平县	53 822.7	53 822.7	10 735.5	43 087.2
喀喇沁左翼蒙古族自治县	46 616.9	46 616.9	26 658.1	19 958.8
北票市	63 038.7	63 038.7	40 899.9	22 138.8
凌源市	77 192.0	77 192.0	50 079.8	

六、经济林资源

朝阳市经济林面积36 835.4hm^2，其中乔木经济林32 915.2hm^2，灌木经济林3920.2hm^2，其中苹果7439.8hm^2、大枣9134.2hm^2、大扁杏6427.9hm^2、山杏2855.9hm^2。

另外，将经济、防护兼用的山杏划到防护林中136 737.8hm^2，山杏总面积为139 593.7hm^2。

七、生态公益林和营造林重点工程建设情况

（一）公益林保护情况

朝阳市共区划公益林841 624.2hm^2，其中有林地面积352 530.0hm^2，疏林地面积7181.3hm^2，灌木林地面积350 729.8hm^2，未成林地面积43 751.4hm^2，无林地面积87 431.7hm^2，详见图22-6。

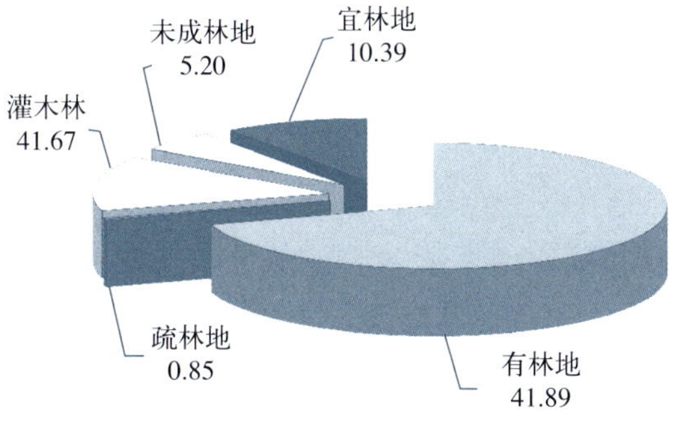

图22-6　公益林各地类面积比例（%）

在公益林总面积中，重点公益林500 957.5hm^2，其中有林地面积254 913.1hm^2、疏林地面积4543.6hm^2、灌木林地面积224 609.9hm^2、未成林地面积2670.6hm^2、无林地面积14 220.3hm^2，详见图22-7。

一般公益林面积340 666.7hm^2，其中有林地面积97 616.9hm^2，疏林地面积2637.7hm^2，灌木林地面积126 119.9hm^2，未成林地面积41 080.8hm^2，无林地面积73 211.4hm^2，详见图22-8。

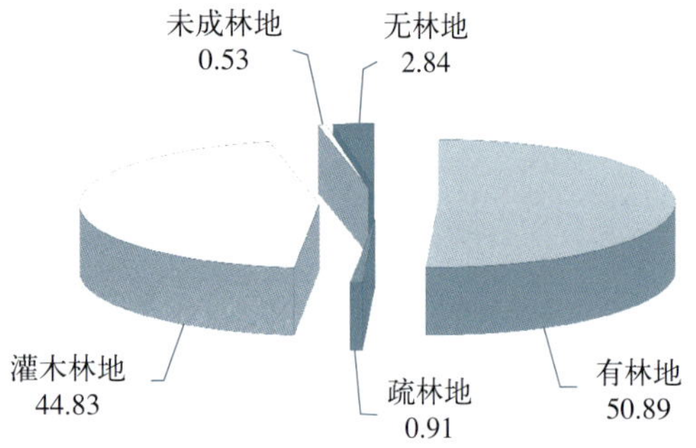

图22-7　重点公益林各地类面积比例（%）

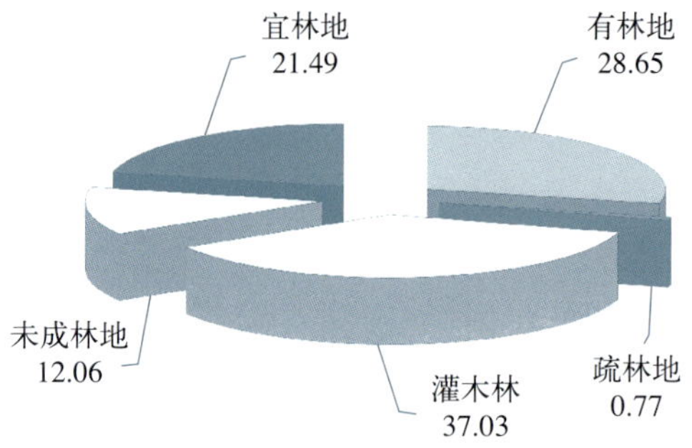

图22-8　一般公益林各地类面积比例（%）

（二）营造林重点工程建设情况

1. 三北防护林工程

根据二类资源调查成果统计，三北防护林体系建设工程森林资源面积214 804.4hm²，其中有林地面积100 063.3hm²，疏林地面积3086.2hm²，灌木林面积102 744.8hm²，未成林面积8887.8hm²，无立木林地面积22.0hm²。

2. 退耕还林工程

全市退耕还林工程截至2005年底总计省下任务160 500hm²，其中退耕地造林57 300hm²，配套荒山造林106 800hm²。2005年森林资源调查共区划调查退耕还林工程79 320.2hm²，目前已经成林面积40 757.3hm²，未成林面积38 562.9hm²，其中生态林面积58 335.5hm²，经济林面积20 984.7hm²；退耕地造林41 094.4hm²，荒山配套造林38 225.8hm²。在退耕地造林中，已发林权证面积35 542.7hm²，未发林权证面积5551.7hm²；已经土地划拨面积9933.3hm²。

3. 速生丰产林工程

朝阳市速生丰产林工程建设始于20世纪80年代初期，规模发展是在世界银行贷款“森林资源发展和保护项目”和“贫困地区林业发展项目”实施以后，带动了朝阳地区速生丰产林的较快发展。在“十五”期间朝阳市的速生丰产用材林建设发展迅速，截至到2005年，速生丰产林工程造林面积达到4599.9hm²，其中林分4499.3hm²、疏林72.5hm²、未成林2.0hm²、采伐迹地26.1hm²。

第三节　森林资源分析

一、森林资源特点

（一）人工林多，天然林少

全市人工林分面积409 951.6hm²，蓄积13 187 702m³，分别占林分面积和蓄积的91.88%和97.37%；天然林分面积36 216.2hm²，蓄积356 302m³，分别占林分面积和蓄积的8.12%和2.63%。天然林资源主要分布在凌源市、朝阳县和北票市，人工林主要分布在建平县。

（二）中、幼龄林多，近、成、过熟林少

朝阳市的森林资源在新中国成立前曾遭到严重破坏，成熟林大部被砍伐，导致目前中、

幼龄林多，近、成、过熟林少的结果。全市林分中，幼龄林和中龄林所占比重高达86.27%，虽然林业发展后劲大，但是可采资源严重不足。今后确定采伐量时，要注意这一特点，以保证后备资源的充足和有序利用达到综合效益最大化。

（三）纯林多，混交林少，林分结构简单

朝阳市由于历史原因造成纯林比例过大，混交林少，林分结构简单，不可避免的形成林地土壤灰化和板结，并有地力逐渐衰退的迹象。在人工林中，尤其以油松和杨树居多。纯林对病虫害、火灾等的抵抗能力较弱。油松的松干蚧、松毛虫，杨树的透翅蛾、杨干象和腐烂病等危害十分严重，有的林分成片死亡。近些年，由于干旱导致杨树死亡多有发生。今后，应多营造适宜的混交林。

（四）林分质量差，单位蓄积量低，防护效能低

由于气候原因，朝阳市林分质量较差，单位面积蓄积量仅为30.37m^3/hm^2，每亩蓄积2m^3左右，林下植被稀少，森林的防护效能相对低下。

（五）造林难度大

朝阳市是全国荒漠化地区之一，年降水量少，蒸发量大，土壤比较瘠薄，造林难度增大。

二、森林资源动态分析

朝阳市第一次完整的森林资源调查是在1993年、2005年进行了全面的二类资源调查。通过两次调查数据对比分析，总体上朝阳市林业用地、有林地、林分面积呈增长趋势，森林覆盖率逐年增加，活立木总蓄积、林分蓄积增长较快。

（一）林业用地面积对比分析

全市林业用地面积两期调查数据详见表22-10。

表22-10　林业用地两期调查数据对比表　　单位：hm^2、%

调查时间	林业用地	林分面积	疏林地	乔木经济林	灌木林	未成林	无林地
2005年	1 075 182.6	446 167.8	13 272.6	32 915.2	354 832	66 214.2	159 688.6
1993年	937 899.1	392 369.5	26 847.4	124 394.3	74 316.7	35 986.3	282 785.3
差值	137 283.5	53 798.3	−13 574.8	−91 479.1	280 515.3	30 227.9	−123 096.7
增减比例	14.64	13.68	−50.56	−73.54	377.4	84.00	−43.53
年增减率	1.22	1.14	−4.21	−6.13	31.45	7.00	−3.63

从上表中看出，全市林业用地面积比1993年增加了137 283.5hm^2，增长了14.64%，年净增率为1.22%；林分面积增长了53 798.3hm^2，增加了13.68%，年净增率1.14%；乔木经济林面积减少了91 479.1hm^2，净减率73.54%，年平均净减率6.13%；疏林地面积减少了13 574.8hm^2，净减率50.56%，年平均净减率4.21%；无林地面积减少了123 096.7hm^2，净减率43.53%，年平均净减率3.63%；灌木林面积增加了280 515.3万hm^2，净增近4倍，年平均净增率31.45%；未成林地面积增加了30 227.9hm^2，增加了84.0%，年均净增率7.0%。

林业用地变化的主要原因有：第一，近几年来开展了退耕还林工程，截至“十五”期末，耕地退耕还林并纳入林地管理的面积近41 094.4hm^2；第二，国家对生态环境建设非常重视，加快造林绿化步伐，加大林业重点工程建设力度，如三北防护林工程、绿色通道绿化工程等，使部分非林业用地通过工程造林转入林业用地；第三，近几年实施封山禁牧和加大了

封山育林力度；第四，2005年二类调查技术手段的改进，区划调查精度有了很大的提高，使前期区划遗漏及错误得到了纠正；第五，调查技术标准变化，使一部分经济林在本次调查时被划为灌木林地，还有耕地中的经济林本次没有划入区划调查，导致乔木经济林面积减少和灌木林面积增加。

（二）各类林木蓄积对比分析

全市活立木总蓄积为15 577 069m^3，比1993年活立木总蓄积9 721 700m^{3}增长了5 855 369m^3，年净增率5.02%；林分蓄积增长了5 130 004m^3，年净增率5.08%；四旁树蓄积增加803 514m^3；疏林蓄积及散生蓄积略有减少，详见表22-11。

表22-11　两期二类调查各类蓄积对比表　　单位：m^3

调查时间 / 蓄积类别	1993年	2005年	差　值
总蓄积	9 721 700	15 577 069	5 855 369
林分蓄积	8 414 000	13 544 004	5 130 004
疏林蓄积	235 100	162 566	−72 534
散生木蓄积	31 500	25 885	−5615
四旁树蓄积	1 041 100	1 844 614	803 514

近些年封山育林、大力植树造林是活立木总蓄积、林分蓄积增长的主要原因，也是疏林蓄积减少的主要原因。

（三）森林资源结构变化分析

1. 天然林、人工林结构变化分析

朝阳市两期森林资源调查林分起源结构变化见表22-12。

表22-12　两期调查林分起源结构变化分析表　　单位：hm^2、m^3、%

起源	面　积				蓄　积			
	1993年	2005年	差值	增减率	1993年	2005年	差值	增减率
天然林	40 906.2	36 216.2	−4690	−0.96	297 000	356 302	59 302	1.66
人工林	351 463.3	409 951.6	58 488.3	1.39	8 118 700	13 187 702	5 069 002	5.20

从表22-12中看出全市天然林林分面积比1993年减少了4690hm^2，年均净减率0.96%；天然林林分蓄积356 302m^3，比1993年增加了59 302m^3，增长了19.97%，年均净增率1.66%。低产低效林分改造和封山育林工程的实施是天然林面积减少、蓄积增加主要原因。

人工林林分面积比1993年增加了58 488.3hm^2，增长了16.64%，年净增率1.39%；人工林林分蓄积比1993年增加了5 069 002m^3，增长了62.44%，年净增率5.20%。大力植树造林，特别是近些年林业重点工程建设是人工林分面积增加的主要原因。生长迅速的中幼龄林比重大是人工林分蓄积增长较快的原因。

2. 龄组结构变化分析

两次调查结果显示，朝阳市中、幼龄林面积、蓄积有大幅度增加，近熟林资源相对稳定，成熟林面积、蓄积有所减少，过熟林面积、蓄积有所增长，详见表22-13。

全市林分中，幼龄林和中龄林所占比重高达86.27%，虽然林业发展后劲大，但是可采资

表22-13 两期二类调查林分各龄组面积、蓄积对比表 单位：hm^2、m^3

龄组	2005年		1993年		差 值	
	面积	蓄积	面积	蓄积	面积	蓄积
朝阳市	446 167.8	13 544 004	392 369.5	8 414 000	53 798.3	5 130 004
幼龄林	226 246.7	3 709 786	198 144.1	1 134 100	28 102.6	2 575 686
中龄林	158 655.1	6 094 514	136 530.3	3 879 700	22 124.8	2 214 814
近熟林	20 688.7	1 128 373	18 538.8	909 300	2149.9	219 073
成熟林	20 052.5	1 313 833	26 347	1 642 400	−6294.5	−328 567
过熟林	20 524.8	1 297 498	12 809.3	848 500	7715.5	448 998

源严重不足。1993年近成过熟林面积57 695.1hm^2，占林分面积的14.7%；2005年近成过熟林面积为61 266.0hm^2，占林分面积的13.73%，2005年比1993年只增加了3570.9hm^2。今后在森林经营时要严格控制采伐量，杜绝中、近熟林采伐，保证后备资源的充足和永续利用。

3. 林种结构变化分析

全市林种结构调整比例较大，防护林和特种用途林增加比例大，而用材林和薪炭林减少。林分各林种面积、蓄积两期对比见表22-14。

表22-14 林种结构两期变化分析 单位：hm^2、m^3、%

林种 / 调查时间	防护林		特种用途林		用材林		薪炭林	
	面积	蓄积	面积	蓄积	面积	蓄积	面积	蓄积
2005年	323 664.7	8 127 800	28 865.3	1 005 864	87 505.9	4 371 978	6131.9	38 362
1993年	183 931.9	3 092 000	3383.8	28 100	171 613.5	5 178 700	33 440.3	115 200
差值	139 732.8	5 035 800	25 481.5	977 764	−84 107.6	−806 722	−27 308.4	−76 838
增减比例	75.97	162.87	753.04	3479.59	−49.01	−15.58	−81.66	−66.70

4. 树种结构变化分析

从林分树种结构上来分析，主要树种两期变化对比详见表22-15。

油松林分面积261 190hm^2，比上期二类调查的209 427.8hm^2增加了51 762.2hm^2，增长了24.7%；杨树林分面积60 313hm^2，比上期72 475hm^2减少了12 162hm^2，减少了16.8%；刺槐林分面积80 259.3hm^2，比上期63 694.9hm^2增加了26.2%；山杏林面积139 593.7hm^2，比上期63 210hm^2增加了76 383.7hm^2，增长了120.8%；大扁杏面积6427.9hm^2，比上期1912.6hm^2增加了4515.3hm^2，增长了236.08%；大枣面积9134.2hm^2，比上期984.5hm^2增加了8149.7hm^2，增长了827.8%；苹果面积7439.8hm^2，比上期40 777.8hm^2减少了3338hm^2，减少了81.7%。

油松、刺槐、山杏、大扁杏、大枣面积增加的主要原因是三北防护林、德国援助项目和

表22-15 树种结构变化分析表 单位：hm^2、%

树种 / 时间	油松	杨树	刺槐	山杏	大扁杏	大枣	苹果
2005年	261 190.0	60 313.0	80 259.3	139 593.7	6427.9	9134.2	7439.8
1993年	209 427.8	72 475.0	63 694.9	63 210.0	1912.6	984.5	40 777.8
差值	51 762.2	−12 162.0	16 564.4	76 383.7	4515.3	8149.7	−33 338.0
增长率	24.70	−16.80	26.20	120.80	236.08	827.80	−81.70

“两杏一枣”工程的开展。杨树林分面积的减少主要是小老树改造的力度加大，多数处于未成林阶段。苹果等水果经济林的减少主要原因是耕地果树没有列入调查范围。

5. 林木权属结构分析

从对比情况看，集体和其他权属林地面积、蓄积出现负增长，其余权属面积、蓄积均有不同程度增加，详见表22-16。

表22-16　两期二类调查林分各权属面积、蓄积对比表　　单位：hm^2、m^3

时间 / 权属	2005年		1993年		差　值	
	面积	蓄积	面积	蓄积	面积	蓄积
朝阳市	446 167.8	13 544 004	392 369.5	8 414 000	53 798.3	5 130 004
国有	117 006.6	3 091 890	111 163.8	1 007 000	5842.8	2 084 890
国合	32 187.8	1 144 146	21 526.5	463 600	10 661.3	680 546
集体	176 165.3	5 830 564	232 342	6 153 500	−56 176.7	−322 936
个人	111 262.1	2 979 214	6165.0	210 700	105 097	2 768 514
未定	858.4	36 710	72.2	1800	786.2	34 910
其他	2845.1	117 426	7778.1	244 500	−4933	−127 074
非林业系统	5842.5	344 054	13 321.8	332 900	−7479.3	11 154

从表22-16中可以看出：林业系统国有林和国合林面积基本比较稳定，略有增加，蓄积稳步增长；集体林面积在减少，个体林面积大幅度增加，增长比例高达17倍。在现有未成林造林地中个体权属比重达70.75%，说明朝阳市非公有制林业发展成效显著，林业所有制形式和投资结构逐步趋向多元化。

6. 林分质量对比分析

两期二类资源调查结果可以看出，朝阳市森林资源质量有所提高。全市林分蓄积量由1993年的$21.4m^3/hm^2$，上升到2005年的$30.4m^3/hm^2$，其中用材林从$30.2m^3/hm^2$，上升到$50.0m^3/hm^2$，上升了$19.8m^3/hm^2$，增长了65.57%。随着蓄积量的增长，郁闭度也在增加，详见表22-17。

表22-17　林分蓄积动态变化表　　单位：hm^2、m^3/hm^2

类别 / 年份	活立木	林　分			用材林		
	蓄积量	面积	蓄积	公顷蓄积量	面积	蓄积	公顷蓄积量
1993年	9 721 700	392 369.5	8 414 000	21.4	171 613.5	5 178 700	30.2
2005年	15 577 069	446 167.8	13 544 004	30.4	87 505.9	4 371 978	50.0
差值	5 855 369	53 798.3	5 130 004	8.9	−84 107.6	−806 722	19.8
比例	60.23	13.71	60.97	41.56	−49.01	−15.58	65.57

（四）森林资源发展利用潜力分析

1. 新增有林地面积潜力分析

朝阳市宜林地面积151 641.9hm^2，大部分宜林荒山集中在北票市和朝阳县，占全市53.31%。这些荒山多数是高山远山，土质瘠薄，造林难度比较大。但是，选择一些抗旱树种，如油松、侧柏、山杏等，不但有防护作用，而且有更大的经济效益，加上科学营造和管护还是可以成林的。所以，林业用地增加的潜力也很大。

2. 林分质量提高潜力分析

全市低产林改造面积5448.1hm²，低效林改造面积11 888.4hm²，中幼林抚育41 368.9hm²，通过低产、低效林改造和抚育间伐能够提高现有林分质量，充分发挥林地的生产潜力。各经营措施面积、蓄积比例见表22-18。

表22-18　经营措施统计表

单位：hm²、m³

项目 \ 地区		朝阳市	双塔区	龙城区	朝阳经济技术开发区	朝阳县	建平县	喀喇沁左翼蒙古族自治县	北票市	凌源市
主伐利用	面积	37 475.7	614.8	427.4	0	3043.5	23 293.2	872.7	5611	3613.1
	蓄积	2 448 067	41 758	23 634	0	228 885	1 259 827	90 707	535 709	267 547
公益林更新	面积	2713.3	8.6	15.1	0	29.6	2223.7	154.5	86.6	195.2
	蓄积	147 458	615	2480	0	3147	110 325	10 145	5860	14 886
薪炭林采伐	面积	7237.6	33.5	439.5		569.5	146.2	2935.7	2894.5	218.7
	蓄积	44 538		3477		3335	22	21 898	12 872	2934
低产林改造	面积	5448.1	41.7	187.8	0	1054.1	2713.1	104.1	1155.4	191.9
	蓄积	113 741	512	2026	0	10 812	81 563	1799	14 031	2998
低效林改造	面积	11 888.4	864.9	284.5	0	3791.2	1572.5	945.2	3080	1350.1
	蓄积	73 042	2941	1225	0	14 643	20 375	5272	12 626	15 960
抚育间伐	面积	41 368.9	1011	531.1	0	4069.7	12 074.8	4474.8	2875.5	16 332
	蓄积	1 689 669	45 609	18 594	0	151 900	505 063	207 517	134 322	626 664
未成林幼抚	面积	64 169.5	787.3	1968.8	14.4	6445.3	15 245.9	9266.3	18 274.2	12 167.3
	蓄积									
封育	面积	706 264.9	16 937.3	15 466.5	76.1	148 047.7	143 111.8	89 653	146 513.4	146 459.1
	蓄积	9 190 055	147 777	121 245	2334	1 182 486	3 288 663	1 201 738	1 443 900	1 801 912

第四节　森林资源管理现状与对策

一、森林资源管理现状

（一）相关法规制定

为了保护好现有森林资源，促进地区经济发展，加大执法力度，朝阳市近几年相继制定了有关促进林业发展的法规和政策。

(1) 朝阳市委市政府2001年下发了《中共朝阳市委 朝阳市人民政府关于放宽政策深化改革加快林业发展的决定》；

(2) 朝阳市人民政府2002年下发了《关于印发〈关于进一步放宽林业政策的若干规定〉的通知》；

(3) 《朝阳市封山禁牧实施办法》朝政发[2002]36号；

(4) 2004年下发了《中共朝阳市委朝阳市人民政府关于贯彻〈中共中央国务院关于加快林业发展的决定〉的实施意见》；

(5) 2005年对该文件进行了修改，又重新下发了《朝阳市人民政府印发〈关于进一步放宽林业政策的若干规定〉的通知》；

(6)《喀喇沁左翼蒙古族自治县林业管理条例》；

(7)《朝阳市实施行政处罚自由裁量权暂行规定》朝政发[2006]7号；市林业局也制定了《朝阳市林业局实施行政处罚自由裁量权暂行标准》；

(8) 市林业局制定了《朝阳市采伐限额管理规定》和《朝阳市征占用林地管理规定》。

（二）森林资源管理重要举措和评价

1. 建立森林资源管理机制

建立健全森林资源管理机制，通过政府督查、市林业局检查、限额集体审批、征占用林地业务主管人员备案制度和使用林地登记制度等管理机制的建立，有效地提高了全市森林资源管理水平。

2. 乱砍盗伐林木现象得到有效控制

为加强森林资源保护，朝阳市采取多项有效措施，维护了本地区森林安全和林区社会的稳定。

(1) 对森林乱砍盗伐行为始终保护严厉打击态势，增强了打击治理的效果；

(2) 加强情报信息网络建设，为及时破获乱砍盗伐案件提供有利条件；

(3) 加强对重点林区巡回检查，及时掌握林区治安状况；

(4) 加强对木材经营加工厂点的管理，堵住乱砍盗伐林木的销赃地；

(5) 强化木材运输检查，坚持凭证运输制度，堵住乱砍盗伐林木的运输途径；

(6) 加强森林公安机关建设，减少行政干预，增强了打击力度。

3. 严格执行林木采伐限额

在执行林木采伐限额管理过程中，认真贯彻执行国家和省的有关文件精神，并根据精神制定了本地区采伐限额管理有关规定，明确了从设计到更新一整套程序。成功经验有以下几点。

(1) 实行集体审批制度。采伐限额管理越来越成为社会上倍受关注的敏感问题，为防止个别人利用职权不正当审批现象的发生，朝阳市从“九五”期间就逐步完善了集体审批制度。

(2) 确保采伐设计质量。采伐作业设计管理是限额管理的重要基础和关键一环，要求设计人员必须是思想道德好、法制观念强、业务水平高的同志担任。

(3) 认真规范采伐凭证。做到“二专三分二相符”。“二专”即采伐证由专人保管、专人核发；“三分”即分权属、分类型、分年度使用采伐证，便于随时统计国有、非公有制及主伐、抚育、改造、更新采伐和其他采伐的指标使用情况；“二相符”即采伐证与台帐相符合，年终报表与台帐相符合。

(4) 坚持伐区和迹地更新验收制度。检查采伐林木的单位或个人是否按采伐证规定的地点、面积、蓄积、边界四至等要求进行采伐，是杜绝乱砍滥伐现象发生的重要手段。

4. 乱征滥占林地现象得到控制

多年来，朝阳市对征占用林地工作非常重视，取得了很好的成绩。主要措施：

(1) 专项整治，严厉打击。近年来，由于钢材市场异常火爆，铁矿石价格一路攀升，个体业主利欲熏心，老百姓禁不住金钱诱惑，随之出现了私挖滥采、偷挖盗采、机挖车采的现象，严重地破坏了林地资源。通过实施专项治理行动，严厉地打击了违法犯罪分子的嚣张气焰，有效地保护了国家、集体的合法财产。

(2) 强化措施，规范管理。本着能占用无林地的不占用有林地，能占用商品林地的不占用生态林地的原则，朝阳市进一步规范办理程序、管理权限、采伐许可证发放和档案管理。同时实行征占用林地业务主管人员备案制度和建设用地使用林地登记制度。

(3) 搞好服务，依法补偿。土地是农民最基本的生产资料和生活保障，征地补偿安置工作涉及农民的切身利益和长远生计，关系到社会安全稳定，做好征占用林地补偿安置工作，是法律赋予各级政府的重要职责。朝阳市在适当提高补偿标准和采取听证、公示的办法维护被征占用林地单位和农民对征占用林地补偿标准的知情权外，还在监督征占用林地及时支付补偿费用，探索失地农民安置方式，拓宽失地农民就业门路，杜绝坑农害农现象的发生。

（三）存在问题

1. 森林资源管理个别环节薄弱

(1) 森林资源管理队伍薄弱，市（县、区）资源林政管理人员受到编制限制，管理人员少，很难适应方方面面的管理工作，有些工作很难做到规范管理。乡镇林业管理人员不稳定，更换频繁，机构不健全，专业学校毕业生极其缺少。整体管理水平和业务素质不高，难以提高森林资源管理水平；

(2) 历史遗留的问题不易解决，违法占用林地大部分是历史遗留问题，由于无明文规定，无法可依，不能处罚，乱占林地开矿现象比较普遍，如今清理整顿，受到方方面面因素的影响，解决历史遗留问题难度较大；

(3) 受传统观念的影响和利益驱动，虽然实行了全面禁牧，但传统式放牧方法短期内还难以根本改变，难以从根本上杜绝放牧的现象。

2. 森林科学经营水平有待提高

一些地方重造轻管的观念还没有从根本上转变，存在片面追求造林数量，忽视造林质量的现象，致使造林成效难以巩固。虽然造林作业面积很大，但森林资源却增长不快。一些地方在培育、发展森林资源时，忽视了对现有森林资源的保护和科学经营，森林经营体制还没有形成。

二、森林资源管理对策

为实现森林资源保护与发展目标，按照全面建设小康社会，贯彻科学发展观的要求，进一步加快森林资源培育，增加森林资源总量，提高森林资源质量，改善森林资源结构，增强森林生态功能，确保森林资源持续快速、协调健康发展。朝阳市在森林资源管理方面，应采取以下对策。

（一）创新森林资源管理机制与体制

围绕本地区的森林资源特点和存在的薄弱环节，面对产权制度改革的新形式，深入调查研究，加大森林资源管理机制和体制创新力度；稳步推进林业各项改革，深化林业体制改革，增强森林资源管理活力，调动社会各界参与保护发展森林资源的积极性。

(1) 加大集体林产权制度改革力度。采取有偿分户经营、承包管护、股份合作制、有偿转让等多种形式确定经营主体，做到放活经营权，落实处置权，确保收益权。通过明晰森林资源产权，依法严格保护林权所有者的财产权，维护其合法权益。

(2) 加快推进森林、林木和林地使用权的合理流转，鼓励各种社会主体通过承包、租赁、转让、拍卖、协商、划拨等形式参与流转，积极培育活力木市场，促进森林资源经营主体多元化和非公有制林业的发展。

(3) 放手发展非公有制林业。把发展非公有制林业作为林业实现跨越式发展的重要途径，鼓励各种社会主体跨所有制、跨行业、跨地区以各种形式投资林业发展，落实“谁造谁有，合造共有”的政策。

（二）完善地方性法律法规制度建设

结合本地区森林资源特点，加强地方性法律法规建设，完善森林资源管理和保护的行政制度，使森林资源管理建立在法制的基础上，真正做到有法可依、违法必究、执法必严。

（三）加强森林资源管理队伍建设

(1) 抓紧专业技术人才的引进，提高资源管理队伍的整体素质，优化人员结构；

(2) 对现有管理人员进行培训，提高现有人员的政治素质和业务素质；

(3) 加强基层林业站建设，积极争取林业站垂直管理，提高基层林业工作人员待遇，稳定基层林业站人员和编制，更好地调动其工作积极性。

（四）完善森林资源监管体系

要加强森林资源监管体系建设，以市林业调查规划院为核心，以各县资源林政和设计队为基础进行日常监管工作；对于国家或省级重点项目的监测工作由省林业调查规划院牵头，市、县配合工作，理顺森林资源监管体系。

总之，朝阳市近些年来，森林资源发生了巨大变化，在资源管理方面取得了很大成绩。但是，朝阳地区的森林资源依旧十分匮乏，森林生态系统的整体功能还非常脆弱，与社会需求之间的矛盾仍相当尖锐，森林资源的数量和质量有待进一步提高，森林资源管理任务还相当艰巨。

第23章 葫芦岛市森林资源

第一节 基本情况

一、自然概况

（一）地理位置

葫芦岛市位于辽宁省西部沿海，是东北地区进入关内的重要门户，东与锦州市为临，西与河北省秦皇岛市毗连，南临渤海湾，北与朝阳市接壤，与大连、营口、秦皇岛、青岛等市构成环渤海经济圈。地理坐标位于东经119°12′～121°02′，北纬39°59′～41°12′之间。南北宽约133km，东西长约150km，土地总面积10 415km^2。

（二）地形地貌

葫芦岛市地处松岭山脉和燕山山脉延伸地带，地势总体由西北向东南呈阶梯状降低，直至辽东湾。按地貌成因和形态特征，可分为两个基本地貌单元，低山丘陵区，位于葫芦岛市的西北部，由松岭山脉和燕山山脉延伸部分组成，地势西北高、东南低，海拔300～800m，最高峰为建昌县大青山，海拔1223m，该区约占土地总面积的75.2%；沿海平原区，位于葫芦岛市的东南沿海一带，呈东北至西南带状分布，素称“辽西走廊”，地面坡度平缓，平均海拔10～50m，该区约占土地总面积的24.8%。

（三）气候

葫芦岛市属中温带大陆性季风气候区，春季少雨干旱、风速大；夏季炎热、雨量集中；秋季晴朗少雨、日照充足、昼夜温差大；冬季少雪寒冷。年平均气温在8～9℃；年均降水量在550～950mm，由东向西递减；年蒸发量880～1194mm；无霜期约165～180天；≥10℃积温为3300～3600℃；年日照时数2600～2800h。

（四）土壤

葫芦岛市按土壤分类标准共包含5个土类、10个亚类，25个土属，50个土种，其中以棕壤为主，主要分布在建昌、绥中和兴城丘陵山地，约占土壤总面积的55%；其次为草甸土，主要分布在兴城与绥中沿海淤积平原、山间平地和河流漫滩上，约占土壤总面积的25%；褐土，主要分布在建昌中部、绥中北部与南票区大部，约占土壤总面积的15%；另有风沙土、沼泽土及水稻土分布，约占土壤总面积的5%。

（五）水资源

葫芦岛市境内重要流域或水系包括大凌河、小凌河及渤海岸，重要一级支流包括大凌河、女儿河、兴城河、六股河及狗河等，江河干流与其支流构成纵横交错的河流水系网。境内大型水库3座，分别为大风口水库、乌金塘水库及宫山嘴水库，总库容62 890万m^3；中型水库4座，分别为龙屯水库、碱厂水库、虹螺山水库及马道子水库，总库容18 702万m^3。

（六）植被

葫芦岛市处于华北植物区系内，有长白山植物区系和内蒙古植物区系的侵入。由于气候、地势及地理位置等因素的影响，本市的植物种类复杂、资源比较丰富。全市共有野生植物113科507属1097种。按照辽宁省植被区划，葫芦岛市植被种类包括辽西山地油松栎林及其次生灌丛区，代表植物有油松、栎类、荆条、酸枣、白羊草等；辽西山地西北部小叶朴、山杏矮林、油松栎林及灌丛区，代表植物有侧柏、油松、栎类、色木、小叶朴、山杏、野古草、草木犀等。

二、社会经济概况

葫芦岛市原名锦西市，1994年10月更名为葫芦岛市。现辖兴城市、绥中县、建昌县、连山区、龙岗区与南票区共6个县（区）、128个乡（街道办事处、镇）、1273村（社区）。总人口273.7万人，其中非农业人口为82.3万人，占总人口的30.1%；农业人口191.4万人，占总人口的69.9%。国民生产总值331亿元，人均纯收入4976元。葫芦岛市是国家级园林城市和中国优秀旅游城市，旅游资源丰富。境内交通便捷，沈阳至山海关高速公路、铁路贯穿全境；葫芦岛港和绥中港，海运潜力巨大；西距山海关机场20km，东距锦州机场50km，公路、铁路、海运、空运构成了立体交通网络。通讯畅达，可直接与海内外传讯各种信息。

第二节　森林资源现状

一、森林资源概述

（一）林地面积

全市土地总面积1 041 493.8hm^2，其中林业用地面积541 047.7hm^2，占土地总面积的51.9%；非林业用地面积500 446.1hm^2，占48.1%，详见表23-1、图23-1。

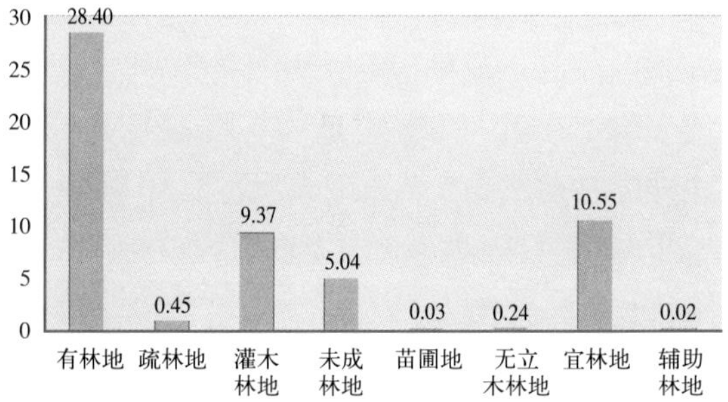

图23-1　林业用地各地类面积　单位：万hm^2

在有林地面积中：林分面积213 498.9hm^2，占有林地面积的75.2%；乔木经济林面积70 523.0hm^2，占24.8%。

在林分面积中：针叶林面积80 196.4hm^2，阔叶林面积129 547.6hm^2，针阔混交林3754.9hm^2，分别占林分面积的37.6%、60.7%和1.7%。

在无林地面积中：无立木林地面积2349.9hm^2，宜林地面积105 544.0hm^2，辅助生产林地面积240.8hm^2，分别占无林地面积的2.2%、97.6%和0.2%。

（二）林木蓄积

全市活立木总蓄积506.27万m^3，其中林分蓄积422.68万m^3，疏林蓄积2.79万m^3，散木蓄积2.80万m^3，四旁树蓄积78.00万m^3，详见表23-2及图23-2。

表23-1 葫芦岛市林地各地类面积及比例表

单位：hm^2、%

统计单位	项目	林地						
		合计	有林地	疏林地	灌木林地	未成林地	苗圃地	无林地
葫芦岛市	面积	541 047.7	284 021.9	4543.3	93 655.8	50 425.2	266.8	108 134.7
	比例	100	52.5	0.8	17.3	9.3	0.1	20.0
连山区	面积	89 320.5	54 829.0	1080.8	2337.7	3712.8	99.4	27 260.8
	比例	100	61.4	1.2	2.6	4.2	0.1	30.5
龙港区	面积	2677.5	2017.0	24.4	21.7	91.4		523.0
	比例	100	75.3	0.9	0.8	3.4		19.6
南票区	面积	31 672.3	9669.9	111.9	516.7	512.2	3.6	20 858.0
	比例	100	30.5	0.3	1.6	1.6	0.1	65.9
绥中县	面积	148 238.4	102 217.2	2106.6	16 688.7	24 017.8	87.4	3120.7
	比例	100	69.0	1.4	11.2	16.2	0.1	2.1
建昌县	面积	184 190.1	64 501.9	908.9	71 191.0	17 351.6	35.4	30 201.3
	比例	100	35.0	0.5	38.6	9.4	0.1	16.4
兴城市	面积	84 948.9	50 786.9	310.7	2900.0	4739.4	41.0	26 170.9
	比例	100	59.8	0.3	3.4	5.6	0.1	30.8

表23-2 各类林木蓄积统计表

单位：m^3

统计单位	活立木总蓄积量	林分				疏林地蓄积	四旁树蓄积	散生木蓄积
		林分总蓄积	针叶林蓄积	阔叶林蓄积	针阔混交林蓄积			
葫芦岛市	5 062 703	4 226 757	2 336 332	1 790 908	99 517	27 931	779 997	28 018
连山区	861 425	743 553	485 879	238 662	19 012	9649	106 185	2038
龙港区	88 273	57 847	19 087	23 176	15 584	169	30 135	122
南票区	203 249	163 839	121 378	41 284	1177	824	38 193	393
绥中县	1 298 540	956 275	329 603	597 478	29 194	7677	319 850	14 738
建昌县	1 826 142	1 601 532	1 097 195	477 480	26 857	8531	210 340	5739
兴城市	785 074	703 711	283 190	412 828	7693	1081	75 294	4988

（三）森林覆盖率

全市土地总面积1 041 493.8hm^2，有林地面积284 021.9hm^2，灌木林面积93 655.8hm^2，其中国家特别规定灌木林15 027.5hm^2，森林覆盖率为28.7%。

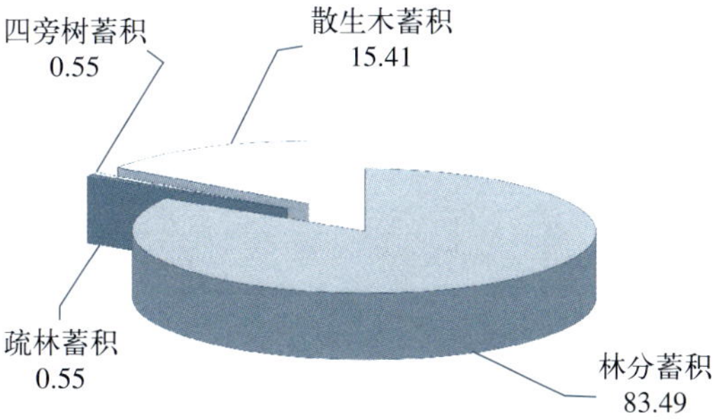

图23-2 各类蓄积比例（%）

（四）森林资源质量

全市林分单位面积蓄积量为19.80m^3/hm^2，其中针叶林为29.13m^3/hm^2，阔叶林为13.82m^3/hm^2，针阔混交林为26.50m^3/hm^2。

（五）非林业用地造林情况

葫芦岛市非林地造林共464.4hm^2，其中林分460.8hm^2，蓄积6412m^3；未成林面积3.6hm^2。非林地造林464.4hm^2中，农地造林有427.5hm^2，非农地造林36.9hm^2。

二、森林资源结构

（一）林分权属结构

在全市林分当中，权属为个人的比重最大，占林分面积、蓄积的57.94%和49.90%，详见表23-3。

表23-3　林分按权属分类统计面积、蓄积表

单位：hm²、m³

统计单位	林权	林分							
		合计		针叶林		阔叶林		针阔混交林	
		面积	蓄积	面积	蓄积	面积	蓄积	面积	蓄积
葫芦岛市		213 498.9	4 226 757	80 196.4	2 336 332	129 547.6	1 790 908	3754.9	99 517
	系统国有	25 663.8	685 844	12 347.0	400 430	13 072.3	277 055	244.5	8359
	部门国有	8728.5	275 100	6302.0	192 953	1879.5	60 890	547.0	21 257
	集体	52 795.1	1 140 801	30 943.7	827 475	20 285.6	281 858	1565.8	31 468
	个人	123 701.4	2 108 962	30 413.8	912 432	91 929.0	1 158 114	1358.6	38 416
	外资	324.5	7820			324.5	7820		
	合作	1968.9	5196	125.8	2281	1817.3	2915	25.8	
	未定	316.7	3034	64.1	761	239.4	2256	13.2	17

（二）林种结构

全市林分当中，无论从面积还是蓄积上看，防护林所占比例最大，分别占林分面积、蓄积的72.42%和70.51%，用材林分别占16.05%和26.65%。葫芦岛市防护林主要布于绥中县、建昌县、连山区、兴城市，防护林占全县林分面积比例最大的是绥中县，为83.18%，其次是连山区74.52%；特用林集中分布于龙港区、兴城市，分别占全市特用林分面积52.05%和43.62%，详见表23-4及图23-3。

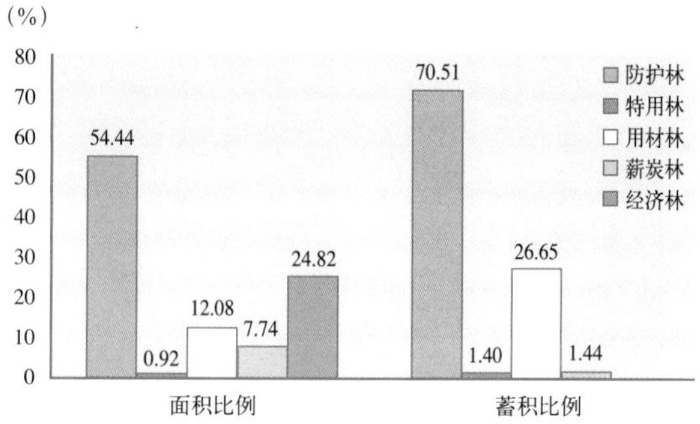

图23-3　各林种面积蓄积比例图

表23-4　林分面积、蓄积按林种统计表

单位：hm²、m³

统计单位	林种	林分面积	林分蓄积
葫芦岛市		213 498.9	4 226 757
	防护林	154 620.6	2 980 402
	特用林	2619.9	58 970
	用材林	34 267.6	1 126 605
	薪炭林	21 990.8	60 780

（三）龄组结构

在林分中，幼龄林面积、蓄积分别占林分总面积和林分总蓄积的79.2%和51.7%；中龄林分别占16.0%和32.2%；近熟林分别占2.5%和7.3%；成熟林分别占1.9%和6.9%，过熟林分别占0.4%和1.9%，详见表23-5、23-6及图23-4。

表23-5 林分各龄组面积统计表

单位：hm^2

统计单位	合计	幼龄林	中龄林	近熟林	成熟林	过熟林
葫芦岛市	213 498.9	169 089.0	34 136.9	5315.0	4028.3	929.7
连山区	33 505.7	24 114.9	7878.4	836.9	471.7	203.8
龙港区	1959.6	1100.9	625.1	45.6	131.7	56.3
南票区	6330.1	3162.2	2626.8	259.8	223.8	57.5
绥中县	68 598.1	63 253.6	2552.5	886.8	1518.1	387.1
建昌县	60 768.0	46 287.2	11 289.0	2106.6	1004.8	80.4
兴城市	42 337.4	31 170.2	9165.1	1179.3	678.2	144.6

表23-6 林分按龄组蓄积统计表

单位：m^3

统计单位	合计	幼龄林	中龄林	近熟林	成熟林	过熟林
葫芦岛市	4 226 757	2 186 512	1 362 967	306 117	291 042	80 119
连山区	743 553	334 504	306 020	42 982	34 044	26 003
龙港区	57 847	12 828	28 201	1780	10 446	4592
南票区	163 839	45 847	96 532	8545	10 336	2579
绥中县	956 275	647 801	133 296	57 012	87 866	30 300
建昌县	1 601 532	850 680	544 214	113 691	83 709	9238
兴城市	703 711	294 852	254 704	82 107	64 641	7407

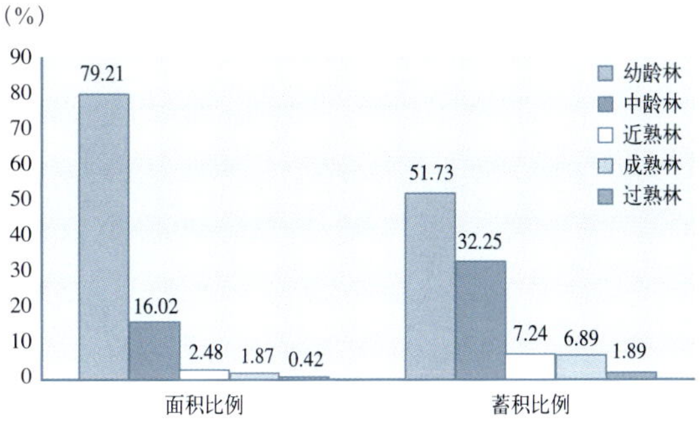

图23-4 各龄组面积、蓄积比例图

（四）树种结构

全市林分面积213 498.9hm^2，蓄积422.68万m^3。阔叶树种中柞树面积最多，杨树及速生杨蓄积最多，分别占林分面积、蓄积的31.51%、20.24%；针叶树种中油松最多，分别占林分面积、蓄积的37.31%和56.93%，详见表23-7。

表23-7 林分各树种（组）面积、蓄积统计表

单位：hm^2、m^3

优势树种	幼龄林		中龄林		近熟林		成熟林		过熟林	
	面积	蓄积	面积	蓄积	面积	蓄积	面积	蓄积	面积	蓄积
合计	169 089.0	2 186 512	34 136.9	1 362 967	5315.0	306 117	4028.3	291 042	929.7	80 119
红松组	9.0	689								
落叶松组	90.5	5112	11.7	1071						
油松组	53 174.7	1 287 442	22 951.2	959 496	2288.7	107 307	1196.2	50 163	40.8	2055
樟子松组	448.8	2519	9.0	151						
云杉组	6.6									
柏树组	3149.7	6234	73.0	1271	2.8	41				
柞树组	64 050.0	478 464	3179.8	119 725	51.3	3116				
桦树组	0.1									
色树组	199.3	1383	1.9	99						
榆树组	621.1	6819	31.3	2000						
水曲柳组	118.8	759								

续

优势树种	幼龄林		中龄林		近熟林		成熟林		过熟林	
	面积	蓄积	面积	蓄积	面积	蓄积	面积	蓄积	面积	蓄积
胡桃楸组	43.9	139	1.9	103						
黄波罗组			4.8	108						
花曲柳组	225.7	2356								
椴树组	185.4	4327	103.0	4793						
刺槐组	30 872.1	36 328	6261.5	125 436	1731.9	58 257	1099.3	53 788	207.3	12 512
柳树组	163.9	6511	70.0	6043	92.4	5365	78.6	7684	15.8	3025
杨树组	11 465.5	334 545	1264.0	131 840	1138.4	131 394	1653.0	179 288	665.8	62 527
速生杨	734.3	11 004	66.2	4062	9.5	637	1.2	119		
杂木组	3529.6	1881	107.6	6769						

三、天然林资源

全市天然林面积162 501.0hm^2，天然林蓄积71.20万m^3。在天然林面积中，林分面积、蓄积分别占天然林面积、蓄积的45.2%、99.5%；疏林面积、蓄积分别占天然林面积、蓄积的0.7%、0.5%；未成林占天然林面积的6.7%；灌木林面积占47.4%，详见表23-8。

四、人工林资源

全市有人工林面积270 145.2hm^2，蓄积354.27万m^3，其中林分面积、蓄积分别占人工林面积蓄积的51.8%、99.3%；疏林面积、蓄积分别占人工林面积蓄积的1.3%、0.7%；未成林面积占人工林面积的26.1%；乔木经济林面积占14.6%；灌木林面积占6.2%，详见表23-9。

人工林中用材林面积40 762.0hm^2，蓄积108.54万m^3；防护林面积102 377.1hm^2，蓄积233.81万m^3；特用林2598.3hm^2，蓄积5.81万m^3；经济林78 867.8hm^2，薪炭林45 540.0hm^2，蓄积6.11万m^3。

五、灌木林资源

全市共有灌木林93 655.8hm^2，其中天然灌木林76 937.8hm^2，占灌木林面积的82.1%；人工灌木林16 718.0hm^2，占17.9%。在灌木林中，国家特别规定灌木林15 027.5hm^2，占16.0%；其他灌木林78 628.3hm^2，占84.0%。

六、经济林资源

全市经济林面积85 550.5hm^2，其中乔木经济林70 523.0hm^2，占经济林面积的80.3%；灌木经济林15 027.5hm^2，占19.7%。乔木经济林中主要树种为梨、苹果；在灌木经济林中主要树种为山杏，详见表23-10。

表23-8 天然林面积、蓄积统计表

单位：hm²、m³

统计单位	面积合计	林分										疏林地		乔木经济林面积	封育未成林面积	灌木林面积
		小计		幼龄林		中龄林		近熟林		成熟林						
		面积	蓄积	面积	蓄积	面积	蓄积	面积	蓄积	面积	蓄积	面积	蓄积			
葫芦岛市	162 501.0	73 460.2	708 640	68 505.8	521 923	4802.4	179 357	142.2	7157	9.8	203	1154.1	3325		10 948.9	76 937.8
连山区	4772.5	3754.4	71 288	2699.7	23 334	932.5	41 812	122.2	6142			14.5	18			1003.6
龙港区	32.1	31.8	439	31.8	439											0.3
南票区	707.7	403.1	3772	389.8	3523	13.3	249								2.1	302.5
绥中县	61 443.4	43 045.3	274 352	42 876.8	266 786	159.9	7194	8.6	372			674.0	182		1735.8	15 988.3
建昌县	91 460.1	22 935.3	290 834	20 974.4	211 282	1939.7	78 706	11.4	643	9.8	203	465.6	3125		9141.9	58 917.3
兴城市	4085.2	3290.3	67 955	1533.3	16 559	1757.0	51 396								69.1	725.8

表23-9 人工林面积、蓄积统计表

单位：hm²、m³

统计单位	面积合计	林分												疏林地		乔木经济林面积	造林未成林面积	灌木林面积
		小计		幼龄林		中龄林		近熟林		成熟林		过熟林						
		面积	蓄积	面积	蓄积	面积	蓄积	面积	蓄积	面积	蓄积	面积	蓄积	面积	蓄积			
葫芦岛市	270 145	140 039	3 518 117	100 583.2	1 664 589	29 334.5	1 183 610	5172.8	298 960	4018.5	290 839	929.7	80 119	3389.2	24 606	70 523	39 476.3	16 718
连山区	57 188	29 751	672 265	21 415.2	311 170	6945.9	264 208	714.7	36 840	471.7	34 044	203.8	26 003	1066.3	9631	21 323.3	3712.8	1334
龙港区	2122	1928	57 408	1069.1	12 389	625.1	28 201	45.6	1780	131.7	10 446	56.3	4592	24.4	169	57.4	91.4	21
南票区	10 103	5927	160 067	2772.4	42 324	2613.5	96 283	259.8	8545	223.8	10 336	57.5	2579	111.9	824	3339.8	510.1	214
绥中县	83 587	25 553	681 923	20 376.8	381 015	2392.6	126 102	878.2	56 640	1518.1	87 866	387.1	30 300	1432.6	7495	33 619.1	22 282	700
建昌县	62 493	37 833	1 310 698	25 312.8	639 398	9349.3	465 508	2095.2	113 048	995	83 506	80.4	9238	443.3	5406	3733.9	8209.7	12 274
兴城市	54 652	39 047	635 756	29 636.9	278 293	7408.1	203 308	1179.3	82 107	678.2	64 641	144.6	7407	310.7	1081	8449.5	4670.3	2174

表23-10 经济林面积统计表

单位：hm²

统计单位	树种	合计	乔木经济林	灌木经济林
葫芦岛市		85 550.5	70 523.0	15 027.5
	苹果	22 996.2	22 996.2	
	梨	38 003.6	38 003.6	
	山楂	630.1	630.1	
	桃	724.3	724.3	
	杏	1951.7	1951.7	
	李子	2488.9	2488.9	
	板栗	473.5	473.5	
	枣	2817.7	2817.7	
	葡萄	66.8		66.8
	核桃	404.5	404.5	
	其他经济树种	32.5	32.5	
	山杏	14 277.9		14 277.9
	紫穗槐	113.5		113.5
	胡枝子	0.3		0.3
	灌木柳	11.0		11.0
	榛子	531.2		531.2
	沙棘	8.4		8.4
	其他灌木	18.4		18.4

七、生态公益林和营造林重点工程建设情况

（一）公益林建设情况

全市公益林建设面积340 538.3hm²，其中重点益林100 103.5hm²，占29.4%；一般公益林240 434.8hm²，占70.6%，详见表23-11。

表23-11 公益林面积统计表

单位：hm²

统计单位	森林类别	林分				疏林地	灌木林	未成林地	无林地
		小计	针叶林	阔叶林	针阔				
葫芦岛市		340 538.3	157 240.5	72 701.2	81 415.8	3123.5	3473.4	75 413.7	18 204.6
	重点公益林	100 103.5	61 366.6	32 890.0	27 370.6	1106.0	520.9	15 867.2	9334.3
	一般公益林	240 434.8	95 873.9	39 811.2	54 045.2	2017.5	2952.5	59 546.5	8870.3
连山区		53 895.2	25 022.2	19 790.4	4546.7	685.1	790.2	1668.8	1728.6
	重点公益林	7000.0	7000.0	5333.9	1570.1	96.0		0.0	0.0
	一般公益林	46 895.2	18 022.2	14 456.5	2976.6	589.1	790.2	1668.8	1728.6
龙港区		2503.6	1862.6	1117.8	352.1	392.7	23.5	4.4	91.4
	重点公益林	2078.7	1839.8	1116.9	330.2	392.7	0.0	0.0	56.7
	一般公益林	424.9	22.8	0.9	21.9		23.5	4.4	34.7
南票区		27 019.7	5465.8	4395.0	1018.0	52.8	102.5	263.9	353.3
	重点公益林	11 368.7	4527.0	3785.6	695.9	45.5	87.3	201.0	140.3
	一般公益林	15 651.0	938.8	609.4	322.1	7.3	15.2	62.9	213.0
绥中县		79 245.4	57 072.0	12 266.5	43 803.9	1001.6	1638.4	15 720.5	3590.3
	重点公益林	9342.2	7678.8	1273.0	6323.8	82.0	38.3	521.4	760.6
	一般公益林	69 903.2	49 393.2	10 993.5	37 480.1	919.6	1600.1	15 199.1	2829.7

续

统计单位	森林类别	林分				疏林地	灌木林	未成林地	无林地
		小计	针叶林	阔叶林	针阔				
建昌县		136 136.0	46 938.5	24 011.7	22 286.2	640.6	742.3	55 947.3	10 649.6
	重点公益林	68 806.3	39 260.3	21 027.6	17 764.9	467.8	395.3	15 124.9	8335.5
	一般公益林	67 329.7	7678.2	2984.1	4521.3	172.8	347.0	40 822.4	2314.1
兴城市		41 738.4	20 879.4	11 119.8	9408.9	350.7	176.5	1808.8	1791.4
	重点公益林	1507.6	1060.7	353.0	685.7	22.0	0.0	19.9	41.2
	一般公益林	40 230.8	19 818.7	10 766.8	8723.2	328.7	176.5	1788.9	1750.2

（二）重点工程建设情况

全市重点工程项目有：退耕还林工程、三北防护林工程和速生丰产林工程，3大重点工程共成林11 199.5hm^2，占全市林分面积的5.2%，极大地带动了葫芦岛市森林资源的增长，详见表23-12。

表23-12　各工程按地类统计表

单位：hm^2

统计单位	工程类别	合计	有林地						疏林地	灌木林	未成林地
			小计	林分				乔木经济林			
				计	针叶林	阔叶林	针阔林				
葫芦岛市		22 598.4	13 752.7	11 199.5	3851.0	7091.8	256.7	2553.2	290.1	3283.2	5272.4
	退耕还林	15 682.2	8152.5	5840.2	517.2	5299.0	24.0	2312.3	125.3	3007.2	4397.2
	三北防护林	5505.3	4619.3	4569.3	3333.8	1002.8	232.7	50.0	164.8	254.0	467.2
	速生丰产林	1410.9	980.9	790.0		790.0		190.9		22.0	408.0
连山区		8417.4	6073.9	5633.5	3288.8	2112.0	232.7	440.4	166.9	515.6	1661.0
	退耕还林	2810.9	1352.6	978.6	1.2	977.4	0.0	374.0	2.1	261.6	1194.6
	三北防护林	5432.0	4546.8	4514.6	3287.6	994.3	232.7	32.2	164.8	254.0	466.4
	速生丰产林	174.5	174.5	140.3		140.3		34.2		0.0	0.0
南票区		765.3	485.6	158.7	50.4	108.3	0.0	326.9	0.0	45.4	234.3
	退耕还林	437.0	199.7	4.2	4.2	0.0	0.0	195.5	0.0	45.4	191.9
	三北防护林	73.3	72.5	54.7	46.2	8.5	0.0	17.8	0.0	0.0	0.8
	速生丰产林	255.0	213.4	99.8		99.8		113.6		0.0	41.6
绥中县		4082.8	2672.4	1986.1	511.8	1450.3	24.0	686.3	111.7	113.5	1185.2
	退耕还林	4082.8	2672.4	1986.1	511.8	1450.3	24.0	686.3	111.7	113.5	1185.2
建昌县		4583.9	1683.4	1127.9	0.0	1127.9	0.0	555.5	0.0	2446.2	454.3
	退耕还林	4359.9	1567.1	1011.6	0.0	1011.6	0.0	555.5	0.0	2446.2	346.6
	速生丰产林	224.0	116.3	116.3		116.3				0.0	107.7
兴城市		4749.0	2837.4	2293.3	0.0	2293.3	0.0	544.1	11.5	162.5	1737.6
	退耕还林	3991.6	2360.7	1859.7	0.0	1859.7	0.0	501.0	11.5	140.5	1478.9
	速生丰产林	757.4	476.7	433.6		433.6		43.1		22.0	258.7

第三节　森林资源分析

一、森林资源特点

（一）林业用地发展潜力大，但利用率较低

林业用地占土地总面积的比例，客观地反映了用于发展森林资源的潜力及林业在经济、社会等方面的影响力。全市林业用地面积为54.01万hm^2，占国土总面积的51.86%。丰富的林业用地资源，不仅为森林资源生存与发展提供了广阔的空间，也为当前以生态建设为主的林业发展战略目标的实施提供可供操作的基础平台。但与此同时，林业用地利用率较低，制约着林业各项事业的快速发展。林业用地利用率，是指有林地面积占林业用地面积比重，这是衡量一个区域林业发展水平的重要标志之一。葫芦岛市有林地面积28.40万hm^2，占林业用地面积的52.50%，比全省平均林业用地利用率62.82%低10.32个百分点，比丹东、抚顺、本溪辽东3市平均92.12%低39.62个百分点。虽然历史及自然地理条件的不同是产生差异的主要原因，但各级林业主管部门要有清醒的认识，加强森林资源培育与保护，努力提高林业用地利用率，赶上和超过全省平均水平，缩小与林业发达地区差距，将是长期任务。

（二）灌木林地与四旁植树资源丰富

全市森林覆盖率为28.17%，在全省14个市中，排在第10位。全市林木绿化率36.90%，排在第8位，处于全省中游水平。全市“两率”之间相差8.73个百分点，在全省从“两率”相差数量来看，处于第一位，充分说明葫芦岛市灌木林地与四旁植树面积比例在全省处于领先地位。全市灌木林地面积9.36万hm^2，占全市林业用地面积的17.30%，占全省灌木林地总面积60.74万hm^2的15.41%，仅次于朝阳市，位于全省第二位。灌木林地资源对辽宁西部干旱、半干旱地区在控制水土流失、改善生态环境等方面意义重大，应转变经营观念，遵循自然规律，大力开展封山育林、封山禁牧，充分发挥灌木林防护效益。全市四旁植树折合面积0.66万hm^2，占全省四旁树折合总面积1.21万hm^2的54.55%，位于全省第一位，在全面增强村屯绿化水平的基础上，带动了庭院经济的发展，部分缓解农民自用材对森林资源的需求压力。

（三）林分质量不高

林分平均郁闭度、平均胸径、每公顷蓄积量、年平均生长量是评价林分质量的主要指标。全市林分平均郁闭度0.55、平均胸径6.90cm、蓄积量19.80m^3/hm^2、年平均生长量0.04m^3。经与全省各指标对比分析，平均郁闭度相差0.08、平均胸径相差3.20cm、蓄积量相差34.09m^3/hm^2、年平均生长量相差1.68m^3。林分质量不高，亟需强化森林经营管理水平，以促进林地生产力的快速增长，详见表23-13。

（四）防护林比重大

全市防护林总面积25.16万hm^2，占有林地、疏林地、乔木经济林、未成林地、灌木林

表23-13　林分质量与全省对比表　　单位：cm、m^3

项　目	葫芦岛市	辽宁省	差　值
平均郁闭度	0.55	0.63	−0.08
平均胸径	6.90	10.10	−3.20
每公顷蓄积量	19.80	53.89	−34.09
年均生长量	0.04	1.72	−1.68

地面积（除无立木林地、宜林地、苗圃地、辅助生产林地外的林业用地）总和43.25万hm^2的58.17%。在有林地中，防护林面积15.46万hm^2，占有林地总面积的54.44%，占林分总面积的72.41%，优势显著，适应了国民经济和人们生活对林业的主导需求，以生态建设为主体的战略格局基本体现。今后应在合理增加防护林数量，保持优势地位基础上，工作重点应转移到调整森林资源内部结构，提高森林经营管理水平，增强防护效能上来。

（五）人工林树种结构单一，纯林比重大

在人工林中，林分面积14.00万hm^2、蓄积351.81万m^3，其中油松、刺槐、杨树3个树种面积合计为13.21万hm^2、蓄积合计为343.83万m^3，分别占林分面积、蓄积的94.35%和97.73%；其他树种面积0.79万hm^2、蓄积7.98万m^3，仅占林分面积、蓄积的5.65%和2.27%。特别是油松面积、蓄积分别占53.64%和65.43%，占据主导地位，表明树种结构单一，详见表23-14。

表23-14　人工林林分树种结构面积、蓄积及比例统计表　　单位：万hm^2、万m^3、%

树种	面　积		蓄　积	
	数量	比例	数量	比例
合计	14.00	100	351.81	100
油松	7.51	53.64	230.19	65.43
刺槐	4.02	28.71	28.63	8.14
杨树	1.68	12.00	85.01	24.16
其他树种	0.79	5.65	7.98	2.27

在人工林林分中，纯林面积13.67万hm^2、蓄积342.64万hm^2，分别占人工林林分面积、蓄积的97.64%和97.39%；混交林面积0.36万hm^2，蓄积9.17万m^3，分别占2.36%和2.61%，纯林比例大。人工林树种结构单一，纯林比例大，导致防火、抗病与抵御自然灾害能力差，影响生物物种与遗传多样性，单位面积群落生态效益低下，生态系统脆弱，对森林资源保护与发展存在潜在威胁。该地区森林土壤保水保肥能力差、水土流失严重，树种结构单一、纯林比例大是其中的主要因素。加大树种结构调整的力度，适度增加混交林比例，势在必行。

（六）中幼龄林多、成过熟林少

全市林分面积21.35万hm^2、蓄积422.68万m^3，其中中幼龄林面积20.32万hm^2、蓄积354.95万m^3，分别占林分面积、蓄积的95.18%和83.98%；成过熟林0.50万hm^2、蓄积37.12万m^3，分别占林分面积、蓄积的2.34%和10.46%。这表明后备资源极为丰富，但近期可采资源少，低龄化趋势明显。由于可采资源不能有效满足市场需要，现阶段对全市森林资源保护与管理增加极大压力，容易造成针对中幼龄林的滥砍乱伐、违规作业现象的发生。按照可持续发展与利用理论，优化龄组结构，改变当前现状，迫在眉睫。

（七）非公有制林业比重大

在林分中，非公有制林业林分面积12.40万hm^2、蓄积211.68万m^3，均占全市林分面积、蓄积的58.08%，非公有制林业比重大。这表明非公有制林业在全市林业建设中具有重要地位，对推动农村经济结构调整，增加农民收入，促进区域生态环境改善、经济健康发展具有重要作用。如何经营、保护与管理好非公有制森林资源，促使其全面发展，直接影响到全市林业各项政策、各项重点工程能否顺利实施的关键所在，关系到社会稳定与和谐进步的大局，现已引起全市各级政府与林业主管部门的高度重视。

(八)经济林资源丰富

在有林地中，全市乔木经济林面积7.05万hm^2；在灌木林中，灌木林经济林面积1.50万hm^2，两者合计面积为8.55万hm^2，占林业用地总面积的15.82%。从树种组成分析，在乔木经济林中，以梨和苹果为主，两者面积合计6.1万hm^2，占乔木经济林面积的86.52%；在灌木经济林中，以山杏为主，面积1.43万hm^{2}占灌木经济林总面积的94.70%。 从生产期分析，在经济林总面积中，盛产期面积6.43万hm^{2}占75.20%，其中乔木经济林盛产期面积5.47万hm^{2}占77.59%，灌木经济林盛产期面积0.96万hm^{2}占64.00%，详见表23-15。

表23-15　经济林各生产期面积及比例表　　单位：万hm^2、%

生产期	合　计		乔木经济林		灌木经济林	
	面积	比例	面积	比例	面积	比例
合计	8.55	100	7.05	100	1.50	100
产前期	0.37	4.33	0.27	3.83	0.10	6.67
初产期	0.78	9.12	0.35	4.96	0.43	28.67
盛产期	6.43	75.20	5.47	77.59	0.96	64.00
衰产期	0.97	11.35	0.96	13.62	0.01	0.66

现阶段，经济林已全面进入盛产期，在增产的同时，如何开拓市场，将资源优势转变为经济优势，实现持续增收，是摆在当前需要解决的根本问题。面对丰富的经济林资源，加强经济林的前期培育和后期的经营管理，使其成为发展林地经济的重头戏，形成支柱性产业，促进区域经济发展也是今后各级政府和林业主管部门需要研究的重点课题。

(九)无林地较多，造林难度加大

全市现有无林地面积10.80万hm^2，占林业用地总面积的20.11%，占全省现有无林地面积的59.75万hm^{2}的18.08%，为全省第二大市。在现有无林地中，薄层土面积9.67万hm^2，占89.54%；中层土面积0.89万hm^2，占8.24%；厚层土面积0.24万hm^2，占2.22%；其中陡坡薄层土面积4.09万hm^2，占薄层土总面积的42.30%，占无林地面积的37.87%。在无林地多，造林难度加大的不利情况下，需要全社会的广泛关注与积极参与，根据不同立地条件，制定切实可行的政策与措施，创新营造林机制与体制，尽快实现全面绿化。

二、动态分析

通过与上期（1993年）数据对比，全市森林资源呈现如下变化：

(一)森林资源面积总量增加

全市林业用地面积54.10万hm^2，比上期的48.82万hm^{2}增加了5.28万hm^2，增长了10.82%；林分面积21.35万hm^2，比上期20.67万hm^{2}增加了0.68万hm^2，增长了3.29%，详见表23-16、图23-5。

表23-16　森林资源面积两期数据对比表　　单位：万hm^2、%

年度	林业用地	林分
2005年	54.10	21.35
1993年	48.82	20.67
增加值	5.28	0.68
增加比例	10.82	3.29

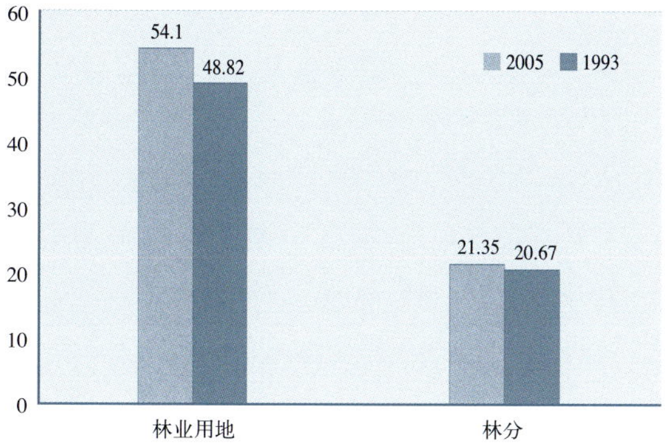

图23-5　两期森林资源面积对比柱状图

单位：万hm^2

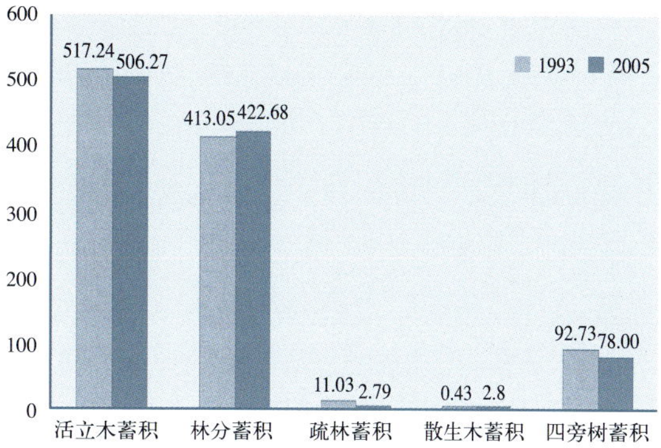

图23-6　森林资源蓄积两期对比柱状图

单位：万m^3

近年来，葫芦岛市各级政府及林业主管部门深入贯彻执行国家林业局《关于认真组织实施林业重点工程建设，加速生态建设意见》的文件精神，构建以退耕还林、三北防护林、速生丰产林三大林业重点工程建设为主体，以高速公路、铁路两翼绿化为骨架，“两河”流域绿化、两大产业基地建设为重点的营造林体系格局，建设辽西走廊绿化带、绿色辽宁展示带，营造林工作取得较快发展。退耕还林、三北防护林、速生丰产林3大林业重点工程总面积达到2.26万hm^2，其中退耕还林1.57万hm^2、三北防护林0.55万hm^2、速生丰产林0.14万hm^2。退耕还林工程、“两河”流域绿化、高速公路铁路两翼绿化工程建设的实施，加快了非林地向林业用地方向转化进程。大工程带动大发展，实现了森林资源面积总量稳步提升。

（二）森林资源蓄积总量减少

全市活立木总蓄积为506.3万m^3，比上期517.24万m^3减少10.9万m^3，减少了2.11%，详见表23-17、图23-6。

表23-17　森林资源蓄积两期对比表

单位：万m^3、%

项目	1993年	2005年	差值	比例
活立木蓄积	517.24	506.27	−10.9	−2.11
林分蓄积	413.05	422.68	9.6	2.32
疏林蓄积	11.03	2.79	−8.2	−74.34
散生木蓄积	0.43	2.8	2.4	558.14
四旁树蓄积	92.73	78.00	−14.7	−15.85

从表23-17数据可以看出，森林资源蓄积总量减少，主要反映在四旁树与疏林地蓄积上，其中四旁树蓄积78.00万m^3，比上期92.73万m^3，减少14.7万m^3，减少了15.85%；疏林蓄积2.79万m^3，比上期11.03万m^3，减少8.2万m^3，减少幅度较大。这说明虽然四旁植树折合面积有大幅度增加，由上期的0.78万hm^2提高到1.21万hm^2，增长了55.13%，但由于近年来，农户对自用材的需求与日俱增，加剧了对四旁树的采伐、利用，后期所栽植四旁树大部分尚不够检尺，导致四旁树蓄积减少。疏林蓄积锐减，是由于疏林地面积呈大幅度下降所至，疏林地面积由上期的1.47万hm^2减少到0.45万hm^2，减少了226.67%，近几年加大了对低质低效疏林地改造力度，使部分疏林地转化为有林地或未成林地；同时也有部分疏林地由于经营与管理等多方面因素，而转化为灌木林地或由于郁闭度下降而成为无林地中的散生木，导致疏林蓄积减少。

虽然森林资源蓄积总量减少，但林分蓄积与散生木蓄积确有不同程度的提高，林分蓄积422.68万m^3，比上期413.05万m^3，增长9.6万m^3，增长了2.32%；散生木蓄积2.8万m^3，比上期0.43万m^3，增长2.4万m^3，大幅度提高。林分蓄积增长因素包括营造林速度的加快，使林分面积快速增长；严格执行了森林采伐限额管理制度，有效的控制了森林采伐；原有疏林地由于标准变化及郁闭成林，使林分面积增加；大力实施封山育林与封山禁牧政策，减轻了人为破坏等。散生木蓄积增加的关键原因即大力实施封山育林与封山禁牧政策，使无林地的散生木资源得以有效保护。

（三）林分质量有所下降

全市蓄积量19.80m^3/hm^2，比上期19.98m^3/hm^2下降0.18m^3/hm^2；年均生长量0.04m^3，比上期0.93m^3下降0.89m^3。全市现有林分郁闭度在0.2～0.6之间的面积10.38万hm^2，占全市林分面积的48.62%，树木生长稀疏，蓄积量不足60m^3/hm^2的面积19.74万hm^2，占林分面积的92.46%，极大影响单位面积产出。本期成熟林面积仅占林分面积的1.87%，而上期成熟林面积占到3.60%；本期处于林木快速生长期的中龄林面积占林分面积的16.02%，而上期中龄林面积占林分面积的23.62%。郁闭度低，树木生长稀疏，中龄林、成熟林少等多方面因素导致了每公顷蓄积、年均生长量的下降。

（四）林种结构大幅度调整

在林分中，防护林比例由上期的29.75%提高到72.41%，提高了42.66%；特用林比例由上期的1.16%提高到1.22%，提高了0.66%；用材林由上期的49.54%下降到16.07%，下降了33.47%；薪炭林由上期的19.55%下降到10.30%，下降了9.25%，详见表23-18、图23-7。

表23—18 两期林种结构对比表

单位：万hm^2、%

林种	1993年		2005年	
	面积	比例	面积	比例
合计	20.67	100	21.35	100
防护林	6.15	29.75	15.46	72.41
特用林	0.24	1.16	0.26	1.22
用材林	10.24	49.54	3.43	16.07
薪炭林	4.04	19.55	2.20	10.30

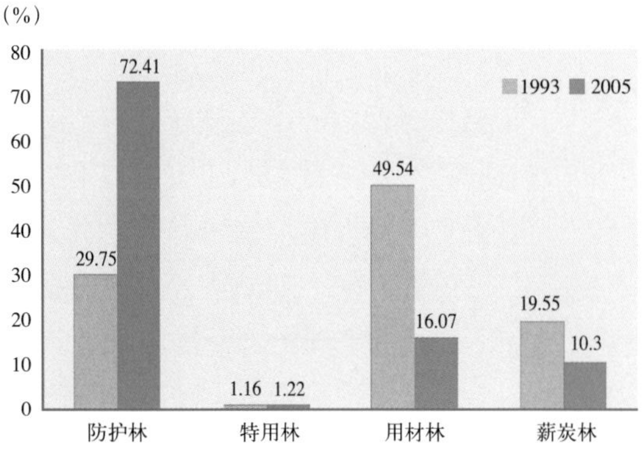

图23—7 两期林种结构比例对比柱状图

葫芦岛市政府及各级主管部门认真贯彻执行《辽宁省森林生态效益补偿基金制度》，相应出台了《葫芦岛市实施森林生态效益补偿基金制度工作方案》。方案依据国家、省委省政府要求，将全市森林资源按照生态区位、技术标准的具体要求，对原5大林种重新区划界定，使林分林种结构有了大幅度调整，防护林、特用林比例上升了43.88%，用材林、薪炭林比例降低了25.32%。

（五）非公有制林业实现跨越式发展

在林分权属中，非公有制面积所占比重由上期的22.25%提高到58.08%，提高了35.83%；非公有制蓄积所占比重由上期的13.32%提高到50.08%，提高了36.76%，详见表23-19、图23-8、23-9。

表23-19　两期权属状况对比表　　单位：万hm^2、万m^3、%

权属	1993年				2005年			
	面积		蓄积		面积		蓄积	
	数量	比例	数量	比例	数量	比例	数量	比例
合计	20.67	100	413.05	100	21.35	100	422.68	100
非公有制	4.60	22.25	55.01	13.32	12.40	58.08	211.68	50.08
集体	12.33	59.65	239.87	58.07	5.28	24.73	114.08	26.99
国有	3.71	17.95	117.56	28.46	3.64	17.05	96.62	22.86
未定	0.03	0.15	0.61	0.15	0.03	0.14	0.30	0.07

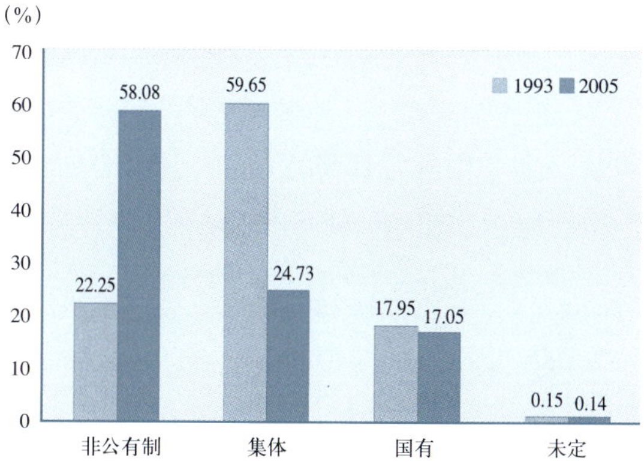

图23-8　两期权属面积比例对比柱状图

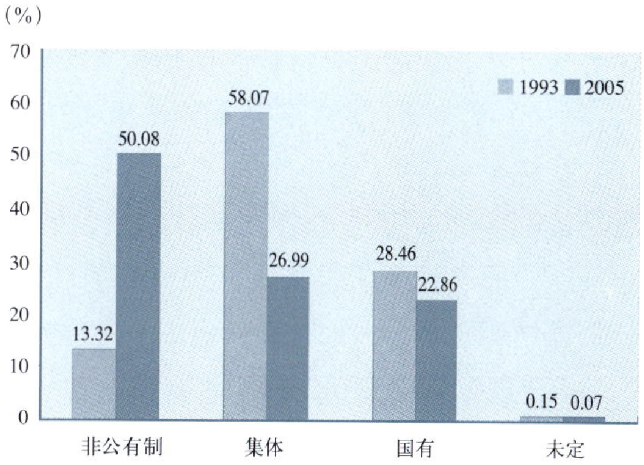

图23-9　两期权属蓄积比例对比柱状图

随着林业重点工程建设的不断深入，全市非公有制林业取得快速发展，制定出台一系列优惠政策，在“公开、公正、公平”原则基础上，采用招商、拍卖等多种形式激发社会各阶层参与林业建设的主动性与积极性，明确非公有制林业的法律地位，放手发展非公有制林业。当前葫芦岛市营造林事业形成了以造林大户、外资企业、山区农民、城镇职工等多元主体经营、多元化投资、多种经济成分并存的发展格局，使得非公有制林业在森林资源培育与发展中占据主导地位。随着集体林林权制度改革的不断深化，非公有制林业将会有更快的发展。

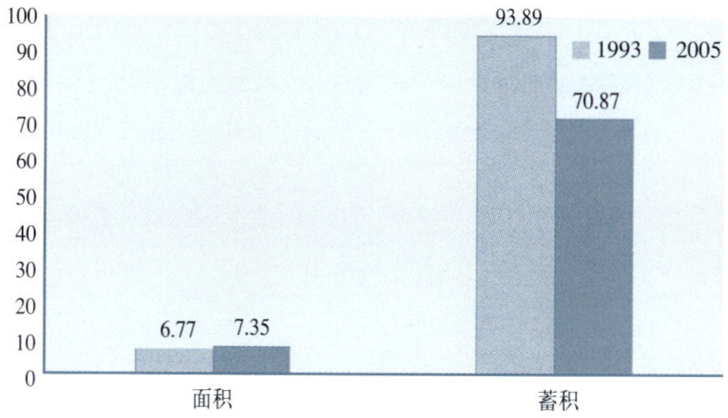

图23-10　两期天然林面积、蓄积对比柱状图

单位：万hm^2、万m^3

（六）天然林面积增加，蓄积减少

在林分中，全市天然林面积由上期的6.77万hm^2提高到7.35万hm^2，提高了8.57%；天然林蓄积由上期的93.89万m^3下降到70.87万m^3，降低了24.52%，详见图23-10。

2001年起辽宁省全面实施天然林禁伐，下发《关于禁止对天然林进行商业性采伐的通知》，葫芦岛市林业各级主管部门转变观念，全面开展天然林资源保护工作，出台《禁止对天然林进行商业性采伐实施办法》和《葫芦岛市封山育林、封山禁牧暂行规定》等一系列政策措施，严格禁止天然林资源商业性采伐，促进了天然林资源稳步发展。经几年的努力，取得了阶段性成果，使得天然林资源面积进一步增加。但由于长期以来，受经济利益驱使，天然林资源过量采伐、人为滥砍盗伐严重，加之经营粗放，管护不当，致使林相残破，在生态效能减退的同时，林地单位面积生产力也每况日下，从而导致了天然林蓄积的下降。全市天然林蓄积量由上期的13.87m^3/hm^2下降到9.64m^3/hm^2，是全市平均蓄积量的48.69%。天然林郁闭度在0.2～0.6之间的面积6.17万hm^2，占天然林林分面积的83.95%，林木稀疏现象严重。天然林平均胸径为5.5cm与全市平均胸径6.9cm相差1.4cm。无蓄积天然林面积6.97万hm^2，占天然林林分面积的94.83%。随着全市天然林资源保护与发展进程的不断深入，林木资源现状将会得到根本性改善。

三、存在的主要问题

通过现状与动态分析，当前森林资源保护与发展存在以下几方面问题：

（一）森林资源总量需要进一步增加

森林资源数量总体欠缺，人均占有量小，全市有林地人均占有量为0.10hm^2，林分人均占有量为0.08hm^2，低于全省人均有林地面积0.12hm^2和人均林分面积0.11hm^2的水平。森林覆盖率不高，尚有较大增长空间。森林资源作为“两大体系”建设的物质基础，地位脆弱，亟需加强森林资源培育，促进森林资源总量增加。

（二）森林经营水平有待于进一步提高

(1) 在林业重点工程建设中，重数量轻质量，弱化森林经营职能，计划、生产与后续经营脱节；

(2) 森林经营服务意识不强，缺乏主动性与能动性，在政策、技术、信息和科技等方面服务力度不足，使基层经营单位在森林资源经营管理上表现出水平不高、随意性强；

(3) 森林经营措施执行受经济利益驱使注重主伐与皆改，忽视低产低效林的补植改造、未成林幼抚及中幼龄林的抚育；

(4) 林分质量不高、生产力低、结构不合理、树种单一、林相残破、防护效能差、单位产量低，公益林管护与天然林资源保护水平还需要进一步加强。

（三）森林资源保障体系建设需要进一步加强

森林防火形势日益严峻、森林有害生物危害呈上升趋势、森林经营科技含量低、集约度不高、基层林业站建设薄弱等，亟待加强森林资源保障体系建设。

第四节　森林资源管理现状与对策

一、森林资源管理现状

（一）相关法规制定情况

葫芦岛市各级政府及林业主管部门，在坚决贯彻执行《森林法》等国家级森林资源保护与发展相关法律、法规基础上，逐步配套与完善了地方性森林资源保护法律、法规体系建设。相继出台了《葫芦岛市森林林木采伐管理办法》《葫芦岛市封山禁牧管理暂行条例》《葫芦岛市森林生态效益补偿基金管理使用实施细则》《葫芦岛市林木采伐和木材运输管理办法》等多项法规，为依法强化森林资源保护与管理提供了法律依据。

（二）森林资源管理的重要举措与评价

1. 严格执行森林采伐管理制度

葫芦岛市各级政府及林业主管部门按照《关于做好森林采伐限额管理工作的通知》的文件精神，认真落实省下达的各项森林采伐限额指标，严格执行森林采伐管理制度，严格遵守木材生产计划管理与林木采伐许可证管理的有关规定，合理开发和利用森林资源。加强执法监督力度，强化“三总量”控制，建立健全了伐前设计和审批责任制度、伐区监理制度、伐后验收和审计制度、重大林业行政案件报告制度、过错追究制度，依法严厉打击乱砍滥伐、超限额采伐、无证采伐等违法、违规犯罪行为，有效保护森林资源。

2. 加强征（占）用林地管理

多年来葫芦岛市各级林业主管部门认真贯彻落实征（占）用林地管理的各项法律、法规，履行征（占）用林地审核的法定职责，全面规范管理行为，努力查纠各种非法占用林地问题，严厉打击违法违规用地、滥占林地等行为，积极参与以打击和整治破坏林地为主要内容的“绿盾行动”，有力的控制了林地流失，依法保障了林地资源合理流转。

3. 加快非公有制林业发展

2000年以前，葫芦岛市的林业主要以集体造林为主，个体造林占年度造林面积的10%左右。随着林业改革的不断深化，“谁造林，谁所有、谁投资、谁受益、谁经管、谁得利”的林业政策已经家喻户晓，激发了群众和基层干部植树造林的积极性，中外合资企业、个体大户、下岗职工、机关干部、山区农民都积极投身于林业事业，成为葫芦岛市非公有制林业发展的主力军。2006年，人工造林突破50万亩大关，植树造林总投入1.2亿元，其中个体承包造林高达6002万元，占总投入的50%，不但形成了造林机制的多元化，也加快了造林绿化的步伐，有效地提高了造林质量。非公有制林业发展的形式多、增幅快、自发性强、影响面大，在提高经济效益的同时，较好地发挥了生态效益和社会效益，加速了最适宜人类居住的环境建设进程。

4. 加强森林防火工作

依照辽宁省委、省政府的指示精神，葫芦岛市各级政府及林业主管部门建立健全森林防火组织机构，落实森林防火责任制，层层签订了森林防火责任状，并结合葫芦岛市实际，制定了《葫芦岛市森林火灾事故紧急处置预案》，对森林火灾的组织领导、指挥扑救等制订明确的规定和要求；建立和完善森林防火预防机制，全面提高全民森林防火意识；加大舆论宣传氛围，增强全民森林防火意识。在“清明节”期间，发布森林防火政府戒严令，加强火源管理，防患于未然；建立起高效的防火扑救应急机制，成立以专业为主、半专业为辅的森林消防队伍，加大投资力度；配置现代扑火装备，实现扑火机具化、通讯现代化、监测网络化格局，为实现“打早、打小、打了”的目标奠定基础。

5. 加强野生动植物保护与自然保护区建设

葫芦岛市委、市政府高度重视野生动植物的保护工作，深入广泛地开展保护宣传教育，制定公布有关法规、规章，强化管理机构和执法队伍建设，建立自然保护区，对恢复和保护野生动植物资源起了重大作用。完善了野生动植物管理机构，全市野生动植物保护管理体系基本形成，在野生动植物保护管理、打击破坏野生动植物资源的违法犯罪方面做了大量卓有成效的工作。加强了自然保护区建设，全省野生动植物保护管理、科学研究体系基本形成，野生动植物和湿地资源基本上得到了保护与发展，生态效益、社会效益和经济效益得以充分发挥，对改善全市生态条件，促进国民经济发展，起到了重要作用。

二、森林资源管理对策

全面贯彻落实科学发展观，以造林绿化为中心，森林资源保护与经营为重点，强化林业重点工程建设，进一步加快非公有制林业发展，加速推进传统林业向现代林业转变，大力提高森林资源质量和效益， 建立和培育稳定高效的森林生态系统，推进森林资源的可持续经营与利用，为建设比较完备的生态体系和比较发达的产业体系提供物质支撑，促进国民经济和社会全面发展与进步，促进人与自然和谐。

（一）创新森林资源管理机制体制

1. 加强林业重点工程建设

以沙漠化治理及沿海防护林体系建设为重点，全面加强三北防护林四期工程、退耕还林工程、速生丰产林工程建设，对水土流失和风沙危害严重的地域优先安排，坚决避免“形象工程”、“县区平衡”、“利益均沾”等现象发生，结合实际情况，按照“因地制宜、适地适树、统筹布局、生态优先”的原则，确定科学、合理的林种与树种。各级林业部门要担负起规划设计、种苗组织、工程管理、指导协调、技术服务和检查验收等重要职责。依法合理的整合林地资源，集约用地，提高林地利用率，建立起林木资产评估体系，积极稳妥的推进林地使用权的流转，通过有效流转，渐近形成工程建设的规模化与基地化。

2. 加快非公有制林业发展

全市非公有制权属面积已占林分总面积的58.08%，占据主导地位，对加快森林资源培育等各方面起到不可估量的作用。全市各级政府和林业主管部门要深入贯彻落实《中央国务院加快林业发展若干问题决定》和《辽宁省加快非公有制林业发展意见》指示精神，解放思想，更新观念，采取有效措施，给非公有制林业以明确的法律地位和适生条件，为其创造充分的发展空间。统一税费政策、资源利用政策和投融资政策，解决资金短缺及采伐利用等各方面问题，为各种林业经营主体创造公平竞争的环境。出台相应优惠政策措施，引导非公有制林业采取联户、股份制等多种形式，走规模化发展道路；鼓励对高山、远山等立地条件差的地块的承包经营，加快造林绿化步伐；支持非公有制林业参与公益林建设。加强对非公有制林业的政策、法律、科技和信息服务，促进非公有制林业健康、协调、可持续发展，加快森林资源培育步伐。

3. 强化封山育林力度

全市现有无林地面积10.80万hm^2，薄层土面积占89.54%，其中陡坡薄层土占薄层土总面积的42.30%，占无林地总面积的37.87%。造林难度大，成活困难。对陡坡薄层土地块全面实施封山育林、封山禁牧政策。制定科学的规划，按照调查所区划小班，登记照册。逐年检查封山成效，适时辅以人工促进更新，并将其纳入各项工程之中去，实施工程管理。加大管理力度，成立专门的封山育林组织，签订管护合同，明确范围与职责，制定严明奖惩制度，确保成效。

4. 严格执行森林采伐限额管理制度

在林分中，全市现有用材林面积3.43万hm^2，蓄积112.66万m^3，分别占林分面积、蓄积的12.08%和26.65%；在用材林中，成过熟林面积为0.42万hm^2、蓄积32.46万m^3，分别占用材林面积、蓄积的12.24%和28.81%，主伐利用资源极少。面对国民经济发展和社会进步对森林资源需求压力，更要严格执行森林采伐限额管理制度，严格控制森林采伐量，严禁超限额采伐。加大执法监督力度，严厉打击各类破坏森林资源、违规作业等违法犯罪行为。

5. 加快低质低效林改造

在林分中，全市现有低质低效林改造面积0.78万hm^2，占林分面积的3.65%。加快低质低效林改造，以提高林地单位面积产出率。按照本期森林资源调查成果及"十一五"期间所确定的森林资源采伐限额，尽快编制《森林经营方案》，并赋予《森林经营方案》以法律地位，以《森林经营方案》为准绳，严禁为追求经济利益将不符合低质低效林改造标准的森林资源进行皆伐性质的改造。对稀疏林分加大补植改造力度，减少皆伐改造份额。

6. 加强中、幼龄林抚育

在林分中，全市现有中、幼龄林抚育面积1.17万hm^2，占林分面积的5.48%，其中透光抚育面积为0.64万hm^2，生长抚育面积为0.53万hm^2。随着中幼龄林的快速增长，抚育任务将逐年加大。切实加强抚育间伐力度，严格执行森林抚育间伐技术标准，合理确定采伐强度，加强监督与管理，杜绝"拔大毛"现象的发生，制定合理规划，按年度有序、协调开展、不欠帐，为林木生长提供良好空间。特别是针对近年来在退耕还林工程中，部分杨树造林地块初植密度过大问题，加强抚育，以提高林分质量。

7. 强化天然林资源保护力度

全市天然林面积16.25万hm^2，占全市林业用地总面积的30.04%。加强天然林资源保护对于有效控制沙化土地蔓延，减小水土流失严重程度，改善生态环境具有重要意义。面对当前天然林资源现状，应通过严格保护，积极培育，实现天然林资源有效保护与合理利用的良性循环。切实做好天然林分类经营和分区管理，坚决杜绝商业性采伐和人为破坏，使森林资源得以休养生息和恢复性发展。对宜林地和林中空地，按照公益林的建设标准，采取有效措施，宜封则封，宜造则造，尽快恢复森林植被。对生态功能低下的疏林地，进行合理补植和严格封育，改善林分结构，逐步提高生态功能，充分利用自然力恢复发展天然林资源，同时辅助以必要的人工措施，封育结合。有目的地培育珍贵天然优势树种，扩大种群数量。强化对无蓄积天然林的管护力度，实现正向演替。在不破坏总体功能前提下，适当采取抚育措施，以利于林木生长。建立天然林资源可持续发展的法制和政策保障体系，按照《辽宁省人民政府关于加强天然林保护建设工作的通知》精神，尽快制定适合现实条件发展的《葫芦岛市地方天然林保护办法》，依法加强对天然林的保护工作，使天然林资源逐步恢复并走上健康、高效发展轨道。

（二）完善法规制度

采取各级人大立法的办法，建立地方性法规，把城市森林建设、重大林业工程项目、全市林业发展规划、林业执法机构和队伍，纳入地方性法规，确立林业发展的法律地位。

（三）加强队伍建设

强化森林资源管理队伍建设，稳定职工队伍，加强人才引进，定期开展业务与技术培训，促进职工队伍整体素质的提高。全面加强基础设施设备建设，提高监管能力与水平，建立起责、权、利相统一，上下反映迅速、办事高效、运转协调的新体制和新机制。全面促进资源林政队伍在加快森林资源保护与发展进程中，发挥更大的作用。

（四）完善监测和管理体系

加强森林资源保护监测和管理体系建设，构筑起以市、县、乡三级林政行政部门为主体，各级调查监测等技术部门为依托的森林资源监测与管理体系，不断丰富监督内涵，建立健全工作制度。在开展森林资源二类调查基础上，开展重点公益林监测与荒漠化沙化普查等专项监测。围绕森林资源保护与发展目标，认真履行管理职责，加强对森林资源保护与管理，将管理纳入制度化、规范化、法制化轨道，不断提高实效。

表1 各类土地面积统计表

单位：hm^2

统计单位	合计	有林地							疏林地	灌木林			未成林地			苗圃地	无立木林地				宜林地				辅助生产林地	非林地		森林覆盖率%
		小计	林分				乔木经济林			小计	特规灌木林	其他灌木林	小计	造林未成林	封育未成林		小计	采伐迹地	火烧迹地	其他	小计	荒山荒地	沙荒	其他		合计	其中:四旁树占地	
			计	针叶林	阔叶林	针阔林	计	其中蚕场																				
辽宁省	6 950 282.9	5 339 822.9	4 365 905.5	1 321 299.8	2 967 902.6	76 703.1	973 917.4	520 628.8	42 548.5	607 429.9	396 300.6	211 129.3	3 49 721.9	289 061.6	60 660.3	5158.0	82 473.3	42 916.6	283.8	39 272.9	515 055.9	478 754.4	7359.9	28 941.6	8072.5	7 855 183.7	120 764.6	35.13
沈阳市	207 520.1	144 008.4	134 770.9	27 847.5	105 975.6	947.8	9237.5	707.5	4218.9	4655.3	2270.6	2384.7	22 820.0	22 654.0	166.0	1079.8	5117.8	4794.6	4.9	318.3	24 584.1	19 140.4	1372.8	4070.9	1035.8	1 080 568.1	9181.6	11.40
大连市	508 206.5	451 116.9	302 774.2	69 098.7	217 911.5	15 764.0	148 342.7	60 272.6	3485.3	4900.1	2055.3	2844.8	17 715.4	17 280.0	435.4	413.3	6362.5	72.6	63.0	6226.9	24 031.0	23 406.1	12.1	612.8	182.0	845 632.7	43 793.8	33.47
鞍山市	468 529.0	428 935.0	218 513.5	37 604.4	178 875.0	2034.1	210 421.5	170 564.2	545.9	2259.7	320.3	1939.4	25 386.7	18 125.7	7261.0	116.2	4728.8	678.7	6.4	4043.7	6504.8	4349.6	26.6	2128.6	51.9	456 706.1	4548.2	46.40
抚顺市	841 252.9	742 292.7	719 221.1	279 826.4	422 353.1	17 041.6	23 071.6	6907.8	1298.9	29 627.9	4067.9	25 560.0	31 079.1	20 390.3	10 688.8	300.3	10 514.5	4008.0	4.9	6501.6	23 658.6	19 257.0	3.0	4398.6	2480.9	285 894.3	1211.4	66.20
本溪市	674 139.3	623 712.5	598 849.3	135 030.4	456 272.5	7546.4	24 863.2	7020.0	994.9	7478.6	1477.8	6000.8	33 574.1	27 539.8	6034.3	182.9	2441.6	1169.9	11.8	1259.9	5475.3	4937.4	145.7	392.2	279.4	166 991.6	287.4	74.30
丹东市	1 010 647.5	961 014.6	777 242.1	123 227.5	637 384.1	16 630.5	183 772.5	126 585.4	1429.8	1383.1	364.1	1019.0	35 797.1	27 927.6	7869.5	252.5	5488.5	1629.8	9.8	3848.9	5073.7	3064.6	199.1	1810.0	208.2	510 570.4	3382.6	65.90
锦州市	281 547.7	150 312.2	117 812.7	35 428.7	81 815.1	568.9	32 499.5		4462.2	42 777.3	1307.7	41 469.6	15 117.0	14 704.0	413.0	333.9	10 680.6	7220.9	36.1	3423.6	57 534.7	55 035.7	1213.1	1285.9	329.8	707 514.6	3299.9	15.30
营口市	260 539.9	231 968.2	125 308.3	11 570.4	112 279.8	1458.1	106 659.9	65 980.9	1667.8	1110.7	616.9	493.8	12 329.9	3606.6	8723.3	85.8	1220.3	145.9	14.1	1060.3	12 096.2	12 067.5	2.9	25.8	61.0	276 005.6	1513.6	43.40
阜新市	357 873.1	247 518.7	236 491.2	89 074.4	145 920.4	1496.4	11 027.5		4239.6	40 479.2	1941.0	38 538.2	10 310.9	10 250.4	60.5	787.2	13 689.9	9896.2	25.4	3768.3	39 883.0	35 177.4	3529.6	1176.0	964.6	674 441.5	26 157.2	24.17
辽阳市	193 111.7	175 835.3	143 466.7	30 576.1	112 511.9	378.7	32 368.6	19 665.7	118.8	3322.4	658.5	2663.9	1397.6	1383.8	13.8	98.7	1793.5	575.5	0.2	1217.8	10 503.1	10 258.0		245.1	42.3	281 287.6	529.0	38.90
盘锦市	11 772.3	5882.5	5585.6	34.8	5529.3	21.5	296.9		58.0	341.4	104.5	236.9	3360.8	3360.8		177.0	136.8	52.0		84.8	1777.9	266.5		1511.4	37.9	395 337.4	2184.0	2.34
铁岭市	518 912.6	414 121.0	326 203.2	137 385.6	184 558.4	4259.2	87 917.8	62 924.7	2212.5	20 606.4	11 256.5	9349.9	24 193.9	22 035.4	2158.5	308.8	9901.9	6173.1	5.5	3723.3	46 747.6	39 848.6	167.0	6732.0	820.5	779 055.9	7111.8	32.80
朝阳市	1 075 182.6	479 083.0	446 167.8	264 398.5	176 968.3	4801.0	32 915.2		13 272.6	354 832.0	354 832.0		66 214.2	60 326.9	5887.3	754.8	8046.7	5741.5	22.4	2282.8	151 641.9	150 720.8	462.0	459.1	1337.4	894 731.8	10 944.2	35.60
葫芦岛市	541 047.7	284 021.9	213 498.9	80 196.4	129 547.6	3754.9	70 523.0		4543.3	93 655.8	15 027.5	78 628.3	50 425.2	39 476.3	10 948.9	266.8	2349.9	757.9	79.3	1512.7	105 544.0	101 224.8	226.0	4093.2	240.8	500 446.1	6619.9	28.71

表2 各类森林、林木面积蓄积统计表

单位：hm^2、m^3、株

统计单位	活立木总蓄积量	林分								疏林地		四旁树		散生木	
		合计		针叶林		阔叶林		针阔混交林							
		面积	蓄积	面积	蓄积	面积	蓄积	面积	蓄积	面积	蓄积	株数	蓄积	株数	蓄积
辽宁省	244 159 010	4 365 905.5	235 276 269	1 321 299.8	89 155 021	2 967 902.6	141 839 896	76 703.1	4 281 352	42 548.5	631 179	198 048 069	7 772 937	12 873 715	478 625
沈阳市	10 026 737	134 770.9	9 115 813	27 847.5	1 960 186	105 975.6	7 097 188	947.8	58 439	4218.9	156 892	15 152 043	748 036	23 477	5996
大连市	8 758 670	302 774.2	7 490 448	69 098.7	2 644 034	217 911.5	4 367 418	15764	478 996	3485.3	23 820	71 105 311	1 229 398	324 641	15 004
鞍山市	8 270 046	218 513.5	7 482 168	37 604.4	2 090 327	17 8875	5 235 677	2034.1	156 164	545.9	23 851	7 505 324	730 055	409 465	33 972
抚顺市	62 875 075	719 221.1	62 712 110	279 826.4	29 532 987	422 353.1	31 759 074	17 041.6	1 420 049	1298.9	22 574	2 025 265	38 304	1 725 918	102 087
本溪市	44 743 214	598 849.3	44 641 487	135 030.4	12 853 233	456 272.5	31 245 531	7546.4	542 723	994.9	26 307	474 594	33 716	6 866 867	41 704
丹东市	45 294 140	777 242.1	44 959 592	123 227.5	10 038 038	637 384.1	33 868 739	16 630.5	1 052 815	1429.8	25 380	5 581 370	217 714	880 540	91 454
锦州市	5 542 976	117 812.7	5 041 990	35 428.7	997 691	81 815.1	4 027 257	568.9	17 042	4462.2	43 873	5 445 066	449 306	113 425	7807
营口市	877 929	125 308.3	716 172	11 570.4	383 442	112 279.8	303 672	1458.1	29 058	1667.8	869	2 477 519	158 172	47 399	2716
阜新市	8 029 607	236 491.2	7 650 386	89 074.4	2 759 534	145 920.4	4 835 360	1496.4	55 492	4239.6	44 351	43 157 612	319 210	134 321	15 660
辽阳市	3 968 151	143 466.7	3 828 595	30 576.1	1 970 633	112 511.9	1 847 439	378.7	10 523	118.8	4476	874 207	112 881	371 229	22 199
盘锦市	668 830	5585.6	575 251	34.8	1645	5529.3	572 012	21.5	1594	58.0	1216	3 629 943	91 514	7769	849
铁岭市	24 463 863	326 203.2	23 291 496	137 385.6	13 308 797	184 558.4	9 718 029	4259.2	264 670	2212.5	67 073	11 724 651	1 020 020	923 363	85 274
朝阳市	15 577 069	446 167.8	13 544 004	264 398.5	8 278 142	176 968.3	5 171 592	4801	94 270	13 272.6	162 566	17 973 070	1 844 614	408 088	25 885
葫芦岛市	5 062 703	213 498.9	4 226 757	80 196.4	2 336 332	129 547.6	1 790 908	3754.9	99 517	4543.3	27 931	10 922 094	779 997	637 213	28 018

表3 公益林（地）面积统计表

单位：hm^2

统计单位	合计	林分				疏林地	灌木林			未成林地			无立木林地				宜林地			
		小计	针叶林	阔叶林	针阔混交林		小计	特规灌木林	其他灌木林	小计	造林未成林	封育未成林	小计	采伐迹地	火烧迹地	其他	小计	荒山荒地	沙荒	其他
辽宁省	3 926 990.6	2 785 135.4	716 477.4	2 027 218.0	41 440.0	27 293.9	552 277.1	351 011.0	201 266.1	207 228.9	168 835.3	38 393.6	33 883.3	14 809.3	220.3	18 853.7	321 172.0	298 611.1	5623.1	16 937.8
沈阳市	136 705.0	97 211.8	22 048.8	74 356.3	806.7	2735.4	2384.7		2384.7	17 371.4	17 229.1	142.3	1435.2	1273.0	4.9	157.3	15 566.5	12 284.9	882.9	2398.7
大连市	283 714.5	248 064.6	56 093.3	179 405.4	12 565.9	2720.9	2819.9		2819.9	9873.6	9463.9	409.7	4639.4	45.5	52.5	4541.4	15 596.1	15 153.8	12.1	430.2
鞍山市	171 795.3	144 476.2	15 315.4	127 609.7	1551.1	358.9	1688.4		1688.4	16 822.2	13 267.1	3555.1	2558.2	481.1	4.2	2072.9	5891.4	3783.4	23.3	2084.7
抚顺市	377 726.6	331 673.8	70 323.7	255 060.9	6289.2	587.2	22 144.3	171.3	21 973.0	11 963.5	7383.5	4580.0	2330.5	378.0	0.7	1951.8	9027.3	7350.1		1677.2
本溪市	400 637.3	373 023.6	31 913.7	337 607.3	3502.6	548.3	3956.8	44.9	3911.9	21 209.2	16 946.2	4263.0	529.7	253.9	7.8	268.0	1369.7	1197.7	31.4	140.6
丹东市	519 890.4	495 872.7	18 036.9	473 257.0	4578.8	818.8	648.0		648.0	18 796.3	12 820.2	5976.1	1490.9	206.3	2.4	1282.2	2263.7	1096.2	197.5	970.0
锦州市	187 649.3	84 636.1	35 357.0	48 768.8	510.3	3479.9	41 533.4	65.0	41 468.4	12 703.9	12 290.9	413.0	4945.4	2617.7	36.1	2291.6	40 350.6	38 447.0	915.9	987.7
营口市	95 440.8	83 933.8	7382.8	75 475.8	1075.2	1280.8	329.3		329.3	3662.6	2146.6	1516.0	717.3	59.2	13.0	645.1	5517.0	5497.9	2.9	16.2
阜新市	250 170.5	160 650.9	79 986.2	79 225.6	1439.1	2803.3	38 507.9		38 507.9	8814.0	8774.2	39.8	7489.6	5250.9	25.4	2213.3	31 904.8	27 829.6	3317.3	757.9
辽阳市	60 406.5	53 903.4	10 729.9	43 080.6	92.9	31.8	2622.2		2622.2	599.3	585.5	13.8	0.0				3249.8	3249.8		
盘锦市	10 072.4	4720.3	27.5	4671.3	21.5	46.5	236.9		236.9	3357.7	3357.7		125.6	40.8		84.8	1585.4	233.0		1352.4
铁岭市	250 619.5	197 197.7	42 177.9	153 326.8	1693.0	1227.4	9261.8		9261.8	20 099.2	18 835.5	1263.7	4918.7	3349.0	1.6	1568.1	17 914.7	15 471.8	118.2	2324.7
朝阳市	841 624.2	352 530.0	254 383.1	93 956.7	4190.2	7181.3	350 729.8	350 729.8		43 751.4	37 979.7	5771.7	1827.0	764.7	3.7	1058.6	85 604.7	85 402.7	25.0	177.0
葫芦岛市	340 538.3	157 240.5	72 701.2	81 415.8	3123.5	3473.4	75 413.7		75 413.7	18 204.6	7755.2	10 449.4	875.8	89.2	68.0	718.6	85 330.3	81 613.2	96.6	3620.5

表4 商品林（地）面积统计表

单位：hm^2

统计单位	合计	有林地						疏林地	灌木林			未成林地			无立木林地				宜林地			
		小计	林分				乔木经济林		小计	特规灌木林	其他灌木林	小计	造林未成林	封育未成林	小计	采伐迹地	火烧迹地	其他	小计	荒山荒地	沙荒	其他
			计	针叶林	阔叶林	针阔林																
辽宁省	3 010 061.8	2 554 687.5	1 580 770.1	604 822.4	940 684.6	35 263.1	973 917.4	15 254.6	55 152.8	45 289.6	9863.2	142 493.0	120 226.3	22 266.7	48 590.0	28 107.3	63.5	20 419.2	193 883.9	180 143.3	1736.8	12 003.8
沈阳市	68 699.5	46 796.6	37 559.1	5798.7	31 619.3	141.1	9237.5	1483.5	2270.6	2270.6		5448.6	5424.9	23.7	3682.6	3521.6		161.0	9017.6	6855.5	489.9	1672.2
大连市	223 896.7	203 052.3	54 709.6	13 005.4	38 506.1	3198.1	148 342.7	764.4	2080.2	2055.3	24.9	7841.8	7816.1	25.7	1723.1	27.1	10.5	1685.5	8434.9	8252.3		182.6
鞍山市	296 565.6	284 458.8	74 037.3	22 289.0	51 265.3	483.0	210 421.5	187.0	571.3	320.3	251.0	8564.5	4858.6	3705.9	2170.6	197.6	2.2	1970.8	613.4	566.2	3.3	43.9
抚顺市	460 745.1	410 618.9	387 547.3	209 502.7	167 292.2	10 752.4	23 071.6	711.7	7483.6	3896.6	3587.0	19 115.6	13 006.8	6108.8	8184.0	3630.0	4.2	4549.8	14 631.3	11 906.9	3.0	2721.4
本溪市	273 039.7	250 688.9	225 825.7	103 116.7	118 665.2	4043.8	24 863.2	446.6	3521.8	1432.9	2088.9	12 364.9	10 593.6	1771.3	1911.9	916.0	4.0	991.9	4105.6	3739.7	114.3	251.6
丹东市	490 296.4	465 141.9	281 369.4	105 190.6	164 127.1	12 051.7	183 772.5	611.0	735.1	364.1	371.0	17 000.8	15 107.4	1893.4	3997.6	1423.5	7.4	2566.7	2810.0	1968.4	1.6	840.0
锦州市	93 234.7	65 676.1	33 176.6	71.7	33 046.3	58.6	32 499.5	982.3	1243.9	1242.7	1.2	2413.1	2413.1		5735.2	4603.2		1132.0	17 184.1	16 588.7	297.2	298.2
营口市	164 952.3	148 034.4	41 374.5	4187.6	36 804.0	382.9	106 659.9	387.0	781.4	616.9	164.5	8667.3	1460.0	7207.3	503.0	86.7	1.1	415.2	6579.2	6569.6		9.6
阜新市	105 950.8	86 867.8	75 840.3	9088.2	66 694.8	57.3	11 027.5	1436.3	1971.3	1941.0	30.3	1496.9	1476.2	20.7	6200.3	4645.3		1555.0	7978.2	7347.8	212.3	418.1
辽阳市	132 564.2	121 931.9	89 563.3	19 846.2	69 431.3	285.8	32 368.6	87.0	700.2	658.5	41.7	798.3	798.3		1793.5	575.5	0.2	1217.8	7253.3	7008.2		245.1
盘锦市	1485.0	1162.2	865.3	7.3	858.0		296.9	11.5	104.5	104.5		3.1	3.1		11.2	11.2			192.5	33.5		159.0
铁岭市	267 163.8	216 923.3	129 005.5	95 207.7	31 231.6	2566.2	87 917.8	985.1	11 344.6	11 256.5	88.1	4094.7	3199.9	894.8	4983.2	2824.1	3.9	2155.2	28 832.9	24 376.8	48.8	4407.3
朝阳市	231 466.2	126 553.0	93 637.8	10 015.4	83 011.6	610.8	32 915.2	6091.3	4102.2	4102.2		22 462.8	22 347.2	115.6	6219.7	4976.8	18.7	1224.2	66 037.2	65 318.1	437.0	282.1
葫芦岛市	200 001.8	126 781.4	56 258.4	7495.2	48 131.8	631.4	70 523.0	1069.9	18 242.1	15 027.5	3214.6	32 220.6	31 721.1	499.5	1474.1	668.7	11.3	794.1	20 213.7	19 611.6	129.4	472.7

表5 天然林面积、蓄积统计表

单位：hm²、m³

统计单位	面积合计	林分												疏林地		乔木经济林	封育未成林	灌木林面积			
		小计		幼龄林		中龄林		近熟林		成熟林		过熟林						小计	特规灌木林		其他灌木
		面积	蓄积	面积	蓄积	面积	蓄积	面积	蓄积	面积	蓄积	面积	蓄积	面积	蓄积	面积	面积		计	经济灌木	
辽宁省	3 034 367.8	2 118 836.4	113 653 917	1 435 049.9	44 973 527	585 671.2	57 249 010	65 040.1	7 398 075	31 795.5	3 870 429	1279.7	162 876	5688.7	45 201	440 846.6	60 660.3	408 335.8	233 146.8	191.6	175 189.0
沈阳市	6104.0	4696.3	158 298	3337.8	80 125	1279.8	72 464	71.6	5231			7.1	478	45.0	329	624.8	166.0	571.9	161.8		410.1
大连市	47 966.3	28 671.9	996 149	24 446.7	665 696	3504.8	243 396	439.0	50 314	204.7	26 819	76.7	9924	30.8	192	17 732.0	435.4	1096.2			1096.2
鞍山市	349 415.9	169 880.3	4 527 152	146 152.0	2 609 054	22 355.9	1 782 819	836.9	84 024	481.6	46 323	53.9	4932	168.6	1737	170 365.2	7261.0	1740.8	262.7	6.1	1478.1
抚顺市	450 969.9	406 404.5	31 404 612	220 124.7	10 689 572	160 141.0	17 329 887	17 994.2	2 261 456	7816.7	1 074 910	327.9	48 787	323.3	3245	6901.5	10 688.8	26 651.8	1977.8	46.7	24 674.0
本溪市	457 475.1	436 781.3	31 450 319	261 642.6	13 045 153	146 131.4	14 862 978	18 990.7	2 290 448	9600.0	1 199 015	416.6	52 725	277.2	4995	7470.3	6034.3	6912.0	1108.1	10.5	5803.9
丹东市	665 925.0	566 944.0	33 973 755	338 395.5	11 469 841	194 175.4	18 746 574	22 087.6	2 342 472	11 941.8	1 373 924	343.7	40 944	1040.5	19 296	88 967.3	7869.5	1103.7	326.8	1.4	776.9
锦州市	55 860.4	17 038.9	599 116	12 075.8	211 836	4485.0	343 198	298.6	27 851	177.5	15 980	2.0	251	393.4	1620	0.6	413.0	38 014.5	67.0		37 947.5
营口市	187 075.3	110 863.2	417 370	110 156.4	375 256	656.6	33 979	48.7	8073	1.5	62			1236.9	422	65 990.9	8723.3	261.0	20.9	14.1	240.1
阜新市	27 310.2	5410.0	117 291	3106.2	41 857	1638.2	40 512	319.3	16 575	337.8	18 020	8.5	327	70.1	1242		60.5	21 769.6	160.3		21 609.3
辽阳市	136 850.2	114 592.6	2 081 218	105 944.6	1 638 218	7841.8	389 164	682.6	41 285	80.3	8043	43.3	4508	40.2	308	19 528.9	13.8	2674.7	289.4	56.7	2385.3
铁岭市	232 595.1	147 877.0	6 863 695	108 455.3	3 413 611	35 900.4	3 119 214	2447.3	230 489	1074.0	100 381			418.7	5376	63 265.1	2158.5	18 875.8	10 363.3	17.1	8512.5
朝阳市	254 319.4	36 216.2	356 302	32 706.5	211 385	2758.5	105 468	681.4	32 700	69.8	6749			489.9	3114		5887.3	211 726.0	211 726.0	9.3	
葫芦岛市	162 501.0	73 460.2	708 640	68 505.8	521 923	4802.4	179 357	142.2	7157	9.8	203			1154.1	3325		10 948.9	76 937.8	6682.7	29.7	70 255.1

表6 人工林面积、蓄积统计表

单位：hm²、m³

统计单位	面积合计	林分												疏林地		乔木经济林	造林未成林	灌木林面积			
		小计		幼龄林		中龄林		近熟林		成熟林		过熟林						小计	特规灌木林		其他灌木
		面积	蓄积	面积	蓄积	面积	蓄积	面积	蓄积	面积	蓄积	面积	蓄积	面积	蓄积	面积	面积		计	经济灌木	
辽宁省	3 305 155.4	2 247 069.1	121 622 352	1 292 893.4	38 523 178	559 114.7	40 287 790	192 707.5	22 469 439	127 606.3	13 942 041	74 747.2	6 399 904	36 859.8	585 978	533 070.8	289 061.6	199 094.1	163 153.8	1701.2	35 940.3
沈阳市	169 598.6	130 074.6	8 957 515	62 455.7	1 590 902	25 864.4	2 654 587	12 531.4	1 738 961	17 125.7	2 006 793	12 097.4	966 272	4173.9	156 563	8612.7	22 654.0	4083.4	2108.8	142.8	1974.6
大连市	429 251.4	274 102.3	6 494 299	224 110.2	3 976 172	32 818.4	1 584 249	7549.4	392 329	7137.8	391 521	2486.5	150 028	3454.5	23 628	130 610.7	17 280.0	3803.9	2055.3	306.2	1748.6
鞍山市	107 711.4	48 633.2	2 955 016	34 402.2	1 144 568	8157.1	785 339	3126.0	426 320	2052.1	376 773	895.8	222 016	377.3	22 114	40 056.3	18 125.7	518.9	57.6	5.2	461.3
抚顺市	353 328.7	312 816.6	31 307 498	161 652.2	9 123 403	77 901.4	9 904 151	48 957.6	7 855 838	22 652.3	4 173 796	1653.1	250 310	975.6	19 329	16 170.1	20 390.3	2976.1	2090.1	154.5	886.0
本溪市	208 285.0	162 068.0	13 191 168	98 288.5	5 378 192	38 979.0	4 482 552	17 343.5	2 265 010	5275.6	664 259	2181.4	401 155	717.7	21 312	17 392.9	27 539.8	566.6	369.7	140.6	196.9
丹东市	333 699.6	210 298.1	10 985 837	158 009.9	5 932 406	38 137.9	3 357 031	7883.5	840 074	4935.2	561 269	1331.6	295 057	389.3	6084	94 805.2	27 927.6	279.4	37.3	12.1	242.1
锦州市	156 808.3	100 773.8	4 442 874	63 671.3	1 145 992	21 374.7	1 144 869	5918.4	607 926	6596.3	708 876	3213.1	835 211	4068.8	42 253	32 498.9	14 704.0	4762.8	1240.7	44.3	3522.1
营口市	60 001.3	14 445.1	298 802	12 135.7	132 452	1627.2	113 963	258.4	23 239	264.1	18 302	159.7	10 846	430.9	447	40 669.0	3606.6	849.7	596.0	139.5	253.7
阜新市	275 238.2	231 081.2	7 533 095	106 507.7	1 267 542	65 162.2	2 667 352	15 316.0	963 004	19 919.0	1 235 491	24 176.3	1 399 706	4169.5	43 109	11 027.5	10 250.4	18 709.6	1780.7	98.7	16 928.9
辽阳市	43 823.9	28 874.1	1 747 377	13 143.5	347 970	8788.9	706 967	4308.4	426 631	1906.2	181 475	727.1	84 334	78.6	4168	12 839.7	1383.8	647.7	369.1	160.6	278.6
盘锦市	9642.7	5585.6	575 251	3324.1	248 109	1416.8	196 080	524.8	80 146	244.5	40 089	75.4	10 827	58.0	1216	296.9	3360.8	341.4	104.5		236.9
铁岭市	228 538.7	178 326.2	16 427 801	61 069.0	3 072 480	53 655.6	5 517 994	43 810.0	5 455 328	15 496.3	1 985 474	4295.3	396 525	1793.8	61 697	24 652.7	22 035.4	1730.6	893.2	373.9	837.4
朝阳市	659 082.4	409 951.6	13 187 702	193 540.2	3 498 401	155 896.6	5 989 046	20 007.3	1 095 673	19 982.7	1 307 084	20 524.8	1 297 498	12 782.7	159 452	32 915.2	60 326.9	143 106.0	143 106.0	9.3	
葫芦岛市	270 145.2	140 038.7	3 518 117	100 583.2	1 664 589	29 334.5	1 183 610	5172.8	298 960	4018.5	290 839	929.7	80 119	3389.2	24 606	70 523.0	39 476.3	16 718.0	8344.8	113.5	8373.2

参考文献

王文权主编. 辽宁林业“十五”回眸[M]. 沈阳：辽宁人民出版社，2006
刘焕鑫主编. 2006辽宁省农村经济发展研究[M]. 辽宁：辽宁大学出版社，2006
张廷福主编. 辽宁森林[M]. 北京：中国林业出版社，1990
曹世恩编著. 森林资源管理学[M]. 北京：中国林业出版社，1992
北京林学院主编. 森林经理学[M]. 北京：中国林业出版社，1984
雍文涛主编. 林业分工论[M]. 北京：中国林业出版社，1995
王永安. 王永安森林经理文集[M]. 中国林学会森林经理学会 中国系统工程学会林业系统工程专业委员会编辑出版，1999
林业部林业分类经营改革领导小组办公室编. 中国林业分类经营改革资料汇编[M]，1998
祝列克，智信编著. 森林可持续经营[M]. 北京：中国林业出版社，2001-10
梁星权主编. 森林分类经营[M]. 北京：中国林业出版社，2001-08
张嘉宾. 系统林学[M]. 昆明：云南人民出版社，1992-04
张建国，吴静和. 现代林业论[M]. 北京：中国林业出版社，1996-05
国家林业局. 中国林业五十年：1949－1999[M]. 北京：中国林业出版社，1999
李霆等. 当代中国的林业[M]. 北京：中国社会科学出版社，1985
谭光明. 关于实施林业分类经营问题的几点思考[J]. 中南林业调查规划，2001年第20卷增刊
林岩松，李广龙. 发展民营林业关键在制度创新[J]. 林业资源管理，2003年第6期
阳小军. 吉安林区商品林业经营政策的研究[J]. 林业工作研究，2002年第5期
左停，李怒云等. 森林生态效益补助项目实施中的社会经济问题研究[J]. 林业资源管理，2003年第5期
周华永等. 闽北集体林经营体制改革的实践与思考[J]. 林业资源管理，2003年第4期
周兆喜，肖辉情. 实施限额采伐应注意的几个问题[J]. 林业资源管理，2003年第1期
赵毅平. 明晰的产权制度是林业发展的保障[J]. 林业工作研究，2003年第8期
金广涛，张玉玺. 辽西丘陵山地气候资源与利用[M]. 北京：气象出版社，1990
高志义主编. 水土保持林学[M]. 北京：中国林业出版社，1996
贾天会，刘士民. 辽西半干旱地区水土保持林生态效益的研究[J]. 辽宁林业科技1994，1：26～29
邵清还. 关于生态良好的哲学思考[M]. 世界林业研究，2001，14(6):8～13
邵清还. 第二次林业革命——“接近自然的林业”[J]. 世界林业研究 2001，4(1):9～14

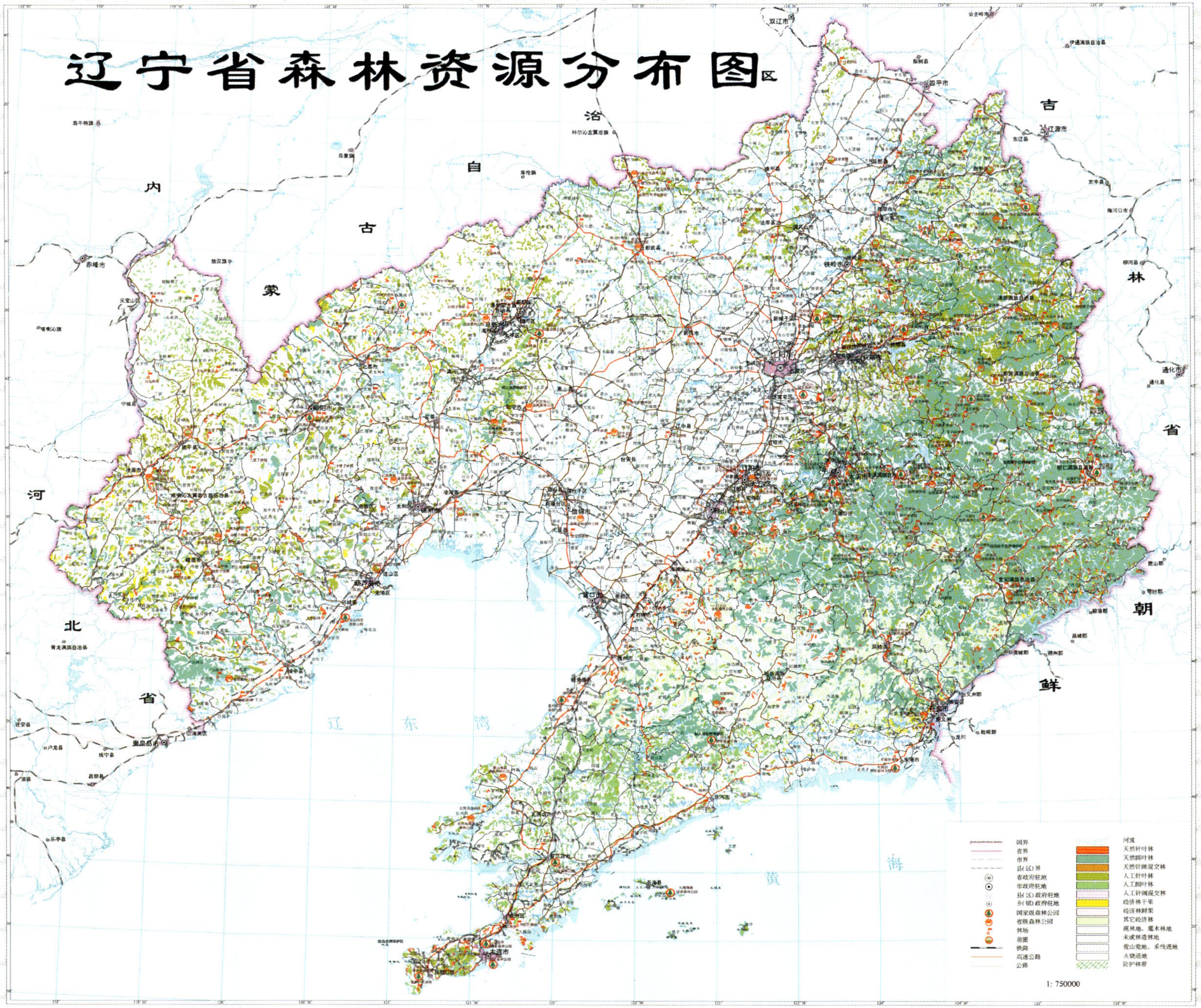

辽宁省林业调查规划院 编制

二00六年九月

1	
2	3
4	5

1. 白石砬子国家级自然保护区
2. 老秃顶子国家级自然保护区
3. 医巫闾山国家级自然保护区
4. 仙人洞国家级自然保护区
5. 努鲁儿虎山国家级自然保护区

1	2
3	4
5	

1. 双台河口湿地国家级自然保护区
2. 凤凰山省级自然保护区
3. 沙地森林植被
4. 农田防护林
5. 库区水源涵养林

1	2
3	4
5	
	6

1. 防风固沙林
2. 生态公益林
3. 商品林
4. 湿地碱蓬景观
5. 沿海防护林
6. 落叶松速生丰产林